中华国学文库

后汉书 二

〔宋〕范晔 撰

〔唐〕李贤等注

中华书局

后汉书卷二十八上

桓谭冯衍列传第十八上

桓谭字君山，沛国相人也。①父成帝时为太乐令。谭以父任为郎，因好音律，②善鼓琴。博学多通，徧习五经，皆诂训大义，不为章句。③能文章，尤好古学，数从刘歆、杨雄辩析疑异。性嗜倡乐，④[1]简易不修威仪，而憙非毁俗儒，由是多见排抵。⑤[2]

①相，县名，故城在今徐州符离县西北。

②宫、商、角、徵、羽谓之五声，声成文谓之音。律谓六律，黄钟、太族、姑洗、蕤宾、无射、夷则。

③说文曰："诂，训古言也。"章句谓离章辨句，委曲枝派也。

④倡，俳优也。

⑤抵，击也，音纸。

哀平间，位不过郎。傅皇后父孔乡侯晏深善于谭。①是时高安侯董贤宠幸，女弟为昭仪，皇后日已疏，晏嘿嘿不得意。谭进说曰：

"昔武帝欲立卫子夫,阴求陈皇后之过,②而陈后终废,子夫竟立。今董贤至爱而女弟尤幸,殆将有子夫之变,[3]可不忧哉!"晏惊动,曰:"然,为之奈何?"谭曰:"刑罚不能加无罪,邪枉不能胜正人。夫士以才智要君,女以媚道求主。皇后年少,希更艰难,或驱使医巫,外求方技,此不可不备。又君侯以后父尊重而多通宾客,必借以重埶,贻致讥议。不如谢遣门徒,务执谦悫,此脩己正家避祸之道也。"晏曰"善"。遂罢遣常客,③入白皇后,如谭所戒。后贤果风太医令真钦,使求傅氏罪过,遂逮后弟侍中喜,[4]诏狱无所得,乃解,故傅氏终全于哀帝之时。及董贤为大司马,闻谭名,欲与之交。谭先奏书于贤,说以辅国保身之术,贤不能用,遂不与通。当王莽居摄篡弑之际,天下之士,莫不竞褒称德美,作符命以求容媚,谭独自守,默然无言。莽时为掌乐大夫,更始立,召拜太中大夫。

①傅皇后,哀帝后。

②子夫,卫皇后也。本平阳主家讴者,得幸于武帝,生男据,遂立为皇后。陈皇后,武帝姑长公主嫖女也。擅宠十馀年,无子,闻子夫得幸,几死者数焉,上怒,遂挟妇人媚道,事觉,废居长门宫。嫖音匹妙反。见前书。

③"常"或作"宾"。

世祖即位,征待诏,上书言事失旨,不用。后大司空宋弘荐谭,拜议郎给事中,因上疏陈时政所宜,曰:

臣闻国之废兴,在于政事;政事得失,由乎辅佐。辅佐贤明,则俊士充朝,而理合世务;辅佐不明,则论失时宜,而举多过事。夫有国之君,俱欲兴化建善,然而政道未理者,其所谓贤者异也。昔楚庄王问孙叔敖曰:"寡人未得所以为国是也。"①叔敖曰:"国之有是,众所恶也,恐王不能定也。"王曰:

"不定独在君,亦在臣乎?"对曰:"君骄士,曰士非我无从富贵;士骄君,曰君非士无从安存。人君或至失国而不悟,士或至饥寒而不进。君臣不合,则国是无从定矣。"庄王曰:"善。愿相国与诸大夫共定国是也。"②盖善政者,视俗而施教,察失而立防,威德更兴,文武迭用,然后政调于时,而躁人可定。③昔董仲舒言"理国譬若琴瑟,其不调者则解而更张"。④夫更张难行,而拂众者亡,⑤是故贾谊以才逐,而朝错以智死。⑥世虽有殊能而终莫敢谈者,惧于前事也。

①庄王名旅,穆王商臣之子也。孙叔敖,楚贤相也。言欲为国于是,未知何以得之。

②事见新序。

③躁犹动也,谓躁挠不定之人也。

④事见前书。

⑤拂,违也,音扶弗反。

⑥贾谊,洛阳人也。事文帝为博士,每诏令下,诸老先生未能言,谊尽为之对,人人各如其志所出。绛、灌之属害之,文帝亦疏之,乃以谊为长沙太傅。朝错,颍川人也。事文帝为太子家令,号曰"智囊"。景帝即位,为御史大夫,请削诸侯(之)〔支〕郡。[5]后七国反,以诛错为名,遂腰斩错。见前书。

且设法禁者,非能尽塞天下之奸,皆合众人之所欲也,大抵取便国利事多者,则可矣。夫张官置吏,以理万人,县赏设罚,以别善恶,恶人诛伤,则善人蒙福矣。今人相杀伤,虽已伏法,而私结怨雠,子孙相报,后忿深前,至于灭户殄业,而俗称豪健,故虽有怯弱,犹勉而行之,此为听人自理而无复法禁者也。今宜申明旧令,若已伏官诛而私相伤杀者,虽一身逃亡,皆徙家属于边，其相伤者，加常二等，不得雇山赎罪。①如此，则仇怨自解，盗贼息矣。

①雇山，解见光武纪。

夫理国之道，举本业而抑末利，是以先帝禁人二业，锢商贾不得宦为吏，①此所以抑并兼长廉耻也。今富商大贾，多放钱货，[6]中家子弟，为之保役，②趋走与臣仆等勤，收税与封君比人，③是以众人慕效，不耕而食，至乃多通侈靡，以淫耳目。今可令诸商贾自相纠告，若非身力所得，皆以臧畀告者。④如此，则专役一己，不敢以货与人，事寡力弱，必归功田亩。田亩修，则榖入多而地力尽矣。

①高祖时，令贾人不得衣丝乘车，市井子孙不得宦为吏。

②中家犹中等也。保役，可保信也。

③收税谓举钱输息利也。东观记曰"中家子为之保役，受计上疏，趋走俯伏，譬若臣仆，坐而分利"也。

④畀，与也。东观记载谭言曰："贾人多通侈靡之物，罗纨绮绣，杂彩玩好，以淫人耳目，而竭尽其财。是为下树奢媒而置贫本也。求人之俭约富足，何可得乎？夫俗难卒变，而人不可暴化。宜抑其路，使之稍自衰焉。"畀音必二反。

又见法令决事，轻重不齐，或一事殊法，同罪异论，奸吏得因缘为市，所欲活则出生议，所欲陷则与死比，是为刑开二门也。今可令通义理明习法律者，校定科比，①一其法度，班下郡国，蠲除故条。如此，天下知方，而狱无怨滥矣。②

①科谓事条，比谓类例。

②方犹法也。

书奏，不省。

是时帝方信谶，多以决定嫌疑。又酬赏少薄，天下不时安定。谭复上疏曰：

臣前献瞽言，未蒙诏报，不胜愤懑，冒死复陈。愚夫策谋，有益于政道者，以合人心而得事理也。凡人情忽于见事而贵于异闻，观先王之所记述，咸以仁义正道为本，非有奇怪虚诞之事。盖天道性命，圣人所难言也。自子贡以下，不得而闻，况后世浅儒，能通之乎！①今诸巧慧小才伎数之人，增益图书，矫称谶记，②以欺惑贪邪，诖误人主，焉可不抑远之哉！③臣谭伏闻陛下穷折方士黄白之术，甚为明矣；④而乃欲听纳谶记，又何误也！其事虽有时合，譬犹卜数只偶之类。⑤陛下宜垂明听，发圣意，屏群小之曲说，述五经之正义，略雷同之俗语，详通人之雅谋。⑥

①论语子贡曰："夫子之文章，可得而闻也。夫子之言性与天道，不可得而闻也。"郑玄注云："性谓人受血气以生，有贤愚吉凶。天道，七政变动之占也。"

②伎谓方伎，医方之家也。数谓数术，明堂、羲和、史、卜之官也。图书即谶纬符命之类也。

③东观记载谭书云"矫称孔丘，为谶记以误人主"也。

④黄白谓以药化成金银也。方士，有方术之士也。

⑤言偶中也。

⑥雷之发声，众物同应。俗人无是非之心，出言同者谓之雷同。礼记曰："无雷同。"

又臣闻安平则尊道术之士，有难则贵介胄之臣。①今圣朝兴复祖统，为人臣主，而四方盗贼未尽归伏者，此权谋未得也。臣谭伏观陛下用兵，诸所降下，既无重赏以相恩诱，或至虏掠夺其财物，是以兵长渠率，各生狐疑，党辈连结，岁月不解。古人有言曰："天下皆知取之为取，而莫知与之为取。"②陛下诚能轻爵重赏，与士共之，则何招而不至，何说而不释，何向而不开，何征而不克！如此，则能以狭为广，以迟为速，亡者复存，失者复得矣。

①介，甲也。胄，兜鍪也。[7]

②言先饶与之，后乃可取之。老子曰："将欲废之，必固兴之；将欲夺之，必固与之。"

帝省奏，愈不悦。

其后有诏会议灵台所处，①帝谓谭曰："吾欲〔以〕谶决之，[8]何如？"谭默然良久，曰："臣不读谶。"帝问其故，谭复极言谶之非经。帝大怒曰："桓谭非圣无法，将下斩之。"谭叩头流血，[9]良久乃得解。出为六安郡丞，②[10]意忽忽不乐，道病卒，时年七十馀。

①阳衒之洛阳记曰"平昌门直南大道，东是明堂大道，西是灵台"也。[11]

②六安郡故城在今寿州安丰县南。

初，谭著书言当世行事二十九篇，号曰新论，上书献之，世祖善焉。①琴道一篇未成，肃宗使班固续成之。②所著赋、诔、书、奏，凡二十六篇。

①新论一曰本造，二王霸，三求辅，四言体，五见徵，六谴非，七启寤，八祛蔽，九正经，十识通，十一离事，十二道赋，十三辨惑，十四述策，十五闵友，十六琴道。本造、述策、闵友、琴道各一篇，馀并有上下。东观记曰："光武读之，敕言卷大，令皆别为上下，凡二十九篇。"

②东观记曰："琴道未毕，但有发首一章。"

元和中，肃宗行东巡狩，至沛，使使者祠谭冢，乡里以为荣。

冯衍字敬通，京兆杜陵人也。①祖野王，元帝时为大鸿胪。②衍幼有奇才，年九岁，能诵诗，至二十而博通群书。王莽时，诸公多荐举之者，衍辞不肯仕。

①东观记曰："其先上党潞人，曾祖父奉世徙杜陵。"

②野王字君卿，奉世之长子也。东观记曰："野王生座，袭父爵为关内侯，座生衍。"华峤书曰："衍祖父立，生满，年十七丧父，早卒，满生衍。"

时天下兵起，莽遣更始将军廉丹讨伐山东。丹辟衍为掾，与俱至定陶。莽追诏丹曰："仓廪尽矣，府库空矣，可以怒矣，可以战矣。将军受国重任，不捐身于中野，无以报恩塞责。"丹惶恐，夜召衍，以书示之。衍因说丹曰："衍闻顺而成者，道之所大也；逆而功者，权之所贵也。①是故期于有成，不问所由；论于大体，不守小节。昔逢丑父伏轼而使其君取饮，称于诸侯；②郑祭仲立突而出忽，终得复位，美于春秋。盖以死易生，以存易亡，君子之道也。③诡于众意，宁国存身，贤智之虑也。④故易曰'穷则变，变则通，通则久，是以自天祐之，吉，无不利'。⑤若夫知其不可而必行之，破军残众，无补于主，身死之日，负义于时，⑥智者不为，勇者不行。且衍闻之，得时无怠。⑦张良以五世相韩，椎秦始皇博浪之中，⑧勇冠乎贲、育，名高乎太山。⑨将军之先，为汉信臣。⑩新室之兴，英俊不附。今海内溃乱，人怀汉德，甚于诗人思召公也，爱其甘棠，而况子孙乎？人所歌舞，天必从之。⑪方今为将军计，莫若屯据大郡，[12]镇抚吏士，砥厉其节，百里之内，牛酒日赐，纳雄桀之士，询忠智之谋，要将来之心，待从横之变，兴社稷之利，除万人之害，则福禄流于无穷，功烈著于不灭。何与军覆于中原，身膏于草野，⑫功败名丧，耻及先祖哉？圣人转祸而为福，智士因败而为功，愿明公深计而无与俗同。”丹不能从。进及睢阳，复说丹曰：“盖闻明者见于无形，智者虑于未萌，况其昭晳者乎？⑬凡患生于所忽，祸发于细微，⑭败不可悔，时不可失。公孙鞅曰：‘有高人之行，负非于世；有独见之虑，见赘于人。’⑮〔13〕故信庸庸之论，破金石之策，⑯袭当世之操，失高明之德。夫决者智之君也，疑者事之役也。⑰时不重至，公勿再计。”丹不听，遂进及无盐，与赤眉战死。⑱衍乃亡命河东。⑲

①于正道虽违逆而事有成功者，谓之权，所谓反经合义者也。

②左氏传，齐晋战于鞌，晋卿韩厥逐及齐侯，齐臣逢丑父乃与齐侯易位，使齐侯御车。韩厥将及齐侯，丑父令齐侯如华泉取饮，韩厥乃献丑父于郤克。郤克将戮之，呼曰：“自今无有代其君任患者；有一于此，将为戮矣！”〔14〕郤子曰：“人不难以死免其君，我戮之不祥，赦之以劝事君者。”

③祭仲，郑大夫，突及忽皆郑庄公子也。庄公薨，太子忽当立。公子突，宋之出也，故宋人执郑祭仲。公羊传曰：“祭仲何以不名？贤也。何贤乎？以为知权。其知权奈何？宋人执之，谓曰：‘为我出忽而立突’。祭仲不从其言，则君必死，国必亡；从其言，则君可以生易死，国可以存易亡。古人有权者，祭仲是也。权者反乎经，后有善者也。行权有道。杀人以自生，亡人以自存，君子不为也。”

④诡，违也。

⑤皆周易下系之词。

⑥负犹失也。

⑦怠，懈也，言当急趋时。

⑧张良大父开地相韩昭侯、宣惠王、襄哀王，父平相釐王、悼惠王。五代相韩，谓良父及祖相韩之五王也。后秦灭韩，良家僮三百人，乃悉以

家财求客刺秦王。得力士,为铁椎重百二十斤,击始皇于博浪沙中。博浪,地名,在郑州阳武县南。椎音直追反,谓击之也。

⑨孟贲、夏育,并古之勇士也。前书音义曰:“孟贲生拔牛角。夏育,卫人,力举千钧。”

⑩廉褒,襄武人,宣帝时为后将军,即丹之先。

⑪诗小雅曰:“虽无德与汝,式歌且舞。”言汉氏之德,人歌舞之也。尚书曰:“人之所欲,天必从之。”

⑫与犹如也。

⑬哲,明也。商鞅谓秦孝公曰:“愚者闇于成事,智者闇见于未萌。”

⑭司马相如曰“祸故多臧于隐微,而发于人之所忽”也。

⑮语见史记商君传。赘犹恶也。史记“赘”作“疑”。

⑯庸,常也。金石以谕坚也。

⑰役犹贱也。

⑱无盐,县名,属东平郡,故城在今郓州须昌县东。

⑲华峤书曰:“丹死,衍西归,吏以亡军,下司命乘传逐捕,故亡命。”

更始二年,遣尚书仆射鲍永行大将军事,安集北方。①衍因以计说永曰:

①永字君长,司隶校尉宣之子。

衍闻明君不恶切悫之言,以测幽冥之论;忠臣不顾争引之患,以达万机之变。①是故君臣两兴,功名兼立,铭勒金石,令问不忘。今衍幸逢宽明之日,将值危言之时,②岂敢拱默避罪,而不竭其诚哉!

①悫,实也。幽冥谕深远也。争引谓引事与君争也。事非一涂,故曰万机之变也。书曰:“一日二日万机。”东观记:“衍更始时为偏将军,与鲍永相善。更始既败,固守不以时下。建武初,为扬化大将军掾,辟

邓禹府，数奏记于禹，陈政言事。”自“明君”以下，皆是谏邓禹之词，非劝鲍永之说，不知何据，有此乖违。

②危犹高也。论语曰：“天下有道，危言危行。”

伏念天下离王莽之害久矣。始自东郡之师，①继以西海之役，②巴、蜀没于南夷，③缘边破于北狄，④远征万里，暴兵累年，⑤祸挐未解，兵连不息，⑥刑法弥深，⑦赋敛愈重。众强之党，横击于外，百僚之臣，贪残于内，元元无聊，饥寒并臻，父子流亡，夫妇离散，庐落丘墟，田畴芜秽，疾疫大兴，灾异蜂起。于是江湖之上，海岱之滨，风腾波涌，更相骀藉，⑧四垂之人，肝脑涂地，死亡之数，不啻太半，殃咎之毒，痛入骨髓，匹夫僮妇，咸怀怨怒。⑨皇帝以圣德灵威，龙兴凤举，率宛、叶之众，将散乱之兵，喢血昆阳，[15]长驱武关，破百万之陈，摧九虎之军，⑩雷震四海，席卷天下，⑪攘除祸乱，诛灭无道，一期之间，海内大定。继高祖之休烈，修文武之绝业，社稷复存，炎精更辉，德冠往初，功无与二。⑫天下自以去亡新，就圣汉，当蒙其福而赖其愿。树恩布德，易以周洽，其犹顺惊风而飞鸿毛也。⑬然而诸将虏掠，逆伦绝理，⑭杀人父子，妻人妇女，燔其室屋，略其财产，饥者毛食，寒者裸跣，⑮[16]冤结失望，无所归命。今大将军以明淑之德，秉大使之权，统三军之政，存抚并州之人，惠爱之诚，加乎百姓，高世之声，闻乎群士，故其延颈企踵而望者，非特一人也。且大将军之事，岂得珪璧其行，束修其心而已哉？⑯将定国家之大业，成天地之元功也。昔周宣中兴之主，齐桓霸强之君耳，犹有申伯、召虎、夷吾、吉甫⑰攘其蟊贼，⑱[17]安其疆宇。况乎万里之汉，明帝复兴，而大将军为之梁栋，此诚不可以忽也。⑲

①离，遭也。莽居摄元年，翟义起兵于东郡，莽发八将军以击之。东郡，今滑州也。

②莽居摄元年，西羌庞恬、傅幡等怨莽夺其地为西海郡，攻西海太守程永，莽遣护羌校尉窦况击之。

③莽篡位，贬西南夷眴町王为侯，王邯怨恨，攻益州，杀大尹程隆。莽发巴、蜀吏士击之，出入三年，死者十七八。

④莽〔始〕建国三年，[18]乌珠单于遣左贤王入云中，大杀吏人，大辈万馀，中辈数千，杀雁门、朔方太守，略吏人畜产不可胜数，缘边虚耗也。

⑤暴，露也。

⑥挈谓相连引也。

⑦莽以地皇元年以后为不须时令，自是春夏斩人于市。

⑧莽时江湖海泽麋沸，青、徐、荆、楚之地播扰。前书音义曰："跆，蹋也。"今此为"骀"，古字通。

⑨僮犹贱也。

⑩莽末，下江兵邓晔、(王)〔于〕匡攻武关，[19]莽乃拜将军九人，皆以虎为号，以捍匡等。〔匡等〕击破六虎，[20]败走三虎，乃保京师仓，邓晔等乃开武关迎更始。

⑪席卷言无馀也。

⑫此上二句，司马相如封禅书之词。

⑬言其易也。王褒圣主得贤臣颂曰"翼乎如鸿毛遇顺风"也。

⑭伦亦理也。

⑮毛，草也。臣贤案：衍集"毛"字作"无"，今俗语犹然者，或古亦通乎？

⑯言当恢廓规摹，不可空自清絜，徒约束修身而已。

⑰申伯，周宣王之元舅也；召虎，召穆公也；吉甫谓尹吉甫也：皆周宣王臣，并见毛诗。夷吾，管仲之字也。

⑱蝥贼，食禾稼虫名，谕奸盗侵渔也。蝥音牟。

⑲左传子产谓子皮曰："子于郑国，栋也。栋折榱崩，侨将压焉。"

且衍闻之，兵久则力屈，人愁则变生。今邯郸之贼未灭，真定之际复扰，①而大将军所部不过百里，守城不休，战军不息，兵革云翔，百姓震骇，奈何自怠，不为深忧？夫并州之地，东带名关，北逼强胡，②年谷独孰，人庶多资，斯四战之地，攻守之场也。如其不虞，何以待之？故曰"德不素积，人不为用。备不豫具，难以应卒"。③今生人之命，县于将军，将军所杖，必须良才，宜改易非任，更选贤能。夫十室之邑，必有忠信。④审得其人，以承大将军之明，虽则山泽之人，[21]无不感德，思乐为用矣。然后简精锐之卒，发屯守之士，三军既整，甲兵已具，相其土地之饶，观其水泉之利，制屯田之术，习战射之教，则威风远畅，人安其业矣。若镇太原，抚上党，收百姓之欢心，树名贤之良佐，天下无变，则足以显声誉，一朝有事，则可以建大功。惟大将军开日月之明，发深渊之虑，监六经之论，观孙吴之策，⑤省群议之是非，详众士之白黑，⑥以超周南之跡，垂甘棠之风，令夫功烈施于千载，富贵传于无穷。伊、望之策，何以加兹！⑦

①邯郸谓王郎也。真定谓刘杨也。

②井陉关也。要害之塞，故曰名关。东观记作"石陉关"。

③史记子贡说晋君曰："虑不先定，不可以应卒。"卒音仓忽反。

④东观记曰："无谓无贤，路有圣人。"

⑤孙武，吴王阖庐将；吴起，魏文侯将：并著兵书也。

⑥白黑犹贤愚也。

⑦伊尹、吕望。

永既素重衍，为且受使得自置偏裨，乃以衍为立汉将军，①领狼孟长，屯太原，②与上党太守田邑等缮甲养士，扞卫并土。

①东观记曰"时永得置偏裨将五人"也。

②狼孟，县名，属太原郡，故城在今并州阳曲县东北。

及世祖即位，遣宗正刘延攻天井关，与田邑连战十馀合，延不得进。邑迎母弟妻子，为延所获。①后邑闻更始败，乃遣使诣洛阳献璧马，即拜为上党太守。②因遣使者招永、衍，永、衍等疑不肯降，而忿邑背前约，③衍乃遗邑书曰：

①东观记曰："邓禹使积弩将军冯愔将兵击邑，愔悉得邑母弟妻子。"

②东观记曰，遣骑都尉弓里游、谏大夫何叔武，即拜邑为上党太守。

③东观记，衍与邑素誓刎颈，俱受重任。

盖闻晋文出奔而子犯宣其忠，①赵武逢难而程婴明其贤，②二子之义当矣。今三王背畔，赤眉危国，③天下蝗动，社稷颠陨，④是忠臣立功之日，志士驰马之秋也。伯玉擢选剖符，专宰大郡。⑤夫上党之地，有四塞之固，东带三关，西为国蔽，⑥奈何举之以资强敌，开天下之匈，假仇雠之刃？岂不哀哉！⑦

①晋文公重耳避丽姬之难出奔，狐偃劝令返国，遂为霸主。子犯即狐偃字也。

②赵盾，晋卿，生赵朔，朔娶晋成公姊为夫人。晋景公三年，大夫屠岸贾诛赵氏，杀赵朔，灭其族。朔妻有遗腹，走公宫。赵朔客程婴、公孙杵臼。杵臼谓程婴曰："胡不死？"程婴曰："朔之妇有遗腹，若幸而生男，吾奉之；即女也，吾徐死耳。"居无何，朔妻生男，屠岸贾闻之，乃索于宫中。夫人置儿于绔中，祝曰："赵宗灭乎，若(唬)〔嘑〕。[22]即不灭，若无声。"及索儿，竟无声。程婴曰："今一索不得，后必复索之。"杵臼乃

取它婴儿负之匿山中。诸将共攻杀杵臼并孤儿,然赵氏真孤乃在程婴所,即赵武也。居十五年,晋景公乃立赵武为卿,而复其田邑。事见史记。

③三王见更始传。

④螳动谕众。

⑤文帝初,与郡守始为铜虎符、竹使符,分持其一,以为瑞信。剖即分也。

⑥三关谓上党关、壶口关、石陉关也。陉音形。

⑦张仪说楚王曰:“秦下甲攻卫阳晋,大开天下胸。”李斯曰:“所谓借寇兵而赍盗粮也。”

衍闻之,委质为臣,无有二心;①挈瓶之智,守不假器。②是以晏婴临盟,拟以曲戟,不易其辞;③谢息守郕,胁以晋、鲁,不丧其邑。④由是言之,内无钩颈之祸,外无桃莱之利,⑤而被畔人之声,蒙降城之耻,窃为左右羞之。且邾庶其窃邑畔君,以要大利,曰贱而必书;莒牟夷以土地求食,而名不灭。是以大丈夫动则思礼,行则思义,未有背此而身名能全者也。⑥为伯玉深计,莫若与鲍尚书同情勠力,显忠贞之节,立超世之功。如以尊亲系累之故,能捐位投命,归之尚书,大义既全,敌人纾怨,⑦上不损剖符之责,下足救老幼之命,申眉高谈,无愧天下。若乃贪上党之权,惜全邦之实,衍恐伯玉必怀周赵之忧,[23]上党复有前年之祸。⑧昔晏平仲纳延陵之诲,终免栾高之难;⑨孙林父违穆子之戒,故陷终身之恶。⑩以为伯玉闻此至言,必若刺心,自非婴城而坚守,则策马而不顾也。⑪圣人转祸而为福,智士因败以成胜,愿自强于时,无与俗同。

①委质犹屈膝也。左传曰："策名委质，贰乃辟也。臣无二心，古之制也。"

②解见左传。

③晏子春秋曰："齐大夫崔杼弑齐庄公，乃劫诸大夫盟。有敢不盟者，戟钩其颈，剑承其心，曰：'不与崔氏而与公室者，盟神视之，言不疾，指不至血者死。'所杀者七人，而后及晏子。晏子奉血仰天曰：'崔氏无道而杀其君，若有能复崔氏而婴不与，盟〔神〕视之。'[24]遂仰而饮血。崔氏曰：'晏子与我，则齐国吾与共之；不与我，则戟在脰，剑在心，子图之。'晏子曰：'劫吾以刃而失其意，非勇也。留吾以利而背其君，非义也。诗云："恺悌君子，求福不回。"婴可回而求福乎？剑刃钩之，直兵推之，婴不革矣。'崔子遂释之。"

④左传，孟孙之家臣谢息。孟孙从鲁昭公如楚，谢息为孟孙守郕邑。晋人来理杞田，季孙将以郕邑与之。谢息不可，曰："夫子从君而守臣丧邑，虽吾子亦有猜焉。"季孙曰："君之在楚，于晋罪也。又不听晋，鲁罪重矣。晋师必至，吾无以待之。"[25]谢息曰："古人有言，'挈瓶之智，守不假器。'"季孙曰："吾与子桃。"辞以无山，与之莱、柞，乃迁于桃。杜预注曰："挈瓶，汲器，谕小智也。鲁国(下)〔卞〕县东南有桃虚。"[26]莱、柞，二山名。

⑤臣贤案：谢息得桃邑莱山，故言"无桃莱之利"也。但为"莱"字似"枣"，文又连"桃"，后学者以"桃枣"易明，"桃莱"难悟，不究始终，辄改"莱"为"枣"。衍集又作"菜"，或改作"乘"，展转乖僻为谬矣。

⑥庶其，邾大夫，以邾邑漆、闾丘奔鲁，故言窃邑畔君以要利也。牟夷，莒大夫，窃牟娄及防兹来奔；昭公三十一年，邾黑肱以滥来奔。左传曰："以地畔，求食而已，不求其名。贱而必书，以名其人，终为不义，不可灭已。是故君子动则思礼，行则思义。或求名而不得，或欲盖而名彰。此所谓三畔人名者也。

⑦纾，缓。音舒。

⑧史记曰，赵孝成王时，韩上党(太)守冯亭使人至赵曰：[27]"韩不守上党，入之于秦，其吏人皆安为赵，不欲为秦。有城市邑十七，愿再拜入之赵。"赵王大喜，召平阳君豹告曰："冯亭入城市邑十七，受之何如？"豹曰："圣人甚恶无故之利。夫秦蚕食韩氏，地中绝不令相通，韩氏所以不入于秦者，欲嫁其祸于赵，必勿受也。"赵王不听，遂发兵取上党，于是秦人围赵，阬其卒四十万。秦又围邯郸。又攻西周，拔之。故言怀周赵之忧。前年犹往时。

⑨延陵，邑名，吴公子季札所封，故以号焉。左传鲁襄二十九年，季札聘齐，见晏平仲。曰："子速纳邑与政。无邑无政，乃免于难。"晏子因陈桓子以纳邑与政，是以免于栾高之难。栾谓子雅，高谓子尾，皆齐大夫。左氏鲁昭公八年，栾高作难，晏子无罪。

⑩孙林父，卫大夫孙文子也。穆子，鲁大夫叔孙豹也。左传，卫侯使孙林父聘鲁，且寻盟。公登亦登，叔孙穆子相仪，趋进曰："诸侯之会，寡君未尝后卫君。今吾子不后寡君，未知所过。"孙子无词，亦无悛容。穆子曰："孙子必亡。为臣而君，过而不悛，亡之本也。"至襄十四年，孙林父逐出卫献公。献公复入国，林父遂以戚邑畔。是陷于终身之恶。

⑪言不过为二涂而已。

邑报书曰：

仆虽驽怯，亦欲为人者也，岂苟贪生而畏死哉！曲戟在颈，不易其心，诚仆志也。

间者，老母诸弟见执于军，而邑安然不顾者，岂非重其节乎？若使人居天地，寿如金石，要长生而避死地可也。今百龄之期，未有能至，老壮之间，相去几何。诚使故朝尚在，忠义可立，虽老亲受戮，妻儿横分，邑之愿也。

间者，上党黠贼，大众围城，义兵两辈，入据井陉。邑亲溃敌围，拒击宗正，①自试智勇，非不能当。诚知故朝为兵所害，新帝司徒已定三辅，②陇西、北地从风响应。其事昭昭，日月经天，河海带地，不足以比。③死生有命，富贵在天。④天下存亡诚云命也。邑虽没身，能如命何？

①即刘延。

②谓邓禹也。

③言明白也。

④论语子夏之词。

夫人道之本，有恩有义，义有所宜，恩有所施。君臣大义，母子至恩。今故主已亡，义(无)〔其〕谁为；[28]老母拘执，恩所当留。而厉以贪权，诱以策马，抑其利心，必其不顾，何其愚乎！

邑年三十，历位卿士，性少嗜欲，情厌事为。况今位尊身危，财多命殆，鄙人知之，何疑君子？

君长、敬通①揭节垂组，自相署立。②盖仲由使门人为臣，孔子讥其欺天。③君长据位两州，加以一郡，④而河东畔国，兵不入彘，⑤上党见围，不窥大谷，⑥宗正临境，莫之能援。兵威屈辱，国权日损，三王背畔，赤眉害主，未见兼行倍道之赴，若墨翟累茧救宋，申包胥重胝存楚，卫女驰归唁兄之志。⑦主亡一岁，莫知定所，虚冀妄言，苟肆鄙塞。未能事生，安能事死？未知为臣，焉知为主？岂厌为臣子，思为君父乎！欲摇太山而荡北海，⑧事败身危，要思邑言。

①君长，鲍永字也。

②揭音其谒反，谓负也。

③孔子有疾，仲由欲使门人为臣，以大夫之礼葬孔子。孔子谓曰："由之

行诈也！吾谁欺，欺天乎？”事具论语。

④衍集，鲍永行将军事，安集并州，拥兵屯太原，与太原李仲房同心并力。

⑤闻更始败，故诸国畔也。不入彘，言不征之也。彘，县名，属河东郡，顺帝改曰永安。

⑥即上所谓黠贼所围城者也。大谷自太原趣上党之道。不窥言不来救也。今并州大谷县西有大谷是也。

⑦卫女，卫宣公庶子顽之女，为许穆公夫人，其兄即戴公。吊失国曰唁。卫懿公为狄所灭，戴公乃立庐于曹邑。许穆夫人闵卫亡，思归唁之，不得，乃赋载驰之诗。事见左传。

⑧言不可也。孟子曰“挟太山而超北海”也。

衍不从，或讹言更始随赤眉在北，①永、衍信之，故屯兵界休，②方移书上党，云皇帝在雍，以惑百姓。永遣弟升及子婿张舒诱降涅城，③[29]舒家在上党，邑悉系之。又书劝永降，永不答，④自是与邑有隙。邑字伯玉，冯翊人也，后为渔阳太守。⑤永、衍审知更始已殁，乃共罢兵，幅巾降于河内。⑥

①讹，伪也。

②界休，县，属太原郡，今汾州县。

③东观记曰：“升及舒等谋使营尉李匡先反涅城，开门内兵，杀其县长冯晏，立故谒者祝回为涅长。”涅，县名，属上党郡，故城在今潞州乡县西。涅音奴结反。

④东观记载邑书曰：“愚闻丈夫不释故而改图，哲士不徼幸而出危。今君长故主败不能死，新帝立不肯降，拥众而据壁，欲袭六国之从。与邑同事一朝，内为刎颈之盟，兴兵背畔，攻取涅城。破君长之国，坏父母之乡，首难结怨，轻弄凶器。人心难知，何意君长当为此计。昔者韩信将兵，无敌天下，功不世出，略不再见，威执项羽，名出高帝，不知

天时，就亨于汉。知伯分国，既有三晋，欲大无已，身死地分，头为饮器。君长衔命出征，拥带徒士，上党阸不能救，河东畔不能取，朝有颠沛之忧，国有分崩之祸，上无仇牧之节，下无不占之志。天之所坏，人不能支。君长将兵不与韩信同日而论，威行得众不及智伯万分之半，不见天时，不知厌足。欲明人臣之义，当先知故主之未然；欲贪天下之利，宜及新主之未为。今故主已败，新主既成，四海为罗网，天下为敌人，举足遇害，动摇触患，履深泉之薄冰不为號，[30]涉千钧之发机不知惧，何如其知也？绝鲍氏之姓，废子都之业，诵尧之言，服桀之行，悲夫命也。张舒内行邪孽，不遵孝友，疏其父族，外附妻党，已收三族，将行其法。能逃不自诣者舒也，能夷舒宗者予也。"永邑遂结怨焉。

⑤东观记曰："邑，冯翊莲芍人也。其先齐诸田，父丰，为王莽著威将军。邑有大节，涉学艺，能善属文。为渔阳太守，未到官，道病，征还为谏义大夫，病卒。"

⑥不加冠帻，但以一幅巾饰首而已。

帝怨衍等不时至，永以立功得赎罪，遂任用之，①而衍独见黜。永谓衍曰："昔高祖赏季布之罪，诛丁固之功。②今遭明主，亦何忧哉！"衍曰："记有之，人有挑其邻人之妻者，挑其长者，长者詈之，挑其少者，少者报之，后其夫死而取其长者。或谓之曰：'夫非骂尔者邪？'曰：'在人欲其报我，在我欲其骂人也。'③夫天命难知，人道易守，守道之臣，何患死亡？"顷之，帝以衍为曲阳令，④诛斩剧贼郭胜等，降五千馀人，论功当封，以谗毁，故赏不行。

①立功谓说下怀。

②季布，项羽将。数窘汉王。汉王即位，赦布以为郎中。丁固，季布母弟。为项羽将，亦窘高祖，高祖急，顾谓丁固曰："两贤岂相厄哉！"丁公引还。高祖即位，丁固谒见。高祖曰："使项王失天下者丁公也。"

遂斩之。

③此并陈轸对秦王之词也。见战国策。引之者，言己为故主守节，亦冀新帝重之也。挑音徒了反。

④曲阳，县名，属常山郡，故城在今定州(彭)〔鼓〕城县西也。[31]

建武六年日食，①衍上书陈八事：其一曰显文德，二曰褒武烈，三曰修旧功，四曰招俊杰，五曰明好恶，六曰简法令，七曰差秩禄，八曰抚边境。书奏，帝将召见。初，衍为狼孟长，以罪摧陷大姓令狐略，是时略为司空长史，谗之于尚书令王护、尚书周生丰曰："衍所以求见者，欲毁君也。"②护等惧之，即共排间，衍遂不得入。

①续汉志曰："建武六年九月丙寅晦，日有食之，史官不见，郡以闻。"

②风俗通曰："周生，姓也。"豫章旧志曰："丰字伟防，太山南武阳人也。建武七年为豫章太守，清约俭惠。"

后卫尉阴兴、新阳侯阴就以外戚贵显，深敬重衍，衍遂与之交结，由是为诸王所聘请，①寻为司隶从事。帝惩西京外戚宾客，故皆以法绳之，大者抵死徙，其馀至贬黜。衍由此得罪，尝自诣狱，有诏赦不问。②西归故郡，闭门自保，不敢复与亲故通。

①兴及就并光烈皇后母弟也。衍集与阴就书曰："衍闻神龙骧首，幽云景蒸，明圣修德，志士思名。是以意同情合，声比(则)〔相〕应也。[32]伏见君侯忠孝之性，慈仁殷勤，论议周密，思虑深远。顾以微贱，数蒙圣恩，被侯大惠。衍年老被病，恐一旦无禄，命先犬马，怀抱不报，赍恨入冥，思剖肝胆，有以塞责。方今天下安定，四海咸服，蒙恩更生之臣，无所效其死力。侧闻东平、山阳王壮当之国，择除官属，衍不自量，愿侯白以衍备门卫。鄙语曰：'水不激不能破舟，矢不激不能饮羽。'不念旧恶，名贤所高。负责之臣，欲言不敢，惟侯哀怜，深留圣心，则阖棺之日，魂复何恨。"

②时衍又与就书曰："奏曹掾冯衍叩头死罪：衍材素愚驽，行义汙秽，外无乡里之誉，内无汗马之劳，猥蒙明府天覆之德，华宠重叠。间者，掾史疑衍之罪，众煦飘山，当为灰土。赖蒙明察，揆其素行，复保首领。倍知厚德笃于慈父，濅淫肌肤，渗漉骨髓，德重山岳，泽深河海。前送妻子还淄县，遭雨逢暑，以七月还。至阳武，闻诏捕诸王宾客，惶怖诣阙，冀先事自归。十一日到，十二日书报归田里。即日束手诣洛阳诏狱，十五日夜诏书勿问。得出，遭雨，又疾，大困。冀高世之德，施以田子老马之惠，赠以秦穆骏马之恩，使长有依归，以效忠心。"

【校勘记】

〔1〕性嗜倡乐　按："嗜"原讹"著"，径据汲本、殿本改正。

〔2〕由是多见排抵　"抵"汲本、殿本作"抵"，注同。按：注云音纸，则字当作"抵"。

〔3〕殆将有子夫之变　按："变"原讹"父"，径据汲本、殿本改正。

〔4〕遂逮后弟侍中喜　刊误谓傅喜非后弟，"喜"当作"嘉"。按：何焯谓董贤求傅氏罪事与前书参差不合。高武侯傅喜，孔乡侯晏之从兄弟，安得复有后弟名喜为侍中者也？大抵范史事未核。沈家本谓按前书傅喜传、董贤传、外戚传并无此事，又别无傅嘉其人，刘氏亦臆揣之词，何说得之。

〔5〕请削诸侯(之)〔支〕郡　张森楷校勘记谓"之"当作"支"，前书可证。今按：张说是。前书颜注"支郡，在国之四边者也"。之与支声近而讹。今据改。

〔6〕多放钱货　汲本"钱"作"田"。按：今聚珍本东观记作"多收田货"。

〔7〕胄兜鍪也　按："鍪"原作"鏊"，讹字，径据汲本、殿本改正。

〔8〕吾欲〔以〕谶决之　按：校补引钱大昭说，谓闽本"欲"下有"以"字；

又谓今案东观记、袁纪、通鉴均有"以"字。又张森楷校勘记谓治要"欲"下有"以"字。今据补。

〔9〕谭叩头流血　按："谭"字原脱，径据汲本、殿本补。

〔10〕出为六安郡丞　按：袁纪作"六安太守丞"。

〔11〕阳衒之洛阳记曰　按：汲本、殿本作"杨衒之"。

〔12〕莫若屯据大郡　按：集解引惠栋说，谓"屯据"袁宏纪作"先据"。

〔13〕见赘于人　按：集解引惠栋说，谓袁宏纪"赘"作"疑"。

〔14〕将为戮矣　按：殿本、集解本"矣"作"乎"，疑后人依左传改。

〔15〕唏血昆阳　刊误谓唏血是盟时唏血，此当作"喋"。按：唏喋古通用，刘说泥。

〔16〕寒者裸跣　按："跣"原讹"洗"，径据汲本、殿本改正。

〔17〕犹有申伯召虎夷吾吉甫　按：惠栋补注引吴仁杰补遗，谓"吉甫"当作"成父"，谓王子成父也。若尹吉甫，不应序于夷吾之下。

〔18〕莽〔始〕建国三年　按："建"上当脱"始"字，今补。

〔19〕(王)〔于〕匡攻武关　按：张森楷校勘记谓"王匡"当依前书莽传作"于匡"，各本并误。今据改。

〔20〕以捍匡等〔匡等〕击破六虎　按：张森楷校勘记谓"匡等"下当更有"匡等"二字，文义乃明。今据补。

〔21〕虽则山泽之人　按：刊误谓"虽则"当作"则虽"。

〔22〕赵宗灭乎若(唬)〔嚬〕　据汲本改。按：殿本"嚬"作"啼"，乃嚬之俗字；原本作"唬"，则讹字矣。

〔23〕必怀周赵之忧　集解引何焯说，谓"周"疑"祸"字之误，注非。校补引钱大昭说，谓"周"当是"害"字之误。按：校补谓害周形近易误，钱说为胜。

〔24〕盟〔神〕视之　据汲本、殿本补。今按："盟"疑"明"之讹。

〔25〕吾无以待之　按："待"原讹"侍"，径改正。

〔26〕鲁国(下)〔卞〕县东南有桃虚　按：下卞形近而讹，各本同，今据左

昭七年杜注改正

〔27〕韩上党(太)守冯亭　据史记赵世家删。按:汉以前无太守也。

〔28〕义(无)〔其〕谁为　据汲本、殿本改。

〔29〕永遣弟升　按:"升"原讹"叔",径据汲本、殿本改正。注同。

〔30〕履深泉之薄冰　汲本、殿本"泉"作"渊"。按:章怀避唐讳,于引文亦皆改易,后人又多回改,此其一例也。

〔31〕今定州(彭)〔鼓〕城县西也　据刊误改。

〔32〕声比(则)〔相〕应也　据汲本、殿本改。

后汉书卷二十八下

冯衍传第十八下

建武末，上疏自陈曰：

臣伏念高祖之略而陈平之谋，毁之则疏，誉之则亲。①以文帝之明而魏尚之忠，绳之以法则为罪，施之以德则为功。②逮至晚世，董仲舒言道德，见妒于公孙弘，③李广奋节于匈奴，见排于卫青，④此忠臣之常所为流涕也。臣衍自惟微贱之臣，上无无知之荐，下无冯唐之说，乏董生之才，寡李广之埶，而欲免谗口，济怨嫌，岂不难哉！

①史记曰，魏无知荐陈平于高祖，高祖以平为将。绛、灌等咸谮平曰："虽美丈夫，如冠玉耳，居家盗嫂。今大王令护军，诸将金多者得善处，金少者得恶处。"高祖让魏无知。无知曰："臣所言者能也，陛下所问者行也。楚汉相拒，臣进奇谋之士。盗嫂受金，又何足疑。"高祖乃令平尽护诸将也。

②魏尚，槐里人，文帝时为云中守，匈奴不近云中。后坐上首虏差六级，下之吏，罚作之。冯唐谏文帝曰："臣愚以为陛下法太明，罚太重，赏太轻。"帝悦。是日令唐持节赦尚，复以为云中守也。

③史记曰，董仲舒为人廉直，公孙弘习春秋不如董生。弘希时用事，位至公卿，仲舒以弘为从谀，弘嫉之。时胶西王帝兄，骄纵，弘乃言于上曰："独仲舒可使相胶西。"胶西王素闻仲舒〔有行〕，[1]亦善待之。

④史记曰，李广，陇西成纪人也。为前将军，从卫青讨匈奴。青不使当匈奴，广乃失道后期，青令对簿，广乃引刀自刎。知与不知，莫不流涕。

臣衍之先祖，以忠贞之故，成私门之祸。①而臣衍复遭扰攘之时，值兵革之际，不敢回行求时之利，②事君无倾邪之谋，将帅无虏掠之心。卫尉阴兴，敬慎周密，内自修敕，外远嫌疑，故敢与交通。兴知臣之贫，数欲本业之。③臣自惟无三益之才，不敢处三损之地，固让而不受之。④昔在更始，太原执货财之柄，居苍卒之间，据位食禄二十馀年，而财产岁狭，居处日贫，家无布帛之积，出无舆马之饰。[2]于今遭清明之时，饬躬力行之秋，⑤而怨雠丛兴，讥议横世。盖富贵易为善，贫贱难为工也。疏远垅亩之臣，无望高阙之下，惶恐自陈，以救罪尤。

①衍之祖冯参忠正，不屈节于王氏五侯。参姊为中山王太后，后为哀帝祖母，傅太后陷以大逆，参自杀，亲族死者十七人。见前书。

②回，邪也。

③欲遗其财，为立基本生业也。

④论语载孔子言曰"益者三友，损者三友"，故衍引以为言也。

⑤力行谓尽力行善道也。礼记曰"好问近于智，力行近乎仁"也。

书奏，犹以前过不用。

衍不得志，退而作赋，又自论曰：

冯子以为夫人之德，不碌碌如玉，落落如石。①风兴云蒸，一龙一蛇，与道翱翔，与时变化，夫岂守一节哉？②用之则行，舍之则臧，进退无主，屈申无常。故曰："有法无法，因时为业，有度无度，与物趣舍。"③常务道德之实，而不求当世之名，阔略杪小之礼，荡佚人间之事。④正身直行，恬然肆志。顾尝好俶傥之策，时莫能听用其谋，⑤喟然长叹，自伤不遭。⑥久栖迟于小官，不得舒其所怀。⑦抑心折节，意悽情悲。夫伐冰之家，不利鸡豚之息；⑧委积之臣，不操市井之利。⑨[3]况历位食禄二十馀年，而财产益狭，居处益贫。惟夫君子之仕，行其道也。虑时务者不能兴其德，为身求者不能成其功。⑩去而归家，复羁旅于州郡，身愈据职，家弥穷困，卒离饥寒之灾，有丧元子之祸。

①老子〔道〕德经之词也。[4]言可贵可贱，皆非道真。玉貌碌碌，为人所贵，石形落落，为人所贱，贱既失矣，贵亦未得。言当处才不才之间。

②风兴云蒸，言相须也。东方朔诫子书曰："圣人之道，一龙一蛇，形见神藏，与物变化，随时之宜，无有常处。"化音协韵音花。

③史记司马谈之词也。言法度是非，皆随时俗。物所趋则向之，所舍则违之，所谓随时之义也。

④放荡纵逸，不拘恒俗也。

⑤顾犹及也。俶傥，卓异貌也。

⑥遭，遇也。

⑦栖迟犹偃息也。

⑧言食厚禄不当求小利也。礼记曰："畜马(千)乘，[5]不察于鸡豚。伐冰之家不畜牛羊。"伐冰谓卿大夫以上，以其丧祭得赐冰，故言伐冰也。

韩诗外传曰“天子不言多少，诸侯不言利害，大夫不言委积，四马之家不恃鸡豚之息，伐冰之家不恃牛羊之入”也。

⑨韩诗外传曰“千乘之君不通货财，委积之臣不操市井之利，是以贫穷有所劝，而孤寡有所措”也。

⑩言不可兼也。

先将军葬渭陵，哀帝之崩也，营之以为园。①于是以新丰之东，鸿门之上，寿安之中，②地埶高敞，四通广大，南望郦山，北属泾渭，东瞰河华，龙门之阳，三晋之路，③西顾酆鄗，周秦之丘，宫观之墟，④通视千里，览见旧都，遂定茔焉。⑤退而幽居。盖忠臣过故墟而歔欷，孝子入旧室而哀叹。⑥每念祖考，著盛德于前，垂鸿烈于后，遭时之祸，坟墓芜秽，春秋蒸尝，昭穆无列。⑦年衰岁暮，悼无成功，将西田牧肥饶之野，殖生产，修孝道，营宗庙，广祭祀。然后阖门讲习道德，观览乎孔老之论，庶几乎松乔之福。⑧上陇阪，陟高冈，游精宇宙，流目八纮。⑨历观九州山川之体，追览上古得失之风，愍道陵迟，伤德分崩。夫睹其终必原其始，故存其人而詠其道。疆理九野，经营五山，眇然有思陵云之意。⑩乃作赋自厉，命其篇曰显志。显志者，言光明风化之情，昭章玄妙之思也。其辞曰：

①奉世为右将军，即衍之曾祖，故言“先将军”。渭陵，元帝陵，在长安北五十里。哀帝义陵在长安北四十六里。奉世墓入义陵茔中，所以衍不得入葬而别求也。

②太上皇思东归，乃迁丰邑人于此立县，故曰新丰。鸿门，阪名。前书音义曰：“在新丰东十七里，旧大道北下阪口。”

③龙门，河所经，今绛州县也。三晋谓韩、赵、魏也。

④酆、鄗，二水名，周文王都酆，武王都鄗。秦本封在陇西秦县，周平王

东迁以后，秦始有岐周之地，故总言周秦之丘。丘亦墟也。

⑤衍墓在今新丰县南四里。

⑥史记曰，箕子朝周过殷墟，咸生禾黍，箕子伤之，欲哭则不可，欲泣为其近妇人，乃作麦秀之诗。殷人闻之，皆为流涕。礼记檀弓曰“反哭升堂，反诸其所作也。入室，反诸其所养也。反而亡焉，失之，哀于是为甚”也。[6]

⑦司马相如赋曰：“坟墓芜秽而不修。”父为昭，子为穆，昭南面，穆北面也。

⑧列仙传，赤松子，神农时雨师也。服水玉，能入火不烧。常止西王母石室中，能随风上下。王子乔，周灵王太子晋也。好吹笙，作凤鸣，游伊洛之间，道人浮丘公接以上嵩高山，遂仙去也。

⑨尹文子曰：“四方上下曰宇。”苍颉篇曰：“舟舆所届曰宙。”淮南子曰“九州之外乃有八夤，八夤之外乃有八纮”也。

⑩疆，界也。理，正也。诗曰：“我疆我理。”九野谓九州之野。经营犹往来。五山即五岳也。

开岁发春兮，百卉含英。①甲子之朝兮，汨吾西征。②发轫新丰兮，裴回镐京。③陵飞廉而太息兮，登平阳而怀伤。④悲时俗之险阨兮，哀好恶之无常。⑤弃衡石而意量兮，随风波而飞扬。⑥纷纶流于权利兮，亲雷同而妒异；独耿介而慕古兮，岂时人之所憙？⑦沮先圣之成论兮，懇名贤之高风；忽道德之珍丽兮，务富贵之乐耽。⑧遵大路而裴回兮，履孔德之窈冥；固众夫之所眩兮，孰能观于无形？⑨行劲直以离尤兮，羌前人之所有；内自省而不惭兮，遂定志而弗改。⑩欣吾党之唐虞兮，愍吾生之愁勤；聊发愤而扬情兮，将以荡夫忧心。⑪[7]往者不可攀援兮，来者不可与期；病没世之不称兮，愿横逝而无由。⑫

①开、发，皆始也。尔雅曰："春为发生。"卉，草也。楚词曰："献岁发春兮。"

②君子举事尚早，故以朝言之。汩，行貌。楚词曰："汩吾南征。"汩音于笔反。

③轫，止车木也。将行，故发之。

④飞廉，观名。武帝元封二年立于长安，上有铜飞廉，因以名焉。前书音义曰："飞廉，神禽，能致风气，有角而蛇尾，文如豹文。"平阳，县名，[8]故城在今岐州岐山县西南。

⑤时既险薄，所以好恶不同。楚词曰"悲时俗之迫阸"也。

⑥衡，秤衡也。三十斤为钧，四钧为石。言时人弃衡石以意测量，谕背法度也。随风波而飞扬，言无志操也。

⑦言时俗溺于权利也。同己则亲之，异己则妒之，今己不与之同，所以见恶也。

⑧沮，败也。䵳，陵也。耽亦乐也。言时人之行如此。

⑨遵，循也。大路，大道也。老子曰："大道泛兮。"又曰："孔德之容，窈兮冥兮，其中有精。"又曰："大象无形。"孔之为言空也。窈冥谓幽玄也。道以空为主，故无物而不容。时俗眩于名利，孰能观大象无形(矣)〔哉〕？[9]

⑩离，遭也。尤，过也。羌，语发声也。言古人有为劲直行而遭尤过者，有之矣，即屈原、贾谊之流也。衍内自省察，不慙于古人，遂守志不改也。

⑪伤己不逢尧舜也。荡，散也。

⑫言唐虞往，不可攀援而及，将来贤哲，又不可豫期。所病终身之后，名誉不称；又愿纵横远逝，而其路无由也。论语孔子曰："君子疾没世而名不称焉。"

陟雍畤而消摇兮，超略阳而不反。念人生之不再兮，悲六亲之日远。①陟九嵕而临嶻嶭兮，听泾渭之波声。②顾鸿门而歔欷兮，哀吾孤之早零。何天命之不纯兮，信吾罪之所生；伤诚善之无辜兮，赍此恨而入冥。③嗟我思之不远兮，岂败事之可悔？虽九死而不眠兮，恐余殃之有再。[10]泪汍澜而雨集兮，气滂浡而云披；心怫郁而纡结兮，意沈抑而内悲。④

①雍，县名，属右扶风，故城在今岐州雍县南。畤者止也，神灵之所止也。史记曰，秦并天下，祠雍四畤，汉加黑帝，谓之五畤。消摇犹观望也。超，过也。略阳，县名，属天水郡，今陇州陇城县也。六亲，夫妇、父子、兄弟也。

②嶻嶭，山，一名嵳峨，在今三原县北。嶻音才结反，嶭音五结反。

③零，落也。吾孤早零，即上所谓"丧元子"者也。子既早夭，未有邪僻，故云诚善。辜，罪也。冥谓地也。赍恨入冥，言死有馀恨也。

④言已往者託于贵戚之权，几陷诛戮之罪，此由我思虑不深远。已败之事，悔之无及，虽复九死而目不瞑，言怨恨之深也。楚词曰："虽九死其犹未悔。"眠即瞑也。今纵饬躬自勖，又恐殃祸至再，所以泪落意沈，气愤心结也。

瞰太行之嵯峨兮，观壶口之峥嵘；悼丘墓之芜秽兮，恨昭穆之不荣。①岁忽忽而日迈兮，寿冉冉其不与；耻功业之无成兮，赴原野而穷处。②昔伊尹之干汤兮，七十说而乃信；皋陶钓于雷泽兮，赖虞舜而后亲。无二士之遭遇兮，抱忠贞而莫达；率妻子而耕耘兮，委厥美而不伐。③韩卢抑而不纵兮，骐骥绊而不试；独慷慨而远览兮，非庸庸之所识。④卑卫赐之阜货兮，高颜回之所慕；重祖考之洪烈兮，故收功于此路。⑤循四时之代谢兮，分五土之刑德；相林麓之所产兮，尝水泉之所殖。修神农之本业兮，采轩辕之奇策；追周弃之遗教兮，轶范蠡之绝跡。⑥陟陇山以踰望兮，眇然览于八荒；风波飘其并兴兮，情惆怅而增伤。⑦览河华之泱漭兮，望秦晋之故国。愤冯亭之不遂兮，愠去疾之遭惑。⑧

①太行山在上党南，壶口山在上党东。衍之远祖冯亭为韩上党守，以上党降赵，赵封亭三万户，号华阳君。死因葬上党，其墓在今潞州上党县西。衍在关中，遥相望之，即序所谓"通视千里，览见旧都"者也。嵯峨，高大貌。峥嵘，深邃貌。

②与犹待也。楚词曰："日忽忽其将暮。"又曰："老冉冉其将至。"功业无成，情多忧愤，故赴原野而穷居。

③伊尹名挚，负鼎俎以干汤。七十说而乃信，谓年七十说汤乃得信也。皇甫谧帝王记曰："伊挚丰下兑上，色黑而短，偻身而下声，年七十而不遇。汤闻其贤，设朝礼而见之，挚乃说汤致于王道。"信音申。吕氏春秋曰："舜陶于河滨，渔于雷泽。"今言皋陶，未详。雷泽在今濮州雷泽县东也。

④战国策曰，齐欲伐魏，淳于髡谓齐王曰："韩卢，天下之壮犬也。"淮南子曰："绊骐骥而求千里。"衍喻己有高才而不申，所以独慷慨远览，非庸庸之徒所能识也。识，叶韵音志。

⑤卑，贱也。阜，积也。衍贱子贡货殖，慕颜回乐道，所以不从流俗，专心贞固者，以其祖考功业隆大，若苟求富贵，恐致点辱，故于此路收功也。

⑥周礼五土，一曰山林，二曰川渎，三曰丘陵，四曰坟衍，五曰原隰。家语曰："地东西为纬，南北为经。山为积德，川为积刑。"穀梁传曰："林属于山曰麓。"周礼曰："山林动物宜毛，植物宜皁。"〔11〕淮南子曰："汾水浊宜麻，济水和宜麦，河水调宜菽，洛水轻利宜禾，渭水多力宜黍，江水肥宜稻。"管子曰："四七二十八尺而至于泉，其水白而甘，宜黍秫。三七二十一尺而至于泉，其水黄而有臭，宜大菽与麦。二七一十

四尺至于泉,其味咸,宜稻与麦。”此尝水泉之所殖也。周易曰:“神农氏斫木为耜,揉木为耒,耒耜之利以教天下,盖取诸益。”周书曰:“神农之时,天雨粟,神农耕而种之。”轩辕,黄帝也。大戴礼曰:“黄帝时播百穀草木,节用水火财物,人得其利。”周弃,帝喾之子。为儿之时,其游戏好种树麻菽,及成人,遂好耕农,相地之宜,人皆法则之。帝尧闻之,举弃为农师,天下得其利,故言遗教。轶,过也。范蠡,南阳人,事越王句践,苦身勠力,竟灭吴报耻。既而以为大名之下,难以久居,乃与其私属乘舟浮海以行,变姓名,適齐为鸱夷子皮,之陶为朱公,终身不返。是绝跡也。

⑦踰犹遥也,古字通。八荒,八方荒远之地。

⑧冯亭以上党降赵,秦破赵于长平而亭死,故言不遂。愠,怨也。冯去疾为秦丞相,胡亥元年,用赵高计,始皇大臣咸见诛戮,无遗脱者,是遭惑也。亭及去疾皆衍之先,故远怀愤怨也。泱音乌朗反。漭音莽。

流山岳而周览兮,徇碣石与洞庭;浮江河而入海兮,溯淮济而上征。①瞻燕齐之旧居兮,历宋楚之名都;哀群后之不祀兮,痛列国之为墟。②驰中夏而升降兮,路纡轸而多艰;讲圣哲之通论兮,心愊忆而纷纭。③惟天路之同轨兮,或帝王之异政;尧舜焕其荡荡兮,禹承平而革命。④并日夜而幽思兮,终悇憛而洞疑;高阳邈其超远兮,世孰可与论兹?⑤讯夏启于甘泽兮,伤帝典之始倾;颂成康之载德兮,詠南风之歌声。⑥思唐虞之晏晏兮,揖稷契与为朋;苗裔纷其条畅兮,至汤武而勃兴。⑦昔三后之纯粹兮,每季世而穷祸;吊夏桀于南巢兮,哭殷纣于牧野。⑧诏伊尹于亳郊兮,享吕望于酆洲;[12]功与日月齐光兮,名与三王争流。⑨

①碣石,海畔山也,在今平州东。洞庭,湖名也,中有洞庭山,在今岳州

西南。衍既不同流俗，情多愤怨，故假言涉历江山，周流河海。屈原云"吾将远逝以自適，路脩远以周流"之类也。

②燕都〔蓟〕，今蓟县也。[13]齐都营丘，今临淄县也。宋都睢阳，今宋州也。楚初都丹阳，在归州；后都郢，在今荆州；至考烈王为秦所逼，又徙都寿春，今寿州也。不祀言皆绝也，臧文仲曰"咎陶、庭坚不祀"也。

③纡轸犹盘曲也。愊忆犹郁结也。纷纭犹瞀乱也。愊音普逼反。

④惟，思也。言思上天之路，轨躅则同，而帝王政教参差有异。班固曰："仰天路而同轨。"白虎通曰："德合天者称帝，仁义合者称王。"故言异政也。焕，文章貌。荡荡，政化平畅貌。论语孔子曰："唯天为大，唯尧则之，焕乎其有文章，荡荡乎人无能名焉。"尧舜同道，故兼言之。舜禅位于禹，禹承尧舜之后而改制度，禅子，故曰承平革命也。

⑤孔子曰："吾尝终日不食，终夜不寝，以思。"楚词云："心悇憛而怀惑。"[14]广苍云："悇憛，祸福未定也。"悇音它乎反，憛音它绀反。本或作"侘傺"，侘音丑加反，傺音丑制反，未定也。高阳，帝颛顼之号也。洞亦不定也。史记曰："(尽)〔虚〕愒洞疑。"[15]又曰："高阳氏沈深而有谋，疏通而知事。"以有其谋而疏通，故欲与之论事。

⑥讯，问也。启，禹子也。尚书曰："启与有扈战于甘之野。"孔安国注云："有扈与夏同姓，恃亲而不恭，故启征之于甘野。"甘野在今鄠县。启既德薄，同姓相攻，故伤帝典之倾也。易曰："德积载。"史记曰："成康之际，天下安宁，刑错三十馀年而不用。"周南、召南，谓国风之首篇。歌文王之德，故詠之也，非舜南风之歌。

⑦尚书考灵耀曰："放勋钦明文塞晏晏。"[16]郑玄注曰："宽容覆载谓之晏。"稷名弃，为尧后稷。契为尧司徒。契十四叶孙号汤，灭夏桀而王有天下。后稷十六叶孙周武王，灭殷纣而王天下。勃，盛貌也。左传曰："其兴也勃焉。"

⑧三后，夏、殷、周也。惜其不能始终纯茂，每至末代，必穷其灾祸。汤放桀于南巢，武王灭纣于牧野，周之季叶，幽王为西戎所杀也。离骚

曰:“昔三后之纯粹,何桀纣之昌披!”南巢,地名,庐州巢县也。孔安国曰“牧野,纣近郊三十里地名”也,在今卫州也。

⑨诏,召也。亳,汤都。吕望,周太师,翼周灭殷者也。酆,文王所都,在京兆杜陵亭。[17]水中可居曰洲也。

杨朱号乎衢路兮,墨子泣乎白丝;知渐染之易性兮,怨造作之弗思。①美关雎之识微兮,愍王道之将崩;拔周唐之盛德兮,[18]捃桓文之谲功。②忿战国之遘祸兮,憎权臣之擅强;黜楚子于南郢兮,执赵武于溴梁。③善忠信之救时兮,恶诈谋之妄作;聘申叔于陈蔡兮,禽荀息于虞虢。④诛犁钮之介圣兮,讨臧仓之诉知;嫫子反于彭城兮,[19]爵管仲于夷仪。⑤疾兵革之濅滋兮,苦攻伐之萌生;沈孙武于五湖兮,斩白起于长平。⑥恶从巧之乱世兮,毒从横之败俗;流苏秦于洹水兮,幽张仪于鬼谷。⑦澄德化之陵迟兮,烈刑罚之峭峻;燔商鞅之法术兮,烧韩非之说论。⑧诮始皇之跛扈兮,投李斯于四裔;灭先王之法则兮,祸濅淫而弘大。⑨援前圣以制中兮,矫二主之骄奢;馌女齐于绛台兮,飨椒举于章华。⑩摛道德之光耀兮,匡衰世之眇风;褒宋襄于泓谷兮,表季札于延陵。⑪摭仁智之英华兮,激乱国之末流,观郑侨于溱洧兮,访晏婴于营丘。⑫日曀曀其将暮兮,独于邑而烦惑;夫何九州之博大兮,迷不知路之南北。⑬驷素虬而驰骋兮,乘翠云而相佯;就伯夷而折中兮,得务光而愈明。⑭款子高于中野兮,遇伯成而定虑;钦真人之德美兮,淹踌躇而弗去。⑮意斟愖而不澹兮,俟回风而容与;求善卷之所存兮,遇许由于负黍。轫吾车于箕阳兮,秣吾马于颍浒;闻至言而晓领兮,还吾反乎故宇。⑯

①淮南子曰:“杨子见逵路而哭之,为其可以南,可以北,伤其本同而末异也。”墨子曰“墨子见染丝,叹曰,染于苍则苍,染于黄则黄,五入之则为五色,故染不可不慎。非独丝也,国亦有染,汤染伊尹,纣染恶来”也。先王正道,规摹有常,苟生穿凿,则岐路竞起,故墨子知渐染之易性,杨朱悲造作之弗思。

②薛夫子韩诗章句曰:“诗人言雎鸠贞絜,以声相求,必于河之洲,蔽隐无人之处。故人君动静,退朝入于私宫,妃后御见,去留有度。今人君内倾于色,大人见其萌,故詠关雎,说淑女,正容仪也。”方言曰:“撂,取也。谲,诈也。”齐桓公、晋文公俱有霸功。孔子曰:“晋文公谲而不正,齐桓公正而不谲。”时周衰政乱,桓文能统率诸侯,翼戴天子,故取其一切之功也。

③周室衰微,七国交争,是为战国。时吴楚僭号皆称王,孔子修春秋,以蛮夷大者不过子,故皆黜曰子。又春秋称“公会晋、宋、卫、郑、曹、莒、邾、薛、杞于溴梁,戊寅,大夫盟”。公羊传曰:“诸侯皆在,言大夫盟何?信在大夫。何言乎信在大夫?偏刺天下之大夫也。曷为偏刺天下之大夫?君若缀旒然。”赵武,晋卿赵文子也。时晋为盟主,文子,晋之正卿,而为不臣之行,故欲执之也。溴,水名,在河内轵县东南,至温入河。尔雅曰:“梁莫大于溴梁。”溴音古觅反。

④申叔,楚庄王时贤臣申叔时者也。左传,陈夏徵舒弒灵公,楚庄王伐陈,杀夏徵舒,因灭陈为县。申叔时谏庄王曰:“夏徵舒弒其君,[20]其罪大矣,讨而戮之,君之义也。诸侯之从,曰讨有罪也。今县陈,贪其富也。以讨召诸侯而以贪终之,无乃不可乎?”王曰:“善哉,吾未之闻也。”乃复封陈。聘谓问之也。时惟在陈,而兼言蔡者,盖以陈蔡相近,因连言之也。荀息,晋大夫。左传曰,晋荀息请以屈产之乘,垂棘之璧,假道于虞以伐虢。公曰:“是吾宝也。”对曰:“若得道于虞,犹外府也。”乃假道于虞以灭虢,师还遂袭虞,灭之。

⑤犁鉏，齐大夫。介犹间也。韩子曰："仲尼为政于鲁，道不拾遗，齐景公患之。犁鉏曰：'去仲尼犹吹毛耳。君何不遗鲁公以女乐，以骄其意。鲁君乐之，必怠于政，仲尼必谏，谏而不听，必轻绝鲁。'景公曰：'善。'乃令犁鉏以女乐遗鲁，哀公乐之，果怠于政，仲尼谏不听，遂去之。"孟子曰："鲁平公将出，嬖人臧仓请曰：'它日君出，必命有司所之。今已驾矣，敢请。'公曰：'吾将见孟子。'仓曰：'君(何)〔所〕为轻身以先于匹夫者。[21]以为贤乎？礼义由贤者出，孟子后丧踰前丧，君无见焉。'公曰：'诺。'乐正子见孟子曰：'君将来见，嬖人有臧仓者沮君，是以不来。'孟子曰：'吾之不遇鲁侯，天也。臧氏之子焉能使予不遇〔哉〕！'"[22]诉犹谮也。知谓明于事也。子反，楚大夫也，名侧。案"嫸"字吕忱音仕眷反，勉也。东观记作"讥"字。此虽作"嫸"，盖亦讥刺之意也。春秋经书"宋人及楚人平"。公羊传曰："外平不书，此何以书？贬。曷为贬？平者在下。"何休注云："讥子反、华元专盟不受君命，故贬之。"然则子反违命盟，盖以平宋城下而言。彭城者，彭城宋之邑，故举以言之。左传，宋大夫鱼石等出奔楚。楚伐宋，取彭城以封鱼石。宋人围彭城，楚子重救彭城伐宋。此言子反，盖衍误也。如曰不然，或别有所据。管仲，齐桓公之相，名夷吾。夷仪，邢邑也。翟人灭邢，管仲辅齐桓公筑夷仪以封邢，邢迁如归，于是天下诸侯知桓公之不为己动也，是故天下归之。唯能用管夷吾而霸功立。事见国语。以其能辅主成业，故就夷仪而爵赏也。

⑥瀸，渐也。孙武，吴王阖庐将也。善用兵。越绝书曰："太湖周三万六千顷。"虞翻云："太湖有五道，[23]故谓之五湖。"(隔)〔滆〕湖、[24]洮湖、射湖、贵湖及太湖为五湖，并太湖之小支，俱连太湖，故太湖兼得五湖之名，在今湖州东也。史记曰，白起，郿人也。事秦昭王，以上将军击赵于长平，前后阬斩首虏四十五万。长平，地名，在今泽州也。

⑦从，细也。毒，恨也。关东为从，关西为横。苏秦，洛阳人也。师事鬼谷先生。为从说，说关东六国为从亲以畔秦，会于洹水之上，刳白马

而盟。张仪,魏人也。与苏秦同师。为关西横说,说关(西)〔东〕六国令事秦。[25]皆尚诬诈,不遵道德。洹水出汲郡林虑县。鬼谷,谷名,即鬼谷先生所居地,在今洛州洛阳城北。"从"或作"聚",义亦通。

⑧陵迟言颓替也。澄犹清也。烈,惨也。商鞅姓公孙氏。好刑名之学。事秦孝公,变法令,使人什伍相司,犯禁相连坐,不告奸者要斩,告奸者与斩敌同赏,匿奸者与降敌同罚,人有二男以上不分异者倍其罚。行之四年,秦人富强。韩非,韩之诸公子也,亦好刑名法术之学。口吃不能言,著书作孤愤、五蠹、内外储、说难,十馀万言,皆尚法术,少仁恩。并见史记。

⑨诮,责也。跋扈犹强梁也。李斯,上蔡人。为秦丞相,上书曰:"今诸生不师今而学古,惑乱黔首,臣请非秦记皆烧之,天下敢有臧诗、书、百家语者皆烧之。令下三十日不烧,黥为城旦。"制曰:"可。"是灭先王之法则。

⑩援,引也。矫,正也。馌,饷也。女齐,晋大夫司马侯也。绛,晋国所都。国语曰:"晋平公为九层之台。"又曰:"叔向见司马侯之子,抚而泣曰:'自其父之死,吾蔑与事君矣。昔者其父始之我终之,我始之夫子终之,无不可者。'"是女齐事君必有规谏,必谏作台,但书典散亡,无以言耳。椒举,楚大夫伍举也。飨,宴也。章华,台名,在南郡华容县。楚语曰:"灵王为章华之台,与椒举升。王曰:'台美乎?'对曰:'臣闻国君服宠以为美,安人以为乐,不闻其以土木之崇高为美。先君庄王为匏居之台,高不过望国(气)〔氛〕,[26]大不过容宴豆,用不烦官府,人不废时务。今君为此台,国人疲焉,财用尽焉,臣不知其美。'"二主谓晋楚之君。"二"或作"亡"。

⑪摛,布也。眇,微也。公羊传曰:"宋公及楚战于泓之阳,楚人济泓而来。有司曰:'追其未毕济而击之。'宋公曰:'不可。吾闻之也,君子不厄人于险。吾虽亡国之馀,寡人不忍行也。'既济未毕陈,有司复曰:'请击之。'宋公曰:'不可。吾闻君子不鼓不成列。'已陈,然后击

之，宋师大败。故君子大其不鼓不成列，临大事而不忘大礼，以为文王之战亦不过此。”季札，吴王寿梦之少子也，封于延陵。昆弟四人，札最少而贤。寿梦卒，诸兄欲立之，札弃其室而耕，乃舍之。泓音乌萌反。

⑫摭，拾也。郑侨，郑大夫公孙侨也。溱、洧，郑二水名。郑诗曰：“溱与洧浏其清矣。”晏婴，齐大夫晏平仲也。尔雅曰：“水出其左曰营丘。”齐有营丘。周衰政乱，子产、晏婴皆有贤行辅其君也。事见左传、国语。

⑬曀曀，阴晦貌也。诗曰：“曀曀其阴。”楚词曰：“回朕车以复路，及行迷之未远。”[27]

⑭四马曰驷。虬，龙之无角者也。楚词曰：“驷玉虬以乘翳兮。”尔雅曰：“马高八尺为龙。”司马相如曰：“驷苍螭兮六素虬。”相佯犹逍遥也。伯夷，孤竹君之子，周武王时义士，不食周粟，隐于首阳山。杨雄反骚曰：“将折中乎重华。”列仙传曰：“务光者，夏时人也。殷汤伐桀，因光而谋，光曰：‘非吾事也。’至殷武丁时，武丁欲以为相，光不从，遂投于梁山。”衍退不仕，与务光辟相侔，事相得，故曰愈明。愈犹益也。

⑮庄子曰：“伯成子高，唐虞时为诸侯，至禹为天子，乃去而耕。禹往见之，曰：‘尧理天下，吾子立为诸侯。尧授舜，舜授予，子去而耕，其故何也？’子高曰：‘昔尧理天下，至公无私，不赏而人劝，不罚而人畏。今子赏而不劝，罚而不威，德自此衰，刑自此作。夫子盍行，无留吾事。’耕而不顾。’款，诚也。真人即谓子高。踌躇犹踯躅也。东观记（曰）“高”字作“乔”，[28]谓仙人王子乔也，义亦通。

⑯斟愖犹迟疑也。澹，定也。俟，待也。容与犹从容也。庄子曰：“舜以天下让善卷，善卷曰：‘吾日出而作，日入而息，逍遥天地之间，吾何以天下为哉？’遂入深山，莫知所终。”许由字武仲。尧时高士，隐居箕山。尧以天下让由，由不受，恶闻其言，遂洗耳于颍水。负黍，亭名，在洛州阳城县西南，许由墓在其南。秣谓食马以粟。字林曰：“浒，水

涯也。”愖音市林反,或作“堪”字。

览天地之幽奥兮,统万物之维纲;究阴阳之变化兮,昭五德之精光。①跃青龙于沧海兮,豢白虎于金山;凿岩石而为室兮,託高阳以养仙。神雀翔于鸿崖兮,玄武潜于婴冥;伏朱楼而四望兮,采三秀之华英。②纂前修之夸节兮,曜往昔之光勋;披绮季之丽服兮,扬屈原之灵芬。③高吾冠之岌岌兮,长吾佩之洋洋;饮六醴之清液兮,食五芝之茂英。④

①自此以下,既反故宇,乃欲寻览天地,究极阴阳。幽奥谓深邃也。维纲犹宗指也。五德,五行之德也。施之于物。则为金、木、水、火、土;施之于人,则为仁、义、礼、智、信也。

②天有二十八宿,成龙虎龟凤之形。在地为四灵,东方为青龙,西方为白虎,南方为朱雀,北方为龟蛇。豢,养也。金山,西方之精也。神雀谓凤也。玄武谓龟蛇。位在北方,故曰玄;身有鳞甲,故曰武。婴冥犹晦昧,所谓幽都也。衍既反故宇,欲凿岩石为室,託高明之处以养神仙,又假言龙虎之畴在于四面,为其威援也。前书曰:“仙人好楼居。”故云伏朱楼而四望也。楚词曰:“采三秀于山间。”王逸曰:“谓芝草也。”东观记及衍集“秀”字作“奇”,“英”字作“灵”。(次)〔按〕下云“食五芝之茂英”,〔29〕此若是“芝”,不宜重说,但不知三奇是何草也。范改“奇”为“秀”,恐失之矣。

③纂,继也。前修犹前贤也。夸,大也。楚词曰:“謇吾法夫前修。”又曰:“纷独有此夸节。”往昔光勋谓衍之先人有功劳于前代,去疾、子明之类也。已今继往贤之高节,所以光曜也。绮季,四皓之一也。前书曰,四皓随太子入侍,须眉皓白,衣冠甚伟。楚汉春秋曰“四人冠韦冠,佩银环,衣服甚鲜”,故言丽服也。楚词曰:“畦留夷与揭车,杂杜衡与芬芷。”屈原皆喻身有令德,故衍欲扬其灵芬也。

④岌岌,高貌。洋洋,美也。楚词曰:“高余冠之岌岌,长吾佩之陆离。”

王逸注云:"伤己怀德不用,故高冠长佩,尊其威仪,整斯服饰,以异于众也。"六醴,盖六气也。楚词曰:"餐六气而饮沆瀣。"茅君内传曰:"句曲山上有神芝五种:一曰龙仙芝,似交龙之相负,服之为太极仙卿。第二名参成芝,赤色有光,其枝叶如金石之音,折而续之即复如故,服之为太极大夫。第三名燕胎芝,其色紫,形如葵,叶上有燕象,光明洞澈,服一株拜为太清龙虎仙君。第四名夜光芝,其色青,其实正白如李,夜视其实如月,光照洞一室,服一株为太清仙官。第五名曰玉芝,剖食拜三官正真御史。"[30]

揵六枳而为篱兮,筑蕙若而为室;播兰芷于中廷兮,列杜衡于外术。①攒射干杂蘼芜兮,搆木兰与新夷;光扈扈而煬燿兮,[31]纷郁郁而畅美;华芳晔其发越兮,时恍忽而莫贵;非惜身之埳轲兮,怜众美之憔悴。②游精神于大宅兮,抗玄妙之常操;处清静以养志兮,实吾心之所乐。③山峨峨而造天兮,林冥冥而畅茂;鸾回翔索其群兮,鹿哀鸣而求其友。④诵古今以散思兮,览圣贤以自镇;嘉孔丘之知命兮,大老聃之贵玄;德与道其孰宝兮?名与身其孰亲?陂山谷而间处兮,守寂寞而存神。⑤夫庄周之钓鱼兮,辞卿相之显位;于陵子之灌园兮,似至人之仿佛。盖隐约而得道兮,羌穷悟而入术;离尘垢之窈冥兮,配乔、松之妙节。⑥惟吾志之所庶兮,固与俗其不同;既俶傥而高引兮,愿观其从容。⑦

①自此以下,说篱宇廷除,[32]皆树芬芳卉木,喻己立身行道,依仁履义,犹屈原"扈江蓠与薜芷,[33]纫秋兰以为佩"之类也。揵,立也。枳,芬木也。晏子曰:"江南为橘,江北为枳。"枳之为木,芳而多刺,可以为篱。此云"六枳",东观记作"八枳"。案:周书小开篇曰"呜呼!汝何

敬非时？何择非德？德枳维大人，大人枳维公，公枳维卿，卿枳维大夫，大夫枳维士，登登皇皇，(维在)〔君枳维国〕，国枳维都，[34]都枳维邑，邑枳维家，家枳维欲无疆”。言上下相维，递为藩蔽也。其数有八，与东观记同，此为六。蕙，香草也。杜，杜若也。兰即泽兰也。芷，白芷也，一名苻离，[35]一名药。杜衡，其状若葵，其臭如蘼芜。术，路也。

②攒，聚也。射干，乌翼也。蘼芜似蛇床而香，其根即芎䓖也。木兰，树也。香味俱似桂而皮薄。新夷亦树也，其花甚香。扈扈，光彩盛也。畅，通也。郁郁，香气也。晔，盛也。发越，气傍射也。司马相如曰：“煌煌扈扈，照曜巨野。”又曰：“郁郁菲菲，众香发越。”恍忽犹轻忽也。楚词曰：“然埳轲而留滞。”王逸曰：“埳轲，不遇也。”衍被摈斥沈沦，犹草木之沤郁芬芳，遇风霜而零落也。夷音协韵异。美音协韵媚。

③大宅谓天地。抗，举也。老子曰：“玄之又玄，众妙之门。”乐音五孝反。

④此言所居之处，山林飞走之状也。索，求也。诗曰“求其友声”也。

⑤镇，重也。古之圣贤，多固穷以守道，故览之以自镇也。孔子曰：“五十而知天命。”又曰：“不知命无以为君子。”玄者，幽寂之谓也。老子曰：“万物莫不尊道而贵德。”又曰：“道者万物之奥也，善人之所宝。”又曰：“名与身孰亲？”陂谓傍其边侧也。陂音兵义反。史记曰“陂山通道”是也。道以寂寞为主，神不外营，故常存也。镇，协韵竹人反。閒音闲。

⑥庄子曰：“庄子钓于濮水，楚王使大夫二人往见焉。曰：‘愿以境内累也。’庄子持竿不顾。曰：‘吾闻楚有神龟，死已三千岁矣，王以巾笥而藏之庙堂之上。为此龟者，宁死留骨而贵乎？宁其生而曳尾涂中乎？’使者曰：‘宁生曳尾涂中。’庄子曰：‘往矣，吾将曳尾于涂中。’”列女传曰：“於陵子终贤，楚王欲以为相，使使者往迎之。子终出谢使

者，遂与妻俱逃而为人灌园。”孟子曰，客居於陵，故曰於陵子也。至人守真养志，言仿佛似之也。二子虽病一时，而声流万古。盖隐居困约，而反得道之精。穷栖悟理，入贤人之术，离尘垢之窈冥也。超然高迈，配松、乔之妙节也。

⑦庶几守道，与俗不同。俶傥犹卓异也。凡言观者，非在己之言。从容犹在后也。衍虽摈斥当年，身穷志沮，而令问期于不朽，声芳县诸日月，故曰愿观其从容。

显宗即位，又多短衍以文过其实，遂废于家。

衍娶北地(女)任氏〔女〕为妻，〔36〕悍忌，不得畜媵妾，①儿女常自操井臼，〔37〕老竟逐之，遂埳壈于时。②然有大志，不戚戚于贱贫。居常慷慨叹曰：“衍少事名贤，经历显位，怀金垂紫，揭节奉使，③不求苟得，常有陵云之志。三公之贵，千金之富，不得其愿，不概于怀。④贫而不衰，贱而不恨，年虽疲曳，犹庶几名贤之风。⑤修道德于幽冥之路，以终身名，为后世法。”居贫年老，卒于家。所著赋、诔、铭、说、问交、德诰、慎情、⑥书记说、自序、官录说、策五十篇，⑦肃宗甚重其文。子豹。

①悍，急也。

②衍集载衍与妇弟任武达书曰：“天地之性，人有喜怒，夫妇之道，义有离合。先圣之礼，士有妻妾，虽宗之眇微，尚欲踰制。年衰岁暮，恨入黄泉，遭遇嫉妒，家道崩坏，五子之母，足尚在门。五年已来，日甚岁剧，以白为黑，以非为是，造作端末，妄生首尾，无罪无辜，谗口嗷嗷。乱匪降天，生自妇人。青蝇之心，不重破国，妒嫉之情，不惮丧身。牝鸡之晨，唯家之索，古之大患，今始于衍。醉饱过差，辄为桀纣，房中调戏，布散海外，张目抵掌，以有为无。痛彻仓天，毒流五臧，愁令人不赖生，忿令人不顾祸。入门著床，继嗣不育，纺绩织纴，了无女

工，[38]家贫无僮，贱为匹夫，故旧见之，莫不凄怆，曾无悯惜之恩。唯一婢，武达所见，头无钗泽，面无脂粉，形骸不蔽，手足抱土。不原其穷，不揆其情，跳梁大叫，呼若入冥，贩糖之妾，不忍其态。计妇当去久矣，念儿曹小，家无它使，哀怜姜、豹，当为奴婢。恻恻焦心，事事腐肠，讻讻籍籍，不可听闻。暴虐此婢，不死如发，半年之间，脓血横流。婢病之后，姜竟舂炊，豹又触冒泥涂，心为怆然。缣縠放散，冬衣不补，端坐化乱，一缕不贯。既无妇道，又无母仪，忿见侵犯，恨见狼藉，依倚郑令，如居天上。持质相劫，词语百车，剑戟在门，何暇有让？百弩环舍，何可强复？举宗达人解说，词如循环，口如布縠，县幡竟天，击鼓动地，心不为恶，身不为摇。宜详居错，且自为计，无以上书告诉相恐。狗吠不惊，自信其情。不去此妇，则家不宁；不去此妇，则家不清；不去此妇，则福不生；不去此妇，则事不成。自恨以华盛时不早自定，至于垂白家贫身贱之日，养痈长疽，自生祸殃。衍以室家纷然之故，捐弃衣冠，侧身山野，绝交游之路，杜仕宦之门，阖门不出，心专耕耘，以求衣食，何敢有功名之路哉！”

③金谓印也，紫谓绶也。揭，持也，音求谒反。

④概犹屑也。金或作乘。

⑤曳犹顿也。

⑥衍集有问交一篇，慎情一篇。

⑦衍集见有二十八篇。

豹字仲文，年十二，母为父所出。后母恶之，尝因豹夜寐，欲行毒害，豹逃走得免。敬事愈谨，而母疾之益深，时人称其孝。①长好儒学，以诗、春秋教丽山下。②乡里为之语曰：“道德彬彬冯仲文。”③举孝廉，拜尚书郎，忠勤不懈。每奏事未报，常俯伏省閤，或从昏至明。肃宗闻而嘉之，使黄门持被覆豹，敕令勿惊，由是数加赏赐。是时方平西域，以豹有才谋，拜为河西副校尉。和帝初，数言边事，奏置戊己校尉，城郭诸国复率旧职。迁武威太守，视事二年，河西称之，复征入为尚书。永元十四年，卒于官。

①衍与宣孟书曰："居室之义，人之大伦。思厚欢和之节，乐定金石之固。又自伤前遭不良，比有去两妇之名。事诚不得不然，岂中心之所好哉！"观其书意，似此妻又见出之。[39]

②丽音力之反。

③论语曰："文质彬彬，然后君子。"郑玄注："彬彬，杂半貌也。"

论曰：夫贵者负埶而骄人，才士负能而遗行，其大略然也。二子不其然乎！①冯衍之引挑妻之譬，得矣。夫纳妻皆知取詈己者，而取士则不能。何也？岂非反妒情易，而恕义情难。光武虽得之于鲍永，犹失之于冯衍。②夫然，义直所以见屈于既往，守节故亦弥阻于来情。呜呼！③

①史记曰："魏太子击逢文侯之师田子方，引车下道。子方不为礼。太子击曰：'富贵者骄人乎？贫贱者骄人乎？'子方曰：'贫贱者骄人耳。夫诸侯骄人则失其国，大夫骄人则失其家。贫贱者行不合，言不用，则去之楚、越，若脱躧然，奈何同之哉？'"士负能而遗行也。负，恃也。

②自此已上皆华峤之词。

③衍为更始举哀，既降，执义守直。既行之于己，光武屈而不用，故言义直所以见屈于既往也。则守节之人，见衍被黜，弥阻难于将来。

赞曰：谭非谶术，衍晚委质。道不相谋，诡时同失。①体兼上才，荣微下秩。

①诡，违也，言二人之道不相同，俱以违时咸被摈斥也。

【校勘记】

〔1〕胶西王素闻仲舒〔有行〕 按:校补谓据史记儒林传"仲舒"下脱"有行"二字。今据补。

〔2〕出无舆马之饰 按:"出"原讹"年",径据汲本、殿本改正。

〔3〕不操市井之利 按:"操"原讹"探",径据汲本、殿本改正。

〔4〕老子〔道〕德经之词也 据汲本、殿本补。

〔5〕畜马(千)乘 按:殿本依监本"千"作"十"。校补谓今案礼记文本作"畜马乘",乘固四马也。"千"乃涉下"乘"字误衍,"十"又改订之误。今据删。

〔6〕反而亡焉失之哀于是为甚 按:今礼记注疏本"哀"作"矣",属上"失之"为句。

〔7〕将以荡夫忧心 按:"荡"原讹"薄",径据汲本、殿本改正。注同。

〔8〕平阳县名 按:集解引钱大昕说,谓两汉三辅无"平阳县",史记秦本纪宁公徙居平阳,正义云岐山县有平阳乡,乡内有平阳聚。又引洪颐煊说,谓前书郊祀志"雍大雨,坏平阳宫垣",三辅黄图秦有"平阳宫",故与"飞廉观"对言之,注误。

〔9〕孰能观大象无形(矣)〔哉〕 据汲本、殿本改。

〔10〕恐余殃之有再 按:汲本、殿本"余"作"馀"。

〔11〕植物宜皁 汲本"皁"作"早"。按:今本周礼亦作"早",释文云"早音皁,本或作'皁'"。阮元谓皁者草之俗字。说文"草者草斗,栎实也"。自人用"草"为艸木字,乃别制"皁"为草斗字。唐石经、宋本、嘉靖本均作"皁",今本作"早"者,后人依释文改从正字也。

〔12〕享吕望于酆洲 按:集解本依汲本"洲"作"州",校补谓说文州下云"水中可居曰州",并引诗"在河之州",别无从水之"洲"。今毛诗作"在河之洲",尔雅释水作"水中可居曰洲",皆非正字。

〔13〕燕都〔蓟〕今蓟县也 按:张森楷校勘记谓以下文"齐都营丘","宋

都睢阳”例之,“都”下当有“蓟”字。今据补。

〔14〕心悇憛而怀惑　按:殿本“惑”作“感”。校补谓案楚辞七谏本作“心悇憛而烦冤”,王注“冤”一作“怨”。“怀惑”“怀感”皆“烦怨”之讹。

〔15〕(尽)〔虚〕愒洞疑　据汲本、殿本改。按:汲本、殿本“愒”讹“惕”。

〔16〕钦明文塞晏晏　按:各本“塞”并作“思”,疑后人依书尧典改之。

〔17〕在京兆杜陵亭　按:此六字原在“汤都”下,今据殿本移正。

〔18〕拔周唐之盛德兮　按:集解引何焯说,谓“周唐”疑“周康”之讹。

〔19〕嫫子反于彭城兮　按:集解引钱大昕说,谓“嫫”当为“馔”,与下文“馌女齐”,“飧椒举”同义,言欲饮食之也。

〔20〕夏徵舒弑其君　按:“弑”原讹“杀”,径据汲本、殿本改正。

〔21〕君(何)〔所〕为轻身以先于匹夫者　据刊误改,与孟子合。

〔22〕焉能使予不遇〔哉〕　据汲本、殿本补。

〔23〕太湖有五道　按:各本“道”作“湖”,非。御览地部三十一引亦作“道”。

〔24〕(隔)〔滆〕湖　据汲本、殿本改。

〔25〕说关(西)〔东〕六国令事秦　刊误谓关西何缘有六国,明衍“关西”二字。今按:观上下文语气,“关西”明是“关东”之讹,刘说未谛,今改“西”作“东”。又按:汲本无“关西”二字。

〔26〕高不过望国(气)〔氛〕　据殿本改。

〔27〕及行迷之未远　按:“及”原讹“反”,径据殿本、集解本改正。

〔28〕东观记(曰)高字作乔　据殿本删。

〔29〕(次)〔按〕下云　据校补说改。

〔30〕拜三官正真御史　按:殿本“真”作“员”。

〔31〕光扈扈而煬燿兮　按:汲本、殿本“煬”作“炀”。

〔32〕篱宇廷除　按:刊误谓应作“篱室庭术”。又按:殿本“宇”作“室”。

〔33〕扈江蓠与薜芷　按:“蓠”原讹“篱”,径据汲本、殿本改正。

〔34〕登登皇皇(维在)〔君枳维国〕国枳维都　按:校补谓“维在”殿本作“□维国”,今考朱右曾所校释之足本周书,则作“登登皇皇,君枳维国,国枳维都”,并不阙字。今据改。

〔35〕一名苻离　按:“苻”原讹“符”,径据汲本、殿本改正。又按:汲本、殿本“离”作“蓠”。

〔36〕衍娶北地(女)任氏〔女〕为妻　王先谦谓东观记作“北地任氏女”,是也,此误倒。今据改。

〔37〕儿女常自操井臼　按:“操”原讹“探”,径改正。

〔38〕了无女工　按:汲本、殿本“了”作“子”。

〔39〕似此妻又见出之　按:“之”疑当作“也”。

后汉书卷二十九

申屠刚鲍永郅恽列传第十九

申屠刚字巨卿，扶风茂陵人也。七世祖嘉，文帝时为丞相。刚质性方直，常慕史鰌、汲黯之为人。①仕郡功曹。

①史记曰，史鰌字子鱼，卫大夫也。论语孔子曰："直哉史鱼，邦有道如矢，邦无道如矢。"前书，汲黯字长孺。武帝时为主爵都尉，好直谏，时人谓之"汲直"。

平帝时，王莽专政，朝多猜忌，[1]遂隔绝帝外家冯卫二族，不得交宦，刚常疾之。①及举贤良方正，因对策曰：

①冯谓冯昭仪，平帝祖母也。卫谓卫姬，平帝母也，号中山太后。王莽专政，冯卫二族皆不得至京师交通仕宦。见前书。

臣闻王事失则神祇怨怒，奸邪乱正，故阴阳谬错。此天所以谴告王者，欲令失道之君，旷然觉悟，怀邪之臣，惧然自刻者也。①今朝廷不考功校德，而虚纳毁誉，数下诏书，张设重法，抑断诽谤，禁割论议，罪之重者，乃至腰斩。伤忠臣之情，挫直士之锐，殆乖建进善之旌，县敢谏之鼓，②辟四门之路，明四目之义也。③

①惧，惊也，音纪住反。刻犹责也。

②旌，幡也。淮南子曰："禹县钟鼓磬铎，置鞀，以待四方之士。为幡曰：'教道寡人以道者击鼓，喻以义者击钟，告以事者振铎，语以忧者击磬，有狱讼者摇鞀。'"帝王纪曰："尧置敢谏之鼓。"

③孔安国注尚书曰，开辟四方之门未开者，谓广致众贤者。明四目，谓广视于四方，使下无壅塞也。[2]

臣闻成王幼少，周公摄政，听言下贤，均权布宠，无旧无新，唯仁是亲，①动顺天地，举措不失。然近则召公不悦，远则四国流言。②夫子母之性，天道至亲。今圣主幼少，始免襁褓，③即位以来，至亲分离，外戚杜隔，恩不得通。且汉家之制，虽任英贤，犹援姻戚。亲疏相错，杜塞间隙，诚所以安宗庙，重社稷也。今冯、卫无罪，久废不录，或处穷僻，不若民庶，诚非慈爱忠孝承上之意。夫为人后者，自有正义，至尊至卑，其埶不嫌，是以人无贤愚，莫不为怨，奸臣贼子，以之为便，不讳之变，诚难其虑。今之保傅，非古之周公。周公至圣，犹尚有累，何况事失其衷，不合天心者哉？昔周公先遣伯禽守封于鲁，以义割恩，宠不加后，④故配天郊祀，三十馀世。⑤霍光秉政，辅翼少主，修善进士，名为忠直，而尊〔崇〕其宗党，[3]摧抑外戚，⑥结贵据权，至坚至固，终没之后，受祸灭门。⑦方今师傅皆以伊、周之位，据贤保之任，以此思化，则功何不至？不思其危，则祸何不到？损益之际，孔父攸叹，⑧持满之戒，老氏所慎。⑨盖功冠天下者不安，威震人主者不全。今承衰乱之后，继重敝之世，公家屈竭，赋敛重数，苛吏夺其时，贪夫侵其财，百姓困乏，疾疫夭命。盗贼群辈，且以万数，军行众止，窃号自立，⑩攻犯京师，燔烧县邑，⑪至乃讹言积弩入宫，宿卫惊惧。自汉兴以来，诚未有也。国家征弱，奸谋不禁，六极之效，危于累卵。⑫王者承天顺地，典爵主刑，不敢以天官私其宗，不敢以天罚轻其亲。陛下宜遂圣明之德，昭然觉悟，远述帝王之跡，近遵孝文之业，⑬差五品之属，纳至亲之序，⑭亟遣使者征中山太后，置之别宫，令时朝见。又召冯卫二族，裁与冗职，⑮使得执戟，亲奉宿卫，以防未然之符，以抑患祸之端。上安社稷，下全保傅，内和亲戚，外绝邪谋。

①尚书大传曰："武王入殷，周公曰：'各安其宅，各田其田，无故无新，唯仁之亲。'"

②尚书曰："〔召公为保〕，周公为师，[4]相成王为左右，召公不悦。"言周公既还政成王，宜其自退，今复为相，故不悦也。四国谓管、蔡、商、奄也。成王幼小，周公摄政，四国流言曰："公将不利于孺子。"

③免，离也。平帝即位时年九岁，故云始免缀緥。前书音义曰："缀，落也。緥，被也。""緥"或作"褓"也。

④伯禽，周公旦之子也。周公相成王，先封伯禽于鲁，令就国守封。后谓伯禽也。周公身既尊宠，不令伯禽复加荣贵，以自挹损也。东观记曰："昔周公豫防祸首，先遣伯禽守封于鲁，离断至亲，以义割恩，使已尊宠，不加其后。"

⑤自伯禽至顷公，为楚考烈王所灭，凡三十四公。鲁以周公大圣之后，故郊祀配天，一如天子之礼。

⑥昭帝时霍光辅政，其子禹及兄孙云、山等皆中郎将、奉车都尉，昆弟诸婿皆奉朝请，给事中，唯昭帝外家赵氏无一在位者。

⑦霍光薨后，其子禹，宣帝时为大司马，谋反发觉，禹腰斩，母显及诸女

昆弟皆弃市。

⑧说苑曰："孔子读易至损、益，则喟然而叹。子夏问曰：'夫子何为叹？'孔子曰：'夫自损者益，自益者缺，吾是以叹之矣。'"

⑨老子曰："持而盈之，不如其已。"已，止也，言执满必倾，不如止也。

⑩兴军而行，拥众而止，无畏惮于危亡也。

⑪谓平帝元始三年，阳陵人任横等自称将军，盗武库兵，攻官寺，出囚徒也。

⑫尚书大传曰"貌之不恭厥极恶，言之不从厥极忧，视之不明厥极疾，听之不聪厥极贫，心之不睿厥极凶短折，皇极不建厥极弱"也。

⑬文帝即位，使将军薄昭迎薄太后于代。刚欲使平帝迎中山太后至京师者也。

⑭五品，五常之教也。尚书舜命契曰："汝作司徒，敬敷五教。"左传史克曰："舜举八元，使布五教于四方：父义，母慈，兄友，弟恭，子孝。"

⑮冗，散也。

书奏，莽令元后下诏曰："刚所言僻经妄说，①违背大义。其罢归田里。"

①元后，元帝后，王莽之姑也。

后莽篡位，刚遂避地河西，转入巴蜀，往来二十许年。及隗嚣据陇右，欲背汉而附公孙述。刚说之曰："愚闻人所归者天所与，人所畔者天所去也。伏念本朝①躬圣德，举义兵，龚行天罚，所当必摧，诚天之所福，非人力也。将军本无尺土，孤立一隅，宜推诚奉顺，与朝并力，上应天心，下酬人望，为国立功，可以永年。②嫌疑之事，圣人所绝。以将军之威重，远在千里，动作举措，可不慎与？今玺书数到，委国归信，欲与将军共同吉凶。布衣相与，尚有没身不负然诺之信，况于万乘者哉！③今何畏何利，久疑如是？卒有非常之变，上负忠孝，下愧当世。④夫未至豫言，固常为虚，及其已至，又无所及，是以忠言至谏，希得为用。诚愿反覆愚老之言。”嚣不纳，遂畔从述。

①谓光武也。

②今文尚书曰“立功立事，可以永年”也。

③烈士传曰：“羊角哀、左伯桃二人为死友，欲仕于楚，道阻，遇雨雪不得行，饥寒，自度不俱生。伯桃谓角哀曰：‘俱死之后，骸骨莫收，内手扪心，知不如子。生恐无益而弃子之能，我乐在树中。’角哀听之，伯桃入树中而死。楚平王爱角哀之贤，以上卿礼葬伯桃。角哀梦伯桃曰：‘蒙子之恩而获厚葬，正苦荆将军冢相近。今月十五日，当大战以决胜负。’角哀至期日，陈兵马诣其冢，作三桐人，自杀，下而从之。”此殁身不负然诺之信也。

④言从汉何畏，附蜀何利，而久疑不决。

建武七年，诏书征刚。[5]刚将归，与嚣书曰：“愚闻专己者孤，拒谏者塞，孤塞之政，亡国之风也。虽有明圣之姿，犹屈己从众，故虑无遗策，举无过事。夫圣人不以独见为明，而以万物为心。顺人者昌，逆人者亡，此古今之所共也。将军以布衣为乡里所推，廊庙之计，既不豫定，①动军发众，又不深料，今东方政教日睦，百姓平安，而西州发兵，人人怀忧，骚动惶惧，莫敢正言，群众疑惑，人怀顾望。非徒无精锐之心，其患无所不至。夫物穷则变生，事急则计易，其执然也。夫离道德，逆人情，而能有国有家者，古今未有也。将军素以忠孝显闻，是以士大夫不远千里，慕乐德义。今苟欲决意徼幸，此何如哉？夫天所祐者顺，人所助者信。②如未蒙祐助，令小人受涂地之祸，毁坏终身之德，败乱君臣之节，污伤父子之恩，③众贤破胆，可不慎哉！”嚣不纳。刚到，拜侍御史，迁尚书令。

①廊，殿下屋也；庙，太庙也。国事必先谋于廊庙之所也。

②易系词之言也。

③不从光武，是乱君臣之节也。遣子恂入质而背之，是伤父子之恩也。

光武尝欲出游，刚以陇蜀未平，不宜宴安逸豫。谏不见听，遂以头轫乘舆轮，帝遂为止。①[6]

①轫，谓以头枝车轮也。[7]王逸注楚词曰："轫，止轮木也。"

时内外群官，多帝自选举，加以法理严察，职事过苦，尚书近臣，至乃捶扑牵曳于前，群臣莫敢正言。刚每辄极谏，又数言皇太子宜时就东宫，简任贤保，[8]以成其德，帝并不纳。以数切谏失旨，数年，出为平阴令。复征拜太中大夫，以病去官，卒于家。

鲍永字君长，上党屯留人也。①父宣，哀帝时任司隶校尉，为王莽所杀。②永少有志操，习欧阳尚书。③事后母至孝，妻尝于母前叱狗，而永即去之。④

①屯留，今潞州县也。

②莽辅政，诛不附己者，故杀宣。

③欧阳生字和伯，千乘人。受尚书于伏生。见前书。

④去音丘吕反。

初为郡功曹。莽以宣不附己，欲灭其子孙。都尉路平承望风旨，规欲害永。太守苟谏拥护，召以为吏，常置府中。永因数为谏陈兴复汉室，翦灭篡逆之策。谏每戒永曰："君长几事不密，祸倚人门。"永感其言。及谏卒，自送丧归扶风。路平遂收永弟升。太守赵兴到，闻乃叹曰："我受汉茅土，①不能立节，而鲍宣死之，岂可害其子也!”敕县出升,复署永功曹。时有矫称侍中止传舍者,兴欲谒之。永疑其诈,谏不听而出,兴遂驾往,永乃拔佩刀截马当匈,乃止。②后数日,莽诏书果下捕矫称者,永由是知名。举秀才,不应。

①王者封五色土为社,封诸侯则各割其方面土与之,焘以黄土,苴以白茅,使归立社也。

②当匈,以韦为之也。

更始二年征,再迁尚书仆射,行大将军事,持节将兵,安集河东、并州、朔部,得自置偏裨,辄行军法。永至河东,因击青犊,大破之,更始封为中阳侯。①永虽为将率,而车服敝素,为道路所识。②

①中阳,县,属西河郡,今汾州孝义县也。

②东观记曰:“永好文德,虽行将军,常衣皁襜褕,路称鲍尚书兵马。”[9]俗本或有“为”上加“不”者,误也。

时赤眉害更始,三辅道绝。光武即位,遣谏议大夫储大伯①,持节征永诣行在所。永疑不从,乃收系大伯,②遣使驰至长安。既知更始已亡,乃发丧,出大伯等,封上将军列侯印绶,悉罢兵,但幅巾与诸将及同心客百馀人诣河内。③帝见永,问曰:“卿众所在?”永离席叩头曰:“臣事更始,不能令全,诚惭以其众幸富贵,故悉罢之。”④帝曰:“卿言大!”而意不悦。时攻怀未拔,帝谓永曰:“我攻怀三日而兵不下,关东畏服卿,可且将故人自往城下譬之。”即拜永谏议大夫。至怀,乃说更始河内太守,于是开城而降。帝大喜,⑤赐永洛阳商里宅,⑥固辞不受。

①风俗通曰:“储姓,齐大夫储子之后也。”

②东观记曰“封大伯所持节于晋阳传(合)〔舍〕壁中,[10]遣信人驰至长安”也。

③幅巾谓不著冠，但幅巾束首也。

④幸，希也。

⑤东观记曰："永说下怀，上大喜，与永对食。"

⑥东观记曰："赐洛阳上商里宅。"陆机洛阳记曰："上商里在洛阳东北，本殷顽人所居，故曰上商里宅也。"

时董宪裨将屯兵于鲁，侵害百姓，乃拜永为鲁郡太守。永到，击讨，大破之，降者数千人。唯别帅彭丰、虞休、皮常等各千馀人，称"将军"，不肯下。顷之，孔子阙里无故荆棘自除，①从讲堂至于里门。永异之，谓府丞及鲁令曰："方今危急而阙里自开，斯岂夫子欲令太守行礼，助吾诛无道邪？"乃会人众，修乡射之礼，请丰等共会观视，欲因此禽之。丰等亦欲图永，乃持牛酒劳飨，而潜挟兵器。永觉之，手格杀丰等，禽破党与。帝嘉其略，封为关内侯，迁杨州牧。时南土尚多寇暴，永以吏人痍伤之后，乃缓其衔辔，②示诛强横而镇抚其馀，百姓安之。会遭母忧，去官，悉以财产与孤弟子。

①阙里解见明纪。

②衔辔，喻法律以控御人也。说苑曰："理国譬若张琴，大弦急则小弦绝矣，故急于其衔辔者，非千里之御也。"

建武十一年，征为司隶校尉。帝叔父赵王良尊戚贵重，永以事劾良大不敬，①由是朝廷肃然，莫不戒慎。乃辟扶风鲍恢为都官从事，恢亦抗直不避强御。帝常曰："贵戚且宜敛手，以避二鲍。"其见惮如此。

①东观记曰"时良从送中郎将来歙丧还，入夏城门中，[11]与五官将(军)〔车〕相逢，[12]道迫，良怒，召门候岑尊，叩头马前。永劾奏良曰'今月二十七日，车驾临故中郎将来歙丧还，车驾过，须臾赵王良从后到，与右中郎将张邯相逢城门中，道迫狭，叱邯旋车，又召候岑尊诘责，使前

走数十步。案良诸侯藩臣，蒙恩入侍，〔宜〕知尊帝城门候吏六百石，[13]而肆意加怒，令叩头都道，奔走马头前。无藩臣之礼，大不敬'"也。

永行县到霸陵，路经更始墓，引车入陌，①从事谏止之。永曰："亲北面事人，宁有过墓不拜！虽以获罪，司隶所不避也。"遂下拜，哭尽哀而去。西至扶风，椎牛上苟谏冢。帝闻之，意不平，问公卿曰："奉使如此何如？"太中大夫张湛对曰："仁者行之宗，忠者义之主也。仁不遗旧，忠不忘君，行之高者也。"帝意乃释。

①墓在今万年县东北。南北为阡，东西为陌。

后大司徒韩歆坐事，①永固请之不得，以此忤帝意，出为东海相。坐度田事不实，被征，诸郡守多下狱。永至(城)〔成〕皋，[14]诏书逆拜为兖州牧，便道之官。②视事三年，病卒。子昱。

①建武十五年歆坐直言免也。

②东观记诏书迎下永曰"君晨夜冒犯霜露，精神亦已劳矣。以君帷幄近臣，其以永为兖州牧"也。

论曰：鲍永守义于故主，斯可以事新主矣。耻以其众受宠，斯可以受大宠矣。若乃言之者虽诚，而闻之未譬，①岂苟进之悦，易以情纳，持正之忤，难以理求乎？②诚能释利以循道，居方以从义，③君子之概也。

①譬犹晓也。

②言谄曲则易入，刚直则难进也。

③方，直也。

昱字文泉。[15]少传父学，客授于东平。建武初，太行山中有剧贼，太守戴涉闻昱鲍永子，有智略，乃就谒，请署守高都长。①昱应之，遂讨击群贼，诛其渠帅，道路开通，由是知名。后为沘阳长，政化仁爱，境内清净。②

①高都，县，属上党郡，故城在今泽州也。

②东观记曰："沘阳人赵坚杀人系狱，其父母诣昱，自言年七十馀唯有一子，適新娶，今系狱当死，长无种类，涕泣求哀。昱怜其言，令将妻入狱，解械止宿，遂任身有子。"

荆州刺史表上之，再迁，中元元年，拜司隶校尉。诏昱诣尚书，使封胡降檄。①光武遣小黄门问昱有所怪不？对曰："臣闻故事通官文书不著姓，又当司徒露布，②怪使司隶下书而著姓也。"帝报曰："吾故欲令天下知忠臣之子复为司隶也。"[16]昱在职，奉法守正，有父风。永平五年，坐救火迟，免。

①檄，军书也，若今之露布也。

②汉官仪曰"群臣上书，公卿校尉诸将不言姓。凡制书皆玺封，尚书令重封。唯赦赎令司徒印，露布州郡"也。

后拜汝南太守。郡多陂池，岁岁决坏，年费常三千馀万。昱乃上作方梁石洫，①水常饶足，溉田倍多，人以殷富。

①洫，渠也。以石为之，犹今之水门也。

十七年，代王敏为司徒，赐钱帛什器帷帐，除子得为郎。[17]建初元年，大旱，穀贵。肃宗召昱问曰："旱既太甚，将何以消复灾眚？"对曰："臣闻圣人理国，三年有成。①今陛下始践天位，刑政未著，如有失得，何能致异？但臣前在汝南，典理楚事，②系者千馀人，恐未能尽当其罪。先帝诏言，大狱一起，冤者过半。[18]又诸徙者骨肉离分，孤魂不祀。一人呼嗟，王政为亏。宜一切还诸徙家属，[19]蠲除禁锢，兴灭继绝，死生获所。如此，和气可致。”帝纳其言。③

①论语孔子曰：“如有用我者，期月而已可也，三年乃有成功。”

②永平十三年，楚王英谋反，连坐者在汝南，昱时主劾之也。

③东观记曰：“时司徒辞讼久者至十数年，[20]比例轻重，非其事类，错杂难知。昱奏定辞讼七卷，决事都目八卷，以齐同法令，息遏人讼也。”

四年，代牟融为太尉。六年，薨，年七十馀。

子德，修志节，有名称，累官为南阳太守。时岁多荒灾，唯南阳丰穰，吏人爱悦，号为神父。时郡学久废，德乃修起横舍，①备俎豆黻冕，[21]行礼奏乐。又尊飨国老，宴会诸儒。百姓观者，莫不劝服。[22]在职九年，徵拜大司农，卒于官。

①横，学也，字又作“黉”。

子昂，字叔雅，有孝义节行。初，德被病数年，昂俯伏左右，衣不缓带；及处丧，毁瘠三年，抱负乃行；服阕，遂潜于墓次，不关时务。举孝廉，辟公府，连征不至，卒于家。

郅恽字君章，汝南西平人也。①年十二失母，居丧过礼。及长，理韩诗、严氏春秋，②明天文历数。

①潜夫论曰：“周先姞氏封于燕，河东有郅都，汝南有郅君章。”音与古姞同，而其字异。然前书音义郅音之日反。

②韩，韩婴也。作诗内外传。严，严彭祖也。受公羊于眭孟，专门教授。见儒林传。

王莽时，寇贼群发，恽乃仰占玄象，叹谓友人曰："方今镇、岁、荧惑并在汉分翼、轸之域，①[23]去而复来，汉必再受命，福归有德。如有顺天发策者，必成大功。"时左队大夫逯并素好士，②[24]恽说之曰："当今上天垂象，智者以昌，愚者以亡。昔伊尹自鬻辅商，立功全人。③恽窃不逊，敢希伊尹之踪，应天人之变。明府傥不疑逆，俾成天德。"并奇之，使署为吏。恽不谒，曰："昔文王拔吕尚于渭滨，高宗礼傅说于岩筑，桓公取管仲于射钩，故能立弘烈，就元勋。未闻师相仲父，而可为吏位也。④非阚天者不可与图远。君不授骥以重任，骥亦俛首裹足而去耳。"⑤遂不受署。

①尔雅曰："中央镇星，东方岁星，南方荧惑。"翼、轸者，南方鹑尾之宿，楚之分野。(孔)演〔孔〕图曰：[25]"卯金刀，名为刘，中国东南出荆州。"故为汉分也。

②王莽以颍川为左队，郡守为大夫。逯，姓；并，名也。风俗通曰："逯，秦邑也，其大夫氏焉。"逯音录。

③鬻，自炫卖也。史记曰，伊尹欲干汤而无因，乃为有莘氏媵臣，负鼎俎以滋味说汤，乃任以国政也。

④师，吕望也。相，傅说也。仲父，管仲也。

⑤恽以骥自喻，因自称骥。史记曰，吴兵入郢，申包胥走秦求救，昼夜驰驱，足肿蹠盭，裂裳裹足，鹄立秦庭。盭音戾。

西至长安，乃上书王莽曰："臣闻天地重其人，惜其物，故运机衡，垂日月，①含元包一，甄陶品类，②显表纪世，图录豫设。③汉历久长，孔为赤制，④不使愚惑，残人乱时。智者顺以成德，愚者逆以取害，神器有命，不可虚获。上天垂戒，欲悟陛下，令就臣位，转祸为福。⑤刘氏享天永命，陛下顺节盛衰，⑥取之以天，还之以天，可谓知命矣。若不早图，是不免于窃位也。⑦且尧舜不以天显自与，故禅天下,⑧陛下何贪非天显以自累也?天为陛下严父,臣为陛下孝子。父教不可废,[26]子谏不可拒,惟陛下留神。”莽大怒,即收系诏狱,劾以大逆。犹以恽据经谶,难即害之,使黄门近臣胁恽,令自告狂病恍忽,不觉所言。恽乃瞋目詈曰:“所陈皆天文圣意,非狂人所能造。”遂系须冬,会赦得出,乃兴同郡郑敬南遁苍梧。⑨

①机衡,北斗也。

②前书志曰:“太极元气,合三为一。”[27]谓三才未分,包而为一〔也〕。甄(也)者,[28]陶人旋转之轮也。言天地造化品物,如陶匠之成众品者也。

③表,明也;纪,年也。言天豫设图录之书,显明帝王之年代也。

④言孔丘作纬,著历运之期,为汉家之制。汉火德尚赤,故云为赤制,即春秋感精符云“墨、孔生为赤制”是也。

⑤上天垂戒,谓镇、岁、荧惑并在汉分也。

⑥享,受也。永,长也。汉家受天长命,运祚未绝,劝莽当顺其时之盛衰,衰则取之,盛则还之。

⑦窃,盗也。孔子曰:“臧文仲其窃位者欤?”

⑧尧舜盛德,天之所显,犹不自与,以位禅人。言尧之禅舜,舜禅于禹也。

⑨遁,隐也。苍梧,山名也。山海经曰,南方苍梧之丘,苍梧之川,其中有九疑山焉,舜之所葬也。在今永州唐兴县东南。

建武三年,又至庐江,因遇积弩将军傅俊东徇扬州。俊素闻恽名,乃礼请之,上为将兵长史,授以军政。恽乃誓众曰:“无掩人不备,穷人於危,[29]不得断人支体,裸人形骸,放淫妇女。”俊军士犹发冢陈尸,掠夺百姓。恽谏俊曰:“昔文王不忍露白骨,①武王不以天下易一人之命,②故能获天地之应,克商如林之旅。③将军如何不师法文王，而犯逆天地之禁，多伤人害物，虐及枯尸，取罪神明？今不谢天改政，无以全命。愿将军亲率士卒，收伤葬死，哭所残暴，以明非将军本意也。”从之，百姓悦服，所向皆下。

①解见顺纪。

②吕氏春秋曰：“武王伐纣，至鲔水，纣使胶鬲候周，问武王曰：‘何日至？’武王曰：‘将以甲子日至。’胶鬲行，天大雨，日夜不休，武王疾行不辍。军吏谏之。武王曰：‘吾疾行以救胶鬲之死也。’”

③天地之应，谓夜雨止、毕陈、白鱼入舟之类。克，胜也。商，殷号也。旅，众也。如林，言众多。尚书曰：“武王伐〔纣〕，纣率其旅若林，[30]会于牧野。”

七年，俊还京师，而上论之。①恽耻以军功取位，遂辞归乡里。县令卑身崇礼，请以为门下掾。恽友人董子张者，父先为乡人所害。②及子张病，将终，恽往候之。子张垂殁，视恽，歔欷不能言。恽曰：“吾知子不悲天命，而痛雠不复也。子在，吾忧而不手；子亡，吾手而不忧也。”③子张但目击而已。④恽即起，将客遮仇人，取其头以示子张。子张见而气绝。恽因而诣县，以状自首。令应之迟，⑤恽曰：“为友报雠，吏之私也。奉法不阿，君之义也。亏君以生，非臣节也。”趋出就狱。令跣而追恽，不及，遂自至狱，令拔刃自向以要恽曰：“子不从我出，敢以死明心。”⑥恽得此乃出，因病去。

①上音时掌反。

②东观记曰“子张父及叔父为乡里盛氏一时所害”也。

③言子在，吾忧子仇未能报，而不须手自挥锋；子若亡，吾直为子手刃仇人，更不须心怀忧也。

④目击谓孰视之也。庄子曰“目击而道存”也。

⑤县令不欲其自首诣狱，故应对之缓也。

⑥恽若不去,[31]欲自刺以明心也。

久之,太守欧阳歙请为功曹。汝南旧俗,十月飨会,百里内县皆赍牛酒到府讌饮。时临飨礼讫,歙教曰:“西部督邮繇延,①天资忠贞,禀性公方,摧破奸凶,不严而理。今与众儒共论延功,显之于朝。太守敬嘉厥休,牛酒养德。”主簿读(书)教,[32]户曹引延受赐。恽于下坐愀然前曰:“司正举觥,②以君之罪,告谢于天。案延资性贪邪,外方内员,③朋党搆奸,罔上害人,所在荒乱,怨慝并作。明府以恶为善,股肱以直从曲,此既无君,又复无臣,恽敢再拜奉觥。”歙色慙动,不知所言。门下掾郑敬进曰:“君明臣直,功曹言切,明府德也,可无受觥哉?”歙意少解,曰:“实歙罪也,敬奉觥。”④恽乃免冠谢曰:“昔虞舜辅尧,四罪咸服,⑤谗言弗庸,孔任不行,⑥故能作股肱,帝用有歌。⑦恽不忠,孔任是昭,⑧豺虎从政,⑨既陷诽谤,又露所言,⑩罪莫重焉。请收恽、延,以明好恶。”歙曰:“是重吾过也。”⑪遂不讌而罢。恽归府,称病,延亦自退。

①繇姓,咎繇之后。繇音遥。

②愀,变色貌。司正,主礼仪者。觥,罚爵也,以角为之。诗小雅曰:“兕觥其觩,旨酒思柔。”觥音古横反。

③言延外示方直而内实柔弱也。孔子曰:“色厉而内荏。”

④遂受罚也。

⑤左传曰:“舜臣尧,乃流四凶族。”尚书曰“乃流共工于幽州,放驩兜于崇山,窜三苗于三危,殛鲧于羽山,四罪而天下咸服”也。

⑥庸,用也。孔,甚也。任,佞也。

⑦尚书曰:“股肱喜哉!元首起哉!”

⑧昭,显也。恽自责不忠,故使甚佞之人昭显也。

⑨豺虎,贪兽,以比繇延也。

⑩露，显也。又对众显言（於）繇延之罪也。[33]

⑪重，再也。

郑敬素与恽厚，见其言忤歙，乃相招去，曰："子廷争繇延，君犹不纳。延今虽去，其埶必还。①直心无讳，诚三代之道。②然道不同者不相为谋，吾不能忍见子有不容君之危，盍去之乎！"恽曰："孟轲以强其君之所不能为忠，量其君之所不能为贼。③恽业已强之矣。障君于朝，④既有其直，而不死职，罪也。延退而恽又去，不可。"敬乃独隐于弋阳山中。⑤居数月，歙果复召延，恽于是乃去，从敬止，渔钓自娱，留数十日。恽志在从政，既乃喟然而叹，谓敬曰："天生俊士，以为人也。鸟兽不可与同群，⑥子从我为伊吕乎？将为巢许，而父老尧舜乎？"⑦[34]敬曰："吾足矣。初从生步重华于南野，⑧谓来归为松子，⑨今幸得全躯树类，⑩还奉坟墓，尽学问道，⑪虽不从政，施之有政，是亦为政也。⑫吾年耄矣，安得从子？子勉正性命，勿劳神以害生。"恽于是告别而去。敬字次都，清志高世，光武连征不到。⑬

①言歙后必召延也。

②三代，夏、殷、周也。论语曰："三代之所以直道而行也。"

③孟子对齐宣王曰："力足以举百钧，而不足以举一羽，明足以察秋毫之末，而不见舆薪，则王许之乎？"曰："不。"孟子曰："今恩足以及禽兽，而功不至于百姓者，独何欤？然则一羽之不举，为不用力焉，舆薪之不见，为不用明焉，百姓之不见保，为不用恩焉。故王之不王，弗为也，非不能也。"曰："不为者与不能者之形何以异？"曰："挟太山以（趍）〔超〕北海，[35]语人曰我不能，是诚不能也。为（少）〔长〕者折枝，语人曰我不能，是（诚不能也为长者折枝语人曰我）不为也[36]非不能也。"此强其君之所不能为也。又曰："恻隐之心，仁之端也；（善）〔羞〕恶之

心，[37]义之端也；辞让之心，礼之端也；是非之心，智之端也。人之有是四端也，犹其有四体也。有是四端自谓不能者，自贼者也；谓其君不能者，贼其君者也。”

④障，蔽也。君谓歙也。言歙将以牛酒赏繇延，而恽障蔽不听之。

⑤弋阳，县，属汝南郡，前书云弋阳山在县西北也。

⑥论语孔子之言。

⑦若为巢父、许由，则以尧、舜为父老之人也。

⑧步犹寻也。重华，舜字也。南野，谓苍梧也。

⑨赤松子也。敬以归乡隐逸，自谓同之。刘向列仙传曰“赤松子，神农时雨师，至昆仑山，常止西王母石室，随风上下。炎帝少女追之，得仙俱去”也。

⑩树类谓有胤嗣。

⑪敬汝南人，今隐弋阳，不离坟墓。

⑫论语孔子之言也。言隐遁好道，在家孝悌，亦从政之义也。

⑬谢沈书曰：“敬间居不脩人伦，新迁都尉逼为功曹。厅事前树时有清汁，以为甘露。敬曰：‘明府政未能致甘露，此清木汁耳。’[38]辞病去，隐处精学蛾陂中。阴就、虞延并辟，不行。同郡邓敬因折芰为坐，以荷荐肉，瓠瓢盈酒，言谈弥日，蓬庐荜门，琴书自娱。光武公车征，不行。”案：王莽改新蔡县为新迁也。

恽遂客居江夏教授，郡举孝廉，为上东城门候。①帝尝出猎，车驾夜还，恽拒关不开。帝令从者见面于门间。恽曰：“火明辽远。”[39]遂不受诏。帝乃回从东中门入。②[40]明日，恽上书谏曰：“昔文王不敢槃于游田，以万人惟忧。③[41]而陛下远猎山林，夜以继昼，其如社稷宗庙何？暴虎冯河，未至之戒，诚小臣所窃忧也。”书奏，赐布百匹，贬东中门候为参封尉。④

①洛阳城东面北头门也。

②东面中门也。

③槃，乐也。尚书无逸曰“文王不敢槃于游田，以万人惟政之共”也。

④参封，县，属琅邪郡。

后令恽授皇太子韩诗，侍讲殿中。及郭皇后废，[①]恽乃言于帝曰：“臣闻夫妇之好，父不能得之于子，[②]况臣能得之于君乎？是臣所不敢言。虽然，愿陛下念其可否之计，无令天下有议社稷而已。”帝曰：“恽善恕己量主，知我必不有所左右而轻天下也。”[③]后既废，而太子意不自安，恽乃说太子曰：“久处疑位，上违孝道，下近危殆。昔高宗明君，吉甫贤臣，及有纤介，放逐孝子。[④]春秋之义，母以子贵。太子宜因左右及诸皇子引愆退身，奉养母氏，以明圣教，不背所生。”太子从之，帝竟听许。

①建武十七年废。

②得犹制御也。司马迁曰：“妃匹之爱，君不能得之臣，父不能得之子，况卑下乎？”

③左右犹向背也。言其齐等。

④家语曰：“曾参妻为梨蒸不熟，因出之，终身不娶。其子请焉。曾参曰：‘高宗以后妻杀孝子，尹吉甫以后妻放伯奇，吾上不及高宗，中不比吉甫，知其得免于非乎！’遂不娶。”

恽再迁长沙太守。先是长沙有孝子古初，遭父丧未葬，邻人失火，初匍匐柩上，以身扞火，火为之灭。恽甄异之，以为首举。后坐事左转芒长，[①]又免归，避地教授，[②]著书八篇。以病卒。子寿。

①芒，县，属沛国，故城在今亳州永城县北，一名临睢城。东观记曰“坐前长沙太守张禁多受遗送千万，以恽不推劾，故左迁”也。

②避地谓隐遁也。东观记曰：“芒守丞韩龚受大盗丁仲钱，阿拥之，加笞八百，不死，入见恽，称仲健。恽怒，以所杖铁杖捶龚。龚出怨怼，遂

杀仲，恽故坐免。”

寿字伯考，[42]善文章，以廉能称，举孝廉，稍迁冀州刺史。时冀部属郡多封诸王，宾客放纵，类不检节，①寿案察之，无所容贷。乃使部从事专住王国，又徙督邮舍王宫外，②动静失得，即时骑驿言上奏王罪及劾傅相，于是藩国畏惧，并为遵节。视事三年，冀土肃清。三迁尚书令。朝廷每有疑议，常独进见。肃宗奇其智策，擢为京兆尹。郡多强豪，奸暴不禁。三辅素闻寿在冀州，皆怀震竦，各相检敕，莫敢干犯。寿虽威严，而推诚下吏，皆愿效死，莫有欺者。以公事免。

①类犹皆也。

②近王宫置督邮舍，以察王得失。

复征为尚书仆射。是时大将军窦宪以外戚之宠，威倾天下。宪尝使门生赍书诣寿，有所请託，寿即送诏狱。前后上书陈宪骄恣，引王莽以诫国家。是时宪征匈奴，海内供其役费，而宪及其弟笃、景并起第宅，骄奢非法，百姓苦之。寿以府臧空虚，军旅未休，遂因朝会讥刺宪等，厉音正色，辞旨甚切。宪怒，陷寿以买公田诽谤，下吏当诛。侍御史何敞上疏理之曰：“臣闻圣王辟四门，开四聪，延直言之路，下不讳之诏，立敢谏之旗，听歌谣于路，①争臣七人，以自鉴照，②考知政理，违失人心，辄改更之，故天人并应，传福无穷。臣伏见尚书仆射郅寿坐于台上，与诸尚书论击匈奴，言议过差，及上书请买公田，遂系狱考劾大不敬。臣愚以为寿机密近臣，匡救为职。若怀默不言，其罪当诛。今寿违众正议，以安宗庙，岂其私邪？又台阁平事，分争可否，虽唐虞之隆，三代之盛，犹谓谔谔以昌，不以诽谤为罪。③请买公田，人情细过，可裁隐忍。寿若被诛,臣恐天下以为国家横罪忠直,贼伤和气,忤逆阴阳。臣所以敢犯严威,不避夷灭,触死瞽言,非为寿也。④忠臣尽节,以死为归。臣虽不知寿,度其甘心安之。诚不欲圣朝行诽谤之诛,以伤晏晏之化,⑤[43]杜塞忠直,垂讥无穷。臣敞谬豫机密,言所不宜,罪名明白,当填牢狱,先寿僵仆,万死有馀。"书奏,寿得减死,论徙合浦。⑥未行,自杀,家属得归乡里。

①歌谣谓诗也。禹置敢谏之幡,解已见上。礼记王制曰:"命太师陈诗观民风。"郑玄注云:"陈诗谓采其诗而示之。"

②孔子曰,天子有争臣七人。

③史记赵良谓商君曰:"千人之诺诺,不如一士之谔谔。武王谔谔以昌,殷纣嘿嘿以亡。"

④论语曰"侍于君子有三愆,[44]未见颜色而言谓之瞽"也。

⑤郑玄注尚书考灵耀云:"道德纯备谓之塞,宽容覆载谓之晏。"

⑥今(广)〔廉〕州县。[45]

赞曰:鲍永沈吟,晚乃归正。志达义全,先号后庆。①申屠对策,郅恽上书。有道虽直,无道不愚。

①易曰"先号咷而后笑",谓初凶后吉也。

【校勘记】

〔1〕王莽专政朝多猜忌　按:"政"字原脱,径据汲本、殿本补。

〔2〕使下无壅塞也　按:"壅"原讹"拥",径据汲本、殿本改正。

〔3〕而尊〔崇〕其宗党　殿本"尊"下有"崇"字。校补引钱大昭说,谓闽本"尊"下有"崇"字。今据补。

〔4〕〔召公为保〕周公为师　刊误谓按文少"召公为保"四字。按:下有

"为左右"之文,如无召公,则"左右"字无著矣。刘说是,今据补。

〔5〕建武七年诏书征刚　按:集解引通鉴考异,谓七年嚣已臣公孙述,必不用诏书,"七年"当作"六年"。

〔6〕遂以头轫乘舆轮帝遂为止　按:上"遂"字御览四五二引作"乃"。

〔7〕轫谓以头枝车轮也　汲本、殿本"枝"作"止"。按:集解引惠栋说,谓"止"本作"支",或作"搘"。

〔8〕简任贤保　按:何焯谓"保"下当有"傅"字。

〔9〕路称鲍尚书兵马　按:"马"原讹"焉",径据汲本、殿本改正。

〔10〕封大伯所持节于晋阳传(合)〔舍〕壁中　刊误谓"合"当作"舍"。今据改。

〔11〕入夏城门中　按:集解本依汲本"入"作"大"。校补谓钱大昭云"大"当作"入",洛阳十二城门,夏门位在亥。今案钱说虽与东观记合,然书钞六十一引续汉书则与此注同,又陶弘景真诰郎宗占知京师大火,烧大夏门,则似作"大"亦非误。

〔12〕与五官将(军)〔车〕相逢　刊误谓五官无将军之称,盖"军"字本是"车"字。今据改。

〔13〕〔宜〕知尊帝城门候吏六百石　据东观记补。

〔14〕永至(城)〔成〕皋　据集解本改。

〔15〕昱字文泉　按:东观记"泉"作"渊",王先谦谓此避唐高祖讳改。又按:王先谦谓书钞六十一引续汉书,云"字守文"。

〔16〕吾故欲令天下知忠臣之子复为司隶也　按:汲本、殿本"故"作"固"。

〔17〕除子得为郎　刊误谓"得"字后皆作"德",义无两子名得、德者,知此字误。今按:得德古通作,非字误,特前后不一致耳。

〔18〕先帝诏言大狱一起冤者过半　按:查明帝纪无此诏,通鉴作"夫人狱一起,冤者过半"。

〔19〕宜一切还诸徙家属　按:"属"字原脱,径据汲本、殿本补。

〔20〕时司徒辞讼久者至十数年　按："徒"原讹"徙"，径改正。"辞"汲本作"例"，东观记同。"十数年"汲本作"数十年"，东观记同。

〔21〕备俎豆黻冕　按："黻"汲本、殿本作"黼"。

〔22〕莫不劝服　按："劝"疑"叹"之讹。

〔23〕并在汉分翼轸之域　按："在"字原脱，径据汲本、殿本补。

〔24〕时左队大夫逯并素好士　按：沈家本谓前书王莽传作"逯竝"，恩泽侯表作"逯普"，普本作㬪，㬪竝形近，未详孰是。竝为莽大司马，封同风侯，后策免就侯位。此云左队大夫，殆策免之后，复居是官欤？

〔25〕（孔）演〔孔〕图曰　据汲本改。

〔26〕父教不可废　按：殿本"可"作"敢"。

〔27〕合三为一　按：殿本、集解本"合"作"含"。

〔28〕包而为一〔也〕甄（也）者　据刊误改。

〔29〕穷人於戹　按：汲本、集解本"於"作"屈"。校补引钱大昭说，谓闽本作"於"。

〔30〕武王伐〔纣〕纣率其旅若林　刊误谓案文"伐"下少一"殷"字。今按：御览三二六引重"纣"字，今依御览补。

〔31〕恽若不去　汲本、殿本"去"作"出"。今按：去谓离去，作"去"亦通。

〔32〕主簿读（书）教　集解引惠栋说，谓袁纪及风俗通皆云主簿读教，衍"书"字。今据删。

〔33〕又对众显言（於）繇延之罪也　据殿本删。按：汲本"於"作"夫"，疑皆衍文。

〔34〕将为巢许而父老尧舜乎　按：汲本、殿本作"将为巢许乎，而父老尧舜也"。王先谦谓东观记"父老"二字作"去"。

〔35〕挟太山以（趋）〔超〕北海　据汲本、殿本改，与今本孟子合。

〔36〕为（少）〔长〕者折枝语人曰我不能是（诚不能也为长者折枝语人曰我）不为也　据汲本、殿本改删。按：章怀引孟子，往往与今本孟子异，或其

所见本不同也。然此节文字衍讹，几不可句读，张晧王龚传论注亦引孟子答齐宣王语，虽多删节，大致与今本孟子合，足证此为传写之误也。

〔37〕(善)〔羞〕恶之心　据汲本、殿本改，与今本孟子合。

〔38〕此清木汁耳　按：汲本、殿本"清"作"青"。

〔39〕火明辽远　按：王先谦谓东观记"辽"作"燎"。

〔40〕帝乃回从东中门入　按："东中门"续志作"中东门"。校补谓钱大昭云此与何汤事略同，汤事在谢承书，桓荣传注引之。今案桓荣传注引作"更从中东门入"，与续志合。

〔41〕以万人惟忧　按：注引书无逸"以万民惟政之共"，则"忧"似当作"政"，袁纪正作"万民惟正"，正与政同也。又按：殿本"惟"作"为"。

〔42〕寿字伯考　汲本、殿本"伯考"作"伯孝"。按：古人名字相应，作"伯孝"者，讹也。

〔43〕以伤晏晏之化　按：集解本依汲本改"晏晏"为"塞晏"，取与郑注合。殿本考证谓第五伦、何敞、陈宠传皆有"晏晏"二字，依郑注改"塞晏"，非是。

〔44〕侍于君子有三愆　按："子"字原脱，径据汲本、殿本补。

〔45〕今(广)〔廉〕州县　据刊误改。

后汉书卷三十上

苏竟杨厚列传第二十上

苏竟字伯况，扶风平陵人也。平帝世，竟以明易为博士讲书祭酒。①善图纬，能通百家之言。王莽时，〔与〕刘歆等共典校书，[1]拜代郡中尉。时匈奴扰乱，北边多罹其祸，竟终完辑一郡。光武即位，就拜代郡太守，使固塞以拒匈奴。建武五年冬，卢芳略得北边诸郡，帝使偏将军随弟屯代郡。②竟病笃，以兵属弟，诣京师谢罪。拜侍中，数月，以病免。

①王莽置六经祭酒，秩上卿，每经各一人，竟为讲尚书祭酒。

②随姓，弟名也。弟音悌。

初，延岑护军邓仲况拥兵据南阳阴县为寇，①而刘歆兄子龚为其谋主。②[2]竟时在南阳，与龚书晓之曰：

①阴，县名，属南阳郡，故城在今襄州榖城县界北。

②臣贤案：前书及三辅决录并云向曾孙，今言歆兄子，则不同也。

君执事无恙。①走昔以摩研编削之才,②[3]与国师公从事出入,校定秘书,③窃自依依,末由自远。[4]盖闻君子愍同类而伤不遇。人无愚智,莫不先避害然后求利,先定志然后求名。昔智果见智伯穷兵必亡,故变名远逝,④陈平知项王为天所弃,故归心高祖,皆智之至也。⑤闻君前权时屈节,北面延牙,⑥乃后觉悟,栖迟养德。⑦先世数子,又何以加。⑧君处阴中,土多贤士,若以须臾之间,研考异同,揆之图书,测之人事,则得失利害,可陈于目,何自负畔乱之困,不移守恶之名乎?[5]与君子之道,何其反也?

①执事犹言左右也。敬前人,故呼其执事者。尔雅曰:"恙,忧也。"

②走谓驰走之人,谦称也,犹司马迁与任少卿书云"牛马走"之类也。说文曰:"编,次也。"削谓简也。一曰削书刀也。研音午见反。

③刘歆为王莽国师公也。

④智果,智伯臣也。逝,去也。战国策曰,智伯与韩、魏共围赵,智伯之臣智果说智伯曰:"韩魏二主色动而喜,必背君矣。不如杀之。"智伯曰:"晋阳旦暮将拔之,而飨其利,乃有它心,不可,子勿复言。"智果见言之不听,出,更其姓为辅氏,遂去不见。其后韩、魏乃反杀智伯,三分其地。"果"或作"过"。

⑤陈平初事项羽,后知羽必败,乃仗剑度河归汉,见前书也。

⑥延岑字牙。屈节谓臣事也。

⑦尔雅曰"栖迟,息偃也",言后息偃养德,不复事延牙也。诗小雅曰:"或栖迟偃仰。"

⑧谓智果、陈平也。

世之俗儒末学,醒醉不分,而稽论当世,疑误视听。或谓天下迭兴,未知谁是,称兵据土,可图非冀。或曰圣王未启,宜观时变，倚强附大，顾望自守。二者之论，岂其然乎？夫孔丘秘经，为汉赤制，①玄包幽室，文隐事明。②且火德承尧，虽昧必亮，③承积世之祚，握无穷之符，王氏虽乘间偷篡，而终婴大戮，支分体解，宗氏屠灭，非其效欤？④皇天所以眷顾踟蹰，忧汉子孙者也。⑤论者若不本之于天，参之于圣，猥以师旷杂事轻自眩惑，说士作书，乱夫大道，焉可信哉？⑥

①秘经，幽秘之经，即纬书也。赤制，解见郅恽传。

②包，藏也。言纬书玄秘，藏于幽室，文虽微隐，事甚明验。

③昧，暗也。亮，明也。言汉承唐尧、刘累之后，以火德王，虽遭王莽篡夺，一时闇昧，今光武中兴，必盛明也。

④王莽传曰："校尉公宾就斩莽首，军人分裂莽身，支节肌肉脔分。"三辅旧事曰："脔切千段。"

⑤踟蹰犹裴回也。

⑥师旷杂事，杂占之书也。前书曰阴阳书十六家，有师旷八篇也。

诸儒或曰：今五星失晷，天时谬错，①辰星久而不效，②太白出入过度，荧惑进退见态，镇星绕带天街，岁星不舍氐、房。③以为诸如此占，归之国家。盖灾不徒设，皆应之分野，各有所主。夫房、心即宋之分，东海是也。④尾为燕分，渔阳是也。⑤东海董宪迷惑未降，渔阳彭宠逆乱拥兵，王赫斯怒，命将并征，故荧惑应此，宪、宠受殃。太白、辰星自亡新之末，失行算度，以至于今，或守东井，或没羽林，⑥或裴回藩屏，或踯躅帝宫，⑦或经天反明，或潜臧久沈，或衰微闇昧，或煌煌北南，或盈缩成钩，或偃蹇不禁，⑧皆大运荡除之祥，圣帝应符之兆也。贼臣乱子，往往错互，指麾妄说，传相坏误。[6]由此论之，天文安得遵度哉！

①五星谓东方岁星，南方荧惑星，西方太白〔星〕，[7]北方辰星，中央镇星。失晷，失于常度。

②不效谓出入失度也。

③前书曰："昴、毕间为天街。"氐、房，东方之宿。岁星，岁舍一次，当次舍于氐、房，今不舍之，是变常也。

④前书天文志曰："卯为房、心，宋之分也。"

⑤前书天文志曰："寅为尾、箕，燕之分也。"

⑥东井，南方之宿。天官书曰："北宫虚、危，南方有众星曰羽林天军。""箕"或作"舛"。

⑦帝宫，北辰也。藩屏，两傍之星也。裴回谓萦绕淹留。踯躅谓上下不去也。

⑧盈缩犹进退，曲如钩形也。偃蹇，高而明大无禁制。

乃者，五月甲申，天有白虹，自子加午，广可十丈，长可万丈，正临倚弥。倚弥即黎丘，秦丰之都也。①是时月入于毕。毕为天网，②主网罗无道之君，故武王将伐纣，上祭于毕，求助天也。③[8]夫仲夏甲申为八魁。④八魁，上帝开塞之将也，主退恶攘逆。流星状似蚩尤旗，或曰营头，或曰天枪，出奎而西北行，至延牙营上，散为数百而灭。奎为毒螫，主库兵。⑤此二变，郡中及延牙士众所共见也。是故延牙遂之武当，⑥託言发兵，实避其殃。今年比卦部岁，坤主立冬，坎主冬至，水性灭火，南方之兵受岁祸也。⑦德在中宫，刑在木，木胜土，刑制德，今年兵事毕已，中国安宁之效也。五七之家三十五姓，彭、秦、延氏不得豫焉。⑧如何怪惑，依而恃之？葛累之诗，"求福不回"，其若是乎！⑨

①盖秦丰黎丘一名倚弥也。

②毕，西方宿也。

③史记曰，周武王即位九年，上祭于毕，东观兵于孟津也。

④历法，春三月己巳、丁丑，夏三月甲申、壬辰，秋三月己亥，丁未，冬三月甲寅、壬戌，为八魁。

⑤春秋合诚图曰"奎主武库之兵"也。

⑥今均州县也。

⑦比卦，坤下坎上，坎为水也。

⑧春秋运斗枢曰："五七三十五，人皆共一德。"

⑨诗大雅曰："莫莫葛藟，施于条枚，恺悌君子，求福不回。"注云："葛延曼于木之枝而茂盛，喻子孙依缘先人之功而起也。回，违也。言不违先祖之道。"

图谶之占，众变之验，皆君所明。善恶之分，去就之决，不可不察。无忽鄙言！

夫周公之善康叔，以不从管蔡之乱也；[①]景帝之悦济北，以不从吴濞之畔也。[②]自更始以来，孤恩背逆，归义向善，臧否粲然，可不察欤！良医不能救无命，强梁不能与天争，[③]故天之所坏，人不得支。[④]宜密与太守刘君共谋降议。仲尼栖栖，墨子遑遑，忧人之甚也。[⑤]屠羊救楚，非要爵禄；[⑥]茅焦干秦，岂求报利？[⑦]尽忠博爱之诚，愤满不能已耳。

又与仲况书谏之，文多不载，于是仲况与龚遂降。

①史记曰，周公以成王命伐殷，杀管叔，放蔡叔，以殷馀人封康叔为卫君。

②济北王志，高帝孙，齐王肥之子也。吴楚反时，坚守不从，景帝贤之，徙封为淄川王也。

③扁鹊之见桓侯，项王之敌汉祖也。

④支，持也。左传曰，晋汝叔宽曰："天之所坏，不可支也；众之所为，不可干也。"

⑤班固曰"栖栖遑遑，孔席不暖，墨突不黔"也。

⑥庄子曰"楚昭王失国，屠羊说走而从于王。昭王反国，将赏从亡者，及屠羊说。屠羊说曰：'大王失国，说失屠羊；大王反国，说亦反屠羊。臣之爵禄已复矣，又何赏之有？'遂不受"也。

⑦秦始皇迁太后于咸阳宫，又扑杀两弟。齐人茅焦解衣伏质入谏，始皇乃迎太后归于咸阳，爵茅焦为上卿，焦辞不受。事见说苑也。

龚字孟公，长安人，善论议，扶风马援、班彪并器重之。①竟终不伐其功，潜乐道术，作记诲篇及文章传于世。年七十，卒于家。

①三辅决录注曰："唯有孟公论可观者。"班叔皮与京兆丞郭季通书曰："刘孟公臧器于身，用心笃固，实瑚琏之器，宗庙之宝也。"

杨厚字仲桓，[9]广汉新都人也。祖父春卿，善图谶学，为公孙述将。汉兵平蜀，春卿自杀，临命戒子统曰："吾绨帙中①有先祖所传秘记，为汉家用，尔其修之。"统感父遗言，服阕，辞家从犍为周循学习先法，又就同郡郑伯山受河洛书及天文推步之术。②建初中为彭城令，一州大旱，统推阴阳消伏，县界蒙泽。太守宗湛使统为郡求雨，亦即降澍。③自是朝廷灾异，多以访之。统作家法章句及内谶二卷解说，位至光禄大夫，为国三老。年九十卒。

①说文曰："绨，厚缯也。"绨音提。

②益部耆旧传曰："统字仲通。曾祖父仲续举河东方正，拜祁令，[10]甚有德惠，人为立祠。乐益部风俗，因留家新都，代修儒学，以夏侯尚书相传。"

③袁山松书曰"统在县，休征时序，风雨得节，嘉禾生于寺舍，人庶称神"也。

统生厚。厚母初与前妻子博不相安，厚年九岁，思令和亲，乃託疾不言不食。母知其旨，惧然改意，①恩养加笃。博后至光禄大夫。

①惧音九具反。

厚少学统业，精力思述。初，安帝永初(二)〔三〕年，太白入(北)斗，[11]洛阳大水。①时统为侍中，厚随在京师。朝廷以问统，统对年老耳目不明，子厚晓读图书，粗识其意。邓太后使中常侍承制问之，厚对以为"诸王子多在京师，容有非常，宜亟发遣各还本国"。②太后从之，星寻灭不见。又克水退期日，皆如所言。除为中郎。太后特引见，问以图谶，厚对不合，免归。③复习业犍为，不应州郡、三公之命，方正、有道、公车特征皆不就。

①续汉志曰，时正月己亥，太白入北斗中，以为贵相凶也。又京师及郡国四十一雨水，邓太后专政也。

②亟音纪力反。

③袁山松书曰："邓太后问厚曰：'大将军邓骘应辅臣(以)〔星〕不？'[12]对曰：'不应。'以此不合其旨。"

永建二年，顺帝特征，诏告郡县督促发遣。厚不得已，行到长安，以病自上，因陈汉三百五十年之厄，①宜蠲法改宪之道，②及消伏灾异，凡五事。制书褒述，有诏太医致药，太官赐羊酒。及至，拜议郎，三迁为侍中，特蒙引见，访以时政。四年，厚上言"今夏必盛寒，当有疾疫蝗虫之害"。是岁，果六州大蝗，疫气流行。后又连上"西北二方有兵气，宜备边寇"。车驾临当西巡，感厚言而止。至阳嘉三年，西羌寇陇右，明年，乌桓围度辽将军耿晔。永和元年，复上“京师应有水患，又当火灾，三公有免者，蛮夷当反畔”。是夏，洛阳暴水，杀千馀人；至冬，承福殿灾，太尉庞参免；荆、交二州蛮夷贼杀长吏，寇城郭。又言“阴臣、近戚、妃党当受祸”。③明年，宋阿母与宦者褒信侯李元等遘奸废退；④后二年，中常侍张逵等复坐诬罔大将军梁商专恣，悉伏诛。每有灾异，厚辄上消救之法，而阉宦专政，〔13〕言不得信。

①春秋命历序曰：“四百年之间，闭四门，听外难，群异并贼，官有孽臣，〔14〕州有兵乱，五七弱，暴渐之效也。”宋均注云：“五七三百五十岁，当顺帝渐微，四方多逆贼也。”

②蠲，明也。

③阴，私也。

④阿母，顺帝乳母山阳君宋娥也。

时大将军梁冀威权倾朝，遣弟侍中不疑以车马、珍玩致遗于厚，欲与相见。厚不答，固称病求退。帝许之，赐车马钱帛归家。修黄老，教授门生，上名录者三千馀人。太尉李固数荐言之。（太）〔本〕初元年，〔15〕梁太后诏备古礼以聘厚，①遂辞疾不就。建和三年，太后复诏征之，经四年不至。年八十二，卒于家。策书吊祭。乡人谥曰文父。门人为立庙，郡文学掾史春秋飨射常祠之。

①古礼谓以束帛加璧，安车蒲轮等。

【校勘记】

〔1〕〔与〕刘歆等共典校书　刊误谓案文“刘歆”上少一“与”字。今据补。

〔2〕刘歆兄子龚　集解引惠栋说，谓东观记云刘歆子恭，“恭”与“龚”

古文通。按：聚珍本东观记作“刘歆兄子恭”。

〔3〕摩研编削之才　按：东观记“削”作“简”。

〔4〕末由自远　按：“末”原讹“未”，径据殿本、集解本改正。

〔5〕不移守恶之名乎　按：集解引惠栋说，谓“守恶”当作“首恶”。校补谓“守恶”诚误，但首恶之名见史记，惟为人君父者当之，龚但为仲况谋主，亦不应即斥为首恶，或为“同恶”之讹。

〔6〕传相坏误　按：刊误谓“坏”当作“诖”，声相近而误。

〔7〕西方太白〔星〕　据汲本、殿本补。

〔8〕求助天也　按：集解引王鸣盛说，谓“助天”当作“天助”。

〔9〕杨厚　按：集解引惠栋说，谓华阳国志作“序”。

〔10〕拜祁令　按：张森楷校勘记谓旧本“祁”作“郫”。祁县属太原郡，而此下云“乐益部风俗，因留家新都”，则当作“郫”为是。又按：张氏所谓“旧本”，据张氏自云“似是坊刻，称通行本，一称旧本”，未确言何本。

〔11〕安帝永初(二)〔三〕年太白入(北)斗　集解引钱大昕说，谓五星行道皆在黄道左右，无缘得入北斗，史言入斗者，皆南斗也。续志太白入斗中凡再见，俱无“北”字，知为后人妄增。且太白入斗在永初三年，此云“二年”，亦误。今按：续志书永初三年正月己亥，太白入斗中。查永初三年正月壬辰朔，有己亥，二年正月戊辰朔，无己亥。钱说是，今据改。

〔12〕大将军邓骘应辅臣(以)〔星〕不　据集解本改。按：校补谓“星”原讹“以”，据袁书改。

〔13〕而阉宦专政　按：“宦”原作“官”，径据汲本、殿本改。

〔14〕官有孽臣　按：“孽”原讹“蘖”，径据汲本、殿本改正。

〔15〕(太)〔本〕初元年　集解引惠栋说，谓依华阳国志，当作“本初”。今据改。

后汉书卷三十下

郎𫖮襄楷列传第二十下

郎𫖮字雅光，北海安丘人也。父宗，字仲绥，学京氏易，善风角、星算、六日七分，①能望气占候吉凶，常卖卜自奉。②安帝征之，对策为诸儒表，后拜吴令。③时卒有暴风，宗占知京师当有大火，记识时日，遣人参候，果如其言。诸公闻而表上，以博士征之。宗耻以占验见知，闻征书到，夜县印绶于县廷而遁去，遂终身不仕。

①京氏，京房也，作易传。风角谓候四方四隅之风，以占吉凶也。星算谓善天文算数也。易稽览图曰："甲子卦气起中孚，六日八十分日之七。"郑玄注云："六以候也。八十分为一日之七者，一卦六日七分也。"

②奉音扶用反。

③吴，县名，属会稽郡，今苏州县也。

𫖮少传父业，兼明经典，隐居海畔，延致学徒常数百人。昼研精义，夜占象度，勤心锐思，朝夕无倦。州郡辟召，举有道、方正，不就。

顺帝时，灾异屡见，阳嘉二年正月，公车征，𫖮乃诣阙拜章曰：

臣闻天垂妖象，地见灾符，所以谴告人主，责躬脩德，使正机平衡，流化兴政也。易内传曰："凡灾异所生，各以其政。变之则除，消之亦除。"①伏惟陛下躬日昊之听，温三省之勤，②思过念咎，务消祇悔。③

①易稽览图曰："凡异所生，灾所起，各以其政，变之则除，其不可变，则施之亦除。"郑玄注云："改其政者，谓失火令则行水令，失土令则行木令，失金令则行火令，则灾除去也。不可变谓杀贤者也。施之者，死者不可复生，封禄其子孙，使得血食，则灾除也。"

②论语曾子曰"吾日三省吾身"也。

③祇，大也。易复卦初九曰："无祇悔元吉。"

方今时俗奢佚，浅恩薄义。夫救奢必于俭约，拯薄无若敦厚，安上理人，莫善于礼。修礼遵约，盖惟上兴，革文变薄，事不在下。故周南之德，关雎政本。①本立道生，风行草从，澄其源者流清，溷其本者末浊。天地之道，其犹鼓籥，以虚为德，自近及远者也。②伏见往年以来，园陵数灾，③炎光炽猛，惊动神灵。易天人应曰："君子不思遵利，兹谓无泽，厥灾孽火烧其宫。"又曰："君高台府，犯阴侵阳，厥灾火。"又曰："上不俭，下不节，炎火并作烧君室。"[1]自顷缮理西苑，修复太学，④宫殿官府，多所搆饰。昔盘庚迁殷，去奢即俭，⑤夏后卑室，尽力致美。⑥又鲁人为长府，闵子骞曰：[2]"仍旧贯，何必改作。"⑦臣愚以为诸所缮修，事可省减，禀恤贫人，赈赡孤寡，此天之意也，人之庆也，仁之本也，俭之要也。焉有应天养人，为仁为俭,而不降福者哉?

①周南诗序曰:“关雎,风之始也,所以风化天下而正夫妇也。”故夫妇为政本也。

②籥如笛,六孔。鼓籥,其形内虚而气无穷。老子曰:“天地之间其犹橐籥,虚而不屈,动而愈出。”

③阳嘉元年冬,恭陵百丈庑灾。永建元年秋,茂陵园寝灾。

④永建六年修太学也。

⑤帝王纪曰:“盘庚以耿在河北,迫近山川,自祖辛以来奢淫不绝,乃度河将徙都亳之殷地。人咨嗟相怨,不欲徙,盘庚乃作书三篇以告喻之。”今尚书盘庚三篇是也。亳在偃师。

⑥论语孔子曰:“禹恶衣服而致美乎黻冕,卑宫室而尽力乎沟洫。”

⑦长府,鲁之府名也。仍,因也。贯,事也。言因旧事则可,何必更作。见论语。

土者地祇,阴性澄静,宜以施化之时,敬而勿扰。窃见正月以来,阴闇连日。易内传曰:“久阴不雨,乱气也,蒙之比也。蒙者,君臣上下相冒乱也。”①又曰:“欲德不用,厥异常阴。”夫贤者化之本,云者雨之具也。得贤而不用,犹久阴而不雨也。又顷前数日,寒过其节,冰既解释,还复凝合。夫寒往则暑来,暑往则寒来,②此言日月相推,寒暑相避,以成物也。今立春之后,火卦用事,当温而寒,违反时节,由功赏不至,而刑罚必加也。宜须立秋,顺气行罚。

①易稽览图曰:“日食之比,阴(得)〔覆〕阳〔也〕。[3]蒙之比也,阴冒阳也。”郑玄注云:“蒙,气也。比非一也。邪臣谋覆冒其君,先雾从夜昏起,或从夜半或平旦。君不觉悟,日中不解,遂成蒙;君复不觉悟,下为雾也。”比音庇。

②易系词之文也。

臣伏案飞候，参察众政，①以为立夏之后，当有震裂涌水之害。又比荧惑失度，盈缩往来，涉历舆鬼，环绕轩辕②火精南方，夏之政也。政有失礼，不从夏令，则荧惑失行。③正月三日至乎九日，三公卦〔也〕。④[4]三公上应台阶，下同元首。⑤政失其道，则寒阴反节。"节彼南山"，詠自周诗；⑥"股肱良哉"，著于虞典。而今之在位，竞託高虚，纳累钟之奉，忘天下之忧，⑦栖迟偃仰，寝疾自逸，被策文，得赐钱，即复起矣。何疾之易而愈之速？以此消伏灾眚，兴致升平，其可得乎？今选举牧守，委任三府。⑧长吏不良，既咎州郡，州郡有失，岂得不归责举者？而陛下崇之弥优，自下慢事愈甚，所谓大网疏，小网数。⑨三公非臣之仇，臣非狂夫之作，所以发愤忘食，恳恳不已者，诚念朝廷欲致兴平，非不能面誉也。

①京房作易飞候。

②天官书曰，舆鬼，南方之宿。轩辕黄龙体，女主后宫之象也。

③荧惑，南方，主夏，为礼为视。礼亏视失，不行夏令，则荧惑逆行也。见天文志。

④凡卦法，一为元士，二为大夫，三为三公，四为诸侯，五为王位，六为宗庙。前书曰："梁人焦延寿，字赣，长于灾变，分六十四卦，更直日用事，以风、雨、寒、温为候。"音义云："分卦直日之法，爻主一日，即三日九日，并为三公之(日)〔卦〕也。"[5]

⑤春秋元命包曰："魁下六星，两两而比，曰三台。"前书音义曰："泰阶，三台也。"又黄帝泰阶六符经曰："泰阶者，天之三阶也。上阶为天子，中阶为诸侯、公卿、大夫，下阶为士、庶人。三阶平则阴阳和，风雨时。"尚书曰："君为元首，臣作股肱。"言三公上象天之台阶，下与人君

同体也。

⑥诗小雅曰："节彼南山，维石岩岩，赫赫师尹，人具尔瞻。"注云："节，高峻貌也。喻三公之位，人所高严也。赫赫，显盛也。师尹，三公也。言三公之位，天下之人共瞻视之。"

⑦六斛四斗曰钟，左传曰四(斗)〔升〕为豆，[6]四豆为区，四区为釜，(四)〔十〕釜为钟也。[7]

⑧三公也。

⑨谓缓于三公，切于州郡也。

臣生长草野，不晓禁忌，披露肝胆，书不择言。伏锧鼎镬，死不敢恨。谨诣阙奉章，伏待重诛。

书奏，帝复使对尚书。①顗对曰：

①使就尚书更对也。

臣闻明王圣主好闻其过，忠臣孝子言无隐情。臣备生人伦视听之类，而禀性愚惷，不识忌讳，故出死忘命，悬悬重言。①诚欲陛下修乾坤之德，开日月之明，披图籍，案经典，览帝王之务，识先后之政。如有阙遗，退而自改。本文武之业，拟尧舜之道，攘灾延庆，号令天下。此诚臣顗区区之愿，夙夜梦寤，[8]尽心所计。谨条序前章，畅其旨趣，②条便宜七事，具如状对：

①重，再也。

②谓前诣阙所上章也。

一事：陵园至重，圣神攸冯，而灾火炎赫，迫近寝殿，魂而有灵，犹将惊动。寻宫殿官府，近始永平，岁时未积，便更修造。又西苑之设，禽畜是处，离房别观，本不常居，而皆务精土木，[9]营建无已，消功单贿，巨亿为计。易内传曰："人君奢侈，多饰宫室，其时旱，其灾火。"是故鲁僖遭旱，修政自敕，下钟鼓之县，休缮治之官，①虽则不宁，而时雨自降。②由此言之，天之应人，敏于景响。③今月十七日戊午，征日也，④日加申，⑤风从寅来，丑时而止。丑、寅、申皆征也，不有火灾，必当为旱。⑥愿陛下校计缮修之费，永念百姓之劳，罢将作之官，减雕文之饰，损庖厨之馔，退宴私之乐。易中孚传曰："阳感天，不旋日。"⑦如是，则景云降集，眚沴息矣。⑧

①春秋考异邮曰："僖公三年春夏不雨，于是僖公忧闵，玄服避舍，释更徭之逋，罢军寇之诛，去苛刻峻文惨毒之教，所蠲浮令四十五事。曰：'方今天旱，野无生稼，寡人当死，百姓何(谤)〔罪〕?[10]不敢烦人请命，愿抚万人害，以身塞无状。'祷已，舍齐南郊，雨大澍也。"

②左传僖公"六月雨"。

③敏，疾也。

④阳嘉二年正月。

⑤日在申时也。

⑥南方为征，故为火及旱也。

⑦易中孚传曰："阳感天，不旋日，诸侯不旋时，大夫不过期。"郑玄注云："阳者天子，为善一日，天立应以善；为恶一日，天立应以恶。[11]诸侯为善一时，天立应以善；为恶一时，天立应以恶。大夫为善一岁，天亦立应以善；为恶一岁，天亦立应以恶。"一说云"不旋日，立应之；不过时，三辰间；不过期，从今旦至明日旦"也。[12]阳即指天子也。

⑧景云，五色云也，一曰庆云。孝经援神契曰："德至山陵则景云出。"颉以陵园火灾，故引之也。眚沴谓灾气。

二事：去年已来，兑卦用事，类多不效。易传曰："有貌无实，佞人也；有实无貌，道人也。”寒温为实，清浊为貌。①今三公皆令色足恭，外厉内荏，以虚事上，无佐国之实，故清浊效而寒温不效也，是以阴寒侵犯消息。②占曰：“日乘则有妖风，日蒙则有地裂。”如是三年，则致日食，阴侵其阳，渐积所致。立春前后温气应节者，诏令宽也。其后复寒者，无宽之实也。夫十室之邑，必有忠信，率土之人，岂无贞贤，未闻朝廷有所赏拔，非所以求善赞务，弘济元元。宜采纳良臣，以助圣化。

①易稽览图曰：“有实无貌，屈道人也；有貌无实，佞人也。”郑玄注曰：“有寒温，无貌浊清静，此贤者屈道，仕于不肖君也。有貌浊清静，无寒温，此佞人以便巧仕于世也。”

②易稽览图曰：“侵消息者，或阴专政，或阴侵阳。”郑玄注：“温卦以温侵，寒卦以寒侵。阳者君也，阴者臣也，专君政事亦阴侵阳也。”

三事：臣闻天道不远，三五复反。①今年少阳之岁，法当乘起，恐后年已往，将遂惊动，涉历天门，灾成戊己。②今春当旱，夏必有水，臣以六日七分候之可知。夫灾眚之来，缘类而应。行有玷缺，则气逆于天，精感变出，以戒人君。王者之义，时有不登，则损滋彻膳。数年以来，穀收稍减，家贫户馑，岁不如昔。百姓不足，君谁与足？水旱之灾，虽尚未至，然君子远览，防微虑萌。老子曰：“人之饥也，以其上食税之多也。”故孝文皇帝绨袍革舄，木器无文，③约身薄赋，时致升平。今陛下圣德中兴，宜遵前典，惟节惟约，天下幸甚。易曰：“天道无亲，常与善人。”是故高宗以享福，④宋景以延年。⑤

①春秋合诚图曰：“至道不远，三五而反。”宋均注云：“三，三正也。五，五行也。三正五行，王者改代之际会也。能于此际自新如初，则通无穷也。”

②戌亥之间为天门也。

③前书曰:"孝文帝身衣弋绨,足履革舄,兵木无刃,衣缊无文。"

④高宗,殷王武丁也。尚书大传曰:"武丁祭成汤,有雉飞升鼎耳而呴,祖己曰:'雉者野鸟,升于鼎者,欲为用也,无则远方将有来朝者。'故武丁内反诸己,以思先王之道。三年,编发重译来朝者六国。[13]孔子曰:'吾于高宗肜日见德之有报之疾也。'"帝王纪曰"高宗飨国五十有九年,年百岁"也。

⑤吕氏春秋曰"宋景公时,荧惑在心,召子韦问焉。子韦曰:'祸当君。虽然,可移宰相。'公曰:'宰相,寡人所与理国家也。'曰:'可移于人。'公曰:'人死,寡人将谁为君?'曰:'可移于岁。'公曰:'岁饥人饿,谁以我为君乎?'子韦曰:'君有至德之言三,天必三赏君,荧惑必退三舍。一舍行七星,星当一年,君延二十一年矣。'荧惑果退三舍"也。

四事:臣窃见皇子未立,储宫无主,仰观天文,太子不明。①荧惑以去年春分后十六日在娄五度,②推步三统,荧惑今当在翼九度,③今反在柳三度,④则不及五十馀度。⑤去年八月二十四日戊辰,荧惑历舆鬼东入轩辕,出后星北,东去四度,北旋复还。轩辕者,后宫也。荧惑者,至阳之精也,天之使也,⑥而出入轩辕,绕还往来。易曰:"天垂象,见吉凶。"其意昭然可见矣。礼,天子一娶九女,嫡媵毕具。今宫人侍御,动以千计,或生而幽隔,人道不通,郁积之气,上感皇天,故遣荧惑入轩辕,理人伦,垂象见异,以悟主上。昔武王下车,出倾宫之女,表商容之间,⑦以理人伦,以表贤德,故天授以圣子,成王是也。今陛下多积宫人,以违天意,故皇胤多夭,嗣体莫寄。诗云:"敬天之怒,不敢戏豫。"⑧方今之福,莫若广嗣,广嗣之术,可不深思?宜简出宫女,恣其姻嫁,则天自降福,子孙千亿。惟陛下丁宁再三,留神于此。左右贵幸,亦宜惟臣之言,以悟陛下。盖善言古者合于今,善言天者合于人。⑨愿访问百僚,有违臣言者,臣当受苟言之罪。⑩

①洪范五行传曰:"心之大星天王也,其前星太子也,后星庶子也。"

②娄,西方宿也。

③翼,南方宿也。

④柳,东方宿也。[14]

⑤言荧惑行迟也。

⑥荧惑南方火,盛阳之精也。天文要集曰:"天有五帝,五星为之使。"

⑦尚书大传曰:"武王入殷,表商容之闾,归倾宫之女。"

⑧诗大雅板篇之文也。注云:"戏豫,逸豫也。"

⑨前书武帝诏曰:"善言天者必有徵于人,善言古者必有验于今。"

⑩论语孔子曰:"君子于其言无所苟而已矣。"

五事:臣窃见去年闰(十)月十七日己丑夜,[15]有白气从西方天苑趋左足,入玉井,数日乃灭。①春秋曰:"有星孛于大辰。大辰者何?大火也。②大火为大辰,伐又为大辰,③[16]北极亦为大辰。"④所以孛一宿而连三宿者,言北辰王者之宫也。凡中宫无节,政教乱逆,威武衰微,则此三星以应之也。罚者白虎,其宿主兵,其国赵、魏,⑤变见西方,亦应三辅。凡金气为变,发在秋节。⑥臣恐立秋以后,赵、魏、关西将有羌寇畔戾之患。宜豫宣告诸郡,使敬授人时,轻徭役,薄赋敛,勿妄缮起,坚仓狱,备守卫,回选贤能,以镇抚之。⑦金精之变,责归上司。⑧宜以五月丙午,遣太尉服干戚,建井旂,⑨书玉板之策,引白气之异,⑩于西郊责躬求愆,谢咎皇天,消灭妖气。盖以火胜金，转祸为福也。⑪

①续汉志曰："时客星气白，广二尺，长五丈，起天苑西南。"天官书曰："西有句曲九星，三处罗：一曰天旗，二曰天苑，三曰九游。"参星下四小星为玉井，其外四星左右肩股也。

②春秋昭十七年："有星孛于大辰。"尔雅曰："大辰，房、心、尾也。"孙炎曰："龙星明者可以为时候，故曰大辰。"

③广雅曰"罚谓之大辰"也。[17]

④尔雅曰："北极谓之北辰。"李巡曰："北极，天心也，居北方，正四时，谓之北辰也。"

⑤天官书曰："参为白虎，下有三星曰罚，为斩刈之事。"故主兵。昴、毕之间，赵、魏之分也。

⑥西方白气入玉井，是金气之变也。

⑦回，易也。

⑧上司谓司马也，建武二十七年改为太尉。韩诗外传曰："司马主天。阴阳不调，星辰失度，责之司马。"故云责归上司也。

⑨干，楯也。戚，斧也。西方主兵，故太尉执持楯斧，所以厌金气也。井，南方火宿也。鸟隼曰旟也。以火胜金，故画井星之文于旟而建之也。

⑩书祝辞于玉板也。

⑪以五月丙午日，火胜金也。

六事：臣窃见今月十四日乙卯巳时，白虹贯日。凡日傍气色白而纯者名为虹。贯日中者，侵太阳也；见于春者，政变常也。方今中官外司，各各考事，①其所考者，或非急务。又恭陵火灾，主名未立，②多所收捕，备经考毒。寻火为天戒，以悟人君，可顺而不可违，可敬而不可慢。陛下宜恭己内省，以备后灾。凡诸考案，并须立秋。又易传曰："公能其事，序贤进士，后必有喜。”反之，则白虹贯日。以甲乙见者，则谴在中台。③自司徒居位，阴阳多谬，④久无虚己进贤之策，天下兴议，异人同咨。⑤且立春以来，金气再见，⑥金能胜木，必有兵气，宜黜司徒以应天意。陛下不早攘之，将负臣言，遗患百姓。

①考，劾也。

②立犹定也。时考问延火者姓名未定也。

③谴，责也。韩诗外传曰："三公者何？司空、司徒、司马也。司马主天，司空主地，司徒主人。故阴阳不调，星辰失度，责之司马；山陵崩绝，[18]川谷不流，责之司空；五穀不殖，草木不茂，责之司徒。"甲乙东方主春，生殖五穀之时也。而白虹以甲乙日见，明责在司徒也。

④时刘崎为司徒，至阳嘉三年策免。

⑤咨，嗟叹也。

⑥谓元年闰十二月己丑夜，有白气入玉井，二年正月乙卯，白虹贯日，此金气再见。

七事：臣伏惟汉兴以来三百三十九岁。于诗三基，高祖起亥仲二年，今在戌仲十年。①诗氾历枢曰："卯酉为革政，午亥为革命，神在天门，出入候听。"②言神在戌亥，司候帝王兴衰得失，厥善则昌，厥恶则亡。于易雄雌秘历，今值困乏。凡九二困者，众小人欲共困害君子也。经曰："困而不失其所，其唯君子乎！"③唯独贤圣之君，遭困遇险，能致命遂志，不去其道。④陛下乃者潜龙养德，幽隐屈厄，⑤即位之元，紫宫惊动，历运之会，时气已应。然犹恐妖祥未尽，君子思患而豫防之。臣以为戌仲已竟，来年入季，文帝改法，除肉刑之罪，⑥至今适三百载。⑦宜因斯际，大蠲法令，官名称号，舆服器械，事有所更，变大为小，去奢就俭，机衡之政，除烦为简。改元更始，招求幽隐，举方正，征有道，博采异谋，开不讳之路。

①"基"当作"期"，谓以三期之法推之也。诗氾历枢曰："凡推其数皆从亥之仲起，此天地所定位，阴阳气周而复始，万物死而复苏，大统之始，故王命一节为之十岁也。"

②宋均注云："神，阳气，君象也。天门，戌亥之间，乾所据者。"

③易困卦之辞也。

④易困卦曰："泽无水，困，君子以致命遂志。"困封坎下兑上。坎为水，兑为泽，水在泽下，是谓竭涸之象，故以喻困。致命遂志，谓君子委命固穷，不离于道也。

⑤谓顺帝为太子时，废为济阴王。

⑥汉法肉刑三，谓黥也，劓也，左右趾也。[19]文帝除之，当黥者髡钳城旦舂，当劓者笞三百，当左右(指)〔趾〕者笞五百也。

⑦自文帝十三年除肉刑，至顺帝阳嘉二年，合三百年也。

臣陈引际会，恐犯忌讳，书不尽言，未敢究畅。

台诘颉曰："对云'白虹贯日，政变常也'。朝廷率由旧章，何所变易而言变常？又言'当大蠲法令，革易官号'。或云变常以致灾，或改旧以除异，何也？又阳嘉初建，复欲改元，据何经典？其以实对。"颉对曰：

方春东作，布德之元，阳气开发，养导万物。王者因天视听，奉顺时气，宜务崇温柔，遵其行令。①[20]而今立春之后，考事不息，秋冬之政，行乎春夏，故白虹春见，掩蔽日曜。凡邪气乘阳，则虹蜺在日，斯皆臣下执事刻急所致，殆非朝廷优宽之本。此其变常之咎也。又今选举皆归三司，非有周召之才，而当则哲之重，②每有选用，辄参之掾属，③公府门巷，宾客填集，送去迎来，财货无已。其当迁者，竞相荐谒，各遣子弟，充塞道路，开长奸门，兴致浮伪，非所谓率由旧章也。尚书职在机衡，宫禁严密，④私曲之意，羌不得通，〔21〕偏党之恩，或无所用。选举之任，不如还在机密。⑤臣诚愚戆，不知折中，斯固远近之论，当今之宜。又孔子曰："汉三百载，(计)〔斗〕历改宪。"⑥〔22〕三百四岁为一德，五德千五百二十岁，五行更用。⑦王者随天，譬犹自春徂夏，改青服绛者也。⑧自文帝省刑，適三百年，而轻微之禁，渐已殷积。王者之法，譬犹江河，当使易避而难犯也。故易曰："易则易知，简则易从，易简而天下之理得矣。"今去奢即俭，以先天下，改易名号，随事称谓。易曰："君子之道，或出或处，同归殊涂，一致百虑。"是知变常而善，可以除灾，变常而恶，必致于异。今年仲竟，来年入季，仲终季始，历运变改，故可改元，所以顺天道也。

①礼记月令，孟春，天子命相布德和令，行庆施惠，下及兆人。仲春，安萌牙，养幼少，存诸孤，省囹圄，去桎梏，止狱讼。是遵其行令也。

②尚书曰："知人则哲。"

③参，豫也。

④北斗魁星第三为机，第五为衡，于天文为喉舌。李固对策曰："陛下之有尚书，犹天有北斗，主为喉舌，斟酌元气，运平四时，出纳王命也。"

⑤欲使尚书专掌选也。

⑥春秋保乾图曰："阳起于一，天帝为北辰，气成于三，以立五神，三五展转，机以动运。"故三百岁斗历改宪也。

⑦易乾凿度孔子曰："立德之数，先立木、金、水、火、土德，各三百四岁。"五德备凡千五百二十岁，太终复初，故曰五行更用。更犹变改也。

⑧礼记月令，孟春天子衣青衣，服仓玉，孟夏则衣朱衣，服赤玉也。

臣顗愚蔽，不足以答圣问。

颉又上书荐黄琼、李固,并陈消灾之术曰:

臣前对七事,要政急务,宜于今者,所当施用。诚知愚浅,不合圣听,人贱言废,当受诛罚,①征营惶怖,靡知厝身。

①论语孔子曰:"不以人废言。"

臣闻刳舟剡楫,将欲济江海也;①聘贤选佐,将以安天下也。昔唐尧在上,群龙为用,②文武创德,周召作辅,是以能建天地之功,增日月之耀者也。诗云:"赫赫王命,仲山甫将之。邦国若否,仲山甫明之。"③宣王是赖,以致雍熙。陛下践祚以来,勤心庶政,而三九之位,未见其人,④是以灾害屡臻,四国未宁。⑤臣考之国典,验之闻见,莫不以得贤为功,失士为败。且贤者出处,翔而后集,⑥爵以德进,则其情不苟,然后使君子耻贫贱而乐富贵矣。若有德不报,有言不讎,来无所乐,进无所趋,⑦则皆怀归薮泽,修其故志矣。夫求贤者,上以承天,下以为人。不用之,则逆天统,违人望。逆天统则灾眚降,违人望则化不行。灾眚降则下呼嗟,化不行则君道亏,四始之缺,五际之厄,其咎由此。⑧岂可不刚健笃实,矜矜栗栗,以守天功盛德大业乎?⑨

①易曰:"黄帝刳木为舟,剡木为楫。"

②群龙喻贤臣也。郑玄注易乾卦云:"爻皆体乾,群龙之象。"舜既受禅,禹与稷、契、咎繇之属并在朝。

③诗大雅也。将,行也。若,顺也。顺否犹臧否,谓善恶也。言国有善恶,仲山甫能明之。

④三公九卿也。

⑤四方之国。

⑥论语:"色斯举矣,翔而后集。"

⑦无爵赏也。

⑧四始谓关雎为国风之始，鹿鸣为小雅之始，文王为大雅之始，清庙为颂之始。缺犹废也。翼奉传曰："易有阴阳五际。"孟康曰："韩诗外传云'五际，卯、酉、午、戌、亥也，阴阳终始际会之岁，于此则有变改之政。'"

⑨易系词曰："日新之谓盛德，富有之谓大业。"

臣伏见光禄大夫江夏黄琼，耽道乐术，清亮自然，被褐怀宝，含味经籍，①又果于从政，明达变复。②朝廷前加优宠，宾于上位。琼入朝日浅，谋谟未就，因以丧病，致命遂志。老子曰："大音希声，大器晚成。"③善人为国，三年乃立。④天下莫不嘉朝廷有此良人，而复怪其不时还任。陛下宜加隆崇之恩，极养贤之礼，征反京师，以慰天下。又处士汉中李固，年四十，通游夏之蓺，履颜闵之仁。絜白之节，情同皦日，[23]忠贞之操，好是正直，卓冠古人，当世莫及。元精所生，王之佐臣，⑤天之生固，必为圣汉，宜蒙特征，以示四方。夫有出伦之才，不应限以官次。昔颜子十八，天下归仁；⑥子奇稺齿，化阿有声。⑦若还琼征固，任以时政，伊尹、傅说，不足为比，则可垂景光，致休祥矣。臣顗明不知人，伏听众言，百姓所归，臧否共叹。愿汎问百僚，覈其名行，有一不合，则臣为欺国。惟留圣神，不以人废言。

①家语子路问于孔子曰："有人于此，被褐而怀玉，何如？"子曰："国无道，隐可也；国有道，则衮冕而执玉也。"

②言明于变异消复之术也。

③声震宇内谓之大音，其动有时，故希声也。无所不容谓之大器，其功既博，故晚成也。

④论语孔子曰："苟有用我者，期月而已可也，三年乃成功。"又曰："善人为邦百年，可以胜残去杀。"

⑤元为天精，谓之精气。春秋演孔图曰"正气为帝，间气为臣，宫商为(佐)〔姓〕，[24]秀气为人"也。

⑥论语曰："颜渊问仁。孔子曰：'克己复礼为仁。一日克己复礼，天下归仁焉。'"

⑦子奇，齐人，年十八为阿邑宰，出仓廪以振贫之，邑内大化。见说苑。

谨复条便宜四事，附奏于左：

一事：孔子作春秋，书"正月"者，敬岁之始也。①王者则天之象，因时之序，宜开发德号，爵贤命士，流宽大之泽，垂仁厚之德，②顺助元气，含养庶类。如此，则天文昭烂，星辰显列，五纬循轨，四时和睦。③不则太阳不光，天地溷浊，时气错逆，霾雾蔽日。④自立春以来，累经旬朔，未见仁德有所施布，但闻罪罚考掠之声。夫天之应人，疾于景响，而自从入岁，常有蒙气，月不舒光，日不宣曜。日者太阳，以象人君。政变于下，日应于天。清浊之占，随政抑扬。天之见异，事无虚作。岂独陛下倦于万机，帷幄之政有所阙钦？⑤何天戒之数见也！臣愿陛下发扬乾刚，援引贤能，勤求机衡之寄，以获断金之利。⑥臣之所陈，辄以太阳为先者，明其不可久闇，急当改正。其异虽微，其事甚重。臣言虽约，其旨甚广。惟陛下乃眷臣章，深留明思。

①公羊传曰："元年春正月。元年者何？君之始年也。春者何？岁之始也。"

②礼记，正月迎春于东郊，还，乃赏公卿诸侯大夫于朝，命相布德和令，行庆施惠，下及兆人，庆赏遂行，无有不当。

③五纬，五星。

④尔雅曰："风而雨土为霾。"

⑤帷幄谓谟谋之臣也。

⑥易曰："二人同心，其利断金。"

二事：孔子曰："雷之始发大壮始，君弱臣强从解起。"今月九日至十四日，大壮用事，消息之卦也。于此六日之中，雷当发声，发声则岁气和，王道兴也。①易曰："雷出地奋，豫，②先王以作乐崇德，殷荐之上帝。③雷者，所以开发萌牙，辟阴除害。万物须雷而解，资雨而润。④故经曰："雷以动之，雨以润之。"⑤王者崇宽大，顺春令，则雷应节，不则发动于冬，当震反潜。故易传曰："当雷不雷，太阳弱也。"今蒙气不除，日月变色，则其效也。天网恢恢，疏而不失，⑥随时进退，应政得失。大人者，与天地合其德，与日月合其明，⑦旋玑动作，与天相应。雷者号令，其德生养。号令殆废，当生而杀，则雷反作，其时无岁。⑧陛下若欲除灾昭祉，顺天致和，宜察臣下尤酷害者，亟加斥黜，以安黎元，则太皓悦和，雷声乃发。⑨

①周书时训曰"春分之日玄鸟至，又五日雷乃发声。雷不发声，诸侯失人"也。

②豫卦，坤下震上。坤为地，震为雷，雷在地上，故曰雷出地〔奋〕，豫。[25]奋，动也。豫，喜也。

③殷，盛也。荐，进也。上帝，天帝也。雷动于地，万物喜豫，作乐之象。

④易解卦曰"天地解而雷雨作，雷雨作而百果草木皆甲坼"也。

⑤易说卦文。

⑥老子之文也。

⑦易乾卦文言之词也。大人，天子也。

⑧雷以冬鸣，则岁饥也。

⑨太皓，天也。[26]

三事：去年十月二十日癸亥，太白与岁星合于房、心。太白在北，岁星在南，相离数寸，光芒交接。房、心者，天帝明堂布政之宫。①孝经钩命决曰："岁星守心年谷丰。"②尚书洪范记曰："月行中道，移节应期，德厚受福，重华留之。"③重华者，谓岁星在心也。今太白从之，交合明堂，金木相贼，而反同合，④此以阴陵阳，臣下专权之异也。房、心东方，其国主宋。⑤石氏经曰：⑥"岁星出左有年，出右无年。"今金木俱东，岁星在南，是为出右，恐年谷不成，宋人饥也。陛下宜审详明堂布政之务，然后妖异可消，五纬顺序矣。⑦

①春秋元命包曰："房四星，心三星。"

②岁星守心为重华，故年丰也。

③天官书曰"岁星一曰摄提，一曰重华"也。

④太白，金也。岁星，木也。金（刻）〔克〕木，[27]故相贼也。

⑤卯为房、心，宋之分也。

⑥石氏，魏人石中夫也，[28]见艺文志。

⑦五纬，五星也。

四事：易传曰："阳无德则旱，阴僭阳亦旱。"阳无德者，人君恩泽不施于人也。阴僭阳者，禄去公室，臣下专权也。自冬涉春，讫无嘉泽，数有西风，反逆时节。①朝廷劳心，广为祷祈，荐祭山川，暴龙移市。②臣闻皇天感物，不为伪动，灾变应人，要在责己。若令雨可请降，水可攘止，则岁无隔并，太平可待。然而灾害不息者，患不在此也。③立春以来，未见朝廷赏录有功，表显有德，存问孤寡，赈恤贫弱，而但见洛阳都官奔车东西，收系纤介，牢狱充盈。臣闻恭陵火处，比有光曜，④明此天灾，非人之咎。丁丑大风，掩蔽天地。风者号令，天之威怒，皆所以感悟人君忠厚之戒。又连月无雨，将害宿麦。[29]若一穀不登，则饥者十三四矣。陛下诚宜广被恩泽，贷赡元元。昔尧遭九年之水，人有十载之蓄者，简税防灾，为其方也。⑤愿陛下早宣德泽，以应天功。若臣言不用，朝政不改者，立夏之后乃有澍雨，于今之际未可望也。若政变于朝而天不雨，则臣为诬上，愚不知量，分当鼎镬。

①春当东风也。

②董仲舒春秋繁露曰："春旱，以甲乙日为仓龙一，长八尺，居中央；为小龙七，[30]各长四尺，于东方。皆东向，其间相去八尺。小童八人，皆斋三日，服青衣而舞之。夏，以丙丁日为赤龙，服赤衣。季夏，以戊己日为黄龙，[31]服黄衣。秋，以庚辛日为白龙，服白衣。冬，以壬癸日为黑龙，服黑衣。牲各依其方色，皆燔雄鸡，烧豭猪尾，于里北门及市中以祈焉。"礼记，岁旱，鲁穆公问于县子，县子曰："为之徙市，不亦可乎？"见檀弓篇。[32]

③不在祈祷。

④比，频也。时恭陵百丈庑灾，仍有光耀不绝。

⑤简，少也。方，法也。

书奏，特诏拜郎中，辞病不就，即去归家。至四月京师地震，遂陷。①其夏大旱。秋，鲜卑入马邑城，破代郡兵。明年，西羌寇陇右。②皆略如顗言。后复公车征，不行。

①阳嘉二年四月己亥地震，六月丁丑洛阳地陷，是月旱也。

②阳嘉三年七月，种羌寇陇西。

同县孙礼者，积恶凶暴，好游侠，与其同里人常慕颉名德，欲与亲善。颉不顾，以此结怨，遂为礼所杀。

襄楷字公矩，平原隰阴人也。①[33]好学博古，善天文阴阳之术。

①风俗通曰："襄姓，楚大夫襄老之后。"隰阴，县，在隰水之南，故城在今齐州临邑县西也。

桓帝时，宦官专朝，政刑暴滥，又比失皇子，灾异尤数。延熹九年，楷自家诣阙上疏曰：

臣闻皇天不言，以文象设教。尧舜虽圣，必历象日月星辰，察五纬所在，故能享百年之寿，为万世之法。①臣窃见去岁五月，荧惑入太微，犯帝坐，出端门，不轨常道。②其闰月庚辰，太白入房，犯心小星，震动中耀。中耀，天王也；傍小星者，天王子也。夫太微天廷，五帝之坐，而金火罚星扬光其中，③于占，天子凶；又俱入房、心，法无继嗣。今年岁星久守太微，逆行西至掖门，还切执法。④岁为木精，好生恶杀，而淹留不去者，咎在仁德不修，诛罚太酷。前七年十二月，荧惑与岁星俱入轩辕，逆行四十馀日，而邓皇后诛。其冬大寒，杀鸟兽，害鱼鳖，城傍竹柏之叶有伤枯者。⑤臣闻于师曰："柏伤竹枯，不出三年，天子当之。"今洛阳城中人夜无故叫呼，云有火光，人声正喧，⑥于占亦与竹柏枯同。自春夏以来，连有霜雹及大雨雷，而臣作威作福，刑罚急刻之所感也。

①尧年一百一十七岁，舜年一百一十二岁。言百年，举全数。

②天官书曰："太微南四星，中为端门。"轨犹依也。

③太白金也，荧惑火也。天文志曰："逆夏令，伤火气，罚见荧惑。逆秋令，伤金气，罚见太白。"故金火并为罚星也。

④天官书曰："端门左右星为掖门。太微南四星为执法。"切谓迫近也。

⑤续汉志曰："延熹九年，雒阳城傍竹柏叶有伤者。"[34]

⑥续汉志曰："桓帝延熹九年三月，京师有火光转行，人相惊噪。"

太原太守刘瓆、南阳太守成瑨，志除奸邪，其所诛翦，皆合人望，①而陛下受阉竖之谮，乃远加考逮。三公上书乞哀瓆等，不见采察，②而严被谴让。忧国之臣，将遂杜口矣。

①谢承书曰："刘瓆字文理，平原人。迁太原太守。郡有豪强，中官亲戚，为百姓所患。瓆深疾之，到官收其魁帅杀之，所藏匿主人悉坐伏诛。桓帝征诣廷尉，以瓆宗室，不忍致之于刑，使自杀。""成瑨字幼平，弘农人。迁南阳太守。时桓帝美人外亲张子禁怙恃荣贵，不畏法网，瑨与功曹岑晊捕子禁付宛狱，笞杀之。桓帝征瑨诣廷尉，下狱死。"瓆音质。瑨音晋。

②时太尉陈蕃、司徒刘矩、司空刘茂共上书讼瓆等，帝不纳。

臣闻杀无罪，诛贤者，祸及三世。①自陛下即位以来，频行诛伐，梁、寇、孙、邓，并见族灭，②其从坐者，又非其数。李云上书，明主所不当讳，杜众乞死，谅以感悟圣朝，③曾无赦宥，而并被残戮，天下之人，咸知其冤。汉兴以来，未有拒谏诛贤，用刑太深如今者也。

①黄石公三略曰："伤贤者殃及三世，蔽贤者身当其害，达贤者福流子孙，疾贤者名不全。"

②梁冀、寇荣、孙寿、邓万世等也。

③时弘农五官掾杜众伤云以忠谏获罪，遂上书云，愿与李云同日死也。

永平旧典，诸当重论皆须冬狱，先请后刑，所以重人命也。顷数十岁以来，州郡翫习，又欲避请谳之烦，①辄託疾病，多死牢狱。长吏杀生自己，死者多非其罪，魂神冤结，无所归诉，淫厉疾疫，自此而起。②昔文王一妻，诞致十子，③今宫女数千，未闻庆育。宜修德省刑，以广螽斯之祚。④

①广雅曰："谳，疑也。"谓罪有疑者谳于廷尉也。

②淫，过也。左传曰："阴淫寒疾，阳淫热疾。"

③史记曰，太姒，文王正妃也。其长子伯邑考，次武王发，次管叔鲜，次周公旦，次蔡叔度，次曹叔振铎，次成叔武，次霍叔处，次康叔封、冉季载，同母兄弟十人也。

④诗国风序曰："螽斯，后妃子孙众多也，言若螽斯不妒忌则子孙众多也。"注云："螽斯，蚣蝑也。凡有情欲者无不妒忌，唯蚣蝑不尔，各得受气而生子，故以喻焉。"祚，福也。

又七年六月十三日，河内野王山上有龙死，长可数十丈。①扶风有星陨为石，声闻三郡。夫龙形状不一，小大无常，故周易况之大人，帝王以为符瑞。②或闻河内龙死，讳以为蛇。夫龙能变化，蛇亦有神，皆不当死。昔秦之将衰，华山神操璧以授郑客，曰"今年祖龙死"，③始皇逃之，死于沙丘。④王莽天凤二年，讹言黄山宫有死龙之异，⑤后汉诛莽，光武复兴。虚言犹然，况于实邪？夫星辰丽天，犹万国之附王者也。下将畔上，故星亦畔天。石者安类，坠者失埶。春秋五石陨宋，其后襄公为楚所执。⑥秦以亡也，石陨东郡。⑦今陨扶风，与先帝园陵相近，⑧不有大丧，必有畔逆。

①延熹七年也。袁山松书曰"长可百馀尺"。

②大人，天子也。乾卦九五曰："飞龙在天，大人造也。"九五处天子之

位，故以飞龙喻焉。尚书中候曰："舜沈璧于清河，黄龙负图出水。"

③祖龙谓秦始皇也。乐资春秋后传曰："使者郑客入函谷，至平舒，见素车白马，曰：'吾华山君，愿以一牍致滈池君。子之咸阳，过滈池见一大梓树，有文石取以扣树，当有应者，以书与之。'郑客如其言，见宫阙如王者居，谒者出受书，入有顷，云'今年祖龙死'。"

④史记曰："始皇崩于沙丘平台。"沙丘在今邢州平乡县东北。

⑤王莽传曰："时讹言黄龙堕地，死黄山宫中，百姓奔走往观者乃有万数。莽恶之，捕系诘语所从起，而竟不得。"

⑥左传鲁僖公十六年"陨石于宋五"，陨星也。至二十年，诸侯会宋公于盂，于是楚执宋公以伐宋。

⑦史记："始皇三十六年，有坠星下东郡，至地为石，人或刻其石曰'始皇死而地分'。始皇闻之，尽取石旁舍诛之，[35]因燔其石。"

⑧桓帝延熹七年陨石于鄠。鄠属扶风，与高帝诸陵相近也。

案春秋以来及古帝王，未有河清及学门自坏者也。①臣以为河者，诸侯位也，②清者属阳，浊者属阴。河当浊而反清者，阴欲为阳，诸侯欲为帝也。太学，天子教化之宫，其门无故自坏者，言文德将丧，教化废也。京房易传曰："河水清，天下平。"今天垂异，地吐妖，人厉疫，三者并时而有河清，犹春秋麟不当见而见，孔子书之以为异也。③

①延熹五年，太学西门自坏。八年，济阴、东郡、济北河水清也。

②孝经援神契曰："五岳视三公，四渎视诸侯也。"

③公羊传曰："西狩获麟何以书？记异也。何以异？[36]麟非中国兽也。"

臣前上琅邪宫崇受干吉神书，[37]不合明听。①臣闻布穀鸣于孟夏，蟋蟀吟于始秋，物有微而志信，人有贱而言忠。②臣虽至贱，诚愿赐清间，极尽所言。

①干姓，吉名也。神书，即今道家太平经也。其经以甲、乙、丙、丁、戊、己、庚、辛、壬、癸为部，每部一十七卷也。

②布榖，一名戴纴，一名戴胜。蟋蟀，促织也。春秋考异邮曰："孟夏戴胜降，立秋促织鸣。"言虽微物不失信也。纴音女林反。

书奏不省。

十馀日，复上书曰：

臣伏见太白北入数日，复出东方，其占当有大兵，中国弱，四夷强。臣又推步，荧惑今当出而潜，必有阴谋。皆由狱多冤结，忠臣被戮。德星所以久守执法，亦为此也。①陛下宜承天意，理察冤狱，为刘瓆、成瑨亏除罪辟，追录李云、杜众等子孙。

①德星，岁星也。

夫天子事天不孝，则日食星斗。比年日食于正朔，①三光不明，五纬错戾。前者宫崇所献神书，专以奉天地顺五行为本，亦有兴国广嗣之术。其文易晓，参同经典，而顺帝不行，故国胤不兴，②孝冲、孝质频世短祚。

①延熹八年正月辛巳朔，日食。九年正月辛卯朔，日食。

②太平经兴帝王篇曰："真人问神人曰：'吾欲使帝王立致太平，岂可闻邪？'神人言：'但顺天地之道，不失铢分，则立致太平。元气有三名，为太阳、太阴、中和。形体有三名，为天、地、人。天有三名，[38]为日、月、星，北极为中也。地有三名，为山、川与平土。人有三名，为父、母、子。政有三名，为君、臣、人。此三者，常相得腹心，不失铢分，使其同一忧，合成一家，立致太平，延年不疑也。'又问曰：'今何故其生子少也？'天师曰：'善哉子之言也，但施不得其意耳。如令施其人欲生也，开其玉户，施种于中，比若春种于地也，十十相应和而生。其施不以其时，比若十月种物于地也，十十尽死，固无生者。真人欲重知

其审,今无子之女,虽日百施其中,犹无所生也。不得其所生之处,比若此矣。是故古者圣贤不妄施于不生之地也,名为亡种,竭气而无所生成。今太平气到,或有不生子者,反断绝天地之统,使国少人。理国之道,多人则国富,少人则国贫。今天上皇之气已到,天皇气生物,乃当万倍其初天地。'"

臣又闻之,得主所好,自非正道,神为生虐。故周衰,诸侯以力征相尚,于是夏育、申休、宋万、彭生、任鄙之徒生于其时。①殷纣好色,妲己是出。②叶公好龙,真龙游廷。③今黄门常侍,天刑之人,陛下爱待,兼倍常宠,系嗣未兆,岂不为此?天官宦者星不在紫宫而在天市,明当给使主市里也。④今乃反处常伯之位,实非天意。⑤

①并多力之人也。夏育,卫人,力举千钧。宋万,宋人,杀湣公,遇大夫仇牧于门,批而杀之,齿著门阖。彭生,齐人,拉鲁桓公干而杀之。范雎曰:"以任鄙之力焉而死。"申休未详何世也。

②妲己,苏人之美女也,献于纣,纣纳以为妻,常与沈湎于酒。事见列女传。

③子张见鲁哀公也,七日,哀公不礼。子张曰:"君之好士有似叶公子高之好龙也。叶公子高好画龙,天龙闻之,降之,窥头于牖。叶公子高见之,弃而反走,五色无主。是叶公子高好夫似龙而非好真龙也。"事见新序。

④山阳公载记曰:"市垣二十二星而帝座居其中,宦者四星,唯供市买之事也。"

⑤常伯,侍中也。尚书曰:"常伯常任。"

又闻宫中立黄老、浮屠之祠。①此道清虚,贵尚无为,好生恶杀,省欲去奢。今陛下嗜欲不去,杀罚过理,既乖其道,岂获其祚哉！或言老子入夷狄为浮屠。②浮屠不三宿桑下，不欲久生恩爱，精之至也。③天神遗以好女，浮屠曰："此但革囊盛血。"遂不眄之。④其守一如此，乃能成道。今陛下婬女艳妇，极天下之丽，甘肥饮美，单天下之味，奈何欲如黄老乎？

①浮屠即佛陁，但声转耳，并谓佛也，解见楚王英传也。

②或闻言当时言也。[39]老子西入夷狄，始为浮屠之化。

③言浮屠之人寄桑下者，不经三宿便即移去，示无爱恋之心也。

④四十二章经："天神献玉女于佛，佛曰：'此是革囊盛众秽耳。'"

书上，即召(诏)〔诣〕尚书问状。[40]楷曰："臣闻古者本无宦臣，武帝末，春秋高，数游后宫，始置之耳。①后稍见任，至于顺帝，遂益繁炽。今陛下爵之，十倍于前。至今无继嗣者，岂独好之而使之然乎？"尚书上其对，诏下有司处正。尚书承旨奏曰："其宦者之官，非近世所置。汉初张泽为大谒者，佐绛侯诛诸吕；②孝文使赵谈参乘，而子孙昌盛。③楷不正辞理，指陈要务，而析言破律，违背经蓺，假借星宿，伪託神灵，④造合私意，诬上罔事。请下司隶，正楷罪法，收送洛阳狱。"帝以楷言虽激切，然皆天文恒象之数，故不诛，犹司寇论刑。⑤

①元帝时，任宦者石显为中书令，前将军萧望之等曰："尚书百官之本，宜以公正处之。武帝游宴后廷，故用宦者，非古制也。宜罢中书宦官，应古不近刑人之法。"

②张泽，阉人也。绛侯周勃诛诸吕，乃迎立代王入宫，顾麾左右执戟皆罢兵。有数人不肯去，宦者令张泽喻告之，乃去。此其佐诛诸吕之功。见前书。

③文帝使宦者赵谈参乘，爰盎伏车前曰："陛下独奈何与刀锯馀人载！"于是上笑，推下赵谈，谈泣而下车。文帝生景帝，其后昌盛也。

④谓上干吉神书也。

⑤前书曰司寇,二岁刑。

初,顺帝时,琅玡宫崇诣阙,上其师干吉于曲阳泉水上所得神书百七十卷,皆缥白素朱介青首朱目,号太平清领书。①其言以阴阳五行为家,而多巫觋杂语。②有司奏崇所上妖妄不经,乃收臧之。后张角颇有其书焉。

①今润州有曲阳山,有神溪水;定州有曲阳山,有神溪水;海州有曲阳城,北有羽潭水;寿州有曲阳城,又有北溪水。而干吉、宫崇并琅邪人,盖东海曲阳是也。缥,青白也。素,缣也。以朱为介道。首,幖也。目,题目也。太平经曰:"吾书中,善者悉使青下而丹目,合乎吾之道,乃丹青之信也。青者,生仁而有心。[41]赤者太阳,天之正色也。"江表传:"时有道士琅邪干吉,先寓居东方,来吴会,立精舍,烧香读道书,制作符水以疗病,吴会人多事之。孙策尝于郡城楼上请会宾客,吉乃盛服趋度门下。诸将宾客三分之二下楼拜之,掌客者禁诃不能止。策即令收之。诸事之者,悉使妇女入见策母,请之。母谓策曰:'干先生亦助军作福,医护将士,不可杀之。'策曰:'昔南阳张津为交州刺史,舍前圣典训,废汉家法律,常著绛袙头,鼓琴焚香,读邪俗道书,云以助化,卒为蛮夷所杀。此甚无益,诸君但未悟耳。今此子已在鬼录,勿复费纸笔也。'即催斩之,县首于市。"

②太平经曰:"天失阴阳则乱其道,地失阴阳则乱其财,人失阴阳则绝其后,君臣失阴阳则其道不理,五行四时失阴阳则为灾。[42]今天垂象为人法,故当承顺之也。"又曰:"天上有常神圣要语,时下授人以言,用使神吏应气而往来也。人众得之谓神咒也。咒百中百,十中十,其咒有可使神为除灾疾,用之所向无不愈也。"

及灵帝即位,以楷书为然。太傅陈蕃举方正,不就。乡里宗之，每太守至，辄致礼请。中平中，与荀爽、郑玄俱以博士征，不至，卒于家。

论曰：古人有云："善言天者，必有验于人。"①而张衡亦云："天文历数，阴阳占候，今所宜急也。"郎顗、襄楷能仰瞻俯察，参诸人事，祸福吉凶既应，引之教义亦明。此盖道术所以有补于时，后人所当取鉴者也。然而其敝好巫，故君子不以专心焉。②

①前书武帝策茂才之词也。

②好巫谓好鬼神之事也。范甯穀梁序曰"左氏艳而富，其敝也巫"也。

赞曰：仲桓术深，蒲车屡寻。①苏竟飞书，清我旧阴。②襄、郎灾戒，实由政淫。

①频征不至。

②阴，县，属南阳。与光武同郡，故云我旧也。

【校勘记】

〔1〕炎火并作烧君室　按：汲本"炎"作"灾"。殿本"君"作"居"。

〔2〕闵子骞曰　按："闵子"下原脱"骞"字，径据汲本、殿本补。

〔3〕阴(得)〔覆〕阳〔也〕　刊误谓"得"当作"覆"，"阳"下合有"也"字。今据以改补。

〔4〕三公卦〔也〕　据殿本补。

〔5〕并为三公之(日)〔卦〕也　张森楷校勘记谓钱大昕考异引"日"作"卦"，是，此误。今据改。

〔6〕四(斗)〔升〕为豆　据刊误改。

〔7〕(四)〔十〕釜为钟也　据刊误改。

〔8〕夙夜梦寤　汲本、殿本“寤”作“寐”。按：梦寤犹言寤寐，作“寤”义长。

〔9〕而皆务精土木　按：“皆”下原衍“当”字，径据汲本、殿本删。

〔10〕百姓何(谤)〔罪〕　据殿本改。

〔11〕天立应以恶　按：“天”字原脱，径据汲本、殿本补。

〔12〕从今旦至明日旦也　按：汲本“明日旦”作“明日”，殿本作“明旦”。

〔13〕编发重译来朝者六国　按：“译”原讹“驿”，径据汲本、殿本改。

〔14〕柳东方宿也　按：“东”原讹“南”，径据汲本、殿本改。

〔15〕去年闰(十)月十七日己丑　集解引钱大昕说，谓“闰十月”之“十”字盖衍文，或当云“闰十二月”。盖郎𫖮上便宜七事在阳嘉二年，顺帝纪阳嘉元年闰月戊子，客星出天苑，即其事也。纪书闰月于十二月之后，则是闰十二月也。是岁闰十二月癸酉朔，十七日恰得己丑。今据钱说删“十”字。

〔16〕伐又为大辰　汲本、殿本“伐”作“罚”。按：此皆公羊传文，公羊传作“伐”。

〔17〕广雅曰罚谓之大辰也　汲本、殿本“广雅”作“尔雅”。今按：尔雅无此文。广雅释天“参伐谓之大辰”，作“广雅”是。

〔18〕山陵崩绝　按：校补引柳从辰说，谓今韩诗外传“绝”作“竭”。

〔19〕左右趾也　按：“趾”原讹“指”，径据汲本、殿本改，下同。

〔20〕遵其行令　按：御览二〇引作“遵行月令”。

〔21〕私曲之意羌不得通　汲本、殿本“羌”作“差”。按：羌，语辞也，作“差”疑非。

〔22〕(计)〔斗〕历改宪　据刊误改。按：刊误谓“计”当作“斗”，注文可见。盖斗字似草书计字，后人因误之。

〔23〕情同皦日　按：“皦”原作“曒”，从日，非，径据汲本、殿本改。

〔24〕宫商为(佐)〔姓〕　集解引惠栋说，谓御览引演孔图云“宫商为姓”，谓吹律定姓也，注缘传“佐臣”而误从“佐”也。今据改。按：御览

引见卷三百六十人事部。

〔25〕故曰雷出地〔奋〕豫　按：明脱一“奋”字，今补。

〔26〕太皓天也　按：原脱“也”字，径据汲本、殿本补。

〔27〕金(剋)〔克〕木　据汲本改。

〔28〕魏人石中夫也　按：刊误谓案前书“中夫”当作“申夫”。

〔29〕将害宿麦　按：各本“宿”作“粟”，误。

〔30〕为小龙七　按：汲本、殿本“七”作“五”。

〔31〕以戊己日为黄龙　按：“戊”原讹“戍”，径改正。

〔32〕见檀弓篇　按：校补谓注上文明言礼记，则下文不必更言檀弓，疑后人妄增。

〔33〕平原隰阴人也　按：集解引钱大昕说，谓“隰”当作“㶟”。郡国志平原郡有漯阴县，漯他合反，即漯水也。班志作“漯阴”。案说文济漯字本作“㶟”，隶省作“漯”，燥溼字本作“溼”，后世借濕为燥泾字，而以漯为水名，不知漯为㶟之讹也。其正作“濕”者，多与“隰”相乱。左氏哀十年传注“济南有隰阴县”，陆德明误音习。

〔34〕延熹九年雒阳城傍竹柏叶有伤者　汲本、殿本“九年”作“元年”，惠栋云当作“七年”。今按：续志云“延熹九年，雒阳城旁竹柏叶有伤者”，桓纪亦书于九年冬十二月，是“元年”乃“九年”之讹。然楷疏称七年冬，故惠氏以为当作“七年”也。

〔35〕尽取石旁舍诛之　按：刊误谓史记作“石傍居人”，“舍”字误。

〔36〕何以异　按：刊误谓当云“何异尔”。

〔37〕受干吉神书　按：汲本、殿本“干吉”之“干”皆作“于”。注同。

〔38〕天有三名　按：“三”原讹“二”，径改正。

〔39〕或闻言当时言也　殿本无“闻”字。今按：疑当作“或言，闻当时言也”，各本言闻颠倒，殿本又依正文删“闻”字耳。

〔40〕即召(诏)〔诣〕尚书问状　刊误谓案文“诏”当作“诣”，今据改。

〔41〕青者生仁而有心　按：殿本“生”作“主”。

〔42〕五行四时失阴阳则为灾　按:“五行”二字疑衍,汲本无。

后汉书卷三十一

郭杜孔张廉王苏羊贾陆列传第二十一

郭伋字细侯，扶风茂陵人也。[1]高祖父解，①武帝时以任侠闻。父梵，为蜀郡太守。伋少有志行，哀平间辟大司空府，三迁为渔阳都尉。王莽时为上谷大尹，②[2]迁并州牧。

①前书云，解字翁伯，河内轵人，徙茂陵也。

②王莽改太守为大尹。

更始新立，三辅连被兵寇，百姓震骇，强宗右姓①各拥众保营，莫肯先附。更始素闻伋名，征拜左冯翊，使镇抚百姓。世祖即位，拜雍州牧，再转为尚书令，数纳忠谏争。

①右姓犹高姓也。

建武四年，出为中山太守。明年，彭宠灭，转为渔阳太守。渔阳既离王莽之乱，重以彭宠之败，①民多猾恶，寇贼充斥。②伋到，示以信赏，纠戮渠帅，盗贼销散。时匈奴数抄郡界，边境苦之。伋整勒士马，设攻守之略，匈奴畏惮远跡，不敢复入塞，民得安业。在职五岁，户口增倍。后颍川盗贼群起，九年，征拜颍川太守。召见辞谒，③帝劳之曰："贤能太守，去帝城不远，河润九里，冀京师并蒙福也。④君虽精于追捕，而山道险阸，自斗当一士耳，深宜慎之。"伋到郡，招怀山贼阳夏赵宏、⑤襄城召吴等数百人，皆束手诣伋降，悉遣归附农。因自劾专命，⑥帝美其策，不以咎之。后宏、吴等党与闻伋威信，远自江南，或从幽、冀，不期俱降，骆驿不绝。⑦

①离犹遭也。

②杜预注左传曰："充，满；斥，见也。"

③因辞而谒见也。

④庄子曰："河润九里，泽及三族。"

⑤阳夏，县名，属陈国。夏，公雅反。

⑥谓擅放降贼也。

⑦骆驿，连续。

十一年，省朔方刺史属并州。帝以卢芳据北土，乃调伋为并州牧。过京师谢恩，帝即引见，并召皇太子诸王宴语终日，赏赐车马衣服什物。伋因言选补众职，当简天下贤俊，不宜专用南阳人。帝纳之。伋前在并州，素结恩德，及后入界，所到县邑，老幼相携，逢迎道路。所过问民疾苦，聘求耆德雄俊，设几杖之礼，朝夕与参政事。①

①礼记曰："谋于长者，必操几杖以从之。"

始至行部，到西河美稷，有童儿数百，各骑竹马，道次迎拜。伋问"儿曹何自远来"。①对曰："闻使君到，喜，故来奉迎。"伋辞谢之。及事讫，诸儿复送至郭外，问"使君何日当还"。伋谓别驾从事，计日(当)告之。[3]行部既还，先期一日，伋为违信于诸儿，遂止于野亭，须期乃入。

①曹，辈也。

是时朝廷多举伋可为大司空，帝以并部尚有卢芳之儆，①且匈奴未安，欲使久于其事，故不召。伋知卢芳夙贼，②难卒以力制，常严烽候，明购赏，以结寇心。芳将隋昱遂谋胁芳降伋，〔4〕芳乃亡入匈奴。

①儆，急也。

②夙，旧也。

伋以老病上书乞骸骨。二十二年，征为太中大夫，赐宅一区，及帷帐钱谷，以充其家，伋辄散与宗亲九族，无所遗馀。明年卒，时年八十六。帝亲临吊，赐冢茔地。

杜诗字(公)君〔公〕，〔5〕河内汲人也。少有才能，仕郡功曹，有公平称。更始时，辟大司马府。建武元年，岁中三迁为侍御史，安集洛阳。时将军萧广放纵兵士，暴横民间，百姓惶扰，诗敕晓不改，遂格杀广，还以状闻。世祖召见，赐以棨戟，①复使之河东，诛降逆贼杨异等。诗到大阳，②闻贼规欲北度，乃与长史急焚其船，部勒郡兵，将突骑趁击，斩异等，贼遂翦灭。拜成皋令，③视事三岁，举政尤异。再迁为沛郡都尉，转汝南都尉，所在称治。

①汉杂事曰："汉制假棨戟以代斧钺。"崔豹古今注曰："棨戟，前驱之器也，以木为之。后代刻伪，无复典刑，以赤油韬之，亦谓之油戟，亦曰棨戟，王公已下通用之以前驱也。"

②大阳，县名，属河东郡。

③成皋，县，属河南郡，今洛州汜水县是。

七年，迁南阳太守。性节俭而政治清平，以诛暴立威，善于计略，省爱民役。造作水排，铸为农器，①用力少，见功多，百姓便之。又修治陂池，广拓土田，郡内比室殷足。时人方于召信臣，②故南阳为之语曰："前有召父，后有杜母。"

①排音蒲拜反。冶铸者为排以吹炭，今激水以鼓之也。"排"当作"橐"，古字通用也。

②比室犹比屋也。前书曰："召信臣字翁卿，九江寿春人也。迁南阳太守，为人兴利，务在富之，开通沟渠凡十数处。"

诗自以无劳，不安久居大郡，求欲降避功臣，乃上疏曰：

陛下亮成天工，克济大业，偃兵脩文，群帅反旅，①海内合和，万世蒙福，天下幸甚。唯匈奴未譬圣德，威侮二垂，②陵虐中国，边民虚耗，不能自守，臣恐武猛之将虽勤，亦未得解甲櫜弓也。③夫勤而不息亦怨，劳而不休亦怨，怨恨之师，难复责功。臣伏睹将帅之情，功臣之望，冀一休足于内郡，④然后即戎出命，不敢有恨。臣愚以为"师克在和不在众"，⑤陛下虽垂念北边，亦当颇泄用之。⑥昔汤武善御众，故无忿鸷之师。⑦陛下起兵十有三年，将帅和睦，士卒凫藻。⑧今若使公卿郡守出于军垒，则将帅自厉；⑨士卒之复，比于宿卫，则戎士自百。⑩何者？天下已安，各重性命，大臣以下，咸怀乐土，不雠其功而厉其用，无以劝也。陛下诚宜虚缺数郡，以俟振旅之臣，重复厚赏，加于久役之士。如此，缘边屯戍之师，竞而忘死，乘城拒塞之吏，不辞其劳，则烽火精明，守战坚固。圣王之政，必因人心。今猥用愚薄，塞功臣之望，诚非其宜。

①反旅谓班师也。

②譬犹晓也。威，虐也。侮，慢也。二垂谓西与北也。

③櫜，韬也，音高。诗曰“载櫜弓矢”也。

④休足，止行役也。

⑤春秋左氏传文也。

⑥泄犹杂也。

⑦鸷，击也。汤武顺天应人，其所征讨，皆吊伐而已，故无忿怒而击也。

⑧言其和睦欢悦，如凫之戏于水藻也。

⑨垒，军壁。厉，勉也。

⑩复谓优宽也，音福。续汉志曰：“羽林郎，秩比三百石，掌侍从宿卫。”言士卒得比于郎，则人百其勇。

臣诗伏自惟忖，本以史吏一介之才，①遭陛下创制大业，贤俊在外，空乏之间，超受大恩，(收)〔牧〕养不称，[6]奉职无效，久窃禄位，令功臣怀愠，诚惶诚恐。八年，上书乞避功德，陛下殊恩，未许放退。臣诗蒙恩尤深，义不敢苟冒虚请，诚不胜至愿，愿退大郡，受小职。及臣齿壮，力能经营剧事，如使臣诗必有补益，复受大位，虽析珪授爵，所不辞也。惟陛下哀矜！

①史吏谓初为郡功曹也。书曰“如有一介臣”也。[7]

帝惜其能，遂不许之。

诗雅好推贤，数进知名士清河刘统及鲁阳长董崇等。

初，禁网尚简，但以玺书发兵，未有虎符之信，诗上疏曰：“臣闻兵者国之凶器，圣人所慎。旧制发兵，皆以虎符，其馀征调，竹使而已。符第合会，[8]取为大信，所以明著国命，敛持威重也。①间者发兵，但用玺书，或以诏令，如有奸人诈伪，无由知觉。愚以为军旅尚兴，贼虏未殄，征兵郡国，宜有重慎，可立虎符，以绝奸端。昔魏之公子，威倾邻国，犹假兵符，以解赵围，若无如姬之仇，则其功不显。②事有烦而不可省，费而不得已，盖谓此也。”书奏，从之。

①说文曰："符，信也。汉制以竹，长六寸，分而相合。"前书文帝二年，初与郡守为铜虎符、竹使符。音义曰："铜虎第一至第五，发兵遣使，符合乃听之。竹使符以竹五寸，镌刻篆书，亦第一至第五也。"

②秦昭王已破赵长平，又进围邯郸。魏昭王之子无忌号信陵君，其姊为赵惠文王弟平原君夫人。平原君数遗公子书，请救于魏，魏王使将军晋鄙将十万众救赵，实持两端以观望。平原君使者相属，谓公子曰："今邯郸旦暮降秦，魏救不至，独不怜公子姊耶？"公子患之，过侯嬴问之。嬴屏人语曰："嬴闻晋鄙兵符常在王卧内，而如姬最幸，力能窃之。嬴闻如姬父为人所杀，公子使客斩其仇头敬进如姬，姬为公子死无所辞。公子诚一开口以请如姬，姬必诺。"公子从其计，如姬果盗晋鄙兵符与公子，于是遂矫魏王令夺晋鄙兵，[9]进击，秦军解去。事见史记也。

诗身虽在外，尽心朝廷，谠言善策，随事献纳。视事七年，政化大行。十四年，坐遣客为弟报仇，被征，会病卒。司隶校尉鲍永上书言诗贫困无田宅，丧无所归。诏使治丧郡邸，赙绢千匹。

孔奋字君鱼，扶风茂陵人也。曾祖霸，元帝时为侍中。奋少从刘歆受春秋左氏传，歆称之，谓门人曰："吾已从君鱼受道矣。"①

①言君鱼之道已过于己也。

遭王莽乱，奋与老母幼弟避兵河西。建武五年，河西大将军窦融请奋署议曹掾，守姑臧长。八年，赐爵关内侯。时天下扰乱，唯河西独安，而姑臧称为富邑，通货羌胡，市日四合，①每居县者，不盈数月辄致丰积。奋在职四年，财产无所增。事母孝谨，虽为俭约，奉养极求珍膳。躬率妻子，同甘菜茹。②时天下未定，士多不修节操，而奋力行清絜，为众人所笑，或以为身处脂膏，不能以自润，徒益苦辛耳。奋既立节，治贵仁平，太守梁统深相敬待，不以官属礼之，常迎于大门，引入见母。

①古者为市，一日三合。周礼曰："大市日侧而市，百族为主。〔朝市〕朝时而市，[10]商贾为主。〔夕市〕夕时而市，[11]贩夫贩妇为主。"今既人货殷繁，故一日四合也。

②广雅曰："茹，食也。"

陇蜀既平，河西守令咸被征召，财货连毂，弥竟川泽。唯奋无资，单车就路。姑臧吏民及羌胡更相谓曰："孔君清廉仁贤，举县蒙恩，如何今去，不共报德！"遂相赋敛牛马器物千万以上，追送数百里。奋谢之而已，一无所受。既至京师，除武都郡丞。

时陇西馀贼隗茂等夜攻府舍，残杀郡守，贼畏奋追急，乃执其妻子，欲以为质。奋年已五十，唯有一子，终不顾望，遂穷力讨之。吏民感义，莫不倍用命焉。郡多氐人，便习山谷，其大豪齐锺留者，为群氐所信向。奋乃率厉锺留等令要遮钞击，共为表里。贼窘惧逼急，乃推奋妻子以置军前，冀当退却，而击之愈厉，遂禽灭茂等，奋妻子亦为所杀。世祖下诏褒美，拜为武都太守。

奋自为府丞，已见敬重，及拜太守，举郡莫不改操。为政明断，甄善疾非，①见有美德，爱之如亲，其无行者，忿之若仇，郡中称为清平。

①甄，明也。

弟奇，游学洛阳。奋以奇经明当仕，上病去官，守约乡闾，卒于家。奇博通经典，作春秋左氏删。①奋晚有子嘉，官至城门校尉，作左氏说云。②

①删定其义也。

②说，犹今之疏也。

张堪字君游，南阳宛人也，为郡族姓。堪早孤，让先父馀财数百万与兄子。年十六，受业长安，志美行厉，诸儒号曰“圣童”。

世祖征时，见堪志操，常嘉焉。及即位，中郎将来歙荐堪，召拜郎中，三迁为谒者。使送委输缣帛，并领骑七千匹，诣大司马吴汉伐公孙述，在道追拜蜀郡太守。时汉军馀七日粮，阴具船欲遁去。堪闻之，驰往见汉，说述必败，不宜退师之策。汉从之，乃示弱挑敌，述果自出，战死城下。成都既拔，堪先入据其城，捡阅库藏，收其珍宝，悉条列上言，秋毫无私。①慰抚吏民，蜀人大悦。

①秋毫者，喻细也。

在郡二年，征拜骑都尉，后领票骑将军杜茂营，击破匈奴于高柳，拜渔阳太守。捕击奸猾，赏罚必信，吏民皆乐为用。匈奴尝以万骑入渔阳，堪率数千骑奔击，大破之，郡界以静。乃于狐奴开稻田八千馀顷，劝民耕种，以致殷富。百姓歌曰：“桑无附枝，麦穗两岐。[12]张君为政，乐不可支。”视事八年，匈奴不敢犯塞。

帝尝召见诸郡计吏，问其风土及前后守令能否。蜀郡计掾樊显进曰：“渔阳太守张堪昔在蜀，其仁以惠下，[13]威能讨奸。前公孙述破时，珍宝山积，卷握之物，足富十世，①而堪去职之日，乘折辕车，布被囊而已。”帝闻，良久叹息，②拜显为鱼复长。③方征堪，会病卒，帝深悼惜之，下诏褒扬，赐帛百匹。

①卷握犹掌握也，谓珠玉之类也。

②良犹甚也。

③鱼复，县，属巴郡，故城在今夔州人复县北赤甲城是。[14]

廉范字叔度，京兆杜陵人，赵将廉颇之后也。汉兴，以廉氏豪宗，自苦陉徙焉。①世为边郡守，或葬陇西襄武，故因仕焉。曾祖父褒，成哀间为右将军，祖父丹，王莽时为大司马庸部牧，②皆有名前世。范父遭丧乱，客死于蜀汉，范遂流寓西州。③西州平，归乡里。年十五，辞母西迎父丧。蜀郡太守张穆，丹之故吏，乃重资送范，范无所受，与客步负丧归葭萌。④载船触石破没，范抱持棺柩，遂俱沈溺。众伤其义，钩求得之，疗救仅免于死。穆闻，复驰遣使持前资物追范，范又固辞。归葬服竟，诣京师受业，事博士薛汉。⑤京兆、陇西二郡更请召，皆不应。永平初，陇西太守邓融备礼谒范为功曹，⑥会融为州所举案，⑦范知事谴难解，欲以权相济，乃託病求去，融不达其意，大恨之。范于是东至洛阳，变名姓，求代廷尉狱卒。居无几，融果征下狱，范遂得卫侍左右，尽心勤劳。融怪其貌类范而殊不意，乃谓曰："卿何似我故功曹邪？"范诃之曰："君困厄瞀乱邪！"⑧语遂绝。融系出困病，范随而养视，及死，竟不言，身自将车送丧致南阳，葬毕乃去。

①苦陉，县，属中山国，章帝更名汉昌。

②王莽改益州为庸部。

③谓巴蜀也。

④葭萌，县名，属广汉郡。今利州益昌县，即汉葭萌地也。

⑤汉字公子，见儒林传。

⑥谒，请也。

⑦举其罪案验之。

⑧郑玄注礼记曰："瞀，目不明之皃。"

后辟公府，会薛汉坐楚王事诛，①故人门生莫敢视，范独往收敛之。吏以闻，显宗大怒，召范入，诘责曰："薛汉与楚王同谋，交乱天下，范公府掾，不与朝廷同心，而反收敛罪人，何也？"范叩头曰："臣无状愚戆，以为汉等皆已伏诛，不胜师资之情，罪当万坐。"②帝怒稍解，问范曰："卿廉颇后邪？与右将军褒、大司马丹有亲属乎？"范对曰："褒，臣之曾祖；丹，臣之祖也。"帝曰："怪卿志胆敢尔！"因贳之。③由是显名。

①楚王英谋反也。

②老子曰"善人为不善人之师，不善人为善人之资"也。

③贳，赦也。

举茂才，数月，再迁为云中太守。会匈奴大入塞，烽火日通。故事，虏(人)〔入〕过五千人，[15]移书傍郡。吏欲传檄求救，范不听，自率士卒拒之。虏众盛而范兵不敌。会日暮，令军士各交缚两炬，三头爇火，营中星列。①虏遥望火多，谓汉兵救至，大惊。待旦将退，范乃令军中蓐食，晨往赴之，②斩首数百级，虏自相辚藉，死者千馀人，③由此不敢复向云中。

①用两炬交缚如十字，爇其三头，手持一端，使敌人望之，疑兵士之多。

②蓐食，早起食于寝蓐中也。

③辚，轹也。藉，相蹈藉也。

后频历武威、武都二郡太守，随俗化导，各得治宜。建初中，迁蜀郡太守，其俗尚文辩，好相持短长，范每厉以淳厚，不受偷薄之说。成都民物丰盛，邑宇逼侧，旧制禁民夜作，以防火灾，而更相隐蔽，烧者日属。范乃毁削先令，但严使储水而已。百姓为便，乃歌之曰："廉叔度，来何暮？不禁火，民安作。[16]平生无襦今五绔。"①在蜀数年，坐法免归乡里。范世在边，广田地，积财粟，悉以赈宗族朋友。

①作，协韵音则护反。

肃宗崩，范奔赴敬陵。时庐江郡掾严麟奉章吊国，俱会于路。麟乘小车，涂深马死，不能自进，范见而愍然，命从骑下马与之，不告而去。麟事毕，不知马所归，乃缘踪访之。或谓麟曰："故蜀郡太守廉叔度，好周人穷急，今奔国丧，独当是耳。"麟亦素闻范名，以为然，即牵马造门，谢而归之。世伏其好义，然依倚大将军窦宪，以此为讥。卒于家。

初，范与洛阳庆鸿为刎颈交，时人称曰："前有管鲍，后有庆廉。"鸿慷慨有义节，位至琅邪、会稽二郡太守，所在有异跡。

论曰：张堪、廉范皆以气侠立名，观其振危急，赴险阸，有足壮者。堪之临财，范之忘施，亦足以信意而感物矣。[①]若夫高祖之召栾布，[②]明帝之引廉范，加怒以发其志，就戮更延其宠，闻义能徙，诚君道所尚，然情理之枢，亦有开塞之感焉。[③]

①信音申。

②栾布，梁人，为人所略卖为奴，梁王彭越赎为梁大夫，使于齐。汉召彭越，以谋反夷三族，诏有收视者辄捕之。布还，奏事彭越头下，祠而哭之。吏捕以闻，上召骂曰："若与彭越反邪？"布曰："今汉一征兵于梁，彭王不行，而疑以为反，则人人自危也。"上乃释布，拜为都尉也。

③户之开阖，必由于枢；情之通塞，必在于感。言高祖、明帝初怒栾布、廉范，后感其义而赦之。

王堂字敬伯，广汉郪人也。初举光禄茂才，[①]迁穀城令，治有名跡。②永初中，西羌寇巴郡，为民患，诏书遣中郎将尹就攻讨，连年不克。三府举堂治剧，拜巴郡太守。堂驰兵赴贼，斩虏千馀级，巴、庸清静，吏民生为立祠。③刺史张乔表其治能，迁右扶风。

①光禄举之为茂才也。

②穀城，县，属东郡，故城在今济州东阿县东。

③庸即上庸县也，故城在今房州清水县西也。

安帝西巡，阿母王圣、中常侍江京等并请属于堂，堂不为用。掾(吏)〔史〕固谏之，[17]堂曰："吾蒙国恩，岂可为权宠阿意，以死守之！"①即日遣家属归，闭阁上病。果有诬奏堂者，会帝崩，京等悉诛，堂以守正见称。永建二年，征入为将作大匠。四年，坐公事左转议郎。②复拜鲁相，政存简一，至数年无辞讼。迁汝南太守，搜才礼士，不苟自专，乃教掾(吏)〔史〕曰："古人劳于求贤，逸于任使，故能化清于上，事缉于下。其宪章朝右，简覈才职，[18]委功曹陈蕃。匡政理务，拾遗补阙，任主簿应嗣。庶循名责实，察言观效焉。"自是委诚求当，不复妄有辞教，郡内称治。时大将军梁商及尚书令袁汤，以求属不行，并恨之。后庐江贼迸入弋阳界，堂勒兵追讨，即便奔散，[19]而商、汤犹因此风州奏堂在任无警，免归家。

①阿，曲也。

②续汉志曰："议郎，秩六百石，无员。"

年八十六卒。遗令薄敛，瓦棺以葬。子稺，清行不仕。曾孙商，益州牧刘焉以为蜀郡太守，有治声。

苏章字孺文，扶风平陵人也。八世祖建，武帝时为右将军。①

祖父纯，字桓公，有高名，性强切而持毁誉，②士友咸惮之，至乃相谓曰："见苏桓公，患其教责人，不见，又思之。"三辅号为"大人"。③永平中，为奉车都尉窦固军，[20]出击北匈奴、车师有功，封中陵乡侯，官至南阳太守。

①前书曰，建以校尉从大将军青击匈奴，封平陵侯。中子武最知名也。

②持，执也。执毁誉之论，谓品藻其臧否。

③大人，长老之称，言尊事之也。

章少博学，能属文。[21]安帝时，举贤良方正，对策高第，为议郎。数陈得失，其言甚直。出为武原令，①时岁饥，辄开仓廪，活三千馀户。顺帝时，迁冀州刺史。故人为清河太守，章行部案其奸臧。乃请太守，为设酒肴，陈平生之好甚欢。太守喜曰："人皆有一天，我独有二天。"章曰："今夕苏孺文与故人饮者，私恩也；明日冀州刺史案事者，公法也。"遂举正其罪。州境知章无私，望风畏肃。换为并州刺史，以摧折权豪，忤旨，坐免。隐身乡里，不交当世。后征为河南尹，不就。时天下日敝，民多悲苦，论者举章有干国才，朝廷不能复用，卒于家。兄曾孙不韦。

①武原，县，属楚国，故城在今泗州下邳县北。

不韦字公先。父谦，初为郡督邮。时魏郡李暠为美阳令，与中常侍具瑗交通，贪暴为民患，前后监司畏其埶援，莫敢纠问。及谦至，部案得其臧，论输左校。谦累迁至金城太守，去郡归乡里。汉法，免罢守令，自非诏征，不得妄到京师。而谦后私至洛阳，时暠为司隶校尉，收谦诘掠，死狱中，暠又因刑其尸，以报昔怨。

不韦时年十八，征诣公车，会谦见杀，不韦载丧归乡里，瘗而不葬，仰天叹曰："伍子胥独何人也！"①乃藏母于武都山中，②遂变名姓，尽以家财募剑客，邀暠于诸陵间，不克。会暠迁大司农，时右校刍廥在寺北垣下，[③]不韦与亲从兄弟潜入廥中，夜则凿地，昼则逃伏。如此经月，遂得傍达暠之寝室，出其床下。值暠在厕，因杀其妾并及小儿，留书而去。暠大惊惧，乃布棘于室，以板籍地，一夕九徙，虽家人莫知其处。每出，辄剑戟随身，壮士自卫。不韦知暠有备，乃日夜飞驰，径到魏郡，掘其父阜冢，断取阜头，以祭父坟，又标之于市曰"李君迁父头"。暠匿不敢言，而自上退位，归乡里，私掩塞冢椁。捕求不韦，历岁不能得，愤恚感伤，发病欧血死。

①子胥父伍奢为楚王所杀，子胥复雠，鞭平王之尸。解具寇荣传。

②武都，郡名，其地在今成州上禄县界。有仇池山，东西悬绝，壁立百仞，故藏于其中也。

③说文云："廥，刍藁藏。"音工外反。垣，墙也。

不韦后遇赦还家，乃始改葬，行丧。士大夫多讥其发掘冢墓，归罪枯骨，不合古义，唯任城何休方之伍员。太原郭林宗闻而论之曰："子胥虽云逃命，而见用强吴，凭阖庐之威，因轻悍之众，雪怨旧郢，曾不终朝，而但鞭墓戮尸，以舒其愤，竟无手刃后主之报。岂如苏子单特孑立，靡因靡资，强雠豪援，据位九卿，城阙天阻，宫府幽绝，埃尘所不能过，雾露所不能沾。不韦毁身燋虑，出于百死，冒触严禁，陷族祸门，虽不获逞，为报已深。况复分骸断首，以毒生者，[①]使暠怀忿结，不得其命，犹假手神灵以毙之也。力唯匹夫，功隆千乘，比之于员，不以优乎？"议者于是贵之。

①毒，苦也。

后太傅陈蕃辟，不应，为郡五官掾。初，弘农张奂睦于苏氏，而武威段颎与暠素善，后奂颎有隙。及颎为司隶，以礼辟不韦，不韦惧之，称病不诣。颎既积愤于奂，因发怒，乃追咎不韦前报暠事，以为暠表治谦事，被报见诛，君命天也，而不韦仇之。又令长安男子告不韦多将宾客夺舅财物，遂使从事张贤等就家杀之。乃先以鸩与贤父曰："若贤不得不韦，便可饮此。"〔22〕贤到扶风，郡守使不韦奉谒迎贤，即时收执，并其一门六十馀人尽诛灭之，诸苏以是衰破。及段颎为阳球所诛，天下以为苏氏之报焉。

羊续字兴祖，太山平阳人也。其先七世二千石卿校。祖父侵，〔23〕安帝时司隶校尉。父儒，桓帝时为太常。

续以忠臣子孙拜郎中，去官后，辟大将军窦武府。及武败，坐党事，禁锢十馀年，幽居守静。及党禁解，复辟太尉府，四迁为庐江太守。后扬州黄巾贼攻舒，焚烧城郭，续发县中男子二十以上，皆持兵勒陈，其小弱者，悉使负水灌火，会集数万人，并埶力战，大破之，郡界平。后安风贼戴风等作乱，①续复击破之，斩首三千馀级，生获渠帅，其馀党辈原为平民，②赋与佃器，使就农业。

①安风，县，属庐江郡。

②原，免也。

中平三年，江夏兵赵慈反叛，杀南阳太守秦颉，攻没六县，拜续为南阳太守。当入郡界，乃羸服间行，侍童子一人，观历县邑，采问风谣，然后乃进。其令长贪絜，吏民良猾，悉逆知其状，郡内惊竦，莫不震慑。乃发兵与荆州刺史王敏共击慈，斩之，获首五千馀级。属县馀贼并诣续降，续为上言，宥其枝附。贼既清平，乃班宣政令，候民病利，①百姓欢服。时权豪之家多尚奢丽，续深疾之，常敝衣薄食，车马羸败。府丞尝献其生鱼，续受而悬于庭；丞后又进之，续乃出前所悬者以杜其意。续妻后与子祕俱往郡舍，〔24〕续闭门不内，妻自将祕行，其资藏唯有布衾、敝祇裯，盐、麦数斛而已，②顾敕祕曰："吾自奉若此，何以资尔母乎？"使与母俱归。

①损于人曰病，益于人曰利。

②说文曰："祇裯，短衣也。"广雅云即襜褕也。祇音丁奚反，裯音丁劳反。

六年，灵帝欲以续为太尉。时拜三公者，皆输东园礼钱千万，令中使督之，名为"左驺"。①其所之往，辄迎致礼敬，厚加赠赂。续乃坐使人于单席，举缊袍以示之，②曰："臣之所资，唯斯而已。"左驺白之，帝不悦，以此故不登公位。而征为太常，未及行，会病卒，时年四十八。遗言薄敛，不受赗遗。旧典，二千石卒官赙百万，府丞焦俭遵续先意，一无所受。诏书褒美，敕太山太守以府赙钱赐续家云。

①驺，骑士也。

②缊，故絮也。

贾琮字孟坚，东郡聊城人也。①举孝廉，再迁为京(兆)令，〔25〕有政理跡。

①聊城，今博州县。

旧交阯土多珍产，明玑、翠羽、犀、象、瑇瑁、异香、美木之属，莫不自出。①前后刺史率多无清行，上承权贵，下积私赂，财计盈给，辄复求见迁代，故吏民怨叛。中平元年，交阯屯兵反，执刺史及合浦太守，自称“柱天将军”。灵帝特敕三府精选能吏，有司举琮为交阯刺史。琮到部，讯其反状，咸言赋敛过重，百姓莫不空单，京师遥远，告冤无所，民不聊生（自活），[26]故聚为盗贼。琮即移书告示，各使安其资业，招抚荒散，蠲复徭役，诛斩渠帅为大害者，简选良吏试守诸县，岁间荡定，百姓以安。巷路为之歌曰：“贾父来晚，使我先反；今见清平，吏不敢饭。”在事三年，为十三州最，征拜议郎。

①说文曰：“玑，珠之不圆者。”异物志曰：“翠鸟形似燕，翡赤而翠青，其羽可以为饰。”广雅曰“瑇瑁形似龟，出南海巨延州”也。

时黄巾新破，兵凶之后，郡县重敛，因缘生奸。诏书沙汰刺史、二千石，更选清能吏，乃以琮为冀州刺史。旧典，传车骖驾，垂赤帷裳，迎于州界。及琮之部，升车言曰：“刺史当远视广听，纠察美恶，何有反垂帷裳以自掩塞乎？”乃命御者褰之。百城闻风，自然竦震。其诸臧过者，望风解印绶去，唯瘿陶长济阴董昭、观津长梁国黄就当官待琮，于是州界翕然。

灵帝崩，大将军何进表琮为度辽将军，卒于官。

陆康字季宁，吴郡吴人也。祖父续，在独行传。父褒，有志操，连征不至。

康少仕郡，以义烈称，刺史臧旻举为茂才，除高成令。①县在边垂，旧制，令户一人具弓弩以备不虞，不得行来。②长吏新到，辄发民缮修城郭。康至，皆罢遣，百姓大悦。以恩信为治，寇盗亦息，州郡表上其状。光和元年，迁武陵太守，转守桂阳、乐安二郡，所在称之。

①高成，县，属渤海郡也。

②行来犹往来也。

时灵帝欲铸铜人，而国用不足，乃诏调民田，亩敛十钱。而比水旱伤稼，百姓贫苦。康上疏谏曰："臣闻先王治世，贵在爱民。省徭轻赋，以宁天下，除烦就约，以崇简易，①故万姓从化，灵物应德。末世衰主，穷奢极侈，造作无端，兴制非一，劳割自下，以从苟欲，②故黎民吁嗟，阴阳感动。陛下圣德承天，当隆盛化，而卒被诏书，亩敛田钱，铸作铜人，伏读惆怅，悼心失图。夫十一而税，周谓之彻。③彻者通也，言其法度可通万世而行也。故鲁宣税亩，而蝝灾自生；④哀公增赋，而孔子非之。⑤岂有聚夺民物，以营无用之铜人；捐舍圣戒，自蹈亡王之法哉！⑥传曰：'君举必书，书而不法，后世何述焉？'陛下宜留神省察，改敝从善，以塞兆民怨恨之望。"书奏，内幸因此谮康援引亡国，以譬圣明，大不敬，槛车征诣廷尉。侍御史刘岱典考其事，岱为表陈解释，免归田里。复征拜议郎。

①易曰："乾以易知，坤以简能，而天下之理得矣。"

②劳苦割剥于下人也。

③孟子曰："夏后氏五十而贡，殷人七十而助，周人百亩而彻，其实皆十一也。"

④公羊传曰："初税亩者何？履亩而税也。"何休注云："宣公无恩信于人，人不肯尽力于公田，起履践案行，择其亩穀好者税取之。"蝝，蠡子也。公羊传："冬蝝生。此言蝝生何？上变古易常也。"注云："上谓宣公，变易公田旧制而税亩。"

⑤左传曰："季孙欲以田赋，使冉有访诸仲尼。仲尼私于冉有曰：'子季孙若欲行而法，则周公之典在；若欲苟而行之，又何访焉！'"

⑥谓秦始皇铸铜人十二，卒致灭亡也。

会庐江贼黄穰等与江夏蛮连结十馀万人，攻没四县，拜康庐江太守。康申明赏罚，击破穰等，馀党悉降。帝嘉其功，拜康孙尚为郎中。献帝即位，天下大乱，康蒙险遣孝廉计吏奉贡朝廷，诏书策劳，加忠义将军，秩中二千石。时袁术屯兵寿春，部曲饥饿，遣使求委输兵甲。康以其叛逆，闭门不通，内修战备，将以御之。术大怒，遣其将孙策攻康，围城数重。康固守，吏士有先受休假者，皆遁伏还赴，暮夜缘城而入。受敌二年，城陷。月馀，发病卒，年七十。宗族百馀人，遭离饥厄，死者将半。朝廷愍其守节，拜子儁为郎中。

少子绩，仕吴为郁林太守，博学善政，见称当时。幼年曾谒袁术，怀橘噇地者也，有名称。①[27]

①绩字公纪，吴志有传。

赞曰：伋牧朔藩，信立童昏。诗守南楚，民作谣言。奋驰单乘，堪驾毁辕。范得其朋，①堂任良肱。②二苏劲烈，羊、贾廉能。季宁拒策，城陨冲辅。③

①易曰："西南得朋。"廉范迁蜀郡太守，百姓便之，蜀在西南，故云得朋也。

②谓委任功曹陈蕃、主簿应嗣，郡中大化也。

③辅，兵车也，音彭，协韵音普(胜)〔滕〕反。[28]

【校勘记】

〔1〕扶风茂陵人也　按：王先谦谓东观记云"河南人"，与此异。

〔2〕王莽时为上谷大尹　按：集解引洪颐煊说，谓莽改上谷曰朔调，耿弇传父况为朔调连率，此作"上谷"，误。

〔3〕计日(当)告之　据刊误删。按：王先谦谓类聚五十、文选沈约齐安

陆昭王碑文注引续汉书，并无“当”字。

〔4〕芳将隋昱　按：刊误谓“随”字至隋时方去“辵”，单作“隋”，今此宜作“随”。

〔5〕杜诗字(公)君〔公〕　据汲本改。按：东观记亦作“君公”。

〔6〕(收)〔牧〕养不称　刊误谓“收养”无义，合作“牧养”，两汉通谓守令为牧养也。今据改。

〔7〕如有一介臣　按：“有”原讹“其”，径据汲本、殿本改正。

〔8〕符第合会　汲本、殿本“第”作“策”。按：依注似以作“第”为是。

〔9〕于是遂矫魏王令夺晋鄙兵　按：“是”原讹“道”，径据汲本、殿本改正。

〔10〕〔朝市〕朝时而市　据殿本补，与今周礼文合。

〔11〕〔夕市〕夕时而市　据殿本补，与今周礼文合。

〔12〕麦穗两岐　校补引钱大昭说，谓通鉴“穗”作“秀”。

〔13〕其仁以惠下　汲本、殿本“其”作“汉”，属上句读。按：集解引惠栋说，谓东观记“汉”作“其”，属下句读。

〔14〕故城在今夔州人复县北赤甲城是　殿本“人复”作“鱼复”。柳从辰谓唐书地理志贞观二十三年改人复为奉节，此不得仍称“人复”。按：校补谓章怀作注，于释地多承用隋代旧名，所见已多。盖新更之名，尚无图经可据，其相助为理者仍为隋时学者，沿袭用之，未及改正，不足为异也。

〔15〕虏(人)〔入〕过五千人　刊误谓上“人”当作“入”。张森楷校勘记谓后汉纪正作“入”，刘说是。今据改。按：御览三三五引作“虏入度五千人”，袁纪作“虏人入舍过五千人”，东观记作“虏出度五千人”。

〔16〕不禁火民安作　集解引惠栋说，谓东观记“作”作“唐”。今按：聚

珍本东观记作“堵”。

〔17〕掾(吏)〔史〕固谏之　据汲本、殿本改。下同。

〔18〕简覈才职　按:殿本考证谓“职”字应照宋本作“识”。

〔19〕即便奔散　按:“便”原讹“使”,径据汲本、殿本改正。

〔20〕为奉车都尉窦固军　刊误谓窦固自为奉车都尉,苏纯但从之耳,“为”当作“从”。今按:沈家本谓“军”下有夺字,当是官名。

〔21〕章少博学能属文　按:集解引汪文台说,谓书钞一三五、御览七一一引谢承书“苏章字士成,北海人。负笈追师,不远万里”。

〔22〕便可饮此　按:汲本、殿本“可”作“同”。

〔23〕祖父侵　集解引惠栋说,谓“侵”一作“祲”。又校补引侯康说,谓“侵”一作“浸”。邓骘传“推进天下贤士何熙、祋讽、羊浸、李郃、陶敦等”,即其人也。御览二五二引李郃别传,亦作“浸”。今按:殿本邓骘传仍作“祲”。

〔24〕续妻后与子秘俱往郡舍　按:殿本“往”作“诣”。

〔25〕再迁为京(兆)令　按:刊误谓无“京兆县”,又未可为尹,明多“兆”字,是河南京县令也。今据删。

〔26〕民不聊生(自活)　刊误谓案文“自活”非本传文,是注以解聊生耳。按:御览二五六引无“自活”二字,今据删。

〔27〕幼年曾谒袁术怀橘墯地者也有名称　按:马叙伦谓此十五字疑读者所加,本注在下,误入正文者也。不然,当明叙其事,今若事已见前,而特撮述之者。然绩事具在吴志,使未读吴志,竟不知怀橘墯地为何等事,而特烦载笔,果出范氏,其谬甚矣。且上云“见称当时”,下云“有名称”,著语复叠,知不当出范氏。

〔28〕协韵音普(胜)〔滕〕反　据殿本、集解本改。

后汉书卷三十二

樊宏阴识列传第二十二　宏子儵　族曾子系准　识弟兴

樊宏字靡卿，南阳湖阳人也，世祖之舅。其先周仲山甫，封于樊，因而氏焉，①为乡里著姓。父重，字君云，世善农稼，好货殖。重性温厚，有法度，三世共财，子孙朝夕礼敬，常若公家。其营理产业，物无所弃，课役童隶，各得其宜，故能上下戮力，财利岁倍，至乃开广田土三百馀顷。其所起庐舍，皆有重堂高阁，陂渠灌注。②又池鱼牧畜，有求必给。尝欲作器物，先种梓漆，时人嗤之，然积以岁月，皆得其用，向之笑者咸求假焉。赀至巨万，而赈赡宗族，恩加乡闾。外孙何氏兄弟争财，重耻之，以田二顷解其忿讼。县中称美，推为三老。年八十馀终。其素所假贷人间数百万，遗令焚削文契。责家闻者皆惭，争往偿之，③诸子从敕，竟不肯受。

①樊，今襄州安养县也。

②郦元水经注曰："(湖)〔朝〕水支分，[1]东北为樊氏陂，东西十里，南北

五里，亦谓之凡亭。陂东樊氏故宅，樊氏既灭，庾氏取其陂，故谚曰：'陂汪汪，下田良，樊氏失业庾氏昌。'"其陂至今犹名为樊陂，在今邓州新野县之西南也。

③责音侧界反。

宏少有志行。王莽末，义兵起，刘伯升与族兄赐俱将兵攻湖阳，城守不下。赐女弟为宏妻，湖阳由是收系宏妻子，令出譬伯升，宏因留不反。湖阳军帅欲杀其妻子，长吏以下共相谓曰："樊重子父，礼义恩德行于乡里，虽有罪，且当在后。"会汉兵日盛，湖阳惶急，未敢杀之，遂得免脱。更始立，欲以宏为将，宏叩头辞曰："书生不习兵事。"竟得免归，与宗家亲属作营堑自守，老弱归之者千馀家。时赤眉贼掠唐子乡，多所残杀，欲前攻宏营，宏遣人持牛酒米谷，劳遗赤眉，赤眉长老先闻宏仁厚，皆称曰："樊君素善，且今见待如此，何以攻之。"引兵而去，遂免寇难。

世祖即位，拜光禄大夫，位特进，次三公。建武五年，封长罗侯。[①]十三年，封弟丹为射阳侯，[②]兄子寻玄乡侯，族兄忠更父侯。十五年，定封宏寿张侯。十八年，帝南祠章陵，过湖阳，祠重墓，追爵谥为寿张敬侯，立庙于湖阳。车驾每南巡，常幸其墓，赏赐大会。

①长罗，县名，属陈留郡，故城在今滑州匡城县东北。

②在射水之阳。水经注曰："泚水西南流，射水注之，水出射城北。建武十三年，封樊重少子丹为射阳侯，即其国也。"案临淮郡别有射阳县，疑远，非此地也。

宏为人谦柔畏慎，不求苟进。常戒其子曰："富贵盈溢，未有能终者。吾非不喜荣執也，天道恶满而好谦，前世贵戚皆明戒也。[①]保身全己，岂不乐哉！"每当朝会，辄迎期先到，俯伏待事，时至乃起。帝闻之，常敕驺骑临朝乃告，勿令豫到。宏所上便宜及言得失，辄手自书写，毁削草本。公朝访逮，不敢众对。宗族染其化，未尝犯法。帝甚重之。及病困，车驾临视，留宿，问其所欲言。宏顿首自陈："无功享食大国，诚恐子孙不能保全厚恩，令臣魂神慙负黄泉，愿还寿张，食小乡亭。"帝悲伤其言，而竟不许。

①易曰"天道亏盈而益谦，人道恶盈而好谦"也。

二十七年，卒。遗敕薄葬，一无所用，以为棺柩一臧，不宜复见，如有腐败，伤孝子之心，使与夫人同坟异臧。帝善其令，以书示百官，因曰："今不顺寿张侯意，无以彰其德。且吾万岁之后，欲以为式。"赙钱千万，布万匹，谥为恭侯，赠以印绶，车驾亲送葬。子鯈嗣。帝悼宏不已，复封少子茂为平望侯。①樊氏侯者凡五国。明年，赐鯈弟鮪及从昆弟七人合钱五千万。

①平望，县，属北海郡，故城在今青州北海县西北，俗名平望台也。

论曰：昔楚顷襄王问阳陵君曰："君子之富何如？"对曰："假人不德不责，食人不使不役，亲戚爱之，众人善之。"①若乃樊重之折契止讼，其庶几君子之富乎！分地以用天道，实廪以崇礼节，②取诸理化，则亦可以施于政也。与夫爱而畏者，何殊閒哉！③

①假贷人者不自以为德，不责其报也。食善人者不使役之，[2]故众人称善也。说苑曰楚王问庄辛之言也。

②管子曰："仓廪实而知礼节。"

③左传曰："是以其人畏而爱之，何殊閒哉！"言不异也。閒音古苋反。

鯈字长鱼，谨约有父风。事后母至孝，及母卒，哀思过礼，毁病不自支，世祖常遣中黄门朝暮送饘粥。①服阕，就侍中丁恭受公羊严氏春秋。②建武中，禁网尚阔，诸王既长，各招引宾客，以鯈外戚，争遣致之，而儵清静自保，无所交结。及沛王辅事发，贵戚子弟多见收捕，儵以不豫得免。帝崩，儵为复土校尉。③

①馆，糜也。

②严彭祖也。

③复土校尉主葬事，复土于圹也。

永平元年，拜长水校尉，与公卿杂定郊祠礼仪，以谶记正五经异说。北海周泽、琅邪承宫并海内大儒，儵皆以为师友而致之于朝。上言郡国举孝廉，率取年少能报恩者，耆宿大贤多见废弃，宜敕郡国简用良俊。又议刑辟宜须秋月，以顺时气。显宗并从之。二年，以寿张国益东平王，徙封儵燕侯。①其后广陵王荆有罪，帝以至亲悼伤之，诏儵与羽林监南阳任隗杂理其狱。[3]事竟，奏请诛荆。引见宣明殿，帝怒曰："诸卿以我弟故，欲诛之，即我子，卿等敢尔邪！"儵仰而对曰："天下高帝天下，非陛下之天下也。春秋之义，'君亲无将，将而诛焉'。②是以周公诛弟，季友鸩兄，经传大之。③臣等以荆属託母弟，陛下留圣心，加恻隐，故敢请耳。如令陛下子，臣等专诛而已。"④帝叹息良久。儵益以此知名。其后弟鲔为子赏求楚王英女敬乡公主，儵闻而止之，曰："建武时，吾家并受荣宠，一宗五侯。⑤时特进一言，女可以配王，男可以尚主，⑥但以贵宠过盛，即为祸患，故不为也。且尔一子，奈何弃之于楚乎？"鲔不从。

①燕，县名，属东郡。

②公羊传之文也。将者，将为弑逆之事也。

③周公之弟管、蔡二叔，流言于国，云周公摄政将不利于成王，故周公诛之。左传曰："周公杀管叔而槃蔡叔，[4]夫岂不爱，王室故也。"杜预注曰"槃，放也。"又曰，鲁庄公有疾，叔牙欲立庆父为后，牙弟季友欲立

公子般，友遂鸩叔牙杀之。公羊传曰："季子杀母兄，何善(其)〔尔〕?[5]诛不得避兄，君臣之义也。"上槃音萨。

④专谓不请也。

⑤谓宏封长罗侯，弟丹射阳侯，兄子寻玄乡侯，族兄忠更父侯，宏又封寿张侯也。

⑥宏为特进。

十年，儵卒，赗赠甚厚，谥曰哀侯。帝遣小黄门张音问所遗言。先是河南县亡失官钱，典负者①坐死及罪徙者甚众，遂委责于人，以偿其秏。乡部吏司因此为奸，儵常疾之。又野王岁献甘醪、膏饧，②每辄扰人，吏以为利。儵并欲奏罢之，疾病未及得上。音归，具以闻，帝览之而悲叹，敕二郡并令从之。

①典谓主典，负谓欠负。

②醪，醇酒，汁滓相将也。

长子汜嗣，[6]以次子郴、梵为郎。其后楚事发觉，帝追念儵谨恪，又闻其止鲔婚事，故其诸子得不坐焉。

梵字文高，为郎二十馀年，三署服其重慎。①悉推财物二千馀万与孤兄子，官至大鸿胪。

①三署解见和帝纪也。

汜卒，子时嗣。时卒，子建嗣。建卒，无子，国绝。永宁元年，邓太后复封建弟盼。盼卒，子尚嗣。

初，儵删定公羊严氏春秋章句，世号"樊侯学"，教授门徒前后三千馀人。弟子颍川李脩、九江夏勤，皆为三公。勤字伯宗，为京、宛二县令，零陵太守，所在有理能称。安帝时，位至司徒。

準字幼陵，宏之族曾孙也。①父瑞，好黄老言，清静少欲。準少励志行，修儒术，以先父产业数百万让孤兄子。永元十五年，和帝幸南阳，準为郡功曹，召见，帝器之，拜郎中，从车驾还宫，特补尚书郎。邓太后临朝，儒学陵替，準乃上疏曰：

①“準”或作“准”。

臣闻贾谊有言，“人君不可以不学”。故虽大舜圣德，孳孳为善；①成王贤主，崇明师傅。②及光武皇帝受命中兴，群雄崩扰，旍旗乱野，东西诛战，不遑启处，然犹投戈讲蓺，息马论道。至孝明皇帝，兼天地之姿，用日月之明，庶政万机，无不简心，而垂情古典，游意经蓺，每飨射礼毕，正坐自讲，诸儒并听，四方欣欣。虽阙里之化，矍相之事，诚不足言。③又多征名儒，以充礼官，如沛国赵孝、琅邪承宫等，或安车结驷，告归乡里；④或丰衣博带，从见宗庙。其馀以经术见优者，布在廊庙。故朝多皤皤之良，华首之老。⑤每讌会，则论难衎衎，共求政化。⑥详览群言，响如振玉。⑦朝者进而思政，罢者退而备问。小大随化，雍雍可嘉。期门羽林介胄之士，悉通孝经。博士议郎，一人开门，徒众百数。⑧化自圣躬，流及蛮荒，匈奴遣伊秩訾王大车且渠来入就学。八方肃清，上下无事。是以议者每称盛时，咸言永平。

 ①孟子曰：“鸡鸣而起，孜孜为善者，舜之徒。”

②尚书曰“召公为保，周公为师，相成王为左右”也。

③孔子，阙里人也。礼记云，孔子射于矍相之圃，盖观者如堵墙也。

④安车，坐乘之车也。告归谓休假归也。

⑤皤皤，白首貌也，音步河反。书曰：“皤皤良士。”华首谓白首也。

⑥衎衎，和乐貌也。

⑦孟子曰“金声而玉振”也。

⑧开门谓开一家之说。

今学者盖少，〔7〕远方尤甚。博士倚席不讲，儒者竞论浮丽，忘謇謇之忠，习谀谀之辞。①文吏则去法律而学诋欺，②锐锥刀之锋，断刑辟之重，德陋俗薄，以致苛刻。③昔孝文窦后性好黄老，而清静之化流景武之间。臣愚以为宜下明诏，博求幽隐，发扬岩穴，宠进儒雅，有如孝、宫者，征诣公车，以俟圣上讲习之期。公卿各举明经及旧儒子孙，进其爵位，使缵其业。复召郡国书佐，使读律令。如此，则延颈者日有所见，倾耳者月有所闻。伏愿陛下推述先帝进业之道。④

①谀谀，谄言也，音践。前书曰“昔秦穆公说谀谀之言”也。

②诋亦欺也。

③左传曰，郑人铸刑书，叔向使贻子产书曰：“今子相郑，立谤政，铸刑书，人知争端矣。将弃礼而征于书，锥刀之末，将尽争之，郑其败乎！”杜预注云：“锥刀喻小事也。”

④周易曰：“君子进德修业。”

太后深纳其言，是后屡举方正、敦朴、仁贤之士。

準再迁御史中丞。永初之初，连年水旱灾异，郡国多被饥困，準上疏曰：

臣闻传曰：“饥而不损兹曰太，厥灾水。”①春秋穀梁传曰：“五穀不登，谓之大侵。大侵之礼，百官备而不制，②群神祷而不祠。”③由是言之，调和阴阳，实在俭节。朝廷虽劳心元元，事从省约，而在职之吏，尚未奉承。夫建化致理，由近及远，故诗曰“京师翼翼，四方是则”。④今可先令太官、尚方、考功、〔8〕上林池籞诸官，实减无事之物，⑤五府调省中都官吏京师作者。⑥如此，则化及四方，人劳省息。

①洪范五行传之文也。言下人饥馑，君上不能损减，谓之为太。太犹甚也。

②官职备列，不造作也。

③祷请而已，无祭祀也。

④韩诗之文也。翼翼然，盛也。

⑤前书百官表曰，少府掌山海池泽之税，属官有太官、考工、尚方、上林中十池监也。太官掌御膳饮食，考工主作器械，尚方主作刀剑器物。籞者，于池苑中以竹绵联之为禁籞也。实减谓实覆其数减之也。[9]

⑥五府谓太傅、太尉、司徒、司空、大将军也。调，征发也。省，减也。中都官吏，在京师之官吏也。作谓营作者也。

伏见被灾之郡，百姓凋残，恐非赈给所能胜赡，虽有其名，终无其实。可依征和元年故事，①遣使持节慰安。尤困乏者，徙置荆、扬孰郡，既省转运之费，且令百姓各安其所。今虽有西屯之役，宜先东州之急。②如遣使者与二千石随事消息，悉留富人守其旧土，转尤贫者过所衣食，诚父母之计也。③愿以臣言下公卿平议。

①武帝征和元年诏曰："当今务在禁苛暴，止擅赋，力本农桑，无乏武备而已。"

②时先零羌断陇道，大为寇害，遣车骑将军邓骘、征西校尉任尚讨之，故曰"西屯役"也。东州谓冀、兖州，时又遣光禄大夫樊準、吕倉分冀兖二州廪贷流人也。

③衣音於既反，食音飤。

太后从之，悉以公田赋与贫人。即擢準与议郎吕仓并守光禄大夫，準使冀州，仓使兖州。準到部，开仓禀食，①慰安生业，流人咸得苏息。还，拜钜鹿太守。时饥荒之馀，人庶流迸，家户且尽，準课督农桑，广施方略，期年间，穀粟丰贱数十倍。而赵、魏之郊数为羌所钞暴，準外御寇虏，内抚百姓，郡境以安。

①禀，给。

五年，转河内太守。时羌复屡入郡界，準辄将兵讨逐，修理坞壁，①威名大行。视事三年，以疾征，三转为尚书令，明习故事，遂见任用。元初三年，代周畅为光禄勋。五年，卒于官。[10]

①说文曰："坞，小障也。"

阴识字次伯，南阳新野人也，光烈皇后之前母兄也。其先出自管仲，管仲七世孙修，自齐适楚，为阴大夫，因而氏焉。秦汉之际，始家新野。

及刘伯升起义兵，识时游学长安，闻之，委业而归，率子弟、宗族、宾客千馀人往诣伯升。伯升乃以识为校尉。更始元年，迁偏将军，从攻宛，别降新野、淯阳、杜衍、冠军、(胡)〔湖〕阳。①[11]二年，更始封识阴德侯，行大将军事。

①五县并属南阳郡也。

建武元年，光武遣使迎阴贵人于新野，并征识。识随贵人至，以为骑都尉，更封阴乡侯。二年，以征伐军功增封，识叩头让曰："天下初定，将帅有功者众，臣託属掖廷，仍加爵邑，不可以示天下。"帝甚美之，以为关都尉，镇函谷。迁侍中，以母忧辞归。十五年，定封原鹿侯。①及显宗立为皇太子，以识守执金吾，辅导东宫。帝每巡郡国，识常留镇守京师，委以禁兵。入虽极言正议，及与宾客语，未尝及国事。帝敬重之，常指识以敕戒贵戚，激厉左右焉。识所用掾史皆简贤者，如虞(延)〔廷〕、傅宽、薛愔等，[12]多至公卿校尉。

①原鹿，县，属汝南郡。俗本"鹿"作"庆"者误。

显宗即位，拜为执金吾，位特进。永平二年，卒，赠以本官印绶，谥曰贞侯。

子躬嗣。躬卒，子璜嗣。永初七年，为奴所杀，无子，国绝。永宁元年，邓太后以璜弟淑绍封。淑卒，子鲔嗣。

躬弟子纲女为和帝皇后，封纲吴房侯，[13]位特进，三子轶、辅、敞，皆黄门侍郎。后坐巫蛊事废，纲自杀，辅下狱死，轶、敞徙日南。识弟兴。

兴字君陵，光烈皇后母弟也，为人有膂力。建武二年，为黄门侍郎，守期门仆射，典将武骑，从征伐，平定郡国。兴每从出入，常操持小盖，障翳风雨，躬履涂泥，率先期门。光武所幸之处，辄先入清宫，甚见亲信。虽好施接宾，然门无侠客。与同郡张宗、上谷鲜于裒不相好，知其有用，犹称所长而达之；友人张汜、[14]杜禽与兴厚善，以为华而少实，但私之以财，终不为言：是以世称其忠平。第宅苟完，裁蔽风雨。

九年，迁侍中，赐爵关内侯。帝后召兴，欲封之，置印绶于前，兴固让曰："臣未有先登陷阵之功，而一家数人并蒙爵土，令天下觖望，诚为盈溢。①臣蒙陛下、贵人恩泽至厚，富贵已极，不可复加，至诚不愿。"帝嘉兴之让，不夺其志。贵人问其故，兴曰："贵人不读书记邪？'亢龙有悔。'②夫外戚家苦不知谦退，嫁女欲配侯王，取妇眄睨公主，愚心实不安也。富贵有极，人当知足，夸奢益为观听所讥。"贵人感其言，深自降挹，卒不为宗亲求位。十九年，拜卫尉，亦辅导皇太子。明年夏，帝风眩疾甚，后以兴领侍中，[15]受顾命于云台广室。③会疾瘳，召见兴，欲以代吴汉为大司马。兴叩头流涕，固让曰："臣不敢惜身，诚亏损圣德，不可苟冒。"至诚发中，感动左右，帝遂听之。

①觖音羌志反。前书音义曰："觖犹冀也。一音决，犹望之也。"

②易乾卦上九爻曰："亢龙有悔，穷之灾也。"亢，极也，龙以喻君。言居上体之极，则有悔吝之灾也。

③尚书曰，成王将崩，命召公作顾命。孔安国注云："临终之命曰顾命。"洛阳南宫有云台广德殿。

二十三年，卒，时年三十九。兴素与从兄嵩不相能，然敬其威重。兴疾病，帝亲临，问以政事及群臣能不。兴顿首曰："臣愚不足以知之。然伏见议郎席广、谒者阴嵩，并经行明深，踰于公卿。"兴没后，帝思其言，遂擢广为光禄勋；嵩为中郎将，监羽林十馀年，以谨敕见幸。显宗即位，拜长乐卫尉，迁执金吾。

永平元年诏曰："故侍中卫尉关内侯兴，典领禁兵，从平天下，当以军功显受封爵，又诸舅比例，应蒙恩泽，兴皆固让，安乎里巷。辅导朕躬，有周昌之直，①在家仁孝，有曾、闵之行，不幸早卒，朕甚伤之。贤者子孙，宜加优异。其以汝南之鲖阳封兴子庆为鲖阳侯，②庆弟博为瀏强侯。"③博弟员、丹并为郎，庆推田宅财物悉与员、丹。帝以庆义让，擢为黄门侍郎。庆卒，子琴嗣。建初五年，兴夫人卒，肃宗使五官中郎将持节即墓赐策，追谥兴曰翼侯。琴卒，子万全嗣。万全卒，子桂嗣。

①前书曰，周昌，沛人也。为御史大夫。为人强力，敢直言极谏也。

②鲖阳故城在今豫州新蔡县北，在鲖水之阳也，音纣。

③灈强，县，属汝南郡，在灈水之北。

兴弟就，嗣父封宣恩侯，后改封为新阳侯。①就善谈论，朝臣莫及，然性刚傲，不得众誉。显宗即位，以就为少府，位特进。就子丰尚郦邑公主。②公主娇妒，丰亦狷急。③永平二年，遂杀主，被诛，父母当坐，皆自杀，国除。帝以舅氏故，不极其刑。

①新阳，县，属汝南郡，故城在今豫州真阳县西南。

②光武女也。

③狷，疾也，音绢。

阴氏侯者凡四人。初，阴氏世奉管仲之祀，谓为"相君"。宣帝时，阴子方者，至孝有仁恩，腊日晨炊而灶神形见，①子方再拜受庆。家有黄羊，因以祀之。自是已后，暴至巨富，田有七百馀顷，舆马仆隶，比于邦君。子方常言"我子孙必将强大"，至识三世而遂繁昌，故后常以腊日祀灶，而荐黄羊焉。

①杂五行书曰："灶神名禅，字子郭，衣黄衣，夜被发从灶中出，知其名呼之，可除凶恶。宜市猪肝泥灶，令妇孝。"

赞曰：权族好倾，后门多毁。樊氏世笃，阴亦戒侈。恂恂苗胤，传龟袭紫。①

①恂恂，恭顺貌也。公侯皆紫绶、金印、龟钮，见应劭汉官仪。

【校勘记】

〔1〕(湖)〔朝〕水支分　据水经淯水注改。

〔2〕食善人者不使役之　按：刊误谓食人而已，何故辄择善人，明此是"养"字，或云当云"善食人者"。

〔3〕诏鯈与羽林监南阳任隗杂理其狱　按：校补引钱大昭说，谓隗传作“羽林左监”，此脱“左”字。

〔4〕周公杀管叔而粲蔡叔　按：沈家本谓“粲”今左传作“蔡”，依说文当作“𥻆”，说详释文及孔疏。此作“粲”，亦“𥻆”之讹，与今本不同，岂据陆、孔改耶？

〔5〕季子杀母兄何善(其)〔尔〕　据刊误改，与公羊传合。

〔6〕长子汜嗣　按：“汜”汲本、殿本作“氾”。

〔7〕今学者盖少　刊误谓“盖”当作“益”。按：作“盖”亦自可通，刘说泥。

〔8〕考功　按：刊误谓“功”当作“工”，考工官名，见前书。

〔9〕实减谓实覆其数减之也　按：陈景云谓“覆”当作“覈”。

〔10〕五年卒于官　按：校补引钱大昭说，谓“五年”闽本作“其年”。

〔11〕(胡)〔湖〕阳　按：郡国志南阳郡有“湖阳”，无“胡阳”。王先谦谓“胡”当作“湖”，今据改。

〔12〕如虞(延)〔廷〕傅宽薛愔等　据汲本改。按：校补谓虞延仕执金吾府在建武初，阴识守执金吾在建武十八年以后，时延外仕久矣。建武二十四年，延为洛阳令，收考阴氏客马成诛之，终为阴氏所中伤，其非阴识掾吏甚明。虞廷自别是一人，混为虞延，误也。

〔13〕封纲吴房侯　按：集解引惠栋说，谓袁纪作“防侯”。

〔14〕张汜　按：汲本、殿本“汜”作“氾”。

〔15〕后以兴领侍中　按：集解引陈景云说，谓“后”当作“复”，兴前官侍中，故言复领。

后汉书卷三十三

朱冯虞郑周列传第二十三

朱浮字叔元，沛国萧人也。初从光武为大司马主簿，迁偏将军，从破邯郸。光武遣吴汉诛更始幽州牧苗曾，乃拜浮为大将军幽州牧，守蓟城，遂讨定北边。建武二年，封舞阳侯，食三县。

浮年少有才能，颇欲厉风跡，①收士心，辟召州中名宿涿郡王岑之属，以为从事，②及王莽时故吏二千石，皆引置幕府，乃多发诸郡仓穀，禀赡其妻子。渔阳太守彭宠以为天下未定，师旅方起，不宜多置官属，以损军实，③不从其令。浮性矜急自多，④颇有不平，因以峻文诋之；⑤宠亦佷强，兼负其功，嫌怨转积。浮密奏宠遣吏迎妻而不迎其母，又受货贿，杀害友人，多聚兵穀，意计难量。宠既积怨，闻〔之〕，遂大怒，[1]而举兵攻浮。浮以书质责之⑥曰：

①风化之跡也。

②岑后为梁州牧。

③谓甲兵粮储也。左传曰"虆军实"也。

④矜夸多自取也。

⑤峻,严切也。诋,诬也。

⑥质,正也。

盖闻知者顺时而谋,愚者逆理而动,常窃悲京城太叔以不知足而无贤辅,卒自弃于郑也。①

①左传曰,郑武公娶于申,曰武姜,生庄公及共叔段。及庄公即位,武姜为之请京,使居,谓之京城太叔。既而太叔将袭郑,公命子封伐京,京畔太叔段,段出奔共也。

伯通以名字典郡,①有佐命之功,②临人亲职,[2]爱惜仓库,而浮秉征伐之任,欲权时救急,二者皆为国耳。即疑浮相谮,何不诣阙自陈,而为族灭之计乎?朝廷之于伯通,恩亦厚矣,委以大郡,任以威武,③事有柱石之寄,情同子孙之亲。④匹夫媵母尚能致命一餐,⑤岂有身带三绶,职典大邦,⑥而不顾恩义,生心外畔者乎!伯通与吏人语,何以为颜?行步拜起,何以为容?坐卧念之,何以为心?引镜窥影,何施眉目?举措建功,何以为人?惜乎弃休令之嘉名,造枭鸱之逆谋,⑦捐传世之庆祚,[3]招破败之重灾,高论尧舜之道,不忍桀纣之性,生为世笑,死为愚鬼,不亦哀乎!

①伯通,彭宠字也,以名字显著也。

②光武初镇河北,宠遣吴汉等发步兵三千人先归光武,及围邯郸,宠转食前后不绝也。

③光武赐宠号大将军,故云"任以威武"也。

④柱石,以屋为谕也。

⑤左传曰，赵盾田于首山，舍于翳桑，见灵辄饿，问，曰"三日不食矣"，食之。后晋灵公欲杀赵盾，辄为公甲士，倒戟以御公徒而免盾。滕母，未详也。

⑥宠为渔阳太守、建忠侯、大将军，故带三绶。

⑦枭鸱即鸱枭也，其子適大，还食其母。说文云不孝鸟也。

伯通与耿侠游俱起佐命，同被国恩。①侠游谦让，屡有降挹之言；②而伯通自伐，以为功高天下。往时辽东有豕，生子白头，异而献之，行至河东，见群豕皆白，怀惭而还。若以子之功论于朝廷，[4]则为辽东豕也。今乃愚妄，自比六国。六国之时，其埶各盛，廓土数千里，胜兵将百万，故能据国相持，多历年世。[5]今天下几里，列郡几城，奈何以区区渔阳而结怨天子？此犹河滨之人捧土以塞孟津，多见其不知量也！

①侠游，耿况字也。况为上谷太守，初与宠结谋共归光武也。

②挹，损也。

方今天下適定，海内愿安，士无贤不肖，皆乐立名于世。而伯通独中风狂走，自捐盛时，内听骄妇之失计，[6]外信谗邪之谀言，①长为群后恶法，永为功臣鉴戒，岂不误哉！定海内者无私雠，勿以前事自误，[7]愿留意顾老母幼弟。凡举事无为亲厚者所痛，而为见雠者所快。

①浮密奏宠，上征之，宠妻劝宠无应征。又与所亲信计议，吏皆怨浮，劝宠止不应征也。

宠得书愈怒，①攻浮转急。明年，涿郡太守张丰亦举兵反。

①愈犹益也。

时二郡畔戾，北州忧恐，浮以为天子必自将兵讨之，而但遣游击将军邓隆阴助浮。浮怀惧,以为帝怠于敌,不能救之,乃上疏曰:"昔楚宋列国,俱为诸侯,庄王以宋执其使,遂有投袂之师。魏公子顾朋友之要,触冒强秦之锋。夫楚魏非有分职匡正之大义也,庄王但为争强而发忿,公子以一言而立信耳。①今彭宠反畔,张丰逆节,以为陛下必弃捐它事,以时灭之。既历时月,寂寞无音。从围城而不救,放逆虏而不讨,臣诚惑之。昔高祖圣武,天下既定,犹身自征伐,未尝宁居。②陛下虽兴大业,海内未集,而独逸豫,不顾北垂,百姓遑遑,无所系心,三河、冀州,曷足以传后哉!今秋稼已孰,复为渔阳所掠。张丰狂悖,奸党日增,连年拒守,吏士疲劳,甲胄生虮虱,弓弩不得弛,③上下燋心,相望救护,仰希陛下生活之恩。"诏报曰:"往年赤眉跋扈长安,④吾策其无谷必东,果来归降。今度此反虏,埶无久全,其中必有内相斩者。今军资未充,故须后麦耳。"⑤浮城中粮尽,人相食。会上谷太守耿况遣骑来救浮,浮乃得遁走。南至良乡,其兵长反遮之,⑥浮恐不得脱,乃下马刺杀其妻,仅以身免,城降于宠。尚书令侯霸奏浮败乱幽州,构成宠罪,徒劳军师,不能死节,罪当伏诛。帝不忍,以浮代贾复为执金吾,徙封父城侯。后丰、宠并自败。

①左传曰,楚庄王使申舟无畏聘于齐,曰:"无假道于宋。"宋人杀无畏,庄王闻之,投袂而起,[8]遂发兵围宋。史记,魏公子无忌,魏昭王之少子,封信陵君,仁而好士,食客三千人。公子姊为赵平原君胜妻,秦围邯郸,求救于魏,魏以秦强不敢救,公子乃窃兵符,夺晋鄙军以救赵,秦兵遂解也。

②高祖定天下之后,犹自征匈奴、陈豨、黥布等也。

③郑玄注周礼曰:"弛,释下也。"

④跋扈犹暴横也。

⑤须，待也。

⑥兵长，兵之长帅也。[9]

帝以二千石长吏多不胜任，时有纤微之过者，必见斥罢，交易纷扰，百姓不宁。六年，有日食之异，浮因上疏曰："臣闻日者众阳之所宗，君上之位也。凡居官治民，据郡典县，皆为阳为上，为尊为长。若阳上不明，尊长不足，则干动三光，垂示王者。①五典纪国家之政，②鸿范别灾异之文，③皆宣明天道，以征来事者也。④陛下哀愍海内新离祸毒，保宥生人，⑤使得苏息。而今牧人之吏，多未称职，小违理实，辄见斥罢，岂不粲然黑白分明哉！⑥然以尧舜之盛，犹加三考，⑦大汉之兴，亦累功效，吏皆积久，养老于官，至名子孙，因为氏姓。⑧当时吏职，何能悉理；论议之徒，岂不喧哗。盖以为天地之功不可仓卒，艰难之业当累日也。而间者守宰数见换易，迎新相代，疲劳道路。寻其视事日浅，未足昭见其职，既加严切，人不自保，各相顾望，无自安之心。有司或因睚眦以骋私怨，苟求长短，求媚上意。二千石及长吏迫于举劾，惧于刺讥，故争饰诈伪，以希虚誉。斯皆群阳骚动，日月失行之应。夫物暴长者必夭折，功卒成者必亟坏，如摧长久之业，而造速成之功，非陛下之福也。天下非一时之用也，海内非一旦之功也。愿陛下游意于经年之外，望化于一世之后。⑨天下幸甚。"帝下其议，群臣多同于浮，自是牧守易代颇简。

①干，犯也。三光，日、月、星也。

②礼记曰："温柔敦厚，诗教也。疏通知远，书教也。絜静精微，易教也。恭俭庄敬，礼教也。属辞比事，春秋教也。"

③鸿范，尚书篇名，箕子为武王陈政道阴阳之法。灾异即咎徵之类也。

④征，验也。

⑤宥，宽也。

⑥淮南子曰“圣人见是非，若白黑之别于目，清浊之形于耳”也。

⑦考谓考其功最也。尚书舜典曰“三载考绩，三考黜陟幽明”也。

⑧前书：“武帝时，汉有天下已七十馀年，为吏者长子孙，居官者以为姓号，人人自爱而重犯法。”音义曰：“时无事，吏不数转，至于子孙而不转职，今仓氏、库氏因以为姓，即仓库吏之后也。”

⑨孔子曰：“如有王者，必代而后仁。”见论语。

旧制，州牧奏二千石长吏不任位者，事皆先下三公，三公遣掾史案验，然后黜退。帝时用明察，不复委任三府，而权归刺举之吏。①浮复上疏曰：“陛下清明履约，率礼无违，自宗室诸王、外家后亲，皆奉遵绳墨，无党执之名。至或乘牛车，齐于编人。斯固法令整齐，下无作威者也。求之于事，宜以和平，而灾异犹见者，而岂徒然？天道信诚，不可不察。窃见陛下疾往者上威不行，下专国命，即位以来，不用旧典，信刺举之官，黜鼎辅之任，至于有所劾奏，便加免退，覆案不关三府，罪谴不蒙澄察。陛下以使者为腹心，而使者以从事为耳目，是为尚书之平，决于百石之吏，②故群下苛刻，各自为能。兼以私情容长，憎爱在职，皆竞张空虚，以要时利，故有罪者心不厌服，无咎者坐被空文，不可经盛衰，贻后王也。③夫事积久则吏自重，④吏安则人自静。传曰：‘五年再闰，天道乃备。’⑤夫以天地之灵，犹五载以成其化，况人道哉！臣浮愚戆，不胜惓惓，愿陛下留心千里之任，省察偏言之奏。”

①刺举即州牧也。

②使者，刺史也。续汉志曰，每州有从事，秩百石。耳目谓令采察也。平谓平决也。

③贻，遗也。

④重犹爱惜也。

⑤周天三百六十五度四分度之一，日行一度，一年十二月，除小月六日，即一岁三百五十四日，是为每岁日行天。馀一十一度四分度之一，不匝一年，馀十一日四分日之一，故三年即馀三十三日四分日之三，闰月又小，是五年即得再闰。

七年，转太仆。浮又以国学既兴，宜广博士之选，乃上书曰："夫太学者，礼义之宫，教化所由兴也。陛下尊敬先圣，垂意古典，宫室未饰，干戈未休，而先建太学，进立横舍，①比日车驾亲临观飨，将以弘时雍之化，显勉进之功也。②寻博士之官，为天下宗师，使孔圣之言传而不绝。旧事，策试博士，必广求详选，爰自畿夏，延及四方，是以博举明经，唯贤是登，③学者精励，远近同慕。伏闻诏书更试五人，唯取见在洛阳城者。臣恐自今以往，将有所失。求之密迩，容或未尽，而四方之学，无所劝乐。凡策试之本，贵得其真，非有期会，不及远方也。又诸所征试，皆私自发遣，非有伤费烦扰于事也。语曰：'中国失礼，求之于野。'④臣浮幸得与讲图谶，⑤故敢越职。"帝然之。

①横，学也。或作"黉"，义亦同。

②雍，和也。书曰"黎人于变时雍"，乃勉劝也。

③畿，王畿；夏，华夏也。汉官仪曰："博士，秦官也。武帝初置五经博士，后增至十四人。太常差选有聪明威重一人为祭酒，总领纲纪。其举状曰：'生事爱敬，丧没如礼。通易、尚书、孝经、论语，兼综载籍，穷微阐奥。隐居乐道，不求闻达。身无金痍痼疾，(世)〔卅〕六属不与妖恶交通、[10]王侯赏赐。行应四科，经任博士。'下言某官某甲保举。"

④刘歆移书太常曰："夫礼失求之于野，古文不犹愈于野乎?"

⑤与音预。

二十年，代窦融为大司空。二十二年，坐卖弄国恩免。二十五年，徙封新息侯。

帝以浮陵轹同列，每衔之，①惜其功能，不忍加罪。永平中，有人单辞告浮事者，②显宗大怒，赐浮死。长水校尉樊(鯈)〔鯈〕言于帝曰：[11]"唐尧大圣，兆人获所，③尚优游四凶之狱，厌服海内之心，④使天下咸知，然后殛罚。⑤浮事虽昭明，而未达人听，宜下廷尉，章著其事。"帝亦悔之。

①陵轹犹欺蔑也。

②单辞谓无证据也。书曰："明清于单辞。"

③获，得也。

④优游谓优柔也。四凶者，鲧、共工、驩兜、三苗。左传曰舜流四凶族，今云尧者，舜为尧臣而流之也。尚书曰："四罪而天下咸服。"

⑤殛，诛也，音纪力反。

论曰：吴起与田文论功，文不及者三，朱买臣难公孙弘十策，弘不得其一，终之田文相魏，公孙宰汉，诚知宰相自有体也。①故曾子曰："君子所贵乎道者三，②笾豆之事则有司存。"③而光武、明帝躬好吏事，亦以课覈三公，④其人或失而其礼稍薄，至有诛斥诘辱之累。任职责过，一至于此，追感贾生之论，不亦笃乎！⑤朱浮讥讽苛察欲速之弊，然矣，⑥焉得长者之言哉！⑦

①史记："魏置相田文，吴起不悦，谓田文曰：'请与子论功，可乎？'田文曰：'可。'起曰：'将三军，使士卒乐死，敌国不敢谋，子孰与起？'田文曰：'不如子。'吴起曰：'理百官，亲万人，实府库，子孰与起？'田文曰：'不如子。'吴起曰：'守西河，秦人不敢东向，韩、赵宾从，子孰与起？'田文曰：'不如子。'吴起曰：'此三者，子皆出吾下，而位加吾上，何

也？’田文曰：‘主少国疑，大臣未附，百姓不信，方是时，属之于子乎，属之于我乎？’吴起默然良久，曰：‘属之于子矣。’田文曰：‘此乃吾所以居子上也。’吴起方乃自知不如。”武帝时，方筑朔方，公孙弘谏，以为罢弊中国。上使朱买臣难弘，发十策，弘不得一。

②三谓动容貌，正颜色，出辞气。事见论语。

③笾豆，礼器也。小细之务，有司所主，非人君之事也。

④课其殿最，覈其得失。

⑤贾谊曰：“廉耻礼节以绳君子，故有赐死而无戮辱，是以黥劓之罪不及大夫，以其离主上不远也。”是时人告周勃谋反，系长安，卒无事，故谊以此讥上也。

⑥论语孔子曰：“无欲速，无见小利。欲速则不达，见小利则大事不成。”以光武帝明察烦刻，故引之。

⑦前书龚遂为勃海郡太守，王生谓遂曰：“君即见上，问君何以化勃海？宜曰圣主之(力)〔德〕，[12]非小臣之力也。”既至前，上果问，遂对如王生言。天子悦，曰：“君安得长者之言而称也！”

冯鲂字孝孙，南阳湖阳人也。其先魏之支别，食菜冯城，[13]因以氏焉。①秦灭魏，迁于湖阳，为郡族姓。

①东观记曰“其先魏之别封曰华侯，华侯孙长卿食菜冯城，因以氏焉。鲂父名杨”也。

王莽末，四方溃畔，鲂乃聚宾客，招豪桀，作营堑，以待所归。①是时湖阳大姓虞都尉反城称兵，先与同县申屠季有仇，而杀其兄，谋灭季族。季亡归鲂，鲂将季欲还其营，道逢都尉从弟长卿来，欲执季。鲂叱长卿曰：“我与季虽无素故，士穷相归，要当以死任之，卿为何言?”遂与俱归。季谢曰:“蒙恩得全,死无以为报(恩),[14]有牛马财物,愿悉献之。”鲂作色曰:“吾老亲弱弟皆〔在〕贼城中,[15]今日相与,尚无所顾,何云财物乎?”季慙不敢复言。鲂自是为县邑所敬信,故能据营自固。

①待真主也。

时天下未定,而四方之士拥兵矫称者甚众,唯鲂自守,兼有方略。光武闻而嘉之,建武三年,征诣行在所,见于云台,①拜虞令。②为政敢杀伐,以威信称。迁郏令。后车驾西征隗嚣,颍川盗贼群起,郏贼延褒等众三千馀人,攻围县舍,鲂率吏士七十许人,力战连日,弩矢尽,城陷,鲂乃遁去。帝闻郡国反,即驰赴颍川,鲂诣行在所。帝案行斗处,知鲂力战,乃嘉之曰:“此健令也。所当讨击,勿拘州郡。”褒等闻帝至,皆自髡剔,③[16]负鈇锧,④将其众请罪。帝且赦之,使鲂转降诸聚落,县中平定,诏乃悉以褒等还鲂诛之。鲂责让以行军法,皆叩头曰:“今日受诛,死无所恨。”鲂曰:“汝知悔过伏罪,今一切相赦,听各反农桑,为令作耳目。”皆称万岁。是时每有盗贼,并为褒等所发,无敢动者,县界清静。

①即南宫云台也。

②虞,县,属梁国,本虞国,舜后所封之邑,今宋州虞城县也。

③剔音他狄反。声类曰亦“鬄”字,音他计反,谓剃去发也。

④说文曰:“鈇,銼刃也。”锧,椹也,音质。

十三年,迁魏郡太守。二十七年,以高第入代赵憙为太仆。中元元年,从东封岱宗,行卫尉事。还,代张纯为司空,赐爵关内侯。二年,帝崩,使鲂持节起原陵,更封杨邑乡侯,食三百五十户。永平四年,坐考陇西太守邓融,听任奸吏,策免,削爵土。六年,显宗幸鲁，复行卫尉事。七年，代阴嵩为执金吾。

鲂性矜严公正，在位数进忠言，多见纳用。十四年，诏复爵土。明年，东巡郡国，留鲂宿卫南宫。①建初三年，以老病乞身，肃宗许之。其冬为五更，诏鲂朝贺，就列侯位。元和二年，卒，时年八十六。

①东观记曰："敕鲂车驾发后将缇骑宿玄武门复道上，领南宫吏士，保给床席，[17]子孙得到鲂所。"

子柱嗣。尚显宗女获嘉长公主，少为侍中，以恭肃谦约称，位至将作大匠。柱卒，子定嗣，官至羽林中郎将。定卒，无子，国除。

定弟石，袭母公主封获嘉侯，亦为侍中，稍迁卫尉。能取悦当世，为安帝所宠。帝尝幸其府，留饮十许日，赐驳犀具剑、佩刀、①紫艾绶、②玉玦各一，③拜子世为黄门侍郎，[18]世弟二人皆郎中。自永初兵荒，王侯租秩多不充，于是特诏以它县租税足石，令如旧限，④岁入縠三万斛，钱四万。迁光禄勋，遂代杨震为太尉。及北乡侯立，⑤迁太傅，与太尉东莱刘喜参录尚书事。[19]顺帝既立，石与喜皆以阿党阎显、江京等策免，复为卫尉。卒，子代嗣。[20]代卒，弟承嗣，为步兵校尉。

①以班犀饰剑也。

②艾即盭，绿色也，其色似艾。

③半环曰玦，以饰带也。

④足音即谕反。

⑤章帝孙济北惠王寿之子懿也。

石弟珖，①和帝时诏封杨邑侯，[21]亦以石宠，官至城门校尉。卒，子肃嗣，为黄门侍郎。

①珖音光。

虞延字子大，陈留东昏人也。①延初生，其上有物若一匹练，遂上升天，占者以为吉。及长，长八尺六寸，要带十围，力能扛鼎。②少为户牖亭长。时王莽贵人魏氏③宾客放从，延率吏卒突入其家捕之，以此见怨，故位不升。性敦朴，不拘小节，又无乡曲之誉。王莽末，天下大乱，延常婴甲胄，拥卫亲族，扞御钞盗，赖其全者甚众。延从女弟年在孩乳，其母不能活之，弃于沟中，延闻其号声，哀而收之，养至成人。④建武初，仕执金吾府，除细阳令。⑤每至岁时伏腊，辄休遣徒系，各使归家，并感其恩德，应期而还。有囚于家被病，自载诣狱，既至而死，延率掾(吏)〔史〕，[22]殡于门外，百姓感悦之。

①东昏，县，故城在今汴州陈留县东北。东缗属山阳郡，俗本为"缗"者，误也。

②说文曰："扛鼎，横关对举也。"〔扛〕音江。[23]

③谢承书曰："莽贵人魏氏以椒房之宠，威倾郡县。"

④谢承书曰："养育成人，以妻同县人王氏。"

⑤细阳，县，属汝南郡，故城在今颍州汝阴县西北。

后去官还乡里，太守富宗闻延名，[24]召署功曹。①宗性奢靡，车服器物，多不中节。延谏曰："昔晏婴辅齐，鹿裘不完，②季文子相鲁，妾不衣帛，③以约失之者鲜矣。"宗不悦，延即辞退。居有顷，宗果以侈从被诛，临当伏刑，擥涕而叹曰："恨不用功曹虞延之谏！"光武闻而奇之。二十年东巡，路过小黄，高帝母昭灵后园陵在焉，④时延为部督邮，诏呼引见，问园陵之事。延进止从容，占拜可观，其陵树株蘗，皆谙其数，⑤俎豆牺牲，颇晓其礼。帝善之，敕延从驾到鲁。还经封丘城门，门下小，不容羽盖，⑥帝怒，使挞侍御史，延因下见引咎，以为罪在督邮。言辞激扬，有感帝意，乃制诰曰："以陈留督邮虞延故，贳御史罪。"⑦延从送车驾西尽郡界，赐钱及剑带佩刀还郡，于是声名遂振。

①富姓，宗名。

②晏子曰："晏子布衣鹿裘以朝，公曰：'夫子之家若此其贫也，奚衣之恶也？'"

③左传曰，季文子相鲁，妾不衣帛，马不食粟。

④小黄，县，属陈留郡，故城在今汴州陈留县东北。汉官仪注曰："高帝母起兵时死小黄北，后为作陵庙于小黄。"陈留风俗传云："沛公起兵野战，丧皇妣于黄乡。天下平，乃使使者梓宫招魂幽野，有丹蛇在水，自洗濯，入于梓宫，其浴处仍有遗发，故谥曰昭灵夫人。因作园陵、寝殿、司马门、钟虡、卫守。"小黄有祭器笾豆鼎俎之属十四种，庙基尚存焉。

⑤株，根也。蘖，伐木更生也。

⑥封丘，今汴州县也。

⑦贳，放也。

二十三年，司徒玉况辟焉。①[25]时元正朝贺，帝望而识延，遣小黄门驰问之，即日召拜公车令。明年，迁洛阳令。是时阴氏有客马成者，常为奸盗，延收考之。阴氏屡请，获一书辄加笼二百。②信阳侯阴就③乃诉帝，谮延多所冤枉。帝乃临御道之馆，亲录囚徒。延陈其狱状可论者在东，无理者居西。成乃回欲趋东，延前执之，谓曰："尔人之巨蠹，久依城社，不畏熏烧。④今考实未竟，宜当尽法！"成大呼称枉，陛戟郎以戟刺延，叱使置之。⑤帝知延不私，谓成曰："汝犯王法，身自取之！"呵使速去。后数日伏诛。于是外戚敛手，莫敢干法。在县三年，迁南阳太守。

①谢承书曰："况字文伯，京兆杜陵人也。代为三辅名族，该总五经，志节高亮，为陈留太守。性聪敏，善行德教。永平十五年，蝗虫起泰山，[26]弥衍兖、豫，过陈留界，飞逝不集，五穀独丰。章和元年，诏以况为司徒。"玉，姓，音宿。

②搒，棰也，音彭。

③就，光烈皇后弟也。就本传"信"作"新"。

④齐景公问晏子曰："理国何患？"对曰："患社鼠。"公曰："何谓社鼠？"对曰："社鼠不可熏。人君之左右，亦国之社鼠也。"

⑤续汉志曰："凡郎官皆主执戟宿卫也。"

永平初，有新野功曹邓衍，[27]以外戚小侯每豫朝会，而容姿趋步，有出于众，显宗目之，顾左右曰："朕之仪貌，岂若此人！"特赐舆马衣服。延以衍虽有容仪而无实行，未尝加礼。帝既异之，乃诏衍令自称南阳功曹诣阙。①既到，拜郎中，迁玄武司马。②衍在职不服父丧，帝闻之，乃叹曰："'知人则哲，惟帝难之。'信哉斯言！"衍惭而退，由是以延为明。

①谢承书曰："帝赐舆马衣服剑珮刀，钱二万，南阳计吏归，具以启延。延知衍华不副实，行不配容，积三年不用，于是上乃自敕衍称南阳功曹诣阙。"

②玄武，宫之北门也。每宫城门皆有司马一人，秩千石，见续汉志。

三年，征代赵憙为太尉；八年，代范迁为司徒。历位二府，十馀年无异政绩。会楚王英谋反，阴氏欲中伤之，使人私以楚谋告延，延以英藩戚至亲，不然其言，又欲辟幽州从事公孙弘，①以弘交通楚王而止，并不奏闻。及英事发觉，诏书切让，延遂自杀。家至清贫，子孙不免寒餧。②

①郡国有从事，主督促文书，察举非法，皆州自辟除，故通为百石，即功曹从事、理中从事之类是也。见续汉志也。

②餧，饿也。谢承书曰："身没之后，家贫空，子孙同衣而出，并日而食。"

延从曾孙放，字子仲。少为太尉杨震门徒，及震被谗自杀，顺帝初，放诣阙追讼震罪，由是知名。桓帝时为尚书，以议诛大将军梁冀功封都亭侯，后为司空，坐水灾免。性疾恶宦官，遂为所陷，灵帝初，与长乐少府李膺等俱以党事诛。

郑弘字巨君，会稽山阴人也。①从祖吉，宣帝时为西域都护。②弘少为乡啬夫，③太守第五伦行春，④见而深奇之，召署督邮，举孝廉。

①孔灵符会稽记曰："射的山南有白鹤山，此鹤为仙人取箭。汉太尉郑弘尝采薪，得一遗箭，顷有人觅，弘还之，问何所欲，弘识其神人也，曰：'常患若邪溪载薪为难，愿旦南风，暮北风。'后果然。故若邪溪风至今犹然，呼为'郑公风'也。"

②谢承书曰："其曾祖父本齐国临淄人，官至蜀郡属国都尉。武帝时徙强宗大姓，不得族居，将三子移居山阴，[28]因遂家焉。长子吉，云中都尉、西域都护；中子兖州刺史；少子举孝廉，理剧东部候也。"

③谢承书曰："为灵文乡啬夫，爱人如子。"续汉志曰："其乡小者县署啬夫一人，主知人善恶，为役先后；知人贫富，为赋多少，平其差品也。"

④太守常以春行所主县，劝人农桑，振救乏绝，见续汉志也。

弘师同郡河东太守焦贶。[29]楚王英谋反发觉，以疏引贶，①贶被收捕，疾病于道亡没，妻子闭系诏狱，掠考连年。诸生故人惧相连及，皆改变名姓，以逃其祸，弘独髡头负铁锧，诣阙上章，为贶讼罪。显宗觉悟，即赦其家属，弘躬送觬丧及妻子还乡里，由是显名。

①疏，书也。

拜为驺令，①政有仁惠，民称苏息。迁淮(阴)〔阳〕太守。②[30]四迁，建初〔初〕，为尚书令。[31]旧制，尚书郎限满补县长令史丞尉。弘奏以为台职虽尊，而酬赏甚薄，至于开选，多无乐者，③请使郎补千石〔令〕，[32]令史为长。帝从其议。弘前后所陈有补益王政者，皆著之南宫，以为故事。

①驺，今兖州县也。谢承书曰"弘勤行德化，部人王逢等得路遗宝物，县于道衢，求主还之。鲁国当春大旱，五穀不丰，驺独致雨偏孰。永平十五年，蝗起泰山，流被郡国，过驺界不集。郡因以状闻，诏书以为不然，遣使案行，如言"也。

②谢承书曰："弘消息繇赋，政不烦苛。行春天旱，随车致雨。白鹿方道，侠毂而行。弘怪问主簿黄国曰：'鹿为吉为凶？'国拜贺曰：'闻三公车轓画作鹿，明府必为宰相。'"

③乐音五孝反。

出为平原相，[33]征拜侍中。建初八年，代郑众为大司农。旧交阯七郡贡献转运，皆从东冶。①汎海而至，风波艰阻，沈溺相系。弘奏开零陵、桂阳峤道，于是夷通，②至今遂为常路。③在职二年，所息省三亿万计。时岁天下遭旱，边方有警，人食不足，而帑藏殷积。④弘又奏宜省贡献，减徭费，以利饥人。帝顺其议。

①东冶，县，属会稽郡。太康地理志云汉武帝名为东冶，后改为东候官，今泉州闽县是。

②峤，岭也。夷，平也。

③今谓范晔时也。

④说文曰："帑，金布所藏之府。"

元和元年，代邓彪为太尉。时举将第五伦为司空，[34]班次在下，每正朔朝见，弘曲躬而自卑。帝问知其故，遂听置云母屏风，分隔其间，①由此以为故事。在位四年，[35]奏尚书张林阿附侍中窦宪，而素行臧秽，又上洛阳令杨光，宪之宾客，在官贪残，并不宜处位。书奏，吏与光故旧，因以告之。光报宪，宪奏弘大臣漏泄密事。帝诘让弘，收上印绶。弘自诣廷尉，诏敕出之，因乞骸骨归，未许。病笃，上书陈谢，并言窦宪之短。帝省章，遣医占弘病，比至已卒。临殁悉还赐物，敕妻子褐巾布衣素棺殡殓，以还乡里。

①以云母饰屏风也。

周章字次叔，南阳随人也。①初仕郡为功曹。时大将军窦宪免，封冠军侯就国。章从太守行春到冠军，太守犹欲谒之。章进谏曰："今日公行春，岂可越仪私交。且宪椒房之亲，势倾王室，而退就藩国，祸福难量。明府剖符大臣，千里重任，②举止进退，其可轻乎？"太守不听，遂便升车。章前拔佩刀绝马鞅，于是乃止。及宪被诛，公卿以下多以交关得罪，太守幸免，以此重章。举孝廉，六迁为五官中郎将。延平元年，为光禄勋。

①"叔"或作"升"。

②剖符解见杜诗传。

永初元年，代魏霸为太常。其冬，代尹勤为司空。[36]是时中常侍郑众、蔡伦等皆秉势豫政，章数进直言。初，和帝崩，邓太后以皇子胜有痼疾，①不可奉承宗庙，贪殇帝孩抱，养为己子，故立之，以胜为平原王。及殇帝崩，群臣以胜疾非痼，[37]意咸归之，太后以前既不立，恐后为怨，乃立和帝兄清河孝王子祐，[38]是为安帝。章以众心不附，遂密谋闭宫门，诛车骑将军邓骘兄弟及郑众、蔡伦，劫尚书，废太后于南宫，封帝为远国王，②而立平原王〔胜〕。事觉，(胜)策免，[39]章自杀。家无馀财，诸子易衣而出，并日而食。

①痼犹废也。

②遥远之国也。

论曰：孔子称"可与立，未可与权"。①权也者，反常者也。②将从反常之事，必资非常之会，③使夫举无违妄，志行名全。周章身非负图之托，④德乏万夫之望，⑤主无绝天之舋，地有既安之埶，⑥而创虑于难图，希功于理绝，不已悖乎！⑦如令君器易以下议，即斗筲必能叨天业，狂夫竖臣亦自奋矣。孟轲有言曰："有伊尹之心则可，无伊尹之心则篡矣。"⑧於戏，方来之人戒之哉！

①论语载孔子之词也。立谓立功立事也。

②公羊传曰："权者何？权者反乎经，然后有善也。"

③会，际也。

④武帝欲立昭帝为太子，乃画周公负成王图赐霍光。

⑤诗云："颙颙昂昂，万夫之望。"

⑥书曰"纣自绝于天，结怨于人"也。

⑦悖，逆也。

⑧孟子曰："公孙丑问曰：'伊尹放太甲于桐宫，人大悦。太甲贤，又反之，人大悦。贤者之为人臣也，其君不贤，故可放欤？'"孟子答以此言。

赞曰：朱定北州，激成宠尤。鲂用降帑，①延感归囚。郑、窦怨偶，代相为仇。②周章反道，小智大谋。③

①帑，虏也。

②左传曰："怨偶曰仇。"

③易曰"智小而谋大，力少而任重，鲜不及矣"也。

【校勘记】

〔1〕闻〔之〕遂大怒　据汲本、殿本补。

〔2〕临人亲职　校补谓此与下"此犹河滨之人"，文选"人"本作"民"，宋本失未改回也。按：下"伯通与吏人语"，文选"人"亦作"民"。

〔3〕捐传世之庆祚　文选"世"作"叶"。按：校补谓此宋本改回之误。

〔4〕若以子之功论于朝廷　文选"功"下有"高"字。按：校补谓有"高"字则与上文"以为功高天下"应。

〔5〕多历年世　文选"世"作"所"。按：校补谓此亦宋本改回之误。

〔6〕内听骄妇之失计　按：文选"骄"作"娇"。

〔7〕勿以前事自误　集解引惠栋说，谓"误"一作"疑"。按：文选作"疑"。

〔8〕投袂而起　按："起"原讹"赴"，径据汲本、殿本改正。

〔9〕兵之长帅也　按："帅"原讹"师"，径据汲本、殿本改正。

〔10〕(世)〔卅〕六属　集解引惠栋说，谓注"世"别本作"卅"，音先合反。今按：通典卷二十七引后汉督邮板状作"三十六属"，则此"世"字当作"卅"，因版刻"世"字往往作"丗"，与"卅"形近而误。今据改。

〔11〕长水校尉樊(儵)〔鯈〕　据樊宏传改。

〔12〕圣主之(力)〔德〕　殿本"力"作"德"，与前书龚遂传合，今据改。

〔13〕食菜冯城　刊误谓"菜"当作"采"，音乃为菜耳。今按：菜采通，刘

说泥。

〔14〕死无以为报(恩)　按：王先谦谓“恩”字当衍，今据删。

〔15〕皆〔在〕贼城中　按：集解引何焯说，谓“皆”下当有“在”字，今据补。

〔16〕皆自髡剔　按：汲本、殿本“髡”作“鬄”。

〔17〕保给床席　按：殿本作“保官给床蓐”。考证王会汾谓案文义当云“官给床蓐”，“保”字疑衍。又按：王先谦谓今本东观记“领南宫吏士”下有“南宫复道多恶风寒老人居之且病痱若向南者多取帷帐东西完塞诸窗望令致密”三十三字，无“保给床蓐”四字。

〔18〕拜子世为黄门侍郎　按：下云“卒，子代嗣”。刊误谓世本名代，前拜为郎时作“世”，后嗣立时作“代”，盖后人见其名，疑“代”以为避太宗讳所改，遂还作“世”，而忘其后尚皆作“代”也。今前后不同，遂似两人，当定从一。今按：刘氏以为世即代，甚是，然谓世本名代，则无实证，安知非代本名世邪？

〔19〕与太尉东莱刘喜参录尚书事　按：安帝纪“喜”作“熹”。

〔20〕子代嗣　按：李慈铭谓此名代者，即上拜黄门郎之世也。章怀避太宗讳，改“世”作“代”，后之校者又改“代”作“世”，而一传之中有改有不改如此。

〔21〕诏封杨邑侯　按：刊误谓“诏”当作“绍”。

〔22〕延率掾(吏)〔史〕　据刊误及殿本考证改。按：殿本作“延率吏掾史”，衍一“吏”字。

〔23〕〔扛〕音江　据汲本、殿本补。

〔24〕太守富宗闻延名　按：集解引惠栋说，谓袁宏纪作“傅宗”。

〔25〕司徒玉况　殿本改“玉”为“王”，有王会汾之考证，谓按玉篇，金玉之“玉”鱼录反，点在中画下，其音宿者点在中画上，监本作“玉”，今改从“王”。今按：校补谓玉自有宿音，史记封禅书公玉带，玉即

音肃，不必改字。且说文玉本无点，尤不容分玉王为二字。又按：校补谓光武纪建武二十七年，大司徒玉况薨，诏始令二府去“大”，则在二十三年自应仍称大司徒，传脱“大”字。

〔26〕永平十五年蝗虫起泰山　汲本“泰”作“太”。按：范晔避其父范泰讳，“泰”皆作“太”，此后人回改也。又按：玉况卒于建武年间，谢承书所云永平十五年云云及下章和元年云云，皆误。

〔27〕有新野功曹邓衍　集解引惠栋说，谓东观记作“邓寅”。按：校补谓“寅”当即“演”之误，衍演通作。

〔28〕将三子移居山阴　按：“三”原讹“二”，径改正。

〔29〕弘师同郡河东太守焦贶　按：袁纪云“事博士焦贶”。

〔30〕迁淮(阴)〔阳〕太守　按：刊误谓案汉郡无“淮阴”，当是淮阳，此时未为陈国也。今据改。

〔31〕建初〔初〕为尚书令　据王先谦说补。

〔32〕请使郎补千石〔令〕　据刊误补。

〔33〕出为平原相　按：集解引钱大昭说，谓平原为国，在殇帝建平元年。考建初四年，封皇子全为平春王，未几，王薨国除，此“平原”或“平春”之误。

〔34〕时举将第五伦为司空　“第”原作“弟”，“五”原作“伍”，径改正。按：第与弟五与伍固可通，然一书中姓名宜前后一致也。

〔35〕在位四年　按：张熷谓本纪元和元年八月，弘为太尉，三年四月免，不得云“四年”。

〔36〕其冬代尹勤为司空　按：校补引钱大昭说，谓章为司空，安纪在永初元年九月，“冬”当作“秋”。

〔37〕群臣以胜疾非痼　“痼”原作“锢”，痼锢通，然上文作“痼”，今改归一律。

〔38〕清河孝王子祐　刊误谓案安帝名祜,此作“祐”,字之误也。今按:范书“祜”皆作“祐”,或范氏别有所讳欤?

〔39〕而立平原王〔胜〕事觉(胜)策免　按:黄山谓“胜”字当在“事觉”上。安纪永初元年“司空周章密谋废立,策免自杀”,平原怀王胜传,延平元年封,八年薨,与纪合,则胜无策免事,诸王之废亦不得为策免,此策免自属章也。今据改。

后汉书卷三十四

梁统列传第二十四 子松 竦 曾孙商 玄孙冀

梁统字仲宁，安定乌氏人，晋大夫梁益耳，即其先也。①统高祖父子都，自河东迁居北地，子都子桥，②以赀千万徙茂陵，至哀、平之末，归安定。

①东观记曰："其先与秦同祖，出于伯益，别封于梁。"梁益耳见左传。氏音支。

②东观记，桥子溥。溥子延，以明军谋特除西域司马。延生统。

统性刚毅而好法律。初仕州郡。更始二年，召补中郎将，使安集凉州，拜酒泉太守。会更始败，赤眉入长安，统与窦融及诸郡守起兵保境，谋共立帅。初以位次，咸共推统，统固辞曰："昔陈婴不受王者，以有老母也。①今统内有尊亲，又德薄能寡，诚不足以当之。"遂共推融为河西大将军，更以统为武威太守。为政严猛，威行邻郡。

①前书曰，陈婴故东阳令史，少年杀其令，相聚数千人，乃请立婴为王。婴母谓曰："吾自为汝家妇，[1]闻先故未尝贵，今暴得大名，不祥，不如有所属。"婴乃不敢为王。

建武五年，统等各遣使随窦融长史刘钧诣阙奉贡，愿得诣行在所，诏加统宣德将军。八年夏，光武自征隗嚣，统与窦融等将兵会车驾。及嚣败，封统为成义侯，[2]同产兄巡、从弟腾并为关内侯，拜腾酒泉典农都尉，[3]悉遣还河西。十二年，统与融等俱诣京师，以列侯奉朝请，更封高山侯，拜太中大夫，除四子为郎。

统在朝廷，数陈便宜。以为法令既轻，下奸不胜，宜重刑罚，以遵旧典，乃上疏曰：

臣窃见元哀二帝轻殊死之刑以一百二十三事，手杀人者减死一等，①自是以后，著为常准，故人轻犯法，吏易杀人。

①东观记曰："元帝初元五年，轻殊死刑三十四事，哀帝建平元年，轻殊死刑八十一事，其四十二事手杀人者减死一等。"

臣闻立君之道，仁义为主，仁者爱人，义者政理，爱人以除残为务，政理以去乱为心。刑罚在衷，无取于轻，是以五帝有流、殛、放、杀之诛，①三王有大辟、刻肌之法。②故孔子称"仁者必有勇"，③又曰"理财正辞，禁民为非曰义"。④高帝受命诛暴，平荡天下，约令定律，诚得其宜。⑤文帝宽惠柔克，遭世康平，⑥唯除省肉刑、相坐之法，它皆率由，无革旧章。⑦武帝值中国隆盛，财力有馀，征伐远方，军役数兴，豪桀犯禁，奸吏弄法，故重首匿之科，著知从之律，⑧以破朋党，以惩隐匿。宣帝聪明正直，总御海内，臣下奉宪，无所失坠，因循先典，天下称理。至哀、平继体，而即位日浅，听断尚寡，丞相王嘉轻为穿凿，亏除先帝旧约成律，⑨数年之间，百有馀事，或不便于理，或不厌民心。谨表其尤害于体者傅奏于左。⑩

①唐尧时流共工，放驩兜，(服)〔杀〕三苗，[4]殛鲧。尧为五帝之一，故举言焉。

②大辟，罪之大者，谓死刑也。刻肌谓墨、劓、膑、刖。

③论语载孔子之言也。五帝、三王皆以仁义而化，而能用肉刑以正俗，是为勇也。

④易系词曰："何以守位？曰仁。何以聚人？曰财。理财正辞，禁人为非曰义。"系词亦孔子作，故称"又曰"。

⑤高祖定天下，使萧何次律令。

⑥克，能也。言以和柔能理俗也。尚书曰"高明柔克"也。

⑦秦法，一人有罪，(并)〔坐〕其家室。[5]文帝除肉刑并相坐律令，馀则仍旧不改。

⑧凡首匿者，为谋首，臧匿罪人。[6]至宣帝时，除子匿父母，妻匿夫，孙匿大父母罪，馀至殊死上请。知纵谓见知故纵，武帝时立见知故纵之罪，使张汤等著律，并见前书也。

⑨王嘉字公仲，平陵人。案嘉传及刑法志并无其事，统与嘉时代相接，所引故不妄矣，但班固略而不载也。

⑩体，政体也。傅音附。

伏惟陛下包元履德，权时拨乱，①功踰文武，德侔高皇，诚不宜因循季末衰微之轨。回神明察，考量得失，宣诏有司，详择其善，定不易之典，施无穷之法，天下幸甚。

①拨，理也。公羊传曰："拨乱代反之正。"

事下三公、廷尉，议者以为隆刑峻法，非明王急务，施行日久，岂一朝所厘。①统今所定，不宜开可。[7]

①厘犹改也。

统复上言曰："有司以臣今所言，不可施行。寻臣之所奏，非曰严刑。窃谓高帝以后，至乎孝宣，其所施行，多合经传，宜比方今事，验之往古，聿遵前典，事无难改，不胜至愿。愿得召见，若对尚书近臣，口陈其要。"帝令尚书问状，统对曰：

闻圣帝明王，制立刑罚，故虽尧舜之盛，犹诛四凶。经曰："天讨有罪，五刑五庸哉。"①又曰："爰制百姓于刑之衷。"②孔子曰："刑罚不衷，则人无所厝手足。"③[8]衷之为言，不轻不重之谓也。春秋之诛，不避亲戚，④所以防患救乱，全安众庶，岂无仁爱之恩，贵绝残贼之路也？

①尚书咎繇谟之词也。庸，用也。言天以五刑讨有罪，用五刑必当也。

②尚书吕刑云："士制百姓于刑之中。"孔安国注云："咎繇作士，制百官于刑之中。"此作"爰"，爰，于也，义亦通。衷音丁仲反，下同也。

③厝，置也。

④左传曰："大义灭亲。"又曰："周公杀管叔，夫岂不爱，王室故也。"

自高祖之兴，至于孝宣，君明臣忠，谟谋深博，犹因循旧章，不轻改革，海内称理，断狱益少。至初元、建平，所减刑罚百有馀条，①而盗贼浸多，岁以万数。间者三辅从横，群辈并起，②至燔烧茂陵，火见未央。其后陇西、北地、西河之贼，越州度郡，万里交结，攻取库兵，劫略吏人，诏书讨捕，连年不获。③是时以天下无难，百姓安平，而狂狡之埶，犹至于此，皆刑罚不衷，愚人易犯之所致也。

①初元，元帝年也。建平，哀帝年也。

②从音子用反，横音户孟反。

③东观记统对尚书状曰"元寿二年，三辅盗贼群辈并起，至燔烧茂陵都邑，烟火见未央宫，前代〔所〕未尝(所)有。[9]其后陇西新兴，[10]北地任横、任(崔)〔崖〕，[11]西河(曹)〔漕〕况，[12]越州度郡，万里交结，或从远方，四面会合，遂攻取库兵，劫略吏人，国家开封侯之科，以军法追捕，仅能破散"也。

由此观之，则刑轻之作，反生大患；惠加奸轨，而害及良善也。故臣统愿陛下采择贤臣孔光、师丹等议。①

①孔光字子夏，师丹字公仲，并哀帝时丞相。光明习汉制及法令，丹初以论议深博，征入为光禄大夫，皆有议，见前书。

议上，遂寝不报。①

①上音时掌反。

后出为九江太守，定封陵乡侯。[13]统在郡亦有治跡，吏人畏爱之。卒于官。子松嗣。

松字伯孙，少为郎，尚光武女舞阴长公主，再迁虎贲中郎将。松博通经书，明习故事，与诸儒脩明堂、辟廱、郊祀、封禅礼仪，常与论议，宠幸莫比。光武崩，受遗诏辅政。永平元年，迁太仆。

松数为私书请托郡县，二年，发觉免官，遂怀怨望。四年冬，乃县飞书诽谤，下狱死，国除。①

①飞书者，无根而至，若飞来也，即今匿名书也。

子扈，后以恭怀皇后从兄，永元中，擢为黄门侍郎，历位卿、校尉。温恭谦让，亦敦诗书。永初中，为长乐少府。松弟竦。

竦字叔敬，少习孟氏易，①弱冠能教授。后坐兄松事，与弟恭俱徙九真。既徂南土，历江、湖，济沅、湘，②感悼子胥、屈原以非辜沈身，乃作悼骚赋，系玄石而沈之。③

①孟喜字长卿，东海人，见前书。

②湖谓洞庭湖，在今岳州。水经云沅〔水〕出牂柯且兰县，[14]注云入洞庭，会于江。湘水出零陵始安县阳海山，至巴丘入于江。

③东观记载其文曰："彼仲尼之佐鲁兮，先严断而后弘衍。虽离谗以呜邑兮，卒暴诛于两观。殷伊尹之协德兮，暨太甲而俱宁。岂齐量其几微兮，徒信己以荣名。虽吞刀以奉命兮，[15]抉目眦于门闾。吴荒萌其已殖兮，可信颜于王庐？图往镜来兮，关北在篇。[16]君名既泯没兮，后辟亦然。屈平濯德兮，絜显芬香。句践罪种兮，越嗣不长。重耳忽推兮，六卿卒强。赵殒鸣犊兮，秦人入疆。乐毅奔赵兮，燕亦是丧。武安赐命兮，昭以不王。蒙宗不幸兮，长平颠荒。范父乞身兮，楚项不昌。何尔生不先后兮，推洪勋以遐迈。[17]服荔裳如朱绂兮，骋鸾路于犇濑。历苍梧之崇丘兮，宗虞氏之俊乂。临众渎之神林兮，东敕职于蓬碣。祖圣道而垂典兮，褒忠孝以为珍。既匡救而不得兮，必殒命而后仁。惟贾傅其违指兮，何杨生之欺真。[18]彼皇麟之高举兮，熙太清之悠悠。临岷川以怆恨兮，指丹海以为期。"

竦显宗后诏听还本郡，竦闭门自养，以经籍为娱，著书数篇，名曰七序。班固见而称曰："孔子著春秋而乱臣贼子惧，①梁竦作七序而窃位素餐者惭。"性好施，不事产业。长嫂舞阴公主赡给诸梁，亲疏有序，特重敬竦，虽衣食器物，必有加异。竦悉分与亲族，自无所服。②

①左传："书齐豹曰盗，三叛人名，以惩不义。善人劝焉，淫人惧焉。"孟子云："仲尼成春秋，乱臣贼子惧。"

②服犹用也。

竦生长京师，不乐本土，自负其才，郁郁不得意。尝登高远望，叹息言曰："大丈夫居世，生当封侯，死当庙食。①如其不然，间居可以养志，诗书足以自娱，州郡之职，徒劳人耳。"后辟命交至，并无所就。有三男三女，[19]肃宗纳其二女，皆为贵人。小贵人生和帝，窦皇后养以为子，而竦家私相庆。后诸窦闻之，恐梁氏得志，终为己害，建初八年，遂谮杀二贵人，而陷竦等以恶逆。诏使汉阳太守郑据传考竦罪，死狱中，家属复徙九真。辞语连及舞阴公主，坐徙新城，使者护守。②宫省事密，莫有知和帝梁氏生者。

①礼记曰："诸侯五庙，卿大夫三庙，士一庙。"

②新城，今洛州伊阙县也。

永元九年，窦太后崩，松子扈遣从兄襢①奏记三府，[20]以为汉家旧典，崇贵母氏，而梁贵人亲育圣躬，不蒙尊号，求得申议。②太尉张酺引襢讯问事理，会后召见，因白襢奏记之状。帝感恸良久，曰："于君意若何？"酺对曰："春秋之义，母以子贵。③汉兴以来，母氏莫不隆显，臣愚以为宜上尊号，追慰圣灵，存录诸舅，以明亲亲。"帝悲泣曰："非君孰为朕思之！"会贵人姊南阳樊调妻嫕④上书自讼曰："妾同产女弟贵人，前充后宫，蒙先帝厚恩，德见宠幸。皇天授命，诞生圣明。而为窦宪兄弟所见谮诉，使妾父竦冤死牢狱，骸骨不掩。老母孤弟，远徙万里。独妾遗脱，逸伏草野，常恐没命，无由自达。今遭值陛下神圣之运，亲统万机，群物得所。宪兄弟奸恶，既伏辜诛，海内旷然，各获其宜。妾得苏息，拭目更视，乃敢昧死自陈所天。⑤妾闻太宗即位，薄氏蒙荣；⑥宣帝继统，史族复兴。⑦妾门虽有薄、史之亲，独无外戚馀恩，诚自悼伤。妾父既冤，不可复生，母氏年殊七十，⑧及弟棠等，远在绝域，不知死生。愿乞收竦朽骨，使母弟得归本郡，则施过天地，存殁幸赖。”帝览章感悟，乃下中常侍、掖庭令验问之，嫕辞证明审，遂得引见，具陈其状。乃留嫕止宫中，连月乃出，赏赐衣被钱帛第宅奴婢，旬月之间，累资千万。嫕素有行操，帝益爱之，加号梁夫人；[21]擢樊调为羽林左监。调，光禄大夫宏兄曾孙也。⑨

①禫，古“禅”字也。

②求申理而议之也。

③解见光武纪。

④嫕音于计反。

⑤臣以君为天，故云“所天”。

⑥文帝即位，尊薄太后为皇太后，封弟昭为轵侯。太后母前死栎阳，乃追尊太后父为灵文侯，会稽郡置园邑三百家，栎阳亦置灵文夫人园，令如灵文侯园仪也。

⑦史良娣，宣帝祖母也。宣帝初生，母王夫人死，无所归，史良娣母贞君养视焉。宣帝即位，以旧恩封史恭三子，高为乐陵侯，曾为将陵侯，玄为平台侯。

⑧殊犹过也。

⑨宏，光武舅也。

于是追尊恭怀皇后。其冬，制诏三公、大鸿胪曰：“夫孝莫大于尊尊亲亲，其义一也。①诗云：‘父兮生我，母兮鞠我，抚我畜我，长我育我，顾我复我，出入腹我。欲报之德，昊天罔极。’②朕不敢兴事，览于前世，太宗、中宗，实有旧典，③追命外祖，以笃亲亲。其追封谥皇太后父竦为褒亲愍侯，比灵文、顺成、〔恩成〕侯。④[22]魂而有灵，嘉斯宠荣，好爵显服，以慰母心。”遣中谒者与嫕及扈，备礼西迎竦丧，⑤诣京师改殡，赐东园画棺、玉匣、衣衾，⑥建茔于恭怀皇后陵傍。帝亲临送葬，百官毕会。

①礼记曰："上正祖祢，尊尊也。下正子孙，亲亲也。"

②诗小雅也。毛苌注云："鞠，养也。腹，厚也。"郑玄注云："畜，起也。育，覆育也。顾，旋视也。复，反覆也。腹，怀抱也。极，已也。欲报父母之德，昊天乎，我心无已也。"

③太宗，文帝也。中宗，宣帝也。

④昭帝母赵婕妤，帝即位，追封婕妤父为顺成侯，宣帝追封母王夫人父迺始为恩成侯，各置园庙也。

⑤竦死汉阳狱，故西迎也。

⑥东园，署名，主知棺椁。汉仪注，王侯葬，腰已下玉为札，长尺，广二寸半；为匣，下至足，缀以黄金镂为之。"匣"字或作"柙"也。

征还竦妻子，封子棠为乐平侯，棠弟雍乘氏侯，雍弟翟单父侯，邑各五千户，位皆特进，赏赐第宅奴婢车马兵弩什物以巨万计，宠遇光于当世。诸梁内外以亲疏并补郎、谒者。

棠官至大鸿胪，雍少府。棠卒，子安国嗣，延光中为侍中，有罪免官，诸梁为郎吏者皆坐免。

商字伯夏，雍之子也。少以外戚拜郎中，迁黄门侍郎。永建元年，袭父封乘氏侯。三年，顺帝选商女及妹入掖庭，迁侍中、屯骑校尉。阳嘉元年，女立为皇后，妹为贵人，加商位特进，更增国土，赐安车驷马，其岁拜执金吾。二年，封子冀为襄邑侯，商让不受。三年，以商为大将军，固称疾不起。四年，使太常桓焉奉策就第即拜，商乃诣阙受命。明年，夫人阴氏薨，追号开封君，①赠印绶。

①开封，县，故城在今汴州浚仪县南。

商自以戚属居大位，每存谦柔，虚己进贤，辟汉阳巨览、上党陈龟为掾属，李固、周举为从事中郎，于是京师翕然，称为良辅，帝委重焉。①每有饥馑，辄载租穀于城门，赈与贫餧，不宣己惠。检御门族，未曾以权盛干法。而性慎弱无威断，颇溺于内竖。以小黄门曹节等用事于中，遂遣子冀、不疑与为交友，然宦者忌商宠任，反欲陷之。永和四年，中常侍张逵、蘧政，内者令石光，②尚方令傅福，冗从仆射杜永连谋，共谮商及中常侍曹腾、孟贲，云欲征诸王子，图议废立，请收商等案罪。帝曰："大将军父子我所亲，腾、贲我所爱，必无是，但汝曹共妒之耳。"逵等知言不用，惧迫，遂出矫诏收缚腾、贲于省中。帝闻震怒，敕宦者李歙急呼腾、贲释之，收逵等，悉伏诛。辞所连染及在位大臣，商惧多侵枉，乃上疏曰："春秋之义，功在元帅，罪止首恶，③故赏不僭溢，刑不淫滥，五帝、三王所以同致康乂也。④窃闻考中常侍张逵等，辞语多所牵及。大狱一起，无辜者众，死囚久系，纤微成大，⑤非所以顺迎和气，平政成化也。⑥宜早讫竟，以止逮捕之烦。"⑦帝乃纳之，罪止坐者。

①东观汉记："商少持韩诗，兼读众书传记，天资聪敏，昭达万情。[23]举措动作，直推雅性，务在诚实，不为华饰。孝友著于闾阈，明信结于友朋。其在朝廷，俨恪矜严，威而不猛。退食私馆，接宾待客，宽和肃敬。忧人之忧，乐人之乐，皆若在己。轻财货，不为蓄积，故衣裘裁足卒岁，奴婢车马供用而已。朝廷由是敬惮委任焉。"

②内者，署名，令一人，秩六百石，属少府，见汉官仪也。

③春秋经书"虞师、晋师灭下阳"。公羊传曰："虞，微国也，曷为序于大国之上？使虞首恶也。曷为(序)〔使〕虞首恶？[24]虞受赂，假灭国者道，以取亡焉。"

④左传曰："善为国者，赏不僭而刑不滥。赏僭则惧及淫人，刑滥则惧及善人。若不幸而过，宁僭无滥。"

⑤言久系，则细微之事引牵而成大也。

⑥礼记月令"孟春之月，天子亲帅三公、九卿、诸侯、大夫，以迎春于东郊，命相布德和令，行庆施惠，下及兆人"也。

⑦逮，及也，辞所连及即追捕之也。

六年秋，商病笃，敕子冀等曰："吾以不德，享受多福。生无以辅益朝廷，死必耗费帑臧，衣衾饭唅玉匣珠贝之属，何益朽骨。①百僚劳扰，纷华道路，只增尘垢，虽云礼制，亦有权时。②方今边境不宁，盗贼未息，岂宜重为国损！气绝之后，载至冢舍，即时殡敛。敛以时服，皆以故衣，无更裁制。殡已开冢，冢开即葬。祭食如存，无用三牲。孝子善述父志，不宜违我言也。"③及薨，帝亲临丧，诸子欲从其诲，朝廷不听，赐以东园朱寿(之)器、银镂、黄肠、玉匣、什物二十八种，④钱二百万，布三千匹。皇后钱五百万，布万匹。及葬，赠轻车介士，⑤赐谥忠侯。中宫亲送，帝幸宣阳亭，⑥瞻望车骑。⑦

①唅，口实也。白虎通曰"大夫饭以玉，唅以贝；士饭以珠，唅以贝"也。

②权时谓不依礼也。

③礼记曰："孝子善述父之志，善成人之事。"

④寿器，棺也，以朱饰之，以银镂之。前书音义曰"以柏木黄心为椁，曰黄肠"也。

⑤轻车，兵车也。介士，甲士也。

⑥每城门皆有亭，即宣阳门之亭也。

⑦东阳记云："初，帝作诔曰'孰云忠侯，不闻其音。背去国家，都兹玄阴。幽居冥冥，靡所且穷'也。"

子冀嗣。

冀字伯卓[25]。为人鸢肩豺目，①洞精矘眄，②口吟舌言，③裁能书计。少为贵戚,逸游自恣。性嗜酒,能挽满、弹棋、[4]格五、[5]六博、[6]蹴鞠、[7]意钱之戏,[8]又好臂鹰走狗,骋马斗鸡。初为黄门侍郎,转侍中,虎贲中郎将,越骑、步兵校尉,执金吾。

①鸢,鸱也,鸱肩上竦也。豺目,目竖也。

②洞,通也。睆音它荡反。说文:"目精直视。"

③谓语吃不能明了。

④挽满犹引强也。蓺经曰:"弹棋,两人对局,白黑棋各六枚,先列棋相当,更先弹也。其局以石为之。"

⑤前书吾丘寿王善格五。音义云:"簺也,音苏代反。"说文曰:"簺,行棋相塞谓之簺。"鲍宏簺经曰:"簺有四采,塞、白、乘、五是也。至五即格,不得行,故谓之格五。"

⑥楚词曰:"琨蔽象棋有六博。"王逸注云:"投六著,行六棋,故云六博。"鲍宏博经曰:"用十二棋,六棋白,六棋黑。所掷头谓之琼。琼有五采,刻为一画者谓之塞,刻为两画者谓之白,刻为三画者谓之黑,一边不刻者五塞之间,谓之五塞。"

⑦刘向别录曰:"蹴鞠者,传言黄帝所作,或曰起战国之时。蹋鞠,兵埶也,所以讲武知有材也。"

⑧何承天纂文曰:"诡亿一曰射意,一曰射数,即摊钱也。"

永和元年,拜河南尹。冀居职暴恣,多非法,父商所亲客洛阳令吕放,颇与商言及冀之短,商以让冀,冀即遣人于道刺杀放。而恐商知之,乃推疑于放之怨仇,请以放弟禹为洛阳令,[1]使捕之,尽灭其宗亲、宾客百馀人。

①安慰放家,欲以灭口。

商薨未及葬,顺帝乃拜冀为大将军,弟侍中不疑为河南尹。

及帝崩,冲帝始在襁褓,太后临朝,诏冀与太傅赵峻、太尉李固参录尚书事。冀虽辞不肯当，而侈暴滋甚。

冲帝又崩，冀立质帝。帝少而聪慧，知冀骄横，尝朝群臣，目冀曰："此跋扈将军也。"①冀闻，深恶之，遂令左右进鸩加煮饼，帝即日崩。

①跋扈犹强梁也。

复立桓帝，而枉害李固及前太尉杜乔，海内嗟惧，语在李固传。建和元年，益封冀万三千户，增大将军府举高第茂才，官属倍于三公。①又封不疑为颍阳侯，不疑弟蒙西平侯，冀子胤襄邑侯，各万户。和平元年，重增封冀万户，并前所袭合三万户。

①汉官仪，三公府有长史一人，司徒府掾属三十一人，令史及御属三十六人也。

弘农人宰宣素性佞邪，欲取媚于冀，乃上言大将军有周公之功，今既封诸子，则其妻宜为邑君。诏遂封冀妻孙寿为襄城君，兼食阳翟租，岁入五千万，加赐赤绂，比长公主。①寿色美而善为妖态，作愁眉，啼粧，堕马髻，折腰步，龋齿笑，②以为媚惑。冀亦改易舆服之制，作平上軿车，③埤帻，狭冠，④折上巾，⑤拥身扇，⑥狐尾单衣。⑦寿性钳忌，⑧能制御冀，冀甚宠惮之。

①长公主仪服同藩王，解见皇后纪。

②风俗通曰："愁眉者，细而曲折。啼粧者，薄拭目下若啼处。堕马髻者，侧在一边。折腰步者，足不任体。[26]龋齿笑者，若齿痛不忻忻。始自冀家所为，京师翕然皆放效之。"龋音丘禹反。

③郑玄注周礼云："軿犹屏也，所用自蔽隐也。"苍颉篇云："衣车也，形制上平。"异于常也。

④埤，下也，音频尔反，一音皮彼反。

⑤盖折其巾之上角也。

⑥大扇也。

⑦后裾曳地,若狐尾也。

⑧钳,鉗也。言性忌害,如钳之鉗物也。鉗音女辄反。

初,父商献美人友通期于顺帝,①通期有微过,帝以归商,商不敢留而出嫁之,冀即遣客盗还通期。会商薨,冀行服,于城西私与之居。寿伺冀出,多从仓头,篡取通期归,截发刮面,笞掠之,欲上书告其事。冀大恐,顿首请于寿母,寿亦不得已而止。冀犹复与私通,生子伯玉,匿不敢出。寿寻知之,使子胤诛灭友氏。冀虑寿害伯玉,常置复壁中。冀爱监奴秦宫,官至太仓令,得出入寿所。寿见宫,辄屏御者,托以言事,因与私焉。宫内外兼宠,威权大震,刺史、二千石皆谒辞之。

①友,姓也。东观记"友"作"支"。

冀用寿言,多斥夺诸梁在位者,外以谦让,而实崇孙氏宗亲。冒名而为侍中、卿、校尉、郡守、长吏者十馀人,皆贪叨凶淫,各遣私客籍属县富人,被以它罪,①闭狱掠拷,使出钱自赎,赀物少者至于死徙。扶风人士孙奋居富而性吝,冀因以马乘遗之,②从贷钱五千万,奋以三千万与之,[27]冀大怒,乃告郡县,认奋母为其守臧婢,云盗白珠十斛、紫金千斤以叛,遂收考奋兄弟,死于狱中,悉没赀财亿七千馀万。

①籍谓疏录之也。

②挚虞三辅决录注曰"士孙奋字景卿,少为郡五官掾起家,得钱赀至一亿七千万,富闻京师"也。

其四方调发,岁时贡献,皆先输上第于冀,①乘舆乃其次焉。吏人赍货求官请罪者,道路相望。冀又遣客出塞,交通外国,广求异物。因行道路，发取(妓)〔伎〕女御者，[28]而使人复乘埶横暴，妻略妇女，殴击吏卒，所在怨毒。

①上第，第一也。

冀乃大起第舍，而寿亦封街为宅，殚极土木，互相夸竞。堂寝皆有阴阳奥室，①连房洞户。②柱壁雕镂，加以铜漆；窗牖皆有绮疏青琐，③图以云气仙灵。台阁周通，更相临望；飞梁石蹬，陵跨水道。④金玉珠玑，异方珍怪，充积臧室。远致汗血名马。又广开园囿，采土筑山，十里九坂，以像二崤，⑤深林绝涧，有若自然，奇禽驯兽，飞走其间。冀寿共乘辇车，张羽盖，饰以金银，游观第内，多从倡伎，[29]鸣钟吹管，酣讴竟路。或连继日夜，以骋娱恣。客到门不得通，皆请谢门者，门者累千金。又多拓林苑，禁同王家，西至弘农，东界荥阳，南极鲁阳，北达河、淇，包含山薮，远带丘荒，周旋封域，殆将千里。又起菟苑于河南城西，经亘数十里，发属县卒徒，缮修楼观，数年乃成。移檄所在，调发生菟，刻其毛以为识，人有犯者，罪至刑死。尝有西域贾胡，不知禁忌，误杀一兔，转相告言，坐死者十馀人。冀二弟尝私遣人出猎上党，冀闻而捕其宾客，一时杀三十馀人，无生还者。冀又起别第于城西，以纳奸亡。或取良人，悉为奴婢，至数千人，名曰“自卖人”。

①奥，深室也。

②洞，通也，谓相当也。

③牖，小窗也。绮疏谓镂为绮文。青琐谓刻为琐文，而以青饰之也。

④架虚为桥若飞也。

⑤二崤，山，在今洛州永宁县西北。

元嘉元年，帝以冀有援立之功，欲崇殊典，乃大会公卿，共议其礼。于是有司奏冀入朝不趋，剑履上殿，谒赞不名，礼仪比萧何；①悉以定陶、(阳)成〔阳〕馀户增封为四县，[30]比邓禹；②赏赐金钱、奴婢、彩帛、车马、衣服、甲第，比霍光：以殊元勋。每朝会，与三公绝席。③十日一入，平尚书事。④宣布天下，为万世法。冀犹以所奏礼薄，意不悦。专擅威柄，凶恣日积，机事大小，莫不谘决之。宫卫近侍，并所亲树，⑤禁省起居，纤微必知。百官迁召，皆先到冀门笺檄谢恩，然后敢诣尚书。下邳人吴树为宛令，之官辞冀，冀宾客布在县界，以情托树。树对曰："小人奸蠹，比屋可诛。明将军以椒房之重，处上将之位，宜崇贤善，以补朝阙。宛为大都，士之渊薮，自侍坐以来，未闻称一长者，而多托非人，诚非敢闻！"冀嘿然不悦。树到县，遂诛杀冀客为人害者数十人，由是深怨之。树后为荆州刺史，临去辞冀，冀为设酒，因鸩之，树出，死车上。又辽东太守侯猛，初拜不谒，冀托以它事，乃腰斩之。

①事见王莽传也。

②冀初封襄邑，袭封乘氏，更以定陶、(阳)成〔阳〕(是)〔足〕四县。[31]

③绝席，别也。

④谓平议也。

⑤树，置也。

时郎中汝南袁著，年十九，见冀凶纵，不胜其愤，乃诣阙上书曰："臣闻仲尼叹凤鸟不至，河不出图，自伤卑贱，不能致也。今陛下居得致之位，又有能致之资，①而和气未应，贤愚失序者，埶分权臣，上下壅隔之故也。夫四时之运，功成则退，②高爵厚宠，鲜不致灾。今大将军位极功成，可为至戒，宜遵悬车之礼，高枕颐神。③传曰：'木实繁者，披枝害心。'若不抑损权盛，将无以全其身矣。左右闻臣言，将侧目切齿，臣特以童蒙见拔，故敢忘忌讳。昔舜、禹相戒无若丹朱，④周公戒成王无如殷王纣，⑤愿除诽谤之罪，以开天下之口。"书得奏御，冀闻而密遣掩捕著。著乃变易姓名，后托病伪死，结蒲为人，市棺殡送。冀廉问知其诈，⑥阴求得，笞杀之，隐蔽其事。学生桂阳刘常，当世名儒，素善于著，冀召补令史以辱之。时太原郝絜、胡武，皆危言高论，⑦与著友善。先是絜等连名奏记三府，荐海内高士，而不诣冀，冀追怒之，又疑为著党，敕中都官移檄捕前奏记者并杀之，遂诛武家，死者六十馀人。絜初逃亡，知不得免，因舆榇奏书冀门。书入，仰药而死，家乃得全。及冀诛，有诏以礼祀著等。冀诸忍忌，皆此类也。

①此董仲舒对策之词，著引而略之也。

②易系辞曰："寒往则暑来，暑往则寒来，寒暑相推，而岁(功)成焉。"[32]老子曰："功成名遂身退，天之道也。"

③薛广德为御史大夫，乞骸骨，赐安车四马，悬其安车传子孙。欲令冀遵致仕之礼也。

④尚书禹谓帝舜曰："亡若丹朱傲，惟慢遊是好。"

⑤尚书周公戒成王曰："无若殷王受之迷乱，酗于酒德哉！"

⑥廉，察也。

⑦危亦高，谓峻也。

不疑好经书，善待士，冀阴疾之，因中常侍白帝，转为光禄勋。又讽众人共荐其子胤为河南尹。[33]胤一名胡狗，时年十六，容貌甚陋，不胜冠带，道路见者，莫不蚩笑焉。不疑自耻兄弟有隙，遂让位归第，与弟蒙闭门自守。冀不欲令与宾客交通，阴使人变服至门，记往来者。南郡太守马融、江夏太守田明，初除，过谒不疑，冀讽州郡以它事陷之，皆髡笞徙朔方。融自刺不殊，明遂死于路。

永兴二年，封不疑子马为颍阴侯，胤子桃为城父侯。[34]冀一门前后七封侯，三皇后，六贵人，二大将军，夫人、女食邑称君者七人，尚公主者三人，其馀卿、将、尹、校五十七人。在位二十馀年，穷极满盛，威行内外，百僚侧目，莫敢违命，天子恭己而不得有所亲豫。

帝既不平之。延熹元年，太史令陈授因小黄门徐璜，[35]陈灾异日食之变，咎在大将军，冀闻之，讽洛阳〔令〕收考授，[36]死于狱。帝由此发怒。

初，掖庭人邓香妻宣生女猛，①香卒，宣更适梁纪。梁纪者，冀妻寿之舅也。寿引进猛入掖庭，见幸，为贵人，冀因欲认猛为其女以自固，乃易猛姓为梁。时猛姊婿邴尊为议郎，冀恐尊沮败宣意，②乃结刺客于偃城，刺杀尊，而又欲杀宣。宣家在延熹里，与中常侍袁赦相比。③冀使刺客登赦屋，欲入宣家。赦觉之，鸣鼓会众以告宣。宣驰入以白帝，帝大怒，遂与中常侍单超、具瑗、唐衡、左悺、徐璜等五人成谋诛冀。语在宦者传。

①香盖掖庭署人之名也。

②沮，坏也。恐尊坏败宣意，不从其改梁姓也。

③相邻比也。

冀心疑超等，乃使中黄门张恽入省宿，以防其变。具瑗敕吏收恽，以辄从外入，欲图不轨。帝因是御前殿，召诸尚书入，发其事，使尚书令尹勋持节勒丞郎以下皆操兵守省阁，敛诸符节送省中。使黄门令具瑗将左右厩驺、①虎贲、羽林、都候剑戟士，②合千馀人，与司隶校尉张彪共围冀第。使光禄勋袁盱③持节收冀大将军印绶，徙封比景都乡侯。冀及妻寿即日皆自杀。悉收子河南尹胤、叔父屯骑校尉让，及亲从卫尉淑、越骑校尉忠、长水校尉戟等，诸梁及孙氏中外宗亲送诏狱，无长少皆弃市。不疑、蒙先卒。其它所连及公卿列校刺史二千石死者数十人，故吏宾客免黜者三百馀人，朝廷为空，唯尹勋、袁盱及廷尉邯郸义在焉。是时事卒从中发，④使者交驰，公卿失其度，官府市里鼎沸，数日乃定，百姓莫不称庆。

①驺，骑士也。

②续汉志曰"左右都候各一人，秩六百石，主剑戟士，徼循宫中及天子有所收考"也。

③音吁。

④卒音七讷反。

收冀财货，县官斥卖，合三十馀万万，以充王府，用减天下税租之半。散其苑囿，以业穷民。录诛冀功者，封尚书令尹勋以下数十人。

论曰：顺帝之世，梁商称为贤辅，岂以其地居亢满，而能以愿谨自终者乎？①夫宰相运动枢极，感会天人，②中于道则易以兴政，乖于务则难乎御物。商协回天之埶，属彫弱之期，而匡朝恤患，未闻上术，憔悴之音，载谣人口。虽舆粟盈门，何救阻饥之厄；③永言终制，未解尸官之尤。④况乃倾侧孽臣，⑤传宠凶嗣，以至破家伤国，而岂徒然哉！

①亢，上极之名也。愿，悫也。

②枢谓斗枢也，极，北极也。

③阻，难也。书曰"黎人阻饥"也。

④尸官犹尸禄。终制谓薄葬也。

⑤商遣冀、不疑与曹节等为交友也。

赞曰：河西佐汉，统亦定算。①褒亲幽愤，升高累叹。商恨善柔，冀遂贪乱。②

①谓统初与窦融定计归光武。

②善柔,失刑断之道也。

【校勘记】

〔1〕吾自为汝家妇　按:刊误谓“吾自为”案前书云“自吾为”。

〔2〕封统为成义侯　按:张熷谓“成义”当为“义成”。义成,世祖时属沛,后属九江郡,他郡无此名。

〔3〕拜腾酒泉典农都尉　按:校补引侯康说,谓两汉但称农都尉,曹操始加“典”字,此误以后世官名称之。

〔4〕(服)〔杀〕三苗　据汲本、殿本改。按:正文言“有流殛放杀之诛”,明“服”字讹,当作“杀”。

〔5〕(并)〔坐〕其家室　据殿本改。

〔6〕凡首匿者为谋首臧匿罪人　按:汲本作“凡首匿者为谋自藏匿罪人”,殿本作“凡首匿者每为谋自藏匿罪人”。

〔7〕不宜开可　按:张熷谓晋书刑法志作“不可开许”为是。

〔8〕刑罚不衷则人无所厝手足　按御览六三五引“衷”作“中”,“厝”作“措”。

〔9〕前代〔所〕未尝(所)有　据刊误改,与东观记合。

〔10〕陇西新兴　按:张森楷校勘记谓“新兴”当是人姓名,然自来无姓新者,“新”疑“辛”字之误。前书辛庆忌传言莽时司直陈崇举奏辛次兄之宗亲陇西辛兴等侵陵百姓,威行州郡,又鲍宣传言名捕陇西辛兴,统对或指此也。

〔11〕北地任横任(崔)〔崖〕　据汲本、殿本改,与东观记合。

〔12〕西河(曹)〔漕〕况　汲本“曹况”作“漕况”。张森楷校勘记谓前书游侠传有西河漕中叔,未知即况否,然则漕亦姓,从水,作“曹”非

也。按：东观记亦作“漕”，今据改。

〔13〕定封陵乡侯　按：集解引洪颐煊说，谓皇后纪舞阴长公主适延陵乡侯太仆梁松，此传“陵”上脱“延”字。明帝纪亦作“陵乡侯梁松”。

〔14〕沅〔水〕出牂柯且兰县　据汲本、殿本补。

〔15〕虽吞刀以奉命兮　按：集解引惠栋说，谓“虽”当作“胥”，谓伍员也。

〔16〕关北在篇　按：此句疑有误。殿本考证王会汾谓“北”当作“比”，言关逢、比干以直谏死，其事著在篇籍也。足备一说。

〔17〕推洪勋以遐迈　按：汲本、殿本“推”作“惟”。

〔18〕何杨生之欺真　按：汲本、殿本“欺”作“败”。

〔19〕有三男三女　按：袁纪云竦生二男三女，长男棠及翟，长女嫕及二贵人。

〔20〕松子扈遣从兄禮奏记三府　按：校补引柳从辰说，谓袁纪“禮”作“擅”。

〔21〕加号梁夫人　按：袁纪作“梁贵人”。

〔22〕比灵文顺成〔恩成〕侯　据汲本、殿本补。

〔23〕昭达万情　按：“情”原讹“惜”，径据汲本、殿本改正。

〔24〕曷为(序)〔使〕虞首恶　据汲本改，与公羊传合。

〔25〕冀字伯卓　按：殿本“伯卓”作“伯车”。

〔26〕足不任体　按：“任”原讹“在”，径改正。

〔27〕从贷钱五千万奋以三千万与之　按：集解引汪文台说，谓类聚八十四引续汉书作“奋以五百万与之”，御览八百三十五引“五千万”作“二十万”，“五百万”作“十万”。

〔28〕发取(妓)〔伎〕女御者　刊误谓古无“妓”字，当作“伎”。今据改。按：句疑有讹，册府元龟外戚部七作“发取奴女御竖”。

〔29〕多从倡伎　“伎”原作“妓”，径依殿本改。按：此处刘攽无刊误，是刘所见本亦作“伎”也。

〔30〕悉以定陶(阳)成〔阳〕馀户增封为四县　集解引通鉴胡注,谓"阳成"当作"成阳",与定陶、乘氏皆属济阴郡。今据改,注同。

〔31〕更以定陶(阳)成〔阳〕(是)〔足〕四县　"足"字据殿本改。

〔32〕而岁(功)成焉　据汲本、殿本删。按:此涉下文"功成名遂"而衍。

〔33〕又讽众人共荐其子胤为河南尹　按:集解引惠栋说,谓梁冀别传"胤"作"嗣"。

〔34〕永兴二年封不疑子马为颍阴侯胤子桃为城父侯　按:集解引惠栋说,谓袁宏纪"马"作"焉","桃"作"祧",建和元年封也。又按:通鉴封不疑子马等在永寿二年。

〔35〕太史令陈授　按:集解引惠栋说,谓别传"授"作"援"。

〔36〕讽洛阳〔令〕收考授　据汲本、殿本补。

后汉书卷三十五

张曹郑列传第二十五

张纯字伯仁，京兆杜陵人也。高祖父安世，宣帝时为大司马卫将军，封富平侯。①父放，为成帝侍中。纯少袭爵土，哀平间为侍中，王莽时至列卿。遭值篡伪，多亡爵土，纯以敦谨守约，保全前封。

①臣贤案：张安世昭帝元凤六年以右将军宿卫忠谨封富平侯，今此言宣帝封，误也。宣帝即位，但益封万户耳。

建武初，先来诣阙，故得复国。五年，拜太中大夫，使将颍川突骑安集荆、徐、杨部，督委输，①监诸将营。后又将兵屯田南阳，迁五官中郎将。有司奏，列侯非宗室不宜复国。光武曰："张纯宿卫十有馀年，其勿废，更封武始侯，食富平之半。"②

①督，促也。委输，转运也。

②武始，县，属魏郡。富平，县，属平原郡也。

纯在朝历世，明习故事。建武初，旧章多阙，每有疑议，辄以访纯，自郊庙婚冠丧纪礼仪，多所正定。帝甚重之，以纯兼虎贲中郎将，数被引见，一日或至数四。①纯以宗庙未定，昭穆失序，十九年，用与太仆朱浮共奏言："陛下兴于匹庶，荡涤天下，诛钼暴乱，兴继祖宗。窃以经义所纪，人事众心，虽实同创革，而名为中兴，宜奉先帝，恭承祭祀者也。元帝以来，[1]宗庙奉祠高皇帝为受命祖，孝文皇帝为太宗，孝武皇帝为世宗，皆如旧制。又立亲庙四世，推南顿君以上尽于舂陵节侯。②礼，为人后者则为之子，既事大宗，[2]则降其私亲。③今禘祫高庙，陈序昭穆，而舂陵四世，君臣并列，以卑厕尊，不合礼意。设不遭王莽，而国嗣无寄，推求宗室，以陛下继统者，安得复顾私亲，违礼制乎？昔高帝以自受命，不由太上，宣帝以孙后祖，不敢私亲，故为父立庙，独群臣侍祠。臣愚谓宜除今亲庙，以则二帝旧典，愿下有司博采其议。"诏下公卿，大司徒戴涉、大司空窦融议："宜以宣、元、成、哀、平五帝四世代今亲庙，宣、元皇帝尊为祖、父，可亲奉祠，成帝以下，有司行事，别为南顿君立皇考庙。其祭上至舂陵节侯，群臣奉祠，以明尊尊之敬，亲亲之恩。"帝从之。是时宗庙未备，自元帝以上，祭于洛阳高庙，成帝以下，祠于长安高庙，其南顿四世，随所在而祭焉。

①过三以至于四也。

②南顿令钦即光武之父。舂陵侯买，光武高祖也。

③大宗谓元帝也。据代相承，高祖至元帝八代，光武即高帝九代孙，以代数相推，故继体元帝，故曰"既事大宗"。下又云"宣、元皇帝尊为祖、父"，又曰"自元帝以上祭于洛阳，成帝以下祭于长安"，其义明矣。降其私亲，谓舂陵已下不别序昭穆。

明年，纯代朱浮为太仆。二十三年，代杜林为大司空。在位慕曹参之跡，务于无为，①选辟掾史，皆知名大儒。明年，上穿阳渠，引洛水为漕，②百姓得其利。

①曹参，惠帝时代萧何为相国，遵萧何法，无所变更。

②上音时丈反。阳渠在洛阳城南。

二十六年，诏纯曰："禘、祫之祭，不行已久矣。'三年不为礼，礼必坏；三年不为乐，乐必崩'。①宜据经典，详为其制。"纯奏曰："礼，三年一祫，五年一禘。春秋传曰：'大祫者何？合祭也。'毁庙及未毁庙之主皆登，合食乎太祖，五年而再殷。②汉旧制三年一祫，毁庙主合食高庙，存庙主未尝合祭。元始五年，诸王公列侯庙会，始为禘祭。③又前十八年亲幸长安，亦行此礼。④礼说三年一闰，天气小备；五年再闰，天气大备。故三年一祫，五年一禘。禘之为言谛，谛定昭穆尊卑之义也。[3]禘祭以夏四月，夏者阳气在上，阴气在下，⑤故正尊卑之义也。祫祭以冬十月，冬者五穀成孰，物备礼成，故合聚饮食也。[4]斯典之废，于兹八年，⑥谓可如礼施行，以时定议。"帝从之，自是禘、祫遂定。

①论语载宰我之言也。

②周礼三年一祫，五年一禘。又公羊传曰："大祫者何？合祭也。合祭奈何？毁庙主陈于太祖，未毁主皆升，合食于太祖，五年而再殷祭。"注云："殷，盛也。谓三年祫，五年禘也。"

③臣贤案：平帝元始五年春，祫祭明堂，诸侯王列侯宗室助祭，赐爵金帛。今纯及司马彪书并云"禘祭"，盖禘、祫俱是大祭，名可通也。

④续汉书曰："十八年上幸长安，诏太常行禘礼于高庙，序昭穆。父为昭，南向，子为穆，北向。"

⑤四月乾卦用事，故言阳气在上也。

⑥自十八年至此。[5]

时南单于及乌桓来降，边境无事，百姓新去兵革，岁仍有年，家给人足。①纯以圣王之建辟雍，所以崇尊礼义，既富而教者也。②乃案七经谶、明堂图、③河间古辟雍记、孝武太山明堂制度，④及平帝时议，⑤欲具奏之。未及上，会博士桓荣上言宜立辟雍、明堂，章下三公、太常，而纯议同荣，帝乃许之。

①仍，频也。

②论语曰"子适卫，冉子仆。子曰：'庶矣哉！'冉子曰：'既庶矣，又何加焉？'曰：'富之。''既富矣，又何加焉？'曰：'教之'"也。

③谶，验也。解见光武纪。七经谓诗、书、礼、乐、易、春秋及论语也。

④武帝时，河间献王德献雅乐，对三雍宫，有其书记也。又武帝封太山，济南人公玉带上黄帝时明堂图，明堂中有一殿，四面无壁，以茅盖，水环宫垣，为复道，上有楼也。

⑤平帝时起明堂，征天下通一艺以上皆议于公车也。

三十年，纯奏上宜封禅，曰："自古受命而帝，治世之隆，必有封禅，以告成功焉。①乐动声仪曰：'以雅治人，风成于颂。'②有周之盛，成康之间，郊配封禅，皆可见也。书曰'岁二月，东巡狩，至于岱宗〔柴〕'，〔6〕则封禅之义也。臣伏见陛下受中兴之命，平海内之乱，修复祖宗，抚存万姓，天下旷然，咸蒙更生，恩德云行，惠泽雨施，③黎元安宁，夷狄慕义。诗云：'受天之祜，四方来贺。'④今摄提之岁，仓龙甲寅，德在东宫。⑤宜及嘉时，遵唐帝之典，继孝武之业，以二月东巡狩，封于岱宗，明中兴，勒功勋，复祖统，报天神，禅梁父，祀地祇，传祚子孙，万世之基也。"中元元年，帝乃东巡岱宗，以纯视御史大夫从，⑥并上元封旧仪及刻石文。⑦三月，薨，谥曰节侯。

①礼记曰："因名山，升中于天。"郑玄注曰："谓巡守至于方岳，燔柴祭

天，告以诸侯之成功也。”

②动声仪，乐纬篇名也。

③易曰：“云行雨施，品物流形。”

④下武之诗也。郑玄注云：“言武王受此万年之寿，辅佐之臣亦宜蒙馀福也。”

⑤尔雅曰：“太岁在寅曰摄提格。”建武三十年太岁在甲寅，时岁德在东宫。前书音义曰：“苍龙，太岁也。”

⑥视，比也。

⑦武帝元封元年封禅仪，令侍中皮弁搢绅，射牛行事。封广丈二，高九尺，有玉牒书，书秘，其事皆禁。禅肃然，天子亲拜，衣上黄。江淮间一茅三脊为神籍，五色土杂封。纵远方奇兽飞禽之属也。

子奋嗣。

奋字稺通。父纯，临终敕家丞曰：“司空无功于时，猥蒙爵土，身死之后，勿议传国。”①奋兄根，少被病，光武诏奋嗣爵，奋称纯遗敕，固不肯受。帝以奋违诏，敕收下狱，奋惶怖，乃袭封。永平四年，随例归国。

①东观记曰家丞名歙。

奋少好学，节俭行义，常分损租奉，①赡恤宗亲，虽至倾匮，而施与不怠。十〔七〕年，儋耳降附，②〔7〕奋来朝上寿，引见宣平殿，应对合旨，显宗异其才，以为侍祠侯。③建初元年，拜左中郎将，转五官中郎将，迁长水校尉。七年，为将作大匠，章和元年，免。永元元年，复拜城门校尉。四年，迁长乐卫尉。明年，代桓郁为太常。六年，代刘方为司空。

①奉音扶用反。

②儋耳，郡，武帝置，故城即今儋州义伦县也。

③名臣子孙侍祠封侯，解见邓禹传。

时岁灾旱，祈雨不应，乃上表曰："比年不登，人用饥匮，今复久旱，秋稼未立，①阳气垂尽，岁月迫促。夫国以民为本，民以縠为命，政之急务，忧之重者也。臣蒙恩尤深，受职过任，夙夜忧惧，章奏不能叙心，愿对中常侍疏奏。"②即时引见，复口陈时政之宜。明日，和帝召太尉、司徒幸洛阳狱，录囚徒，收洛阳令陈歆，即大雨三日。

①立，成也。

②疏犹条录也。

奋在位清白，无它异绩。九年，以病罢。在家上疏曰："圣人所美，政道至要，本在礼乐。五经同归，而礼乐之用尤急。孔子曰：'安上治民，莫善于礼；移风易俗，莫善于乐。'又曰：'揖让而化天下者，礼乐之谓也。'①先王之道，礼乐可谓盛矣。孔子谓子夏曰：'礼以修外，乐以制内，丘已矣夫！'②又曰：'礼乐不兴，则刑罚不中；刑罚不中，则民无所厝其手足。'臣以为汉当制作礼乐，是以先帝圣德，数下诏书，愍伤崩缺，而众儒不达，议多駮异。臣累世台辅，③而大典未定，私窃惟忧，不忘寝食。臣犬马齿尽，诚冀先死见礼乐之定。"④十三年，更召拜太常。复上疏曰："汉当改作礼乐，图书著明。⑤王者化定制礼，功成作乐。⑥谨条礼乐异议三事，愿下有司，以时考定。昔者孝武皇帝、光武皇帝封禅告成，而礼乐不定，事不相副。先帝已诏曹褒，⑦今陛下但奉而成之，犹周公斟酌文武之道，非自为制，诚无所疑。⑧久执谦谦，令大汉之业不以时成，非所以章显祖宗功德，建太平之基，为后世法。"帝虽善之，犹未施行。

其冬，复以病罢。明年，卒于家。

①礼记乐记孔子之辞也。

②礼稽命徵之辞也。宋均注云："修外，饰容貌也。修内，荡涤心性也。已矣夫，恨不制作礼乐也。"

③奋七代祖汤，武帝时为御史大夫；六代祖子孺，宣帝时为卫将军，领尚书；父纯，光武时为司空。

④先死谓未死之前也。

⑤见曹褒传。

⑥礼乐记之文也。功成化定同耳，功谓王业，化谓教人也。

⑦章帝敕曹褒于东观次序礼事，依准旧典，凡百五十篇奏之也。

⑧周公制礼，皆斟酌文武之美德，为之(节)〔等〕制，[8]不自述也。今先帝已诏曹褒，非陛下出意，何所疑而不为也。诗颂曰："於乎不显，文王之德之纯，假以溢我，我其收之，骏惠我文王。"又曰"执竞武王，无竞维烈"也。

子甫嗣，官至津城门候。①甫卒，子吉嗣。永初三年，吉卒，无子，国除。自昭帝封安世，至吉，传国八世，②经历篡乱，二百年间③未尝谴黜，封者莫与为比。

①津城门，洛阳南面西门也，当洛水浮桥。汉官仪曰"候一人，秩六百石"也。

②张安世字子孺，昭帝时为右将军，始封富平侯。卒，子延寿嗣。卒，子勃嗣。卒，子临嗣。卒，子放嗣。卒，子纯嗣，建武初，改封武始侯。卒，子奋嗣。卒，子甫嗣。卒，子吉嗣，无子，国除。此言八代者，除安世始封也。

③篡乱谓王莽也。张子孺昭帝元凤六年封，至永初三年合一百八十二年，故曰"间"也。

曹褒字叔通,鲁国薛人也。父充,持庆氏礼,①[9]建武中为博士,从巡狩岱宗,定封禅礼,还,受诏议立七郊、三雍、大射、养老礼仪。②显宗即位,充上言:"汉再受命,仍有封禅之事,而礼乐崩阙,不可为后嗣法。五帝不相沿乐,三王不相袭礼,③大汉〔当〕自制礼,[10]以示百世。"帝问:"制礼乐云何?"充对曰:"河图括地象曰:'有汉世礼乐文雅出。'尚书琁机钤曰:'有帝汉出,德洽作乐,名予。'"帝善之,下诏曰:"今且改太乐官曰太予乐,歌诗曲操,[11]以俟君子。"④拜充侍中。作章句辩难,于是遂有庆氏学。

①前书,沛人庆普字孝公,为东平太傅,受礼于后苍,号庆氏礼也。

②五帝及天地为七郊。三雍以下解见明帝纪。

③礼记正文也,言损益不同也。

④操犹曲也。刘向别录曰:"君子因雅琴之适,故从容以致思焉。其道闭塞悲愁而作者名其曲曰操,言遇灾害不失其操也。"

褒少笃志,有大度,结发传充业,博雅疏通,尤好礼事。[12]常感朝廷制度未备,慕叔孙通为汉礼仪,昼夜研精,沈吟专思,寝则怀抱笔札,行则诵习文书,当其念至,忘所之适。

初举孝廉,再迁圉令,①以礼理人,以德化俗。时它郡盗徒五人来入圉界,吏捕得之,陈留太守马严闻而疾恶,风县杀之。褒敕吏曰:"夫绝人命者,天亦绝之。皋陶不为盗制死刑,管仲遇盗而升诸公。②今承旨而杀之,是逆天心,顺府意也,其罚重矣。如得全此人命而身坐之,吾所愿也。"遂不为杀。严奏褒软弱,免官归郡,为功曹。

①圉,县,属陈留,故城在今汴州雍丘县南也。

②礼杂记云孔子曰:"管仲遇盗,取二人焉,上以为公臣。"注云:"此人但居恶人之中,使犯法耳。"

征拜博士。会肃宗欲制定礼乐，元和二年下诏曰："河图称'赤九会昌，十世以光，十一以兴'。①尚书旋机钤曰：'述尧理世，平制礼乐，放唐之文。'②予末小子，托于数终，曷以缵兴，崇弘祖宗，仁济元元？帝命验曰：'顺尧考德，题期立象。'③且三五步骤，优劣殊轨，④况予顽陋，[13]无以克堪，虽欲从之，末由也已。每见图书，中心恧焉。"褒知帝旨欲有兴作，乃上疏曰："昔者圣人受命而王，莫不制礼作乐，以著功德。功成作乐，化定制礼，所以救世俗，致祯祥，为万姓获福于皇天者也。今皇天降祉，嘉瑞并臻，制作之符，甚于言语。⑤宜定文制，著成汉礼，丕显祖宗盛德之美。"章下太常，太常巢堪以为一世大典，非褒所定，不可许。帝知群僚拘挛，难与图始，⑥朝廷礼宪，宜时刊立，明年复下诏曰："朕以不德，膺祖宗弘烈。乃者鸾凤仍集，麟龙并臻，甘露宵降，嘉穀滋生，赤草之类，纪于史官。⑦朕夙夜祗畏，上无以彰于先功，下无以克称灵物。汉遭秦馀，礼坏乐崩，且因循故事，未可观省，有知其说者，各尽所能。"褒省诏，乃叹息谓诸生曰："昔奚斯颂鲁，⑧考甫咏殷。⑨夫人臣依义显君，竭忠彰主，行之美也。当仁不让，吾何辞哉！"遂复上疏，具陈礼乐之本，制改之意。拜褒侍中，从驾南巡，既还，以事下三公，未及奏，诏召玄武司马班固，⑩问改定礼制之宜。固曰："京师诸儒，多能说礼，宜广招集，共议得失。"帝曰："谚言'作舍道边，三年不成'。会礼之家，名为聚讼，⑪互生疑异，笔不得下。昔尧作大章，一夔足矣。"⑫章和元年正月，乃召褒诣嘉德门，令小黄门持班固所上叔孙通汉仪十二篇，敕褒曰："此制散略，多不合经，⑬今宜依礼条正，使可施行。于南宫、东观尽心集作。"褒既受命，乃次序礼事，依准旧典，杂以五经谶记之文，撰次天子至于庶人冠婚吉凶终始制度，以为百五十篇，写以二尺四寸简。其年十二月奏上。帝以众论难一，故但纳之，不复令有司平奏。会帝崩，和帝即位，褒乃为作章句，帝遂以新礼二篇冠。擢褒监羽林左骑。⑭〔14〕永元四年，迁射声校尉。后太尉张酺、尚书张敏等奏褒擅制汉礼，破乱圣术，宜加刑诛。帝虽寝其奏，而汉礼遂不行。

①九谓光武，十谓明帝，十一谓章帝也。

②纬本文云："使帝王受命，用吾道述尧理代，平制礼放唐之文，化洽作乐名斯在。"宋均注云："述，修也。"

③宋均注曰："尧巡省于河、洛，得龟龙之图书。舜受禅后习尧礼，得之演以为考河命，题五德之期，立将起之象，凡三篇，在中候也。"

④孝经钩命决曰："三皇步，五帝骤，三王驰。"宋均注云："步谓德隆道用，〔15〕日月为步。时事弥顺，〔16〕日月亦骤。勤思不已，日月乃驰，"是优劣也。

⑤言明白也。

⑥拘挛犹拘束也。前书邹阳曰"能越拘挛之语"也。

⑦赤草即朱草也。大戴礼曰"朱草日生一叶，至十五日，十六日落一叶，〔17〕周而复始"也。

⑧韩诗曰："新庙奕奕，奚斯所作。"薛君传云："是诗公子奚斯所作也。"

⑨正考甫，孔子之先也，作商颂十二篇。

⑩玄武司马主玄武门。续汉志云"宫掖门，每门司马一人，秩比千石"也。

⑪言相争不定也。

⑫夔，尧乐官也。吕氏春秋曰，鲁哀公问于孔子曰，乐正夔一足矣。

⑬散略犹疏略也。

⑭汉官仪曰"羽林左骑秩六百石，领羽林，属光禄勋"也。

褒在射声，营舍有停棺不葬者百余所，褒亲自履行，问其意故。

吏对曰:“此等多是建武以来绝无后者,不得埋掩。”褒乃怆然,为买空地,悉葬其无主者,设祭以祀之。迁城门校尉、将作大匠。时有疾疫,褒巡行病徒,为致医药,经理饘粥,多蒙济活。七年,出为河内太守。时春夏大旱,粮榖踊贵。褒到,乃省吏并职,退去奸残,澍雨数降。其秋大孰,百姓给足,流冗皆还。后坐上灾害不实免。有顷征,再迁,复为侍中。

褒博物识古,为儒者宗。十四年,卒官。作通义十二篇,演经杂论百二十篇,又传礼记四十九篇,教授诸生千馀人,庆氏学遂行于世。

论曰:汉初天下创定,朝制无文,叔孙通颇采经礼,参酌秦法,虽适物观时,有救崩敝,然先王之容典盖多阙矣,①是以贾谊、仲舒、王吉、刘向之徒,怀愤叹息所不能已也。②资文、宣之远图明懿(美),〔18〕而终莫或用,③故知自燕而观,有不尽矣。④孝章永言前王,明发兴作,⑤专命礼臣,撰定国宪,洋洋乎盛德之事焉。⑥而业绝天筭,议黜异端,斯道竟复坠矣。⑦夫三王不相袭礼,五帝不相沿乐,所以咸、茎异调,中都殊绝。⑧况物运迁回,情数万化,制则不能随其流变,品度未足定其滋章,⑨斯固世主所当损益者也。且乐非夔、襄,而新音代起,律谢皋、苏,而制令亟易,⑩修补旧文,独何猜焉?⑪礼云礼云,曷其然哉!⑫

①容,礼容也,典,法则也,谓行礼威仪俯仰之容貌也。文帝时,鲁徐生以容为礼官,孙襄亦善为容。“容”或作“宏”,义亦通也。

②贾谊等以叔孙通礼制疏略,并上书对策,请更改作,皆不从,所以叹息也。班固曰:“今大汉久旷大义,此贾谊、仲舒、王吉、刘向之徒所为发愤而增叹也。”见前书。

③资，用也。言用文帝、宣帝美略远谋，而终不能用贾谊等言。谊，文帝时人。王吉，宣帝时人。

④礼记曰："孔子之丧，有自燕来观者，舍于子夏氏。子夏曰：'圣人之葬人与人之葬圣人也，子何观焉？'"有不尽矣言未备也。

⑤明发谓发夕至明也。诗曰："明发不寐。"

⑥洋洋，美也。

⑦业绝天算谓章帝晏驾也。议黜异端谓张酺等奏褒擅制礼，遂不行也。

⑧咸，咸池，黄帝乐也。茎，六茎，颛顼乐也。见前书。异调言古今不同处。中都，鲁邑名也。家语曰："孔子为中都宰，制为养生送死之节。"殊绝犹断绝也。言古乐不同，旧礼亦绝也。

⑨言时代迁移，繁省不定也。

⑩夔，舜乐官。襄，鲁乐官也。皋繇，虞士官。苏忿生，周武王之司寇也。

⑪言刑乐数改，而修礼则疑之。

⑫叹其不能定也。

郑玄字康成，北海高密人也。八世祖崇，哀帝时尚书仆射。玄少为乡啬夫，①得休归，常诣学官，不乐为吏，父数怒之，不能禁。②遂造太学受业，师事京兆第五元先，始通京氏易、公羊春秋、三统历、九章算术。③又从东郡张恭祖受周官、礼记、左氏春秋、韩诗、古文尚书。以山东无足问者，乃西入关，因涿郡卢植，事扶风马融。

①前书曰"乡有啬夫，掌听讼收赋税"也。

②郑玄别传曰"玄年十一二，随母还家，正腊会同列十数人，皆美服盛饰，语言闲通，玄独漠然如不及，母私督数之，乃曰'此非我志，不在所愿'"也。

③三统历，刘歆所撰也。九章算术，周公作也，凡有九篇，方田一，粟米

二，差分三，少广四，均输五，方程六，傍要七，盈不足八，钩股九。

融门徒四百馀人，升堂进者五十馀生。融素骄贵，玄在门下，三年不得见，乃使高业弟子传授于玄。玄日夜寻诵，未尝怠倦。会融集诸生考论图纬，闻玄善算，乃召见于楼上，玄因从质诸疑义，问毕辞归。融喟然谓门人曰："郑生今去，吾道东矣。"①

①前书曰："田何授易于丁宽，学成，宽东归，何谓门人曰：'易东矣。'"

玄自游学，十馀年乃归乡里。家贫，客耕东莱，学徒相随已数百千人。及党事起，乃与同郡孙嵩等四十馀人俱被禁锢，①遂隐修经业，杜门不出。时任城何休好公羊学，遂著公羊墨守、②左氏膏肓、③穀梁废疾；玄乃发墨守，针膏肓，起废疾。休见而叹曰："康成入吾室，操吾矛，以伐我乎！"初，中兴之后，范升、陈元、李育、贾逵之徒争论古今学，后马融答北地太守刘瓌及玄答何休，义据通深，由是古学遂明。

①嵩字宾石，见赵岐传。[19]

②言公羊义理深远，不可驳难，如墨翟之守城也。

③说文曰："肓，隔也。"心下为膏，喻左氏之疾不可为也。

灵帝末，党禁解，大将军何进闻而辟之。州郡以进权戚，不敢违意，遂迫胁玄，不得已而诣之。进为设几杖，礼待甚优。玄不受朝服，而以幅巾见。一宿逃去。时年六十，弟子河内赵商等自远方至者数千。后将军袁隗表为侍中，以父丧不行。国相孔融深敬于玄，屣履造门。①告高密县为玄特立一乡，曰："昔齐置'士乡'，②越有'君子军'，皆异贤之意也。③郑君好学，实怀明德。昔太史公、廷尉吴公、谒者仆射邓公，皆汉之名臣。又南山四皓有园公、夏黄公，潜光隐耀，世嘉其高，皆悉称公。④然则公者仁德之正号，不必三事大夫也。今郑君乡宜曰'郑公乡'。昔东海于公仅有一节,犹或戒乡人侈其门闾,⑤矧乃郑公之德,而无驷牡之路!可广开门衢,令容高车,号为'通德门'。"

①屣谓纳履未正,曳之而行,言趋贤急也。

②管仲相桓公,制国为二十一乡,工商乡六,士乡十五,以居工商士也。事见国语也。

③吴越相攻,越王勾践乃中分其师为左右军,以其私卒君子六千人为中军。注云:"君子,王所亲近有志行者。"见国语。

④吴公,文帝时为河南守。邓公,景帝时为谒者仆射。太史公司马谈,武帝时。四皓,高帝时也,有园公、夏黄公、角里先生、绮里季也。须眉皓白,故言皓。秦末隐于商雒南山,以待天下之定,汉兴,迎而致之也。

⑤一节谓决狱也。昭帝时,东海于公为县狱吏,决狱平,郡为生立祠,号曰于公祠。先是于公闾门坏,父老方共修之。于公曰"少高大其门,令容驷马车。我决狱多阴德,子孙必有兴者"也。

董卓迁都长安,公卿举玄为赵相,道断不至。①会黄巾寇青部,乃避地徐州,徐州牧陶谦接以师友之礼。建安元年,自徐州还高密,道遇黄巾贼数万人,见玄皆拜,相约不敢入县境。玄后尝疾笃,自虑,以书戒子益恩曰:"吾家旧贫,〔不〕为父母群弟所容,[20]去厮役之吏,②游学周、秦之都,往来幽、并、兖、豫之域,获觐乎在位通人,处逸大儒,得意者咸从捧手,[21]有所受焉。③遂博稽六蓺,粗览传记,时睹秘书纬术之奥。年过四十,乃归供养,假田播殖,以娱朝夕。遇阉尹擅执,坐党禁锢,十有四年,而蒙赦令,举贤良方正有道,辟大将军三司府。公车再召,比牒并名,早为宰相。④惟彼数公,懿德大雅,克堪王臣,故宜式序。⑤吾自忖度,无任于此,但念述先圣之元意,思整百家之不齐,亦庶几以竭吾才,故闻命罔从。而黄巾为害，萍浮南北，复归邦乡。[22]入此岁来，已七十矣。宿素衰落，仍有失误，案之礼典，便合传家。⑥今我告尔以老，归尔以事，将闲居以安性，覃思以终业。自非拜国君之命，问族亲之忧，展敬坟墓，观省野物，胡尝扶杖出门乎！家事大小，汝一承之。咨尔茕茕一夫，曾无同生相依。其勖求君子之道，研钻勿替，敬慎威仪，以近有德。⑦显誉成于僚友，德行立于己志。若致声称，亦有荣于所生，可不深念邪！可不深念邪！吾虽无绂冕之绪，颇有让爵之高。⑧自乐以论赞之功，庶不遗后人之羞。末所愤愤者，徒以亡亲坟垄未成，所好群书率皆腐敝，不得于礼堂写定，传与其人。⑨日西方暮，其可图乎！家今差多于昔，勤力务时，无恤饥寒。菲饮食，薄衣服，节夫二者，尚令吾寡恨。若忽忘不识，亦已焉哉！”

①赵王乾之相也。[23]

②厮，贱也。

③处逸谓处士隐逸之大儒。

④比牒犹连牒也，并名谓齐名也，言连牒齐名被召者并为宰相也。并音步鼎反。

⑤式，用也。序，列也。

⑥传家谓家事任子孙也。曲礼曰：“七十老而传。”

⑦诗大雅人劳篇之言也。

⑧谓频被辟不就也。

⑨其人谓好学者也。前书司马迁曰“仆诚已著此书，传之其人”也。

时大将军袁绍总兵冀州，遣使要玄，大会宾客，玄最后至，乃延升上坐。身长八尺，饮酒一斛，秀眉明目，容仪温伟。绍客多豪俊，并有才说，见玄儒者，未以通人许之，竞设异端，百家互起。玄依方辩对，咸出问表，皆得所未闻，莫不嗟服。时汝南应劭亦归于绍，因自赞曰："故太山太守应中远，〔24〕北面称弟子何如？"玄笑曰："仲尼之门考以四科，①回、赐之徒不称官阀。"劭有惭色。绍乃举玄茂才，表为左中郎将，皆不就。公车征为大司农，给安车一乘，所过长吏送迎。玄乃以病自乞还家。

①四科谓德行、言语、政事、文学，颜渊、闵子骞及子游、子夏，并见论语也。

五年春，梦孔子告之曰："起，起，今年岁在辰，来年岁在巳。"①既寤，以谶合之，知命当终，有顷寝疾。时袁绍与曹操相拒于官度，②令其子谭遣使逼玄随军。不得已，载病到元城县，疾笃不进，其年六月卒，年七十四。遗令薄葬。自郡守以下尝受业者，缞绖赴会千馀人。

①北齐刘昼高才不遇传论玄曰"辰为龙，巳为蛇，岁至龙蛇贤人嗟，玄以谶合之"，盖谓此也。

②官度，津名也，在今郑州中牟县北。前书音义曰："于荥阳下引河东南为洪沟，以通宋、郑、淮、泗，即今官度。"

门人相与撰玄答诸弟子问五经，依论语作郑志八篇。凡玄所注周易、尚书、毛诗、仪礼、礼记、论语、孝经、尚书大传、中候、乾象历，又著天文七政论、鲁礼禘祫义、六蓺论、毛诗谱、驳许慎五经异义、答临孝存周礼难，凡百馀万言。①

①案：谢承书载玄所注与此略同，不言注孝经，唯此书独有也。

玄质于辞训，通人颇讥其繁。至于经传洽孰，称为纯儒，齐鲁间宗之。其门人山阳郗虑至御史大夫，东莱王基、清河崔琰著名于世。又乐安国渊、任嘏，①时并童幼，玄称渊为国器，嘏有道德，其馀亦多所鉴拔，皆如其言。玄唯有一子益恩，孔融在北海，举为孝廉；及融为黄巾所围，益恩赴难陨身。有遗腹子，玄以其手文似已，名之曰小同。②

①虑字鸿豫。基字伯舆，[25]魏镇南将军安乐乡侯。琰字季珪，魏东(西)曹掾，[26]迁中尉。渊字子尼，魏司空掾，迁太仆。嘏字昭光，魏黄门侍郎也。

②魏氏春秋曰："小同，高贵乡公时为侍中。尝诣司马文王，文王有密疏，未之屏也，如厕还，问之曰：'卿见吾疏乎？'答曰：'不。'文王曰：'宁我负卿，无卿负我。'遂鸩之。"

论曰：自秦焚六经，圣文埃灭。①汉兴，诸儒颇修蓺文；及东京，学者亦各名家。而守文之徒，滞固所禀，②异端纷纭，互相诡激，遂令经有数家，家有数说，章句多者或乃百馀万言，学徒劳而少功，后生疑而莫正。郑玄括囊大典，网罗众家，③删裁繁诬，[27]刊改漏失，自是学者略知所归。王父豫章君每考先儒经训，而长于玄，④常以为仲尼之门不能过也。及传授生徒，并专以郑氏家法云。⑤

①埃，尘也。

②禀，受；滞固犹固执也。言学者各守所见，不疏通也。

③括，结也。易坤卦曰"括囊无咎"也。

④王父，祖父也。尔雅曰"父之父为王父"也。范晔祖父甯，字武子，晋〔孝〕武帝时为豫章太守，[28]经义每以玄为长也。

⑤言甯教授专崇郑学也。

赞曰：富平之绪，承家载世。①伯仁先归，厘我国祭。②玄定义乖，褒修礼缺。孔书遂明，汉章中辍。③

①载，重也。易师卦曰"大君有命，开国承家"也。

②厘，理也。言纯厘理禘祫之祭也。

③孔书谓六经也。辍，止也。中辍谓曹褒礼不行也。

【校勘记】

〔1〕元帝以来　按："帝"原讹"年"，径据汲本、殿本改正。

〔2〕既事大宗　"大"原作"太"，径据汲本、殿本改。注同。按：集解王先谦云"大"或作"太"，非。

〔3〕谛定昭穆尊卑之义也　按：集解引王补说，谓续汉志"谛定"作"谛諟"。

〔4〕故合聚饮食也　按：集解引王补说，谓续汉志"合聚"上有"骨肉"二字。

〔5〕自十八年至此　按：集解引惠栋说，谓续志及本传皆云十九年与朱浮共奏，至二十六年合八年之数，则"十八年"当作"十九年"，以十八年曾行禘礼故也。

〔6〕至于岱宗〔柴〕　据汲本、殿本补。按：汲本、殿本"柴"作"柴"，非，今改正。

〔7〕十〔七〕年儋耳降附。　集解引钱大昭说，谓按本纪，儋耳诸国贡献，公卿奉觞上寿，在永平十七年，此脱"七"字。今据补。

〔8〕为之(节)〔等〕制　据汲本、殿本改。

〔9〕父充持庆氏礼　按：集解引钱大昕说，谓"持"本是"治"字，章怀避讳改之。

〔10〕大汉〔当〕自制礼　据汲本、殿本补。按：殿本考证谓监本脱去"当"字，从宋本增。

〔11〕歌诗曲操　按："歌"字原脱，径据汲本、殿本补。

〔12〕尤好礼事　按：汲本、殿本"事"作"士"。集解引汪文台说，谓御览六百十一引谢承书，云"褒尤好礼事，常感朝廷制度未备"云云，明此"士"字当作"事"。

〔13〕况予顽陋　按："予"原讹"于"，径改正。

〔14〕擢褒监羽林左骑　按：刊误谓案百官志"骑"当作"监"。

〔15〕德隆道用　按：汲本"用"作"备"。

〔16〕时事弥顺　按：殿本考证谓"顺"疑"烦"之误，又"事"字旧本作"士"。

〔17〕至十五日十六日落一叶　按：注文有脱讹，今本大戴礼作"至十五日生十五叶，十六日一叶落"。

〔18〕资文宣之远图明懿(美)　刊误谓衍一"明"字，何焯谓衍一"美"字。今依何焯说删"美"字。

〔19〕见赵岐传　按："岐"原作"歧"，径依汲本、殿本改。

〔20〕吾家旧贫〔不〕为父母群弟所容　集解引周寿昌说，谓"不为父母群弟所容"一语，不应出之康成。钱氏曝书杂记云陈仲鱼元刻后汉书康成传无"不"字，与唐史承节所撰郑康成祠碑云"吾家旧贫，为父母群弟所容"之语相合。今本作"不为父母群弟所容"，乃刻之误。校补则谓玄意本谓家贫而父母群弟力薄，不能并容，为吏又非所乐，乃发愤游学耳。去"不"字，于文义转觉其窒。今从校补说，据汲本，殿本补一"不"字。

〔21〕得意者咸从捧手　按："者"字原脱，径据汲本、殿本补。

〔22〕复归邦乡　按：李慈铭谓碑作"乡邦"，是也，此误倒。

〔23〕赵王乾之相也　按：汲本、殿本"乾"作"虔"。

〔24〕故太山太守应中远　集解引惠栋说，谓"远"当作"瑗"，具本传注。今按：本传注云谢承书、应氏谱并云"字仲远"，续汉书、文士传作"仲援"，汉官仪又作"仲瑗"，未知孰是。

〔25〕基字伯舆　汲本、殿本"舆"作"兴"。按：魏志作"舆"。

〔26〕魏东(西)曹掾　据刊误删。

〔27〕删裁繁诬　按：殿本"诬"作"芜"。

〔28〕晋〔孝〕武帝时为豫章太守　张森楷校勘记谓案晋书，范武子仕晋孝武，去武帝时百有馀年，明"武"上当有"孝"字。今据补。

后汉书卷三十六

郑范陈贾张列传第二十六

郑兴字少赣，河南开封人也。少学公羊春秋。晚善左氏传，遂积精深思，通达其旨，同学者皆师之。①天凤中，②将门人从刘歆讲正大义，③歆美兴才，使撰条例、章句、传诂，[1]及校三统历。④

①东观记曰："兴从博士金子严为左氏春秋。"

②王莽年也。

③左氏义也。

④说文曰："诂，训古言也。"音古度反。三统历，刘歆撰，谓夏、殷、周历也。

更始立，以司直李松行丞相事，先入长安，松以兴为长史，令还奉迎迁都。更始诸将皆山东人，咸劝留洛阳。兴说更始曰："陛下起自荆楚，权政未施，①一朝建号，而山西雄桀争诛王莽，开关郊迎者，何也？②此天下同苦王氏虐政，而思高祖之旧德也。今久不抚之，臣恐百姓离心，盗贼复起矣。春秋书‘齐小白入齐’，不称侯，未朝庙故也。③今议者欲先定赤眉而后入关，是不识其本而争其末，恐国家之守转在函谷，④虽卧洛阳，庸得安枕乎？”⑤更始曰：“朕西决矣。”拜兴为谏议大夫，使安集关西及朔方、凉、益三州，还拜凉州刺史。会天水有反者，攻杀郡守，兴坐免。

①更始起南阳，南阳属荆州，故曰荆楚也。

②山西谓陕山已西也。

③小白，齐桓公也。春秋“齐小白入于齐”。公羊传曰：“曷为以国氏？当国也。其言入何？篡辞也。”

④言若不早都关中，有人先入，则国家镇守转在函谷也。

⑤庸，用也。

时赤眉入关，东道不通，兴乃西归隗嚣，〔嚣〕虚心礼请，[2]而兴耻为之屈，称疾不起。嚣矜己自饰，[3]常以为西伯复作，①乃与诸将议自立为王。兴闻而说嚣曰：“春秋传云：‘口不道忠信之言为嚚，耳不听五声之和为聋。’②间者诸将集会，无乃不道忠信之言；大将军之听，无乃阿而不察乎？昔文王承积德之绪，加之以睿圣，三分天下，尚服事殷。③及武王即位，八百诸侯不谋同会，皆曰‘纣可伐矣’，武王以未知天命，还兵待时。④高祖征伐累年，犹以沛公行师。今令德虽明，世无宗周之祚，威略虽振，未有高祖之功，而欲举未可之事，昭速祸患，无乃不可乎？惟将军察之。”嚣竟不称王。后遂广置职位，以自尊高。兴复止嚣曰：“夫中郎将、太中大夫、使持节官皆王者之器，非人臣所当制也。孔子曰：‘唯器与名，不可以假人。’⑤不可以假人者，亦不可以假于人也。无益于实，有损于名，非尊上之意也。”嚣病之而止。⑥

①西伯，文王也。作，起也。

②左传富辰谏周襄王之辞。

③论语孔子曰:"三分天下有其二,以服事殷。"

④史记曰,武王观兵孟津,诸侯不期而至者八百人,[4]皆曰:"纣可伐矣。"王曰:"汝未知天命。"乃还师。后闻纣杀比干,囚箕子,乃告诸侯以伐之。故曰待时也。

⑤左传杜预注曰:"器,车服;名,爵号也。"

⑥病犹难也。

及嚣遣子恂入侍,将行,兴因恂求归葬父母,嚣不听而徙兴舍,益其秩礼。兴入见嚣曰:"前遭赤眉之乱,以将军僚旧,故敢归身明德。①幸蒙覆载之恩,复得全其性命。兴闻事亲之道,生事之以礼,死葬之以礼,祭之以礼,奉以周旋,弗敢失坠。②今为父母未葬,请乞骸骨,若以增秩徙舍,中更停留,是以亲为饵,③无礼甚矣。将军焉用之!"嚣曰:"嚣将不足留故邪?"兴曰:"将军据七郡之地,④拥羌胡之众,以戴本朝,德莫厚焉,威莫重焉。居则为专命之使,入必为鼎足之臣。兴,从俗者也,不敢深居屏处,因将军求进,不患不达,因将军求入,何患不亲,此兴之计不逆将军者也。兴业为父母请,不可以已,愿留妻子独归葬,将军又何猜焉?"嚣曰:"幸甚。"促为辨装,[5]遂令与妻子俱东。时建武六年也。

①兴尝为凉州刺史,嚣为西州将军,故曰"僚旧"也。

②周旋犹遵奉也。左传季文子曰"先大夫臧文仲教行父事君之礼,奉以周旋,弗敢失坠"也。

③犹钓饵也。

④七郡,天水、陇西、武威、张掖、酒泉、敦煌、金城也。

侍御史杜林先与兴同寓陇右,乃荐之曰:"窃见河南郑兴,执义坚固,敦悦诗书,①好古博物,见疑不惑,有公孙侨、观射父之德,②

宜侍帷幄，典职机密。昔张仲在周，燕翼宣王，而诗人悦喜。③惟陛下留听少察，以助万分。”乃征为太中大夫。

①左传赵衰曰“臣亟闻郤縠之言矣，郤縠悦礼乐而敦诗书”也。

②左传，子产辨黄熊，晋侯闻之，曰：“博物君子也。”观射父，楚大夫也，对楚昭王以重黎、羲和之事。见国语。

③张仲，周宣王时贤臣也。燕，乐也。翼，敬也。诗小雅曰：“侯谁在矣，张仲孝友。”

明年三月晦，日食。兴因上疏曰：

春秋以天反时为灾，地反物为妖，人反德为乱，乱则妖灾生。①往年以来，谪咎连见，意者执事颇有阙焉。案春秋‘昭公十七年夏六月甲戌朔，日有食之’。②传曰：‘日过分而未至，③三辰有灾，④于是百官降物，⑤君不举，⑥避移时，⑦乐奏鼓，⑧祝用币，⑨史用辞。’⑩今孟夏，纯乾用事，阴气未作，其灾尤重。夫国无善政，则谪见日月，变咎之来，不可不慎，其要在因人之心，择人处位也。⑪尧知鲧不可用而用之者，是屈己之明，因人之心也。齐桓反政而相管仲，晋文归国而任郤縠者，是不私其私，择人处位也。⑫今公卿大夫多举渔阳太守敦伋可大司空者，而不以时定，道路流言，咸曰“朝廷欲用功臣”，功臣用则人位谬矣。愿陛下上师唐、虞，下览齐、晋，以成屈己从众之德，以济群臣让善之功。⑬

①左传晋伯宗之辞。天反时为灾谓寒暑易节也。地反物为妖谓群物失性也。

②杜预注曰：“于周为六月，于夏为四月，纯阳用事，阴气未动而侵阳也。”

③言过春分而未及夏至也。

④三辰，日、月、星也。

⑤降物，素服。

⑥不举盛馔。

⑦避正寝过日食时也。

⑧伐鼓。

⑨用币于社。

⑩用辞以自责也。此以上皆左传载鲁太史答季平子之词也。

⑪左传晋士文伯曰"国无政，不用善，则自取谪于日月之灾，故政不可不慎也。务三而已，一曰择人，二曰因人，三曰从时"也。

⑫史记曰，桓公与兄子纠争位，纠使管仲将兵遮道，射桓公钩带，及桓公即位，任政于管仲也。又晋文公自秦归国，怀公故臣郤芮谋烧公宫，杀文公，宦者勃鞮告之，后文公以郤縠为中军帅。縠即郤芮之族，文公不以为雠而任焉，言唯贤是用，不私其私也。

⑬济，成也。

夫日月交会，数应在朔，而顷年日食，每多在晦。先时而合，皆月行疾也。日君象而月臣象，君亢急则臣下促迫，故行疾也。今年正月繁霜，自尔以来，率多寒日，①此亦急咎之罚。②天于贤圣之君，犹慈父之于孝子也，丁宁申戒，欲其反政，故灾变仍见，此乃国之福也。今陛下高明而群臣惶促，宜留思柔剋之政，垂意洪范之法，③博采广谋，纳群下之策。

①正月，夏之四月。

②书曰："急恒寒若。"

③克，能也。柔克谓和柔而能立事也。尚书洪范曰："高明柔剋。"

书奏，多有所纳。

帝尝问兴郊祀事，曰："吾欲以谶断之，何如？"兴对曰："臣不为谶。”帝怒曰：“卿之不为谶，非之邪？”兴惶恐曰：“臣于书有所未学，而无所非也。”帝意乃解。兴数言政事，依经守义，文章温雅，然以不善谶故不能任。

九年，使监征南、积弩营于津乡，①会征南将军岑彭为刺客所杀，兴领其营，遂与大司马吴汉俱击公孙述。述死，诏兴留屯成都。顷之，侍御史举奏兴奉使私买奴婢，坐左转莲勺令。②是时丧乱之馀，郡县残荒，兴方欲筑城郭，修礼教以化之，会以事免。

①征南将军岑彭、积弩将军傅俊屯津乡，以拒公孙述。津乡在今荆州也。

②莲勺，县，属左冯翊，故城在今同州下邽县东北。莲音辇，勺音酌。

兴好古学，尤明左氏、周官，长于历数，自杜林、桓谭、卫宏之属，莫不斟酌焉。①世言左氏者多祖于兴，而贾逵自传其父业，故有郑、贾之学。兴去莲勺，后遂不复仕，客授阌乡，②三公连辟不肯应，卒于家。子众。

①斟酌谓取其意指也。

②阌音闻，古字也。建安中改作“闻”。[6]

众字仲师。年十二，从父受左氏春秋，精力于学，明三统历，作春秋难记条例，兼通易、诗，知名于世。建武中，皇太子及山阳王荆，因虎贲中郎将梁松以缣帛聘请众，欲为通义，引籍出入殿中。众谓松曰：“太子储君，无外交之义，汉有旧防，蕃王不宜私通宾客。”遂辞不受。松复风众以“长者意，不可逆”。众曰：“犯禁触罪，不如守正而死。”太子及荆闻而奇之，亦不强也。及梁氏事败，①宾客多坐之，唯众不染于辞。

①梁松坐悬飞书诽谤下狱死，事见梁统传也。

永平初，辟司空府，以明经给事中，再迁越骑司马，①复留给事中。是时北匈奴遣使求和亲。八年，显宗遣众持节使匈奴。众至北庭，虏欲令拜，众不为屈。单于大怒，围守闭之，不与水火，欲胁服众。众拔刀自誓，单于恐而止，乃更发使随众还京师。朝议复欲遣使报之，众上疏谏曰："臣伏闻北单于所以要致汉使者，欲以离南单于之众，坚三十六国之心也。②又当扬汉和亲，夸示邻敌，令西域欲归化者局促狐疑，[7]怀土之人绝望中国耳。汉使既到，便偃蹇自信。③若复遣之，虏必自谓得谋，其群臣駮议者不敢复言。④如是，南庭动摇，乌桓有离心矣。南单于久居汉地，具知形埶，万分离析，旋为边害。今幸有度辽之众扬威北垂，虽勿报答，不敢为患。"⑤帝不从，复遣众。众因上言："臣前奉使不为匈奴拜，单于恚恨，故遣兵围臣。今复衔命，必见陵折。臣诚不忍持大汉节对毡裘独拜。如令匈奴遂能服臣，将有损大汉之强。"帝不听，众不得已，既行，在路连上书固争之。诏切责众，追还系廷尉，会赦归家。

①汉官仪曰"越骑司马一人，秩千石"也。

②武帝开通西域，本三十六国。

③信音申。

④駮议谓劝单于归汉。

⑤明帝八年，初置度辽将军，屯五原曼柏。

其后帝见匈奴来者，问众与单于争礼之状，皆言匈奴中传众意气壮勇，虽苏武不过。乃复召众为军司马，使与虎贲中郎将马廖击车师。至敦煌，拜为中郎将，使护西域。会匈奴胁车师，围戊己校尉，众发兵救之。迁武威太守，谨修边备，虏不敢犯。迁左冯翊，政有名跡。

建初六年，代邓彪为大司农。是时肃宗议复盐铁官，众谏以为不可。①诏数切责，至被奏劾，众执之不移。帝不从。在位以清正称。其后受诏作春秋删十九篇。八年，卒官。

①武帝时国用不足，乃卖盐铁，置官以主之。昭帝罢之，今议欲复之。

子安世，亦传家业，为长乐、未央厩令。①延光中，安帝废太子为济阴王，安世与太常桓焉、太仆来历等共正议谏争。及顺帝立，安世已卒，追赐钱帛，除子亮为郎。众曾孙公业，自有传。

①续汉志曰："厩令一人，秩六百石。"

范升字辩卿，代郡人也。少孤，依外家居。九岁通论语、孝经，及长，习梁丘易、老子，教授后生。①

①宣帝时梁丘贺之易也。

王莽大司空王邑辟升为议曹史。时莽频发兵役，征赋繁兴，升乃奏记邑曰："升闻子以人不间于其父母为孝，臣以下不非其君上为忠。①今众人咸称朝圣，皆曰公明。盖明者无不见，圣者无不闻。今天下之事，昭昭于日月，震震于雷霆，而朝云不见，公云不闻，则元元焉所呼天？公以为是而不言，则过小矣；知而从令，则过大矣。二者于公无可以免，宜乎天下归怨于公矣。朝以远者不服为至念，升以近者不悦为重忧。今动与时戾，事与道反，驰骛覆车之辙，探汤败事之后，②后出益可怪，晚发愈可惧耳。方春岁首，而动发远役，藜藿不充，田荒不耕，穀价腾跃，斛至数千，吏人陷于汤火之中，非国家之人也。如此，则胡、貊守关，[8]青、徐之寇在于帷帐矣。③

升有一言，可以解天下倒县，免元元之急，不可书传，愿蒙引见，极陈所怀。”邑虽然其言，而竟不用。升称病乞身，邑不听，令乘传使上党。升遂与汉兵会，因留不还。

①论语孔子曰：“孝哉闵子骞，人不间于其父母兄弟之言。”间，非也。言子骞之孝，化其父母兄弟，言人无非之者。忠臣事君，有过即谏。在下无有非君者，是忠臣也。

②贾谊曰：“前车覆，后车诫。”论语曰：“见不善如探汤。”

③王莽时，青徐二部为寇，号“青徐贼”。

建武二年，光武征诣怀宫，拜议郎，迁博士，上疏让曰：“臣与博士梁恭、山阳太守吕羌俱修梁丘易。二臣年并耆艾，经学深明，而臣不以时退，与恭并立，深知羌学，又不能达，[①]慙负二老，无颜于世。诵而不行，知而不言，不可开口以为人师，愿推博士以避恭、羌。”帝不许，然由是重之，数诏引见，每有大议，辄见访问。

①达，进也。

时尚书令韩歆上疏，欲为费氏易、左氏春秋立博士，[①]诏下其议。四年正月，朝公卿、大夫、博士，见于云台。帝曰：“范博士可前平说。”升起对曰：“左氏不祖孔子，而出于丘明，师徒相传，又无其人，且非先帝所存，无因得立。”遂与韩歆及太中大夫许淑等互相辩难，日中乃罢。升退而奏曰：“臣闻主不稽古，无以承天；臣不述旧，无以奉君。陛下愍学微缺，劳心经蓺，情存博闻，故异端竞进。近有司请置京氏易博士，群下执事，莫能据正。京氏既立，费氏怨望，左氏春秋复以比类，亦希置立。京、费已行，次复高氏，[②]春秋之家，又有驺、夹。[③]如令左氏、费氏得置博士，高氏、驺、夹，五经奇异，并复求立，各有所执，乖戾分争。从之则失道，不从则失人，将恐陛下必有猒倦之听。孔子曰:‘博学约之,弗叛矣夫。’④夫学而不约,必叛道也。颜渊曰:‘博我以文,约我以礼。’孔子可谓知教,颜渊可谓善学矣。老子曰:‘学道日损。’损犹约也。又曰:‘绝学无忧。’绝末学也。今费、左二学,无有本师,而多反异,先帝前世,有疑于此,故京氏虽立,辄复见废。疑道不可由,疑事不可行。诗书之作,其来已久。孔子尚周流游观,至于知命,自卫反鲁,乃正雅、颂。⑤今陛下草创天下,纪纲未定,虽设学官,无有弟子,诗书不讲,礼乐不修,奏立左、费,非政急务。孔子曰:‘攻乎异端,斯害也已。’⑥传曰:‘闻疑传疑,闻信传信,而尧舜之道存。’⑦愿陛下疑先帝之所疑,信先帝之所信,以示反本,明不专己。天下之事所以异者,以不一本也。易曰:‘天下之动,贞夫一也。’⑧又曰‘正其本,万事理。’⑨〔9〕五经之本自孔子始,谨奏左氏之失凡十四事。”时难者以太史公多引左氏,升又上太史公违戾五经,谬孔子言,及左氏春秋不可录三十一事。诏以下博士。

①费直字长翁,善易,长于卦筮,见前书。

②沛人高相善易,与费直同时,见前书。

③前书曰,驺氏无师,夹氏未有其书也。

④论语孔子之言。弗叛言不违道也。

⑤孔子以鲁哀公十一年自卫还鲁。是时道衰乐废,孔子来还,乃正之,故雅、颂各得其所。见史记。

⑥攻犹习也。异端谓奇技也。

⑦穀梁传曰:“信以传信,疑以传疑。”公羊传曰:“君子曷为春秋?乐尧舜之道也。”

⑧易下系之文也。

⑨今易无此文也。

后升为出妻所告，坐系，得出，还乡里。永平中，为聊城令，坐事免，卒于家。

陈元字长孙，苍梧广信人也。①父钦，习左氏春秋，事黎阳贾护，与刘歆同时而别自名家。②王莽从钦受左氏学，以钦为猒难将军。③元少传父业，为之训诂，锐精覃思，至不与乡里通。以父任为郎。

①广信故城在今梧州苍梧县。

②元父钦，字子佚。以左氏授王莽，自名陈氏春秋，故曰别也。贾护字季君。并见前书也。

③猒，一叶反。

建武初，元与桓谭、杜林、郑兴俱为学者所宗。时议欲立左氏传博士，范升奏以为左氏浅末，不宜立。元闻之，乃诣阙上疏曰：

陛下拨乱反正，文武并用，①深愍经蓺谬杂，真伪错乱，每临朝日，辄延群臣讲论圣道。知丘明至贤，亲受孔子，而公羊、穀梁传闻于后世，故诏立左氏，博询可否，示不专己，尽之群下也。今论者沈溺所习，翫守旧闻，固执虚言传受之辞，以非亲见实事之道。左氏孤学少与，②遂为异家之所覆冒。夫至音不合众听，故伯牙绝弦；③至宝不同众好，故卞和泣血。④仲尼圣德，而不容于世，⑤况于竹帛馀文，其为雷同者所排，固其宜也。非陛下至明，孰能察之！

①拨，理也。语见公羊传。

②与犹党也。

③伯牙善鼓琴，钟子期善听，相与为友。子期死，伯牙破琴绝弦，不复鼓

琴,以时人莫之能听也。见吕览。

④卞和得宝玉,献楚武王,王示玉人,曰"石也",刖其右足。武王殁后,复献之文王,复曰"石也",刖其左足。至成王时,卞和抱其璞于郊,泣尽以血继之,王乃使玉尹攻之,果得宝玉。事见韩子也。

⑤仲尼去鲁,斥齐,逐乎宋、卫,困于陈、蔡之间。见史记。

臣元窃见博士范升等所议奏左氏春秋不可立,及太史公违戾凡四十五事。案升等所言,前后相违,皆断截小文,媟黩微辞,以年数小差,掇为巨谬,①遗脱纤微,指为大尤,抉瑕擿衅,②掩其弘美,所谓"小辩破言,小言破道"者也。③升等又曰:"先帝不以左氏为经,故不置博士,后主所宜因袭。"臣愚以为若先帝所行而后主必行者,则盘庚不当迁于殷,周公不当营洛邑,④陛下不当都山东也。往者,孝武皇帝好公羊,卫太子好穀梁,有诏诏太子受公羊,不得受穀梁。孝宣皇帝在人间时,闻卫太子好穀梁,于是独学之。及即位,为石渠论而穀梁氏兴,⑤至今与公羊并存。此先帝后帝各有所立,不必其相因也。孔子曰,纯,俭,吾从众;至于拜下,则违之。⑥夫明者独见,不惑于朱紫,听者独闻,不谬于清浊,故离朱不为巧眩移目,⑦师旷不为新声易耳。⑧方今干戈少弭,戎事略戢,留思圣蓺,眷顾儒雅,采孔子拜下之义,卒渊圣独见之旨,分明白黑,建立左氏,解释先圣之积结,洮汰学者之累惑,⑨使基业垂于万世,后进无复狐疑,则天下幸甚。

①媟,狎也;黩,垢浊也。掇,拾也,音丁括反。

②抉音于决反。

③大戴记小辩篇孔子曰:"小辩破言,小言破义,小义破道。"

④盘庚都耿,自耿迁于殷。文王都酆,武王都镐,周公辅成王营洛邑。

⑤石渠阁以藏秘书，在未央殿北。宣帝甘露三年，诏诸儒韦玄成、梁丘贺等讲论五经于石渠也。

⑥论语孔子曰："麻冕，礼也。今也纯，俭，吾从众。拜下，礼也。今拜乎上，泰也。虽违众，吾从下。"何晏注云："麻冕，缁布冠也，古绩麻三十升以为之。纯，丝也。丝易成，故从俭。臣之与君行礼者，下拜然后升。时臣骄泰，故于上拜。今从下，礼之恭也。"

⑦离朱，黄帝时明目者也，一号离娄。慎子曰："离朱之明，察毫末于百步之外。"

⑧桓谭新论曰："晋师旷善知音，卫灵公将之晋，宿于濮水之上，夜闻新声，召师涓告之曰：'为我听写之。'曰：'臣得之矣。'遂之晋。晋平公飨之，酒酣，灵公曰：'有新声，愿奏之。'乃令师涓鼓琴。未终，师旷止之曰：'此亡国之声也。'"

⑨洮汰犹洗濯也。

臣元愚鄙，尝传师言。如得以褐衣召见，俯伏庭下，①诵孔氏之正道，理丘明之宿冤；若辞不合经，事不稽古，退就重诛，虽死之日，生之年也。

①褐，织毛为布，贫者之服也。

书奏，下其议，范升复与元相辩难，凡十馀上。帝卒立左氏学，太常选博士四人，元为第一。帝以元新忿争，乃用其次司隶从事李封，于是诸儒以左氏之立，论议讙哗，自公卿以下，数廷争之。会封病卒，左氏复废。

元以才高著名，辟司空李通府。时大司农江冯上言，宜令司隶校尉督察三公。事下三府。元上疏曰："臣闻师臣者帝，宾臣者霸。①〔10〕故武王以太公为师，齐桓以夷吾为仲父。孔子曰：'百官总己听于冢宰。'②近则高帝优相国之礼，③太宗假宰辅之权。④及亡新王莽，遭汉中衰，专操国柄，以偷天下，⑤况己自喻，不信群臣。夺公辅之任，损宰相之威，以刺举为明，徼讦为直。至乃陪仆告其君长，子弟变其父兄，⑥罔密法峻，大臣无所措手足。然不能禁董忠之谋，身为世戮。⑦故人君患在自骄，不患骄臣；失在自任，不在任人。是以文王有日昃之劳，周公执吐握之恭，⑧不闻其崇刺举，务督察也。方今四方尚扰，天下未一，百姓观听，咸张耳目。陛下宜修文武之圣典，袭祖宗之遗德，劳心下士，屈节待贤，诚不宜使有司察公辅之名。"帝从之，宣下其议。⑨

①言以臣为师，以臣为宾也。

②论语文也。

③萧何为相国，高帝赐剑履上殿，入朝不趋。

④太宗，孝文也。申屠嘉为丞相，坐府召太中大夫邓通，欲诛之。孝文使持节召通，令人谢嘉，故曰"假权"也。

⑤偷，窃也。

⑥王莽时开吏告其将，奴婢告其主。

⑦董忠为王莽大司马，共刘歆等谋诛莽，事发觉死也。

⑧尚书曰："文王自朝至于日中昃，不遑暇食。"史记曰，伯禽封鲁，周公戒之曰："我文王之子，武王之弟，成王之叔父，亦不贱矣。我一沐三握发，一饭三吐哺，以待士，犹恐失天下之贤人，汝无以国骄人也。"

⑨司察犹督察也。

李通罢，元后复辟司徒欧阳歙府，数陈当世便事、郊庙之礼，帝不能用。以病去，年老，卒于家。子坚卿，有文章。

贾逵字景伯，扶风平陵人也。九世祖谊，文帝时为梁王太傅。[①]曾祖父光，为常山太守，宣帝时以吏二千石自洛阳徙焉。父徽，从刘歆受左氏春秋，兼习国语、周官，又受古文尚书于涂恽，[②]学毛诗于谢曼卿，作左氏条例二十一篇。

①为文帝子梁王揖之傅也。

②风俗通曰："涂姓，涂山氏之后。"恽字子真，受尚书于胡常，见前书。

逵悉传父业，弱冠能诵左氏传及五经本文，以大夏侯尚书教授，虽为古学，兼通五家穀梁之说。[①]自为儿童，常在太学，不通人间事。身长八尺二寸，诸儒为之语曰："问事不休贾长头。"性恺悌，多智思，俶傥有大节。[②]尤明左氏传、国语，为之解诂五十一篇，[③]永平中，上疏献之。显宗重其书，写藏祕馆。

①五家谓尹更始、刘向、周庆、丁姓、王彦等，皆为穀梁，见前书也。

②恺，乐也。悌，易也。言有和乐简易之德也。俶傥，卓异也。

③左氏三十篇，国语二十一篇也。

时有神雀集宫殿官府，冠羽有五采色，帝异之，以问临邑侯刘复，[①]复不能对，荐逵博物多识，帝乃召见逵，问之。对曰："昔武王终父之业，鸑鷟在岐，[②]宣帝威怀戎狄，神雀仍集，此胡降之征也。"[③]帝敕兰台给笔札，使作神雀颂，拜为郎，与班固并校祕书，应对左右。

①临邑，东郡县也。复，齐武王伯升孙，北海王兴子。

②鸑鷟，凤之别名也。周大夫内史过对周惠王曰："周之兴也，鸑鷟鸣于岐山。"事见国语也。

③仍，频也。宣帝时神雀再见，改为年号，后匈奴降服，呼韩入朝也。

肃宗立，降意儒术，特好古文尚书、左氏传。建初元年，诏逵入讲北宫白虎观、南宫云台。帝善逵说，使发出左氏传大义长于二传者。[11]逵于是具条奏之曰：

臣谨擿出左氏三十事尤著明者，斯皆君臣之正义，父子之纪纲。其馀同公羊者什有七八，或文简小异，无害大体。至如祭仲、纪季、伍子胥、叔术之属，左氏义深于君父，公羊多任于权变，①其相殊绝，固以甚远，而冤抑积久，莫肯分明。

①左传，宋人执郑祭仲，曰："不立突，将死。"祭仲许之，遂出昭公而立厉公。杜预注云："祭仲之如宋，非会非聘，见诱被拘。废长立少，故书名罪之。"公羊传曰："祭仲者何？郑之相也。何以不名？贤也。何贤乎祭仲？以为知权也。其知权奈何？宋人执之，谓之曰：'为我出忽而立突。'祭仲不从其言，则君必死，国必亡；从其言，则君可以生易死，国可以存易亡。"古之有权者，祭仲之权是也。左传，纪季以酅入于齐，纪侯大去其国。贾逵以为纪季不能兄弟同心以存国，乃背兄归雠，书以讥之。公羊传曰："纪季者何？纪侯之弟也。何以不名？贤也。何贤乎？服罪也。其服罪奈何？请后五庙以存姑姊妹。"左传，楚平王将杀伍奢，召伍奢子伍尚、伍员曰："来，吾免而父。"尚谓员曰："闻免父之命，不可以莫之奔，亲戚为戮，不可以莫之报。父不可弃，名不可废。"子胥奔吴，遂以吴师入郢，卒复父雠。公羊传曰："父受诛，子复雠，推刃之道也。"公羊不许子胥复雠，是不深父也。左传曰："冬，邾黑肱以滥来奔。贱而书名，重地故也。君子曰：'名之不可不慎。'以地叛，虽贱必书。地以名其人，终为不义，不可灭已。是以君子动则思礼，行则思义。"公羊传曰："冬，黑弓以滥来奔，文何以无邾娄？通滥也。曷(谓)〔为〕通滥？[12]贤者子孙宜有地。贤者孰谓？谓叔术也。何贤乎叔术？让国也。"

臣以永平中上言左氏与图谶合者，先帝不遗刍荛，省纳臣言，写其传诂，藏之祕书。建平中，①侍中刘歆欲立左氏，不先暴论大义，而轻移太常，恃其义长，诋挫诸儒，诸儒内怀不服，相与排之。②孝哀皇帝重逆众心，故出歆为河内太守。从是攻击左氏，遂为重雠。至光武皇帝，奋独见之明，兴立左氏、穀梁，会二家先师不晓图谶，故令中道而废。凡所以存先王之道者，要在安上理民也。今左氏崇君父，卑臣子，强干弱枝，劝善戒恶，至明至切，至直至顺。③且三代异物，损益随时，故先帝博观异家，各有所采。易有施、孟，复立梁丘，④尚书欧阳，复有大小夏侯，⑤今三传之异亦犹是也。又五经家皆无以证图谶明刘氏为尧后者，而左氏独有明文。⑥五经家皆言颛顼代黄帝，而尧不得为火德。⑦左氏以为少昊代黄帝，即图谶所谓帝宣也。⑧如令尧不得为火，则汉不得为赤。其所发明，补益实多。

①建平，哀帝年也。

②排，摈却也。刘歆欲建立左氏，哀帝令歆与诸儒讲论其义，诸博士不肯置对，歆乃移书太常以责之，故被排摈。事见前书。

③左传曰："翼戴天子，加之以恭。"又曰："君命，天也，天可雠乎？委质策名，贰乃辟也。父教子贰，何以事君？"又曰："弃父之命，恶用子矣，以有无父之国则可。"是崇君父，卑臣子也。左氏王人虽微，序在诸侯之上。又曰："五大不在边，五细不在庭，末大必折，尾大不掉。"是彊干弱枝也。又曰："尽而不污，惩恶而劝善，非圣人谁能修之？"史记曰，孔子曰："我欲载之空言，不如见之行事深切著明也。"

④施雠、孟喜、梁丘贺也。

⑤欧阳和伯、大夏侯胜、小夏侯建也。并见前书。

⑥春秋晋大夫蔡墨曰："陶唐氏既衰，其后有刘累，学扰龙，事孔甲，范氏其后也。"范会自秦还晋，其处者为刘氏。明汉承尧后也。

⑦史记曰"黄帝崩，其孙昌意之子立，是为帝颛顼"。当时五经家同为此说。若以颛顼代黄帝以土德王，即颛顼当为金德，高辛为水德，尧为

木德。汉承尧后，自然不得为火德也。

⑧左氏传曰："黄帝氏以云纪，少昊氏以鸟纪。"是以少昊代黄帝也。河图曰："大星如虹，下流华渚，女节意感，生白帝朱宣。"宋均注曰："朱宣，少昊氏也。"

陛下通天然之明，建大圣之本，改元正历，垂万世则，①是以麟凤百数，嘉瑞杂遝。②犹朝夕恪勤，游情六蓺，研机综微，靡不审覈。③若复留意废学，以广圣见，庶几无所遗失矣。④

①改元谓改建初九年为元和元年，正历谓元和二年始用四分历也。

②杂遝言多也。章帝时，凤皇见百三十九，骐麟五十二，白虎二十九，黄龙三十四，神雀、白燕等史官不可胜纪。见东观记。

③覈，实也。

④废学谓左氏传也。

书奏，帝嘉之，赐布五百匹，衣一袭，令逵自选公羊严、颜诸生高才者二十人，教以左氏，①与简纸经传各一通。②

①公羊高作春秋传，号曰公羊春秋。严彭祖、颜安乐俱受公羊春秋，故公羊有严、颜之学。见前书也。

②竹简及纸也。

逵母常有疾，帝欲加赐，以校书例多，特以钱二十万，使颍阳侯马防与之。谓防曰："贾逵母病，此子无人事于外，①屡空则从孤竹之子于首阳山矣。"②

①无人事谓不广交通也。

②屡，数也。空，乏也。史记曰，伯夷、叔齐，孤竹君之子也，隐于首阳山，卒饿死也。

逵数为帝言古文尚书与经传尔雅诂训相应，诏令撰欧阳、大小夏侯尚书古文同异。逵集为三卷，帝善之。复令撰齐、鲁、韩诗与毛氏异同。并作周官解故。①迁逵为卫士令。②八年，乃诏诸儒各选高才生，受左氏、穀梁春秋、古文尚书、毛诗，由是四经遂行于世。皆拜逵所选弟子及门生为千乘王国郎，③朝夕受业黄门署，学者皆欣欣羡慕焉。

①辕固，齐人也，为齐诗；申公，鲁人也，为鲁诗；韩婴为韩诗；毛苌为毛诗。故谓事之指意也。

②北宫卫士令一人，掌南、北宫，秩比六百石，见续汉志也。

③千乘王伉，章帝子也。

和帝即位，永元三年，以逵为左中郎将。八年，复为侍中，领骑都尉。内备帷幄，兼领祕书近署，甚见信用。

逵荐东莱司马均、陈国汝郁，帝即征之，并蒙优礼。均字少宾，安贫好学，隐居教授，不应辟命。信诚行乎州里，乡人有所计争，辄令祝少宾，①不直者终无敢言。位至侍中，以老病乞身，帝赐以大夫禄，归乡里。郁字叔异，[13]性仁孝，②及亲殁，遂隐处山泽。后累迁为鲁相，以德教化，百姓称之，流人归者八九千户。

①祝，诅也。东观记曰："争曲直者，辄言'敢祝少宾乎'？心不直者，终不敢祝也。"

②东观记曰："郁年五岁，母病不能食，郁常抱持啼泣，亦不食。母怜之，强为饭。宗亲共异之，因字曰'异'也。"

逵所著经传义诂及论难百馀万言，又作诗、颂、诔、书、连珠、酒令凡九篇，学者宗之，后世称为通儒。①然不修小节，当世以此颇讥焉，故不至大官。永元十三年卒，时年七十二。朝廷愍惜，除两子为太子舍人。

①应劭风俗通义曰："授先王之制，立当时之事，纲纪国体，原本要化，此通儒也。"

论曰：郑、贾之学，行乎数百年中，遂为诸儒宗，亦徒有以焉尔。①桓谭以不善谶流亡，郑兴以逊辞仅免，贾逵能附会文致，最差贵显。②世主以此论学，悲矣哉！③

①言贾、郑虽为儒宗，而不为帝所重，故曰"亦徒有以焉尔"。

②贾逵附会文致，谓引左氏明汉为尧后也。

③言时主不重经而重谶也。

张霸字伯饶，蜀郡成都人也。年数岁而知孝让，虽出入饮食，自然合礼，乡人号为"张曾子"。七岁通春秋，复欲进馀经，父母曰"汝小未能也"，霸曰"我饶为之"，故字曰"饶"焉。①

①饶犹益也。

后就长水校尉樊(儵)〔鯈〕受严氏公羊春秋，〔14〕遂博览五经。诸生孙林、刘固、段著等慕之，各市宅其傍，以就学焉。

举孝廉光禄主事，稍迁，①永元中为会稽太守，表用郡人处士顾奉、公孙松等。奉后为颍川太守，松为司隶校尉，并有名称。其馀有业行者，皆见擢用。郡中争厉志节，习经者以千数，道路但闻诵声。

①光禄勋之主事也，见汉官。

初，霸以樊(儵)〔鯈〕删严氏春秋犹多繁辞，乃减定为二十万言，更名张氏学。

霸始到越，贼未解，郡界不宁，乃移书开购，明用信赏，贼遂束手归附，不烦士卒之力。童谣曰："弃我戟，[15]捐我矛，盗贼尽，吏皆休。"视事三年，谓掾史曰："太守起自孤生，致位郡守。盖日中则移，月满则亏。①老氏有言：'知足不辱。'"遂上病。

①史记蔡泽之辞也。易丰卦曰"日中则昃，月盈则食"也。

后征，四迁为侍中。时皇后兄虎贲中郎将邓骘，当朝贵盛，闻霸名行，欲与为交，霸逡巡不答，众人笑其不识时务。后当为五更，会疾卒，年七十。遗敕诸子曰："昔延州使齐，子死嬴、博，因坎路侧，遂以葬焉。①今蜀道阻远，不宜归茔，可止此葬，足藏发齿而已。务遵速朽，副我本心。人生一世，但当畏敬于人，若不善加己，直为受之。"诸子承命，葬于河南梁县，因遂家焉。将作大匠翟酺等与诸儒门人追录本行，谥曰宪文。中子楷。[16]

①嬴，博，二县名，属泰山郡。礼记曰："延陵季子适齐，其长子死于嬴、博之间，因葬焉。"

楷字公超，通严氏春秋、古文尚书，门徒常百人。宾客慕之，自父党夙儒，偕造门焉。车马填街，徒从无所止，黄门及贵戚之家，皆起舍巷次，以候过客往来之利。楷疾其如此，辄徙避之。家贫无以为业，常乘驴车至县卖药，足给食者，辄还乡里。司隶举茂才，除长陵令，不至官。隐居弘农山中，学者随之，所居成市，后华阴山南遂有公超市。五府连辟，举贤良方正，不就。①

①五府，太傅、太尉、司徒、司空、大将军也。

汉安元年，顺帝特下诏告河南尹曰："故长陵令张楷行慕原宪，操拟夷、齐，①轻贵乐贱，窜跡幽薮，高志确然，独拔群俗。前比征命，盘桓未至，将主者翫习于常，优贤不足，使其难进欤？郡时以礼发遣。”楷復告疾不到。

①原宪，鲁人，字子思，孔子弟子。清约守节，贫而乐道。

性好道术，能作五里雾。时关西人裴优亦能为三里雾，自以不如楷，从学之，楷避不肯见。桓帝即位，优遂行雾作贼，事觉被考，引楷言从学术，楷坐系廷尉诏狱，积二年，恒讽诵经籍，作尚书注。后以事无验，见原还家。建和三年，下诏安车备礼聘之，辞以笃疾不行。年七十，终于家。子陵。

陵字处冲，官至尚书。元嘉中，岁首朝贺，大将军梁冀带剑入省，陵呵叱令出，敕羽林、虎贲夺冀剑。冀跪谢，陵不应，即劾奏冀，请廷尉论罪，有诏以一岁俸赎，而百僚肃然。

初，冀弟不疑为河南尹，举陵孝廉。不疑疾陵之奏冀，因谓曰：“昔举君，適所以自罚也。”陵对曰：“明府不以陵不肖，误见擢序，今申公宪，以报私恩。”不疑有愧色。陵弟玄。

玄字处虚，沈深有才略，以时乱不仕。司空张温数以礼辟，不能致。中平二年，温以车骑将军出征凉州贼边章等，将行，玄自田庐被褐带索，要说温曰：“天下寇贼云起，岂不以黄门常侍无道故乎？闻中贵人公卿已下当出祖道于平乐观，明公总天下威重，握六师之要，若于中坐酒酣，鸣金鼓，整行阵，召军正执有罪者诛之，引兵还屯都亭，以次翦除中官，解天下之倒县，报海内之怨毒，然后显用隐逸忠正之士，则边章之徒宛转股掌之上矣。”温闻大震，不能对，良久谓玄曰：“处虚，非不悦子之言，顾吾不能行，如何！”玄乃叹曰："事行则为福，不行则为贼。今与公长辞矣。"即仰药欲饮之。温前执其手曰："子忠于我，我不能用，是吾罪也，子何为当然！且出口入耳之言，谁今知之！"①〔17〕玄遂去，隐居鲁阳山中。②及董卓秉政，闻之，辟以为掾，举侍御史，不就。卓临之以兵，不得已强起，至轮氏，〔18〕道病终。③

①左传曰："言出于余口，入于尔耳。"

②山在今汝州南。

③轮氏，县，属颍川郡，故城在今洛州洛阳县城西南。

赞曰：中世儒门，贾、郑名学。众驰一介，争礼毡幄。①升、元守经，义偏情较，〔19〕霸贵知止，辞交戚里。公超善术，所舍成市。

①一介，单使也。左传曰："君亦不使一介行李告于寡君。"毡幄谓匈奴也。

【校勘记】

〔1〕使撰条例章句传诂　汲本、殿本"传诂"作"训诂"。今按：注专释"诂"字，引说文"诂，训古言也"，似正文不作"训诂"。下贾逵传云"写其传诂"，亦当作"传诂"之一证也。

〔2〕〔嚣〕虚心礼请　据刊误及校补说补。

〔3〕嚣矜己自饰　汲本、殿本"矜"作"矜"。按：段注说文依汉石经论语，改"矜"为"矜"，云从矛令声，则以作"矜"为是。然绍兴本"矜""矜"互见，前后亦不一致也。

〔4〕诸侯不期而至者八百人　按：汲本、殿本"至"作"会"。

〔5〕促为辨装　汲本、殿本"辨"作"辦"。按，"辨"本作"辡"，从刀辡声。段玉裁谓俗作"辨"，为辨别字，别作从力之"辦"，为幹辦字，实则古辨别、幹辦无二义，亦无二音二形也。

〔6〕建安中改作"闻"　按:集解引沈钦韩说,谓阌字本作"闵",建安中改作"阌",非改作"闻"也。

〔7〕局促狐疑　"局促"原作"局足",径据汲本、殿本改。按:此叠韵谜语,通常皆作"局促"也。

〔8〕胡貊守关　按:刊误谓"关"当作"阙"。方喻迫近,不当云关。

〔9〕万事理　按:张森楷校勘记谓惠校本"事"作"物",补注引刘向说苑亦作"物"。

〔10〕宾臣者霸　按:集解引沈钦韩说,谓袁宏纪作"宾臣者王"。

〔11〕使发出左氏传大义长于二传者　汲本、殿本无"发"字。按:殿本考证谓监本"出"字上有"发"字。

〔12〕曷(谓)〔为〕通滥　据汲本、殿本改,与今公羊传合。

〔13〕郁字叔异　集解引沈钦韩说,谓文选四十六注引东观记作"字幼异"。按:今聚珍本东观记亦作"字叔异"。

〔14〕长水校尉樊(鯈)〔儵〕　据樊宏传改。下同。

〔15〕弃我戟　按:王先谦谓类聚十五引续汉书作"弃子戟"。

〔16〕中子楷　按:"楷"原作"揩",据汲本、殿本改正。下同。

〔17〕且出口入耳之言谁今知之　王先谦谓"今"当为"令"之误文,言出于子口,入于我耳,我不言,谁令他人知之,语意自顺。今按:今犹即也,则也,言谁则知之,王说未谛。

〔18〕至轮氏　按:"轮"续志同,前志作"纶"。

〔19〕义偏情较　按:殿本"较"作"驳"。

后汉书卷三十七

桓荣丁鸿列传第二十七

桓荣字春卿，[1]沛郡龙亢人也。①少学长安，习欧阳尚书，事博士九江朱普。②[2]贫窭无资，③常客佣以自给，精力不倦，十五年不窥家园。至王莽篡位乃归。会朱普卒，荣奔丧九江，负土成坟，因留教授，徒众数百人。莽败，天下乱。荣抱其经书与弟子逃匿山谷，虽常饥困而讲论不辍，后复客授江淮间。

①续汉书曰："荣本齐人，迁于龙亢，至荣六叶。"东观记曰："荣本齐桓公后也。桓公作伯，支庶用其谥立族命氏焉。"

②朱普字公文，受业于平当，为博士，徒众尤盛。见前书。

③字林曰："窭，空也。"

建武十九年，年六十馀，始辟大司徒府。时显宗始立为皇太子，选求明经，乃擢荣弟子豫章何汤为虎贲中郎将，以尚书授太子。世祖从容问汤①本师为谁，汤对曰："事沛国桓荣。"帝即召荣，令说尚书，甚善之。②拜为议郎，赐钱十万，入使授太子。[3]每朝会，辄令荣于公卿前敷奏经书。帝称善，曰："得生几晚！"会欧阳博士缺，帝欲用荣。荣叩头让曰："臣经术浅薄，不如同门生郎中彭闳、扬州从事皋弘。"帝曰："俞，往，女谐。"③因拜荣为博士，引闳、弘为议郎。[4]

①从音七容反。

②谢承书曰："何汤字仲弓，豫章南昌人也。荣门徒常四百馀人，汤为高第，以才明知名。荣年四十无子，汤乃去荣妻为更娶，生三子，荣甚重之。后拜郎中，守开阳门候。上微行夜还，汤闭门不纳，更从中东门入。明旦，召诣太官赐食，诸门候皆夺俸。建武十八年夏旱，[5]公卿皆暴露请雨。洛阳令著车盖出门，汤将卫士钩令车收案，有诏免令官，拜汤虎贲中郎将。上尝叹曰：'赳赳武夫，公侯干城，何汤之谓也。'汤以明经尝授太子，推荐荣，荣拜五更，封关内侯。荣常言曰：'此皆何仲弓之力也。'"

③续汉书曰："闳字作明。"俞，然也。然其所举，敕令往，言汝能和谐此官。谢承书曰"皋弘字奉卿，[6]吴郡人也。[7]家代为冠族。少有英才，与桓荣相善。子徽，至司徒长史"也。

车驾幸大学，会诸博士论难于前，荣被服儒衣，温恭有蕴籍，①辩明经义，每以礼让相猒，不以辞长胜人，儒者莫之及，②特加赏赐。又诏诸生雅吹击磬，尽日乃罢。③后荣入会庭中，诏赐奇果，受者皆怀之，荣独举手捧之以拜。帝笑指之曰："此真儒生也。"以是愈见敬厚，常令止宿太子宫。积五年，荣荐门下生九江胡宪侍讲，乃听得出，旦一入而已。荣尝寝病，太子朝夕遣中傅问病，赐以珍羞、帷帐、奴婢，谓曰："如有不讳，无忧家室也。"④后病愈，复入侍讲。

①蕴籍犹言宽博有馀也。蕴音于问反。

②猒,服也。音一叶反。

③吹管奏雅颂也。

④不讳谓死也。死者人之常。故言不讳也。

二十八年,大会百官,诏问谁可傅太子者,群臣承望上意,皆言太子舅执金吾原鹿侯阴识可。①博士张佚正色曰:"今陛下立太子,为阴氏乎?为天下乎?即为阴氏,则阴侯可;为天下,则固宜用天下之贤才。"帝称善,曰:"欲置傅者,以辅太子也。今博士不难正朕,况太子乎?"即拜佚为太子太傅,而以荣为少傅,赐以辎车、乘马。荣大会诸生,陈其车马、印绶,曰:"今日所蒙,稽古之力也,可不勉哉!"荣以太子经学成毕,上疏谢曰:"臣幸得侍帷幄,执经连年,而智学浅短,无以补益万分。今皇太子以聪叡之姿,通明经义,观览古今,储君副主莫能专精博学若此者也。斯诚国家福祐,天下幸甚。臣师道已尽,皆在太子,谨使掾臣汜再拜归道。"②太子报书曰:"庄以童蒙,学道九载,而典训不明,无所晓识。夫五经广大,圣言幽远,非天下之至精,岂能与于此!③况以不才,敢承诲命。昔之先师谢弟子者有矣,上则通达经旨,分明章句,④下则去家慕乡,求谢师门。⑤今蒙下列,不敢有辞,愿君慎疾加餐,重爱玉体。"⑥

①言可任也。

②续汉书曰:"三公东西曹掾四百石,馀掾比二百石。"归犹谢也。

③此上二句,周易之系辞。与音预。

④前书丁宽受学于田何,学成,何谢宽,宽东归,何谓门人曰:"易东矣。"是先师谢弟子。

⑤韩诗外传曰"孔子行,见皋鱼哭。孔子曰:'子非有丧,何哭悲也?'皋鱼曰:'吾少而好学,周流诸侯,以没吾亲。树欲静而风不止,子欲养

而亲不待。往而不可追者年也，去而不见者亲也。’孔子曰：‘弟子识之。’于是门人辞归者十有三”也。

⑥史记曰：“伏闻太后玉体不安。”君子于玉比德，故以言也。

三十年，拜为太常。荣初遭仓卒，与族人桓元卿同饥厄，而荣讲诵不息。元卿嗤荣曰：“但自苦气力，何时复施用乎？”荣笑不应。及为太常，元卿叹曰：“我农家子，岂意学之为利乃若是哉！”①

①东观汉记曰：“荣为太常，元卿来候荣，荣诸弟子谓曰：‘平生笑尽气力，今何如？’元卿曰：‘我安能知此哉！’”

显宗即位，尊以师礼，甚见亲重，拜二子为郎。荣年踰八十，自以衰老，数上书乞身，辄加赏赐。乘舆尝幸太常府。令荣坐东面，设几杖，会百官骠骑将军东平王苍以下及荣门生数百人，天子亲自执业，每言辄曰“大师在是”。①既罢，悉以太官供具赐太常家。其恩礼若此。

①东观记曰“时执经生避位发难，上谦曰‘大师在是’”也。

永平二年，三雍初成，拜荣为五更。①每大射养老礼毕，帝辄引荣及弟子升堂，执经自为下说。②乃封荣为关内侯，食邑五千户。③[8]

①三雍，宫也，谓明堂、灵台、辟雍。前书音义曰：“皆叶天人雍和之气为之，故谓三雍。”五更，解见明纪。

②下说谓下语而讲说之也。

③东观记曰：“荣以尚书授朕十有馀年。诗云：‘日就月将，示我显德行。’乃封之。”

荣每疾病，帝辄遣使者存问，太官、太医相望于道。及笃，上疏谢恩，让还爵土。帝幸其家问起居，入街下车，拥经而前，抚荣垂涕，赐以床茵、帷帐、刀剑、衣被，良久乃去。自是诸侯将军大夫问疾者，不敢复乘车到门，皆拜床下。荣卒，帝亲自变服，临丧送葬，赐冢茔于首山之阳。①除兄子二人补四百石，都讲生八人补二百石，其馀门徒多至公卿。②子郁嗣。③

①首阳山在今偃师县西北也。

②华峤书曰："荣弟子丁鸿学最高。"

③华峤书曰："荣长子雍早卒，少子郁嗣。"

论曰：张佚讦切阴侯，以取高位，危言犯众，义动明后，知其直有馀也。若夫一言纳赏，志士为之怀耻；①受爵不让，风人所以兴歌。②而佚廷议戚援，自居全德，③意者以廉不足乎？昔乐羊食子，有功见疑；西巴放麑，以罪作傅。④盖推仁审伪，本乎其情。君人者能以此察，则真邪几于辨矣。⑤[9]

①秦兵围赵，时鲁仲连在赵，因说令退兵。平原君赵胜乃以千金为仲连寿，连笑曰："所贵于天下之士者，能排患解纷而无取也。即有取者，是商贾之事也，而连不忍为也。"遂去，终身不复见。见史记也。

②诗小雅角弓篇曰："受爵不让，至于已斯亡。"风人犹诗人也。

③佚谏云"当用天下之贤才"，而乃自当其任，故曰"自居全德"。全德言无玷缺也。庄子曰"是谓全德"也。

④并解见吴汉传。[10]

⑤几，近也，音钜依反。

郁字仲恩，少以父任为郎。敦厚笃学，传父业，以尚书教授，门徒常数百人。荣卒，郁当袭爵，上书让于兄子汎，显宗不许，不得已受封，悉以租入与之。帝以郁先师子，有礼让，甚见亲厚，常居中论经书，问以政事，稍迁侍中。①帝自制五家要说章句，令郁校定于宣明殿，②以侍中监虎贲中郎将。[11]

①东观记曰"永平十四年为议郎，迁侍中"也。

②华峤书曰"帝自制五行章句"，此言"五家"，即谓五行之家也。宣明殿在德阳殿后。东观记曰："上谓郁曰：'卿经及先师，致复文雅。'其冬，上亲于辟雍，自讲所制五行章句已，复令郁说一篇。上谓郁曰：'我为孔子，卿为子夏，起予者商也。'又问郁曰：'子几人能传学？'郁曰：'臣子皆未能传学，孤兄子一人学方起。'上曰：'努力教之，有起者即白之。'"

永平十五年，入授皇太子经，迁越骑校尉，诏敕太子、诸王各奉贺致礼。郁数进忠言，多见纳录。①肃宗即位，郁以母忧乞身，诏听以侍中行服。②建初二年，迁屯骑校尉。

①东观记曰："皇太子赐郁鞍马、刀剑，郁乃上疏皇太子曰：'伏见太子体性自然，包含今古，谦谦允恭，天下共见。郁父子受恩，无以明益，夙夜慙惧，诚思自竭。愚以为太子上当合圣心，下当卓绝于众，宜思远虑，以光朝廷。'"

②华峤书曰"郁上书乞身，天子忧之，有诏公卿议。议者皆以郁身为名儒，学者之宗，可许之，于是诏郁以侍中行服"也。

和帝即位，富于春秋，侍中窦宪自以外戚之重，欲令少主颇涉经学，上疏皇太后曰："礼记云：'天下之命，悬于天子；天子之善，成乎所习。习与智长，则切而不勤；[12]化与心成，则中道若性。昔成王幼小，越在襁保，周公在前，史佚在后，太公在左，召公在右。中立听朝，四圣维之。是以虑无遗计，举无过事。'①孝昭皇帝八岁即位，大臣辅政，亦选名儒韦贤、蔡义、夏侯胜等入授于前，平成圣德。②近建初元年，张酺、魏应、召训亦讲禁中。③[13]臣伏惟皇帝陛下，躬天然之姿，宜渐教学，而独对左右小臣，未闻典义。昔五更桓荣，亲为帝师，子郁，结发敦尚，继传父业，故再以校尉入授先帝，父子给事禁省，更历四世，今白首好礼，经行笃备。又宗正刘方，宗室之表，善为诗经，先帝所褒。宜令郁、方并入教授，以崇本朝，光示大化。”由是迁长乐少府，复入侍讲。顷之，转为侍中奉车都尉。永元四年，代丁鸿为太常。明年，病卒。

①自礼记以下，至此以上，皆大戴礼之文也。切而不勤，谓习与智长，则常自切厉而不须勤敕，若性犹自然也。襁，络也；保，小儿被也。“保”当作“褓”，古字通也。史佚，成王时史官，名佚，贤者也。维，持也。遗，失也。

②韦贤字长孺，鲁国邹人，治鲁诗。蔡义，河内温人也，为韩诗，给事中也。夏侯胜，鲁人也，字长公，治欧阳尚书。并见前书。

③酺等并自有传。

郁经授二帝，恩宠甚笃，赏赐前后数百千万，显于当世。门人杨震、朱宠，皆至三公。①

①邓骘传曰：“朱宠字仲威，京兆人也。笃行好学，从桓荣受尚书，位至太尉。”

初，荣受朱普学章句四十万言，浮辞繁长，多过其实。①及荣入授显宗，减为二十三万言。郁復删省定成十二万言。由是有桓君大小太常章句。

①长音直亮反。

子普嗣，传爵至曾孙。郁中子焉，能世传其家学。①孙鸾、曾孙彬，并知名。

①华峤书曰：“郁六子，普、延、焉、俊、鄷、良。普嗣侯，传国至曾孙，绝。鄷、良子孙皆博学有才能。”

焉字叔元，少以父任为郎。明经笃行，有名称。永初元年，入授安帝，三迁为侍中步兵校尉。永宁中，顺帝立为皇太子，以焉为太子少傅，月馀，迁太傅，以母忧自乞，听以大夫行丧。踰年，诏使者赐牛酒，夺服，即拜光禄大夫，迁太常。时废皇太子为济阴王，焉与太仆来历、廷尉张皓谏，不能得，事已具来历传。

顺帝即位，拜太傅，与太尉朱宠并录尚书事。焉复入授经禁中，因讌见，建言宜引三公、尚书入省事，①帝从之。以焉前廷议守正，封阳平侯，固让不受。视事三年，坐辟召禁锢者为吏免。复拜光禄大夫。阳嘉二年，代来历为大鸿胪，数日，迁为太常。永和五年，代王龚为太尉。汉安元年，以日食免。明年，卒于家。

①省犹视也。

弟子传业者数百人，黄琼、杨赐最为显贵。焉孙典。①

①华峤书曰："焉长子衡，早卒。中子顺，顺子典。"

典字公雅，复传其家业，①以尚书教授颍川，门徒数百人。举孝廉为郎。居无几，会国相王吉以罪被诛，②故人亲戚莫敢至者。典独弃官收敛归葬，服丧三年，负土成坟，为立祠堂，尽礼而去。

①华峤书曰"典十二丧父母，事叔母如事亲。立廉操，不取于人，门生故吏问遗，一无所受"也。

②沛相。

辟司徒袁隗府，举高第，拜侍御史。是时宦官秉权，典执政无所回避。[14]常乘骢马，京师畏惮，为之语曰："行行且止，避骢马御史。"及黄巾贼起荥阳，典奉使督军。贼破，还，以忤宦官赏不行。在御史七年不调，①后出为郎。

①华峤书作“十年”。

灵帝崩，大将军何进秉政，典与同谋议，三迁羽林中郎将。①献帝即位，三公奏典前与何进谋诛阉官，功虽不遂，忠义炳著。诏拜家一人为郎，赐钱二十万。

①华峤书曰“迁平津都尉、钩盾令、羽林中郎将”也。

从西入关，拜御史中丞，赐爵关内侯。车驾都许，迁光禄勋。建安六年，卒官。

鸾字始春，焉弟子也。①少立操行，褞袍糟食，不求盈馀。②以世浊，州郡多非其人，耻不肯仕。

①东观记曰“鸾父良，龙舒侯相”也。

②东观记曰“鸾贞亮之性，著乎幼冲。学览六经，莫不贯综。推财孤寡，分赡友朋。泰于待贤，狭于养己。常著大布褞袍，粝食醋餐”也。[15]

年四十馀，时太守向苗有名迹，[16]乃举鸾孝廉，迁为胶东令。始到官而苗卒，鸾即去职奔丧，终三年然后归，淮汝之间高其义。后为巳吾、汲二县令，①甚有名迹。诸公并荐，復征(辟)拜议郎。[17]上陈五事：举贤才，审授用，黜佞幸，省苑囿，息役赋。书奏御，牾内竖，故不省。以病免。中平元年，年七十七，卒于家。子晔。

①东观记曰：“〔除〕陈留巳吾长，[18]旬月间迁河内汲令。”

晔字文林，一名严，①尤修志介。姑为司空杨赐夫人。初鸾卒，姑归宁赴哀，将至，止于传舍，整饰从者而后入，晔心非之。及姑劳问，终无所言，号哭而已。赐遣吏奉祠，因县发取祠具，晔拒不受。后每至京师，未尝舍宿杨氏。其贞忮若此。②宾客从者，皆祗其志行，一餐不受于人。仕为郡功曹。后举孝廉、有道、方正、茂才，三公并辟，皆不应。

①东观记"严"作"硜"。

②忮，坚也。

初平中，天下乱，避地会稽，遂浮海客交阯①越人化其节，至闾里不争讼。为凶人所诬，遂死于合浦狱。

①东观记曰"硜到吴郡，扬州刺史刘繇振给穀食衣服所乏者，悉不受。后东适会稽，住止山阴县故鲁相锺离意舍，太守王朗餉给粮食、布帛、牛羊，一无所(当)〔留〕。[19]临去之际，屋中尺寸之物，悉疏付主人，纤微不漏。移居扬州从事屈豫室中，中庭橘树一株，遇实孰，乃以竹藩树四面，风吹落两实，以绳系著树枝。每当危亡之急，其志弥固，宾客从者皆肃其行"也。

彬字彦林，焉之兄孙也。

父麟，字元凤，早有才惠。①桓帝初，为议郎，入侍讲禁中，以直道牾左右，出为许令，②病免。会母终，麟不胜丧，未祥而卒，年四十一。所著碑、诔、赞、说、书凡二十一篇。③

①华峤书曰"酆生麟"也。

②许，县名，今许州许昌县也。

③案挚虞文章志，麟文见在者十八篇，有碑九首，诔七首，七说一首，沛相郭府君书一首。

彬少与蔡邕齐名。初举孝廉，拜尚书郎。时中常侍曹节女婿冯方亦为郎，彬厉志操，与左丞刘歆、右丞杜希同好交善，未尝与方共酒食之会，方深怨之，遂章言彬等为酒党。事下尚书令刘猛，〔猛〕雅善彬等，[20]不举正其事，节大怒，劾奏猛，以为阿党，请收下诏狱，在朝者为之寒心，猛意气自若，旬日得出，免官禁锢。彬遂以废。[21]光和元年，卒于家，年四十六。诸儒莫不伤之。

所著七说及书凡三篇，[22]蔡邕等共论序其志，佥以为彬有过人者四：夙智早成，岐嶷也；①[23]学优文丽，至通也；仕不苟禄，绝高也；辞隆从窊，絜操也。②乃共树碑而颂焉。

①夙，早也。岐，行皃也。嶷然有所识也。诗曰"克岐克嶷"也。

②窊，下也，音乌瓜反。

刘猛，琅邪人。桓帝时为宗正，直道不容，自免归家。灵帝即位，太傅陈蕃、大将军窦武辅政，复征用之。

论曰：伏氏自东西京相袭为名儒，以取爵位。①中兴而桓氏尤盛，自荣至典，世宗其道，父子兄弟代作帝师，受其业者皆至卿相，显乎当世。〔孔〕子曰：[24]"古之学者为己，今之学者为人。"②为人者，凭誉以显物；为己者，因心以会道。桓荣之累世见宗，岂其为己乎！

①谓伏生已后至伏湛也。

②论语文也。

丁鸿字孝公，[25]颍川定陵人也。

父綝，字幼春，王莽末守颍阳尉。世祖略地颍阳，颍阳城守不下，綝说其宰，遂与俱降，世祖大喜，厚加赏劳，以綝为偏将军，因从征伐。綝将兵先度河，移檄郡国，攻营略地，下河南、陈留、颍川二十一县。

建武元年，拜河南太守。及封功臣，帝令各言所乐，诸将皆占丰邑美县，唯綝愿封本乡。或谓綝曰："人皆欲县，子独求乡，何也？"綝曰："昔孙叔敖敕其子，受封必求垸埆之地，①今綝能薄功微，得乡亭厚矣。"帝从之，封定陵新安乡侯，食邑五千户，后徙封陵阳侯。

①孙叔敖，楚相也。垸埆，瘠薄之地。叔敖将死，戒其子曰："王封汝，必无居利地也。楚、越之间，有寝丘者，甚恶，可长有以食也。"见吕氏春秋也。

鸿年十三，从桓荣受欧阳尚书，三年而明章句，善论难，为都讲，遂笃志精锐，布衣荷担，不远千里。

初，綝从世祖征伐，鸿独与弟盛居，怜盛幼小而共寒苦。及綝卒，鸿当袭封，上书让国于盛，不报。既葬，乃挂缞绖于冢庐而逃去，留书与盛曰："鸿贪经书，不顾恩义，弱而随师，①生不供养，死不饭唅，皇天先祖，并不佑助，身被大病，不任茅土。②前上疾状，愿辞爵仲公，③章寝不报，迫且当袭封。谨自放弃，逐求良医。如遂不瘳，永归沟壑。"鸿初与九江人鲍骏同事桓荣，[26]甚相友善，及鸿亡封，与骏遇于东海，阳狂不识骏。骏乃止而让之曰："昔伯夷、吴札乱世权行，故得申其志耳。④春秋之义，不以家事废王事。⑤今子以兄弟私恩而绝父不灭之基，可谓智乎？"鸿感悟，垂涕叹息，乃还就国，开门教授。鲍骏亦上书言鸿经学至行，显宗甚贤之。⑥

①弱，少也。

②任，堪也。

③仲公，盛之字也。

④伯夷，孤竹君之子，让其弟叔齐，饿死于首阳之山。吴札，吴王寿梦之

季子也，诸兄欲让其国，季子乃舍其室而耕。皆是权时所行，非常之道也。伯夷当纣时，吴札当周之末，故言乱(也)〔世〕。〔27〕

⑤春秋卫灵公卒，孙辄立，父蒯聩与辄争国。〔28〕公羊传曰："辄者曷为？蒯聩之子。然则曷为不立蒯聩而立辄？蒯聩无道，灵公逐之而立辄。然则辄之义可以立乎？曰可。不以父命辞于王命，〔29〕不以家事辞于王事。"故骏引以为言也。

⑥续汉书载骏书曰："臣闻武王克殷，封比干之墓，表商容之间，二人无功，下车先封之，表善显仁，为国之砥砺也。伏见丁鸿经明行修，志节清妙。"由是上贤之也。

永平十年诏征，鸿至即召见，说文侯之命篇，①赐御衣及绶，禀食公车，②与博士同礼。顷之，拜侍中。十三年，兼射声校尉。建初四年，徙封鲁阳乡侯。③

①周平王东迁洛邑，晋文侯仇有辅佐之功，平王赐以车马、弓矢而策命之，因以名篇，事见尚书也。

②禀，给也。公车，署名，公车所在，因以名。诸待诏者，皆居以待命，故令给食焉。

③东观记曰："鲁阳乡在寻阳(郡)〔县〕"也。〔30〕

肃宗诏鸿与广平王羡及诸儒楼望、成封、桓郁、贾逵等，论定五经同异于北宫白虎观，①使五官中郎将魏应主承制问难，侍中淳王恭奏上，帝亲称制临决。鸿以才高，论难最明，诸儒称之，帝数嗟美焉。时人叹曰："殿中无双丁孝公。"②数受赏赐，擢徙校书，〔31〕遂代成封为少府。门下由是益盛，远方至者数千人。彭城刘恺、北海巴茂、九江朱伥皆至公卿。元和三年，徙封马亭乡侯。③

①广平王羡，明帝子也。东观记曰"与太常楼望、少府成封、屯骑校尉桓

郁、卫士令贾逵等集议”也。白虎,门名于门立观,因之以名焉。

②东观记曰:“上叹嗟其才,号之曰‘殿中无双丁孝公’,赐钱二十万。”续汉书亦同。而此书独作“时人叹”也。

③东观记曰:“元和二年,车驾东巡狩,鸿以少府从。上奏曰:‘臣闻古之帝王,统治天下,五载巡狩,至于岱宗,柴祭于天,望秩山川,协时月正日,同斗斛权衡,〔32〕使人不争。陛下尊履蒸蒸,奉承弘业,祀五帝于明帝,配以光武,二祖四宗,咸有告祀。瞻望太山,嘉泽降澍,柴祭之日,白气上升,与燎烟合,黄鹄群翔,所谓神人以和,荅响之休符也。’上善焉。”又曰“以庐江郡为六安国”,所以徙封为马亭侯。

和帝即位,迁太常。永元四年,代袁安为司徒。是时窦太后临政,宪兄弟各擅威权。鸿因日食,上封事曰:

臣闻日者阳精,守实不亏,君之象也;月者阴精,盈毁有常,臣之表也。故日食者,臣乘君,阴陵阳;月满不亏,下骄盈也。昔周室衰季,皇甫之属专权于外,党类强盛,侵夺主執,则日月薄食,①故诗曰:“十月之交,朔月辛卯,日有食之,亦孔之丑。”②春秋日食三十六,弑君三十二。〔33〕变不空生,各以类应。夫威柄不以放下,利器不可假人。③览观往古,近察汉兴,倾危之祸,靡不由之。是以三桓专鲁,田氏擅齐,六卿分晋;诸吕握权,统嗣几移;哀、平之末,庙不血食。④故虽有周公之亲,而无其德,不得行其埶也。⑤

①周室衰谓幽王时也。皇甫即幽王后之党也。诗小雅曰:“皇甫卿士,番惟司徒,家伯维宰,仲允膳夫。”其类非一,故言之属也。

②十月之交,诗小雅篇名也。孔,甚也。丑,恶也。周之十月,夏之八月也。八月朔,日月交而日食,阴侵阳,臣侵君之象也。日辰之义,日为君,辰为臣。辛,金也。卯,木也。又以卯侵金,故甚恶也。

③刘向上书云："弑君三十六。"今据春秋与刘向同，而东观及续汉范氏诸本皆云"三十二"，盖误也。威柄谓周礼之八柄，即爵、禄、生、置、予、夺、废、诛也。利器谓国之权埶。假，借也。左传曰"唯器与名，不可以假人"也。

④三桓谓季孙氏、叔孙氏、仲孙氏。三家皆出自鲁桓公，故言三桓。并专权鲁国。至鲁昭公，遂为季氏所逐，平子乃摄行君事。田氏，陈敬仲之后，因自陈奔齐，改为田氏，遂执齐政，至田和乃篡齐。六卿谓晋之智氏、中行氏、范氏、韩氏、赵氏、魏氏，并专晋政，韩、赵、魏卒三分晋国也。诸吕谓吕产、吕禄也。产领南军，禄领北军，谋危刘氏，故曰"统嗣几移"。

⑤言亲贤兼重，方可执政。孟子曰："有伊尹之心则可，无伊尹之心则篡也。"〔34〕

今大将军虽欲敕身自约，不敢僭差，然而天下远近皆惶怖承旨，刺史二千石初除谒辞，求通待报，虽奉符玺，受台敕，不敢便去，久者至数十日。背王室，向私门，此乃上威损，下权盛也。人道悖于下，效验见于天，虽有隐谋，〔35〕神照其情，垂象见戒，以告人君。间者月满先节，过望不亏，①此臣骄溢背君，专功独行也。陛下未深觉悟，故天重见戒，诚宜畏惧，以防其祸。诗云："敬天之怒，不敢戏豫。"②若敕政责躬，杜渐防萌，则凶妖销灭，害除福凑矣。

①易曰"天垂象，见吉凶"，故言见戒也。见满先节谓未及望而满也。东观记亦(云)作"先节"，〔36〕俗本作"失节"，字之误也。

②诗大雅也。雷电震耀，天怒也。戏豫犹逸豫也。不敢自逸，所以敬天也。

夫坏崖破岩之水，源自涓涓；干云蔽日之木，起于葱青。

禁微则易，救末者难，人莫不忽于微细，以致其大。恩不忍诲，义不忍割，去事之后，未然之明镜也。臣愚以为左官外附之臣，①依托权门，倾覆谄谀，以求容媚者，宜行一切之诛。间者大将军再出，威振州郡，莫不赋敛吏人，遣使贡献。大将军虽云不受，而物不还主，部署之吏无所畏惮，纵行非法，不伏罪辜，故海内贪猾，竞为奸吏，小民吁嗟，怨气满腹。臣闻天不可以不刚，不刚则三光不明；②王不可以不强，不强则宰牧从横。宜因大变，改政匡失，以塞天意。

①前书："左官附益阿党之法设。"左官者，人道尚右，舍天子而事诸侯为左官。外附谓背正法而附私家。

②三光，日、月、星也。天道尚刚。周易曰："乾，健也。"左传曰："天为刚德。"〔37〕

书奏十馀日，帝以鸿行太尉兼卫尉，屯南、北宫。于是收窦宪大将军印绶，宪及诸弟皆自杀。

时大郡口五六十万举孝廉二人，小郡口二十万并有蛮夷者亦举二人，帝以为不均，下公卿会议。鸿与司空刘方上言："凡口率之科，宜有阶品，蛮夷错杂，不得为数。自今郡国率二十万口岁举孝廉一人，四十万二人，六十万三人，八十万四人，百万五人，百二十万六人。不满二十万二岁一人，不满十万三岁一人。"帝从之。

六年，鸿薨，赐赠有加常礼。子湛嗣。〔湛〕卒，子浮嗣。〔38〕浮卒，子夏嗣。①

①东观记及续汉书"夏"字作"夔"也。

论曰：孔子曰"太伯三以天下让，民无得而称焉"。①孟子曰

"闻伯夷之风者，贪夫廉，懦夫有立志"。若乃太伯以天下而违周，伯夷率絜情以去国，并未始有其让也。②故太伯称至德，伯夷称贤人。后世闻其让而慕其风，徇其名而昧其致，所以激诡行生而取与妄矣。③至夫邓彪、刘恺，让其弟以取义，使弟受非服而己厚其名，[39]于义不亦薄乎！④君子立言，非苟显其理，将以启天下之方悟者；立行，非独善其身，将以训天下之方动者。言行之所开塞，可无慎哉！原丁鸿之心，主于忠爱乎？何其终悟而从义也！异夫数子类乎徇名者焉。

①此上论语载孔子之言也。郑玄注云："太伯，周太王之长子，次子仲雍，次子季历。太王见季历贤，又生文王有圣人表，故欲立之，而未有命。太王疾，太伯因适吴、越采药，太王殁而不返，季历为丧主，一让也。季历赴之，不来奔丧，二让也。免丧之后，遂断发文身，三让也。三让之美皆蔽隐不著，故人无得而称焉。"

②违，去也。未始犹未尝也。言太伯、伯夷率性清絜，超然去国，未尝故有求让之名。

③徇，营也。言二子非故立让风以求声誉，故至德称于前古。后代之人直欲营慕其名，而昧其深致，所以激射诡谲之行生，而取与之间多诈妄矣。

④彪让国异母弟荆及凤，恺以国让弟宪，帝皆许焉。弟不当袭爵，故言非服，而彪、恺皆独受美名，而陷弟于不义也。

赞曰：五更待问，应若鸣锺。①庭列辎驾，堂修礼容。穆穆帝则，拥经以从。②丁鸿翼翼，让而不饰。高论白虎，深言日食。③

①礼记曰："夙夜强学以待问。"又曰"善待问者如撞锺，扣之以小者则小鸣，扣之以大者则大鸣，待其舂容而后尽其声，不善答问者反此"也。

②从，就也。

③春秋经书“日有食之”。杜注云：“日食者，月掩日。圣人不言月掩日，而以自食为文，〔40〕阙于所不见也。”

【校勘记】

〔1〕桓荣字春卿　按：集解引汪文台说，谓书钞云字子春。

〔2〕事博士九江朱普　按：王先谦谓今本东观记作“朱文刚”。

〔3〕入使授太子　刊误谓案文“入使”当作“使入”。按：孔广陶校注本北堂书钞五十六引续汉书作“入授太子”，无“使”字。张森楷校勘记谓治要无“使”字。

〔4〕引闳弘为议郎　按：东观记无“弘”字。

〔5〕建武十八年夏旱　汲本、殿本“十八年”作“十六年”。按：光武纪建武十八年夏五月旱，是作“十六年”者误也。

〔6〕皋弘字奉卿　按：“奉”原讹“秦”，径据汲本、殿本改正。

〔7〕吴郡人也　按：张熷谓吴郡顺帝时置，荣时乃会稽郡耳，“郡”当为“县”。

〔8〕食邑五千户　按：东观记作“五百户”，云后以五更禄终厥身。

〔9〕则真邪几于辨矣　按：王先谦谓“真”盖“贞”之误。

〔10〕并解见吴汉传　按：集解引黄山说，谓注误，乃见公孙述传。

〔11〕以侍中监虎贲中郎将　按：刊误谓汉无监虎贲官，盖是“兼”字，与丁鸿同也。

〔12〕则切而不勤　按：集解引沈钦韩说，谓大戴礼保傅篇作“切而不攘”，贾谊传及新书作“切而不愧”。

〔13〕召训　按：集解引惠栋说，谓本传作“驯”，徐广云驯古训字。

〔14〕典执政无所回避　刊误谓典为御史，非执政者，“政”当作“正”。按：御览四二七引作“正”。

〔15〕粝食醋餐　按：聚珍本东观记“醋餐”作“粗餐”。

〔16〕时太守向苗　按：校补引钱大昭说，谓鸾，沛国人，苗当为国相，桓典之为孝廉，国相王吉举之，是其证。此云“太守”，误。

〔17〕复征(辟)拜议郎　刊误谓征则上征之，辟则诸府辟之，议郎当云征而已，明多“辟”字。今据删。

〔18〕〔除〕陈留已吾长　据汲本、殿本补。

〔19〕一无所(当)〔留〕　据殿本改，与聚珍本东观记合。

〔20〕〔猛〕雅善彬等　据汲本、殿本补。按：御览二一五引重“猛”字。

〔21〕彬遂以废　按：御览二一五引“以”作“见”。

〔22〕所著七说　按：校补引侯康及柳从辰说，并谓“七说”当作“七误”。

〔23〕夙智早成岐嶷也　按：刊误谓案蔡邕本以早成为一德，传写之误，反以“岐嶷”在下，当云“夙智岐嶷，早成也”。

〔24〕〔孔〕子曰　据汲本、殿本补。

〔25〕丁鸿字孝公　按：王先谦谓李善文选注作“字季公”。

〔26〕九江人鲍骏　按：集解引惠栋说，谓袁宏纪“骏”作“俊”。

〔27〕故言乱(也)〔世〕　据殿本改。

〔28〕父蒯聩与辄争国　按：汲本、殿本“聩”作“瞶”。下同。

〔29〕不以父命辞于王命　按：陈景云谓按公羊传本文，当作“不以父命辞王父命”。

〔30〕鲁阳乡在寻阳(郡)〔县〕也　集解引洪亮吉说，谓汉时止有寻阳县，属庐江郡，此“郡”字盖“县”字之误。今据改。

〔31〕数受赏赐擢徙校书　刊误谓汉校书者郎官而已，鸿已为二千石，不当以校书为擢徙也，明衍“校书”二字。集解引惠栋说，谓如刘说，则“擢徙”二字无所附丽，或作“尚书”。校补谓案刘意，“擢徙”二字承上“数受赏赐”为一句，不必有所附丽，尚书六百石，亦非二千石擢徙之官。此传但云“校书”，未言“校书郎”，则“赏赐擢徙”与“校书”各为一事，原不必校书定为官名。今按：句当有脱讹，诸说

皆未谛。

〔32〕同斗斛权衡　按："同"原讹"角"，径据汲本、殿本改正。

〔33〕弑君三十二　按："弑"原讹"杀"，径据汲本、殿本改正。

〔34〕有伊尹之心则可无伊尹之心则篡也　按：殿本"心"皆改作"志"，取与今本孟子合。校补谓案周章传论已引作"心"，官本同，周广业据为孟子异本是也。

〔35〕虽有隐谋　按：集解引王补说，谓袁宏纪作"虽欲隐讳"。

〔36〕东观记亦(云)作先节　据校补删。

〔37〕左传曰天为刚德　按：汲本、殿本注无此七字，而有"天道终日乾乾是其刚也"十字。

〔38〕〔湛〕卒子浮嗣　据汲本、殿本补。

〔39〕而己厚其名　按：解集引惠栋说，谓华峤书"厚"作"享"。

〔40〕而以自食为文　按：汲本、殿本"自食"讹"日食"。

后汉书卷三十八

张法滕冯度杨列传第二十八

张宗字诸君，南阳鲁阳人也。王莽时，为县阳泉乡佐。①会莽败，义兵起，宗乃率阳泉民三四百人起兵略地，西至长安，更始以宗为偏将军。宗见更始政乱，因将家属客安邑。

①续汉书曰："乡佐，主佐乡收税赋。"

及大司徒邓禹西征，定河东，宗诣禹自归。禹闻宗素多权谋，乃表为偏将军。禹军到栒邑，[1]赤眉大众且至，禹以栒邑不足守，欲引师进就坚城，而众人多畏贼追，惮为后拒。禹乃书诸将名于竹简，署其前后，乱著笥中，令各探之。①宗独不肯探，曰："死生有命，张宗岂辞难就逸乎！"禹叹息谓曰："将军有亲弱在营，柰何不顾？"宗曰："愚闻一卒毕力，百人不当；万夫致死，可以横行。宗今拥兵数千，以承大威，何遽其必败乎！"[2]遂留为后拒。诸营既引兵，宗方勒厉军士，坚垒壁，以死当之。禹到前县，议曰："以张将军之众，当百万之师，犹以小雪投沸汤，虽欲戮力，[3]其埶不全也。”乃遣步骑二千人反还迎宗。宗引兵始发，而赤眉卒至，宗与战，却之，乃得归营，于是诸将服其勇。及还到长安，宗夜将锐士入城袭赤眉，中矛贯胛，②又转攻诸营保，为流矢所激，皆几至于死。

①笥以竹为之。郑玄注礼记云：“圆曰箪，方曰笥。”

②胛，背上两膊间。

及邓禹征还，光武以宗为京辅都尉，①将突骑与征西大将军冯异共击关中诸营保，破之，迁河南都尉。建武六年，都尉官省，拜太中大夫。八年，颍川桑中盗贼群起，宗将兵击定之。后青、冀盗贼屯聚山泽，宗以谒者督诸郡兵讨平之。十六年，琅邪、北海盗贼复起，宗督二郡兵讨之，乃设方略，明购赏，皆悉破散，于是沛、楚、东海、临淮群贼惧其威武，相捕斩者数千人，青、徐震栗。后迁琅邪相，其政好严猛，敢杀伐。永平二年，卒于官。

①秦每郡有尉一人，典兵禁，景帝更名都尉。武帝元鼎四年，置京辅都尉，各一人，[4]二千石，见前书也。

法雄字文彊，扶风郿人也，齐襄王法章之后。秦灭齐，子孙不敢称田姓，故以法为氏。①宣帝时，徙三辅，世为二千石。雄初仕郡功曹，②辟太傅张禹府，举雄高第，除平氏长。③善政事，好发擿奸伏，盗贼稀发，吏人畏爱之。南阳太守鲍得上其理状，迁宛陵令。[5]

①法章，齐湣王子也。法章子建立，为秦所灭。见史记也。

②续汉志曰“郡皆置诸曹掾史。功曹史，主选署功劳”也。

③平氏，县，属南阳郡，故城今唐州平氏县也。

永初三年，海贼张伯路等三千馀人，冠赤帻，服绛衣，自称"将军"，寇滨海九郡，杀二千石令长。初，遣侍御史庞雄督州郡兵击之，伯路等乞降，寻复屯聚。明年，伯路复与平原刘文河等三百馀人称"使者"，攻厌次城，杀长吏，①转入高唐，②烧官寺，出系囚，渠帅皆称"将军"，共朝谒伯路。伯路冠五梁冠，佩印绶，③党众浸盛。乃遣御史中丞王宗持节发幽、冀诸郡兵，合数万人，乃征雄为青州刺史，与王宗并力讨之。连战破贼，斩首溺死者数百人，馀皆奔走，收器械财物甚众。会赦诏到，贼犹以军甲未解，不敢归降。于是王宗召刺史太守共议，皆以为当遂击之。雄曰："不然。兵，凶器；战，危事。④勇不可恃，胜不可必。贼若乘船浮海，深入远岛，攻之未易也。及有赦令，可且罢兵，以慰诱其心，埶必解散，然后图之，可不战而定也。"宗善其言，即罢兵。贼闻大喜，乃还所略人。而东莱郡兵独未解甲，贼复惊恐，遁走辽东，止海岛上。五年春，乏食，复抄东莱间，雄率郡兵击破之，贼逃还辽东，辽东人李久等共斩平之，于是州界清静。

①厌次，今棣州县是也。

②高唐今博州县。

③汉官仪曰"诸侯冠进贤三梁，卿大夫、尚书、二千石冠两梁，千石以下至小吏冠一梁"，无五梁制者也。

④史记范蠡之词。

雄每行部，录囚徒，察颜色，多得情伪，长吏不奉法者皆解印绶去。

在州四年，迁南郡太守，断狱省少，户口益增。郡滨带江沔，①又有云梦薮泽，②永初中，多虎狼之暴，前太守赏募张捕，反为所害者甚众。雄乃移书属县曰："凡虎狼之在山林，犹人〔民〕之居城市。古者至化之世，猛兽不扰，③皆由恩信宽泽，仁及飞走。太守虽不德，敢忘斯义。记到，其毁坏槛穽，不得妄捕山林。"④是后虎害稍息，人以获安。〔6〕在郡数岁，岁常丰稔。⑤元初中卒官。

①水经曰："沔水出武都沮县东狼谷中，至江夏沙羡县北，南入于江。"羡音夷。

②云梦泽今在安州。

③礼记曰："大道之行，四灵以为畜。龙以为畜，故鱼鲔不淰；凤以为畜，故鸟不獝；麟以为畜，故兽不狘。"是不扰之也。

④槛谓捕兽之机也。穽谓穿地陷兽也。

⑤稔，熟也。

子真，在逸人传。〔7〕

滕抚字叔辅，北海剧人也。初仕州郡，稍迁为涿令，有文武才用。太守以其能，委任郡职，兼领六县。①风政修明，流爱于人，在事七年，道不拾遗。

①续汉志涿郡领七县，除涿以外，有迺、故安、范阳、良乡、北新城、方城六县，使抚兼领之。

顺帝末，扬、徐盗贼群起，磐牙连岁。①〔8〕建康元年，九江范容、周生等相聚反乱，屯据历阳，②为江淮巨患，遣御史中丞冯绲将兵督扬州刺史尹耀、九江太守邓显讨之。耀、显军败，为贼所杀。又阴陵人徐凤、马勉等复冠郡县，杀略吏人。凤衣绛衣，带黑绶，称"无上将军"，勉皮冠黄衣，带玉印，称"黄帝"，筑营于当塗山中。③乃建年号，置百官，遣别帅黄虎攻没合肥。④明年，广陵贼张婴等复聚众数千人反，据广陵。朝廷博求将帅，三公举抚有文武才，拜为九江都尉，与中郎将赵序助冯绲合州郡兵数万人共讨之。又广开赏募，钱、邑各有差。梁太后虑群贼屯结，诸将不能制，又议遣太尉李固。未及行，会抚等进击，大破之，斩马勉、范容、周生等千五百级，徐凤遂将馀众攻烧东城县。⑤下邳人谢安应募，率其宗亲设伏击凤，斩之，封安为平乡侯，邑三千户。拜抚中郎将，督扬徐二州事。抚复进击张婴，斩获千馀人。赵序坐畏懦不进，诈增首级，征还弃市。又历阳贼华孟自称"黑帝"，攻九江，杀郡守。抚乘胜进击，破之，斩孟等三千八百级，虏获七百馀人，牛马财物不可胜算。于是东南悉平，振旅而还。以抚为左冯翊，除一子为郎。抚所得赏赐，尽分于麾下。

①磐牙谓相连结。

②历阳今和州县。

③当涂县之山也，在今宣州。[9]

④合肥故城在今庐州北也。

⑤东城县故城在今豪州定远县东南。[10]

性方直，不交权埶，宦官怀忿。及论功当封，太尉胡广时录尚书事，承旨奏黜抚，天下怨之。卒于家。

冯绲字鸿卿，巴郡宕渠人也，①少学春秋、司马兵法。②父焕，安帝时为幽州刺史，疾忌奸恶，数致其罪。时玄菟太守姚光亦失人和。建光元年，怨者乃诈作玺书谴责焕、光，赐以欧刀。又下辽东都尉庞奋使速行刑，奋即斩光收焕。焕欲自杀，绲疑诏文有异，止焕曰："大人在州，志欲去恶，实无它故，必是凶人妄诈，规肆奸毒。愿以事自上，甘罪无晚。"焕从其言，上书自讼，果诈者所为，征奋抵罪。会焕病死狱中，帝愍之，赐焕、光钱各十万，以子为郎中。绲由是知名。

①宕渠，县，故城在今渠州东北。绲音古本反。

②谢承书曰，绲学公羊春秋。史记曰，司马穰苴者，田完之苗裔也，当景公时，善用兵。至齐威王时，使大夫追论古者司马兵法，而附穰苴其中，号曰司马穰苴也。

家富好施，赈赴穷急，为州里所归爱。初举孝廉，七迁为广汉属国都尉，征拜御史中丞。顺帝末，以绲持节督扬州诸郡军事，与中郎将滕抚击破群贼，迁陇西太守。后鲜卑寇边，以绲为辽东太守，晓喻降集，虏皆弭散。①征拜京兆尹，转司隶校尉，所在立威刑。迁廷尉、太常。

①弭，止也。

时长沙蛮寇益阳，屯聚积久，至延熹五年，众转盛，而零陵蛮贼复反应之。合二万馀人，攻烧城郭，杀伤长吏。又武陵蛮夷悉反，寇掠江陵间，荆州刺史刘度、南郡太守李肃并奔走，荆南皆没。于是拜绲为车骑将军，将兵十馀万讨之，诏策绲曰："蛮夷猾夏，久不讨摄，①各焚都城，蹈籍官人。州郡将吏，死职之臣，相逐奔窜，曾不反顾，可愧言也。将军素有威猛，是以擢授六师。②前代陈汤、冯、傅之徒，以寡击众，③郅支、夜郎、楼兰之戎，头悬都街，④卫、霍北征，功列金石，是皆将军所究览也。⑤今非将军，谁与修复前跡？进赴之宜，权时之策，将军一之，出郊之事，不复内御。⑥已命有司祖于国门。⑦诗不云乎：'进厥虎臣，阚如虓虎，敷敦淮濆，仍执丑虏。'将军其勉之!"⑧

①猾,乱也。夏,华夏也。摄,持也。书曰:"蛮夷猾夏。"

②六师犹六军也,诗云"整我六师,以修我戎"也。

③陈汤字子公,山阳瑕丘人也。元帝时,为西域副校尉,矫发西域诸国兵四万人,诛斩郅支单于,传首长安,悬于稾街。冯奉世字子明,上党潞人也。宣帝时,以卫尉持节送大宛诸国客到伊修城。时莎车王万年杀汉使者,子明乃以节告诸国王,发兵五千人击莎车,杀其王,传首诣长安。傅介子,北地人。昭帝时,为平乐监。时楼兰国数反覆,霍光白遣介子与士卒,赍金币以赐外国为名,至楼兰,楼兰王与介子饮,乃令壮士二人刺杀之,持首诣阙。

④夜郎,西南夷之国也。成帝时,夜郎王兴数不从命,牂柯太守陈立行县至夜郎,召兴,兴从邑君数十人见立,立数责,因断兴头。案:夜郎王首不传京师,杀之者陈立,又非陈汤、冯、傅,此盖泛论诛戮戎夷耳。

⑤卫青、霍去病俱出击匈奴,青至寘颜山,斩首九千级,去病斩首七万馀级,次(到)〔封〕狼居胥山迺还也。[11]

⑥一犹专也,言出郊以外,不复由内制御也。淮南子曰"凡命将,主亲授钺曰:'从此上至天,将军制之。'将答曰:'国不可从外理,军不可从中御'"也。

⑦祖,道祭也。郑玄注礼记云:"天子九门:路门也,应门也,雉门也,库门也,皋门也,国门也,近郊门也,远郊门也,关门也。"

⑧诗大雅也。当周宣王时,徐方、淮夷反叛,宣王乃进其虎猛之臣,谓方叔、召虎之类也。虓虎,怒声也。水涯曰濆。敷,布也。丑,众也。仍,因也。言布兵敦逼淮水之涯,因执得众虏。引诗戒绲,令其勉也。

时天下饥馑,帑藏虚尽,每出征伐,常减公卿奉禄,假王侯租赋,前后所遣将帅,宦官辄陷以折耗军资,往往抵罪。绲性烈直,不行贿赂,惧为所中,乃上疏曰:"执得容奸,伯夷可疑;苟曰无猜,盗跖可信。①故乐羊陈功,文侯示以谤书。②愿请中常侍一人监军财费。”尚书朱穆奏绲以财自嫌,失大臣之节。有诏勿劾。

①庄子曰,孔子与柳下季为友,弟名曰盗跖,从卒九千人,横行,侵暴诸侯,驱人马牛,取人妇女,贪虐无亲,万人苦之。

②乐羊,魏将军也。史记曰,魏文侯令乐羊将而攻中山,三年而拔之。乐羊反而论功,文侯示之谤书一箧。乐羊再拜曰:“此非臣之功也。”

绲军至长沙,贼闻,悉诣营道乞降。①进击武陵蛮夷,斩首四千馀级,受降十馀万人,[12]荆州平定。诏书赐钱一亿,固让不受。振旅还京师,推功于从事中郎应奉,荐以为司隶校尉,而上书乞骸骨,朝廷不许。监军使者张敞承宦官旨,奏绲将傅婢二人戎服自随,又辄于江陵刻石纪功,请下吏案理。尚书令黄儁奏议,以为罪无正法,不合致纠。会长沙贼复起,攻桂阳、武陵,绲以军还盗贼复发,策免。

①营道,今道州县也。

顷之,拜将作大匠,转河南尹。上言“旧典,中官子弟不得为牧人职”,帝不纳。复为廷尉。时山阳太守单迁以罪系狱,绲考致其死。迁,故车骑将军单超之弟,中官相党,遂共诽章诬绲,坐与司隶校尉李膺、大司农刘祐俱输左校。应奉上疏理绲等,得免。后拜屯骑校尉,复为廷尉,卒于官。

绲弟允,[13]清白有孝行,能理尚书,善推步之术。①拜降虏校尉,终于家。②

①推步谓究日月五星之度,昏旦节气之差。

②谢承书曰:“绲子鸾,举孝廉,除郎中。”

度尚字博平，山阳湖陆人也。家贫，不修学行，不为乡里所推举。①积困穷，乃为宦者同郡侯览视田，得为郡上计吏，拜郎中，除上虞长。②为政严峻，明于发擿奸非，吏人谓之神明。③迁文安令，④遇时疾疫，穀贵人饥，尚开仓禀给，营救疾者，百姓蒙其济。时冀州刺史朱穆行部，见尚甚奇之。

①续汉书曰："尚少丧父，事母至孝，通京氏易、古文尚书。为吏清絜，有文武才略。"与此不同。

②上虞，县，故城在今越州馀姚县西。

③谢承书曰："尚进善爱人，坐以待旦，擢门下书佐朱儁，恒叹述之，以为有不凡之操。儁后官至车骑将军，远近奇尚有知人之鉴。"

④文安，县，故城在今瀛州文安县东北。

延熹五年，长沙、零陵贼合七八千人，自称"将军"，入桂阳、苍梧、南海、交阯，交阯刺史及苍梧太守望风逃奔，二郡皆没。遣御史中丞盛修募兵讨之，不能剋。豫章艾县人六百馀人，[14]应募而不得赏直，怨恚，遂反，焚烧长沙郡县，寇益阳，①杀县令，众渐盛。又遣谒者马睦，督荆州刺史刘度击之，军败，睦、度奔走。桓帝诏公卿举任代刘度者，尚书朱穆举尚，自右校令擢为荆州刺史。尚躬率部曲，与同劳逸，广募杂种诸蛮夷，明设购赏，进击，大破之，降者数万人。桂阳宿贼渠帅卜阳、潘鸿等畏尚威烈，徙入山谷。尚穷追数百里，遂入南海，破其三屯，多获珍宝。而阳、鸿等党众犹盛，尚欲击之，而士卒骄富，莫有斗志。尚计缓之则不战，逼之必逃亡，乃宣言卜阳、潘鸿作贼十年，习于攻守，今兵寡少，未易可进，当须诸郡所发悉至，尔乃并力攻之。申令军中，恣听射猎。兵士喜悦，大小皆相与从禽。尚乃密使所亲客潜焚其营，珍积皆尽。猎者来还，莫不泣涕。尚人人慰劳，深自咎责，因曰："卜阳等财宝足富数世，诸卿但不并力耳。所亡少少，何足介意！”众闻咸愤踊，尚敕令秣马蓐食，明旦，径赴贼屯。阳、鸿等自以深固，不复设备，吏士乘锐，遂大破平之。

①益阳，县，在益水之阳，故城在今潭州益阳县东。

尚出兵三年，群寇悉定，七年，封右乡侯，迁桂阳太守。明年，征还京师。时荆州兵朱盖等，征戍役久，财赏不赡，忿恚，复作乱，与桂阳贼胡兰等三千馀人复攻桂阳，焚烧郡县，太守任胤弃城走，贼众遂至数万。转攻零陵，太守陈球固守拒之。于是以尚为中郎将，将幽、冀、黎阳、乌桓步骑二万六千人救球，又与长沙太守抗徐等发诸郡兵，并埶讨击，大破之，斩兰等首三千五百级，馀贼走苍梧。诏赐尚钱百万，馀人各有差。

时抗徐与尚俱为名将，数有功。徐字伯徐，丹阳人，乡邦称其胆智。初试守宣城长，悉移深林远薮椎髻鸟语之人置于县下，①由是境内无复盗贼。后为中郎将宗资别部司马，击太山贼公孙举等，破平之，斩首三千馀级，封乌程东乡侯五百户。②迁太山都尉，寇盗望风奔亡。及在长沙，宿贼皆平。卒于官。桓帝下诏追增封徐五百户，并前千户。

①宣城，县，故城在今宣州南陵县东。椎，独髻也，音直追反。鸟语谓语声似鸟也。书曰：“岛夷卉服。”〔15〕

②乌程，今湖州县。

复以尚为荆州刺史。尚见胡兰馀党南走苍梧，惧为己负，乃伪上言苍梧贼入荆州界，〔16〕于是征交阯刺史张磐下廷尉。辞状未正，会赦见原。磐不肯出狱，方更牢持械节，狱吏谓磐曰：“天恩旷然而君不出，(何)〔可〕乎？”〔17〕磐因自列曰：“前长沙贼胡兰作难荆州，馀党散入交阯。磐身婴甲胄，涉危履险，讨击凶患，斩殄渠帅，馀尽鸟窜冒遁，还奔荆州。刺史度尚惧磐先言，怖畏罪戾，①伏奏见诬。磐备位方伯，为国爪牙，②而为尚所枉，受罪牢狱。夫事有虚实，法有是非。磐实不辜，赦无所除。如忍以苟免，永受侵辱之耻，生为恶吏，死为敝鬼。乞传尚诣廷尉，面对曲直，足明真伪。尚不征者，磐埋骨牢槛，终不虚出，望尘受枉。"廷尉以其状上，诏书征尚到廷尉，辞穷受罪，以先有功得原。磐字子石，丹阳人，以清白称，终于庐江太守。

①戾亦罪也。

②爪牙，以猛兽为喻，言为国之捍卫也。诗曰"圻父，予王之爪牙"也。

尚后为辽东太守，数月，鲜卑率兵攻尚，与战，破之，戎狄惮畏。年五十，延熹九年，卒于官。

杨琁字机平，会稽乌伤人也。高祖父茂，本河东人，从光武征伐，为威寇将军，封乌伤新阳乡侯。建武中就国，传封三世，有罪国除，因而家焉。父扶，交阯刺史，有理能名。兄乔，为尚书，容仪伟丽，数上言政事，桓帝爱其才貌，诏妻以公主，乔固辞不听，遂闭口不食，七日而死。

琁初举孝廉，稍迁，灵帝时为零陵太守。是时苍梧、桂阳猾贼相聚，攻郡县，贼众多而琁力弱，吏人忧恐。琁乃特制马车数十乘，以排囊盛石灰于车上，①[18]系布索于马尾，又为兵车，专彀弓弩，剋(共)〔期〕会战。[19]乃令马车居前，顺风鼓灰，贼不得视，因以火烧布，〔布〕然马惊，[20]奔突贼阵，因使后车弓弩乱发，钲鼓鸣震。

群盗波骇破散，追遂伤斩无数，枭其渠帅，郡境以清。②荆州刺史赵凯，诬表琁实非身破贼，而妄有其功。琁与相章奏，凯有党助，遂槛车征琁。防禁严密，无由自讼，乃噬臂出血，书衣为章，具陈破贼形埶。及言凯所诬状，[21]潜令亲属诣阙通之。诏书原琁，拜议郎，凯反受诬人之罪。

①排囊即今囊袋也。排音蒲拜反。

②枭，悬也。

琁三迁为勃海太守，所在有异政，以事免。后尚书令张温特表荐之，征拜尚书仆射。以病乞骸骨，卒于家。

论曰：安顺以后，风威稍薄，寇攘寖横，缘隙而生，剽人盗邑者不阕时月，①假署皇王者盖以十数，或托验神道，或矫妄冕服。然其雄渠魁长，未有闻焉，犹至垒盈四郊，奔命首尾。②若夫数将者，并宣力勤虑，以劳定功，③而景风之赏未甄，肤受之言互及。④以此而推，政道难乎以免。⑤

①阕，息也。

②垒，军壁也。礼记曰："四郊多垒，卿大夫之辱。"奔命谓有命即奔赴之。左传曰"余必使尔罢于奔命"也。

③宣，布也。尚书曰："宣力四方。"礼记曰："以劳定国则祀之。"

④景风至则行赏，解见和纪。甄，明也。肤受谓得皮肤之言而受之，不深知其情核者也。孔子曰："肤受之愬不行焉，可谓明矣。"

⑤论语孔子曰："不有祝鮀之佞，[22]难乎免于今之世矣。"

赞曰：张宗禅禹，敢殿后拒。①江、淮、海、岱，虔刘寇阻。②其谁清之？雄、尚、绲、抚。琁能用谲，亦云振旅。

①殿音丁见反。

②虔、刘皆杀也。

【校勘记】

〔1〕禹军到栒邑　按:"栒"原讹"拘",径据汲本、殿本改正。下同。

〔2〕何遽其必败乎　按:王先谦谓"遽"下疑夺"知"字。

〔3〕虽欲戮力　"戮"汲本作"勠"。按:戮勠通。

〔4〕武帝元鼎四年置京辅都尉各一人　按:汉书百官公卿表云"元鼎四年,更置三辅都尉,都尉丞各一人"。京辅都尉为三辅都尉之一,注文有脱误。刊误谓脱"左右辅"三字。

〔5〕迁宛陵令　按:宛陵属丹阳郡,此指河南郡之苑陵,"宛"当作"苑",说详校补。

〔6〕是后虎害稍息人以获安　按:汲本、集解本"稍"作"消"。王先谦谓作"稍"盖误,稍息不得云人安也。

〔7〕子真在逸人传　按:集解引钱大昕说,谓逸人即逸民,章怀避讳,改为"人"字,后来追改,不及徧检它传,故或改或否耳。

〔8〕磐牙连岁　殿本考证谓"牙"字是"乐"字之误。按:"乐"即"互"之俗字。

〔9〕当涂县之山也在今宣州　集解引吴仁杰说,谓有两当涂县,一在九江郡,一在宣州。宣之当涂,晋成帝始置,东都固未之有。今按:"宣州"当依下邳惠王传注作"濠州"。

〔10〕在今豪州定远县东南　"豪州"集解本作"濠州"。按:元和郡县志谓隋开皇三年改高齐之西楚州为濠州,因水为名,大业三年改为锺离郡,唐武德五年复改为濠州。中间误去"水"旁作"豪",元和三年又加"水"焉。

〔11〕次(到)〔封〕狼居胥山迺还也　据汲本、殿本改。

〔12〕受降十馀万人　按：汲本、殿本“十馀万”作“十万馀”。

〔13〕绲弟允　集解引惠栋说，谓华阳国志作“元”，字公信。今按：古人名字相应，元无信义，当从本传为是。

〔14〕豫章艾县人六百馀人　王先谦谓案上下文衍一“人”字。今按：疑本作“豫章艾县民六百馀人”，后避唐太宗讳，改“民”为“人”耳。

〔15〕书曰岛夷卉服　集解引钱大昕说，谓禹贡“岛夷”汉书地理志作“鸟夷”，郑康成、王肃本皆同，故章怀引以证鸟语之义。后人依今本改“鸟”字为“岛”，而此注遂成赘文矣。按：王先谦谓注引“岛夷”当作“鸟夷”。

〔16〕乃伪上言苍梧贼入荆州界　按：“伪”原讹“为”，径据汲本、殿本改正。

〔17〕天恩旷然而君不出(何)〔可〕乎　汲本、殿本“何乎”作“何也”，今据通鉴改。

〔18〕以排囊盛石灰于车上　按：“上”原讹“土”，径改正。

〔19〕克(共)〔期〕会战　按：刊误谓已言会战，何用“共”字，盖本是“期”字，误作“其”，遂转作“共”也。今据改。

〔20〕因以火烧布〔布〕然　据汲本、殿本补。

〔21〕及言凯所诬状　按：汲本、殿本“及”作“又”。

〔22〕不有祝鮀之佞　按：殿本此下有“而有宋朝之美”六字。

后汉书卷三十九

刘赵淳于江刘周赵列传第二十九

孔子曰："夫孝莫大于严父，严父莫大于配天，则周公其人也。"①子路曰："伤哉贫也！生无以养，死无以葬。"子曰："啜菽饮水，孝也。"②夫锺鼓非乐云之本，而器不可去；③三牲非致孝之主，而养不可废。④存器而忘本，乐之遁也；⑤[1]调器以和声，乐之成也。崇养以伤行，孝之累也；⑥修己以致禄，养之大也。故言能大养，则周公之祀，致四海之祭；言以义养，则仲由之菽，甘于东邻之牲。⑦夫患水菽之薄，干禄以求养者，是以耻禄亲也。⑧存诚以尽行，孝积而禄厚者，此能以义养也。

①配天谓宗祀文王于明堂，以配上帝。

②事见礼记。啜音昌悦反。广雅曰："啜，食也。"

③论语孔子曰："乐云乐云，锺鼓云乎哉？"言乐之所贵者，移风易俗也，非谓锺鼓而已，然而不可去锺鼓。去音丘吕反。

④孝经曰:"虽日用三牲,犹为不孝。"言孝子者,以和颜悦色为难也,非谓三牲而已,然不可阙甘旨。

⑤遁,失也。言盛饰锺簴之器而忘移风之本,是失乐之意也。

⑥不义而崇养,更为亲忧,是孝之累也。

⑦易曰"东邻杀牛,不如西邻之禴祭"也。

⑧干,求也。谓不以道求禄,故可耻也。

中兴,庐江毛义少节,家贫,以孝行称。南阳人张奉慕其名,往候之。坐定而府檄适至,以义守令,①义奉檄而入,喜动颜色。奉者,志尚士也,心贱之,自恨来,固辞而去。及义母死,去官行服。数辟公府,为县令,进退必以礼。后举贤良,公车征,遂不至。张奉叹曰:"贤者固不可测。往日之喜,乃为亲屈也。斯盖所谓'家贫亲老,不择官而仕'者也。"②建初中,章帝下诏褒宠义,赐穀千斛,常以八月长吏问起居,加赐羊酒。寿终于家。

①檄,召书也。东观记曰"义为安阳尉,府檄到,当守令"也。

②韩诗外传曾子曰:"任重道远,不择地而息。家贫亲老,不择官而仕。"

安帝时,汝南薛包孟尝,[2]好学笃行,丧母,以至孝闻。及父娶后妻而憎包,分出之,包日夜号泣,不能去,至被欧杖。[3]不得已,庐于舍外,旦入而洒扫,父怒,又逐之。乃庐于里门,昏晨不废。积岁馀,父母慙而还之。后行六年服,丧过乎哀。既而弟子求分财异居,包不能止,乃中分其财。奴婢引其老者,曰:"与我共事久,若不能使也。"田庐取其荒顿者,①曰:"吾少时所理,意所恋也。"器物取朽败者,曰:"我素所服食,身口所安也。"弟子数破其产,辄复赈给。建光中,公车特征,至,拜侍中。包性恬虚,称疾不起,以死自乞。有诏赐告归,加礼如毛义。②年八十馀,以寿终。

①顿犹废也。

②告，请假也。汉制，吏病满三月当免，天子优赐其告，使得带印绶，将官属，归家养病，谓之赐告也。

若二子者，推至诚以为行，行信于心而感于人，以成名受禄致礼，斯可谓能以孝养也。若夫江革、刘般数公者之义行，犹斯志也。撰其行事著于篇。①

①自此已上，并略华峤之词也。

刘平字公子，楚郡彭城人也。本名旷，显宗后改为平。王莽时为郡吏，守菑丘长，①政教大行。其后每属县有剧贼，辄令平守之，所至皆理，由是一郡称其能。

①菑丘，县，属彭城国。

更始时，天下乱，平弟仲为贼所杀。其后贼复忽然而至，平扶侍其母，奔走逃难。仲遗腹女始一岁，平抱仲女而弃其子。母欲还取之，平不听，曰："力不能两活，仲不可以绝类。"遂去不顾，与母俱匿野泽中。平朝出求食，逢饿贼，将亨〔之〕，〔4〕平叩头曰："今旦为老母求菜，老母待旷为命，愿得先归，食母毕，还就死。"①因涕泣。贼见其至诚，哀而遣之。平还，既食母讫，因白曰："属与贼期，义不可欺。"遂还诣贼。众皆大惊，相谓曰："常闻烈士，乃今见之。子去矣，吾不忍食子。"于是得全。

①食音饲。下同。

建武初，平狄将军庞萌反于彭城，攻败郡守孙萌。〔5〕平时复为郡吏，冒白刃伏萌身上，被七创，〔6〕困顿不知所为，号泣请曰："愿以身代府君。”贼乃敛兵止，曰：“此义士也，勿杀。”遂解去。萌伤甚气绝，有顷苏，渴求饮。平倾其创血以饮之。后数日萌竟死，平乃裹创，扶送萌丧，至其本县。

后举孝廉，拜济阴郡丞，太守刘育甚重之，任以郡职，上书荐平。会平遭父丧去官。服阕，拜全椒长。①政有恩惠，百姓怀感，人或增赀就赋，或减年从役。刺史、太守行部，狱无系囚，人自以得所，不知所问，②唯班诏书而去。后以病免。

①全椒，县，属九江郡也。

②“所”或作“何”。

显宗初，尚书仆射锺离意上书荐平及琅邪王望、东莱王扶曰：“臣窃见琅邪王望、楚国刘旷、东莱王扶，皆年七十，执性恬淡，所居之处，邑里化之，修身行义，应在朝次。臣诚不足知人，窃慕推士进贤之义。”书奏，有诏征平等，特赐办装钱。至皆拜议郎，并数引见。平再迁侍中，永平三年，拜宗正，数荐达名士承宫、郇恁等。①〔7〕在位八年，以老病上疏乞骸骨，卒于家。

①恁字君大，见黄宪传。恁音人甚反。

王望字慈卿，客授会稽，自议郎迁青州刺史，甚有威名。是时州郡灾旱，百姓穷荒，望行部，道见饥者，裸行草食，五百馀人，愍然哀之，因以便宜出所在布粟，给其(廪)〔禀〕糧，〔8〕为作褐衣。①事毕上言，帝以望不先表请，章示百官，详议其罪。时公卿皆以为望之专命，法有常条。锺离意独曰：“昔华元、子反，楚、宋之良臣，不禀君命，擅平二国，春秋之义，〔9〕以为美谈。②今望怀义忘罪，当仁不让，若绳之以法，忽其本情，将乖圣朝爱育之旨。”帝嘉意议，赦而不罪。

①许慎注淮南子曰:“楚人谓袍为短褐。”

②春秋:“楚子围宋,宋人及楚人平。公羊传曰:“外平不书,此何以书?大其平乎己也。何大其平乎己?庄王围宋,有七日之粮尔,尽此不胜,将去而归尔,于是使司马子反乘堙而闚宋城,宋华元亦乘堙而出见之。子反曰:‘子之国何如?’华元曰:‘惫矣。’曰:‘何如?’曰:‘易子而食之,析骸而炊之。’子反曰:‘诺。吾军有七日之粮尔。尽此不胜,将去而归尔。’揖而去之,反于庄王。庄王怒曰:‘吾使子往视之,子曷为告之!’子反曰:‘以区区之宋,犹有不欺人之臣,可以楚而无乎?是以告之。’王曰:‘诺。’引师而去之。故君子大其平乎己也。”

王扶字子元,掖人也。①少脩节行,客居琅邪不其县,所止聚落化其德。②国相张宗谒请,不应,欲强致之,遂杖策归乡里。连请,固病不起。[10]太傅邓禹辟,不至。后拜议郎,会见,恂恂似不能言。③然性沈正,不可干以非义,当世高之。永平中,临邑侯刘复④著汉德颂,盛称扶为名臣云。

①掖,今莱州县。

②小于乡曰聚。广雅曰:“落,居也。”

③恂恂,恭顺之貌。

④复,光武兄伯升之孙,北海王兴之子也。

赵孝字长平,沛国蕲人也。①父普,王莽时为田禾将军,②任孝为郎。每告归,常白衣步担。尝从长安还,欲止邮亭。亭长先时闻孝当过。以有长者客,扫洒待之。③孝既至,不自名,④长不肯内,因问曰:“闻田禾将军子当从长安来,何时至乎?”孝曰:

"寻到矣。"于是遂去。⑤及天下乱,人相食。孝弟礼为饿贼所得,孝闻之,即自缚诣贼,曰:"礼久饿羸瘦,不如孝肥饱。"贼大惊,并放之,谓曰:"可且归,更持米糒来。"孝求不能得,复往报贼,愿就亨。众异之,遂不害。乡党服其义。州郡辟召,进退必以礼。举孝廉,不应。

①蕲音机。

②王莽时置田禾将军,屯田北边。

③素闻孝高名,故以为长者客也。"洒"与"灑"通,音所买反。[11]

④不称名也。

⑤华峤书曰:"孝报云三日至矣。"

永平中,辟太尉府,显宗素闻其行,诏拜谏议大夫,迁侍中,又迁长乐卫尉。复征弟礼为御史中丞。礼亦恭谦行己,类于孝。帝嘉其兄弟笃行,欲宠异之,诏礼十日一就卫尉府,太官送供具,令共相对尽欢。数年,礼卒,帝令孝从官属送丧归葬。后岁馀,复以卫尉赐告归,卒于家。孝无子,拜礼两子为郎。

时汝南有王琳巨尉者,年十馀岁丧父母。因遭大乱,百姓奔逃,唯琳兄弟独守冢庐,号泣不绝。弟季,出遇赤眉,将为所哺,①琳自缚,请先季死。贼矜而放遣,[12]由是显名乡邑。后辟司徒府,荐士而退。

①哺,食之也。哺音补胡反。

琅邪魏谭少閒者,时亦为饥寇所获,等辈数十人皆束缚,以次当亨。贼见谭似谨厚,独令主爨,暮辄执缚。贼有夷长公,①特哀念谭,密解其缚,语曰:"汝曹皆应就食,急从此去。"对曰:"谭为诸君囊，恒得遗馀，馀人皆茹草莱，[13]不如食我。”长公义之，相晓赦遣，并得俱免。[14]谭永平中为主家令。②

①夷，姓也。

②公主家令也。

又齐国兒萌子明、①梁郡车成子威二人，兄弟并见执于赤眉，将食之，萌、成叩头，乞以身代，贼亦哀而两释焉。

①兒音五兮反。

淳于恭字孟孙，北海淳于人也。①善说老子，清静不慕荣名。家有山田果树，人或侵盗，辄助为收采。又见偷刈禾者，恭念其愧，因伏草中，盗去乃起，里落化之。

①淳于，县，故城(今)在〔今〕密州安丘县东北，[15]故淳于国也。

王莽末，岁饥兵起，恭兄崇将为盗所亨，恭请代，得俱免。后崇卒，恭养孤幼，教诲学问，有不如法，辄反用杖自箠，以感悟之，儿慙而改过。初遭贼寇，百姓莫事农桑。恭常独力田耕，乡人止之，曰：“时方淆乱，死生未分，何空自苦为?”恭曰：“纵我不得，它人何伤。”垦耨不辍。后州郡连召，不应，遂幽居养志，潜于山泽。举动周旋，必由礼度。建武中，郡举孝廉，司空辟，皆不应，客隐琅邪黔陬山，遂数十年。①

①黔陬县之山也。黔陬故城在今密州诸城县东北也。

建初元年，肃宗下诏美恭素行，告郡赐帛二十匹，遣诣公车，除为议郎。引见极日，访以政事，迁侍中骑都尉，礼待甚优。其所荐名贤，无不征用。进对陈政，皆本道德，帝与之言，未尝不称善。五年，病笃，使者数存问，卒于官。诏书褒叹，赐穀千斛，刻石表闾。除子孝为太子舍人。

江革字次翁，[16]齐国临淄人也。少失父，独与母居。遭天下乱，盗贼并起，革负母逃难，备经阻险，常采拾以为养。数遇贼，或劫欲将去，革辄涕泣求哀，言有老母，辞气愿款，有足感动人者。①贼以是不忍犯之，或乃指避兵之方，②遂得俱全于难。革转客下邳，穷贫裸跣，行佣以供母，便身之物，莫不必给。[17]

①愿，谨也。款，诚也。

②华峤书曰"语以避兵道"也。[18]

建武末年，与母归乡里。每至岁时，县当案比，①革以母老，不欲摇动，自在辕中挽车，不用牛马，由是乡里称之曰"江巨孝"。②太守尝备礼召，革以母老不应。及母终，至性殆灭，尝寝伏冢庐，服竟，不忍除。郡守遣丞掾释服，因请以为吏。

①案验以比之，犹今皃阅也。

②巨，大也。华峤书曰"临淄令杨音高之，设特席，显异巨孝于稠人广众中，亲奉钱以助供养"也。

永平初，举孝廉为郎，补楚太仆。月馀，自劾去。楚王英驰遣官属追之，遂不肯还。复使中傅赠送，辞不受。后数应三公命，辄去。

建初初，太尉牟融举贤良方正，再迁司空长史。肃宗甚崇礼之，迁五官中郎将。每朝会，帝常使虎贲扶侍，及进拜，恒目礼焉。①时有疾不会，辄太官送醪膳，恩宠有殊。于是京师贵戚卫尉马廖、侍中窦宪慕其行，各奉书致礼，革无所报受。②帝闻而益善之。后上书乞骸骨，转拜谏议大夫，赐告归，因谢病称笃。

①独视之也。

②华峤书曰："终不报书，一无所受。"

元和中，天子思革至行，制诏齐相曰："谏议大夫江革，前以病归，今起居何如？夫孝，百行之冠，众善之始也。国家每惟志士，未尝不及革。县以见谷千斛赐'巨孝'，常以八月长吏存问，致羊酒，以终厥身。①如有不幸，祠以中牢。"由是"巨孝"之称，行于天下。及卒，诏复赐谷千斛。

①华峤书曰："致羊一头，酒二斛。

刘般字伯兴，宣帝之玄孙也。宣帝封子嚣于楚，是为孝王。孝王生思王衍，衍生王纡，纡生般。自嚣至般，积累仁义，世有名节，而纡尤慈笃。早失母，同产弟原乡侯平尚幼，纡亲自鞠养，常与共卧起饮食。及成人，未尝离左右。平病卒，纡哭泣欧血，数月亦殁。初，纡袭王封，因值王莽篡位，废为庶人，因家于彭城。

般数岁而孤，独与母居。王莽败，天下乱，太夫人闻更始即位，①乃将般俱奔长安。会更始败，复与般转侧兵革中，西行上陇，遂流至武威。般虽尚少，而笃志修行，讲诵不怠。其母及诸舅，以为身寄绝域，死生未必，②不宜苦精若此，数以晓般，般犹不改其业。

①太夫人，般之母也。前书音义曰："列侯之妻称夫人，[19]母称太夫人。"

②"必"或作"分"也。

建武八年，隗嚣败，河西始通，般即将家属东至洛阳，修经学于师门。明年，光武下诏，封般为菑丘侯，奉孝王祀，使就国。后以国属楚王，徙封杼秋侯。①

①杼秋，县，属梁国。杼音是与反。

十九年，行幸沛，诏问郡中诸侯行能。太守荐言般束脩至行，为诸侯师。①帝闻而嘉之，乃赐般绶，钱百万，缯二百匹。二十年，复与车驾会沛，因从还洛阳，赐穀什物，留为侍祠侯。

①束脩谓谨束脩絜也。

永平元年，以国属沛，徙封居巢侯，①复随诸侯就国。数年，杨州刺史观恂荐般在国口无择言，行无怨恶，宜蒙旌显。显宗嘉之。十年，征般行执金吾事，从至南阳，还为朝侯。明年，兼屯骑校尉。时五校官显职闲，而府寺宽敞，舆服光丽，伎巧毕给，故多以宗室肺腑居之。②每行幸郡国，般常将长水胡骑从。

①居巢，县，属庐江郡也。

②肺腑，天子之亲属也。

帝曾欲置常平仓，①公卿议者多以为便。般对以"常平仓外有利民之名，而内实侵刻百姓，豪右因缘为奸，小民不能得其平，置之不便"。帝乃止。是时下令禁民二业，②又以郡国牛疫，通使区种增耕，③而吏下检结，多失其实，百姓患之。般上言："郡国以官禁二业，至有田者不得渔捕。今滨江湖郡率少蚕桑，民资渔采以助口实，且以冬春闲月，不妨农事。夫渔猎之利，为田除害，有助穀食，无关二业也。又郡国以牛疫、水旱、垦田多减，故诏敕区种，增进顷亩，以为民也。而吏举度田，欲令多前，④至于不种之处，亦通为租。可申敕刺史、二千石，务令实核，其有增加，皆使与夺田同罪。”帝悉从之。⑤

①宣帝时，大司农耿寿昌请令边郡皆筑仓，以穀贱时增其价而籴之以利农，穀贵时减价而粜之，名曰常平仓。

②谓农者不得商贾也。

③氾胜之书曰：[20]“上农区田(大)〔法〕，区方深各六寸，[21]间相去七寸，一亩三千七百区，丁男女种十亩，至秋收区三升粟，亩得百斛。中农区田法，方七寸，深六寸，间相去二尺，一亩千二十七区，丁男女种十亩，秋收粟亩得五十一石。下农区田法，方九寸，深六寸，间相去三尺，秋收亩得二十八石。旱即以水沃之。”

④多于前岁。

⑤华峤书(曰)“夺”作“脱”也。[22]

肃宗即位，以为长乐少府。建初二年，迁宗正。般妻卒，厚加赗赠，及赐冢茔地于显节陵下。般在位数言政事。其收恤九族，行义尤著，时人称之。年六十，建初三年卒。子宪嗣。宪卒，子重嗣。宪兄恺。

恺字伯豫，以当袭般爵，让与弟宪，遁逃避封。久之，章和中，有司奏请绝恺国，肃宗美其义，特优假之，①恺犹不出。积十馀岁，至永元十年，有司复奏之，侍中贾逵因上书曰：“孔子称‘能以礼让为国，于从政乎何有’。②窃见居巢侯刘般嗣子恺，素行孝友，谦逊絜清，让封弟宪，潜身远迹。有司不原乐善之心，而绳以循常之法，③惧非长克让之风，成含弘之化。前世扶阳侯韦玄成，④近有陵阳侯丁鸿、鄳侯邓彪，⑤并以高行絜身辞爵，未闻贬削，而皆登三事。今恺景仰前修，有伯夷之节，⑥宜蒙矜宥，全其先功，以增圣朝尚德之美。”和帝纳之，下诏曰：“故居巢侯刘般嗣子恺，当袭般爵，而称父遗意，致国弟宪，遁亡七年，[23]所守弥笃。盖王法崇善，成人之美。其听宪嗣爵。遭事之宜，后不得以为比。”乃征恺，拜为郎，稍迁侍中。

①假，借也。

②论语之文也。何有者，言(善无)〔何难之〕有也。[24]

③原，本也。绳，政也。

④玄成字少翁，韦贤薨，让封于兄弘。宣帝高其节，以为河南太守。元帝时为御史大夫，又为丞相。见前书也。

⑤鸿让国于弟盛，和帝时为司徒。彪让国于弟荆、凤，明帝时为太尉。鄳音盲。

⑥景犹慕也。诗云：“景行行止。”前修，前贤也。楚辞曰：“蹇吾法夫前修。”

恺之入朝，在位者莫不仰其风行。迁步兵校尉。十三年，迁宗正，免。复拜侍中，迁长水校尉。永初元年，代周章为太常。恺性笃古，贵处士，每有征举，必先岩穴。论议引正，辞气高雅。(永初)六年，代张敏为司空。[25]元初二年，代夏勤为司徒。

旧制，公卿、二千石、刺史不得行三年丧，由是内外众职并废丧礼。元初中，邓太后诏长吏以下不为亲行服者，不得典城选举，时有上言牧守宜同此制，诏下公卿，议者以为不便。恺独议曰：“诏书所以为制服之科者，盖崇化厉俗，以弘孝道也。今刺史一州之表，二千石千里之师，①职在辩章百姓，宣美风俗，②尤宜尊重典礼，以身先之。而议者不寻其端，至于牧守则云不宜，是犹浊其源而望流清，曲其形而欲景直，不可得也。”③太后从之。

①前书杜钦曰“即以二千石守千里之地，任兵马之重，不宜去郡”也。

②尚书曰：“九族既睦，辩章百姓。”郑玄注云：“辩，别也。章，明也。”

③前书〔杜钦〕曰：[26]“今淫僻之化流，而欲黎庶敦朴，犹浊其源而求流清也。”

时征西校尉任尚以奸利被征抵罪。尚曾副大将军邓骘，骘党护之，而太尉马英、司空李郃承望骘旨，不复先请，即独解尚臧锢，恺不肯与议。后尚书案其事，二府并受谴咎，①朝廷以此称之。

①二府即马英、李郃。

视事五岁，永宁元年，称病上书致仕，有诏优许焉，加赐钱三十万，以千石禄归养，河南尹常以岁八月致羊酒。时安帝始亲政事，朝廷多称恺之德，帝乃遣问起居，厚加赏赐。会马英策罢，尚书陈忠上疏荐恺曰：“臣闻三公上则台阶，下象山岳，①股肱元首，鼎足居职，②协和阴阳，调训五品，③考功量才，以序庶僚，遭烈风不迷，遇迅雨不惑，位莫重焉。④而今上司缺职，未议其人。臣窃差次诸卿，考合众议，咸称太常朱伥、少府荀迁。臣父宠，前忝司空，伥、迁并为掾属，具知其能。伥能说经书而用心褊狭，迁严毅刚直而薄于艺文。伏见前司徒刘恺，沈重渊懿，道德博备，克让爵土，致祚弱弟，躬浮云之志，兼浩然之气，⑤[27]频历二司，举动得礼。⑥以疾致仕，侧身里巷，处约思纯，进退有度，百僚景式，⑦海内归怀。往者孔光、师丹，近世邓彪、张酺，皆去宰相，复序上司。⑧诚宜简练卓异，以猒众望。”书奏，诏引恺拜太尉。安帝初，清河相叔孙光坐臧抵罪，遂增锢二世，衅及其子。⑨是时居延都尉范邠复犯臧罪，诏下三公、廷尉议。司徒杨震、司空陈褒、廷尉张皓议依光比。⑩恺独以为“春秋之义，‘善善及子孙，恶恶止其身’，所以进人于善也。⑪尚书曰：‘上刑挟轻，下刑挟重。’⑫如今使臧吏禁锢子孙，[28]以轻从重，惧及善人，⑬非先王详刑之意也”。⑭有诏：“太尉议是。”

①前书音义曰:"泰阶者,天之三阶也。上阶为天子,中阶为诸侯、公卿、大夫,下阶为士、庶人。"春秋汉含孳曰:"三公象五岳。"

②易曰:"鼎折足,覆公餗。"鼎足,三公之象。

③五品,五常之教也。三公燮理阴阳,敬敷五教也。

④尚书:"纳舜于大麓,烈风雷雨不迷。"史记曰"尧使舜入山林川泽,暴风雨,舜行不迷,尧以为圣"也。

⑤孔子曰:"不义而富〔且贵〕,[29]于我如浮云。"孟子曰"我善养浩然之气,而无怨害,则塞乎天地之间"也。言恺有仲尼、孟轲之德也。

⑥二司谓为司徒、司空。

⑦景慕以为法式。[30]

⑧孔光,成帝时丞相,哀帝时免,后以日食征诣公车,复为丞相。师丹,哀帝时代王莽为大司马,后为大司空。邓彪,明帝时为太尉,章帝元和元年赐策罢,和帝即位,以彪为太傅,录尚书事。张酺,和帝永元五年为太尉,后策免,十六年复为司徒。

⑨二代谓父子俱禁锢。

⑩比,类也。以郃类叔孙光,亦锢及子也。比音庇。

⑪公羊传曰:"曹公孙会自鄸出奔宋,畔也。曷为不言畔?为公子喜时之后讳也,春秋为贤者讳也。何贤乎公子喜时?让国也。君子之善善也长,恶恶也短。恶恶止其身,善善及子孙。贤者子孙,故君子为其讳也。"

⑫今尚书吕刑篇曰:"上刑适轻下服,下刑适重上服。"谓二罪俱发,原其本情,须有亏减,故言适轻适重。此言"挟轻挟重",意亦不殊,但与今尚书不同耳。

⑬左传曰:"刑滥则惧及善人。"

⑭尚书周穆王曰:"有邦有土,告汝详刑。"郑玄注云:"详,审察之也。"

视事三年,以疾乞骸骨,久乃许之,下河南尹礼秩如前。岁馀,卒于家。诏使者护丧事，赐东园秘器，钱五十万，布千匹。

少子茂，字叔盛，亦好礼让，历位出纳，①桓帝时为司空。会司隶校尉李膺等抵罪，而南阳太守成瑨、太原太守刘瓆下狱当死，〔31〕茂与太尉陈蕃、司徒刘矩共上书讼之。〔32〕帝不悦，有司承旨劾奏三公，茂遂坐免。建宁中，复为太中大夫，卒于官。

①出纳谓尚书，喉舌之官也。出谓受上言宣于下，纳谓听下言传于上。

周磐字坚伯，汝南安成人，征士燮之宗也。①祖父业，建武初为天水太守。磐少游京师，学古文尚书、洪範五行、左氏传，好礼有行，非典谟不言，诸儒宗之。居贫养母，俭薄不充。尝诵诗至汝坟之卒章，〔33〕慨然而叹，②乃解韦带，就孝廉之举。③和帝初，拜谒者，除任城长，迁阳夏、重合令，④频历三城，皆有惠政。后思母，弃官还乡里。及母殁，哀至几于毁灭，服终，遂庐于冢侧。教授门徒常千人。

①燮自有传。

②韩诗曰："汝坟，辞家也。"其卒章曰："鲂鱼赪尾，王室如焜，虽则如焜，父母孔迩。"薛君章句："赪，赤也。焜，烈火也。孔，甚也。迩，近也。言鲂鱼劳则尾赤，君子劳苦则颜色变。以王室政教如烈火矣，犹触冒而仕者，以父母甚迫近饥寒之忧，为此禄仕。"

③以韦皮为带，未仕之服也。求仕则服革带，故解之。贾山上书曰"布衣韦带之士"也。

④阳夏属淮南郡。重合属勃海郡。

公府三辟，皆以有道特征，磐语友人曰："昔方回、支父啬神养和，不以荣利滑其生术。①吾亲以没矣，从物何为?"遂不应。②建光元年，年七十三，岁朝会集诸生，讲论终日，③因令其二子曰："吾日者梦见先师东里先生，与我讲于阴堂之奥。"④既而长叹："岂吾齿之尽乎！若命终之日，桐棺足以周身，外椁足以周棺，敛形悬封，濯衣幅巾。⑤编二尺四寸简，写尧典一篇，并刀笔各一，以置棺前，示不忘圣道。"其月望日，无病忽终，学者以为知命焉。

①啬，爱惜也。滑，乱也。列仙传曰："方回，尧时隐人也。尧聘之，练食云母，隐于五柞山。至夏启末，为人所劫，闭之室中，从求道，回化而去。"高士传曰："尧舜各以天下让支父，支父曰：'予适有劳忧之病，方且疗之，未暇理天下也。'"庄子作"支伯"。

②物犹事也。

③岁朝，岁旦。

④东南隅谓之奥，阴堂幽暗之室。又入其奥，死之象也。

⑤敛形谓衣覆其形。悬封谓直下棺，不为埏道也。濯衣，浣衣也，不更新制。幅巾，不加冠也。封音窆。

磐同郡蔡顺，字君仲，亦以至孝称。①顺少孤，养母。尝出求薪，有客卒至，②母望顺不还，乃噬其指，③顺即心动，弃薪驰归，跪问其故。母曰："有急客来，吾噬指以悟汝耳。"母年九十，以寿终。未及得葬，里中灾，火将逼其舍，顺抱伏棺柩，号哭叫天，火遂越烧它室，顺独得免。太守韩崇召为东閤祭酒。母平生畏雷，自亡后，每有雷震，顺辄圜冢泣，曰："顺在此。"崇闻之，每雷辄为差车马到墓所。后太守鲍众举孝廉，顺不能远离坟墓，遂不就。年八十，终于家。

①汝南先贤传曰："蔡顺事母至孝。井桔槔朽，在母生年上，而顺忧，不敢理之。俄而有扶老藤生，绕之，遂坚固焉。"

②卒音千讷反。

③嗤，啮也。

赵咨字文楚，东郡燕人也。①父畅，为博士。咨少孤，有孝行，州郡召举孝廉，并不就。

①燕故城，今滑州胙城县也，古南燕之国也。

延熹元年，大司农陈奇举咨至孝有道，[34]仍迁博士。灵帝初，太傅陈蕃、大将军窦武为宦者所诛，咨乃谢病去。太尉杨赐特辟，使饰巾出入，请与讲议。①举高第，累迁敦煌太守。以病免还，躬率子孙耕农为养。

①以幅巾为首饰，不加冠冕。

盗尝夜往劫之，咨恐母惊惧，乃先至门迎盗，因请为设食，谢曰："老母八十，疾病须养，居贫，朝夕无储，乞少置衣粮。"妻子物馀，[35]一无所请。盗皆惭叹，跪而辞曰："所犯无状，干暴贤者。"[36]言毕奔出，咨追以物与之，不及。由此益知名。征拜议郎，辞疾不到，诏书切让，州郡以礼发遣，前后再三，不得已应召。

复拜东海相。之官，道经荥阳，令敦煌曹暠，咨之故孝廉也，①迎路谒候，咨不为留。暠送至亭次，望尘不及，谓主簿曰："赵君名重，今过界不见，必为天下笑！"即弃印绶，追至东海。谒咨毕，辞归家。其为时人所贵若此。

①咨为敦煌太守时，荐暠为孝廉。

咨在官清简，计日受奉，豪党畏其俭节。视事三年，以疾自乞，征拜议郎。抗疾京师，[37]将终，告其故吏朱祇、[38]萧建等，使薄敛素棺，籍以黄壤，①欲令速朽，早归后土，不听子孙改之。乃遗书敕子胤曰："夫含气之伦，有生必终，盖天地之常期，自然之至数。是以通人达士，鉴兹性命，以存亡为晦明，死生为朝夕，故其生也不为娱，亡也不知戚。夫亡者，元气去体，贞魂游散，反素复始，归于无端。②既已消仆，还合粪土。土为弃物，岂有性情，而欲制其厚薄，调其燥湿邪？但以生者之情，不忍见形之毁，乃有掩骼埋窆之制。易曰：'古之葬者，衣以薪，藏之中野，后世圣人易之以棺椁。'③棺椁之造，自黄帝始。④爰自陶唐，逮于虞、夏，犹尚简朴，或瓦或木，及至殷人而有加焉。⑤周室因之，制兼二代。复重以墙翣之饰，⑥表以旌铭之仪，⑦招复含敛之礼，⑧殡葬宅兆之期，⑨棺椁周重之制，⑩衣衾称袭之数，⑪其事烦而害实，品物碎而难备。然而秩爵异级，贵贱殊等。自成、康以下，其典稍乖。至于战国，渐至颓陵，⑫法度衰毁，上下僭杂。终使晋侯请隧，⑬秦伯殉葬，⑭陈大夫设参门之木，宋司马造石椁之奢。⑮爰暨暴秦，违道废德，灭三代之制，兴淫邪之法，国赀糜于三泉，人力单于郦墓，玩好穷于粪土，伎巧费于窀穸。⑯自生民以来，厚终之敝，未有若此者。虽有仲尼重明周礼，⑰墨子勉以古道，犹不能御也。⑱是以华夏之士，争相陵尚，违礼之本，事礼之末，务礼之华，弃礼之实，单家竭财，以相营赴。废事生而营终亡，替所养而为厚葬，⑲岂云圣人制礼之意乎？记曰：'丧虽有礼，哀为主矣。'又曰：'丧与其易也宁戚。'今则不然，并棺合椁，以为孝恺，丰赀重襚，以昭恻隐，⑳吾所不取也。昔舜葬苍梧，二妃不从。㉑岂有匹配之会，守常之所乎？圣主明王，其犹若斯，况于品庶，礼所不及。古人时同即会，㉒时乖则别，㉓动静应礼，临事合宜。王孙裸葬，㉔墨夷露骸，㉕皆达于性理，贵于速变。梁伯鸾父没，卷席而葬，身亡不反其尸。㉖彼数子岂薄至亲之恩，亡忠孝之道邪？况我鄙闇，不德不敏，薄意内昭，志有所慕，㉗上同古人，下不为咎。果必行之，勿生疑异。恐尔等目狀所见，耳讳所议，必欲改殡，以乖吾志，故远采古圣，近揆行事，以悟尔心。但欲制坎，令容棺椁，棺归即葬，㉘平地无坟。勿卜时日，葬无设奠，勿留墓侧，无起封树。於戏小子，其勉之哉，吾蔑复有言矣！”朱祇、萧建送丧到家，㉙子胤不忍父体与土并合，欲更改殡，祇、建譬以顾命，㉚于是奉行，时称咨明达。

①棺中置土，以籍其尸也。

②元气，天之气也。贞，正也。复，旋也。端，际也。太素、太始，天地之初也。言人既死，正魂游散，反于太素，旋于太始，无复端际者也。

③易系辞之文也。

④刘向曰：“棺椁之作，自黄帝始。”案：礼记曰“殷人棺椁”，盖至殷而加饰。

⑤礼记：“有虞氏之瓦棺，夏后氏之堲周，殷人棺椁。”古史考曰：“禹作土堲以周棺。”堲音即七反。

⑥礼记曰：“周人墙置翣。”卢植曰：“墙，载棺车箱也。”三礼图曰“翣，以竹为之，高二尺四寸，广三尺，衣以白布，柄长五尺，葬时令人执之于柩车傍”也。

⑦礼记曰：“铭，明旌也。以死者为不可别，故以其旗识之。”[39]

⑧招复谓招魂复魄也。含，以玉珠实口也。敛，以衣服敛尸也。礼记曰：“凡复，男子称名，妇人称字。”穀梁传曰：“贝玉曰含。”礼记曰“小敛于户内，大敛于阼”也。

⑨期谓诸侯五日而殡，五月而葬；大夫三日而殡，三月而葬；士（三）〔二〕日而殡，[40]踰月而葬。宅兆，葬之茔域也。

⑩礼记曰：“天子之棺四重。”郑玄注云：“诸公三重，诸侯再重，大夫一重，士不重。”又曰：“君松椁，大夫柏椁，士杂木椁。”注云“天子（七）

〔五〕重，[41]诸公四重，诸侯三重，大夫再重，士一重”也。

⑪凡小敛，诸侯、大夫、士皆用复衾，君锦衾，大夫缟衾，士缁衾。又曰，天子袭十二称，诸公九称，诸侯七称，大夫五称，士三称。小敛，尊卑同，十九称。大敛，天子百称，上公九十称，侯伯七十称，大夫五十称，士三十称。衣单复具曰称。

⑫战国，当春秋时也。积陵谓积废陵遅。

⑬隧谓掘地为埏道，王之葬礼也。诸侯则悬柩，故请之也。左传，晋文公朝于襄王，请隧，不许。

⑭左传："秦伯任好卒。"任好，秦缪公名也。以子车氏奄息、仲行、鍼虎殉葬，国人哀之，为赋黄鸟之诗也。

⑮宋司马，桓魋也。自为石椁，三年不成。孔子曰："若是其靡也，死不如速朽之愈也。"见礼记。

⑯窀，厚也。穸，夜也。厚夜犹长夜也。秦始皇初即位，营葬骊山，役徒七十馀万人，下锢三泉，宫观、百官、奇器、珍怪莫不毕备。今匠作弩矢，有所穿近，矢辄射之。以水银为百川江河大海，上具天文。以人鱼为膏烛。[42]事见史记。

⑰谓周公制礼之后，仲尼自卫返鲁，又定之也。

⑱御，止也，言犹不能止其奢侈。墨子曰："古者圣人制为葬埋之法，棺三寸足以朽体，衣衾三领足以覆恶。尧葬邛之山，[43]满坎无窆，舜葬纪市，禹葬会稽，皆下不及泉，上无遗臭。三王者，岂财用不足哉！"

⑲替，废也。

⑳榖梁传曰："衣衾曰襚。"音遂。

㉑二妃，娥皇、女英也。礼记曰："舜葬于苍梧，盖二妃未之从也。"

㉒谓吕望为太师，死葬于周，其子封于齐，比五代皆反葬于周，此时同则会也。

㉓谓舜葬于苍梧，二妃不从。

㉔王孙者，杨王孙也。临终令其子曰："吾死，可为布囊盛尸，入地七尺。

既下，从足脱其囊，以身亲土。”遂裸葬。见前书。

㉕墨夷谓为墨子之学者名夷之。欲见孟子。孟子曰：“吾闻墨之治丧，以薄为其道也。盖上世尝有不葬其亲者，其亲死，则举而委之于壑。”见孟子。

㉖梁伯鸾父护寓于北地而卒，卷席而葬。鸿后出关适吴，及卒，葬于吴要离冢傍。

㉗薄，微也。

㉘归到东郡也。

㉙谢承书曰：“咨在京师病困，故吏萧建经营之。咨豫自买小素棺，使人取干黄土细捣筛之，聚二十石。临卒，谓建曰：‘亡后自著所有故巾单衣，先置土于棺，内尸其中以拥其上。’”

㉚譬，晓也。

赞曰：公子、长平，临寇让生。淳于仁悌，“巨孝”以名。居巢好读，遂承家禄。伯豫逡巡，方跡孤竹。文楚薄终，丧朽惟速。周能感亲，啬神养福。①[44]

①感，思也。谓诵诗至汝坟，思养亲而求仕也。啬神养福谓不应辟召，以寿终也。左传曰：“能者养之以福。”

【校勘记】

〔1〕乐之遁也　按：集解引惠栋说，谓“遁”一作“过”。

〔2〕妆南薛包孟尝　按：汲本“尝”作“常”。王先谦谓东观记“包”作“苞”。

〔3〕至被欧杖　按：汲本“欧”作“殴”。校补谓古书“欧”亦通“殴”，殴即“驱”字，谓驱之出，不去，又杖之，故不得已而庐于舍外也。

〔4〕将亨〔之〕　刊误谓案文“亨”下少一“之”字。今据补。

〔5〕平狄将军庞萌反于彭城攻败郡守孙萌　按：校补引钱大昭说，谓是时彭城非郡，不得有守，本纪作"楚郡太守"。

〔6〕被七创　汲本、殿本"七"作"十"。按：校补引钱大昭说，谓闽本作"七"。

〔7〕数荐达名士承宫郇恁等　殿本考证谓"郇"一本作"荀"。今按：周黄徐姜申屠传序作"荀"。

〔8〕给其(廪)〔禀〕粮　据刊误改。

〔9〕春秋之义　按：刊误谓案文当作"义之"。"春秋之义"它处可用，此据上下文则不安也。

〔10〕固病不起　按：刊误谓案文当作"固以病不起"。

〔11〕音所买反　按："买"原讹"贾"，径据汲本、殿本改正。

〔12〕贼矜而放遣　"矜"汲本、殿本并作"矜"。按：马叙伦谓段本说文"矜"字作"矜"，从矛令声，华严音义卷二十引同，此矜怜可通之证。

〔13〕馀人皆茹草莱　按："莱"原讹"菜"，径据汲本、殿本改正。

〔14〕并得俱免　按：校补谓"并"当为"遂"字之讹。

〔15〕故城(今)在〔今〕密州安丘县东北　据汲本、殿本改。

〔16〕江革字次翁　按：校补引柳从辰说，谓袁纪"次翁"作"次伯"。

〔17〕莫不必给　殿本考证谓"必"当作"毕"。今按：必毕同音，例得通假。书康王之诰"毕协赏罚"，白虎通谏诤篇引作"必力赏罚"，是其证也。

〔18〕语以避兵道也　按："也"原讹"地"，径据汲本、殿本改正。

〔19〕列侯之妻称夫人　按：汲本、殿本注此下有"列侯死子復为列侯"八字。

〔20〕氾胜之　按："氾"各本皆讹"汜"，径改正。

〔21〕上农区田(大)〔法〕区方深各六寸　据汲本、殿本改。

〔22〕华峤书(曰)夺作脱也　据殿本考证删。

〔23〕逋亡七年　按：集解引苏舆说，谓自章帝建初三年至和帝永元十

年,已二十年矣,故上文言"积十馀岁"。此"七"字有误,疑是"积"字声近而讹。

〔24〕言(善无)〔何难之〕有也　据汲本改。按:殿本无此注。

〔25〕(永初)六年代张敏为司空　按:集解引苏舆说,谓上已出"永初",明衍二字。今据删。

〔26〕前书〔杜钦〕曰　据汲本补。

〔27〕兼浩然之气　按:"浩"原讹"皓",径据汲本、殿本改正。注同。

〔28〕如今使臧吏禁锢子孙　汲本、殿本"今"作"令"。按:刊误谓案文多一"如"字。

〔29〕不义而富〔且贵〕　据殿本补。

〔30〕景慕以为法式　按:此注原在"归怀"下,据殿本移正。

〔31〕太守刘瓆　按:校补引柳从辰说,谓桓纪"瓆"作"质"。

〔32〕司徒刘矩　按:集解引钱大昕说,谓据本纪,是时为司徒者乃胡广,非刘矩也。陈蕃传亦同此误。

〔33〕汝坟之卒章　按:"坟"原讹"渍",径据汲本、殿本改正。

〔34〕大司农陈奇　按:汲本"奇"作"豨",殿本作"豨"。

〔35〕妻子物馀　集解引惠栋说,谓蒋杲云"物馀"当作"馀物"。今按:东观记作"馀物",御览四一二引东观记同。然御览八四七引范书亦作"物馀"。

〔36〕干暴贤者　按:校补引钱大昭说,谓闽本"暴"作"冒"。

〔37〕抗疾京师　按:刊误谓"抗"无义,当是"被"字。

〔38〕告其故吏朱祇　按:"祇"疑当作"秖"。朱名本传凡三见,汲本前一左从禾,后二左从衣,殿本前一后一左均从示,中一从禾,其右从氏则同。

〔39〕故以其旗识之　按:汲本"旗"作"旌"。

〔40〕士(三)〔二〕日而殡　据汲本、殿本改。

〔41〕天子(七)〔五〕重　据集解引沈钦韩说改,与礼丧服大记郑注合。

〔42〕以人鱼为膏烛　按：刊误谓案文“膏”当在“为”字上。

〔43〕尧葬邛之山　按：“邛”原讹“卭”，径改正。

〔44〕文楚薄终丧朽惟速周能感亲啬神养福　按：王先谦谓“周能”二句当在“文楚”二句上，前诸传赞皆顺叙，末四句亦别无用意之处，不应倒置也。

后汉书卷四十上

班彪列传第三十上 自东都主人以下分为下卷

班彪字叔皮，扶风安陵人也。祖况，成帝时为越骑校尉。父稚，哀帝时为广平太守。①

①广平，郡，今洺州永(平)〔年〕县也，[1]隋室讳广改焉。

彪性沈重好古。年二十馀，更始败，三辅大乱。时隗嚣拥众天水，彪乃避难从之。嚣问彪曰："往者周亡，战国并争，天下分裂，数世然后定。意者从横之事复起于今乎？将承运迭兴，在于一人也？愿生试论之。"对曰："周之废兴，与汉殊异。昔周爵五等，诸侯从政，本根既微，枝叶强大，故其末流有从横之事，埶数然也。汉承秦制，改立郡县，[2]主有专己之威，臣无百年之柄。至于成帝，假借外家，①哀、平短祚，国嗣三绝，②故王氏擅朝，因窃号位。危自上起，伤不及下，③是以即真之后，天下莫不引领而叹。十馀年间，中外搔扰，远近俱发，假号云合，咸称刘氏，不谋同辞。④方今雄桀带州域者，皆无七国世业之资，而百姓讴吟，思仰汉德，已可知矣。”嚣曰：“生言周、汉之埶可也；至于但见愚人习识刘氏姓号之故，而谓汉家复兴，疏矣。昔秦失其鹿，刘季逐而羁之，〔3〕时人复知汉乎？”⑤

①外家谓王凤、王商等，并辅政领尚书事也。

②哀帝在位六年，平帝在位五年，故曰短祚。成、哀、平俱无子，是三绝也。

③成帝威权借于外家，是危自上起也。汉德无害于百姓，是伤不及下也。

④谓王郎、卢芳等并诈称刘氏也。

⑤太公六韬曰：“取天下如逐鹿，鹿得，天下共分其肉也。”

彪既疾嚣言，又伤时方艰，乃著王命论，以为汉德承尧，有灵命之符，王者兴祚，非诈力所致，欲以感之，而嚣终不寤，遂避地河西。河西大将军窦融以为从事，深敬待之，接以师友之道。彪乃为融画策事汉，总西河以拒隗嚣。

及融征还京师，光武问曰：“所上章奏，谁与参之？”融对曰：“皆从事班彪所为。”帝雅闻彪才，因召入见，举司隶茂才，拜徐令，以病免。①后数应三公之命，辄去。

①司隶举为茂才也。徐，县，属临淮郡。

彪既才高而好述作，遂专心史籍之间。武帝时，司马迁著史记，自太初以后，阙而不录，①后好事者颇或缀集时事，然多鄙俗，不足以踵继其书。②彪乃继採前史遗事，傍贯异闻，作后传数十篇，因斟酌前史而讥正得失。其略论曰：

①太初，武帝年号。

②好事者谓杨雄、刘歆、阳城衡、褚少孙、史孝山之徒也。

唐虞三代，诗书所及，世有史官，以司典籍，①暨于诸侯，国自有史，②故孟子曰"楚之梼杌，晋之乘，鲁之春秋，其事一也"。③定哀之间，④鲁君子左丘明论集其文，作左氏传三十篇，又撰异同，号曰国语，二十一篇，由是乘、梼杌之事遂闇，⑤而左氏、国语独章。又有记录黄帝以来至春秋时帝王公侯卿大夫，号曰世本，一十五篇。春秋之后，七国并争，秦并诸侯，则有战国策三十三篇。汉兴定天下，太中大夫陆贾记录时功，作楚汉春秋九篇。孝武之世，太史令司马迁采左氏、国语，删世本、战国策，据楚、汉列国时事，上自黄帝，下讫获麟，⑥作本纪、世家、列传、书、表凡百三十篇，而十篇缺焉。⑦迁之所记，从汉元至武以绝，则其功也。至于采经摭传，分散百家之事，甚多疏略，不如其本，务欲以多闻广载为功，论议浅而不笃。其论术学，则崇黄老而薄五经；⑧序货殖，则轻仁义而羞贫穷；⑨道游侠，则贱守节而贵俗功：⑩此其大敝伤道，所以遇极刑之咎也。⑪然善述序事理，辩而不华，质而不野，文质相称，盖良史之才也。诚令迁依五经之法言，同圣人之是非，意亦庶几矣。⑫

①礼记曰："动则左史书之，言则右史书之。"见于史籍者，夏太史终古、殷太史向挚、周太史儋也。见吕氏春秋。

②左传，鲁季孙召外史掌恶臣。卫史华龙滑"曰我太史"也。楚有左史倚相。

③乘者，兴于田赋乘马之事。梼杌者，嚚凶之类，兴于记恶之诫。春秋以二始举四时，以记万事，遂各因以为名，其记事一也。见赵岐孟子注。[4]

④鲁定公、哀公也。

⑤不行于时为闇也。其书今亡。

⑥武帝太始二年，登陇首，获白麟，迁作史记，绝笔于此年也。

⑦十篇谓迁殁之后，亡景纪、武纪、礼书、乐书、兵书、将相年表、日者传、三王世家、龟策传、傅靳列传。

⑧黄帝、老子，道家也。五经，儒家也。迁序传曰："道家使人精神专一，动合无形，赡足万物。"此谓崇黄老也。又曰："儒者博而寡要，劳而少功。"此为薄五经也。

⑨史记货殖传序曰："家贫亲老，妻子软弱，岁时无以祭祀，饮食被服不足以自适，如此不惭耻，则无所比矣。无岩处奇士之行，而长贫贱，语仁义，亦足羞也。"

⑩史记游侠传序曰："季次、原宪行君子之德，义不苟合当世，当世亦笑之。终身空室蓬户，褐衣疏食不餍。今游侠，其行虽不轨于正义，然其言必信，于行必果，已诺必诚，不爱其躯，赴士之厄，盖有足多者。今拘学或抱咫尺之义，久孤于世，岂若卑论齐俗，[5]与世沈浮而取荣名哉！"

⑪极刑谓迁被腐刑也。迁与任安书曰："最下腐刑，极矣！"

⑫易曰："颜氏之子，其殆庶几乎！"

夫百家之书，犹可法也。若左氏、国语、世本、战国策、楚汉春秋、太史公书，今之所以知古，后之所由观前，圣人之耳目也。司马迁序帝王则曰本纪，公侯传国则曰世家，卿士特起则曰列传。又进项羽、陈涉而黜淮南、衡山，①细意委曲，条例不经。若迁之著作，采获古今，贯穿经传，至广博也。一人之精，文重思烦，故其书刊落不尽，尚有盈辞，多不齐一。②若序司马相如，举郡县，著其字，至萧、曹、陈平之属，及董仲舒并时之人，不记其字，或县而不郡者，盖不暇也。③今此后篇，慎核其事，整齐其文，不为世家，唯纪、传而已。传曰："杀史见极，平易正直，春秋之义也。”

①谓迁著项羽本纪。又陈涉起于垄亩，数月被杀，无子孙相继，著为世家，淮南、衡山，汉室之王胤，当世家而编之列传，言进退之失也。

②刊，削也。谓削落繁芜，仍有不尽。

③史记“卫青者，平阳人也”，“张释之，堵阳人”，并不显郡之类也。

彪复辟司徒玉况府。①〔6〕时东宫初建，诸王国并开，②而官属未备，师保多阙。彪上言曰：

①玉音肃。

②建武二十三年玉况为司徒，十九年建明帝为太子，十七年封诸王。

孔子称“性相近，习相远也”。①贾谊以为“习与善人居，不能无为善，犹生长于齐，不能无齐言也。习与恶人居，不能无〔为〕恶，〔7〕犹生长于楚，不能无楚言也”。②是以圣人审所与居，而戒慎所习。昔成王之为孺子，出则周公、邵公、太（公）史佚，〔8〕入则大颠、闳夭、南宫括、散宜生，左右前后，礼无违者，③故成王一日即位，天下旷然太平。是以春秋“爱子教以义方，不纳于邪。骄奢淫佚，所自邪也”。④诗云：“诒厥孙谋，以宴翼子。”言武王之谋遗子孙也。⑤

①见论语。

②贾谊上疏之辞。

③左传曰：“自郊劳至于赠贿，礼无违者。”

④左传卫大夫石碏谏卫庄公之辞也。

⑤诗大雅也。诒，遗也。宴，安也。翼，敬也。言文王遗其孙以善谋，武王以安敬之道遗其子。子谓成王也。

汉兴，太宗使晁错导太子以法术，①贾谊教梁王以诗书。②及至中宗，亦令刘向、王褒、萧望之、周堪之徒，以文章儒学保训东宫以下，③莫不崇简其人，就成德器。今皇太子诸王，虽结发学问，修习礼乐，而傅相未值贤才，官属多阙旧典。宜博选名儒有威重明通政事者，以为太子太傅，东宫及诸王国，备置官属。又旧制，太子食汤沐十县，设周卫交戟，五日一朝，因坐东箱，省视膳食，其非朝日，使仆、中允旦旦请问而已，[9]明不媟黩，广其敬也。④

①文帝时晁错为博士，上言曰："人主所以显功扬名者，以知术数也。今皇太子所读书多矣，而未知术数。愿陛下择圣人之术以赐太子。"上善之，拜错为太子家令。

②贾谊为梁王太傅。梁王，文帝之少子，名揖，爱而好书，故令谊傅之。[10]

③中宗，宣帝也。时元帝为太子，宣帝使王褒、刘向、张子侨等之太子宫，娱侍太子朝夕读诵，萧望之为太傅，周堪为少傅。并见前书。

④汉官仪曰："皇太子五日一至台，因坐东箱，省视膳食，以法制敕太官尚食宰吏，其非朝日，使仆、中允旦旦请问，明不媟黩，所以广敬也。太子仆一人，秩千石；中允一人，四百石，主门卫徼巡。"

书奏，帝纳之。

后察司徒廉为望都长，吏民爱之。①建武三十年，年五十二，卒官。所著赋、论、书、记、奏事合九篇。

①察，举也。司徒荐为廉。

二子：固，超。超别有传。

论曰：班彪以通儒上才，倾侧危乱之间，行不踰方，①言不失正，仕不急进，贞不违人，敷文华以纬国典，守贱薄而无闷容。彼将以世运未弘，非所谓贱焉耻乎？何其守道恬淡之笃也！②

①论语孔子曰："可谓仁之方。"郑玄注云："方犹道也。"

②孔子曰："邦有道，贫且贱焉耻也。"言彪当中兴之初，时运未泰，故不以贫贱为耻，何守道清静之固也！恬淡犹清静也。笃，固也。

固字孟坚。年九岁，能属文诵诗赋，[11]及长，遂博贯载籍，九流百家之言，无不穷究。①所学无常师，不为章句，举大义而已。性宽和容众，不以才能高人，诸儒以此慕之。②

①九流谓道、儒、墨、名、法、阴阳、农、杂、纵横。

②谢承书曰："固年十三，王充见之，拊其背谓彪曰：'此儿必记汉事。'"

永平初，东平王苍以至戚为骠骑将军辅政，开东阁，延英雄。时固始弱冠，奏记说苍曰：①

①奏，进也。记，书也。前书待诏郑朋奏记于萧望之，奏记自朋始也。

将军以周、邵之德，立乎本朝，承休明之策，建威灵之号，①昔在周公，今也将军。诗书所载，未有三此者也。②传曰："必有非常之人，然后有非常之事；有非常之事，然后有非常之功。"③固幸得生于清明之世，豫在视听之末，私以蝼蚁，窃观国政，④诚美将军拥千载之任，蹑先圣之踪，⑤体弘懿之姿，据高明之埶，博贯庶事，服膺六艺，白黑简心，求善无猒，⑥采择狂夫之言，不逆负薪之议。⑦窃见幕府新开，广延群俊，四方之士，颠倒衣裳。⑧将军宜详唐、殷之举，察伊、皋之荐，⑨令远近无偏，幽隐必达，期于总览贤才，收集明智，为国得人，以宁本朝。则将军养志和神，优游庙堂，光名宣于当世，遗烈著于无穷。

①号骠骑将军也。

②唯苍与周公二人而已。

③司马相如喻蜀之辞。

④蝼蚁谓细微也。

⑤千载谓自周公至明帝时千馀载也。先圣谓周公也。

⑥淮南子曰："圣人见是非，若白黑之别于目。"左传曰"求善不猒"也。

⑦负薪，贱人也。三略曰"负薪之诺，[12]廊庙之言"也。

⑧诗曰："东方未明，颠倒衣裳。"言士争归之匆遽也。

⑨尧举皋陶，汤举伊尹。

窃见故司空掾桓梁，宿儒盛名，冠德州里，七十从心，行不踰矩，①盖清庙之光晖，当世之俊彦也。②京兆祭酒晋冯，结发修身，白首无违，好古乐道，玄默自守，古人之美行，时俗所莫及。扶风掾李育，③经明行著，教授百人，客居杜陵，茅室土阶。京兆、扶风二郡更请，徒以家贫，数辞病去。温故知新，论议通明，廉清修絜，行能纯备，虽前世名儒，国家所器，韦、平、孔、翟，无以加焉。④宜令考绩，以参万事。京兆督邮郭基，孝行著于州里，经学称于师门，政务之绩，有绝异之效。如得及明时，秉事下僚，进有羽翮奋翔之用，退有杞梁一介之死。⑤凉州从事王雍，躬卞严之节，文之以术蓺，⑥凉州冠盖，未有宜先雍者也。古者周公一举则三方怨，曰"奚为而后己"。⑦宜及府开，以慰远方。弘农功曹史殷肃，⑧达学洽闻，才能绝伦，诵诗三百，奉使专对。此六子者，皆有殊行绝才，德隆当世，如蒙征纳，以辅高明，此山梁之秋，夫子所为叹也。⑨昔卞和献宝，以离断趾，⑩灵均纳忠，终于沈身，⑪而和氏之璧，千载垂光，屈子之篇，万世归善。愿将军隆照微之明，信日昊之听，⑫少屈威神，咨嗟下问，令尘埃之中，永无荆山、汨罗之恨。

①论语孔子曰："七十而纵心所欲，不踰矩。"言恣心之所为，皆闇合于法则。

②诗周颂曰："于穆清庙，肃雍显相，济济多士，执文之德。"[13]郑玄注曰："显，光也。"言桓梁可参多士，助祭于清庙为光晖也。尔雅曰："髦，俊也。"美士为彦。

③育字元春，见儒林传。

④韦贤、平当、孔光、翟方进也。流俗本"平"字作"玄"，误。

⑤说苑曰："赵简子游于西河而叹曰：'安得贤士而与处焉？'舟人吉桑对曰：[14]'鸿鹄高飞，所恃者六翮也。背上之毛，腹下之毳，加之满把，飞不能为之益高。不知门下左右客千人，亦有六翮之用乎？将尽毛毳也？'"又曰"齐庄公攻莒，杞梁与华周进斗，坏军陷阵，三军不敢当。至莒城下，杀二十七人而死"也。

⑥卞严，卞庄子也。新序曰："卞庄子好勇，养母，战而三北，交游非之，国君辱之。庄子受命，颜色不变。及母死三年，齐与鲁战，庄子请从。至，见于将军曰：'初独与母处，是以战而三北。今母没矣，请塞责。'遂赴敌而斗，获甲首而献，曰：'夫三北，以养母也。吾闻之，节士不以辱生。'遂杀十人而死。"论语孔子曰："卞庄子之勇，冉求之藝，文之以礼乐。"

⑦孙卿子曰："周公东征，西国怨，曰：'何独不来也！'南征而北国怨，曰：'何独后我也！'"

⑧固集"般"作"段"。

⑨秋犹时也。论语孔子曰："山梁雌雉，时哉！"

⑩离，被也。断趾，刖足也。事见韩子。

⑪屈原字灵均，纳忠于楚，终不见信，自沈于汨罗之水而死。

⑫信音申。

苍纳之。

父彪卒，归乡里。固以彪所续前史未详，乃潜精研思，欲就其业。既而有人上书显宗，告固私改作国史者，有诏下郡，收固系京兆狱，尽取其家书。先是扶风人苏朗伪言图谶事，下狱死。固弟超恐固为郡所核考，不能自明，乃驰诣阙上书，得召见，具言固所著述意，而郡亦上其书。显宗甚奇之，召诣校书部，①[15]除兰台令史，②与前睢阳令陈宗、长陵令尹敏、司隶从事孟异共成世祖本纪。[16]迁为郎，典校秘书。固又撰功臣、平林、新市、公孙述事，作列传、载记二十八篇，奏之。帝乃复使终成前所著书。

①前书固叙传曰："永平中为郎，典校秘书。"

②汉官仪曰："兰台令史六人，秩百石，掌书劾奏。"

固以为汉绍尧运，以建帝业，至于六世，史臣乃追述功德，①私作本纪，编于百王之末，厕于秦、项之列，②太初以后，阙而不录，故探撰前记，缀集所闻，以为汉书。起元高祖，终于孝平王莽之诛，十有二世，二百三十年，③综其行事，傍贯五经，上下洽通，为春秋考纪、表、志、传凡百篇。④固自永平中始受诏，潜精积思二十馀年，至建初中乃成。当世甚重其书，学者莫不讽诵焉。

①六代谓武帝，史臣谓司马迁也。[17]

②史记起自黄帝，汉最居其末也。

③高、惠、吕后、文、景、武、昭、宣、元、成、哀、平十二代也。并王莽合二百三十年。

④纪十二，表八，志十，列传七十，合百篇。前书音义曰："春秋考纪谓帝纪也。言考覈时事，具四时以立言，如春秋之经。"

自为郎后，遂见亲近。时京师修起宫室，浚缮城隍，而关中耆老犹望朝廷西顾。固感前世相如、寿王、东方之徒，造构文辞，终以讽劝，①乃上两都赋，盛称洛邑制度之美，以折西宾淫侈之论。其辞曰：

①相如作上林、子虚赋，吾丘寿王作士大夫论及骠骑将军颂，东方朔作客难及非有先生论，其辞并以讽喻为主也。

有西都宾问于东都主人曰：①"盖闻皇汉之初经营也，尝有意乎都河洛矣。辍而弗康，实用西迁，作我上都。主人闻其故而睹其制乎？"②主人曰："未也。愿宾摅怀旧之蓄念，发思古之幽情，③博我以皇道，弘我以汉京。"宾曰："唯唯。"

①中兴都洛阳，故以东都为主，而谓西都为宾也。

②皇，大也。尚书曰："厥既得吉卜则经营。"高祖五年，刘敬说上都关中，[18]上疑之。左右大臣皆山东人，多劝都洛阳，此为有意都河洛矣。张良曰："洛阳其中小不过数百里，四面受敌，非用武之国。关中金城千里，天府之国也。"于是上即日西都关中，此为辍而弗康也。辍，止也。康，安也。

③广雅曰摅，舒也。

汉之西都，在于雍州，实曰长安。①左据函谷、二崤之阻，表以(泰)〔太〕华、终南之山。②[19]右界褒斜、陇首之险，带以洪河、泾、渭之川。③[20]华实之毛，则九州之上腴焉；防御之阻，则天下之奥区焉。④是故横被六合，三成帝畿，⑤周以龙兴，秦以虎视。及至大汉受命而都之也，⑥仰寤东井之精，俯协河图之灵，⑦奉春建策，留侯演成，⑧天人合应，以发皇明，乃眷西顾，寔惟作京。⑨于是睎秦领，睋北阜，挟酆霸，据龙首。⑩图皇基于亿载，度宏规而大起，[21]肇自高而终平，世增饰以崇丽，历十二之延祚，故穷奢而极侈。⑪〔22〕建金城其万雉，呀周池而成渊，披三条之广路，立十二之通门。⑫内则街衢洞达，闾阎且千，九市开场，货别隧分，人不得顾，车不得旋，阗城溢郭，傍流百廛，红尘四合，烟云相连。⑬于是既庶且富，娱乐无疆，都人士女，殊异乎五方，游士拟于公侯，列肆侈于姬、姜。⑭乡曲豪俊游侠之雄，〔23〕节慕原、尝，名亚春、陵，连交合众，骋骛乎其中。⑮

①前书音义曰："长安本秦之乡名，高祖都焉。"

②函谷，关名也。左传曰"崤有二陵，其南陵夏后皋之墓，其北陵文王之所避风雨"，故曰二崤。太华，山也，山海经曰，华首之西六十里曰太华。终南，长安南山也。诗曰："终南何有。"注云："终南，周之名山中南也。"

③褒斜，谷名，南口曰褒，北口曰斜，在今梁州。陇首，山名，在今秦州。洪，大也。

④华实之毛谓草木也。左传曰："食土之毛。"前书曰："秦地九州膏腴。"尚书雍州"厥田上上"。防御谓关禁也。杨雄卫尉箴曰："设置山险，尽为防御。"奥，深也。言秦地险固，为天下深奥之区域。

⑤前书音义曰："关西为横。"被犹及也。吕氏春秋曰："神明通于六合。"高诱注云："四方上下为六合。"周礼曰："方千里曰王畿。"三成谓周、秦、汉并都之也。

⑥龙兴虎视，喻盛彊也。孔安国尚书序曰："汉室龙兴。"易曰："虎视眈眈。"

⑦寤犹晓也。协，合也。高祖至霸上，五星聚于东井。又河图曰："帝刘季，日角戴胜，斗匈龙股，长七尺八寸。昌光出轸，五星聚井，期之兴，天授图，地出道，予张兵钤刘季起。"东井，秦之分野，明汉当代秦都关中。

⑧奉春君，娄敬也。春者，四时之始。娄敬亦始建迁都之策，故以号焉。留侯，张良也。苍颉篇曰："演者引也。"

⑨天谓五星聚东井也。人谓娄敬等进说也。皇明谓高祖也。西顾谓入关也。诗云："乃眷西顾。"

⑩睎，望也，音希。睋，视也，音蛾。秦领在今蓝田东南。北阜即今三原县北有高阜，东西横亘者是也。丰水出雩县南山丰谷。霸水出蓝田谷。三秦记曰："龙首山六十里，头入渭水，尾达樊川。"在傍曰挟，在上曰据也。

⑪肇，始也。始自高祖，终于平帝，为十二代也。

⑫金城言坚固也。张良曰："金城千里。"杜预注左传云："方丈为堵，三堵为雉。"字林曰："呀，大空也。"音火加反。周礼："国方九里，旁三门。"每门有大路，故曰三条。郑玄注周礼云"天子城十二门，通十二子"也。[24]

⑬字林曰："闾，里门也。阎，里中门也。"且千，言多也。汉宫阙疏曰：[25]"长安九市，其六在道西，三在道东。"隧，列肆道也。郑玄注礼记曰："廛，市物邸舍也。"

⑭论语："子适卫，冉有仆。子曰：'庶矣哉！'冉有曰：'既庶矣，又何加焉？'曰：'富之。'"诗周颂云："惠我无疆。"疆，境也。诗小雅曰："彼都人士。"毛苌注云："城郭之域曰都。"五方谓四方及中央也。前书曰："秦地五方杂错。"郑玄注周礼曰："肆，市中陈物处也。"杜元凯注左传云"姬、姜大国之女"也。

⑮豪俊游侠谓朱家、郭解、原涉之类也。原、尝〔谓〕平原君赵胜、孟尝君田文也，[26]春、陵谓春申君黄歇、信陵君无忌也，并招致宾客，名高天下也。

若乃观其四郊，浮遊近县，则南望杜、霸，北眺五陵，名都对郭，邑居相承，英俊之域，黻冕所兴，冠盖如云，七相五公。①

与乎州郡之豪桀，五都之货殖，三选七迁，充奉陵邑，盖以彊幹弱枝，隆上都而观万国。②封畿之内，厥土千里，逴荦诸夏，[27]兼其所有。③其阳则崇山隐天，幽林穹谷，陆海珍藏，蓝田美玉，商、洛缘其隈，鄠、杜滨其足，④源泉灌注，陂池交属，竹林果园，芳草甘木，郊野之富，号曰近蜀。⑤其阴则冠以九嵕，陪以甘泉，乃有灵宫起乎其中。秦、汉之所极观，渊、云之所颂叹，于是乎存焉。⑥下有郑、白之沃，衣食之源，隄封五万，疆埸绮分，沟塍刻镂，原隰龙鳞，决渠降雨，荷臿成云，五穀垂颖，桑麻敷菜。⑦东郊则有通沟大漕，溃渭洞河，泛舟山东，控引淮、湖，与海通波。⑧西郊则有上囿禁苑，林麓薮泽，陂池连乎蜀、汉，缭以周墙，四百馀里，离宫别馆，三十六所，神池灵沼，往往而在。⑨其中乃有九真之麟，大苑之马，黄支之犀，条枝之鸟，踰昆仑，越巨海，殊方异类，至三万里。⑩

①浮游谓周流也。杜、霸谓杜陵、霸陵，在城南，故南望也。五陵谓长陵、安陵、阳陵、茂陵、平陵，在渭北，故北眺也。并徙人以置县邑，故云名都对郭。苍颉篇曰："黻，绶也。冕，冠也。"其所徙者皆豪右、富赀、吏二千石，故多英俊冠盖之人。如云，言多也。诗曰："出其东门，有女如云。"七相谓丞相车千秋，长陵人，黄霸、王商，并杜陵人也，韦贤、平当、魏相、王嘉，并平陵人也。五公谓田蚡为太尉，长陵人，张安世为大司马，朱博为司空，并杜陵人，平晏为司徒，韦赏为大司马，并平陵人也。

②前书音义曰："五都谓洛阳、邯郸、临淄、宛、成都也。"三选，选三等之人，谓徙吏二千石及高赀富人及豪桀并兼之家于诸陵，盖以彊幹弱枝，非独为奉山园也。见前书。自元帝已后不迁，故唯七焉。尔雅曰："观，指示也。""选"或为"徙"，义亦通。

③前书曰:"秦地沃野千里,人以富饶。"逴荦犹超绝也。逴音卓。荦音吕角反。诸夏谓中国也。

④穹谷,深谷。东方朔曰:"汉兴,去三河之地,止灞、浐之西,都泾、渭之南,此谓天下陆海之地也。"范子计然曰:"玉出蓝田。"商及上洛皆县名。隈,山曲也。滨犹近也。鄠、杜,二县名,近南山之足。尔雅云:"麓,山足也。"

⑤孔安国注尚书曰:"泽障曰陂,停水曰池。"前书曰:"巴、蜀土地肥美,有山林竹树蔬食果实之饶。"今南山亦有之,与巴、蜀相类,故曰近蜀。尔雅曰:"邑外曰郊,郊外曰野。"

⑥阴谓北也。九嵕山尤高峻,故称冠云。甘泉山在云阳北,秦始皇于上置林光宫,汉又起甘泉宫、益寿、延寿馆、通天台,故云"秦、汉之所极观"。王褒字子泉,[28]作甘泉颂,杨子云作甘泉赋,故云"泉、云颂叹"。

⑦史记曰:"韩使水工郑国说秦,令引泾水为渠,傍北山,东注洛,溉田四万馀顷,名曰郑国渠。"武帝时,赵中大夫白公奏穿渠引泾水,首起谷口,尾入栎阳,溉田四千馀顷,因名白渠。时人歌之曰:"田于何所?池阳谷口。郑国在前,白渠起后。举臿为云,决渠为雨。泾水一石,其泥数斗。且溉且粪,长我禾黍。衣食京师,亿万之口。"前书曰:"天子畿方千里,隄封百万井。"音义曰:"隄谓积土为封限也,音丁奚反。"广雅曰:"埸,界也。"音亦。周礼曰:"夫间有遂,十夫有沟。"说文曰:"塍,田畦也。"塍音绳。刻镂谓交错如镂也。尔雅曰:"高平曰原,下湿曰隰。"言如龙鳞之五色也。五穀,黍、稷、菽、麦、稻也。〔小〕尔雅曰:"禾穗谓之颖。"[29]〔小〕尔雅曰:"敷,布也。"[30]棻,茂盛也,音芬。

⑧漕,水运也。苍颉篇曰:"溃,傍决也。"前书武帝穿漕渠通渭。史记曰:"荥阳下引河东南为鸿沟,以与淮、泗会。"

⑨上囿谓林苑也。穀梁传曰:"林属于山为麓。"郑玄注周礼曰:"泽无水曰薮。"缭犹绕也,音了。三辅黄图曰:"上林有建章、承光等一十一

宫，平乐、茧观等二十五，凡三十六所。”三秦记曰：“昆明池中有神池，通白鹿原。”诗曰：“王在灵沼。”

⑩宣帝诏曰：“九真郡献奇兽。”晋灼汉书注云：“驹形，麟色，牛角。”武帝时，李广利斩大宛王首，获汗血马来。又黄支国自三万里贡生犀。条支国临西海，有大鸟，卵如瓮。条支与安息接，武帝时，安息国发使来献之。又曰：“昆仑山高二千五百里。”并见前书。

其宫室也，体象乎天地，经纬乎阴阳，据坤灵之正位，放(泰)〔太〕、紫之圆方。①〔31〕树中天之华阙，丰冠山之朱堂，因瑰材而究奇，抗应龙之虹梁，列棼橑以布翼，荷栋桴而高骧。②雕玉瑱以居楹，裁金璧以饰珰，发五色之渥采，光焰朗以景彰。③于是左(瑊)〔墄〕右平，〔32〕重轩三阶，闺房周通，门闼洞开，列锺虡于中庭，立金人于端闱，仍增崖而衡阈，临峻路而启扉。④徇以离殿别寝，〔33〕承以崇台閒馆，焕若列星，紫宫是环。⑤清凉宣温，神仙长年，金华玉堂，白虎麒麟，区宇若兹，不可殚论。⑥增槃业峨，〔34〕登降炤烂，殊形诡制，每各异观，乘茵步辇，唯所息宴。⑦后宫则有掖庭椒房，后妃之室，合欢增成，安处常宁，茝若椒风，披香发越，兰林蕙草，鸳鸾飞翔之列。⑧昭阳特盛，隆乎孝成，屋不呈材，墙不露形，裛以藻绣，络以纶连，随侯明月，错落其间，金釭衔璧，是为列钱，翡翠火齐，流耀含英，悬黎垂棘，夜光在焉。⑨于是玄墀釦切，〔35〕玉阶彤庭，碝磩采袛，琳珉青荧，珊瑚碧树，周阿而生。⑩红罗飒纚，绮组缤纷，精曜华烛，俯仰如神。⑪后宫之号，十有四位，窈窕繁华，更盛迭贵，处乎斯列者，盖以百数。⑫左右廷中，朝堂百僚之位，萧曹魏邴，谋谟乎其上。⑬佐命则垂统，辅翼则成化，流大汉之恺悌，荡亡秦之毒螫。⑭故令斯人扬乐和之声，作画一之歌，功德著于祖宗，膏泽洽于黎庶。⑮又有天录石渠，典籍之府，命夫谆诲故老，名儒师傅，讲论乎六蓺，稽合乎同异。⑯又有承明金马，著作之庭，大雅宏达，于兹为群，元元本本，周见洽闻，〔36〕启发篇章，校理祕文。⑰周以钩陈之位，卫以严更之署，总礼官之甲科，群百郡之廉孝。⑱虎贲赘衣，阉尹阍寺，陛戟百重，各有攸司。⑲周庐千列，徼道绮错。⑳辇路经营，修涂飞阁。㉑〔37〕自未央而连桂宫，北弥明光而亘长乐，陵墱道而超西墉，混建章而外属，〔38〕设璧门之凤阙，上觚棱而栖金雀。㉒内则别风之嶕峣，眇丽巧而竦擢，张千门而立万户，顺阴阳以开阖。㉓尔乃正殿崔巍，层构厥高，临乎未央，经骀盪而出馺娑，洞枍诣与天梁，上反宇以盖戴，激日景而纳光。㉔神明郁其特起，遂偃蹇而上跻，轶云雨于太半，虹霓回带于棼楣，虽轻迅与僄狡，犹愕眙而不敢阶。㉕攀井幹而未半，目眴转而意迷，舍櫺槛而却倚，若颠坠而复稽，魂怳怳以失度，巡回涂而下低。㉖既惩惧于登望，降周流以彷徨，步甬道以萦纡，又杳窱而不见阳。㉗排飞闼而上出，若游目于天表，似无依(之)〔而〕洋洋。㉘〔39〕前唐中而后太液，揽沧海之汤汤，扬波涛于碣石，激神岳之嶈嶈，滥瀛洲与方壶，蓬莱起乎中央。㉙于是灵草冬荣，神木丛生。岩峻崔崒，金石峥嵘。㉚抗仙掌(与)〔以〕承露，〔40〕擢双立之金茎，轶埃壒之混浊，鲜颢气之清英。㉛骋文成之丕诞，驰五利之所刑，庶松乔之群类，时游从乎斯庭，实列仙之攸馆，匪吾人之所宁。㉜

①圜象天，方象地。南北为经，东西为纬。杨雄司空箴曰："普彼坤灵，侔天作合。"放，象也。太、紫谓太微、紫宫也。刘向七略曰："明堂之制，内有太室，象紫宫；南出明堂，象太微。"春秋合诚图曰："太微，其星十二，四方。"史记天官书曰："环之匡卫十二星，藩臣，皆曰紫宫。"

是太微方而紫宫圆也。

②列子曰:“周穆王作中天之台。”说文曰:“阙,门观也。”前书萧何作东阙、北阙。丰,大也。冠山谓在山之上也。埤苍曰:“瑰玮,珍奇也。”广雅曰:“有翼曰应龙。”梁作应龙之形,而又曲如虹也。说文曰:“棼,复屋之栋。”橑,椽也。翼,屋之四阿也。荷,负也。骧,举也。尔雅曰:“栋谓之桴。”音浮。

③广雅曰:“磌,磌也。”音田。“瑱”与“磌”通。楹,柱也。雕玉为磌以承柱也。上林赋曰:“华榱璧珰。”韦昭注曰:“珰,榱头也。”渥,光润也。焰音艳。

④挚虞决疑要注曰:“墄者为阶级,平者以文专相亚次也。”“域”亦作“墄”。[41]言阶级勒墄然,音七则反。王逸楚辞注曰:“轩,楼板也。”周礼夏后氏“世室九阶”,郑玄注云“南面三阶,三面各二”也。尔雅曰:“宫中之门谓之闱,小者谓之闺。”虡以悬钟也。史记:“秦始皇收天下兵器,聚之咸阳,销以为金人十二,置宫中。”端闱,宫正门也。三辅黄图曰:“秦宫殿端门四达,以则紫宫。”仍,因也。衡,横也。阈,门限。

⑤徇犹绕也。崇,高也。间音闲。焕,明也。言周回宫馆,明若列星之环绕紫宫也。环,协韵音宦。

⑥三辅黄图曰:“未央宫有清凉殿、宣室殿、中温室殿、金华殿、大玉堂殿、中白虎殿、麒麟殿,长乐宫有神仙殿。”殚,尽也。

⑦增,重也。桀,屈也。业峨,高也。业音五腊反。峨音我。诡,异也。茵,褥也。驾人曰辇。

⑧汉官仪曰:“婕妤以下皆居掖庭。”三辅黄图曰:“长乐宫有椒房殿。”前书曰:“班婕妤居增成舍。”桓谭新论曰:“董贤女弟为昭仪,居舍号曰椒风。”汉宫阁名长安有披香殿、鸳鸾殿、飞翔殿。馀未详。

⑨昭阳殿,成帝赵昭仪所居也。说文曰:“裛,缠也。”音於业反。纶,纠,青丝绶也。“纶”或作“编”。淮南子曰:“随侯之珠,和氏之璧。”高诱注云:“随侯行见大蛇伤,以药傅之。后蛇衔珠以报之,因曰随侯珠。”

说文曰："釭，毂铁也。"音江，又音工。谓以黄金为釭，其中衔璧，纳之于(璧)〔壁〕带，[42]为行列历历如钱也。前书曰："昭阳殿壁带，往往为黄金釭，函蓝田玉璧，明珠翠羽饰之。"异物志曰："翠鸟形如燕，赤而雄曰翡，青而雌曰翠，其羽可以饰帏帐。"韵集曰："火齐，珠也。"战国策曰："应侯谓秦王曰'梁有县黎'。"左传曰："晋荀息请以垂棘之璧假道于虞。"言悬黎、垂棘之玉，并夜有光辉也。

⑩前书曰："昭阳殿中庭彤朱，而殿上髹漆。"髹音休。漆黑故曰玄。墀，殿上地也。又曰："切皆铜沓，黄金涂，白玉阶。"扣音口。碝、碱、琳、珉，并石次玉者。碝音而兖反，碱音戚。彩致，其文理密也。青荧，其光色也。[43]汉武故事曰："武帝起神堂，植树玉树，葺珊瑚为枝，以碧玉为叶。"淮南子曰："昆仑山有碧树在其北。"高诱注云："碧，青石也。"谓以珠玉假为树而植之于殿曲。阿，曲也。

⑪薛综注西京赋曰："飒纚，长袖貌。飒音素合反，纚音山绮反。"绮，文缯也。组，绶也。缤纷，盛皃。烛，照也。言精彩华饰照耀也。战国策张仪谓秦王曰："彼周、郑之女，粉白黛黑立于衢，非知而见之者以为神也。"

⑫前书曰："汉兴，因秦之称号，正嫡称皇后，妾皆称夫人。凡十四等，有昭仪、婕妤、娙娥、傛华、美人、八子、充衣、七子、良人、长使、少使、五官、顺常，[44]是为十三等；又有无涓、共和、娱灵、保林、良使、夜者、秩禄同，共为一等，合十四位也。"窈窕，幽闲也。繁华，美丽也。百数谓以百而数之也。

⑬萧何、曹参并沛人，魏相字弱翁，济阴人，邴吉字少卿，鲁国人，並为丞相。

⑭李陵书曰："其馀佐命立功之士。"司马相如曰："垂统理顺易继也。"统，业也。礼记曰："保者慎其身以辅翼之。"恺，乐也。悌，易也。杨雄长杨赋曰："今朝廷出恺悌，行简易。"王褒四子讲德论曰："秦之处位任政者，并施毒螫。"前书曰："孝惠、高后之时，海内得离战国之苦，

君臣俱欲无为，而天下晏然，衣食滋殖。”又曰：“近观汉相，高祖开基，萧、曹为冠。孝宣中兴，丙、魏有声。”是时黜陟有序，众职修理，公卿多称其位，海内兴于礼让也。

⑮孔丛子曰：“古之帝王，功成作乐，其功善者其乐和。”前书曰，萧何薨，曹参代之，百姓歌之曰：“萧何为法，较若画一，曹参代之，守而勿失。”祖宗谓高祖、中宗也。

⑯三辅故事曰：“天禄，石渠并阁名。在未央宫北，以阁秘书。”谆诲谓殷勤教告也。诗大雅曰：“诲尔谆谆。”郑玄注云：“我教告王，口语谆谆然。”谆音之纯反。六艺谓诗、书、礼、乐、易、春秋也。稽，考也。前书，甘露中诏诸儒讲五经同异，令萧望之平奏其议。

⑰承明，殿前之庐也。金马，署名也。门有铜马，故名金马门，待诏者皆居之。宏亦大也。元其元，本其本。秘文，秘书也。孝经钩命决曰“丘掇秘文”也。

⑱周，环也。前书音义曰：“钩陈，紫宫外星也，宫卫之位亦象之。”严更之署，行夜之司也。礼官，奉常也，有博士掌试策，考其优劣，为甲乙之科，即前书曰“太常以公孙弘为下第”是也。言百郡，举全数。前书又曰：“兴廉举孝。”

⑲虎贲，宿卫之臣。赘衣，主衣之官。赘，缀也，音之锐反。尚书曰：“缀衣虎贲。”阍尹、阍寺并宦官，周礼有阍人、寺人。陛戟，执戟于陛也。百重，言多也。攸，所也。司，主也，协韵音伺。

⑳庐谓宿卫之庐，周于宫也。千列，言多也。史记：“卫令曰周庐，设卒甚谨。”徼道，徼巡之道。绮错，交错也。前书曰“中尉掌徼巡京师”也。

㉑前书音义曰：“辇道，阁道也。“涂”亦“塗”也，古字通用。

㉒未央宫在西，长乐宫在东，桂宫、明光宫在北，言飞阁相连也。墱，陛级也，音丁邓反。墉，城也。混，同也。建章宫在城西。属，连也。前书曰：“建章宫，其东则凤阙，(门)高二十馀丈，[45]其南有壁门之属。”

说文曰:“柧棱,殿堂上最高之处也。”柧音孤,棱音力登反。其上栖金雀焉。三辅故事曰“建章宫阙上有铜凤皇”,即金雀也。

㉓三辅故事曰:建章宫东有折风阙。”关中记曰:“折风一名别风。”嶕峣,高也。嶕音焦,峣音尧。前书曰,建章宫度为千门万户。合谓之阴,开谓之阳。易曰:“阖户谓之坤,辟户谓之乾。”

㉔正殿即前殿也。层,重也。临乎未央,言高之极也。关中记建章宫有骀盪、驭娑、枍诣殿。天梁亦宫名也。骀音殆,盪音荡。驭音素合反,娑音素可反。枍音乌计反。小雅曰:[46]“盖戴,覆也。”反宇谓飞檐上反也。激日谓日影激入于殿内也。

㉕神明,台名也。跻,升也。偃蹇,高貌也。轶,过也。前书音义曰:“凡数三分有二为太半。”说文曰:“棼,栋也。”尔雅曰:“楣谓之梁。”郭璞云:“门户上横梁也。”方言曰:“僄,轻也。”音匹妙反。郑玄注礼记曰:“狡,疾也。”字书曰:“愕,惊也。”音五各反。字林曰:“眙,惊貌也。”音丑吏反。

㉖井幹,楼名也。前书曰:“武帝作井幹楼,高五十丈,辇道相属焉。”苍颉篇曰:“眴,视不明也。”音眩。櫺槛,楼上栏楯也。櫺音零。稽,留也。

㉗淮南子曰:“甬道相连。”高诱注云:“甬道,飞阁复道也。”广雅曰:“窈窱,深也。”“杳”与“窈”通。窱音它乌反。阳,明也。既创前之登望,乃下巡于复道,宫宇深邃,又不见明者。

㉘飞闼,阁上门也。王逸注楚辞曰:“洋洋,无所归皃。”

㉙前书曰:“建章宫,其西唐中数十里。”音义曰:“唐,庭也。”其北太液池中有蓬莱、方丈、瀛洲、壶梁,象海中神山。汤汤,流貌也。苍颉篇曰:“涛,大波也。”碣石,海畔山也。说文曰:“滥,泛也。”列子曰:“海中有神山,一曰岱舆,二曰员峤,三曰方壶,四曰瀛洲,五曰蓬莱。”

㉚灵草、神木谓不死药也。史记曰:“海中神山,仙人不死药在焉。”峥嵘,高峻也。崔音徂回反,崒音才律反。峥音仕耕反,嵘音宏。

㉛前书曰，武帝时作铜柱承露仙人掌之属。三辅故事云："建章宫承露槃，高二十丈，大七围，以铜为之。上有仙人掌承露，和玉屑饮之。"金茎即铜柱也。轶，过也。埃壒，尘也。鲜，絜也。说文曰："颢，白皃。"音皓。

㉜丕，大也。诞，欺也。前书曰："齐人李少翁以方士见上，上拜为文成将军，言于上曰：'即欲与神通，宫室被服非象神，神物不至。'乃作甘泉宫，中为台，画天、地、泰一诸鬼神，而置祭具以致天神。"又曰："胶东人栾大多方略而敢为大言，言曰：'臣常往东海中，见安期、羡门之属。'乃拜为五利将军。"刑，法也。列仙传曰："赤松子者，神农时雨师也，服水玉以教神农。"又曰："王子乔者，周灵王太子晋，道士浮丘公接以上嵩山。"

尔乃盛娱游之壮观，奋大武乎上囿，因兹以威戎夸狄，燿威而讲事。①[47]命荆州使起鸟，诏梁野而驱兽，毛群内阗，飞羽上覆，接翼侧足，集禁林而屯聚。②水衡虞人，理其营表，种别群分，部曲有署。③罘罔连纮，笼山络野，列卒周匝，星罗云布。④于是乘(銮)舆备法驾，[48]帅群臣，披飞帘，入苑门。⑤遂绕酆镐，历上兰，六师发胄，[49]百兽骇殚，震震爚爚，雷奔电激，草木涂地，山渊反覆，蹂蹸其十二三，乃拗怒而少息。⑥尔乃期门佽飞，列刃钻鍭，要趹追踪，鸟惊触丝，兽骇值锋，机不虚掎，弦不再控，矢无单杀，中必叠双，飑飑纷纷，矰缴相缠，风毛雨血，洒野蔽天。⑦平原赤，勇士厉，猿狖失木，豺狼慑窜。⑧尔乃移师趋险，并蹈潜秽，穷虎奔突，狂兕触蹷。⑨许少施巧，秦成力折，掎僄狡，扼猛噬，脱角挫脰，徒搏独杀。⑩挟师豹，拖熊螭，顿犀犛，曳豪罴，超迥壑，越峻崖，蹷巉岩，钜石隤，松柏仆，从林摧，草木无馀，禽兽殄夷。⑪于是天子乃登属玉之馆，历长杨之榭，[50]览山川之体执，观三军之杀获，原野萧条，目极四裔，禽相镇厌，兽相枕藉。⑫然后收禽会众，论功赐胙，陈轻骑以行炰，腾酒车而斟酌，割鲜野食，举燧命爵。⑬[51]飨赐毕，劳逸齐，大辂鸣鸾，容与裴回，集乎豫章之宇，临乎昆明之池。⑭左牵牛而右织女，似云汉之无崖，茂树荫蔚，芳草被隄，兰茝发色，晔晔猗猗，若摛锦布绣，烛燿乎其陂。⑮玄鹤白鹭，[52]黄鹄鵁鹳，鸧鸹鸨鸨，[53]凫鹥鸿雁，朝发河海，夕宿江汉，沈浮往来，云集雾散。⑯于是后宫乘辂路，登龙舟，张凤盖，建华旗，袪黼帷，镜清流，靡微风，澹淡浮。⑰棹女讴，鼓吹震，声激越，謍厉天，鸟群翔，鱼窥渊。⑱招白闲，下双鹄，揄文竿，出比目。⑲抚鸿幢，御矰缴，方舟并骛，俛仰极乐。⑳遂风举云摇，浮游普览，前乘秦领，后越九嵕，㉑东薄河华，西涉岐雍，宫馆所历，百有馀区，行所朝夕，储不改供。㉒礼上下而接山川，究休佑之所用，采游童之欢谣，第从臣之嘉颂。㉓于斯之时，都都相望，邑邑相属，国籍十世之基，家承百年之业，士食旧德之名氏，农服先畴之畎亩，商修族世之所鬻，工用高曾之规矩，粲乎隐隐，各得其所。㉔

①大武谓大陈武事也。月令"孟冬之月，天子乃命将帅讲武，习射御"也。

②荆州，江、湘之地，其俗习于捕鸟，故使起之。梁野，巴、汉之人，其俗习于逐兽，故使其人驱之。阗音田。聚音才谕反。

③前书曰："上林苑属水衡都尉。虞人，掌山泽之官。"周礼曰："虞人莱所田之野为表。"郑司农曰："表，所以识正行列也。"续汉书"将军领军皆有部，大将军营五部，部校尉一人，部下有曲，曲有军候一人"也。

④郑玄注礼记曰："兽罟曰罘。"音浮。纮，罘之纲。

⑤蔡邕独断曰："天子至尊，不敢渫渎言之，故托于乘舆。天子车驾有大驾、法驾、小驾。大驾则公卿奉引，备千乘万骑。法驾，公〔卿〕不在卤簿中，[54]唯执金吾奉引，侍中骖乘。"飞廉，馆名也，武帝所作。前书音义曰："飞廉，神禽，能致风气，身似鹿，头如雀，有角而蛇尾，文如豹文。于馆上作之，因以名焉。"

⑥酆，文王所都，在鄠县东。镐，武王所都，在上林苑中。三辅黄图云，上林苑有上兰观。尚书曰："司马掌邦政，统六师。"又曰："百兽率舞。"骇殚，言惊惧也。震震爚爚，奔走之貌。爚音跃。涂，污也。反覆犹倾动也。车骑既多，视之眩乱，有似倾动。蹂，践也，音汝九反。蹸，轹也，音力刃反。搦犹抑也，音于六反。言且抑六师之怒而少停也。

⑦前书曰，武帝与北地良家子期于殿门，故号"期门"。又曰："募佽飞射士。"音义："佽飞，本秦左弋官也，武帝改为佽飞官，有一令九丞，在上林中。纺矰缴，弋凫雁，岁万头，以供宗庙。"苍颉篇曰："攒，聚也。""钻"与"攒"通。尔雅曰："金镞翦羽谓之鍭。"音侯。广雅曰："趹，奔也。"音决。机，弩牙也。说文曰："掎，偏引也。"音居绮反。飑飑纷纷，众多也。说文曰："飑，古飚字。"郑玄注周礼曰："结缴于矢谓之矰。"矰，高也。

⑧郭璞注山海经曰："猿似猴而大，臂长，便捷，色黑。"苍颉书曰："狖似狸。"音以救反。淮南子曰："猿狖颠蹷而失木枝。"慑，惧也，音之叶反。窜，走也，协韵音七外反。

⑨潜，深也。秽谓榛芜之林，虎兕之所居也。尔雅曰："兕似牛。"郭璞曰："一角，青色，重千斤。"广雅曰："蹷，跳也。"音居卫反。

⑩许少、秦成，并未详。僄狡，兽之轻捷者。说文曰："搤，捉也。"音厄。"搤"与"扼"通。噬，啮也。挫，折也。脰，颈也。徒，空也。谓空手搏杀之也。尔雅曰："暴虎，徒搏也。"杀音所界反。

⑪师,师子也。说文曰:"拖,曳也。"音徒可反。杜预注左传云:"螭,山神,兽形。"郭璞注山海经曰:"犀似牛而猪头,黑色,有三角,一在顶上,一在额上,一在鼻上。犛牛黑色,出西南徼外。"犛音力之反。尔雅曰:"罴似熊而黄。"巉岩,山石高峻之貌也。殄,尽也。夷犹杀也。

⑫前书,宣帝幸萯阳宫属玉观。音义曰:"属玉,水鸟也,似䴔䴖,于观上作之,因以名焉。"三辅黄图曰:"上林有长扬宫。"郑玄注礼记曰:"土高曰台,有木曰榭。"获,协韵音胡卦反。楚词曰:"山萧条而无兽。"

⑬胙,馀肉也。左传曰:"归胙于公。"诗小雅曰:"炰之燔之。"毛苌注曰:"以毛曰炰。"音步交反。子虚赋曰:"割鲜染轮。"孔安国注尚书曰:"鸟兽新杀曰鲜。"

⑭大辂,玉辂也。周礼曰:"凡驭辂仪以銮和为节。"郑玄注曰:"銮在衡,和在轼,皆金铃也。"三辅黄图曰:"上林苑有豫章观。"

⑮汉宫阁疏曰:"昆明池有二石人,牵牛、织女之象也。"云汉,天河也。郭璞注尔雅云:"茝,香草。"音昌改反。晔晔猗猗,美茂之貌。说文曰:"摛,舒也。"

⑯郭璞注尔雅云:"鸡似凫,脚近尾,略不能地行,江东谓之鱼鸡。"音火交反。说文曰:"鹳,鹳雀也。"尔雅曰:"鸹,麋鸹。"音括。郭璞注曰:"即鸧鸹也,今关西呼为鸹鹿。"鸨似雁而大,无指。音保,鶂,水鸟也。庄子曰:"白鶂之相视,眸子不运而风化。"李巡注尔雅曰:"在野曰凫,在家曰鹜。"并鸭也。郑玄注诗云:"鹥,凫属也。"音一兮反。周处风土记曰:"鹥,鹥鲉也,以名自呼,大如鸡,生卵于荷叶上。"毛苌注诗云:"大曰鸿,小曰雁。"

⑰埤苍曰:"栈,卧车也。"音仕板反。淮南子曰:"龙舟鹢首,浮吹以虞。"桓谭新论曰:"乘车,玉爪,华芝及凤皇三盖。"上林赋曰:"乘法驾,建华旗。"高诱注淮南子曰:"祛,举也。"澹,随风之貌也。澹音徒滥反。淡音徒敢反。

⑱棹,楫也。讴,歌也。震,协韵音真。訇,声也,音火宏反。

⑲招犹举也。弩有黄间之名，此言白间，盖弓弩之属。本或作"白鹇"，谓鸟也。西京杂记曰："越王献高帝白鹇、黑鹇各一双。"说文曰："揄，引也。"音投。文竿，以翠羽为文饰也。(阙)〔阚〕子曰：[55]"鲁人有好钓者，以桂为饵，锻黄金之钩，错以银碧，垂翡翠之纶。"尔雅曰："东方有比目鱼，不比不行。"

⑳广雅曰："幢谓之帱。"幢音直江反，即舟中之幢盖也。本或作"罿"。罿，鸟网也，音衝。矰，弋矢也。缴，以系箭也。方舟，并两舟也。

㉑协韵音综。

㉒薄，迫也。岐，山；雍，县。在扶风。储，积也。供，协韵音九用反。

㉓上下谓天地也。接亦祭也。究，尽也。用谓牺牷玉帛之物也。列子曰："尧理天下五十年，不知天下理欤？乱欤？尧乃微服游于康衢，闻儿童谣曰：'立我蒸人，莫匪尔极，不识不知，顺帝之则。'"言今同于尧也。前书曰："宣帝颇好神仙，[56]王褒、张子侨等并待诏，所幸宫馆，辄为歌颂，第其高下，以差赐帛焉。"

㉔十代、百年，并举全数也。易曰："食旧德，贞厉终吉。"穀梁传曰："古者有士人、商人、农人、工人。"淮南子曰"古者至德之时，贾便其肆，农安其业，大夫安其职，而处士修其道"也。

若臣者，徒观跡乎旧墟，闻之乎故老，什分而未得其一端，故不能偏举也。

 【校勘记】

〔1〕今洺州永(平)〔年〕县也　集解引沈钦韩说，谓"永平县"当作"永年县"，今据改。按："洺"原作"洛"，形近而讹，径据殿本改正。

〔2〕汉承秦制改立郡县　按：张森楷校勘记谓"改"当依前书作"并"，既承秦制，则非汉所改也。

〔3〕刘季逐而羁之　按：集解引王补说，谓"羁"前书叙传作"掎"，通鉴

亦作“掎”，用左传“晋人角之，诸戎掎之”。

〔4〕见赵岐孟子注　“岐”原讹“歧”，径改正。按：绍兴本赵岐之“岐”皆讹“歧”，后如此，不悉出校记。

〔5〕岂若卑论齐俗　按：“齐”当依史记作“侪”。

〔6〕彪复辟司徒玉况府　汲本、殿本“玉”作“王”。按：玉字本有肃音，不必改为“王”，参阅前虞延传校记。又按：集解引沈钦韩说，谓是时“司徒”上有“大”字。

〔7〕不能无〔为〕恶　据集解本补。按：此所引贾谊上疏之辞与前书不同，前书作“习与正人居之，不能毋正，犹生长于齐，不能不齐言也。习与不正人居之，不能毋不正，犹生长于楚之地，不能不楚言也”。

〔8〕出则周公邵公太(公)史佚　据汲本删。按：史记云“召公为师，周公为保”，无太公辅成王事，“公”字衍。太史佚即史佚也。

〔9〕使仆中允　按：沈家本谓“允”续志作“盾”。

〔10〕故令谊傅之　按：“令”原讹“今”，径改正。

〔11〕诵诗赋　按：汲本“赋”作“书”。

〔12〕负薪之诺　按：汲本、殿本“诺”作“语”。

〔13〕执文之德　按：集解引周寿昌说，谓周颂作“秉文之德”，此“秉”字作“执”，乃唐讳昞，秉与昞同音，嫌名也，故避“秉”为“执”，义同字异。

〔14〕舟人吉桑对曰　按：“吉桑”新序作“固桑”，说苑尊贤篇作“古乘”，人表作“固来”，循吏传注作“古桑”。沈钦韩谓“乘”“来”皆“桑”之误，“吉”又为“古”之误。

〔15〕召诣校书部　按：“校书部”疑当作“校书郎”。御览五一五引正作“校书郎”，又班超传云“兄固，被召诣校书郎”。

〔16〕司隶从事孟异　按：集解引惠栋说，谓“异”当作“冀”，见马援、杜林等传。又引沈钦韩说，谓史通正史篇作“孟冀”。

〔17〕六代谓武帝史臣谓司马迁也　按：此注原误置于“史臣”之下，今移

正。盖正文"六世"句绝,"史臣"属下为句,若注于"史臣"之下,则"史臣"二字当连"六世"为句矣。

〔18〕刘敬说上都关中　殿本"刘"作"娄"。按:娄敬说高祖都关中,封奉春君,赐姓刘氏,故亦作"刘敬",然下文"奉春建策"注又作"娄敬",前后亦不一致也。

〔19〕表以(泰)〔太〕华终南之山　张森楷校勘记谓"太华"字本不作"泰",后人误以为范晔避其父讳,改"泰"为"太",遂并非讳改者而亦回改为"泰"。今据改。

〔20〕带以洪河泾渭之川　按:校补谓文选此下有"众流之隈,汧涌其西"语。

〔21〕度宏规而大起　惠栋谓李善曰"度"或为"庆",庆与羌古字通,小尔雅云羌,发声也。按:王念孙谓李善本度字本作"庆",今本作"度"者,后人据五臣本及班固传改之耳。善注原文当云"小雅曰羌,发声也,'庆'与'羌'古字通,'庆'或为'度'。"又谓作"庆"是。庆,语词。"宏规"与"大起"相对为文,言肇建都邑,先宏规之而后大起之也。

〔22〕故穷奢而极侈　按:王先谦谓固集及文选"奢"并作"泰",此亦范氏避其父讳而改。

〔23〕乡曲豪俊游侠之雄　按:文选"俊"作"举",李注引史记魏公子无忌曰"平原之游,徒豪举耳"。盖以"乡曲豪举"为句。此以"乡曲豪俊"与"游侠之雄"连读为句,故注云"豪俊游侠谓朱家、郭解、原涉之类也"。

〔24〕天子城十二门通十二子　按:此周礼"匠人营国方九里旁三门"郑玄注文,章怀引之以释"立十二之通门"也。文选注同。各本误引周礼地官"司门"郑注,作"司门若今城门校尉,主王城十二门"。

〔25〕汉宫阁疏曰　汲本、殿本"阁"作"阙"。按:后文"披香"注引"汉宫阁名",殿本"阁"作"阙",文选注亦作"阙"。又后文"左牵牛而右

织女”注引“汉宫阁疏”，殿本亦作“阁”，而文选注则作“阙”。又按：“汉宫阁疏”或“汉宫阙疏与“汉宫阁名”或“汉宫阙名”，隋志俱不著录，唐志有汉宫阙簿，史记高祖纪索隐、初学记居处部、御览居处部十二引“汉宫殿疏”，北堂书钞舟部上引“汉宫室疏”，殆即一书也。

〔26〕原尝〔谓〕平原君赵胜孟尝君田文也　据汲本、殿本补。

〔27〕逴荦诸夏　按：李慈铭谓“荦”文选作“踔”。

〔28〕王褒字子泉　汲本、殿本“泉”作“渊”，下“泉云颂叹”之“泉”亦作“渊”。按：“渊”作“泉”，当是章怀避唐讳改。

〔29〕〔小〕尔雅曰禾穗谓之颖　按：校补谓此见小尔雅广物篇，文选李善注引作“小雅曰”，文选注于小尔雅皆省称“小雅”，此则脱去“小”字也。今据补。

〔30〕〔小〕尔雅曰敷布也　按：尔雅无“敷布也”之训，此见小尔雅广诂篇。今据补。

〔31〕放(泰)〔太〕紫之圆方　按：“泰”当作“太”，今改，参阅上“表以(泰)〔太〕华终南之山”条。

〔32〕于是左(瑊)〔墄〕右平　据殿本改。按：集解引柳从辰说，谓字书玉部无瑊字，应从土。

〔33〕徇以离殿别寝　按：校补谓文选“殿”作“宫”。

〔34〕增槃业峨　按：文选作“增盘崔嵬”。

〔35〕玄墀扣切　按：文选“切”作“砌”。

〔36〕周见洽闻　按：校补谓文选“周”作“殚”。

〔37〕修涂飞阁　按：校补谓文选“涂”作“除”，注“除，楼陛也”。

〔38〕混建章而外属　按：校补谓文选“而”下有“连”字”

〔39〕似无依(之)〔而〕洋洋　文选“之”作“而”，王先谦谓作“而”是。今据改。

〔40〕抗仙掌(与)〔以〕承露　据汲本、殿本改。

〔41〕域亦作墄　按：刊误谓案文当作"墄亦作域"，言"墄"字有作"域"者也。

〔42〕纳之于(璧)〔壁〕带　按：校补云前书音义"壁带谓壁中之带也"，此"壁"字当从土，各本皆从玉，涉上"衔璧"而误。今据改。

〔43〕其光色也　按：张森楷校勘记谓"色"下当有脱文一字，据上文"其文理密也"知之。

〔44〕顺常　按："顺"原讹"须"，径据汲本、殿本改正。

〔45〕(门)高二十馀丈　据刊误删。

〔46〕小雅曰　按：小雅即小尔雅之省称，下所引乃小尔雅广诂文。

〔47〕燿威而讲事　按：王先谦谓文选作"耀威灵而讲武事"。

〔48〕于是乘(銮)舆备法驾　刊误谓案注所解乘舆之义，则此多"銮"字。今据删。按：上林赋"于是乘舆弭节徘徊"，甘泉赋"于是乘舆乃登夫凤皇兮"，句例相似，班赋之所出也。

〔49〕六师发胄　按：文选"胄"作"逐"，近人高步瀛文选李注义疏引胡绍瑛说，谓逐胄音同，文选作"逐"，后汉书作"胄"，并"䌷"之假，玉篇"䌷，徐救切，竞驰也"。

〔50〕历长杨之榭　按："杨"原作"扬"，径据汲本、殿本改，注同。

〔51〕举燧命爵　按：校补谓文选作"举烽命酹"。

〔52〕玄鹤白鹭　按：校补谓文选句上有"鸟则"二字。

〔53〕鸧鸹鸨鶂　按："鸨"原作"鸱"，径据文选改，注同。

〔54〕法驾公〔卿〕不在卤簿中　据汲本、殿本补。

〔55〕(阙)〔阚〕子曰　据殿本改。

〔56〕宣帝颇好神仙　按："仙"原讹"伯"，径改正。

后汉书卷四十下

班彪列传第三十下　子固

主人喟然而叹曰：[1]“痛乎风俗之移人也！子实秦人，矜夸馆室，保界河山，信识昭襄而知始皇矣，恶睹大汉之云为乎？①夫大汉之开原也，奋布衣以登皇极，[2]繇数期而创万世，盖六籍所不能谈，前圣靡得而言焉。②[3]当此之时，功有横而当天，讨有逆而顺人，[4]故娄敬度埶而献其说，萧公权宜以拓其制。时岂泰而安之哉？计不得以已也。③吾子曾不是睹，顾耀后嗣之末造，不亦闇乎？④今将语子以建武之理，永平之事，监乎(泰)〔太〕清，[5]以变子之或志。⑤[6]

①喟，叹貌也。前书曰：“人有刚柔缓急，音声不同，系水土之风气，谓之风；好恶取舍，动静无常，随君上之情欲，谓之俗。”保，守也，谓守河山之险以为界。昭、襄，昭王、襄王也。[7]恶，安也，音乌。

②汉高祖曰：“吾以布衣，提三尺剑取天下。”高祖起兵五年而即帝位，故

云由数期。繇即由也。孔安国注尚书云："匝四时曰期。"万代，盛言之也。六籍，六经也。

③横音胡孟反。高祖入关，秦王子婴降，而五星聚于东井，此功有横而当天也。逆谓以臣伐君。前书陆贾曰："汤武逆取而以顺守之。"及高祖入关，秦人争献牛酒，此为讨有逆而顺人也。娄敬已见上。又曰："萧何修未央宫，上见壮丽，甚怒。何对曰：'天下未定，故可因遂就宫室。且天子以四海为家，非令壮丽，无以重威，且无令后代有以加也。'"时岂奢泰而安之哉？[8]言天下初定，计不得止而都西京也。

④顾，反也。耀，眩耀也。言吾子曾不睹度埶权宜之由，而反眩耀后嗣子孙末代之所造，非其盛称武帝、成帝神仙、昭阳之事也。

⑤淮南子曰："太清之化也，和顺以寂漠，质直以素朴。"高诱注曰："太清，无为之化也。"

往者王莽作逆，汉祚中缺，天人致诛，六合相灭。①于时之乱，生民几亡，鬼神泯绝，壑无完柩，郛罔遗室，原野猒人之肉，川谷流人之血，秦、项之灾犹不克半，书契已来未之或纪也。②故下民号而上诉，上帝怀而降鉴，致命于圣皇。③于是圣皇乃握乾符，阐坤珍，披皇图，稽帝文，赫尔发愤，应若兴云，霆发昆阳，凭怒雷震。④遂超大河，跨北岳，立号高邑，建都河洛。⑤绍百王之荒屯，因造化之荡涤，体元立制，继天而作。⑥系唐统，接汉绪，茂育群生，恢复疆宇，勋兼乎在昔，事勤乎三五。⑦岂特方轨并跡，纷纶后辟，理近古之所务，蹈一圣之险易云尔哉？⑧且夫建武之元，天地革命，四海之内，更造夫妇，肇有父子，君臣初建，人伦实始，斯乃虙羲氏之所以基皇德也。⑨分州土，立市朝，作舟车，[9]造器械，斯轩辕氏之所以开帝功也。⑩[10]龚行天罚，应天顺(民)〔人〕，[11]斯乃汤武之所以昭王业也。⑪迁都改邑，有殷宗中兴之则焉；〔12〕即土之中，有周成隆平之制焉。⑫不阶尺土一人之柄，同符乎高祖。⑬克己复礼，以奉终始，允恭乎孝文。⑭宪章稽古，封岱勒成，仪炳乎世宗。⑮案六经而校德，妙古昔而论功，〔13〕仁圣之事既该，帝王之道备矣。⑯

①天人谓天意人事共相诛也。

②人者神之主。生人既亡，故鬼神亦绝也。杨子法言曰"秦将白起长平之战，坑四十万人，原野厌人之肉，川谷流人之血"也。

③上帝，天也。圣皇，光武也。怀犹愍念也。降，下也。鉴，视也。言上天愍念下人之上诉，故下视四海可以为君者，而致命于光武也。

④乾符、坤珍谓天地符瑞也。皇图、文帝谓图纬之文也。霆，疾雷也。发于昆阳谓破王寻、王邑。凭，盛也。言盛怒如雷之震。协韵音真。

⑤跨，据也。言光武度河据北岳，遂即位于鄗，而改鄗为高邑也。

⑥绍，继也。屯，难也。高诱注淮南子云："造化，天地也。"涤，除也。作，起也。杜预注左传云："凡人君即位，欲体元以居正。"穀梁传曰："为天下主者，天也；继天者，君也。"

⑦尔雅曰："系，继也。绪，业也。"前书曰："汉帝本系出唐帝。"言光武能继唐尧之统业也。恢，大也。三五，三皇五帝也。

⑧轨，辙也。纷纶犹杂蹂也。尔雅曰："后，辟，君也。"险易犹理乱也。言光武功德勤劳，兼于前代百王，非直一圣帝也。

⑨易曰："天地革而四时成。"又曰："汤武革命。"尔雅曰："九夷、八狄、七戎、六蛮，谓之四海。"基，始也。帝王纪曰："庖犧氏，风姓也。制嫁娶之礼，取犧牲以充庖厨，以食天下，故号庖犧。后或谓之伏犧。"言光武更造夫妇如伏犧时也。

⑩黄帝号轩辕氏。前书曰："昔在黄帝，画野分州。"易系辞曰："神农氏日中为市。黄帝、尧、舜垂衣裳而天下理。刳木为舟，剡木为楫，服牛

乘马,引重致远,以利天下;弦木为弧,剡木为矢,弧矢之利,以威天下。"言光武利人如轩辕也。

⑪尚书武王曰:"今予惟龚行天之罚。"易曰:"汤武革命,顺乎天而应乎人。"言光武征伐如汤武者也。

⑫尚书曰:"盘庚迁于殷。"史记曰:"南阳甲之时,殷衰,诸侯莫朝。阳甲崩,弟盘庚立,自河北度河南,居汤之故地,行汤之政,殷道复兴。"尚书曰:"王来绍上帝,自服于土中。"孔安国曰:"洛邑,地埶之中也。"[14]春秋命历序曰:"成康之隆,醴泉涌出。"言都洛阳如殷宗、周成之制也。

⑬孟子曰:"纣去武丁未久也,尺地莫非其有也,一人莫非其臣也。"又曰:"舜文王相去千有馀岁,若合符契。"

⑭左传仲尼曰:"古有志,克己复礼,仁也。"孙卿子曰:"生,人之始也;死,人之终也。终始俱善,人道毕矣。"尚书:"允恭克让。"谓躬自俭约,同于文帝也。

⑮宪章犹法则也。礼记曰:"仲尼宪章文武。"尚书曰:"若稽古帝尧。"言法乎考古而封太山,勒石以记成功也。炳,明也,其礼仪明乎武帝也。

⑯六经谓诗、书、礼、乐、易、春秋。妙犹美也。或作"眇",眇,远也。该,备也。

至于永平之际,重熙而累洽,盛三雍之上仪,修衮龙之法服,敷洪藻,信景铄,扬世庙,正予乐。人神之和允洽,君臣之序既肃。①乃动大路,遵皇衢,省方巡狩,穷览万国之有无,考声教之所被,散皇明以烛幽。②然后增周旧,修洛邑,翩翩巍巍,显显翼翼,[15]光汉京于诸夏,总八方而为之极。③是以皇城之内,宫室光明,阙庭神丽,奢不可逾,俭不能侈。④外则因原野以作苑,顺流泉而为沼,[16]发蘋藻以潜鱼,丰圃草以毓兽,制同乎梁驺,义合乎灵囿。⑤若乃顺时节而蒐狩,简车徒以讲武，则必临之以王制，考之以风雅。⑥历驺虞，览四驖，嘉车攻，采吉日，礼官正仪，乘舆乃出。⑦于是发鲸鱼，铿华钟，登玉辂，乘时龙，凤盖飒洒，[17]和鸾玲珑，天官景从，祲威盛容。⑧[18]山灵护野，属御方神，雨师泛洒，风伯清尘，千乘雷起，万骑纷纭，元戎竟野，戈鋋彗云，羽旄扫霓，旌旗拂天。⑨焱焱炎炎，扬光飞文，吐焰生风，[19]吹野燎山，[20]日月为之夺明，丘陵为之摇震。⑩遂集乎中囿，陈师案屯，骈部曲，列校队，勒三军，誓将帅。⑪然后举烽伐鼓，以命三驱，[21]轻车霆发，[22]骁骑电骛，游基发射，[23]范氏施御，弦不失禽，辔不诡遇，[24]飞者未及翔，走者未及去。⑫指顾倏忽，获车已实，乐不极般，杀不尽物，马踠馀足，士怒未泄，先驱复路，属车案节。⑬于是荐三牺，效五牲，礼神祇，怀百灵，(御)〔觐〕明堂，[25]临辟雍，扬缉熙，宣皇风，登灵台，考休征。⑭俯仰乎乾坤，参象乎圣躬，目中夏而布德，瞰四裔而抗棱。⑮[26]西荡河源，东澹海漘，北动幽崖，南趯朱垠。⑯[27]殊方别区，界绝而不邻，自孝武所不能征，孝宣所不能臣，[28]莫不陆詟水栗，奔走而来宾。⑰遂绥哀牢，开永昌，⑱春王三朝，会同汉京。是日也，天子受四海之图籍，膺万国之贡珍，内抚诸夏，外接百蛮。⑲[29]乃盛礼乐供帐，置乎云龙之庭，[30]陈百僚而赞群后，究皇仪而展帝容。⑳于是庭实千品，旨酒万钟，列金罍，班玉觞，嘉珍御，大牢飨。㉑尔乃食举雍彻，太师奏乐，[31]陈金石，布丝竹，钟鼓铿铨，管弦晔煜。㉒抗五声，极六律，歌九功，舞八佾，韶武备，太古毕。㉓四夷间奏，德广所及，僸佅兜离，[32]罔不具集。㉔万乐备，百礼暨，皇欢浃，群臣醉，降烟煴，调元气，然后撞钟告罢，百僚遂

退。㉕

①熙，光也。洽，浃也。三雍谓明堂、辟雍、灵台也。永平二年正月，宗祀光武皇帝于明堂，礼毕，登灵台。三月，临辟雍，行大射礼。周礼："王之吉服，享先王即衮冕。"郑玄注曰："衮，卷龙衣也。"永平二年，帝及公卿列侯始服(冕)冠〔冕〕衣裳。[33]敷，布也。[34]鸿，大也。藻，文藻也。谓明堂礼毕，登灵台之后，布诏于天下曰："建明堂，立辟雍，起灵台，恢弘大道，被之八极。"此为布鸿藻也。信读曰申。景，大也。铄，美也。扬代庙谓上尊号光武庙曰代祖。正予乐谓依谶文改大乐为大予乐也。

②大路，玉路也。皇衢，驰道也。易曰："先王以省方观人设教。"尚书曰："岁二月东巡狩。"又曰："朔南暨声教。"皇，大也。烛，照也。

③周成王都洛邑，汉又增而修之，故曰增焉。翩翩巍巍，显显翼翼，并宫阙显盛之貌。论语曰："不如诸夏之亡。"诗商颂曰："商邑翼翼，四方之极。"极，中也。洛阳，土之中也。

④言奢俭合礼也。

⑤蘋、藻，并水草也。诗小雅曰："鱼在在藻。"韩诗曰："东有圃草，驾言行狩。"薛君传曰："圃，博也，有博大之茂草也。"毓亦育也。鲁诗传曰："古有梁邹者，天子之田也。"诗大雅曰："王在灵囿，麀鹿攸伏。"毛苌注云："囿所以域养禽兽也。"此言鱼兽各得其所，如文王之灵囿也。

⑥左传臧僖伯曰："春蒐夏苗，秋狝冬狩，皆于农隙以讲事也。"杜预注云："各随时之闲也。"礼记王制曰"天子诸侯，无事则岁三田。田不以礼曰暴天物"也。

⑦诗国风序曰："驺虞，蒐田以时，仁如驺虞。"毛苌注曰："驺虞，义兽，白虎黑文，不食生物。"又曰："四驖，美襄公也，始命有田狩之事。"其诗曰："驷驖孔阜。"注曰："驖，骊也。阜，大也。"又小雅序曰："车攻，宣王复古也，修车马，备器械，复会诸侯于东都，因田猎而选车徒焉。"其

诗曰:“我车既攻,我马既同。”注云:“攻,坚也。”又吉日诗曰:“田车既好,四牡孔阜。”宣帝诏曰“礼官具礼仪”也。

⑧鲸鱼谓刻杵作鲸鱼形也。铿谓击之也,音苦耕反。尚书大传曰:“天子将出则撞黄锺,右五锺皆应。”薛综注西京赋云:“海中有大鱼名鲸,又有兽名蒲牢。蒲牢素畏鲸鱼,鲸鱼击蒲牢,蒲牢辄大鸣呼。凡锺欲令其声大者,故作蒲牢于其上,撞锺者名为鲸鱼。钟有篆刻之文,故曰华。”尔雅曰:“马高八尺以上曰龙。”月令:“春驾苍龙。”各随四时之色,故曰时也。玲珑,声也。蔡邕独断曰:“百官小吏曰天官。”祲亦盛也。

⑨山灵,山神也。属,连也,音烛。方,四方也。雨师,毕星也。风伯,箕星也。韩子师旷谓晋平公曰:“黄帝合鬼神于太山,风伯进扫,雨师洒道。”蔡邕独断曰:“天子大驾,备千乘万骑。”元戎,戎车也。诗小雅曰:“元戎十乘,以先启行。”毛苌注曰:“元,大也。夏后氏曰钩车,先正也;殷曰寅车,先疾也;周曰元戎,先良也。”说文曰:“铤,小矛也。”音市延反。彗,扫也,音似锐反。

⑩焱焱,炎炎,并戈矛车马之光也。说文曰“焱,火华也”。音以赡反。震读曰真。

⑪中囿,囿中也。续汉志曰:“大将军营五部,部校尉一人。部下有曲,曲下有屯长一人。”骈犹陈列也。杜预注左传曰:“百人为队。”郑玄周礼注云:“天子六军,三居一偏。”故此言勒三军也。周礼曰:“群吏听誓于前,斩牲以徇陈,曰不用命者斩之。”郑玄注云:“群吏,将帅也。”

⑫穀梁传曰:“三驱之礼,一为乾豆,二为宾客,三为充君之庖。”霆激,电鹜,并言疾也。[35]游基,养由基也。淮南子曰:“楚有神白猿,王自射之,则(挥)〔搏〕而嬉,[36]使养由基射之,始调弓矫矢,未发而猿拥木号矣。”范氏,赵之御人也。[37]孟子曰:“赵简子使王良御,终日不获一禽,反曰:‘天下贱工也。’王良曰:‘吾为范氏驱驰,[38]终日不获一,为之诡遇,一朝而获十。’”赵岐注曰:“范,法也,[39]为法度之御,应礼之

射,终日不得一。诡遇,非礼射也,则能获十。”弦不失禽,谓由基也。辔不诡遇,谓范氏也。

⑬高唐赋曰:“举功先得,获车已实。”尔雅曰:“般,乐也。”礼记曰:“乐不可极。”踠犹屈也。方言曰:“泄,歇也。”汉官仪:“大驾,属车八十一乘。”子虚赋曰:“案节未舒。”谓驻节徐行也。

⑭左传郑子太叔曰:“为五牲三牺。”杜预注云:“五牲,麋、鹿、麏、狼、兔也。三牺,祭天地宗庙之牺也。”郊,祭天也。天神曰神,地神曰祇。百灵,百神也。诗曰:“怀柔百神。”觐,朝也。谓朝诸侯于明堂。诗大雅曰:“维清缉熙,文王之典。”郑玄注云:“缉熙,光明也。”尚书曰:“休征。”孔安国注云:“叙美行之验。”

⑮易系辞曰:“仰则观象于天,俯则观法于地,近取诸身,远取诸物。”圣躬谓天子也。中夏,中国也。瞰音苦暂反。四裔,四夷也。棱,威也。左传曰“德以柔中国,刑以威四夷”也。

⑯荡,涤也。河源在昆仑山。前书曰:“威棱澹乎邻国。”音义曰:“澹犹动也,音徒滥反。”漘,水涯,音唇。郭璞注尔雅曰:“涯上平坦而下水深者为漘。”趯,跃也,音它历反。说文曰:“垠,界也。”音银。

⑰尔雅曰:“詟,惧也。”音之涉反。

⑱绥,安也。哀牢,西南夷号。永平十二年,其国王柳貌相率内属,以其地置永昌郡也。

⑲春王犹左传云“春王正月”也。三朝,元日也。朝音陟遥反。谓岁之朝,月之朝,日之朝。前书谷永曰:“今年正月朔,〔日〕食于三朝之会。”[40]周礼曰:“时见曰会,殷眺曰同。”贾逵注国语曰:“膺犹受也。”诗曰“因时百蛮”也。

⑳供帐,供设帷帐也。供音九用反。前书曰:“三辅长无供帐之劳。”戴延之记曰:“端门东有崇贤门,次外有云龙门。”赞,引也。

㉑庭实,贡献之物也。左传孟献子曰:“臣闻聘而献物,于是有庭实旅百。”千品,言多也。说文曰:“锺,器也。”孔丛子曰:“尧饮千锺。”罍,

酒器也。诗曰:“我姑酌彼金罍。”珍,八珍也。太牢,牛羊豕也。飨,协韵音香。

㉒食举(为)〔谓〕当食举乐也。[41]蔡邕礼乐志曰:“大予乐郊祀陵庙殿中诸食举乐也。”雍,诗篇名也。谓食讫歌雍诗以彻也。论语曰:“三家者以雍彻。”太师,乐官也,周礼,太师掌六律、六吕,[42]以合阴阳之声也。铿音苦耕反。锵音楚庚反。晔煜,盛貌也。煜音育。

㉓左传晏子曰:“五声六律。”杜预注云:“五声,宫、商、角、徵、羽。六律,黄锺、太蔟、姑洗、蕤宾、夷则、无射。”尚书曰:“九功惟序,九序惟歌。”九功谓金、木、水、火、土、穀、正德、利用、厚生也。佾,舞行也。穀梁传曰:“天子八佾。”韶,舜乐名。武,武王乐名。太古,远古也。[43]

㉔间,迭也,音古苋反。诗国风曰“汉广”,德广所及也。郑玄注周礼云:“四夷之乐,东方曰韎,南方曰任,西方曰株离,北方曰禁。”“禁”,字书作“伶”,音渠禁反。佅音摩葛反。周礼“伶”作“禁”,“佅”作“韎”,“兜”作“株”也。

㉕万乐、百礼,盛言之也。暨,至也。易曰:“天地絪缊,万物化醇。”礼统曰:“天地者,元气之所生,万物之祖。”尚书大传曰:“天子将入,撞蕤宾之锺,左五锺皆应。”撞音直江反。

于是圣上(亲)〔覩〕万方之欢娱,[44]久沐浴乎膏泽,[45]惧其侈心之将萌,而怠于东作也,①乃申旧章,下明诏,命有司,班宪度,昭节俭,示大素。②去后宫之丽饰,损乘舆之服御,除工商之淫业,兴农桑之上务。[46]遂令海内弃末而反本,背伪而归真,女脩织纴,男务耕耘,器用陶匏,服尚素玄,耻纤靡而不服,贱奇丽而不珍,[47]捐金于山,沈珠于渊。③于是百姓涤瑕荡秽而镜至清,形神寂漠,耳目不营,[48]嗜欲之原灭,廉正之心生,莫不优游而自得,玉润而金声。④是以四海之内,学校如林，庠序盈门，献酬交错，俎豆莘莘，下舞上歌，蹈德咏仁。⑤登降饫宴之礼既毕，因相与嗟叹玄德，谠言弘说，咸含和而吐气，颂曰“盛哉乎斯世”！⑥

①尚书曰：“平秩东作。”注云：“岁起于春而始就耕。”

②诗大雅曰：“率由旧章。”郑玄注云：“旧典文章。”左传臧哀伯曰：“大路越席，大羹不致，昭其俭也。”列子曰：“大素者，质之始也。”

③前书文帝诏曰：“农，天下之本也，而人或不务本而事末。”音义曰：“本，农也。末，贾也。”背伪，去彫饰也。归真，尚质素也。杜预注左传曰：“织纴，织缯布也。”礼记曰：“器用陶匏。”陶，瓦器也。匏，瓠也。陆贾新语曰：“圣人不用珠玉而宝其身，故舜弃黄金于嶄岩之山，捐珠玉于五湖之川，[49]以杜淫邪之欲也。”

④瑕秽犹过恶也，杨雄集曰：“涤瑕荡秽。”淮南子曰：“形者生之舍，神者生之制也。”又曰：“和顺以寂寞。”尚书曰：“弗役耳目，百度惟贞。”淮南子曰：“吾所谓有天下者，自得而已。”礼记孔子曰：“君子比德于玉焉，温润而泽，仁也。”孟子曰孔子“德如金声”也。

⑤前书平帝立(举)学官。[50]郡国曰学，县道邑及侯国曰校，乡曰庠，聚曰序。诗曰：“献酬交错。”莘莘，众多也，音所巾反。礼记曰：“歌者在上，贵人声也。”又“嗟叹之不足，故手之舞之，足之蹈之”。

⑥诗曰：“饮酒之饫。”毛苌注云：“不脱屦升堂谓之饫。”饫，私也。尚书曰：“玄德升闻。”字林曰：“谠，美言也，音党。”

今论者但知诵虞夏之书，咏殷周之诗，讲羲文之易，论孔氏之春秋，罕能精古今之清浊，究汉德之所由。①唯子颇识旧典，又徒驰骋乎末流。温故知新已难，而知德者鲜矣！②且夫辟界西戎，险阻四塞，脩其防御，孰与处乎土中，平夷洞达，万方辐凑？③秦领九嵕，泾渭之川，曷若四渎五岳，带河溯洛，图书之渊？④建章甘泉，馆御列仙，孰与灵台明堂，统和天人？⑤太液昆明，鸟兽之囿，曷若辟雍海流，道德之富？⑥游侠踰侈，犯义侵礼，孰与同履法度，翼翼济济也？⑦子徒习秦阿房之造天，而不知京洛之有制也；识函谷之可关，而不知王者之无外也。"⑧

①伏羲画八卦，文王作卦辞，孔子作春秋。清浊犹善恶也。

②末流犹下流也。谓诸子也。前书曰："不入于道德，放纵于末流。"论语孔子曰："温故知新，可以为师矣。"又曰："由，知德者鲜矣。"

③辟，远也，音匹亦反。战国策苏秦说孟尝君曰："秦，四塞之国也。"高诱注云："四面有山关之固，故曰四塞之国。"防御谓关禁也。辐凑，如辐之凑于轂也。前书武帝诏吾丘寿王曰"子在朕前之时，知略辐凑"也。

④四渎，江、河、淮、济也。河图曰："天有四表，以布精魄，地有四渎，以出图书。"尔雅曰："太山为东岳，衡山为南岳，华山为西岳，恒山为北岳，嵩山为中岳。"图书之泉谓河洛也，[51]易系辞曰"河出图，洛出书"也。

⑤馆御谓设台以进御神仙也。礼含文嘉曰"礼，天子灵台，以考观天人之际，法阴阳之会"也。

⑥三辅黄图曰"辟雍，水四周于外，象四海"也。

⑦游侠，即西宾云"乡曲豪俊，游侠之雄"。踰侈谓"列肆侈于姬、姜"等也。尔雅曰："翼翼，敬也。"诗曰："济济多士。"毛苌注云："济济，多威仪也。"

⑧史记曰，秦始皇作阿房宫。造，至也。公羊传曰"王者无外"也。

主人之辞未终，西都宾矍然失容，逡巡降阶，惵然意下，捧手欲辞。主人曰："复位，今将喻子五篇之诗。"①[52]宾既卒业，乃称曰："美哉乎此诗！义正乎杨雄，事实乎相如，非唯主

人之好学，盖乃遭遇乎斯时也。②小子狂简，不知所裁，既闻正道，请终身诵之。"其诗曰：③

①说文曰："矍，视遽之貌。"音许缚反。周书曰："临摄以威而惵。"惵者，犹恐惧也，音徒颊反。喻，告也。

②杨雄作长杨、羽猎赋，司马相如作子虚、上林赋，并文虽藻丽，其事迂诞，不如主人之言义正事实也。

③论语孔子曰："吾党之小子狂简，斐然成章，不知所以裁之。"又曰："不忮不求，何用不臧，子路终身诵之。"

明堂诗：於昭明堂，明堂孔阳；圣皇宗祀，穆穆煌煌。①上帝宴飨，五位时序；谁其配之，世祖光武。②普天率土，各以其职；猗与缉熙，允怀多福。③

①於音乌，叹美之辞也。诗周颂曰："於昭于天。"孔，甚也。阳，明也。国风曰："我朱孔阳。"圣皇宗祀谓祭光武于明堂也。诗曰："穆穆煌煌，宜君宜王。"穆穆犹敬也。煌煌犹美也。

②前书曰："天神贵者太一，太一佐曰五帝。"五位，五帝也。河图曰："苍帝灵威仰，赤帝赤熛怒，黄帝含枢纽，白帝白招矩，黑帝叶光纪。"杨雄河东赋曰："灵祇既飨，五位时叙。"谓各依其方而祭之。

③诗小雅曰："溥天之下，莫非王土。率土之宾，[53]莫非王臣。"溥亦普也。孝经曰："四海之内，各以其职来助祭。"诗商颂曰："猗欤那欤。"猗，美也。允，信也。怀，来也。诗大雅曰："聿怀多福。"

辟雍诗：乃流辟雍，辟雍汤汤，圣皇莅止，造舟为梁。①皤皤国老，乃父乃兄；抑抑威仪，孝友光明。②於赫太上，示我汉行；鸿化惟神，永观厥成。③

①汤汤，水流貌。莅，临也。诗小雅曰："方叔莅止。"大雅曰："造舟为梁。"毛苌注云："天子造舟。"造，至也，谓连舟为浮梁也。

②说文曰："皤皤，老人貌也。"音步何反。孝经援神契曰："天子尊事三老，兄事五更。"抑抑，美也。诗曰："威仪抑抑。"尔雅曰："善父母为孝，善兄弟为友。"

③於赫，叹美也。太上谓太古立德贤圣之人。并著养老之礼，今我汉家遵行之也。鸿，大也。文子曰："执玄德于心，化驰如神。"诗周颂曰："我客戾止，永观厥成。"尔雅曰："观，示也。"

灵台诗：乃经灵台，灵台既崇；帝勤时登，爰考休征。①三光宣精，五行布序；习习祥风，祁祁甘雨。②百穀蓁蓁，庶卉蕃芜；屡惟丰年，於皇乐胥。③

①诗大雅曰："经始灵台。"崇，高也。时登，以时登之。休，美也。征，验也。

②三光，日、月、星也。宣，布也。精，明也。五行，水、火、金、木、土。布序谓各顺其性，无谬沴也。习习，和也。诗小雅曰："习习谷风。"礼斗威仪曰："君政颂平，则祥风至。"宋均注曰："即景风也。"祁祁，徐也。诗小雅曰："兴雨祁祁。"尚书考灵耀曰"荧惑顺行，甘雨时"也。

③百，言非一也，尚书洪范曰："百穀用成。"蓁蓁，盛貌。尚书曰："庶草蕃芜。"尔雅曰："蕃芜，丰也。"诗周颂曰："绥万邦，屡丰年。"又曰："於皇时周。"於音乌。诗小雅曰："君子乐胥，受天之祜。"注云："胥，有才智之名。"

宝鼎诗：岳脩贡兮川效珍，吐金景兮歊浮云。宝鼎见兮色纷缊，焕其炳兮被龙文。①登祖庙兮享圣神，昭灵德兮弥亿年。②

①谓永平六年王雒山得宝鼎，庐江太守献之。景，光也。说文曰："歊，气出貌。"音火骄反。史记曰："秦武王与孟说举龙文之鼎。"

②时明帝诏曰："其以礿祭之日，陈鼎于庙，以备器用。"弥，终也。万万

曰亿。尚书曰："公其以予万亿年敬天之休。"

白雉诗：启灵篇兮披瑞图，获白雉兮效素乌。①发皓羽兮奋翘英，容絜朗兮于淳精。②章皇德兮侔周成，永延长兮膺天庆。③

①灵篇谓河洛之书也。固集此题篇云"白雉素乌歌"，故兼言"效素乌"。

②皓，白也。翘，尾也。春秋元命包曰："乌者阳之精。"

③章，明也。侔，等也。孝经援神契曰："周成王时，越裳献白雉。"庆读曰卿。

及肃宗雅好文章，固愈得幸，数入读书禁中，或连日继夜。每行巡狩，辄献上赋颂，朝廷有大议，使难问公卿，辩论于前，赏赐恩宠甚渥。固自以二世才术，位不过郎，①感东方朔、杨雄自论，以不遭苏、张、范、蔡之时，作宾戏以自通焉。②后迁玄武司马。③天子会诸儒讲论五经，作白虎通德论，令固撰集其事。④

①二代谓彪及固。

②东方朔答客难曰："使苏秦、张仪与仆并生，曾不得掌故，安敢望侍郎乎？"杨雄解嘲曰："范雎，魏之亡命也。蔡泽，山东之匹夫也。有谈范、蔡于许、史之间，则狂矣。"固所作宾戏，事见前书。

③续汉志曰："宫掖门，每门司马一人，秩比千石。玄武司马，主玄武门。"

④章帝建初四年，诏诸王诸儒会白虎观讲议五经同异。

时北单于遣使贡献，求欲和亲，诏问群僚。议者或以为"匈奴变诈之国，无内向之心，徒以畏汉威灵，逼惮南虏，①故希望报命，以安其离叛。今若遣使，恐失南虏亲附之欢，而成北狄猜诈之计，不可"。固议曰："窃自惟思，汉兴已来，旷世历年，兵缠夷狄，尤事匈奴。绥御之方，其涂不一，或修文以和之，或用武以征之，或卑下以就之，②或臣服而致之。③虽屈申无常，所因时异，然未有拒绝弃放，不与交接者也。故自建武之世，复修旧典，数出重使，前后相继，④至于其末，始乃暂绝。永平八年，复议通之。而廷争连日，异同纷回，多执其难，少言其易。先帝圣德远览，瞻前顾后，遂复出使，事同前世。⑤以此而推，未有一世阙而不修者也。今乌桓就阙，稽首译官，康居、月氏，自远而至，匈奴离析，名王来降，三方归服，不以兵威，此诚国家通于神明自然之征也。臣愚以为宜依故事，复遣使者，上可继五凤、甘露致远人之会，⑥下不失建武、永平羁縻之义。虏使再来，然后一往，既明中国主在忠信，且知圣朝礼义有常，岂(同)〔可〕逆诈示猜，[54]孤其善意乎？绝之未知其利，通之不闻其害。设后北虏稍彊，能为风尘，⑦方复求为交通，将何所及？不若因今施惠，为策近长。”

①南匈奴也。

②文帝与匈奴通关市，妻以汉女，增厚其赂也。

③宣帝时，匈奴稽首臣服，遣子入侍。

④建武二年，日逐王遣使诣渔阳请和亲，使中郎将李茂报命。二十六年，遣中郎将段郴授南单于印绶。

⑤先帝谓明帝也。永平八年，遣越骑司马郑众报使北匈奴。

⑥宣帝五凤三年，单于名王将众五万馀人来降，称臣朝贺。甘露元年，匈奴呼韩邪遣子右贤王入侍。

⑦相侵扰则风尘起。

固又作典引篇，述叙汉德。①以为相如封禅，靡而不典，②杨雄美新，典而不实，③[55]盖自谓得其致焉。其辞曰：

①典谓尧典，引犹续也。汉承尧后，故述汉德以续尧典。

②文虽靡丽，而体无古典。

③体虽典则，而其事虚伪，谓王莽事不实。

太极之原，两仪始分，烟烟煴煴，有沈而奥，有浮而清。①沈浮交错，庶类混成。②肇命人主，五德初始，同于草昧，[56]玄混之中。③踰绳越契，寂寥而亡诏者，系不得而缀也。④厥有氏号。绍天阐绎者，⑤[57]莫不开元于大昊皇初之首，上哉敻乎，其书犹可得而脩也。⑥亚斯之世，通变神化，函光而未曜。⑦

①易系辞曰："易有太极，是生两仪。"又曰："天地絪缊，万物化醇。"蔡邕曰："(烟)〔絪〕缊，[58]阴阳和一相扶貌也。"奥，浊也。易乾凿度曰："清轻者为天，浊沈者为地。"

②庶类，万物也。混犹同也。老子曰："有物混成，先天地生。"

③人主谓天子也。尚书曰，成汤简代夏作人主。"五德，五行也。初始谓伏犠始以木德王也。木生火，故神农以火德。五行相生，周而复始。草昧谓草创暗昧也。易曰："天地草昧。"幽玄混沌之中谓三皇初起之时也。

④易系辞曰："上古结绳而化，后代圣人易之以书契。"踰、越，并过也。诏，诰也。言过绳契以上既无文字，故寂寥而无文诰。系谓易系辞也，故易系而不得缀连也。

⑤氏号谓太昊号庖羲氏，炎帝号神农氏，黄帝号轩辕氏之类。绍，继也。谓王者继天而作。阐，开也。绎，陈也。

⑥易曰："帝出于震。"始以木德王天下，故曰皇初之首。又曰："古者庖犠氏之王天下也，仰则观象于天，俯则观法于地。"是其书可得而脩也。

⑦亚斯之代谓少昊、颛顼、高辛等。虽通变神化，而易系不载其事，故曰"函光未曜"。

若夫上稽乾则，降承龙翼，而炳诸典谟，以冠德卓踪者，〔59〕莫崇乎陶唐。①陶唐舍胤而禅有虞，虞亦命夏后，〔60〕稷契熙载，越成汤武。②股肱既周，天乃归功元首，将授汉刘。③俾其承三季之荒末，值亢龙之灾孽，悬象暗而恒文乖，彝伦斁而旧章缺。④故先命玄圣，使缀学立制，宏亮洪业，表相祖宗，赞扬迪哲，备哉灿烂，真神明之式也。⑤虽前〔圣〕皋、夔、衡、旦密勿之辅，〔61〕比兹褊矣。⑥是以高、光二圣，辰居其域，〔62〕时至气动，乃龙见渊跃。⑦拊翼而未举，则威灵纷纭，海内云蒸，雷动电熛，胡缢莽分，不莅其诛。⑧然后钦若上下，恭揖群后，正位度宗，有于德不台渊穆之让，靡号师矢敦奋捴之容。⑨盖以膺当天之正统，受克让之归运，蓄炎上之烈精，蕴孔佐之弘陈云尔。⑩

①稽，考；乾，天也。论语孔子曰："唯天为大，唯尧则之。"龙翼谓稷、契等为尧之羽翼。易乾上九曰："用九，见群龙无首，吉。"郑玄注云："六爻皆体龙，群龙象也，谓禹与稷、契、咎陶之属并在于朝。"炳，明也。典、谟谓尧典、皋陶谟也。为道德之冠首，踪跡之卓异者，莫高于陶唐。尔雅曰："崇，高也。"

②舍胤谓尧舍其胤子丹朱而禅于舜，舜亦舍其子商均而禅禹。书曰："熙帝之载。"孔安国注云："熙，广也。载，事也。"言稷契并能广立功事于尧舜之朝。越，于也。于是成其子孙汤、武之业，并得为天子也。汤，契之后。武王，后稷之后。

③股肱谓稷、契也。既周谓其子孙并周徧得为天子。元首，尧也。言天更归功于尧，又将授汉以帝位。

④俾，使也。三季，三王之季也。易乾文言曰："亢龙有悔，穷之灾也。"孽亦灾也。易曰："悬象著明，莫大于日月。"乖谓失于常度也。伦，理也。斁，败也。尚书曰："彝伦攸斁。"旧章缺谓秦燔诗书。

⑤玄圣谓孔丘也。春秋演孔图曰:"孔子母徵在梦感黑帝而生,故曰玄圣。"庄子曰:"恬澹玄圣,素王之道。"缀学立制谓为汉家法制也。宏,洪,并大也。亮,信也。表,明也。相,助也。迪,蹈也。哲,智也。言赞扬蹈履哲智之君,谓高祖等也。尚书曰:"兹四人迪哲。"灿烂,盛明也。式,法也。

⑥皋,皋陶也。夔,舜之典乐者。衡谓阿衡,即伊尹也。旦,周公也。密勿犹黾勉也。兹谓孔子,言皋、夔等比之为褊小矣。

⑦论语孔子曰:"譬如北辰,居其所而众星共之。"时至气动谓高祖聚彤云于砀山,[63]光武发佳气于白水。易乾卦九二曰:"见龙在田。"九四曰:"或跃在渊。"并喻汉初起。

⑧拊翼,以鸡为喻,言知将旦则鼓其翼而鸣。前书曰:"张、陈之交,拊翼俱起。"以喻高祖、光武也。纷纭,盛貌也。如云之蒸,言天下英傑为汉者多也。熛,光也。胡缢谓胡亥缢死也。莽分谓公宾就斩莽也。莅,临也。言天下先为汉诛之,高祖、光武不亲临也。

⑨尚书曰:"钦若昊天。"钦,敬也。若,顺也。上下谓天地也,书曰"格于上下"。群后,诸侯也。易曰:"君子正位凝命"也。尚书曰:"延入翼室恤度宗。"度,居也。宗,尊也。前书曰:"舜让于德不台。"音义曰:"台读曰嗣。"言二祖初即位居尊之时,并谦言于德不能嗣成帝功,有此渊深穆敬之让。高祖初即位,曰:"寡人闻帝者贤者有也,虚言无实之名,非所取也。"光武即位,固辞至于再三。靡,无也。矢,陈也。敦犹迫逼也。诗云:"矢于牧野。"又曰:"敷敦淮溃。"言汉取天下,无号令陈师,敦迫奋武扮旄之容。诗曰:"奋伐荆楚。"尚书曰:"王秉白旄以麾。"扮亦麾也。言并天人所推,不尚威力。

⑩正统谓汉承周,为火德。尚书尧典曰:"允恭克让。"谓汉承尧克让之后。归运谓尧归运于汉也。炎上谓火德,烈精言盛也。蕴,藏也。孔佐谓孔丘制作春秋及纬书以佐汉也,即春秋演孔图曰"卯金刀,名为刘,中国东南出荆州,赤帝后,次代周"是也,谓大陈汉之期运也。

洋洋乎若德，帝者之上仪，诰誓所不及已。①铺观二代洪纤之度，其赜可探也。②并开跡于一匮，同受侯甸之所服，[64]奕世勤民，以伯方统牧。③[65]乘其命赐彤弧黄戚之威，用讨韦、顾、黎、崇之不格。④[66]至乎三五华夏，京迁镐亳，遂自北面，虎离其师，革灭天邑。⑤是故义士伟而不敦，[67]武称未尽，护有惭德，不其然与？⑥然犹於穆猗那，[68]翕纯皦绎，以崇严祖考，殷荐宗祀配帝，发祥流庆，对越天地者，舄奕乎千载。岂不克自神明哉！⑦诞略有常，审言行于篇籍，光藻朗而不渝耳。⑧

①洋洋，美也。若，如也。仪，法也。谓如此美德，可谓五帝之上法也。穀梁传曰："诰誓不及五帝，盟诅不及三王，交质不及二伯。"上下不相信服，方有诰誓。五帝之时，上下和睦，故誓不及。

②铺，徧也。二代，殷、周也。洪纤犹大小也。度，法度也。赜，幽深也。言徧观殷周大小之法，其幽深可探知之。

③孔子曰："譬如平地，虽覆一匮。"郑玄注云："匮，盛土笼也。"侯服、甸服谓诸侯也。汤为桀之诸侯，文王为纣之诸侯。奕犹重也。自契至汤十四代，后稷至文王十五代，并积勤劳于人也。伯方犹方伯也。谓汤为夏伯，文王为殷伯，并统领州牧。

④周礼九命作伯。彤弧，赤弓。黄戚，黄金饰斧也。礼记曰："诸侯赐弓矢然后专征伐，赐斧钺然后杀。"韦，顾，并国名，汤灭之。诗殷颂曰："韦顾既伐。"黎，崇，亦国名。史记："文王伐崇。"尚书曰："西伯戡黎。"格，来也。

⑤三五，未详。京(师)，京都也。[69]武王都镐，汤都亳。诗云："宅是镐京，武王成之。"尚书曰："汤始居亳，从先王居。"自，从也。北面谓臣也。汤、武并以臣伐君。史记曰："如虎如罴，如豺如离，于商郊。"音义曰："离与螭同。"革，改也。易曰："汤武革命。"天邑，天子所都也。

尚书曰："肆予敢求尔于天邑商。"

⑥左传曰："武王克商，迁九鼎于洛邑，义士犹曰薄德。"杜预注曰："伯夷之属也。"史记曰，伯夷、叔齐逢武王伐纣，扣马谏曰："以臣弑君，可谓仁乎？"伟犹异也。敦，厚也。武，周武王乐也。论语孔子曰："谓武尽美矣，未尽善也。"护，汤乐也。左传，延陵季子聘鲁，观乐，见舞大护者，曰："圣人之弘也，而犹有惭德。"

⑦於，叹辞也。穆，美也，叹美周家之德。诗周颂曰"於穆清庙"。猗亦叹(之)辞也。那，多也。叹美汤德之多也。殷颂曰："猗欤那欤。"论语子语鲁太师乐曰："乐其可知也。始作翕如也，纵之纯如也，皦如也，绎如也，以成。"何晏注曰："翕，盛也。纯，和谐也。皦，其音节明也。"郑玄注云："绎，调达之貌。"此言殷周之代，尚有於穆猗那之颂，播之于翕纯皦绎之乐，尊祖严父，宗祀配天于明堂之中。诗商颂曰："浚哲惟商，长发其祥。"言发祯祥以流庆于子孙。周颂曰："秉文之德，对越在天。"舄奕犹蝉联不绝也。

⑧诞，大也。言殷周二代政化之跡，大略有常也。篇籍谓诗书也。朗，明也。渝，变也。言光彩文藻朗明而不变耳，其馀殊异不能及于汉也。

矧夫赫赫圣汉，巍巍唐基，泝测其源，乃先孕虞育夏，甄殷陶周，①然后宣二祖之重光，袭四宗之缉熙。神灵日烛，光被六幽，仁风翔乎海表，威灵行于鬼区，慝亡迥而不泯，〔70〕微胡琐而不颐。②故夫显定三才昭登之绩，匪尧不兴，铺闻遗策在下之训，匪汉不弘。③厥道至乎经纬乾坤，〔71〕出入三光，外运混元，内浸豪芒，〔72〕性类循理，品物咸亨，其已久矣。④

①矧，况也。汉承唐(虞)〔尧〕之基。〔73〕逆流曰泝。孕，怀也。育，养也。甄、陶谓造成也。前书音义曰："陶人作瓦器谓之甄。"言虞、夏、殷、周之先祖，并尝为尧臣。

②二祖，高祖、世祖也。尚书曰："宣重光。"袭，重也。四宗，文帝为太

宗,武帝为代宗,宣帝为中宗,明帝为显宗。烛,照也,言如日之照。六幽,六合幽远之地。鬼区,远方也。易曰:"高宗伐鬼方。"慝,恶也。迥,远也。泯,灭也。琐,小也。颐,养也。言凶恶者无远而不灭,微细者何小而不养也。

③三才,天、地、人也。易曰:"兼三才而两之。"登,升也。绩,功也。言升天之功,非尧不能兴也。尚书曰:"昭升于上。"铺,布也。遗策,尧之馀策,谓尧典也。在下谓后代子孙也。言尧典为子孙之训,非汉不能弘大也。

④经纬天地,言阴阳交泰也。出入三光,言日、月、星得其度也。浑元,天地之总名也。豪芒,纤微也。老子曰:"和阴阳,节四时,润乎草木,浸乎金石,毫毛润泽。"性,生也。循,顺也。含生之类,皆顺于理。尚书曰:"别生分类,品物万殊。"〔74〕亨,通也。易曰:"含弘光大,品物咸亨。"

盛哉!皇家帝世,德臣列辟,功君百王,荣镜宇宙,尊无与抗。①乃始虔巩劳(让)〔谦〕,〔75〕兢兢业业,贬成抑定,不敢论制作。②至令迁正黜色宾监之事焕扬宇内,而礼官儒林屯朋笃论之士而不传祖宗之仿佛,〔76〕虽云优慎,无乃葸欤!③

①皇家帝代谓汉家历代也。列辟谓古之帝王也。言汉家德可以臣彼列辟,功可以君彼百王。相如封禅书曰:"历选列辟。"镜犹光明也。抗犹敌也,读曰康。

②尔雅曰:"虔巩,固也。"易曰:"劳谦君子有终吉。"言帝固为劳谦也。兢兢,戒慎也。业业,危惧也。礼记曰:"王者功成作乐,理定制礼。"今不敢论制礼作乐之事,言谦之甚也。

③迁正,改正朔也。黜色,易服色也。宾谓殷周二王之后,为汉之宾。监,视也。视殷周之事以为监戒。论语孔子曰:"周监于二代。"屯,聚也。朋,群也。不传谓不制作篇籍,以纪功德也。仿佛犹梗概也。论

语孔子曰："慎而无礼则葸。"郑玄注云"葸，质悫貌"也。言虽优游谦慎，无乃太质悫也。

于是三事岳牧之僚，佥尔而进曰：陛下仰监唐典，中述祖则，俯蹈宗轨。①躬奉天经，惇睦辩章之化洽。②巡靖黎蒸，怀保鳏寡之惠浃。③燔瘗县沈，肃祇群神之礼备。④是以（凤皇）来仪集羽族于观魏，[77]肉角驯毛宗于外囿，扰缁文皓质于郊，升黄晖采鳞于沼，甘露宵零于丰草，三足轩翥于茂树。⑤若乃嘉榖灵草，奇兽神禽，应图合谍，穷祥极瑞者，朝夕坰牧，日月邦畿，卓荦乎方州，羡溢乎要荒。⑥[78]昔姬有素雉、朱乌、玄秬、黄鍪之事耳，君臣动色，左右相趋，济济翼翼，峨峨如也。⑦盖用昭明寅畏，承聿怀之福。亦以宠灵文武，贻燕后昆，覆以懿铄，岂其为身而有颛辞也？⑧若然受之，宜亦勤恁旅力，[79]以充厥道，启恭馆之金縢，御东序之秘宝，以流其占。⑨

①三事，三公也。佥，皆也。

②天经谓孝也。孔子曰："夫孝，天之经。"谓章帝初即位，四时禘祫，宗祀于明堂也。尚书曰："惇叙九族。"又曰："九族既睦，辩章百姓。"郑玄云："辩，别也。章，明也。惇，厚也。睦，亲也。"章帝性笃爱，不忍与诸王乖离，皆留京师也。

③巡，抚也。靖，安也。黎，蒸，皆众也。怀，思也。保，安也。浃，洽也。尚书曰："怀保小人，惠鲜鳏寡。"谓章帝在位凡四巡狩，赐人爵，鳏、寡、孤、独不能自存者粟。

④尔雅曰："祭天曰燔柴，祭地曰瘗埋，祭山曰庋县，祭川曰浮沈。"肃祇，恭敬也。封禅书曰："汤武至尊，不失肃敬。"元和中诏曰："朕巡狩岱宗，柴望山川。"庋音居毁反。

⑤尚书曰："凤皇来仪。"元和二年诏曰："乃者凤皇鸾鸟比集七郡。"羽族

谓群乌随之也。观魏，门阙也。肉角谓麟也。[80]伏侯古今注曰："建初二年，北海得一角兽，大如麇，有角在耳间，端有肉。又元和二年，麒麟见陈，一角，端如葱叶，色赤黄。"扰，驯也。缁文皓质谓驺虞也。说文曰："驺虞，白虎，黑文，尾长于身。"古今注曰："元和三年，白虎见彭城。"黄晖采鳞谓黄龙也。建初五年，有八黄龙见于零陵。古今注曰："元和二年，甘露降河南，三足乌集沛国。"轩翥谓飞翔上下。

⑥嘉穀，嘉禾。灵草，芝属。古今注曰："元和二年，芝生沛，如人冠大，坐状。"章和九年诏曰："嘉穀滋生，芝草之类，岁月不绝。"奇兽神禽谓白虎白雉之属也。建初七年，获白鹿。元和元年，日南献生犀、白雉。言应于瑞图，又合于史谍也。坰牧，郊野也。卓荦，殊绝也。荚音以战反。

⑦孝经援神契曰："周成王时，越裳来献白雉。"朱乌谓赤乌也。尚书中候曰："太子发度孟津，有火自天止于王屋，流为赤乌。"玄秬，黑黍也。诗大雅曰："诞降嘉种，惟秬惟秠。"黄鍪，麦也。谓赤乌衔牟麦而至也。诗颂曰："贻我来牟。"诗大雅曰："济济多士。"又曰："惟此文王，小心翼翼。"又曰："奉璋峨峨。"

⑧诗大雅曰："昭明有融。"寅，敬也。尚书曰："严恭寅畏。"聿，述也。怀，思也。诗大雅曰："昭事上帝，聿怀多福。"贻，遗也。燕，安也。后昆，子孙也。言此并以光宠神灵文王、武王之德，遗燕安于子孙也。诗大雅曰："贻厥孙谋，以燕翼子。"覆犹重也。懿、铄，并美也。诗大雅曰："我求懿德。"又曰："于铄王师。"言诗人歌颂周之盛德，当成康之时。其成王、康王，岂独为身而有自专之辞也，并上宠文武之业，下遗子孙之基也。言今章帝既获符瑞之应，亦宜同成康之事也。

⑨受之谓汉受此符瑞也。说文曰："恁，念也。"音人甚反。旅，陈也。充，当也。恭肃之馆谓庙中也。金縢，以金缄匮，藏符瑞之书于其中也。御犹陈也。东序，东厢也。祕宝谓河图之属。尚书曰："天球河图在东序。"孔安国注曰："河图，八卦是也。"言启金縢之书及河图之

卦以占之也。流犹徧也。

夫图书亮章，天哲也；孔猷先命，圣孚也；体行德本，正性也；逢吉丁辰，景命也。①顺命以创制，定性以和神，[81]答三灵之繁祉，展放唐之明文，兹事体大而允，寤寐次于圣心。瞻前顾后，岂蔑清庙惮敕天乎？②[82]伊考自邃古，[83]乃降戾爰兹，作者七十有四人，有不俾而假素，罔光度而遗章，今其如台而独阙也！③

①图书，河图、洛书也。亮，信。章，明。哲，智。言天授图书者，为天子所知也。孔，孔丘也。猷，图也。孚，信也。言孔丘之图，先命汉家当须封禅，此圣人之信也。体行犹躬行也。孔子曰："夫孝，德之本也。"易曰："乾道变化，各正性命。"丁，当也。辰，时也。景，大也。逢休吉之代，当封禅之时，此为天子之大命也。

②命谓符瑞也。答，对也。三灵，天地人之神也。繁，多也。祉，福也。展，陈也。放，效也，音甫往反。效唐尧之文，谓封禅也。尚书琁玑钤曰："平制礼乐，放唐之文。"兹事谓封禅之事，大而且信。次，止也。寤寐常止于圣心，言不可忘之也。前谓前代帝王，后谓子孙也。蔑，轻也。惮，难也。敕，正也。言封禅之事，皆述祖宗之德，今仍推让，岂轻清庙而难正天命乎？尚书曰："敕天之命，惟时惟几。"

③伊，维也。邃古犹远古也。楚词曰："邃古之初。"戾，至也。言自远古以来至于此也。作者，诸封禅者。史记管仲曰："自古封禅七十二君。"并武帝及光武为七十四君。俾，使也。有天下不使其封禅，而假为竹素之文者，无有光扬法度而弃其文章，不封禅者也。台，我也。今其如我何独阙也。

是时圣上固已垂精游神，包举蓺文，屡访群儒，谕咨故老，与之乎斟酌道德之渊源，[84]肴覈仁义之林薮，以望元符之臻焉。①既成群后之谠辞,〔85〕又悉经五繇之硕虑矣。将絣万嗣,炀洪晖,奋景炎,〔86〕扇遗风,播芳烈,久而愈新,用而不竭,汪汪乎丕天之大律,其畴能亘之哉?唐哉皇哉,皇哉唐哉!②

①圣上谓章帝也。谕,告;咨,谋也。道德仁义,人所常行,故以酒食为谕焉。渊源,林薮,谕深邃也。元,天也。符,瑞也。诗曰:"肴覈惟旅。"覈亦核也,谓果实之属。

②谠,直言也。繇,兆辞,音胄。左传曰:"先王卜征五年而岁习其祥,不习则增脩其德而改卜。"硕,大也。虑,思也。广雅曰:"絣,续也,音方萌反。"景,大也。炎谓火德。汪汪犹深也。今文尚书太誓篇曰:"立功立事,可以永年,丕天之大律。"郑玄注云:"丕,大也。律,法也。"畴,谁也。亘犹竟也。唐哉谓尧也。皇哉谓汉也。言唯唐与汉,唯汉与唐。

固后以母丧去官。永元初,大将军窦宪出征匈奴,以固为中护军,与参议。北单于闻汉军出,遣使款居延塞,欲脩呼韩邪故事,朝见天子,请大使。宪上遣固行中郎将事,将数百骑与虏使俱出居延塞迎之。会南匈奴掩破北庭,①固至私渠海,闻虏中乱,引还。及窦宪败,固先坐免官。

①永元二年,南单于出鸡鹿塞击北匈奴于河云,大破之。

固不教学诸子,诸子多不遵法度,吏人苦之。初,洛阳令种兢尝行,固奴干其车骑,吏椎呼之,奴醉骂,兢大怒,畏宪不敢发,心衔之。及窦氏宾客皆逮考,兢因此捕系固,遂死狱中。时年六十一。诏以谴责兢,抵主者吏罪。

固所著典引、宾戏、应讥、诗、赋、铭、诔、颂、书、文、记、论、议、六言,在者凡四十一篇。

论曰：司马迁、班固父子，其言史官载籍之作，大义粲然著矣。议者咸称二子有良史之才。迁文直而事核，固文赡而事详。若固之序事，不激诡，不抑抗，①赡而不秽，详而有体，使读之者亹亹而不猒，信哉其能成名也。②彪、固讥迁，以为是非颇谬于圣人。③然其论议常排死节，否正直，而不叙杀身成仁之为美，④则轻仁义，贱守节愈矣。⑤固伤迁博物洽闻，不能以智免极刑；⑥然亦身陷大戮，⑦智及之而不能守之。⑧呜呼，古人所以致论于目睫也！⑨

①激，扬也。诡，毁也。抑，退也。抗，进也。

②尔雅曰，亹亹犹勉也。

③言迁所是非皆与圣人乖谬，即崇黄老而薄五经，轻仁义而贱守节是也。

④固序游侠传曰："剧孟、郭解之徒，驰骛于闾阎，虽其陷于刑辟，自与杀身成名，若季路、仇牧〔死〕而不悔也。[87]古之正法：五伯，三王之罪人；六国，五伯之罪人；四豪者，又六国之罪人。况于郭解之伦，以匹夫之细，窃杀生之权，其罪不容于诛也。"

⑤愈犹甚也。

⑥谓下蚕室。

⑦此已上略华峤之辞。

⑧论语孔子之言也。言有智而不能自守其身。

⑨史记齐使者至越，曰："幸也越之不亡也。吾不贵其智之如目，见豪毛而不见其睫也。今越王智晋之失计，不自知越人之过，是目论也。"言班固讥迁被刑，而不知身自遇祸。

赞曰：二班怀文，裁成帝坟。①比良迁、董，②兼丽卿、云。③彪识皇命，固迷世纷。

①沈约宋书曰："初，谢俨作此赞，云'裁成典坟'，以示范晔，晔改为

‘帝坟’。”

②谓司马迁、董狐也。左传曰:“董狐,古之良史也。”

③司马长卿、杨子云。

【校勘记】

〔1〕主人喟然而叹曰　按:文选“主人”上有“东都”二字。张森楷校勘记谓案上卷小题下称“自‘东都主人’以下分为下卷”,是本有“东都”字也,不知何故逸去。

〔2〕奋布衣以登皇极　按:校补谓文选“极”作“位”。

〔3〕前圣靡得而言焉　按:校补谓文选无“而”字。

〔4〕讨有逆而顺人　按:“讨”原讹“计”,径据汲本、殿本改正,注同。

〔5〕监乎(泰)〔太〕清　按:“泰”当作“太”,此后人回改之误,文选正作“太”,今据改。

〔6〕以变子之或志　按:李慈铭谓文选“或”作“惑”。或惑古字通。

〔7〕昭襄昭王襄王也　按:文选注引史记“秦武王卒,无子,立异母弟,是为昭襄王”。张森楷校勘记谓秦有昭襄王、庄襄王,昭襄或只称“昭王”,无只称“襄王”者,此“昭襄”即昭襄王,文选注是,此非。

〔8〕时岂奢泰而安之哉　按:汲本、殿本“泰”作“侈”。

〔9〕作舟车　按:校补谓文选“车”作“舆。”。

〔10〕斯轩辕氏之所以开帝功也　按:校补谓文选“斯”下有“乃”字。

〔11〕应天顺(民)〔人〕　按:“民”当作“人”,此后人回改之误。文选正作“人”,今据改。

〔12〕有殷宗中兴之则焉　按:“宗”原作“室”,径据汲本、殿本改正。

〔13〕妙古昔而论功　按:文选“妙”作“眇”。

〔14〕洛邑地埶之中也　按:陈景云谓据伪孔传,“之中”当作“正中”。

〔15〕翩翩巍巍显显翼翼　按:王先谦谓文选作“扇巍巍,显翼翼”。

〔16〕顺流泉而为沼　按:校补谓文选“顺”作“填”,注云昭明讳顺,故改为“填”。

〔17〕凤盖飒洒　按:“飒洒”文选作“棽丽”。

〔18〕祲威盛容　按:集解引沈钦韩说,谓“祲”当从文选作“寝”,言寝兵威而盛礼容也。

〔19〕吐焰生风　按:“焰”原讹“烂”,径据殿本、集解本改正。

〔20〕吹野燎山　按:校补谓文选作“喝野歕山”。

〔21〕以命三驱　按:王先谦谓文选“以命”作“申令”。

〔22〕轻车霆发　按:校补谓文选作“辅车霆激”。

〔23〕游基发射　按:校补谓文选“游”作“由”,游与由同。

〔24〕彎不诡遇　汲本、殿本“彎”作“弯”,注同。按:此承上“范氏施御”言,作“彎”是,文选亦作“彎”。

〔25〕(御)〔觐〕明堂　据殿本改。按:依注当作“觐”,文选亦作“觐”。

〔26〕瞰四裔而抗棱　按:汲本、殿本“棱”作“稜”,文选亦作“稜”。注同。

〔27〕南趯朱垠　按:校补谓文选“趯”作“耀”。

〔28〕自孝武所不能征孝宣所不能臣　按:校补谓文选作“自孝武之所不征,孝宣之所未臣”。

〔29〕外接百蛮　按:校补谓文选“接”作“绥”。

〔30〕乃盛礼乐供帐置乎云龙之庭　按:李慈铭谓文选作“尔乃盛礼兴乐”,以乐字读句。

〔31〕太师奏乐　按:“太”原讹“泰”,径据殿本改正。

〔32〕伶侏兜离　按:李慈铭谓文选“伶侏”作“僸佅”。

〔33〕始服(冕)冠〔冕〕衣裳　据汲本改,与明帝纪合。

〔34〕敷布也　按:“敷”原讹“铺”,径改正。

〔35〕霆激电骛并言疾也　汲本、殿本“霆激”作“霆发”。按:正文“轻车霆发”,文选作“辅车霆激”,观此注,似章怀所见本正文亦作“霆

激”也。

〔36〕则(挥)〔搏〕而嬉　据汲本、殿本改。

〔37〕范氏赵之御人也　按：集解引惠栋说，谓文选李善注引括地图云，夏德盛，二龙降之，禹使范氏御之以行经南方。章怀以范氏为赵之御人，引孟子以证之，误甚。又按：校补谓范氏自当为夏之御人，此“赵”字疑涉下“赵简子”而误。

〔38〕吾为范氏驱驰　汲本、殿本“范氏”作“範我”。校补引侯康说，谓“‘範我’当作‘范氏’，章怀引此，正以注‘范氏施御’句也。孙宣公孟子音义云‘範我’或作‘范氏’。孟坚此赋皆用孟子，故章怀引孟子以证之”。今按：赵岐本孟子与今本孟子同作“範我”，且下引赵岐注“範，法也”，则章怀注原亦作“範我”。校补谓“侯氏谓孟坚实用孟子或作本，是也，当时亦并无赵岐本也。至章怀之引孟子，并引赵注以释‘範’字，实仍为‘範我’，并非‘范氏’，特引之专为说下‘辔不诡遇’，原别为一义”。

〔39〕赵岐注曰范法也　按：“范”当作“範”。参阅上条校记。

〔40〕〔日〕食于三朝之会　据汲本、殿本补。

〔41〕食举(为)〔谓〕当食举乐也　据汲本、殿本改。按：为谓本通，此以作“谓”为是。

〔42〕太师掌六律六吕　按：“吕”原讹“同”，径据汲本、殿本改正。

〔43〕太古远古也　按：“太”原讹“泰”，径据汲本、殿本改正。

〔44〕于是圣上(亲)〔睹〕万方之欢娱　按：文选“亲”作“覩”，王先谦谓作“覩”是。今据改。

〔45〕久沐浴乎膏泽　按：校补谓文选“久”作“又”，“乎”作“于”。

〔46〕除工商之淫业兴农桑之上务　按：校补谓文选“除”作“抑”，“上”作“盛”。

〔47〕贱奇丽而不珍　按：校补谓文选“不”作“弗”。

〔48〕耳目不营　按：校补谓文选“不”作“弗”。

〔49〕捐珠玉于五湖之川　按:“湖”原讹“胡”,径改正。

〔50〕平帝立(举)学官　据刊误删。

〔51〕图书之泉　按:“泉”本作“渊”,避唐讳改,殿本回改作“渊”。

〔52〕今将喻子五篇之诗　按:校补谓文选作“今将授子以五篇之诗”。

〔53〕率土之宾　按:汲本、殿本“宾”作“滨”。

〔54〕岂(同)〔可〕逆诈示猜　殿本“同”作“可”,王先谦谓作“可”是。今据改。

〔55〕典而不实　按:校补谓文选“不”作“亡”。

〔56〕同于草昧　按:汲本、殿本“于”作“乎”,文选作“于”。

〔57〕厥有氏号绍天阐绎者　按:校补谓文选无“者”字。

〔58〕蔡邕曰(烟)〔细〕组　据汲本、殿本改。

〔59〕以冠德卓踪者　按:校补谓文选“踪”作“绝”。

〔60〕虞亦命夏后　按:校补谓文选“虞”上仍有“有”字。

〔61〕虽前〔圣〕皋夔衡旦密勿之辅　据汲本、殿本补。按:文选无“前圣”二字。

〔62〕辰居其域　文选“辰”作“宸”。按:校补谓“辰居”本论语,作“宸”者借通耳,其本字仍当作“辰”。

〔63〕高祖聚彤云于碭山　按:“碭”原讹“碣”,径改正。

〔64〕同受侯甸之所服　按:校补谓文选无“所”字。

〔65〕以伯方统牧　按:校补谓文选“伯方”作“方伯”。

〔66〕乘其命赐彤弧黄戚之威用讨韦顾黎崇之不格　按:校补谓文选“戚”作“钺”,“格”作“恪”。

〔67〕是故义士伟而不敦　按:校补谓文选“伟”作“华”。

〔68〕然犹於穆猗那　按:校补谓文选“然”作“亦”。

〔69〕京(师)京都也　据刊误删。

〔70〕慝亡迴而不泯　按:校补谓文选“慝”作“匿”,“迴”作“回”。

〔71〕厥道至乎经纬乾坤　按:校补谓文选“厥道”二字连上为句,“乎”

作“于”。

〔72〕内浸豪芒　按:校补谓文选“浸”作“沾”。

〔73〕汉承唐(虞)〔尧〕之基　按:刊误谓注解“唐基”耳,何故辄出“虞”字,明当作“尧”。今据改。

〔74〕品物万殊　按:“殊”原讹“物”,径改正。

〔75〕乃始虔巩劳(让)〔谦〕　据汲本、殿本改。

〔76〕而礼官儒林屯朋笃论之士而不传祖宗之仿佛　按:校补谓文选“朋”作“用”,“论”作“诲”。又毛刻文选蔡邕注本“屯”作“纯”,“不传”上无“而”字。又按:“仿佛”汲本、殿本作“彷彿”,注同,文选作“髣髴”。

〔77〕是以(凤皇)来仪集羽族于观魏　文选无“凤皇”二字。沈家本谓以下文例之,无者是。今据删。

〔78〕羡溢乎要荒　按:校补谓文选“羡”作“洋”。

〔79〕宜亦勤恁旅力　按:校补谓文选“宜亦”作“亦宜”。

〔80〕肉角谓麟也　按:“麟”原讹“鳞”,径改正。

〔81〕定性以和神　按:校补谓文选作“因定以和神”。

〔82〕惮敕天乎　按:校补谓文选“天”下有“命”字。

〔83〕伊考自邃古　按:“邃”原讹“遂”,径据汲本、殿本改正。注同。

〔84〕与之乎斟酌道德之渊源　按:校补谓文选无“乎”字。

〔85〕既成群后之谠辞　按:校补谓文选“成”作“感”。

〔86〕奋景炎　汲本、殿本“景炎”作“炎景”。按:文选作“景炎”。

〔87〕若季路仇牧〔死〕而不悔也　校补谓前书“仇牧”下原有“死”字,各本皆脱。今据补。

后汉书卷四十一

第五锺离宋寒列传第三十一

第五伦曾孙种　宋均　族子意

第五伦字伯鱼，京兆长陵人也。其先齐诸田，①诸田徙园陵者多，故以次第为氏。

①史记曰："陈公子完奔齐，以陈字为田氏。"应劭注云："始食采于田，改姓田氏。"

伦少介然有义行。王莽末，盗贼起，宗族闾里争往附之。伦乃依险固筑营壁，有贼，辄奋厉其众，引彊持满以拒之，①铜马、赤眉之属前后数十辈，皆不能下。②伦始以营长诣郡尹鲜于褒，③[1]褒见而异之，署为吏。后褒坐事左转高唐令，④临去，握伦臂诀曰："恨相知晚。"⑤

①引彊谓弓弩之多力者控引之。持满，不发也。

②东观记曰："时米石万钱，人相食，伦独收养孤兄子、外孙，分粮共食，死生相守，乡里以此贤之。"

③风俗通曰："武王封箕子于朝鲜，其子食采于朝鲜，因氏焉。"

④高唐，县，属平原郡，故城在今齐州祝阿县西。

⑤诀，别也。东观记曰："伦步担往候之，留十馀日，将伦上堂，令妻子出相对，以属托焉。"

伦后为乡啬夫，平徭赋，理怨结，得人欢心。自以为久宦不达，遂将家属客河东，变名姓，自称王伯齐，〔2〕载盐往来太原、上党，所过辄为粪除而去，①陌上号为道士，亲友故人莫知其处。

①粪除犹扫除也。

数年，鲜于褒荐之于京兆尹阎兴，兴即召伦为主簿。时长安铸钱多奸巧，及署伦为督铸钱掾，领长安市。①伦平铨衡，正斗斛，市无阿枉，百姓悦服。每读诏书，常叹息曰："此圣主也。一见决矣。"等辈笑之曰："尔说将尚不下，安能动万乘乎？"②伦曰："未遇知己，道不同故耳。"

①东观记曰："时长安市未有秩，又铸钱官奸(轻)〔轨〕所集，〔3〕无能整齐理之者。兴署伦督铸钱掾，领长安市，其后小人争讼，皆云'第五掾所平，市无奸枉'。"

②华峤书曰："盖延代鲜于褒为冯翊，多非法。伦数切谏，延恨之，故滞不得举。"将谓州将。

建武二十七年，举孝廉，补淮阳国医工长，随王之国。光武召见，甚异之。二十九年，从王朝京师，随官属得会见，帝问以政事，伦因此酬对政道，帝大悦。明日，复特召入，与语至夕。帝戏谓伦曰："闻卿为吏篣妇公，不过从兄饭，〔4〕宁有之邪？"伦对曰："臣三娶妻皆无父。少遭饥乱，实不敢妄过人食。"①帝大笑。伦出，有诏以为扶夷长，②未到官，追拜会稽太守。虽为二千石，躬自斩刍养马，妻执炊爨。受俸裁留一月粮，馀皆贱贸与民之贫羸者。会稽俗多淫祀，好卜筮。民常以牛祭神，百姓财产以之困匮，其自食牛肉而不以荐祠者，发病且死先为牛鸣，前后郡将莫敢禁。伦到官，移书属县，晓告百姓。其巫祝有依托鬼神诈怖愚民，皆案论之。有妄屠牛者，吏辄行罚。民初颇恐惧，或祝诅妄言，伦案之愈急，后遂断绝，百姓以安。永平五年，坐法征，老小攀车叩马，啼呼相随，日裁行数里，不得前。伦乃伪止亭舍，阴乘船去。众知，复追之。及诣廷尉，吏民上书守阙者千馀人。是时显宗方案梁松事，亦多为松讼者。帝患之，诏公车诸为梁氏及会稽太守上书者勿复受。会帝幸廷尉录囚徒，得免归田里。身自耕种，不交通人物。

①华峤书曰："上复曰：'闻卿为市掾，人有遗母一笥饼者。卿从外来见之，夺母笥，探口中饼，信乎？'伦对曰：'实无此。众人以臣愚蔽，故为生是语也。'"

②扶夷，县，属零陵郡，故城在今邵州武冈县东北。[5]

数岁，拜为宕渠令，①显拔乡佐玄贺，贺后为九江、沛二郡守，以清絜称，所在化行，终于大司农。

①宕渠，县，故城在今渠州流江县东北。

伦在职四年，迁蜀郡太守。蜀地肥饶，人吏富实，掾史家赀多至千万，皆鲜车怒马，以财货自达。①伦悉简其丰赡者遣还之，更选孤贫志行之人以处曹任，于是争赇抑绝，②文职修理。所举吏多至九卿、二千石，时以为知人。

①怒马谓马之肥壮，其气愤怒也。

②以财相货曰赇，音其又反，又音求。

视事七岁，肃宗初立，擢自远郡，代牟融为司空。帝以明德太后故，尊崇舅氏马廖，兄弟并居职任。廖等倾身交结，冠盖之士争赴趣之。伦以后族过盛，欲令朝廷抑损其权，上疏曰："臣闻忠不隐讳，直不避害。不胜愚狷，昧死自表。①书曰：'臣无作威作福，其害于而家，凶于而国。'②传曰：'大夫无境外之交，束脩之馈。'③近代光烈皇后，虽友爱天至，而卒使阴就归国，徙废阴兴宾客；其后梁、窦之家，互有非法，明帝即位，竟多诛之。自是洛中无复权戚，书记请托一皆断绝。又譬诸外戚曰：④'苦身待士，不如为国，戴盆望天，事不两施。'⑤臣常刻著五臧，书诸绅带。⑥而今之议者，复以马氏为言。窃闻卫尉廖以布三千匹，城门校尉防以钱三百万，[6]私赡三辅衣冠，知与不知，莫不毕给。又闻腊日亦遗其在洛中者钱各五千，越骑校尉光，腊用羊三百头，米四百斛，肉五千斤。臣愚以为不应经义，惶恐不敢不以闻。陛下情欲厚之，亦宜所以安之。[7]臣今言此，诚欲上忠陛下，下全后家，裁蒙省察。"⑦及马防为车骑将军，当出征西羌，伦又上疏曰："臣愚以为贵戚可封侯以富之，不当职事以任之。何者？绳以法则伤恩，私以亲则违宪。伏闻马防今当西征，臣以太后恩仁，陛下至孝，恐卒有纤介，难为意爱。⑧闻防请杜笃为从事中郎，多赐财帛。笃为乡里所废，客居美阳，女弟为马氏妻，恃此交通，在所县令苦其不法，收系论之。今来防所，议者咸致疑怪，况乃以为从事，将恐议及朝廷。今宜为选贤能以辅助之，不可复令防自请人，有损事望。⑨苟有所怀，敢不自闻。"[8]并不见省用。

①狷，狂狷也。

②尚书洪范之言。

③穀梁传之文也。束，帛也。脩，脯也。馈，遗也。

④譬，晓谕也。

⑤司马迁书曰“仆以为戴盆何以望天”也。

⑥刻著五臧，谓铭之于心也。绅谓大带，垂之三尺。论语曰“子张书诸绅”也。

⑦“裁”与“才”同。

⑧恐卒然有小过，爱而不罚，则废法也。

⑨望，物望也。

伦虽峭直，①然常疾俗吏苛刻。及为三公，值帝长者，屡有善政，乃上疏褒称盛美，因以劝成风德，曰：“陛下即位，躬天然之德，体晏晏之姿，以宽弘临下，②出入四年，前岁诛刺史、二千石贪残者六人。③斯皆明圣所鉴，非群下所及。然诏书每下宽和而政急不解，务存节俭而奢侈不止者，咎在俗敝，群下不称故也。光武承王莽之馀，颇以严猛为政，后代因之，遂成风化。郡国所举，类多辨职俗吏，殊未有宽博之选以应上求者也。陈留令刘豫，冠军令驷协，并以刻薄之姿，临人宰邑，专念掠杀，务为严苦，吏民愁怨，莫不疾之，而今之议者反以为能，违天心，失经义，诚不可不慎也。非徒应坐豫、协，亦当宜谴举者。④[9]务进仁贤以任时政，不过数人，则风俗自化矣。臣尝读书记，知秦以酷急亡国，又目见王莽亦以苛法自灭，故勤勤恳恳，实在于此。又闻诸王主贵戚，骄奢踰制，京师尚然，何以示远？故曰：‘其身不正，虽令不(行)〔从〕。’⑤[10]以身教者从，以言教者讼。夫阴阳和岁乃丰，君臣同心化乃成也。其刺史、太守以下，拜除京师及道出洛阳者，宜皆召见，可因博问四方，兼以观察其人。诸上书言事有不合者，可但报归田里，不宜过加喜怒，以明在宽。臣愚不足采。”及诸马得罪归国，而窦氏始贵，伦复上疏曰：“臣得以空虚之质，当辅弼之任。素性驽怯，位尊爵重，拘迫大义，思自策厉，虽遭百死，不敢择地，又况亲遇危言之世哉！⑥今承百王之敝，人尚文巧，咸趋邪路，莫能守正。伏见虎贲中郎将窦宪，椒房之亲，⑦典司禁兵，出入省闼，年盛志美，卑谦乐善，此诚其好士交结之方。然诸出入贵戚者，类多瑕衅禁锢之人，尤少守约安贫之节，士大夫无志之徒更相贩卖，云集其门。众煦飘山，聚蚊成雷，⑧盖骄佚所从生也。三辅论议者，至云以贵戚废锢，当复以贵戚浣濯之，犹解酲当以酒也。⑨诐险趣埶之徒，诚不可亲近。⑩臣愚愿陛下中宫严敕宪等闭门自守，无妄交通士大夫，防其未萌，虑于无形，令宪永保福禄，君臣交欢，无纤介之隙。此臣之至所愿也。"

①峭，峻也。

②尚书考灵耀曰："尧文塞晏晏。"尔雅曰："晏晏，温和也。"

③东观汉记曰："去年伏诛者，刺史一人，太守三人，减死罪二人，凡六人。"

④谴，责也。

⑤论语孔子之言。

⑥论语曰："邦有道，危言危行，邦无道，危行言逊。"郑玄云："危犹高也。"据时高言高行必见危，故以为谕也。

⑦后妃以椒涂壁，取其繁衍多子，故曰椒房。

⑧前书中山靖王之言。

⑨病酒曰酲。

⑩苍颉篇曰："诐，佞谄也。"

伦奉公尽节，言事无所依违。诸子或时谏止，辄叱遣之，吏人奏记及便宜者，亦并封上，其无私若此。性质悫，少文采，在位以贞白称，时人方之前朝贡禹。①然少蕴藉，不修威仪，②亦以此见轻。

或问伦曰："公有私乎？"对曰："昔人有与吾千里马者，吾虽不受，每三公有所选举，心不能忘，而亦终不用也。吾兄子常病，一夜十往，[11]退而安寝；吾子有疾，虽不省视而竟夕不眠。若是者，岂可谓无私乎？"连以老病上疏乞身。元和三年，赐策罢，以二千石奉终其身，加赐钱五十万，公宅一区。后数年卒，时年八十馀，诏赐秘器、衣衾、钱布。

①前书曰："贡禹字少翁，琅邪人也，以明经洁行著闻。"

②蕴藉犹宽博也。

少子颉嗣，[12]历桂阳、庐江、南阳太守，所在见称。顺帝之为太子废也，①颉为太中大夫，与太仆来历等共守阙固争。帝即位，擢为将作大匠，卒官。②伦曾孙种。

①樊丰等谮之，废为济阴王。

②三辅决录注曰："颉字子陵，为郡功曹，州从事，公府辟举高第，为侍御史，南顿令，桂阳、南阳、庐江三郡太守，谏议大夫。洛阳无主人，乡里无田宅，客止灵台中，或十日不炊。司隶校尉南阳左雄、太史令张衡、尚书庐江朱建、孟兴皆与颉故旧，各致礼饷，颉终不受。"

论曰：第五伦峭覈为方，①非夫恺悌之士，省其奏议，惇惇归诸宽厚，②将惩苛切之敝使其然乎？昔人以弦韦为佩，盖犹此矣。③然而君子侈不僭上，俭不偪下，④岂尊临千里而与牧圉等庸乎？讵非矫激，则未可以中和言也。

①峭覈谓其性峻急，好穷覈事情。

②惇惇，纯厚之貌也，音敦。

③韩子曰"西门豹性急，佩韦以自缓；董安于性缓，佩弦以自急"也。

④礼记曰："管仲镂簋而朱纮，旅树而反坫，山节藻棁，贤大夫也，而难为

上也。晏平仲祀其先人，豚肩不掩豆，贤大夫也，而难为下也。君子上不僭上，下不偪下。”

种字兴先，少厉志义，为吏，冠名州郡。永寿中，以司徒掾清诏使冀州，廉察灾害，①举奏刺史、二千石以下，所刑免甚众，弃官奔走者数十人。还，以奉使称职，拜高密侯相。是时徐兖二州盗贼群辈，〔13〕高密在二州之郊，种乃大储糧稸，勤厉吏士，贼闻皆惮之，桴鼓不鸣，流民归者，岁中至数千家。②〔14〕以能换为卫相。③

①风俗通曰“汝南周勃辟太尉清诏，使荆州”，又此言以司徒清诏使冀州，盖三公府有清诏员以承诏使也。廉，察也。

②桴，击鼓杖也，音浮。

③周后卫公也。

迁兖州刺史。中常侍单超兄子匡为济阴太守，〔15〕负埶贪放，种欲收举，未知所使。会闻从事卫羽素抗厉，乃召羽具告之。谓曰：“闻公不畏彊御，今欲相委以重事，若何？”对曰：“愿庶几于一割。”①羽出，遂驰至定陶，闭门收匡宾客亲吏四十馀人，六七日中，纠发其臧五六千万。种即奏匡，并以劾超。匡窘迫，遣刺客刺羽，羽觉其奸，乃收系客，具得情状。州内震栗，朝廷嗟叹之。

①以铅刀谕。

是时太山贼叔孙无忌等暴横一境，州郡不能讨。羽说种曰：“中国安宁，忘战日久，而太山险阻，寇猾不制。今虽有精兵，难以赴敌，羽请往譬降之。”种敬诺。羽乃往，备说祸福，无忌即帅其党与三千馀人降。单超积怀忿恨，遂以事陷种，竟坐徙朔方。超外孙董援为朔方太守，稸怒以待之。初，种为卫相，以门下掾孙斌贤，善遇之。及当徙斥，斌具闻超谋，乃谓其友人同县闾子直及高密甄子然曰："盖盗憎其主，从来旧矣。第五使君当投裔土，而单超外属为彼君守。夫危者易仆，可为寒心。吾今方追使君，庶免其难。若奉使君以还，将以付子。"二人曰："子其行矣，是吾心也。"于是斌将侠客晨夜追种，及之于太原，遮险格杀送吏，因下马与种，斌自步从。一日一夜行四百馀里，遂得脱归。

种匿于闾、甄氏数年，徐州从事臧旻上书讼之曰："臣闻士有忍死之辱，必有就事之计，故季布屈节于朱家，①管仲错行于召忽。②此二臣以可死而不死者，[16]非爱身于须臾，贪命于苟活，隐其智力，顾其权略，庶幸逢时有所为耳。卒遭高帝之成业，齐桓之兴伯，遗其亡逃之行，赦其射钩之雠，拔于囚虏之中，信其佐国之谋，③勋效传于百世，君臣载于篇籍。假令二主纪过于纤介，则此二臣同死于犬马，沈名于沟壑，当何由得申其补过之功，建其奇奥之术乎？伏见故兖州刺史第五种，傑然自建，在乡曲无苞苴之嫌，④步朝堂无择言之阙，⑤天性疾恶，公方不曲，故论者说清高以种为上，序直士以种为首。春秋之义，选人所长，弃其所短，录其小善，除其大过。种所坐以盗贼公负，筋力未就，⑥罪至征徙，非有大恶。昔虞舜事亲，大杖则走。⑦故种逃亡，苟全性命，冀有朱家之路，以显季布之会。愿陛下无遗须臾之恩，令种有持忠入地之恨。"会赦出，卒于家。

①前书曰，季布，楚人，为任侠有名，数窘汉王，高祖购求布千金。布匿濮阳周氏，周氏曰："汉求将军急，敢进计。"布许之，乃髡钳布，衣褐，并其家僮之鲁朱家所卖之。朱家买置田舍，言之高祖，赦之，后为河东守。

②说苑子路问于孔子曰："昔者管(子)〔仲〕欲立公子纠而不能，[17]召忽

死之，管仲不死，是无仁也。”孔子曰：“召忽者，人臣之材。不死则三军之虏也，死之则名闻于天下矣，何为不死哉？管子者，天子之佐，诸侯之相也。死之则不免于沟渎之中，不死则功复用于天下，夫何为死之哉？”错犹乖也。

③信音申。

④苞苴，馈遗也。

⑤口无可择之言也。

⑥太山之贼，种不能讨，是力不足以禁之，法当公坐，故云公负也。

⑦家语孔子谓曾子之言也。

钟离意字子阿，会稽山阴人也。少为郡督邮。时部县亭长有受人酒礼者，[18]府下记案考之。①意封还记，入言于太守曰：“春秋先内后外，②诗云‘刑于寡妻，以御于家邦’，③明政化之本，由近及远。今宜先清府内，且阔略远县细微之愆。”太守甚贤之，遂任以县事。建武十四年，会稽大疫，死者万数，④意独身自隐親，[19]经给医药，⑤所部多蒙全济。

①记，文符也。案，察之〔也〕。[20]

②公羊传曰：“春秋内其国而外诸夏，内诸夏而外夷狄。”

③诗大雅之文。刑，见也。御，治〔也〕。[21]

④疫，疠气也。

⑤隐亲谓亲自隐恤之。经给谓经营济给之。

举孝廉，再迁，辟大司徒侯霸府。诏部送徒诣河内，时冬寒，徒病不能行。路过弘农，意辄移属县使作徒衣，县不得已与之，而上书言状，意亦具以闻。光武得奏，以(见)〔视〕霸，[22]曰：“君所使掾何乃仁于用心？诚良吏也！”意遂于道解徒桎梏，①恣所欲过，与克期俱至，无或违者。还，以病免。

①在手曰梏，在足曰桎。

后除瑕丘令。①吏有檀建者，盗窃县内，意屏人问状，建叩头服罪，不忍加刑，遣令长休。建父闻之，为建设酒，谓曰：“吾闻无道之君以刃残人，有道之君以义行诛。子罪，命也。”遂令建进药而死。二十五年，迁堂邑令。②〔县〕人防广为父报雠，[23]系狱，其母病死，广哭泣不食。意怜伤之，乃听广归家，使得殡敛。丞掾皆争，意曰：“罪自我归，义不累下。”遂遣之。③广敛母讫，果还入狱。意密以状闻，广竟得以减死论。

①瑕丘，今兖州县也。

②堂邑故城在今博州堂邑县西北。

③言罪归于我，不累于丞掾。

显宗即位，征为尚书。时交阯太守张恢，坐臧千金，征还伏法，以资物簿入大司农，①诏班赐群臣。意得珠玑，悉以委地而不拜赐。帝怪而问其故。对曰：“臣闻孔子忍渴于盗泉之水，曾参回车于胜母之间，恶其名也。②此臧秽之宝，诚不敢拜。”帝嗟叹曰：“清乎尚书之言！”乃更以库钱三十万赐意。转为尚书仆射。车驾数幸广成苑，意以为从禽废政，常当车陈谏般乐遊田之事，天子即时还宫。永平三年夏旱，而大起北宫，意诣阙免冠上疏曰：“伏见陛下以天时小旱，忧念元元，降避正殿，躬自克责，而比日密云，遂无大润，③岂政有未得应天心者邪？昔成汤遭旱，以六事自责曰：‘政不节邪？使人疾邪？宫室荣邪？女谒盛邪？苞苴行邪？谗夫昌邪？’④窃见北宫大作，人失农时，此所谓宫室荣也。自古非苦宫室小狭，但患人不安宁。宜且罢止，以应天心。臣意以匹夫之才，无有行能，久食重禄，擢备近臣，比受厚赐，喜惧相并，〔24〕不胜愚戆征营，罪当万死。"⑤帝策诏报曰："汤引六事，咎在一人。其冠履，勿谢。比上天降旱，密云数会，朕戚然慙惧，思获嘉应，故分布祷请，闚候风云，北祈明堂，南设雩场。⑥今又敕大匠止作诸宫，减省不急，庶消灾谴。"诏因谢公卿百僚，遂应时澍雨焉。⑦

①簿，文记也。

②说苑曰："邑名胜母，曾子不入，水名盗泉，仲尼不饮，丑其名也。"尸子又载其言也。

③易曰："密云不雨，自我西郊。"

④帝王纪曰："成汤大旱七年，斋戒剪发断爪，以己为牺牲，祷于桑林之社，以六事自责。"

⑤征营，不自安也。

⑥明堂在洛阳城南，言北祈者，盖时修雩场在明堂之南。

⑦说文云"雨所以澍生万物"，故曰澍。音注。

时诏赐降胡子缣，尚书案事，误以十为百。帝见司农上簿，大怒，召郎将笞之。意因入叩头曰："过误之失，常人所容。若以懈慢为愆，则臣位大，罪重，郎位小，罪轻，咎皆在臣，臣当先坐。"乃解衣就格。①帝意解，使复冠而贯郎。

①格，拘执也。

帝性褊察，好以耳目隐发为明，①故公卿大臣数被诋毁，近臣尚书以下至见提拽。(常)〔尝〕以事怒郎药崧，〔25〕以杖撞之。崧走入床下，帝怒甚，疾言曰："郎出！郎出！"崧曰："天子穆穆，诸侯煌煌。②未闻人君自起撞郎。"帝赦之。朝廷莫不悚栗，争为严切，以避诛责;唯意独敢谏争,数封还诏书,臣下过失辄救解之。会连有变异,意复上疏曰:"伏惟陛下躬行孝道,脩明经术,郊祀天地,畏敬鬼神,忧恤黎元,劳心不怠。而天气未和,日月不明,③水泉涌溢,寒暑违节者,咎在群臣不能宣化理职,而以苛刻为俗。吏杀良人,继踵不绝。百官无相亲之心,吏人无雍雍之志。④至于骨肉相残,毒害弥深,感逆和气,以致天灾。百姓可以德胜,难以力服。先王要道,民用和睦,故能致天下和平,灾害不生,祸乱不作。鹿鸣之诗必言宴乐者,⑤以人神之心洽,然后天气和也。愿陛下垂圣德,揆万机,诏有司,慎人命,缓刑罚,顺时气,以调阴阳,垂之无极。"帝虽不能用,然知其至诚。亦以此故不得久留,出为鲁相。⑥后德阳殿成,⑦百官大会。帝思意言,谓公卿曰:"锺离尚书若在,此殿不立。"

①隐犹私也。

②曲礼之文也。穆穆,美也。煌煌,盛也。

③易通卦验曰:"愚智同位,则日月无光。"

④尔雅曰:"雍雍,和也。"

⑤鹿鸣,诗小雅,宴群臣也。其诗曰:"呦呦鹿鸣,食野之苹,我有嘉宾,鼓瑟吹笙。"

⑥意别传曰:"意为鲁相,到官,出私钱万三千文,[26]付户曹孔䜣修夫子车,身入庙,拭几席剑履。男子张伯除堂下草,土中得玉璧七枚,伯怀其一,以六枚白意。意令主簿安置几前。孔子教授堂下床首有悬瓮,意召孔䜣问:'此何瓮也?'对曰:'夫子瓮也,背有丹书,人莫敢发也。'意曰:'夫子圣人,所以遗瓮,欲以悬示后贤。'因发之,中得素书,文曰'后世修吾书,董仲舒。护吾车,拭吾履,发吾笥,会稽锺离意。璧有七,张伯藏其一。'意即召问伯,果服焉。"

⑦汉宫殿名曰北宫中有德阳殿。

意视事五年，以爱利为化，①人多殷富。以久病卒官。遗言上书陈升平之世，难以急化，宜少宽假。帝感伤其意，下诏嗟叹，赐钱二十万。

①东观记曰："意在堂邑，为政爱利，轻刑慎罚，抚循百姓如赤子。初到县，市无屋，意出奉钱帅人作屋。人赍茅竹或持材木，争起趋作，(决)〔浃〕日而成。[27]功作既毕，为解土，祝曰：'兴功役者令，百姓无事。如有祸祟，令自当之。'人皆大悦。"

药崧者，河内人，天性朴忠。家贫为郎，常独直台上，无被，枕杫，①食糟糠。帝每夜入台，辄见崧，问其故，甚嘉之，自此诏太官赐尚书以下朝夕餐，给帷被皂袍，及侍史二人。②崧官至南阳太守。

①杫音思渍反，谓俎几也。方言云："蜀、汉之郊曰杫。"

②蔡质汉官仪曰"尚书郎入直台中，官供新青缣白绫被，或锦被，昼夜更宿，帷帐画，通中枕，卧旃蓐，冬夏随时改易。太官供食。五日一美食，下天子一等。尚书郎伯使一人，[28]女侍史二人，皆选端正者。伯使从至止车门还，女侍史絜被服，执香炉烧熏，从入台中，给使护衣服"也。

宋均字叔庠，南阳安众人也。[29]父伯，建武初为五官中郎将。均以父任为郎，时年十五，好经书，每休沐日，辄受业博士，通诗礼，善论难。至二十馀，调补辰阳长。①其俗少学者而信巫鬼，均为立学校，禁绝淫祀，人皆安之。以祖母丧去官，客授颍川。[30]

①辰阳，今辰州辰溪县。

后为谒者。会武陵蛮反，围武威将军刘尚，诏使均乘传发江夏奔命三千人往救之。①既至而尚已没。会伏波将军马援至，诏因令均监军，与诸将俱进，贼拒阬不得前。及马援卒于师，军士多温湿疾病，死者太半。均虑军遂不反，乃与诸将议曰："今道远士病，不可以战，欲权承制降之何如？"诸将皆伏地莫敢应。均曰："夫忠臣出竟，有可以安国家，专之可也。"②乃矫制调伏波司马吕种守沅陵长，命种奉诏书入虏营，告以恩信，因勒兵随其后。蛮夷震怖，即共斩其大帅而降，于是入贼营，散其众，遣归本郡，为置长吏而还。均未至，先自劾矫制之罪。光武嘉其功，迎赐以金帛，令过家上冢。其后每有四方异议，数访问焉。

①前书音义曰"擢选精勇，闻命奔走，谓之奔命"也。

②公羊传曰："聘礼，大夫受命不受辞，出境有以安社稷全国家者，则专之可也。"

迁上蔡令。时府下记，禁人丧葬不得侈长。①均曰："夫送终逾制，失之轻者。今有不义之民，尚未循化，而遽罚过礼，非政之先。"竟不肯施行。

①长音直亮反。禁之不得奢侈有馀。

迁九江太守。郡多虎暴，数为民患，常募设槛穽而犹多伤害。①均到，下记属县曰："夫虎豹在山，鼋鼍在水，各有所托。且江淮之有猛兽，犹北土之有鸡豚也。今为民害，咎在残吏，而劳勤张捕，非忧恤之本也。其务退奸贪，思进忠善，可一去槛穽，除削课制。"其后传言虎相与东游度江。中元元年，山阳、楚、沛多蝗，其飞至九江界者，辄东西散去，由是名称远近。浚遒县有唐、后二山，民共祠之，②众巫遂取百姓男女以为公妪，③岁岁改易，既而不敢嫁娶，前后守令莫敢禁。均乃下书曰："自今以后，为山娶者皆娶巫家，勿扰良民。"于是遂绝。

①槛，为机以捕兽。穽谓穿地陷之。

②浚遒县属庐江郡，[31]故城在今庐州慎县南。

③以男为山公，以女为山妪，犹祭之有尸主也。

永平元年，迁东海相，在郡五年，坐法免官，客授颍川。而东海吏民思均恩化，为之作歌，诣阙乞还者数千人。显宗以其能，七年，征拜尚书令。每有驳议，多合上旨。均尝删翦疑事，帝以为有奸，大怒，收郎缚格之。诸尚书惶恐，皆叩头谢罪。均顾厉色曰："盖忠臣执义，无有二心。若畏威失正，均虽死，不易志。"小黄门在傍，入具以闻。帝善其不挠，即令贳郎，迁均司隶校尉。数月，出为河内太守，政化大行。

均(常)〔尝〕寝病，[32]百姓耆老为祷请，旦夕问起居，其为民爱若此。以疾上书乞免，诏除子条为太子舍人。均自扶舆诣阙谢恩，帝使中黄门慰问，因留养疾。司徒缺，帝以均才任宰相，召入视其疾，令两驺扶之。①均拜谢曰："天罚有罪，所苦浸笃，不复奉望帷幄！"因流涕而辞。帝甚伤之，召条扶侍均出，赐钱三十万。

①驺，养马者，亦曰驺骑。

均性宽和，不喜文法，常以为吏能弘厚，虽贪汙放纵，犹无所害；至于苛察之人，身或廉法，而巧黠刻削，毒加百姓，灾害流亡所由而作。及在尚书，恒欲叩头争之，以时方严切，故遂不敢陈。帝后闻其言而追悲之。建初元年，卒于家。族子意。

意字伯志。父京，以大夏侯尚书教授，①至辽东太守。意少传父业，显宗时举孝廉，以召对合旨，擢拜阿阳侯相。②[33]建初中，征为尚书。

①夏侯胜也。

②阿阳，县，属天水郡，故城在今秦州陇城县西北。

肃宗性宽仁，而亲亲之恩笃，故叔父济南、中山二王每数入朝，特加恩宠，及诸昆弟并留京师，不遣就国。意以为人臣有节，不宜踰礼过恩，乃上疏谏曰："陛下至孝烝烝，恩爱隆深，以济南王康、中山王焉先帝昆弟，特蒙礼宠，圣情恋恋，不忍远离，比年朝见，久留京师，崇以叔父之尊，同之家人之礼，车入殿门，即席不拜，分甘损膳，赏赐优渥。昔周公怀圣人之德，有致太平之功，然后王曰叔父，加以锡币。①今康、焉幸以支庶享食大国，陛下即位，蠲除前过，还所削黜，衍食它县，②男女少长，并受爵邑，恩宠踰制，礼敬过度。春秋之义，诸父昆弟无所不臣，所以尊尊卑卑，彊干弱枝者也。陛下德业隆盛，当为万世典法，不宜以私恩损上下之序，失君臣之正。又西平王羡等六王，皆妻子成家，官属备具，当早就蕃国，为子孙基址。而室第相望，久磐京邑，③婚姻之盛，过于本朝，仆马之众，充塞城郭，骄奢僭拟，宠禄隆过。今诸国之封，并皆膏腴，风气平调，道路夷近，朝聘有期，行来不难。宜割情不忍，以义断恩，④发遣康、焉各归蕃国，令羡等速就便时，⑤以塞众望。"帝纳之。

①诗鲁颂曰："王曰叔父，建尔元子，俾侯于鲁。"尚书曰，周公既成洛邑，成公命召公出取币锡周公也。

②衍谓流衍，傍食它县。

③磐谓磐桓不去。

④礼记曰："门内之政恩掩义，门外之政义断恩。"

⑤行日，取便利之时也。

章和二年，鲜卑击破北匈奴，[34]而南单于乘此请兵北伐，因欲还归旧庭。时窦太后临朝，议欲从之。意上疏曰："夫戎狄之隔远中国，幽处北极，①界以沙漠，简贱礼义，无有上下，彊者为雄，弱即屈服。自汉兴以来，征伐数矣，其所剋获，曾不补害。光武皇帝躬服金革之难，深昭天地之明，故因其来降，羁縻畜养，边人得生，劳役休息，于兹四十馀年矣。今鲜卑奉顺，斩获万数，中国坐享大功，②而百姓不知其劳，汉兴功烈，于斯为盛。所以然者，夷虏相攻，无损汉兵者也。臣察鲜卑侵伐匈奴，正是利其抄掠，及归功圣朝，实由贪得重赏。今若听南虏还都北庭，则不得不禁制鲜卑。鲜卑外失暴掠之愿，内无功劳之赏，豺狼贪婪，必为边患。今北虏西遁，请求和亲，宜因其归附，以为外扞，巍巍之业，无以过此。若引兵费赋，以顺南虏，则坐失上略，去安即危矣。诚不可许。"会南单于竟不北徙。

①尔雅曰"东至于泰远，西至于邠国，南至于濮鈆，北至于祝栗，谓之四极"也。

②享，受也。

迁司隶校尉。永元初，大将军窦宪兄弟贵盛，步兵校尉邓叠、河南尹王调、故蜀郡太守廉范等群党，出入宪门，负埶放纵。意随违举奏，无所回避，由是与窦氏有隙。二年，病卒。

孙俱，灵帝时为司空。①

①汉官仪曰"俱字伯丽"也。

寒朗字伯奇，鲁国薛人也。生三日，遭天下乱，弃之荆棘；数日兵解，母往视，犹尚气息，遂收养之。及长，好经学，博通书传，以尚书教授。举孝廉。

永平中，以谒者守侍御史，与三府掾属共考案楚狱颜忠、王平等，辞连及隧乡侯耿建、[35]朗陵侯臧信、护泽侯邓鲤、曲成侯刘建。建等辞未尝与忠、平相见。是时显宗怒甚，吏皆惶恐，诸所连及，率一切陷入，无敢以情恕者。朗心伤其冤，试以建等物色独问忠、平，①而二人错愕不能对。②朗知其诈，乃上言建等无奸，专为忠、平所诬，疑天下无辜类多如此。帝乃召朗入，问曰："建等即如是，忠、平何故引之？"朗对曰："忠、平自知所犯不道，故多有虚引，冀以自明。"帝曰："即如是，四侯无事，何不早奏，狱竟而久系至今邪？"朗对曰："臣虽考之无事，然恐海内别有发其奸者，故未敢时上。"③帝怒骂曰："吏持两端，促提下。"左右方引去，朗曰："愿一言而死。小臣不敢欺，欲助国耳。"帝问曰："谁与共为章？"对曰："臣自知当必族灭，不敢多污染人，诚冀陛下一觉悟而已。臣见考囚在事者，咸共言妖恶大故，[36]臣子所宜同疾，今出之不如入之，可无后责。是以考一连十，考十连百。又公卿朝会，陛下问以得失，皆长跪言，旧制大罪祸及九族，陛下大恩，裁止于身，天下幸甚。及其归舍，口虽不言，而仰屋窃叹，莫不知其多冤，无敢牾陛下者。臣今所陈，诚死无悔。"帝意解，诏遣朗出。后二日，车驾自幸洛阳狱录囚徒，理出千馀人。后平、忠死狱中，朗乃自系。会赦，免官。复举孝廉。

①物色谓形状也。

②错愕犹仓卒也。错音七故反。愕音五故反。

③时上犹即上也。上音时掌反。

建初中，肃宗大会群臣，朗前谢恩，诏以朗纳忠先帝，拜为易长。①岁馀，迁济阳令，以母丧去官，百姓追思之。章和元年，上行东巡狩，过济阳，三老吏人上书陈朗前政治状。帝至梁，召见朗，诏三府为辟首，由是辟司徒府。永元中，再迁清河太守，坐法免。

①易，今易州县也。

永初三年，太尉张禹荐朗为博士，征诣公车，会卒，时年八十四。

论曰：左丘明有言："仁人之言，其利博哉！"晏子一言，齐侯省刑。①若锺离意之就格请过，寒朗之廷争冤狱，笃矣乎，仁者之情也！夫正直本于忠诚则不诡，②本于谏争则绞切。③彼二子之所本得乎天，故言信而志行也。④

①左氏传曰，齐景公谓晏子曰："子之宅近市，识贵贱乎？"于是景公繁于刑，有鬻踊者，故对曰："踊贵而屦贱。"景公为是省于刑。君子曰："仁人之言，其利博哉！"踊谓刖足者屦。

②诡，诈也。

③论语孔子曰："直而无礼则绞。"绞，急也。

④言而见信，谏而必从，故曰志行。

赞曰：伯鱼、子阿，矫急去苛。临官以絜，匡帝以奢。宋均达政，禁此妖禜。①禽虫畏德，子民请病。②意明尊尊，割恩蕃屏。③惵惵楚黎，寒君为命。④

①禜，祭也，于命反。

②谓人为之请祷也。

③榖梁传曰："为尊者讳敌，为亲者讳败，尊尊亲亲之义也。"意谏令诸王归藩，故云割恩藩屏。音协韵必政反。

④惵惵，惧也。黎，众也。

【校勘记】

〔1〕鲜于褒　按:阴兴传作“鲜于裒”,裒即褒字。

〔2〕自称王伯齐　按:集解引惠栋说,谓袁纪作“王伯春”。

〔3〕奸(轻)〔轨〕所集　据汲本改。按:今聚珍本东观记作“奸宄”。

〔4〕不过从兄饭　按:王先谦谓御览四二五引续汉书作“不过从弟兄饭”。

〔5〕邵州武冈县　按:“冈”原讹“刚”,径据汲本、殿本改正。

〔6〕以钱三百万　按:汲本、殿本“三”作“二”。

〔7〕亦宜所以安之　按:王先谦谓“宜”下夺一“思”字。

〔8〕敢不自闻　集解引苏舆说,谓“自”疑“以”之误。今按:“以”字本作“目”,与“自”形近而讹。

〔9〕亦当宜遣举者　按:集解引惠栋说,谓“宜”当作“并”。

〔10〕虽令不(行)〔从〕　据汲本、殿本改,与今论语合。

〔11〕吾兄子常病一夜十往　按:“常”当作“尝”,御览四七八引正作“尝”。“往”当作“起”。刊误谓麻延年云,唐睿宗下诏,用十起作元子事,本出于此,明当作“起”也。

〔12〕少子颉嗣　按:刊误谓伦未尝有爵,无缘言“嗣”,明多此一字。

〔13〕盗贼群辈　按:御览三三二引“辈”作“聚”。

〔14〕岁中至数千家　按:汲本“中”作“终”。

〔15〕中常侍单超兄子匡　按:集解引沈钦韩说,谓考异云杨秉传作“超弟”,宦者传作“超弟子”。

〔16〕此二臣以可死而不死者　按:王先谦谓“以可死”当为“可以死”。

〔17〕昔者管(子)〔仲〕欲立公子纠而不能　据汲本改　按:说苑作“子”,校补谓传文既作“管仲”,在子路之问,亦不应一口两称,作“子”者,盖踵今本说苑之误。

〔18〕有受人酒礼者　按:王先谦谓御览二五三引续汉书,“酒礼”作

“鸡酒”。

〔19〕意独身自隐親　按:校补引柳从辰说,谓袁纪“隐親”作“隐視”,親視形近而讹。黄山谓柳说是,古隐与檃同,隐视犹言审视也。

〔20〕案察之〔也〕　据汲本补。

〔21〕御治〔也〕　据汲本、殿本补。

〔22〕光武得奏以(见)〔视〕霸　集解引顾炎武说,谓“见”当作“视”,古“示”字作“视”,谓以意奏示霸也。王先谦谓顾说是。今据改。

〔23〕〔县〕人防广为父报雠　据汲本、殿本补。

〔24〕喜惧相并　按:汲本、殿本“并”作“半”。

〔25〕(常)〔尝〕以事怒郎药崧　校补谓“常”当作“尝”,各本皆失正。今据改。

〔26〕出私钱万三千文　按:刊误谓古人言钱不曰文,世俗乃有此文,明多一“文”字。

〔27〕(决)〔浃〕日而成　据汲本、殿本改。

〔28〕尚书郎伯使一人　按:汲本、殿本作“二人”。

〔29〕宋均字叔庠南阳安众人也　殿本考证引何焯说及王先谦集解引通鉴胡注,俱谓宋均本姓宗,作“宋”乃传写之误。今按:通鉴胡注引张说宋璟遗爱颂,证明“宗均”之讹为“宋均”,自唐已然。

〔30〕客授颍川　汲本、殿本“授”作“游”。按:下又云“客授颍川”,明作“游”者非也。

〔31〕浚遒县属庐江郡　按:“庐江”当作“九江”。集解引洪颐煊说,谓郡国志浚遒县属九江郡,注云属庐江,误。

〔32〕均(常)〔尝〕寝病　据汲本改。

〔33〕擢拜阿阳侯相　按:集解引钱大昕说,谓阿阳县属汉阳郡,不云侯国,而上党之阳阿为侯国,此“阿阳”或“阳阿”之误。

〔34〕章和二年鲜卑击破北匈奴　按:集解引惠栋说,谓袁宏纪为章和元年事。

〔35〕辞连及隧乡侯耿建　按:集解引惠栋说,谓耿纯传宿封隧乡侯,非建也。坐楚事为耿阜,以东光侯徙封莒乡侯。“隧”当作“莒”,建当作“阜”。

〔36〕咸共言妖恶大故　按:汲本“故”作“过”。

后汉书卷四十二

光武十王列传第三十二

光武皇帝十一子：郭皇后生东海恭王彊、沛献王辅、济南安王康、阜陵质王延、中山简王焉，许美人生楚王英，光烈皇后生显宗、东平宪王苍、广陵思王荆、临淮怀公衡、琅邪孝王京。

东海恭王彊。建武二年，立母郭氏为〔皇〕后，[1]彊为皇太子。十七年而郭后废，彊常戚戚不自安，数因左右及诸王陈其恳诚，愿备蕃国。光武不忍，迟回者数岁，乃许焉。十九年，封为东海王，二十八年，就国。帝以彊废不以过，去就有礼，故优以大封，兼食鲁郡，合二十九县。赐虎贲旄头，宫殿设锺虡之县，拟于乘舆。①彊临之国，数上书让还东海，又因皇太子固辞。帝不许，深嘉叹之，以彊章宣示公卿。初，鲁恭王好宫室，起灵光殿，甚壮丽，是时犹存，②

故诏彊都鲁。中元元年入朝，从封岱山，因留京师。明年春，帝崩。冬，归国。

①虎贲、旄头、钟虡解见光武纪。县音玄。

②恭王名馀，景帝之子。殿在今兖州曲阜城中，故基东西二十丈，南北十二丈，高丈馀也。

永平元年，彊病，显宗遣中常侍钩盾令将太医乘驿视疾，诏沛王辅、济南王康、淮阳王延诣鲁。及薨，临命上疏谢曰："臣蒙恩得备蕃辅，特受二国，宫室礼乐，事事殊异，巍巍无量，讫无报称。而自脩不谨，连年被疾，为朝廷忧念。皇太后、陛下哀怜臣彊，感动发中，数遣使者太医令丞方伎道术，络驿不绝。臣伏惟厚恩，不知所言。臣内自省视，气力羸劣，日夜浸困，①终不复望见阙庭，奉承帷幄，孤负重恩，衔恨黄泉。②身既夭命孤弱，复为皇太后、陛下忧虑，诚悲诚惭。息政，小人也。猥当袭臣后，必非所以全利之也。诚愿还东海郡。天恩愍哀，以臣无男之故，③处臣三女小国侯，④此臣宿昔常计。⑤今天下新罹大忧，⑥惟陛下加供养皇太后，数进御餐。臣彊困劣，言不能尽意。愿并谢诸王，不意永不复相见也。"天子览书悲恸，从太后出幸津门亭发哀。⑦使(大)司空持节护丧事，[2]大鸿胪副，宗正、将作大匠视丧事，赠以殊礼，升龙、旄头、鸾辂、龙旂、虎贲百人。⑧诏楚王英、赵王栩、北海王兴、馆陶公主、比阳公主及京师亲戚四姓夫人、[3]小侯皆会葬。⑨帝追惟彊深执谦俭，不欲厚葬以违其意，于是特诏中常侍杜岑及东海傅相曰："王恭谦好礼，以德自终，遣送之物，务从约省，衣足敛形，茅车瓦器，物减于制，以彰王卓尔独行之志，⑩将作大匠留起陵庙。"

①浸，渐也。

②杜预注左传云："地中之泉，故曰黄泉。"

③无男，无多男也。

④即妇人封侯也，若吕后之妹吕须封为临光侯，萧何夫人封为酂侯之类。

⑤私计天恩，不敢忘也。

⑥光武崩也。

⑦津门，洛阳南面西头门也，一名津阳门。每门皆有亭。

⑧解并见光武及明帝纪。

⑨四姓小侯，解见明帝纪。夫人，盖小侯之母也。

⑩前书曰："卓尔不群者，河间献王近之矣。"

彊立十八年，[4]年三十四。子靖王政嗣。政淫欲薄行。后中山简王薨，政诣中山会葬，私取简王姬徐妃，又盗迎掖庭出女。豫州刺史、鲁相奏请诛政，有诏削薛县。

立四十四年薨，子顷王肃嗣。永元十六年，封肃弟二十一人皆为列侯。肃性谦俭，循恭王法度。永初中，以西羌未平，上钱二千万。元初中，复上缣万匹，以助国费，邓太后下诏褒纳焉。

立二十三年薨，子孝王臻嗣。永建二年，封臻二弟敏、俭为乡侯。臻及弟蒸乡侯俭并有笃行，母卒，皆吐血毁眦。①至服练红，兄弟追念初丧父，幼小，哀礼有阙，因复重行丧制。②臻性敦厚有恩，常分租秩赈给诸父昆弟。国相籍褒具以状闻，顺帝美之，制诏大将军、三公、大鸿胪曰："东海王臻以近蕃之尊，少袭王爵，膺受多福，未知艰难，而能克己率礼，孝敬自然，事亲尽爱，送终竭哀，降仪从士，寝苫三年。③和睦兄弟，恤养孤弱，至孝纯备，仁义兼弘，朕甚嘉焉。夫劝善厉俗，为国所先。曩者东平孝王敞兄弟行孝，丧母如礼，有增户之封。诗云：'永世克孝，念兹皇祖。'④今增臻封五千户，俭五百户，光启土宇，以酬厥德。"

①眦或为瘠。

②既祥之后而服练也。礼记曰:“练衣黄里縓缘。”縓即红也。縓音七绢反。郑玄注周礼曰:“浅绛也。”

③左氏传曰:“晏桓子卒,晏婴麤衰斩,苴绖带,杖,菅屦,食粥,居倚庐,寝苫枕草。其家老曰:‘非大夫之礼也。’”杜预注云:“时士及大夫衰服各有不同。”

④诗周颂之文。克,能也。

立三十一年薨,子懿王祗嗣。初平四年,遣子琬至长安奉章,献帝封琬汶阳侯,拜为平原相。

祗立四十四年薨,子羡嗣。二十年,魏受禅,以为崇德侯。

沛献王辅,建武十五年封右(冯)翊公。[5]十七年,郭后废为中山太后,故徙辅为中山王,并食常山郡。二十年,复徙封沛王。

时禁网尚疏,诸王皆在京师,竞脩名誉,争礼四方宾客。寿光侯刘鲤,更始子也,得幸于辅。鲤怨刘盆子害其父,因辅结客,报杀盆子兄故式侯恭,辅坐系诏狱,三日乃得出。自是后,诸王宾客多坐刑罚,各循法度。二十八年,就国。中元二年,封辅子宝为沛侯。[6]永平元年,封宝弟嘉为僮侯。①

①僮,县,属临淮郡,故城在今泗州宿预县西南。

辅矜严有法度,好经书,善说京氏易、孝经、论语传及图谶,作五经论,时号之曰沛王通论。在国谨节,终始如一,称为贤王。显宗敬重,数加赏赐。

立四十六年薨,子釐王定嗣。①元和二年,封定弟十二人为乡侯。

①釐音僖，下皆同。

定立十一年薨，子节王正嗣。元兴元年，封正弟二人为县侯。

正立十四年薨，子孝王广嗣。有固疾。安帝诏广祖母周领王家事。周明正有法礼，汉安中薨，顺帝下诏曰："沛王祖母太夫人周，秉心淑慎，导王以仁，使光禄大夫赠以妃印绶。"

广立三十五年薨，子幽王荣嗣。立二十年薨，子孝王琮嗣。薨，子恭王曜嗣。薨，子契嗣；魏受禅，以为崇德侯。

楚王英，以建武十五年封为楚公，十七年进爵为王，二十八年就国。母许氏无宠，故英国最贫小。三十年，以临淮之取虑、须昌二县益楚国。①自显宗为太子时，英常独归附太子，太子特亲爱之。及即位，数受赏赐。永平元年，特封英舅子许昌为龙舒侯。②

①取虑，县，故城在今泗州下邳县西南。案：临淮无须昌，有昌阳县，盖误也。取虑音秋闾。

②龙舒，县，属庐江郡，故城在今庐州庐江县西也。

英少时好游侠，交通宾客，晚节更喜黄老，学为浮屠斋戒祭祀。①八年，诏令天下死罪皆入缣赎。英遣郎中令奉黄缣白纨三十匹诣国相曰："托在蕃辅，过恶累积，欢喜大恩，[7]奉送缣帛，以赎愆罪。"国相以闻。诏报曰："楚王诵黄老之微言，尚浮屠之仁祠，[8]洁斋三月，与神为誓，何嫌何疑，当有悔吝？其还赎，以助伊蒲塞桑门之盛馔。"②因以班示诸国中傅。英后遂大交通方士，作金龟玉鹤，刻文字以为符瑞。

①袁宏汉纪："浮屠，佛也，西域天竺国有佛道焉。佛者，汉言觉也，将以

觉悟群生也。其教以脩善慈心为主，不杀生，专务清静。其精者为沙门。沙门，汉言息也，盖息意去欲而归于无为。又以为人死精神不灭，随复受形，生时善恶皆有报应，故贵行善脩道，以鍊精神，以至无生而得为佛也。佛长丈六尺，黄金色，项中佩日月光，变化无方，无所不入，而大济群生。初，明帝梦见金人长大，项有日月光，以问群臣。或曰：'西方有神，其名曰佛。陛下所梦，得无是乎？'于是遣使天竺，问其道术而图其形像焉。"

②伊蒲塞即优婆塞也，中华翻为近住，言受戒行堪近僧住也。桑门即沙门。

十三年，男子燕广告英与渔阳王平、颜忠等造作图书，有逆谋，事下案验。有司奏英招聚奸猾，造作图谶，擅相官秩，置诸侯王公将军二千石，大逆不道，请诛之。帝以亲亲不忍，乃废英，徙丹阳泾县，①赐汤沐邑五百户。②遣大鸿胪持节护送，使伎人奴婢（妓士）〔工技〕鼓吹悉从，[9]得乘辎軿，③持兵弩，行道射猎，极意自娱。男女为侯主者，食邑如故。楚太后勿上玺绶，留住楚宫。

①今宣州县也。

②汤沐，解见皇后纪也。

③軿犹屏也，自隐蔽之车。苍颉篇曰："衣车也。"

明年，英至丹阳，自杀。立三十三年，国除。诏遣光禄大夫持节吊祠，赠赗如法，加赐列侯印绶，以诸侯礼葬于泾。遣中黄门占护其妻子。①悉出楚官属无辞语者。制诏许太后曰："国家始闻楚事，幸其不然。既知审实，怀用悼灼，庶欲宥全王身，令保卒天年，而王不念顾太后，竟不自免。此天命也，无可柰何！太后其保养幼弱，勉强饮食。诸许愿王富贵，人情也。已诏有司，出其有谋者，令安田宅。"于是封燕广为折奸侯。楚狱遂至累年，其辞语相连，自京师亲戚诸侯州郡豪桀及考案吏，阿附相陷，坐死徙者以千数。

①占护犹守护也。

十五年，帝幸彭城，见许太后及英妻子于内殿，悲泣，感动左右。建初二年，肃宗封英子〔种〕楚侯（种），[10] 五弟皆为列侯，并不得置相臣吏人。元和三年，许太后薨，复遣光禄大夫持节吊祠，因留护丧事，赙钱五百万。又遣谒者备王官属迎英丧，改葬彭城，加王赤绶羽盖华藻，如嗣王仪，①追爵，谥曰楚厉侯。章和元年，帝幸彭城，见英夫人及六子，厚加赠赐。

①续汉舆服志曰："诸侯王赤绶四采，长二丈一尺。皇子安车，青盖金华藻。"[11]

种后徙封六侯。①卒，子度嗣。度卒，子拘嗣，传国于后。

①六，县名，属庐江郡。

济南安王康，建武十五年封济南公，十七年进爵为王，二十八年就国。三十年，以平原之祝阿、安德、朝阳、平昌、隰阴、[12] 重丘六县益济南国。中元二年，封康子德为东武城侯。①

①东武城属清河郡，今贝州武城县是。

康在国不循法度，交通宾客。其后，人上书告康招来州郡奸猾渔阳颜忠、刘子产等，又多遗其缯帛，案图书，谋议不轨。事下考，有司举奏之，显宗以亲亲故，不忍穷竟其事，但削祝阿、隰阴、东朝阳、安德、西平昌五县。①

①东朝阳在今齐州临济县东。西平昌，今德州般县也。般音补满反。

建初八年，肃宗复还所削地，康遂多殖财货，大修宫室，奴婢至千四百人，厩马千二百匹，私田八百顷，奢侈恣欲，游观无节。永元初，国傅何敞上疏谏康曰："盖闻诸侯之义，制节谨度，然后能保其社稷，和其民人。①大王以骨肉之亲，享食茅土，当施张政令，明其典法，出入进止，宜有期度，舆马台隶，应为科品。②而今奴婢厩马皆有千馀，增无用之口，以自蚕食。③宫婢闭隔，失其天性，惑乱和气。[13]又多起内第，触犯防禁，费以巨万，④而功犹未半。夫文繁者质荒，木胜者人亡，⑤皆非所以奉礼承上，传福无穷者也。故楚作章华以凶，⑥吴兴姑苏而灭，⑦景公千驷，民无称焉。⑧今数游诸第，晨夜无节，又非所以远防未然，临深履薄之法也。愿大王修恭俭，遵古制，省奴婢之口，减乘马之数，斥私田之富，节游观之宴，以礼起居，则敞乃敢安心自保。惟大王深虑愚言。"康素敬重敞，虽无所嫌牾，然终不能改。

①孝经诸侯章之义也。

②台、隶，贱职也，左氏传：曰"人有十等，王臣公，公臣卿，卿臣大夫，大夫臣士，士臣皂，皂臣舆，舆臣隶，隶臣僚，僚臣仆，仆臣台"也。

③言如蚕之食，渐至衰尽也。

④巨，大也。大万谓万万。

⑤荒，废也。文彩繁多，则质以之废，土木增构，则人殚其力，故云人亡。

⑥左氏传，楚灵王成章华之台，后卒被杀。杜预注云"台在今南郡华容县"也。

⑦姑苏台一名姑胥台。越绝书曰："胥门外有九曲路，阖庐以游姑苏之台，以望湖中。"顾夷(吾)〔吴〕地记云：[14]"横山北有小山，俗谓姑苏台。"在今苏州吴县西。阖庐后被越杀之。

⑧论语："齐景公有马千驷，死之日，人无德而称焉。"千驷，四千匹。

立五十九年薨，子简王错嗣。①错为太子时，爱康鼓吹妓女宋闰，[15]使医张尊招之不得，错怒，自以剑刺杀尊。国相举奏，有诏勿案。永元十一年，封错弟七人为列侯。[16]

①错音七故反。

错立六年薨，子孝王香嗣。永初二年，封香弟四人为列侯。香笃行，好经书。初，叔父笃有罪不得封，西平昌侯昱坐法失侯，香乃上书分爵土封笃子丸、昱子嵩，皆为列侯。

香立二十年薨，无子，国绝。

永建元年，顺帝立错子阜阳侯显为嗣。是为鳌王。立三年薨，子悼王广嗣。永建五年，封广弟文为乐城亭侯。

广立二十五年，永兴元年薨，无子，国除。

东平宪王苍，建武十五年封东平公，十七年进爵为王。

苍少好经书，雅有智思，为人美须髯，要带八围，[17]显宗甚爱重之。及即位，拜为骠骑将军，置长史掾史员四十人，位在三公上。①

①四府掾史皆无四十人，今特置以优之也。

永平元年，封苍子二人为县侯。二年，以东郡之寿张、须昌，山阳之南平阳、(橐)〔橐〕、湖陵五县益东平国。①[18]是时中兴三十馀年，四方无虞，苍以天下化平，宜修礼乐，乃与公卿共议定南北郊冠冕车服制度，及光武庙登歌八佾舞数，语在礼乐、舆服志。②帝每巡狩，苍常留镇，侍卫皇太后。

①南平阳，县，故城今兖州邹县也。(橐)〔橐〕，县，一名高平，故城在邹县

西南。湖陵故城在今兖州防与县东南。

②其志今亡。

四年春，车驾近出，观览城第，①寻闻当遂校猎河内，苍即上书谏曰："臣闻时令，盛春农事，不聚众兴功。②传曰：'田猎不宿，食饮不享，出入不节，则木不曲直。'此失春令者也。③臣知车驾今出，事从约省，所过吏人讽诵甘棠之德。虽然，动不以礼，非所以示四方也。惟陛下因行田野，循视稼穑，消摇仿佯，弭节而旋。④至秋冬，乃振威灵，整法驾，备周卫，设羽旄。⑤诗云：'抑抑威仪，惟德之隅。'⑥臣不胜愤懑，伏自手书，乞诣行在所，极陈至诚。"帝览奏，即还宫。

①第，宅也。有甲乙之次，故曰第。

②礼记月令曰"孟春之月，无聚大众，无置城郭。仲春之月，无作大事，以妨农事"也。

③尚书五行传曰："田猎不宿，饮食不享，出入不节，夺人农时，及有奸谋，则木不曲直。"郑玄注云："木性或曲或直，人所用为器者也。无故生不畅茂，多有折槁，是为不曲直也。"前书音义曰："不宿，不预戒日也。"

④皆遊散之意。诗曰："于焉消摇。"左氏传曰："横流而仿佯。"前书音义曰："弭节犹按节也，言不尽意驰驱也。"

⑤旄谓注旄于竿首。

⑥诗大雅之文也。抑抑，密也。隅，廉也。言人审密于威仪抑抑然者，其德必严正，如宫室之制，内绳直则外有廉隅。

苍在朝数载，多所降益，而自以至亲辅政，声望日重，意不自安，上疏归职曰："臣苍疲驽，特为陛下慈恩覆护，在家备教导之仁，升朝蒙爵命之首，制书褒美，班之四海，举负薪之才，升君子之器。①凡匹夫一介，尚不忘箪食之惠，②况臣居宰相之位，同气之亲哉！宜当暴骸膏野，为百僚先，而愚顽之质，加以固病，诚羞负乘，辱汙辅将之位，将被诗人‘三百赤绂’之刺。③今方域晏然，要荒无儆，④将遵上德无为之时也，文官犹可并省，武职尤不宜建。昔象封有鼻，不任以政，⑤诚由爱深，不忍扬其过恶。前事之不忘，来事之师也。自汉兴以来，宗室子弟无得在公卿位者。惟陛下审览虞帝优养母弟，遵承旧典，终卒厚恩。乞上骠骑将军印绶，退就蕃国，愿蒙哀怜。”帝优诏不听。其后数陈乞，辞甚恳切。五年，乃许还国，而不听上将军印绶。以骠骑长史为东平太傅，掾为中大夫，令史为王家郎。⑥加赐钱五千万，布十万匹。

①负薪，喻小人也。易曰：“负且乘，致寇至。”负也者小人之事，乘也者君子之器，以小人而乘君子之器，则盗思夺之矣。

②箪，竹器也，圆曰箪，方曰笥。左氏传曰：“晋宣子田于首山，舍于翳桑，见灵辄饿，曰：‘不食三日矣。’食之，舍其半。问之，曰：‘宦三年矣，[19]未知母之存否，请遗之。’使尽之，而为箪食〔与肉以〕与之。[20]既而(与)〔辄〕为公介〔士〕，[21]倒戟以御公徒而免之。问何故，曰：‘翳桑之饿人也。’”

③赤绂，大夫之服也。诗曹风曰：“彼己之子，三百赤绂。”刺其无德居位者多也。

④去王畿五百里曰甸服，又五百里曰侯服，又五百里曰绥服，又五百里要服，又五百里荒服，儆，备也，音警。

⑤有鼻，国名，其地在今永州营道县北。史记曰舜弟象封于有鼻也。

⑥汉官仪“将军掾属二十九人，中大夫无员，令史四十一人”也。

六年冬，帝幸鲁，征苍从还京师。明年，皇太后崩。既葬，苍乃归国，特赐宫人奴婢五百人，布二十五万匹，及珍宝服御器物。

十一年，苍与诸王朝京师。月馀，还国。帝临送归宫，凄然怀思，乃遣使手诏国中傅曰："辞别之后，独坐不乐，因就车归，伏轼而吟，瞻望永怀，实劳我心，诵及采菽，以增叹息。①日者问东平王处家何等最乐，王言为善最乐，其言甚大，副是要腹矣。今送列侯印十九枚，诸王子年五岁已上能趋拜者，皆令带之。"

①采菽，诗小雅之章也。其诗曰："采菽采菽，筐之筥之，君子来朝，何锡与之？"毛苌注云："菽所以芼大牢而待君子也。"

十五年春，行幸东平，赐苍钱千五百万，布四万匹。帝以所作光武本纪示苍，苍因上光武受命中兴颂。帝甚善之，以其文典雅，特令校书郎贾逵为之训诂。

肃宗即位，尊重恩礼踰于前世，诸王莫与为比。建初元年，地震，苍上便宜，其事留中。①帝报书曰："丙寅所上便宜三事，朕亲自览读，反覆数周，心开目明，旷然发矇。②间吏人奏事，亦有此言，但明智浅短，或谓傥是，复虑为非。何者？灾异之降，缘政而见。今改元之后，年饥人流，此朕之不德感应所致。又冬春旱甚，所被尤广，虽内用克责，而不知所定。得王深策，快然意解。[22]诗不云乎：'未见君子，忧心忡忡；既见君子，我心则降。'③思惟嘉谋，以次奉行，冀蒙福应。彰报至德，特赐王钱五百万。"

①留禁中也。

②韦昭注国语曰："有眸子而无见曰矇。"

③诗国风也。忡忡犹衝衝。降，下也。

后帝欲为原陵、显节陵起县邑，苍闻之，遽上疏谏曰："伏闻当为二陵起立郭邑，臣前颇谓道路之言，疑不审实，近令从官古霸问涅阳主疾，①使还，乃知诏书已下。窃见光武皇帝躬履俭约之行，深睹始终之分，勤勤恳恳，以葬制为言，故营建陵地，具称古典，诏曰‘无为山陵，陂池裁令流水而已’。孝明皇帝大孝无违，奉承贯行。②至于自所营创，尤为俭省，谦德之美，于斯为盛。③臣愚以园邑之兴，始自彊秦。古者丘陇且不欲其著明，④岂况筑郭邑，建都郛哉！⑤上违先帝圣心，下造无益之功。虚费国用，动摇百姓，非所以致和气，祈丰年也。又以吉凶俗数言之，亦不欲无故缮修丘墓，有所兴起。考之古法则不合，稽之时宜则违人，求之吉凶复未见其福。陛下履有虞之至性，追祖祢之深思，然惧左右过议，以累圣心。臣苍诚伤二帝纯德之美，不畅于无穷也。惟蒙哀览。”帝从而止。自是朝廷每有疑政，辄驿使谘问。苍悉心以对，皆见纳用。

①风俗通曰：“古姓，周有古公亶父，其后氏焉。”涅阳主，光武女，窦固之妻也。

②贯行谓一皆遵奉也。谷永曰“一以贯行，固执无违”也。

③易曰：“谦德之柄。”

④礼记曰：“古者墓而不坟。”故言不欲其著明。

⑤穀梁传曰：“人之所聚曰都。”杜预注左传曰：“郛，郭也。”

三年，帝飨卫士于南宫，因从皇太后周行掖庭池阁，乃阅阴太后旧时器服，怆然动容，乃命留五时衣各一袭，①及常所御衣合五十箧，馀悉分布诸王主及子孙在京师者各有差。特赐苍及琅邪王京书曰：“中大夫奉使，亲闻动静，嘉之何已！岁月惊过，山陵浸远，孤心凄怆，如何如何！间飨卫士于南宫，因阅视旧时衣物，闻于师曰：‘其物存，其人亡，不言哀而哀自至。’信矣。惟王孝友之德，亦岂不然！今送光烈皇后假紒帛巾各一，②及衣一箧，可时奉瞻，以慰凯风寒泉之思，③又欲令后生子孙得见先后衣服之制。今鲁国孔氏，尚有仲尼车舆冠履，明德盛者光灵远也。④其光武皇帝器服，中元二年已赋诸国，故不复送。并遗宛马一匹，血从前髆上小孔中出。常闻武帝歌天马，沾赤汗，今亲见其然也。⑤顷反虏尚屯，将帅在外，忧念遑遑，未有閒宁。⑥愿王宝精神，加供养。苦言至戒，望之如渴。”

①五时衣谓春青，夏朱，季夏黄，秋白，冬黑也。衣单复具曰袭。

②周礼：“追师掌王后之首服为副编。”郑玄云：“副，妇人首服，三辅谓之假紒。”续汉书“帛”字作“皁”。

③诗国风曰：“凯风，美孝子也。”“凯风自南，吹彼棘心，棘心夭夭，母氏劬劳。爰有寒泉，在浚之下，有子七人，母氏劳苦。”寒泉在今濮州濮阳县。

④孔子庙在鲁曲阜城中。伍缉之从征记曰：“鲁人藏孔子所乘车于庙中，是颜路所请者也。献帝时，庙遇火，烧之。”冠履解见锺离意传。

⑤前书天马歌曰“太一况，天马下，沾赤汗，沫流赭”也。

⑥閒音闲。

六年冬，苍上疏求朝。明年正月，帝许之。特赐装钱千五百万，其馀诸王各千万。帝以苍冒涉寒露，遣谒者赐貂裘，①及太官食物珍果，使大鸿胪窦固持节郊迎。帝乃亲自循行邸第，豫设帷床，其钱帛器物无不充备。下诏曰：“〔礼云〕伯父归宁乃国，②[23]诗云叔父建尔元子，③敬之至也。昔萧相国加以不名，优忠贤也。④况兼亲尊者乎！其沛、济南、东平、中山四王，赞皆勿名。”⑤苍既至，升殿乃拜，天子亲答之。其后诸王入宫，辄以辇迎，至省閤乃下。苍以受恩过礼，情不自宁，上疏辞曰：“臣闻贵有常尊，贱有等威，⑥卑高列序，上下以理。陛下至德广施，慈爱骨肉，既赐奉朝请，咫尺天仪，而亲屈至尊，降礼下臣，每赐讌见，辄兴席改容，中宫亲拜，事过典故。臣惶怖战栗，诚不自安，每会见，踧踖无所措置。⑦此非所以章示群下，安臣子也。”帝省奏叹息，愈褒贵焉。旧典，诸王女皆封乡主，乃独封苍五女为县公主。[24]

①说文曰：“貂，鼠属也，大而黄黑，出丁零国。”

②仪礼曰“觐礼，诸侯至于郊，王使皮弁用璧劳，侯氏亦皮弁迎于帷门之外，再拜。天子赐舍，曰：‘赐伯父舍。’同姓西面，北上；异姓东面，北上。侯氏裨冕，释币于祢，乘墨车，载龙旂、弧韣，乃朝以瑞玉，有缫。天子负斧扆，曰：“伯父实来，余一人嘉之。’奉束帛匹马，卓上九马随之，奠币再拜。侯氏降，天子辞于侯氏曰：‘伯父无事，归宁乃邦。’侯氏再拜稽首而出”也。

③诗鲁颂之文也。叔父谓周公也。建元子谓封伯禽也。

④见前书王莽传。

⑤赞谓赞者不唱其名。

⑥左传随武子之辞也。等威，威仪有等差也。

⑦踧踖，谦让貌也。

三月，大鸿胪奏遣诸王归国，帝特留苍，赐以祕书、列仙图、道术祕方。至八月饮酎毕，①有司复奏遣苍，乃许之。手诏赐苍曰：“骨肉天性，诚不以远近为亲疎，然数见颜色，情重昔时。念王久劳，思得还休，欲署大鸿胪奏，不忍下笔，顾授小黄门，中心恋恋，恻然不能言。”②于是车驾祖送，流涕而诀。复赐乘舆服御，珍宝舆马，[25]钱布以亿万计。

①饮酎，解见章纪。

②大鸿胪奏王归国，小黄门受诏者。

苍还国，疾病，帝驰遣名医，小黄门侍疾，使者冠盖不绝于道。又置驿马千里，传问起居。明年正月薨，诏告中傅，封上苍自建武以来章奏及所作书、记、赋、颂、七言、别字、歌诗，并集览焉。遣大鸿胪持节，五官中郎将副监丧，及将作使者凡六人，令四姓小侯诸国王主悉会诣东平奔丧，赐钱前后一亿，布九万匹。及葬，策曰："惟建初八年三月己卯，〔26〕皇帝曰：咨王丕显，勤劳王室，亲受策命，昭于前世。出作蕃辅，克慎明德，率礼不越，①傅闻在下。②昊天不吊，不报上仁，俾屏余一人，夙夜茕茕，靡有所终。③今诏有司加赐鸾辂乘马，龙旂九旒，虎贲百人，奉送王行。匪我宪王，其孰离之！④魂而有灵，保兹宠荣。呜呼哀哉！"

①率，循也。越，违也

②傅音敷。敷，布也。书曰："克慎明德，敷闻在下。"

③俾，使也。屏，蔽也。左氏传曰"昊天不吊，不慭遗一老，俾屏余一人，茕茕余在疚"也。

④离，被也。言非宪王谁更被蒙此恩也。

立四十五年，子怀王忠嗣。明年，帝乃分东平国封忠弟尚为任城王，馀五人为列侯。

忠立(十)一年薨，〔27〕子孝王敞嗣。元和三年，行东巡守，幸东平宫，帝追感念苍，谓其诸子曰："思其人，至其乡；其处在，其人亡。"因泣下沾襟，遂幸苍陵，为陈虎贲、鸾辂、龙旂，以章显之，祠以太牢，亲拜祠坐，哭泣尽哀，赐御剑于陵前。①初，苍归国，骠骑时吏丁牧、〔28〕周栩以苍敬贤下士，不忍去之，遂为王家大夫，数十年事祖及孙。帝闻，皆引见于前，既愍其淹滞，且欲扬苍德美，即皆擢拜议郎。牧至齐相，栩上蔡令。永元十年，封苍孙梁为矜阳亭侯，敞弟六人为列侯。敞丧母至孝，国相陈珍上其行状。永宁元年，邓太后增邑五千户，又封苍孙二人为亭侯。

①陵在今郓州东峗山南。峗音鱼委反。

敞立四十八年薨，子顷王端嗣。立四十七年薨，子凯嗣；立四十一年，魏受禅，以为崇德侯。

论曰：孔子称"贫而无谄，富而无骄，未若贫而乐，富而好礼者也"。若东平宪王，可谓好礼者也。若其辞至戚，去母后，岂欲苟立名行而忘亲遗义哉！盖位疑则隙生，累近则丧大，①斯盖明哲之所为叹息。呜呼！远隙以全忠，释累以成孝，夫岂宪王之志哉！②东海恭王逊而知废，③"为吴太伯，不亦可乎"！④

①忧累既近，所丧必大。

②言其本志然也。

③逊，让也。

④左传(曰)晋大夫士蔿之辞也。[29]吴太伯，周太王之长子，让其弟季历，因适吴、越采药，大王没而不反，事见史记也。

任城孝王尚，元和元年封，食任城、亢父、樊三县。①

①亢父、樊并属东平国。亢父故城在今兖州任城县南。樊故城在今瑕丘县西南也。

立十八年薨，子贞王安嗣。永元十四年，封母弟福为桃乡侯。永初四年，封福弟亢为当涂乡侯。安性轻易贪吝，数微服出入，游观国中，取官属车马刀剑，下至卫士米肉，皆不与直。元初六年，国相行弘奏请废之。安帝不忍，以一岁租五分之一赎罪。

安立十九年薨，子节王崇嗣。顺帝时，羌虏数反，崇辄上钱帛佐边费。及帝崩，复上钱三百万助山陵用度，朝廷嘉而不受。立三十一年薨，无子，国绝。

延熹四年，桓帝立河间孝王子(恭为)参户亭侯博为任城王，[30]

以奉其祀。①博有孝行，丧母服制如礼，增封三千户。立十三年薨，无子，国绝。

①杜预注左传曰："今丹水县北有三户亭。"故城在今邓州内乡县西南也。

熹平四年，灵帝复立河间贞王(逊)〔建〕〔子〕新昌侯(子)佗为任城王，〔31〕奉孝王后。立四十六年，魏受禅，以为崇德侯。

皇陵质王延，建武十五年封淮阳公，十七年进爵为王，二十八年就国。三十年，以汝南之长平、西华、新阳、扶乐四县益淮阳国。①

①长平故城在今陈州宛丘县西北，西华故城在今溵水县西北，新阳故城在今豫州真阳西南，扶乐故城在今陈州太康县北也。

延性骄奢而遇下严烈。永平中，有上书告延与姬兄谢弇及姊馆陶主婿驸马都尉韩光招奸猾，作图谶，祠祭祝诅。事下案验，光、弇被杀，辞所连及，死徙者甚众。有司奏请诛延，显宗以延罪薄于楚王英，故特加恩，徙为阜陵王，食二县。

延既徙封，数怀怨望。建初中，复有告延与子男鲂造逆谋者，有司奏请槛车征诣廷尉诏狱。肃宗下诏曰："王前犯大逆，罪恶尤深，有同周之管、蔡，汉之淮南。①经有正义，律有明刑。②先帝不忍亲亲之恩，枉屈大法，为王受愆，③群下莫不惑焉。今王曾莫悔悟，悖心不移，逆谋内溃，自子鲂发，诚非本朝之所乐闻。朕恻然伤心，不忍致王于理，今贬爵为阜陵侯，食一县，获斯辜者，侯自取焉。於戏诫哉！"赦鲂等罪勿验，使谒者一人监护延国，不得与吏人通。

①淮南厉王长，高帝子，文帝时反，被迁于蜀而死也。

②公羊传曰："君亲无将，将而必诛。"前书曰："大逆无道，父母、妻子、同产无少长皆弃市。"

③愆，过也。反而不诛，先帝之过，故言为王受过也。

章和元年，行幸九江，赐延书与车驾会寿春。帝见延及妻子，愍然伤之，乃下诏曰："昔周之爵封千有八百，而姬姓居半者，所以桢幹王室也。朕南巡，望淮、海，意在阜陵，遂与侯相见。侯志意衰落，形体非故，瞻省怀感，以喜以悲。今复侯为阜陵王，增封四县，并前为五县。"以阜陵下湿，徙都寿春，加赐钱千万，布万匹，安车一乘，夫人诸子赏赐各有差。明年入朝。

立五十一年薨，子殇王冲嗣。永元二年，下诏尽削除前班下延事。

冲立二年薨，无嗣。和帝复封冲兄鲂，是为顷王。永元八年，封鲂弟十二人为乡、亭侯。

鲂立三十年薨，子怀王恢嗣。延光三年，封恢兄弟五人为乡、亭侯。

恢立十年薨，子节王代嗣。阳嘉二年，封代兄便亲为勃遒亭侯。

代立十四年薨，无子，国绝。

建和元年，桓帝立勃遒亭侯便亲为恢嗣，是为恭王。立十三年薨，子孝王统嗣。立八年薨，子王赦立；建安中薨，无子，国除。

广陵思王荆，建武十五年封山阳公，十七年进爵为王。

荆性刻急隐害，[①]有才能而喜文法。光武崩，大行在前殿，荆哭不哀，而作飞书，封以方底，[②]令苍头诈称东海王彊舅大鸿胪郭况书与彊曰："君王无罪，猥被斥废，而兄弟至有束缚入牢狱者。太后失职，别守北宫，[③]及至年老，远斥居边，[④]海内深痛，观者鼻酸。及太后尸柩在堂，洛阳吏以次捕斩宾客，至有一家三尸伏堂者，痛甚矣！今天下有丧，弓弩张设甚备。间梁松敕虎贲史曰：'吏以便宜见非，勿有所拘，[⑤]封侯难再得也。'郎官窃悲之，为王寒心累息。[⑥]今天下争欲思刻贼王以求功，宁有量邪！若归并二国之众，可聚百万，君王为之主，鼓行无前，功易于太山破鸡子，轻于四马载鸿毛，此汤、武兵也。今年轩辕星有白气，星家及喜事者，[⑦]皆云白气者丧，轩辕女主之位。又太白前出西方，至午兵当起。[⑧]又太子星色黑，至辰日辄变赤。[⑨]夫黑为病，赤为兵，王努力卒事。高祖起亭长，陛下兴白水，何况于王陛下长子，故副主哉！上以求天下事必举，下以雪除沈没之耻，报死母之雠。精诚所加，金石为开。[⑩]当为秋霜，无为槛羊。[⑪]虽欲为槛羊，又可得乎！窃见诸相工言王贵，天子法也。人主崩亡，闾阎之伍尚为盗贼，欲有所望，何况王邪！夫受命之君，天之所立，不可谋也。今新帝人之所置，彊者为右。愿君王为高祖、陛下所志，[⑫]无为扶苏、将闾叫呼天也。"[⑬]彊得书惶怖，即执其使，封书上之。

①隐害谓阴害于人也。

②方底囊，所以盛书也。前书曰："绿绨方底。"

③太后，郭后也。职，常也。失其常位，别迁北宫。

④封之于鲁。

⑤以便宜之事而有非者，当即行之，勿拘常制也。

⑥累息犹叠息也。

⑦喜事犹好事也。喜音许气反。

⑧(鸿)〔洪〕范五行传曰:[32]"太白,少阴之星,以已未为界,不得经天而行。太白经天而行为不臣。"今至午,是为经天也。

⑨天官书曰"心前星,太子之位"也。

⑩韩诗外传曰:"昔者楚熊渠子夜行,见寝石,以为伏虎,弯弓而射之,没金饮羽。下视,知其石也,因复射之,矢摧无跡。熊渠子见其诚心而金石为之开,而况人乎。"

⑪秋霜,肃杀于物。槛羊,受制于人。

⑫陛下即光武也。

⑬扶苏,秦始皇之太子。将闾,庶子也。扶苏以数谏始皇,使与蒙恬守北边。始皇死于沙丘,少子胡亥诈立,赐扶苏死。将闾昆弟三人囚于内宫。胡亥使谓将闾曰:"公子不臣,罪当死。"将闾乃仰天而大呼天者三,曰:"天乎! 吾无罪。"昆弟三人皆流涕,伏剑自杀。事见史记。

显宗以荆母弟,祕其事,遣荆出止河南宫。时西羌反,荆不得志,冀天下因羌惊动有变,私迎能为星者与谋议。帝闻之,乃徙封荆广陵王,遣之国。其后荆复呼相工谓曰:"我貌类先帝。先帝三十得天下,我今亦三十,可起兵未?"相者诣吏告之,荆惶恐,自系狱。帝复加恩,不考极其事,下诏不得臣属吏人,唯食租如故,使相、中尉谨宿卫之。荆犹不改。其后使巫祭祀祝诅,有司举奏,请诛之,荆自杀。立二十九年死。帝怜伤之,赐谥曰思王。

十四年,封荆子元寿为广陵侯,服王玺绶,食荆故国六县;又封元寿弟三人为乡侯。明年,帝东巡狩,征元寿兄弟会东平宫,班赐御服器物,又取皇子舆马,悉以与之。建初七年,肃宗诏元寿兄弟与诸王俱朝京师。

元寿卒,子商嗣。商卒,子条嗣,传国于后。

临淮怀公衡，建武十五年立，未及进爵为王而薨，无子，国除。

中山简王焉，建武十五年封左(冯)翊公，[33]十七年进爵为王。焉以郭太后少子故，独留京师。三十年，徙封中山王。永平二年冬，诸王来会辟雍，[34]事毕归蕃，诏焉与俱就国，从以虎贲官骑。①焉上疏辞让，显宗报曰："凡诸侯出境，必备左右，故夹谷之会，司马以从。②今五国各官骑百人，称娖前行，③皆北军胡骑，便兵善射，弓不空发，中必决眦。④夫有文事必有武备，所以重蕃职也。王其勿辞。"帝以焉郭太后偏爱，特加恩宠，独得往来京师。十五年，焉姬韩序有过，焉缢杀之，国相举奏，坐削安险县。⑤元和中，肃宗复以安险还中山。

①汉官仪："驺骑，王家名官骑。"

②穀梁传曰，公会齐侯于颊谷，齐人鼓譟，欲以执鲁君。孔子历阶而上，命司马止之。左氏传"颊谷"作"夹谷"。

③娖音楚角反。称娖犹齐整也。行音胡郎反。

④司马相如子虚之文。

⑤安险属中山郡。

立五十二年，永元二年薨。自中兴至和帝时，皇子始封薨者，皆赙钱三千万，布三万匹；嗣王薨，赙钱千万、布万匹。是时窦太后临朝，窦宪兄弟擅权，太后及宪等，东海出也，①故睦于焉而重于礼，加赙钱一亿。诏济南、东海二王皆会。大为修冢茔，开神道，②平夷吏人冢墓以千数，作者万馀人。发常山、钜鹿、涿郡柏黄肠杂木，③三郡不能备，复调馀州郡工徒及送致者数千人。凡征发摇动六州十八郡，制度馀国莫及。

①尔雅曰"女子之子为出"也。[35]

②墓前开道，建石柱以为标，谓之神道。

③黄肠，柏木黄心。

子夷王宪嗣。永元四年，封宪弟十一人为列侯。

宪立二十二年薨，子孝王弘嗣。永宁元年，封弘二弟为亭侯。

弘立二十八年薨，子穆王畅嗣。永和六年，封畅弟荆为南乡侯。

畅立三十四年薨，子节王稚嗣，无子，国除。

琅邪孝王京，建武十五年封琅邪公，十七年进爵为王。

京性恭孝，好经学，显宗尤爱幸，赏赐恩宠殊异，莫与为比。永平二年，以太山之盖、南武阳、华，①东莱之昌阳、卢乡、东牟六县益琅邪。②五年，乃就国。光烈皇后崩，帝悉以太后遗金宝财物赐京。京都莒，好修宫室，穷极伎巧，殿馆壁带皆饰以金银。③数上诗赋颂德，帝嘉美，下之史官。京国中有城阳景王祠，吏人奉祠。神数下言宫中多不便利，京上书愿徙宫开阳，以华、盖、南武阳、厚丘、赣榆五县④易东海之开阳、临沂，肃宗许之。立三十一年薨，葬东海即丘广平亭，有诏割亭属开阳。⑤

①盖县故城在今沂州沂水县西北。南武阳县故城在今沂州费县西，又华县故城在费县东北也。

②昌阳，今莱州县也，故城在今闻登县西南。卢乡故城在今昌阳县西北。东牟故城在闻登县西北也。

③壁带，壁中之横木也，以金银为釭，饰其上。

④华县、盖县、南武阳属泰山郡，厚丘属东海郡，赣榆属琅邪郡。

⑤开阳，县，属东海郡，故城在今沂州临沂县北。

子夷王宇嗣。建初七年，封宇弟十三人为列侯。元和元年，封孝王孙二人为列侯。

宇立二十年薨，子恭王寿嗣。永初元年，封寿弟八人为列侯。

立十七年薨，子贞王尊嗣。〔36〕延光二年，封尊弟四人为乡侯。

尊立十八年薨，子安王据嗣。永和五年，封据弟三人为乡侯。

据立四十七年薨，子顺王容嗣。初平元年，遣弟邈至长安奉章贡献，帝以邈为九江太守，封阳都侯。①

①阳都，县，属城阳国，故城在今沂州承县南。承音常证反。

容立八年薨，国绝。

初，邈至长安，盛称东郡太守曹操忠诚于帝，操以此德于邈。建安十一年，复立容子熙为王。在位十一年，坐谋欲过江，被诛，国除。

赞曰：光武十子，胙土分王。沛献尊节，楚英流放。①延既怨诅，荆亦觖望。济南阴谋，琅邪骄宕。中山、临淮，无闻夭丧。②东平好善，辞中委相。谦谦恭王，寔惟三让。

①尊音祖本反。礼记曰：“恭敬撙节。”郑玄注云：“撙，趋也。”

②二王早终，名闻未著也。

【校勘记】

〔1〕立母郭氏为〔皇〕后　集解引沈钦韩说，谓案文少一“皇”字。今

据补。

〔2〕使(大)司空持节护丧事　据集解引钱大昕说删。按:袁纪作"司空鲂",无"大"字。

〔3〕比阳公主　按:校补引柳从辰说,谓"比"读为"沘"。

〔4〕彊立十八年　按:校补引柳从辰说,谓"八"疑"六"之讹。黄山谓此从郭后十七年被废追数之,乃史之误。

〔5〕封右(冯)翊公　刊误谓衍"冯"字。集解引钱大昕说,谓中山王焉传"封左冯翊公",与此传同,皆衍文也。左翊、右翊盖取嘉名,非分冯翊地为左右。今据删。

〔6〕封辅子宝为沛侯　按:集解引钱大昕说,谓沛为王国之名,不应更有"沛侯",疑字有讹。

〔7〕欢喜大恩　按:汲本、集解本"大"作"天"。

〔8〕尚浮屠之仁祠　按:通鉴"祠"作"慈"。

〔9〕使伎人奴婢(妓士)〔工技〕鼓吹悉从　据汲本改。按:刊误谓"妓士"当作"工技",梁节王传中亦有工技也。

〔10〕肃宗封英子〔种〕楚侯(种)　集解引钱大昕说,谓当云"封英子种楚侯",传写颠倒耳。今据改。

〔11〕青盖金华藻　按:校补谓续志"藻"作"蚤",蚤通爪,爪又通璪,本谓车盖上琱饰綵藻,故又可作"藻"也。

〔12〕隰阴　按:集解引惠栋说,谓本志及宗俱碑作"湿阴",前书志作"漯阴"。又引钱大昕说,谓"隰"盖"漯"之讹。

〔13〕惑乱和气　按:汲本、殿本"惑"作"感"。

〔14〕顾夷(吾)〔吴〕地记云　集解引惠栋说,谓此顾夷所撰吴地记也,"吴"讹"吾"。今据改。

〔15〕鼓吹妓女宋闰　按:"妓"字当作"伎"。各本皆未正。参阅梁冀传校记。

〔16〕永元十一年封错弟七人为列侯　按:汲本作"十二年"。

〔17〕要带八围　汲本、殿本作“十围”。今按：御览三七一、三七八引，并作“八围”，疑作“十围”者误也。

〔18〕山阳之南平阳(橐)〔櫜〕湖陵五县　据殿本考证及集解引沈钦韩说改。注同。

〔19〕宦三年矣　按：“三”原讹“二”，径改正。

〔20〕而为箪食〔与肉以〕与之　据汲本、殿本补。

〔21〕既而(与)〔辄〕为公介〔士〕　据汲本、殿本删补。

〔22〕快然意解　按：校补引钱大昭说，谓“快”通鉴作“恢”，注云恢然犹廓然也。

〔23〕〔礼云〕伯父归宁乃国　据汲本补。按：殿本作“礼伯父归宁乃国”。刊误谓此语本出仪礼，既下文有“诗云”，即此亦当有“礼云”字。

〔24〕乃独封苍五女为县公主　按：袁纪云封女三人皆为公主。

〔25〕舆马　按：校补引柳从辰说，谓东观记作“鞍马”。

〔26〕惟建初八年三月己卯　按：校补引钱大昭说，谓纪作“辛卯”。

〔27〕忠立(十)一年薨　集解引洪颐煊说，谓宪王建初八年薨，忠即以是年嗣，章帝纪元和元年九月乙未东平王忠薨，忠立仅一年，“十”字衍。今据删。

〔28〕骠骑时吏　殿本考证谓“时”字应从通鉴作“府”。今按：此谓苍为骠骑将军时之掾属，“时”字亦非讹，特通鉴改云“府吏”，较为明确耳。

〔29〕左传(曰)晋大夫士蒍之辞也　“曰”字衍，各本皆未正，今删。

〔30〕桓帝立河间孝王子(恭为)参户亭侯博为任城王　刊误谓当作“桓帝立河间孝王恭子参户亭侯博为任城王”。校补谓河间孝王名开，不名恭，且谥以易名，诸王既称谥，即不必定著其名，“恭为”二字皆属误衍。今据校补说删。

〔31〕灵帝复立河间贞王(逊)〔建〕〔子〕新昌侯(子)佗为任城王　校补谓

贞王名建，灵帝纪及河间孝王传皆同，此作“逊”，误。又汲本、殿本“子”字在“新昌侯”上。今据改。

〔32〕(鸿)〔洪〕范五行传　据汲本、殿本改。

〔33〕封左(冯)翊公　刊误谓案光武纪封焉左翊公，与右翊相配。今按：此衍“冯”字，今删，参阅前“封右翊公”条校记。

〔34〕诸王来会辟雍　按：“辟”原讹“璧”，径据汲本、殿本改正。

〔35〕尔雅曰女子之子为出也　汲本、殿本“为”作“谓”。按：尔雅云“男子谓姊妹之子为出”。

〔36〕子贞王尊嗣　按：集解引钱大昭说，谓纪“尊”作“遵”。

后汉书卷四十三

朱乐何列传第三十三　朱晖孙穆

朱晖字文季[1]，南阳宛人也。①家世衣冠。晖早孤，有气决。年十三，王莽败，天下乱，与外氏家属从田閒奔入宛城。②道遇群贼，白刃劫诸妇女，略夺衣物。昆弟宾客皆惶迫，伏地莫敢动。晖拔剑前曰："财物皆可取耳，诸母衣不可得。今日朱晖死日也！"贼见其小，壮其志，笑曰："童子内刀。"遂舍之而去。

①东观记曰"其先宋微子之后也，以国氏姓。周衰，诸侯灭宋，犇砀，易姓为朱，后徙于宛"也。

②东观记曰"晖外祖父孔休，以德行称于代"也。

初，光武与晖父岑俱学长安，有旧故。及即位，求问岑，时已卒，乃召晖拜为郎。晖寻以病去，卒业于太学。性矜严，进止必以礼，诸儒称其高。

永平初，显宗舅新阳侯阴就慕晖贤，自往候之，晖避不见。复遣家丞致礼，①晖遂闭门不受。就闻，叹曰："志士也，勿夺其节。"后为郡吏，太守阮况尝欲市晖(牛)〔婢〕，[2]晖不从。②及况卒，晖乃厚赠送其家。人或讥焉，晖曰："前阮府君有求于我，所以不敢闻命，诚恐以财货污君。今而相送，明吾非有爱也。"骠骑将军东平王苍闻而辟之，甚礼敬焉。正月朔旦，苍当入贺。故事，少府给璧。是时阴就为府卿，贵骄，[3]吏慠不奉法。苍坐朝堂，漏且尽，而求璧不可得，顾谓掾属曰："若之何？"晖望见少府主簿持璧，即往绐之曰：③"我数闻璧而未尝见，试请观之。"主簿以授晖，晖顾召令史奉之。④主簿大惊，遽以白就。就曰："朱掾义士，勿复求。"更以它璧朝。苍既罢，召晖谓曰："属者掾自视孰与蔺相如？"⑤帝闻壮之。及当幸长安，欲严宿卫，故以晖为卫士令。再迁临淮太守。

①续汉志曰："诸侯家丞，秩三百石。"

②东观记曰："晖为(掾)督邮，[4]况当归女，欲买晖婢，晖不敢与。后况卒，晖送其家金三斤。"

③绐，欺也。

④奉之于苍。

⑤属，向也。与犹如也。史记曰，蔺相如，赵人也。赵惠文王时得楚和氏璧，秦昭王欲以十五城易之，赵王使相如奉璧入秦。秦王大喜，无意偿赵城。相如乃前曰："璧有瑕，愿指示王。"相如因持璧却立倚柱，怒发上冲冠，曰："臣观大王无偿赵城色，[5]故臣复取璧。大王必欲急臣，臣今头与璧俱碎于柱矣。"相如持其璧睨柱，欲以击柱。秦王恐其璧破，乃谢之。

晖好节概，有所拔用，皆厉行士。其诸报怨，以义犯率，皆为求其理，多得生济。其不义之囚，即时僵仆。①吏人畏爱，为之歌曰："强直自遂，南阳朱季。吏畏其威，人怀其惠。"②数年，坐法免。③

①僵，偃；仆，踣也。

②东观记曰："建武十六年，四方牛大疫，临淮独不，邻郡人多牵牛入界。"

③东观记曰："坐考长吏囚死狱中，州奏免官。"

晖刚于为吏，见忌于上，所在多被劾。自去临淮，屏居野泽，布衣蔬食，不与邑里通，乡党讥其介。①建初中，南阳大饥，米石千馀，晖尽散其家资，以分宗里故旧之贫羸者，乡族皆归焉。初，晖同县张堪素有名称，尝于太学见晖，甚重之，接以友道，乃把晖臂曰："欲以妻子托朱生。"晖以堪先达，举手未敢对，自后不复相见。堪卒，晖闻其妻子贫困，乃自往候视，厚赈赡之。晖少子颉怪而问曰："大人不与堪为友，平生未曾相闻，子孙窃怪之。"晖曰："堪尝有知己之言，吾以信于心也。"②晖又与同郡陈揖交善，揖早卒，有遗腹子友，晖常哀之。及司徒桓虞为南阳太守，召晖子骈为吏，晖辞骈而荐友。虞叹息，遂召之。其义烈若此。

①介，特也。言不与众同。

②以堪先托妻子，心已许之，故言信于心也。

元和中，肃宗巡狩，告南阳太守问晖起居，召拜为尚书仆射。岁中迁太山太守。晖上疏乞留中，诏许之。因上便宜，陈密事，深见嘉纳。诏报曰："补公家之阙，①不累清白之素，斯善美之士也。俗吏苟合，阿意面从，进无謇謇之志，却无退思之念，②患之甚久。惟今所言，适我愿也。生其勉之！"

①诗曰："衮职有阙，仲山甫补之。"

②易蹇卦艮下坎上，艮为山，坎为水，山上有水，蹇难之象也。六二爻上应于五，五为君位，二宜为臣也。居俭难之时，[6]履当其位，不以五在难私身远害，故曰"王臣蹇蹇，匪躬之故"。孝经曰："退思补过。"

“謇”与“蹇”通。

是时穀贵，县官经用不足，①朝廷忧之。尚书张林上言：“穀所以贵，由钱贱故也。可尽封钱，一取布帛为租，以通天下之用。又盐，食之急者，虽贵，人不得不须，官可自鬻。②又宜因交阯、益州上计吏往来，市珍宝，收采其利，武帝时所谓均输者也。”③于是诏诸尚书通议。晖奏据林言不可施行，事遂寝。后陈事者复重述林前议，以为于国诚便，帝然之，有诏施行。晖复独奏曰：“王制，天子不言有无，诸侯不言多少，禄食之家不与百姓争利。今均输之法与贾贩无异，盐利归官，则下人穷怨，布帛为租，则吏多奸盗，诚非明主所当宜行。”帝卒以林等言为然，得晖重议，因发怒，切责诸尚书。晖等皆自系狱。三日，诏敕出之。曰：“国家乐闻驳议，黄发无愆，诏书过耳，④何故自系？”晖因称病笃，不肯复署议。尚书令以下惶怖，谓晖曰：“今临得谴让，奈何称病，其祸不细！”晖曰：“行年八十，蒙恩得在机密，当以死报。若心知不可而顺旨雷同，负臣子之义。今耳目无所闻见，伏待死命。”遂闭口不复言。诸尚书不知所为，乃共劾奏晖。帝意解，寝其事。后数日，诏使直事郎问晖起居，⑤太医视疾，太官赐食。晖乃起谢，复赐钱十万，布百匹，衣十领。

①经，常也。

②前书曰：“因官器作鬻盐。”音义曰：“鬻，古‘煮’字。”

③武帝作均输法，谓州郡所出租赋，并雇运之直，官总取之，市其土地所出之物，官自转输于京，谓之均输。

④黄发，老称。谓朱晖也。

⑤直事郎谓署郎当次直者。

后迁为尚书令，以老病乞身，拜骑都尉，赐钱二十万。和帝即位，窦宪北征匈奴，晖复上疏谏。顷之，病卒。①

①华峤书曰"晖年五十失妻，昆弟欲为继室，晖叹曰：'时俗希不以后妻败家者！'遂不复娶"也。

子颉，修儒术，安帝时至陈相。颉子穆。

穆字公叔。年五岁，便有孝称。父母有病，辄不饮食，差乃复常。及壮耽学，锐意讲诵，或时思至，不自知亡失衣冠，颠队阬岸。其父常以为专愚，几不知数马足。①穆愈更精笃。

①几音近衣反。前书曰："石庆为太仆，上问车中几马？庆以策数马毕，举手曰：'六马。'"言穆用心专愚更甚也。

初举孝廉。①顺帝末，江淮盗贼群起，州郡不能禁。或说大将军梁冀曰："朱公叔兼资文武，海内奇士，若以为谋主，贼不足平也。"冀亦素闻穆名，乃辟之，使典兵事，甚见亲任。及桓帝即位，顺烈太后临朝，穆以冀执地亲重，望有以扶持王室，因推灾异，奏记以劝戒冀曰："穆伏念明年丁亥之岁，刑德合于乾位，②易经龙战之会。其文曰：'龙战于野，其道穷也。'③谓阳道将胜而阴道负也。今年九月天气郁冒，五位四候连失正气，此互相明也。夫善道属阳，恶道属阴，若修正守阳，摧折恶类，则福从之矣。穆每事不逮，所好唯学，传受于师，时有可试。愿将军少察愚言，申纳诸儒，④而亲其忠正，绝其姑息，⑤专心公朝，割除私欲，广求贤能，斥远佞恶。夫人君不可不学，当以天地顺道渐渍其心。宜为皇帝选置师傅及侍讲者，得小心忠笃敦礼之士，将军与之俱入，参劝讲授，师贤法古，此犹倚南山坐平原也，谁能倾之！今年夏，月晕房星，明年当有小卮。宜急诛奸臣为天下所怨毒者，以塞灾咎。议郎、大夫之位，本以式序儒术高行之士，今多非其人；九卿之中，亦有乖其任者。惟将军察焉。”又荐种暠、栾巴等。而明年严鲔谋立清河王蒜，[7]又黄龙二见沛国。冀无术学，遂以穆“龙战”之言为应，于是请暠为从事中郎，荐巴为议郎，举穆高第，为侍御史。⑥

①谢承书曰“穆少有英才，学明五经。性矜严疾恶，不交非类。年二十为郡督邮，迎新太守，见穆曰：‘君年少为督邮，因族势？为有令德？’穆答曰：‘郡中瞻望明府谓如仲尼，非颜回不敢以迎孔子。’[8]更问风俗人物。太守甚奇之，曰：‘仆非仲尼，督邮可谓颜回也。’遂历职股肱，举孝廉”也。

②历法，太岁在丁、壬，岁德在北宫，太岁在亥、卯、未，岁刑亦在北宫，故合于乾位也。

③易坤卦上六象词也。以爻居上六，故云其道穷也。王弼注云：“阴之为道，卑顺不逆，乃全其美，盛而不已。固阳之地，阳所不堪，故战于野。”

④申，重也。

⑤姑，且也。息，安也。小人之道，苟且取安也。礼记曰“君子之爱人也以德，细人之爱人也以姑息”也。

⑥续汉书曰：“穆举高第，拜侍御史。桓帝临辟雍，行礼毕，公卿出，虎贲置弓阶上，公卿下阶皆避弓。穆过，呵虎贲曰‘执天子器，何故投于地！’虎贲怖，即摄弓。穆劾奏虎贲抵罪，公卿皆慙，曰‘朱御史可谓临事不惑者也’。”

时同郡赵康叔盛者，隐于武当山，清静不仕，以经传教授。穆时年五十，乃奉书称弟子。及康殁，丧之如师。其尊德重道，为当时所服。

常感时浇薄，慕尚敦笃，乃作崇厚论。其辞曰：

夫俗之薄也，有自来矣。故仲尼叹曰：“大道之行也，而丘不与焉。”①盖伤之也。夫道者，以天下为一，在彼犹在己也。故行违于道则愧生于心，非畏义也；事违于理则负结于意，非惮礼也。故率性而行谓之道，②得其天性谓之德。③德性失然后贵仁义，④是以仁义起而道德迁，⑤礼法兴而淳朴散。故道德以仁义为薄，淳朴以礼法为贼也。⑥夫中世之所敦，已为上世之所薄，⑦况又薄于此乎！

①礼记仲尼叹曰：“大道之行，三代之英，丘未之逮也，而有志焉。”郑玄注曰：“大道，谓三皇、五帝时也。”

②率，循也。子思曰“天命之谓性，率性之谓道，修道之谓教”也。

③天之所命之谓性，不失天性是为德。

④道德之性失，仁义之跡彰。

⑤迁，徙也。

⑥老子曰：“失道而后德，失德而后仁，失仁而后义，失义而后礼。夫礼者，忠信之薄而乱之首也。”

⑦中世谓五帝时。

故夫天不崇大则覆帱不广，地不深厚则载物不博，①人不敦厖则道数不远。②昔在仲尼不失旧于原壤，③楚严不忍章于绝缨。④由此观之，圣贤之德敦矣。老氏之经曰：“大丈夫处其厚不处其薄，居其实不居其华，故去彼取此。”⑤夫时有薄而厚施，行有失而惠用。⑥故覆人之过者，敦之道也；救人之失者，厚之行也。往者，马援深昭此道，可以为德，诫其兄子曰：“吾欲汝曹闻人之过如闻父母之名。耳可得闻，口不得言。”斯言要矣。远则圣贤履之上世，⑦近则丙吉、张子孺行之汉廷。⑧故能振英声于百世，播不灭之遗风，不亦美哉！

①帱亦覆。左传曰:“如天之无不焘,如地之无不载。”“帱”与“焘”同。

②敦厖,厚大也。左传曰:“人生敦厖。”数犹理也。言人不敦厚,不能入道之精理也。

③原壤,孔子之旧也。礼记曰:“原壤之母死,孔子助之沐椁。原壤登木而歌曰:‘狸首之班然,执女手之卷然。’从者曰:‘子未可以已乎?’夫子曰:‘亲者无失其为亲,故者无失其为故。’”

④说苑曰:“楚庄王赐群臣酒,日暮烛灭,乃有人引美人之衣者。美人援绝其冠缨,告王趣火来上,视绝缨者。王曰:‘赐人酒,使醉失礼,奈何欲显妇人之节而辱士乎?’乃命左右曰:‘与寡人饮,不绝冠缨者不懽。’群臣百馀人皆绝去其冠缨,乃上火”也。

⑤此老子〔道〕德经之词也。[9]顾欢注曰:“道德为厚,礼法为薄,清虚为实,声色为华。去彼华薄,取此厚实。”

⑥俗之凋薄,以厚御之;行〔之〕有失,[10]以惠待之。即上孔子、楚庄是也。

⑦履,践也。言敦厚之道,孔子、楚庄已践履之。

⑧宣帝时丙吉为丞相,不案吏,曰:“夫以三公府案吏,吾窃陋之。”子孺为车骑将军,匿名远权,隐人过失。

然而时俗或异,风化不敦,而尚相诽谤,谓之臧否。记短则兼折其长,贬恶则并伐其善。悠悠者皆是,其可称乎!①凡此之类,岂徒乖为君子之道哉,将有危身累家之祸焉。悲夫!行之者不知忧其然,故害兴而莫之及也。斯既然矣,又有异焉。人皆见之而不能自迁。何则?务进者趋前而不顾后,荣贵者矜己而不待人,智不接愚,富不赈贫,贞士孤而不恤,贤者戹而不存。故田蚡以尊显致安国之金,②淳于以贵埶引方进之言。③夫以韩、翟之操,为汉之名宰,④然犹不能振一贫贤,荐一孤士,又况其下者乎!此禽息、史鱼所以专名于前,而莫继于后者也。⑤故时敦俗美，则小人守正，利不能诱也；时否俗薄，虽君子为邪，义不能止也。⑥何则？先进者既往而不反，后来者复习俗而追之，是以虚华盛而忠信微，刻薄稠而纯笃稀。斯盖谷风有“弃予”之叹，⑦伐木有“鸟鸣”之悲矣！⑧

①悠悠，多也。称，举也。

②田蚡，(武)〔景〕帝王皇后[11]同产弟，为太尉，亲贵用事。韩安国为梁王太傅，坐法失官，安国以五百金遗蚡，蚡为言太后，即召以为北地都尉也。

③翟方进，成帝时为丞相。淳于长，元后姊子，封定陵侯，以能谋议为九卿，用事。方进独与长交，称荐之也。

④前书曰：“天子以韩安国为国器，拜御史大夫。”又曰：“翟方进智能有馀，天子甚重之。”故言名宰也。

⑤韩诗外传曰：“禽息，秦大夫，荐百里奚不见纳。缪公出，当车以头击闑，脑乃精出，曰：‘臣生无补于国，不如死也。’缪公感寤而用百里奚，秦以大化。”礼，大夫殡于正室，士于適室。韩子曰，史鱼，卫大夫。卒，委柩后寝。卫君吊而问之。曰：“不能进蘧伯玉，退弥子瑕。”以尸谏也。

⑥皆牵于时也。

⑦诗小雅曰：“习习谷风，维风及雨。将恐将惧，维予与汝。将安将乐，汝转弃予。”

⑧诗小雅曰“伐木丁丁，鸟鸣嘤嘤。出自幽谷，迁于乔木。嘤其鸣矣，求其友声”也。

嗟乎！世士诚躬师孔圣之崇则，嘉楚严之美行，希李老之雅诲，思马援之所尚，鄙二宰之失度，美韩棱之抗正，①贵丙、张之弘裕，贱时俗之诽谤，则道丰绩盛，名显身荣，载不刊之德，②播不灭之声。然〔后〕知薄者之不足，[12]厚者之有馀也。

彼与草木俱朽,③此与金石相倾,④岂得同年而语,并日而谈哉?”

①事具韩稜传也。

②刊,削也。

③彼谓薄也。

④此谓厚也。老子曰:“高下之相倾。”

穆又著绝交论,亦矫时之作。①

①穆集载论,其略曰:“或曰:‘子绝存问,不见客,亦不答也,何故?’曰:‘古者,进退趋业,无私游之交,相见以公朝,享会以礼纪,否则朋徒受习而已。’曰:‘人将疾子,如何?’曰:‘宁受疾。’曰:‘受疾可乎?’曰:‘世之务交游也久矣,敦千乘不忌于君,〔13〕犯礼以追之,背公以从之。其愈者,则孺子之爱也;其甚者,则求蔽过窃誉,以赡其私。事替义退,公轻私重,居劳于听也。或于道而求其私,赡矣。是故遂往不反,而莫敢止焉。是川渎并决,而莫之敢塞;游豶蹂稼,而莫之禁也。诗云:“威仪棣棣,不可算也。”后生将复何述?而吾不才,焉能规此?实悼无行,子道多阙,臣事多尤,思复白圭,重考古言,以补往过。时无孔堂,思兼则滞,匪有废也,则亦焉兴?是以敢受疾也,不亦可乎!’”文士传曰:“世无绝交。”又与刘伯宗绝交书及诗曰:“昔我为丰令,足下不遭母忧乎?亲解縗绖,来入丰寺。及我为持书御史,足下亲来入台。足下今为二千石,我下为郎,乃反因计吏以谒相与。足下岂丞尉之徒,我岂足下部〔民〕,〔14〕欲以此谒为荣宠乎?咄!刘伯宗于仁义道何其薄哉!”其诗曰:“北山有鸱,不洁其翼。飞不正向,寝不定息。饥则木揽,饱则泥伏。饕餮贪汙,臭腐是食。填肠满嗉,嗜欲无极。长鸣呼凤,谓凤无德。凤之所趣,与子异域。永从此诀,各自努力!”盖因此而著论也。

梁冀骄暴不悛,朝野嗟毒,穆以故吏,惧其衅积招祸,复奏记谏曰："古之明君，必有辅德之臣，规谏之官，下至器物，铭书成败，以防遗失。①故君有正道，臣有正路，②从之如升堂，违之如赴壑。今明将军地有申伯之尊，③位为群公之首，④一日行善，天下归仁，⑤终朝为恶，四海倾覆。顷者，官人俱匮，加以水虫为害。⑥京师诸官费用增多，诏书发调或至十倍。各言官无见财，皆当出民，搒掠割剥，强令充足。公赋既重，私敛又深。牧守长吏，多非德选，贪聚无猒，遇人如虏，或绝命于箠楚之下，或自贼于迫切之求。⑦又掠夺百姓，皆托之尊府。遂令将军结怨天下，吏人酸毒，道路叹嗟。昔秦政烦苛，百姓土崩，陈胜奋臂一呼，天下鼎沸，⑧而面谀之臣，犹言安耳。⑨讳恶不悛，卒至亡灭。昔永和之末，纲纪少弛，颇失人望。四五岁耳，而财空户散，下有离心。马免之徒[15]乘敝而起，荆扬之間几成大患。⑩幸赖顺烈皇后初政清静，内外同力，仅乃讨定。今百姓戚戚，困于永和，内非仁爱之心可得容忍，外非守国之计所宜久安也。夫将相大臣，均体元首，共舆而驰，同舟而济，舆倾舟覆，患实共之。岂可以去明即昧，履危自安，⑪主孤时困，而莫之恤乎！宜时易宰守非其人者，减省第宅园池之费，拒绝郡国诸所奉送。内以自明，外解人惑，使挟奸之吏无所依托，司察之臣得尽耳目。宪度既张，远迩清壹，则将军身尊事显，德耀无穷。天道明察，无言不信，惟垂省览。"冀不纳，而纵放日滋，遂复赂遗左右，交通宦者，任其子弟、宾客以为州郡要职。穆又奏记极谏，冀终不悟。报书云："如此，仆亦无一可邪？"穆言虽切，然亦不甚罪也。

①黄帝作巾机之法，孔甲有盘盂之诫。太公阴谋曰，武王衣之铭曰："桑蚕苦，女工难，得新捐故后必寒。"镜铭曰："以镜自照者见形容，以人自照者见吉凶。"觞铭曰"乐极则悲，沈湎致非，社稷为危"也。

②说苑君道篇曰："人君之道，清净无为，务在博爱，趋在任贤，广开耳

目，以察万方，不固溺于流俗，不拘系于左右。”臣术篇曰“人臣之术，顺从复命，无所敢专，义不苟合，位不苟尊，必有益于国，必有补于君”也。

③中国之伯，周宣王之元舅。

④冀绝席于三公。

⑤论语曰：“一日克己复礼，天下归仁焉。”

⑥水灾及蝗虫也。

⑦贼，杀也。

⑧前书淮南王谓伍被曰“陈胜，吴广起于大泽，奋臂大呼，天下响应”也。

⑨秦胡亥时，山东兵大起，叔孙通谓胡亥曰：“鼠窃狗盗，郡县逐捕之，不足忧。”诸生曰：“何先生言之谀也！”

⑩质帝时，九江贼马免称“黄帝”，历阳贼华孟称“黑帝”，并九江都尉滕抚讨斩之。九江、历阳是荆扬之閒也。

⑪即，就也。

永兴元年，河溢，漂害人庶数十万户，[16]百姓荒馑，流移道路。冀州盗贼尤多，故擢穆为冀州刺史。州人有宦者三人为中常侍，并以檄谒穆。穆疾之，辞不相见。冀部令长闻穆济河，解印绶去者四十馀人。及到，奏劾诸郡，[17]至有自杀者。以威略权宜，尽诛贼渠帅。举劾权贵，或乃死狱中。有宦者赵忠丧父，归葬安平，①僭为玙璠、玉匣、偶人。②穆闻之，下郡案验。吏畏其严明，遂发墓剖棺，陈尸出之，而收其家属。帝闻大怒，征穆诣廷尉，③输作左校。④太学书生刘陶等数千人诣阙上书讼穆曰：“伏见施刑徒朱穆，处公忧国，拜州之日，志清奸恶。诚以常侍贵宠，父兄子弟布在州郡，竞为虎狼，噬食小人，故穆张理天网，补缀漏目，罗取残祸，以塞天意。由是内官咸共恚疾，谤讟烦兴，谗隙仍作，极其刑谪，输作左校。天下有识，皆以穆同勤禹、稷而被共、鲧之戾，若死者有知，则唐帝怒于崇山，重华忿于苍墓矣。⑤当今中官近习，⑥窃持国柄，⑦手握王爵，口含天宪，运赏则使饿隶富于季孙，⑧呼噏则令伊、颜化为桀、跖。⑨而穆独亢然不顾身害。非恶荣而好辱，恶生而好死也，徒感王纲之不摄，⑩惧天网之久失，故竭心怀忧，为上深计。臣愿黥首系趾，⑪代穆校作。"帝览其奏，乃赦之。

①安平，郡，冀州所部。

②玉匣长尺，广二寸半，衣死者自腰以下至足，连以金缕，天子之制也。左传曰："阳虎将以玙璠敛。"杜预注云："美玉名，君所佩也。"偶人，明器之属也。

③谢承书曰："穆临当就道，冀州从事欲为画像置听事上，穆留板书曰：'勿画吾形，以为重负。忠义之未显，何形象之足纪也！'"

④左校，署名，属将作，掌左工徒。

⑤尚书曰："放驩兜于崇山。"孔安国注曰："崇山，南裔也。"山海经曰："有讙头之国，帝尧葬焉。"郭璞注云："讙头，驩兜也。"礼记曰："舜葬苍梧之野。"

⑥郑玄注礼记云："近习，天子所亲幸者。"

0⑦周礼以八柄诏王驭群臣，谓爵、禄、予、置、生、夺、废、诛也。

⑧运，行也。论语曰："季氏富于周公。"

⑨呼噏，吐纳也。伊尹、颜回、夏桀、盗跖也。

⑩摄，持也。

⑪黥首谓凿额涅墨也。系趾谓钛其足也，以铁著足曰钛也。[18]

穆居家数年，在朝诸公多有相推荐者，于是征拜尚书。穆既深疾宦官，及在台阁，旦夕共事，志欲除之。乃上疏曰："案汉故事，中常侍参选士人。建武以后，乃悉用宦者。自延平以来，浸益贵盛，假貂珰之饰，处常伯之任，①天朝政事，一更其手，权倾海内，宠贵无极，子弟亲戚，并荷荣任，故放滥骄溢，莫能禁御。凶狡无行之徒，媚以求官，恃势怙宠之辈，渔食百姓，穷破天下，空竭小人。愚臣以为可悉罢省，遵复往初，率由旧章，更选海内清淳之士，明达国体者，以补其处。即陛下可为尧舜之君，众僚皆为稷契之臣，兆庶黎萌蒙被圣化矣。”帝不纳。后穆因进见，口复陈曰：“臣闻汉家旧典，置侍中、中常侍各一人，省尚书事，②黄门侍郎一人，传发书奏，③皆用姓族。④自和熹太后以女主称制，不接公卿，乃以阉人为常侍，小黄门通命两宫。自此以来，权倾人主，穷困天下。宜皆罢遣，博选耆儒宿德，与参政事。”帝怒，不应。穆伏不肯起。左右传出，⑤良久乃趋而去。自此中官数因事称诏诋毁之。

①珰以金为之，当冠前，附以金蝉也。汉官仪曰：“中常侍，秦官也。汉兴，或用士人，银珰左貂。光武已后，专任宦者，右貂金珰。”常伯，侍中。

②省，览也。

③传，通也。

④引用士人有族望者。

⑤传声令出。

穆素刚，不得意，居无几，愤懑发疽。①延熹六年，卒，时年六十四。禄仕数十年，蔬食布衣，家无馀财。公卿共表穆立节忠清，虔恭机密，守死善道，宜蒙旌宠。策诏褒述，追赠益州太守。[19]所著论、策、奏、教、书、诗、记、嘲，凡二十篇。②

①疽，痈也。

②袁山松书曰：“穆著论甚美，蔡邕尝至其家自写之。”

穆前在冀州，所辟用皆清德长者，多至公卿、州郡。子野，少有名节，仕至河南尹。①初，穆父卒，穆与诸儒考依古义，谥曰贞宣先生。②及穆卒，蔡邕复与门人共述其体行，谥为文忠先生。③

①野字子辽，见荀爽荐文。

②谥法曰："清白守节曰贞，善闻周达曰宣。"

③袁山松书曰："蔡邕议曰：'鲁季文子，君子以为忠，而谥曰文子。又传曰："忠，文之实也。"忠以为实，文以彰之。'遂共谥穆。荀爽闻而非之。故张璠论曰：'夫谥者，上之所赠，非下之所造，故颜、闵至德，不闻有谥。朱、蔡各以衰世臧否不立，故私议之。'"

论曰：朱穆见比周伤义，偏党毁俗，①志抑朋游之私，遂著绝交之论。蔡邕以为穆贞而孤，又作正交而广其致焉。②盖孔子称"上交不谄，下交不黩"，③又曰"晏平仲善与人交"，子夏之门人亦问交于子张。④故易明"断金"之义，⑤诗载"谯朋"之谣。⑥若夫文会辅仁，直谅多闻之友，时济其益，⑦纻衣倾盖，弹冠结绶之夫，遂隆其好，⑧斯固交者之方焉。⑨至乃田、窦、卫、霍之游客，⑩廉颇、翟公之门宾，⑪进由埶合，退因衰异。又专诸、荆卿之感激，⑫侯生、豫子之投身，⑬情为恩使，命缘义轻。皆以利害移心，怀德成节，非夫交照之本，未可语失得之原也。穆徒以友分少全，因绝同志之求；党侠生敝，而忘得朋之义。⑭蔡氏贞孤之言，其为然也！古之善交者详矣。汉兴称王阳、贡禹、陈遵、张竦，⑮中世有廉范、庆鸿、陈重、靁义云。

①左传曰："顽嚚不友，是与比周。"杜预注云："比，近也。周，密也。"

②邕论略曰："闻之前训曰：'君子以朋友讲习，而正人无有淫朋。'是以古之交者，其义敦以正，其誓信以固。逮至周德始衰，颂声既寝，伐木有'鸟鸣'之刺，谷风有'弃予'之怨，其所由来，政之缺也。自此已降，

弥以陵迟，或阙其始终，或强其比周。是以搢绅患其然，而论者谆谆如也。疾浅薄而携贰者有之，恶朋党而绝交游者有之。其论交也，曰富贵则人争趣之，贫贱则人争去之。是以君子慎人所以交己，审己所以交人，富贵则无暴集之客，贫贱则无弃旧之宾矣。故原其所以来，则知其所以去；见其所以始，则睹其所以终。彼贞士者，贫贱不待夫富贵，富贵不骄乎贫贱，故可贵也。盖朋友之道，有义则合，无义则离。善则久要不忘平生之言，恶则忠告善诲之，否则止，[20]无自辱焉。故君子不为可弃之行，不患人之遗己也。信有可归之德，不病人之远己也。不幸或然，则躬自厚而薄责于人，怨其远矣；求诸己而不求诸人，咎其稀矣。夫远怨稀咎之机，咸在乎躬，莫之能改也。[21]子夏之门人问交于子张，而二子各有闻乎夫子，然则以交诲也。商也宽，故告之以距人，师也褊，故训之以容众，各从其行而矫之。至于仲尼之正教，则泛爱众而亲仁，故非善不喜，非仁不亲，交游以方，会友以文，可无贬也。穀梁子亦曰：'心志既通，名誉不闻，友之罪也。'今将患其流而塞其源，病其末而刈其本，无乃未若择其正而黜其邪，与其彼农皆黍而独稷焉。夫黍亦神农之嘉穀，与稷并为粢盛也，使交而可废，则黍其愆矣。括二论而言之，则刺薄者博而洽，断交者贞而孤。孤有羔羊之节，与其不获已而矫时也，走将从夫孤焉。[22]"

③易系辞之言也。

④并见论语。

⑤易系辞曰："二人同心，其利断金。"

⑥诗小雅伐木序云："燕朋友故旧也。"其诗曰："伐木浒浒，酾酒有藇。"酾音所宜反。藇音序。

⑦论语曰："君子以文会友，以友辅仁。"又曰："益者三友，友直，友谅，友多闻，益矣。"

⑧左传曰，吴季札以缟带赠子产，子产献纻衣焉。孔丛子曰："孔子与程子相遇于涂，倾盖而语。"倾盖谓驻车交盖也。前书曰，王阳、贡禹相

与为友，朱博与萧育为友，时称“萧朱结绶，王贡弹冠”，言其趣舍同，相荐达。

⑨方，道也。

⑩窦婴，孝文皇后从兄子，封魏其侯，游士宾客争归之。武帝时为丞相。田蚡，(武)〔景〕帝王皇后[23]同产弟，为太尉。蚡以太后故亲幸，数言事多效，士吏趋埶利者皆去婴而归蚡。卫青拜大将军，青姊子霍去病为骠骑将军，皆为大司马。去病秩禄与大将军等，自是后青日衰而去病益贵，青故人门下多去事去病，辄得官爵也。

⑪史记曰，廉颇赵人，封为信平君，假相国。长平之免归也，故客尽去；及复用为将，客又至。廉颇曰：“客退矣。”客曰：“吁！君何见之晚也？夫以市道交，君有埶我即从君，无埶即去，此其理也，又何怨焉？”下邽翟公为廷尉，宾客亦填门；及废，门外可设爵罗。后复为廷尉，宾客欲往，翟公大署其门曰“一死一生，乃知交情。一贫一富，乃知交态。一贵一贱，交情乃见”也。

⑫史记曰，专诸，堂邑人。吴公子光以嫡嗣未得立，请专诸刺吴王僚。诸曰：“王僚可杀也，母老子弱，是其无如我何？”光乃置酒请王僚。酒酣，专诸置匕首鱼炙之中，以刺王僚，立死。又曰，荆轲，卫人也。燕太子丹质于秦，秦王政遇之不善，丹怨亡归，与轲交结，乃尊为上卿，故谓之荆卿。轲入秦，刺始皇不遂而死也。

⑬史记曰，侯嬴，魏隐士，为大梁夷门门者，[24]魏公子无忌请为上客。秦围邯郸，嬴教公子窃兵符北救赵，乃自刭。又曰，豫让，晋人。赵襄子灭智伯，让曰：“士为知己者死。”乃变名姓，欲刺襄子，襄子令执之，遂伏剑而死。

⑭易曰：“西南得朋。”

⑮前书曰，陈遵字孟公，杜陵人也。张竦字伯松。竦博学通达，以廉俭自守，而遵放纵不拘。操行虽异，然相亲友也。

乐恢字伯奇，京兆长陵人也。父亲，为县吏，得罪于令，收将杀之。恢年十一，[25]常俯伏寺门，昼夜号泣。令闻而矜之，即解出亲。

恢长好经学，事博士焦永。[26]永为河东太守，恢随之官，闭庐精诵，不交人物。后永以事被考，诸弟子皆以通关被系，①恢独(皦)〔皦〕然不污于法，②[27]遂笃志为名儒。性廉直介立，③行不合己者，虽贵不与交。信阳侯阴就数致礼请恢，恢绝不答。

①为交通关涉也。

②(皦)〔皦〕，明也，音公鸟反。或从"白"作"皎"，音亦同。

③介，特也。

后仕本郡吏，太守坐法诛，①故人莫敢往，恢独奔丧行服，坐以抵罪。归，复为功曹，选举不阿，请托无所容。同郡杨政[28]数众毁恢，后举政子为孝廉，由是乡里归之。辟司空牟融府。会蜀郡太守第五伦代融为司空，恢以与伦同郡，不肯留，荐颍川杜安而退。诸公多其行，连辟之，遂皆不应。②

①东观记京兆尹张恂召恢，署户曹史。

②华峤书曰："安擢为宛令，以病去。章帝行过颍川，安上书，召拜御史，迁至巴郡太守。而恢在家，安与恢书通问，恢告吏口谢，且让之曰：'为宛令不合志，病去可也。干人主以阙觎，[29]非也。违平生操，故不报。'安亦节士也，年十三入太学，[30]号奇童。洛阳令周纡自往候安，安谢不见。京师贵戚慕其行，或遗之书，安不发，悉壁藏之。及后捕案贵戚宾客，安开壁出书，印封如故。"

后征拜议郎。会车骑将军窦宪出征匈奴，恢数上书谏争，朝廷称其忠。①入为尚书仆射。是时河南尹王调、洛阳令李阜与窦宪厚善，纵舍自由。恢劾奏调、皇，并及司隶校尉。诸所刺举，无所回避，贵戚恶之。②宪弟夏阳侯瓌欲往候恢，恢谢不与通。宪兄弟放纵，而忿其不附己。妻每谏恢曰："昔人有容身避害，何必以言取怨？"恢叹曰："吾何忍素餐立人之朝乎！"遂上疏谏曰："臣闻百王之失，皆由权移于下。大臣持国，常以埶盛为咎。伏念先帝，圣德未永，早弃万国。陛下富于春秋，纂承大业，③诸舅不宜干正王室，以示天下之私。经曰：'天地乖互，众物夭伤。[31]君臣失序，万人受殃。'政失不救，其极不测。方今之宜，上以义自割，下以谦自引。四舅可长保爵土之荣，④皇太后永无惭负宗庙之忧，诚策之上者也。"书奏不省。时窦太后临朝，和帝未亲万机，恢以意不得行，乃称疾乞骸骨。诏赐钱，太医视疾。恢荐任城郭均、成阳高凤，[32]而遂称笃。拜骑都尉，上书辞谢曰："仍受厚恩，无以报效。夫政在大夫，孔子所疾；⑤世卿持权，春秋以戒。⑥圣人恳恻，不虚言也。近世外戚富贵，必有骄溢之败。今陛下思慕山陵，未遑政事；诸舅宠盛，权行四方。若不能自损，诛罚必加。臣寿命垂尽，临死竭愚，惟蒙留神。"诏听上印绶，乃归乡里。窦宪因是风厉州郡迫胁，恢遂饮药死。弟子缞绖挽者数百人，⑦众庶痛伤之。

①东观记载恢所上书谏曰："春秋之义，王者不理夷狄。得其地不可垦发，得其人无益于政，故明王之于夷狄，羁縻而已。孔子曰：'远人不服，则修文德以来之。'以汉之盛，不务修舜、禹、周公之(术)〔德〕，[33]而无故兴干戈，动兵革，以求无用之物，臣诚惑之！"

②决录注曰："调字叔和，为河南尹。永和二年，坐买洛阳令同郡任稜竹田及上罢城东漕渠免官。"

③春秋谓年也。言年少，春秋尚多，故称富。

④四舅谓窦宪、弟笃、景、瓌也。

⑤论语孔子曰："天下有道，政不在大夫。"

⑥左传曰："齐崔氏出奔卫。"[34]公羊传曰："崔氏者何？齐大夫。称崔氏者何？贬。曷为贬？讥世卿也。"

⑦挽，引柩也。

后窦氏诛，帝始亲事，恢门生何融等上书陈恢忠节，除子己为郎中。①

①三辅决录注曰："己字伯文，为郎非其好也，去官。"

何敞字文高，扶风平陵人也。其先家于汝阴。六世祖比干，学尚书于朝错，①武帝时为廷尉正，与张汤同时。汤持法深而比干务仁恕，数与汤争，虽不能尽得，然所济活者以千数。后迁丹(杨)〔阳〕都尉，[35]因徙居平陵。敞父宠，建武中为千乘都尉，以病免，遂隐居不仕。

①何氏家传："(云并)〔六世〕祖父比干，[36]字少卿，经明行修，兼通法律。为汝阴县狱吏决曹掾，平活数千人。后为丹阳都尉，狱无冤囚，淮汝号曰'何公'。征和三年三月辛亥，天大阴雨，比干在家，日中梦贵客车骑满门，觉以语妻。语未已，而门有老妪可八十馀，头白，求寄避雨，雨甚而衣履不沾渍。雨止，送至门，乃谓比干曰：'公有阴德，今天锡君策，以广公之子孙。'因出怀中符策，状如简，长九寸，凡九百九十枚，以授比干，子孙佩印绶者当如此算。比干年五十八，有六男，又生三子。本始元年，自汝阴徙平陵，代为名族。"

敞性公正。自以趣舍不合时务，每请召，常称疾不应。元和中，辟太尉宋由府，由待以殊礼。敞论议高，常引大体，多所匡正。司徒袁安亦深敬重之。是时京师及四方累有奇异鸟兽草木，言事者以为祥瑞。敞通经传，能为天官，意甚恶之。乃言于二公曰："夫瑞应依德而至，灾异缘政而生。故鸜鹆来巢，昭公有乾侯之戹；①西狩获麟，孔子有两楹之殡。②海鸟避风，臧文祀之，君子讥焉。③今异鸟翔于殿屋，怪草生于庭际，不可不察。"由、安惧然不敢答。④居无何而肃宗崩。

①春秋："有鸜鹆来巢。"左氏传鲁大夫师已曰："文、成之世，[37]童谣有之曰：'鸜鹆之羽，公在外野，往馈之马。鸜鹆跦跦，公在乾侯。'"季平子逐昭公，公逊于乾侯。杜预注："乾侯在魏郡斥丘县，晋境内邑也。"

②公羊传曰："西狩获麟，有以告孔子者曰：'有麕而角者何？'孔子曰：'孰为来哉！孰为来哉！'反袂拭面，涕下沾袍，曰：'吾道穷矣！'"何氏注曰："麟者，太平之符，圣人之类。时得麟而死，此亦天告夫子将没之征也。"礼记孔子谓子贡曰："予畴昔夜梦坐奠于两楹之閒焉。殷人殡于两楹之閒，丘即殷人也，予殆将死也。"遂寝疾，七日而死。

③国语曰，海鸟爰居，止于鲁东门之外三日，臧文仲使国人祭之。展禽讥焉，因曰："今兹海其有风乎？广川之鸟恒知避风。"是岁海多大风，冬暖。文仲闻之，曰："吾过矣！"

④惧音纪具反。

时窦氏专政，外戚奢侈，赏赐过制，仓帑为虚。①敞奏记由曰："敞闻事君之义，进思尽忠，退思补过。历观世主时臣，无不各欲为化，垂之无穷，然而平和之政万无一者，盖以圣主贤臣不能相遭故也。今国家秉聪明之弘道，明公履晏晏之纯德，②君臣相合，天下翕然，治平之化，[38]有望于今。孔子曰：'如有用我者，三年有成。'今明公视事，出入再期，宜当克己，以酬四海之心。礼，一穀不升，则损服彻膳。③天下不足，若己使然。而比年水旱，人不收获，凉州缘边，家被凶害，④男子疲于战陈，妻女劳于转运，老幼孤寡，叹息相依,又中州内郡,公私屈竭,此实损膳节用之时。国恩覆载,赏赉过度,但闻腊赐,自郎官以上,公卿王侯以下,至于空竭帑藏,损耗国资。寻公家之用,皆百姓之力。明君赐赉,宜有品制,忠臣受赏,亦应有度,⑤是以夏禹玄圭,周公束帛。⑥今明公位尊任重,责深负大,上当匡正纲纪,下当济安元元,岂但空空无违而已哉![39]宜先正已以率群下,还所得赐,因陈得失,奏王侯就国,除苑囿之禁,节省浮费,赈恤穷孤,则恩泽下畅,黎庶悦豫,上天聪明,必有立应。使百姓歌诵,史官纪德,岂但子文逃禄,⑦公仪退食之比哉!"⑧由不能用。

①帑音它朗反。

②晏晏,温和也。

③礼记曰:"岁凶,年穀不登,君膳不祭肺。"损服,减损服御。

④时西羌犯边为害也。

⑤腊赐大将军、三公钱各二十万,牛肉二百斤,粳米二百斛,特进、侯十五万,卿十万,校尉五万,尚书三万,侍中、将、大夫各二万,千石、六百石各七千,虎贲、羽林郎二人共三千,以为祀门户直。见汉官仪也。

⑥尚书曰:"召公出取币,入锡周公。"

⑦国语:"昔楚鬬子文三登令尹,无一日之积。成王闻子文朝不及夕也,于是乎每朝设脯七束,糗一筐,以羞子文。成王每出子文之禄,必逃,王止而后复。人谓子文曰:'人生求富,子逃之,何也?'对曰:'从政者,以庇人也。人多旷者而我取富焉,是勤人以自封也,死无日矣。我逃死,非逃富也。'"

⑧史记:"公仪休相鲁,食茹而美,拔园葵而弃之,见布好而逐出其家妇,燔其机,云'欲令农士女工安得夺其货乎'?[40]"比音庇。

时齐殇王子都乡侯畅奔吊国忧,上书未报,①侍中窦宪遂令人刺杀畅于城门屯卫之中，②而主名不立。敞又说由曰：“刘畅宗室肺府，茅土藩臣，来吊大忧，上书须报，③亲在武卫，致此残酷。奉宪之吏，莫適讨捕，④踪跡不显，主名不立。敞备数股肱，职典贼曹，⑤故欲亲至发所，以纠其变，而二府以为故事三公不与贼盗。⑥昔陈平生于征战之世，犹知宰相之分，云‘外镇四夷，内抚诸侯，使卿大夫各得其宜’。⑦今二府执事不深惟大义，惑于所闻，公纵奸慝，莫以为咎。惟明公运独见之明，昭然勿疑，敞不胜所见，请独奏案。”由乃许焉。二府闻敞行，皆遣主者随之，⑧于是推举具得事实，京师称其正。

①时章帝崩也。殇王[41]名石，齐武王縯之孙也。

②畅得幸窦太后，故刺杀之。

③须，待也。

④適音的。谓无指的讨捕也。

⑤股肱谓手臂也。公府有贼曹，主知盗贼也。

⑥敞在太尉府，二府谓司徒、司空。丙吉为丞相不案事，遂为故事，见马防传也。

⑦陈平为左丞相，对文帝曰：“宰相者，佐天子理阴阳，顺四时，下育万物之宜，外镇抚四夷、诸侯，内亲附百姓，使卿大夫各得任其职焉。”

⑧主者谓主知盗贼之曹也。

以高第拜侍御史。时遂以窦宪为车骑将军，大发军击匈奴，而诏使者为宪弟笃、景并起邸第，兴造劳役，百姓愁苦。敞上疏谏曰：“臣闻匈奴之为桀逆久矣。平城之围，嫚书之耻，①[42]此二辱者，臣子所为捐躯而必死，高祖、吕后忍怒还忿，舍而不诛。伏惟皇太后秉文母之操，②陛下履晏晏之姿，匈奴无逆节之罪，汉朝无可慙之耻，而盛春东作，③兴动大役，元元怨恨，咸怀不悦。而猥复为卫尉笃、奉车都尉景缮修馆第，弥街绝里。臣虽斗筲之人，④诚窃怀怪，以为笃、景亲近贵臣，当为百僚表仪。今众军在道，朝廷焦唇，百姓愁苦，县官无用，而遽起大第，崇饰玩好，非所以垂令德，示无穷也。宜且罢工匠，专忧北边，恤人之困。”书奏不省。

①匈奴冒顿以精兵三十万骑，围高帝于白登七日。案：白登在平城东南十馀里。高后时，冒顿遗高后书曰：“陛下独立，孤偾独居，两主不乐，无以自娱，愿以所有，易其所无。”孤偾，冒顿自谓。

②文母，文王之妻大姒也。诗曰“既有烈考，亦有文母”也。

③岁起于东，人始就耕，故曰东作。

④郑玄注论语：“筲，竹器，容斗二升。”

后拜为尚书，复上封事曰：“夫忠臣忧世，犯主严颜，讥刺贵臣，至以杀身灭家而犹为之者，何邪？君臣义重，有不得已也。臣伏见往事，国之危乱，家之将凶，皆有所由，较然易知。①昔郑武姜之幸叔段，②卫庄公之宠州吁，③爱而不教，终至凶戾。由是观之，爱子若此，犹饥而食之以毒，适所以害之也。④伏见大将军宪，[43]始遭大忧，公卿比奏，欲令典干国事。⑤宪深执谦退，固辞盛位，恳恳勤勤，言之深至，天下闻之，莫不悦喜。今踰年无几，大礼未终，卒然中改，兄弟专朝。宪秉三军之重，笃、景总宫卫之权，而虐用百姓，奢侈僭逼，诛戮无罪，肆心自快。今者论议凶凶，咸谓叔段、州吁复生于汉。臣观公卿怀持两端，不肯极言者，以为宪等若有匪懈之志，则己受吉甫褒申伯之功，⑥如宪等陷于罪辜，则自取陈平、周勃顺吕后之权，⑦终不以宪等吉凶为忧也。臣敞区区，诚欲计策两安，绝其绵绵，塞其涓涓，⑧上不欲令皇太后损文母之号，陛下有誓泉之讥，⑨下使宪等得长保其福祐。然臧获之谋，上安主父，下存主母，犹不免于严怒。⑩臣伏惟累祖蒙恩，至臣八世，⑪复以愚陋，旬年之间，历显位，备机近，每念厚德，忽然忘生。虽知言必夷灭，而冒死自尽者，诚不忍目见其祸而怀默苟全。驸马都尉瓌，虽在弱冠，有不隐之忠，比请退身，愿抑家权。可与参谋，听顺其意，诚宗庙至计，窦氏之福。”

①较，明。

②左传，郑武姜爱少子叔段，[44]庄公立，武姜请以京封叔段，谓之京城大叔，后武姜引以袭郑。

③左传，卫庄公宠庶子州吁，州吁好兵，公不禁。大夫石碏谏曰：“臣闻爱子教之以义方，弗纳于邪。”庄公不从。及卒，適子桓公立，州吁乃杀桓公而篡其位。

④史记苏秦曰：“饥人之所以饥而不食乌喙，为其愈充腹而与饿死同患也。”

⑤比，频也。干，主也。

⑥申伯，周宣王元舅也，有令德，故尹吉甫作颂以美之。其诗曰：“维岳降神，生甫及申。申伯之德，柔惠且直。揉此万邦，闻于四国。”

⑦吕后欲封吕禄、吕产为王，王陵谏不许，陈平、周勃顺旨而封之。吕后崩，平、勃合谋，卒诛产、禄也。

⑧周金人铭曰“涓涓不壅，终为江河；绵绵不绝，或成网罗”也。

⑨左传，郑武姜引大叔段袭庄公，庄公寘姜氏于城颍，誓之曰：“不及黄泉，无相见也。”

⑩方言：“臧获，奴婢贱称也。”史记曰：“苏秦谓燕王曰：‘客有远为吏，其妻私人。其夫将来，私者忧之，妻曰：“勿忧，吾已为作药酒待之矣。”居三日，其夫果至，妻使妾举药酒而进之。妾欲言酒之药乎，则恐逐其主母也；欲勿言邪，则恐杀其主父。于是佯僵而弃酒。主父怒，笞之。故妾僵而覆酒，上存主父，下存主母，然犹不免于笞。’”

⑪东观记曰，何脩生成，为汉胶东相；成生果，为太中大夫；果生比干，为

丹阳都尉；比干生寿[45]，蜀郡太守；寿生显，[46]京辅都尉；显生鄢，光禄大夫；鄢生宠，济南都尉；宠生敞：八世也。

敞数切谏，言诸窦罪过，宪等深怨之。时济南王康尊贵骄甚，①宪乃白出敞为济南太傅。敞至国，辅康以道义，数引法度谏正之，康敬礼焉。

①康，光武少子也。

岁馀，迁汝南太守。敞疾文俗吏以苛刻求当时名誉，故在职以宽和为政。立春日，常召督邮还府，①分遣儒术大吏案行属县，显孝悌有义行者。及举冤狱，以春秋义断之。是以郡中无怨声，百姓化其恩礼。其出居者，皆归养其父母，追行丧服，②推财相让者二百许人。③置立礼官，不任文吏。又修理鲖阳旧渠，百姓赖其利，④垦田增三万馀顷。吏人共刻石，颂敞功德。

①督邮主司察愆过，立春阳气发生，故召归。

②出居谓与父母别居者。其亲先亡者自恨丧礼不足，追行丧制也。

③东观记曰："高谭等百八十五人推财相让。"

④鲖阳，县，属汝南郡，故城在今豫州新蔡县北。水经注云："葛陂东出为鲖水，俗谓之三丈陂。"

及窦氏败，有司奏敞子与夏阳侯瓌厚善，坐免官。永元十二年复征，三迁五官中郎将。[47]常忿疾中常侍蔡伦，伦深憾之。元兴元年，敞以祠庙严肃，微疾不斋，后邓皇后上太傅禹冢，敞起随百官会，伦因奏敞诈病，坐抵罪。卒于家。

论曰：永元之际，天子幼弱，太后临朝，窦氏凭盛戚之权，将有吕、霍之变。①幸汉德未衰，大臣方忠，袁、任二公正色立朝，②乐、何之徒抗议柱下，③故能挟幼主〔之〕断，[48]剿奸回之逼。④不然，国家危矣。夫窦氏之閒，唯何敞可以免，而特以子失交之故废黜，不显大位。惜乎，过矣哉！

①吕禄、吕产也。霍光之子禹。

②袁安、任隗也。

③汉官仪曰："侍御史，周官也，为柱下史，冠法冠。"案礼图注云："法冠，执法者服之。"乐恢为司隶，何敞为御史，并弹射纠察之官也。

④剿，绝也。

赞曰：朱生受寄，诚不愆义。公叔辟梁，允纳明刺。绝交面朋，崇厚浮伪。①恢举谤己，敞非祥瑞。永言国逼，甘心强诐。②

①杨雄法言曰："朋而不心，面朋也。友而不心，面友也。"浮伪者，劝之以崇厚也。

②诐，佞谄也。窦宪兄弟奢僭上逼，敞冒死切谏，[49]是甘心于强诐之人也。

【校勘记】

〔1〕朱晖字文季　袁宏纪作"文秀"。按：下云"强直自遂，南阳朱季"，则作"文季"是。

〔2〕太守阮况尝欲市晖(牛)〔婢〕　据汲本、殿本改。　按：注引东观记"欲买晖婢"，则作"婢"是。

〔3〕是时阴就为府卿　按：御览八〇六引"府卿"作"少府卿"。

〔4〕晖为(掾)督邮　据汲本、殿本删。按：聚珍本东观记作"晖为郡督邮"。

〔5〕臣观大王无偿赵城色　汲本、殿本"无"下有"意"字，"色"作"邑"。今按：史记作"臣观大王无意偿赵王城邑"。

〔6〕居俭难之时　汲本、殿本"俭"作"险"。按:易否卦"君子以俭德辟难",为此语所本。俭与险通。

〔7〕严鲔谋立清河王蒜　按:集解引沈宇说,谓清河王、李固、杜乔传皆作"刘鲔"。

〔8〕郡中瞻望明府谓如仲尼非颜回不敢以迎孔子　按:汲本、殿本"谓"字在"非颜回"上。

〔9〕此老子〔道〕德经之词也　据汲本、殿本补。

〔10〕行〔之〕有失　据汲本、殿本补。

〔11〕(武)〔景〕帝王皇后　据陈景云说改。

〔12〕然〔后〕知薄者之不足　刊误谓案文"然"字下不可少"后"字,明脱之。今据补。

〔13〕世之务交游也久矣敦千乘不忌于君　按:御览四一〇引作"世之务交游也甚矣,不悙于业,不忌于君"。

〔14〕我岂足下部〔民〕　据汲本补。按:刊误谓"部"下应有"民"字。

〔15〕马免之徒　按:集解引惠栋说,谓蒋杲云帝纪"免"作"勉"。

〔16〕漂害人庶数十万户　按:校补引钱大昭说,谓续汉五行志注引此传作"数千万户"。

〔17〕奏劾诸郡　按:汲本、殿本"郡"作"部"。

〔18〕系趾谓钛其足也以铁著足曰钛也　按:两"钛"字原并讹"钬",径改正。

〔19〕追赠益州太守　集解引沈钦韩说,谓袁纪作"益州刺史"为是。按:校补谓蔡邕朱公叔碑首云"忠文公益州太守朱君",则固可为赠太守之一证。汉制刺史虽巡行所部各郡,以六条问事,而秩仅六百石,远不逮太守,故太守转为刺史迁途,赠官亦例以太守为重也。

〔20〕否则止　按:刊误谓"否"当作"不可"。

〔21〕莫之能改也　按:殿本无“能”字,王先谦谓无“能”字是。

〔22〕走将从夫孤焉　按:“夫”原讹“失”,径改正。

〔23〕(武)〔景〕帝王皇后　据陈景云说改。

〔24〕为大梁夷门门者　按:汲本、殿本下“门”字作“监”。

〔25〕恢年十一　按:校补引柳从辰说,谓袁宏纪“一”作“二”。

〔26〕事博士焦永　按:集解引惠栋说,谓袁宏纪作“焦贶”。案郑宏传,宏师河东太守焦贶,袁纪称贶尝为博士,后为河东太守,则“永”当为“贶”也。

〔27〕恢独(皦)〔皦〕然不污于法　据殿本改,注同。

〔28〕同郡杨政　按:校补引柳从辰说,谓袁纪作“杜陵人杨正”。

〔29〕干人主以阚觎　按:“觎”原讹“踰”,径据汲本、殿本改正。

〔30〕年十三入太学　按:集解引沈钦韩说,谓书钞引先贤行状作“年十五”。

〔31〕众物夭伤　按:汲本“夭”作“大”。

〔32〕成阳高凤　集解引钱大昕说,谓案逸民传,高凤南阳叶人,此“成阳”恐是“南阳”之讹,或别有同姓名者。按:张森楷校勘记谓南阳高凤以建初元年为任隗所荐,寻卒,此在永元之时,则卒已久矣,盖非一人。钱说疑尚未审。

〔33〕不务修舜禹周公之(术)〔德〕　据汲本、殿本改。按:今东观记亦作“德”。

〔34〕左传曰齐崔氏出奔卫　按:校补谓此春秋宣公十年经文,“左传”二字乃“春秋”之误,各本皆未正。

〔35〕后迁丹(杨)〔阳〕都尉　据汲本、殿本改。

〔36〕何氏家传(云并)〔六世〕祖父比干　据汲本改。按:“云并”与“六世”形近而讹。

〔37〕文成之世　汲本、殿本"成"作"武"。按:今本左传亦作"文武之世",汲本、殿本殆据今本左传改也。然阮元校勘记谓石经、宋本、岳本"武"作"成",谓文公、成公也,则作"文成之世"是。

〔38〕治平之化　按:"治"原讹"洽",径据汲本、殿本改正。

〔39〕岂但空空无违而已哉　按:集解引通鉴胡注,谓"空"当作"悾",悾悾,谨悫也。

〔40〕欲令农士女工安得夺其货乎　汲本"夺"作"售"。刊误谓案文"夺"当作"售","得"当作"所"。按:史记循吏传作"欲令农士女工安所雠其货乎"。

〔41〕殇王　按:刊误谓"殇"当作"炀"。

〔42〕嫚书之耻　按:"嫚"原讹"慢",径据汲本、殿本改正。

〔43〕伏见大将军宪　按:汲本、殿本"宪"上有"窦"字。

〔44〕郑武姜爱少子叔段　按:"少"原讹"小",径改正。

〔45〕比干生寿　按:张森楷校勘记谓案汉书百官表及何武传,寿是卢江人,与比干居郡绝远,东观记乃以为比干生寿,恐非也。

〔46〕寿生显　按:张森楷校勘记谓案前书何武传,寿子不见名字,名显者乃武弟,非寿子也。

〔47〕三迁五官中郎将　按:校补引钱大昭说,谓张酺传作"左中郎将"。

〔48〕故能挟幼主〔之〕断　据刊误补。

〔49〕敞冒死切谏　按:陈景云谓"永言"二句乃直指恢、敞言之,非独谓敞也,注"敞"上脱"恢"字。

后汉书卷四十四

邓张徐张胡列传第三十四

邓彪字智伯，南阳新野人，①太傅禹之宗也。父邯，中兴初以功封鄳侯，②仕至勃海太守。彪少励志，修孝行。父卒，让国于异母弟荆凤，③显宗高其节，下诏许焉。

①续汉书曰："其先楚人，邓况始居新野，子孙以农桑为业。"

②鄳音莫庚反。

③本或无"荆"。

后仕州郡，辟公府，①五迁桂阳太守。永平十七年，征入为太仆。数年，丧后母，辞疾乞身，诏以光禄大夫行服。服竟，拜奉车都尉，迁大司农。数月，代鲍昱为太尉。彪在位清白，为百僚式。视事四年，以疾乞骸骨。元和元年，赐策罢，赠钱三十万，在所以二千石奉终其身。[1]又诏太常四时致宗庙之胙，②河南尹遣丞存问，常以八月旦奉羊、酒。③

①东观记曰："彪与同郡宗武伯、翟敬伯、陈绥伯、张弟伯同志好，齐名，南阳号曰'五伯'。"

②胙，祭庙肉也。礼，凡预祭，异姓则归之胙，同姓则留之宴。彪不预祭而赐胙，重之。

③东观记曰"赐羊一头，酒二石"也。

和帝即位，以彪为太傅，录尚书事，赐爵关(中)〔内〕侯。[2]永元初，窦氏专权骄纵，朝廷多有谏争，而彪在位修身而已，不能有所匡正。又尝奏免御史中丞周纡，纡前失窦氏旨，故颇以此致讥，然当时宗其礼让。及窦氏诛，以老病上还枢机职，诏赐养牛酒而许焉。五年春，薨于位，天子亲临吊临。[3]

张禹字伯达，赵国襄国人也。

祖父况族姊为皇祖考夫人，①数往来南顿，见光武。光武为大司马，过邯郸，况为郡吏，谒见光武。光武大喜，曰："乃今得我大舅乎！"因与俱北，到高邑，以为元氏令。迁涿郡太守。后为常山关长。会赤眉攻关城，况战殁。②父歆，初以报仇逃亡，③后仕为淮阳相，终于汲令。④

①皇祖考，钜鹿都尉回。

②关，县，属常山郡，今定州行唐县西北有故关邑城。东观记曰："况迁涿郡太守，时年八十，不任兵马，上疏乞身，诏许之。后诏问起居何如，子歆对曰'如故'。诏曰：'家人居不足赡，且以一县自养。'复以况为常山关长。会赤眉攻关城，况出战死，上甚哀之。"

③东观记曰："歆守皋长，有报父仇贼自出，歆召囚诣閤，曰：'欲自受其辞。'既入，解械饮食，便发遣，遂弃官亡命，逢赦出，由是乡里服其高

义。”与此不同。

④东观记曰：“歆为相时，王新归国，宾客放纵，干乱法禁，歆将令尉入宫搜捕，王(自)〔白〕上，[4]歆坐左迁为汲令，卒官。”

禹性笃厚节俭。①父卒，汲吏人赙送前后数百万，悉无所受。又以田宅推与伯父，身自寄止。

①东观记曰：“禹好学，习欧阳尚书，事太常桓荣，恶衣食。”

永平八年，举孝廉，稍迁；建初中，拜杨州刺史。当过江行部，中土(民)〔人〕皆以江有子胥之神，[5]难于济涉。①禹将度，吏固请不听。禹厉言曰：“子胥如有灵，知吾志在理察枉讼，岂危我哉？”遂鼓楫而过。历行郡邑，深幽之处莫不毕到，亲录囚徒，多所明举。吏民希见使者，(民)〔人〕怀喜悦，[6]怨德美恶，莫不自归焉。

①郦元水经注曰，吴王赐子胥死，浮尸于江。夫差悔，与群臣临江设祭，修塘道及坛，吴人因为立庙而祭焉。

元和二年，转兖州刺史，亦有清平称。三年，迁下邳相。徐县北界有蒲阳坡，①，傍多良田，而堙废莫修。禹为开水门，通引灌溉，遂成孰田数百顷。劝率吏民，假与种粮，亲自勉劳，遂大收谷实。邻郡贫者归之千馀户，室庐相属，其下成市。后岁至垦千馀顷，民用温给。②功曹史戴闰，故太尉掾也，权动郡内。有小谴，禹令自致徐狱，然后正其法。③自长史以下，莫不震肃。

①东观记曰：“坡水广二十里，径且百里，在道西，其东有田可万顷。”“坡”与“陂”同。

②东观记曰：“禹巡行守舍，止大树下，食糒饮水而已。[7]后年，邻国贫人来归之者，茅屋草庐千户，屠酤成市。垦田千馀顷，得谷百万馀斛。”

③徐，县名也。东观记曰“闰当从行县，从书佐假车马什物。禹闻知，令

直符责问，闰具以实对。禹以宰士惶恐首实，令自致徐狱”也。

永元六年，入为大司农，拜太尉，和帝甚礼之。十五年，南巡祠园庙，禹以太尉兼卫尉留守。①闻车驾当进幸江陵，以为不宜冒险远，[8]驿马上谏。诏报曰：“祠谒既讫，当南礼大江，会得君奏，临汉回舆而旋。”及行还，禹特蒙赏赐。

①东观记曰“禹留守北宫，太官朝夕送食，赐闟登具物，除子男盛为郎”也。

延平元年，迁为太傅，录尚书事。邓太后以殇帝初育，①欲令重臣居禁内，乃诏禹舍宫中，给帷帐床褥，太官朝夕进食，五日一归府。每朝见，特赞，与三公绝席。禹上言：“方谅闇密静之时，不宜依常有事于苑囿。②其广成、上林空地，宜且以假贫民。”太后从之。及安帝即位，数上疾乞身。诏遣小黄门问疾，赐牛一头，酒十斛，劝令就第。其钱布、刀剑、衣物，前后累至。

①育，生也。

②郑玄注论语曰：“谅闇谓凶庐也。”尚书曰“帝乃徂落，四海遏密八音”也。

永初元年，以定策功封安乡侯，食邑千二百户，与太尉徐防、司空尹勤同日俱封。其秋，以寇贼水雨策免防、勤，而禹不自安，上书乞骸骨，更拜太尉。四年，新野君病，①皇太后车驾幸其第。禹与司徒夏勤、司空张敏俱上表言：“新野君不安，车驾连日宿止，臣等诚窃惶惧。臣闻王者动设先置，止则交戟，清道而后行，清室而后御，②离宫不宿，所以重宿卫也。陛下体烝烝之至孝，亲省方药，恩情发中，久处单外，百官露止，议者所不安。宜且还宫，上为宗庙社稷，下为万国子民。”比三上，固争，乃还宫。后连岁灾荒，府臧空虚，禹上疏求入三岁租税，以助郡国禀假。[③]诏许之。五年，以阴阳不和策免。七年，卒于家。使者吊祭。除小子曜为郎中。长子盛嗣。

①邓太后母阴氏。

②前书曰："旧典，天子行幸，所至必遣静室令先案行，清静殿中，以虞非常。"

③禀，给也。假，贷也。

徐防字谒卿，沛国铚人也。[①]祖父宣，为讲学大夫，以易教授王莽。[②]父宪，亦传宣业。

①铚故城，今亳州临涣县也。

②王莽置六经祭酒各一人，秩上卿。长安国由为讲易祭酒，宣为讲学大夫，盖当属于祭酒也。

防少习父祖学，永平中，举孝廉，除为郎。防体貌矜严，占对可观，显宗异之，特补尚书郎。职典枢机，周密畏慎，奉事二帝，未尝有过。和帝时，稍迁司隶校尉，出为魏郡太守。永元十年，迁少府、大司农。防勤晓政事，所在有跡。十四年，拜司空。

防以五经久远，圣意难明，宜为章句，以悟后学。上疏曰："臣闻诗书礼乐，定自孔子；发明章句，始于子夏。[①]其后诸家分析，各有异说。[②]汉承乱秦，经典废绝，本文略存，或无章句。收拾缺遗，建立明经，博征儒术，开置太学。[③]孔圣既远，微旨将绝。故立博士十有四家，[④]设甲乙之科，[⑤]以勉劝学者。所以示人好恶，改敝就善者也。伏见太学试博士弟子，皆以意说，不修家法，[⑥]私相容隐，开生奸路。每有策试，辄兴诤讼，论议纷错，互相是非。孔子称'述而不作’，⑦又曰‘吾犹及史之阙文’，⑧疾史有所不知而不肯阙也。今不依章句，妄生穿凿，以遵师为非义，意说为得理，轻侮道术，浸以成俗，诚非诏书实选本意。改薄从忠，三(世)〔代〕常道，⑨[9]专精务本，儒学所先。臣以为博士及甲乙策试，宜从其家章句，开五十难以试之。解释多者为上第，引文明者为高说；若不依先师，义有相伐，⑩皆正以为非。五经各取上第六人，论语不宜射策。虽所失或久，差可矫革。”⑪诏书下公卿，皆从防言。

①史记，孔子没，子夏居西河，教弟子三百人，为魏文侯师。

②前书：“仲尼没而微言绝，七十子丧而大义乖，故春秋为五，诗分为四，易有数家之传。”

③武帝时开学官，置博士弟子员也。

④汉官曰：“光武中兴，恢弘稽古，易有施、孟、梁丘贺、京房，书有欧阳和伯、夏侯胜、建，诗有申公、辕固、韩婴，春秋有严彭祖、颜安乐，礼有戴德、戴圣。凡十四博士。太常差选有聪明威重一人为祭酒，总领纲纪也。”

⑤前书曰：“岁课甲科四十人为郎中，乙科二十人为太子舍人，丙科四十人补文学掌故。”

⑥诸经为业，各自名家。

⑦但述先圣之言，不自制作。

⑧古者史官于书事，有不知则阙，以待能者。孔子言“吾少时犹及见古史官之阙文，今则无之”，疾时多穿凿也。见论语也。

⑨太史公曰：“夏之政忠。忠之敝，小人以野，故殷人承之以敬。敬之敝，小人以鬼，故周人承之以文。文之敝，小人以僿，故救僿莫若以忠。三王之道若循环，周而复始。”僿音西志反，史记“僿”或作“薄”。

⑩伐谓自相攻伐也。

⑪东观记防上疏曰：“试论语本文章句，但通度，勿以射策。冀令学者务

本，有所一心，专精师门，思核经意，事得其实，道得其真。于此弘广经术，尊重圣业，有益于化。虽从来久，六经衰微，[10]学问浸浅，诚宜反本，改矫其失。”

十六年，拜为司徒。延平元年，迁太尉，与太傅张禹参录尚书事，数受赏赐，甚见优宠。

安帝即位，以定策封龙乡侯。食邑千一百户。其年以灾异寇贼策免，[11]就国。凡三公以灾异策免，始自防也。①

①东观记曰：“郡国被水灾，比州湮没，死者以千数。灾异数降。西羌反畔，杀略人吏。京师淫雨，蝨贼伤稼穑。防比上书自陈过咎，遂策免。”

防卒，子衡当嗣，让封于其弟崇。数岁，不得已，乃出就爵云。

张敏字伯达，河间鄚人也。①建初二年，举孝廉，四迁，五年，为尚书。

①鄚，今瀛州县也。音莫。

建初中，有人侮辱人父者，而其子杀之，肃宗贳其死刑而降宥之，①自后因以为比。是时遂定其议，以为轻侮法。敏驳议曰：“夫轻侮之法，先帝一切之恩，不有成科班之律令也。夫死生之决，宜从上下，犹天之四时，有生有杀。若开相容恕，著为定法者，则是故设奸萌，生长罪隙。孔子曰：‘民可使由之，不可使知之。’②春秋之义，子不报仇，非子也。③而法令不为之减者，以相杀之路不可开故也。今托义者得减，妄杀者有差，使执宪之吏得设巧诈，非所以导‘在丑不争’之义。④又轻侮之比，浸以繁滋，至有四五百科，转相顾望，弥复增甚，难以垂之万载。臣闻师言：‘救文莫如质。’故高帝去烦苛之法，为三章之约。建初诏书，有改于古者，可下三公、廷尉蠲除其敝。”议寝不省。敏复上疏曰：“臣敏蒙恩，特见拔擢，愚心所不晓，迷意所不解，诚不敢苟随众议。臣伏见孔子垂经典，皋陶造法律，⑤原其本意，皆欲禁民为非也。未晓轻侮之法将以何禁？必不能使不相轻侮，而更开相杀之路，执宪之吏复容其奸枉。议者或曰：‘平法当先论生。’臣愚以为天地之性，唯人为贵，杀人者死，三代通制。今欲趣生，反开杀路，一人不死，天下受敝。记曰：‘利一害百，人去城郭。’夫春生秋杀，天道之常。春一物枯即为灾，⑥秋一物华即为异。⑦王者承天地，顺四时，法圣人，从经律。愿陛下留意下民，考寻利害，广令平议，天下幸甚。”和帝从之。

①贳，宽也，音示夜反。

②由，从也。言设政教，可但使人从之，若知其本末，愚者或轻而不行。事见论语也。

③公羊传曰：“父不受诛，子复仇可也。”注云：“不受诛，罪不当诛也。”

④导，教也。丑，类也。

⑤史游急就篇曰“皋陶造狱法律存”也。

⑥礼记月令曰“孟春行夏令，则风雨不时，草木早落”也。

⑦月令曰“仲秋行春令，则秋雨不降，草木生荣，国乃有恐”也。

九年，拜司隶校尉。视事二岁，迁汝南太守。清约不烦，用刑平正，有理能名。坐事免。延平元年，拜议郎，再迁颍川太守。〔永初元年〕，征拜司空，[12]在位奉法而已。视事三岁，以病乞身，不听。六年春，行大射礼，陪位顿仆，乃策罢之。①因病笃，卒于家。

①东观记载策曰：“今君所苦未瘳，有司奏君年体衰羸，郊庙礼仪仍有旷废。鼎足之任不可以缺，重以职事留君。其上司空印绶。”

胡广字伯始，南郡华容人也。①六世祖刚，[13]清高有志节。平帝时，大司徒马宫辟之。值王莽居摄，刚解其衣冠，县府门而去，遂亡命交阯，隐于屠肆之间。后莽败，乃归乡里。父贡，交阯都尉。

①华容，县，故城在今荆州东。

广少孤贫，亲执家苦。①长大，随辈入郡为散吏。太守法雄之子真，从家来省其父。真颇知人。会岁终应举，雄敕真助〔其〕求(其)才。[14]雄因大会诸吏，真自于牖间密占察之，乃指广以白雄，遂察孝廉。既到京师，试以章奏，安帝以广为天下第一。②旬月拜尚书郎，五迁尚书仆射。

①襄阳耆旧记，广父名宠，宠妻生广，早卒，宠更娶江陵黄氏，生康，字仲始。

②谢承书曰："广有雅才，学究五经，古今术蓺皆毕览之。年二十七，举孝廉。"续汉书曰"故事，孝廉高第，三公尚书辄优(文)〔之〕，特劳来其举将，[15]于是公府下诏书劳来雄焉。及拜郎，恪勤职事，所掌(辨)〔辦〕护"也。[16]

顺帝欲立皇后，而贵人有宠者四人，莫知所建，议欲探筹，以神定选。广与尚书郭虔、史敞上疏谏曰："窃见诏书以立后事大，谦不自专，欲假之筹策，决疑灵神。篇籍所记，祖宗典故，未尝有也。恃神任筮，既不必当贤；就值其人，犹非德选。夫岐嶷形于自然，①伣天必有异表。②宜参良家，简求有德，德同以年，年钧以德，[17]稽之典经，断之圣虑。③政令犹汗，往而不反。④诏文一下，形之四方。⑤臣职在拾遗，忧深责重，是以焦心，冒昧陈闻。"帝从之，以梁贵人良家子，定立为皇后。

①诗云："克岐克嶷。"郑玄注云："岐岐然意有所知也。其貌嶷然，有所识别也。"

②伣音苦见反。说文曰："伣，譬谕也。"诗云："文王嘉止，伣天之妹。"文王闻太姒之贤则美之。言大邦有子女，譬天之有女弟，故求为配焉。

③左传曰"昔先王之命曰：'王后无嫡，则择立长，年钧以德，德钧以卜'"也。

④易曰："涣汗其大号，王居无咎。"刘向曰"汗出而不反"者也。

⑤形，见也。

时尚书令左雄议改察举之制，限年四十以上，儒者试经学，文吏试章奏。广复与敞、虔上书驳之，曰："臣闻君以兼览博照为德，①臣以献可替否为忠。②书载稽疑，谋及卿士；③诗美先人，询于刍荛。④国有大政，必议之于前训，谘之于故老，⑤是以虑无失策，举无过事。窃见尚书令左雄议郡举孝廉，皆限年四十以上，诸生试章句，文吏试笺奏。⑥明诏既许，复令臣等得与相参。窃惟王命之重，载在篇典，⑦当令县于日月，固于金石，遗则百王，施之万世。诗云：'天难谌斯，不易惟王。'可不慎与！⑧盖选举因才，无拘定制。六奇之策，不出经学；⑨郑、阿之政，非必章奏。⑩甘、奇显用，年乖强仕；⑪终、贾扬声，亦在弱冠。⑫汉承周、秦，兼览殷、夏，祖德师经，参杂霸轨，⑬圣主贤臣，世以致理，贡举之制，莫或回革。今以一臣之言，划戾旧章，⑭便利未明，众心不猒。⑮矫枉变常，政之所重，而不访台司，不谋卿士。[18]若事下之后，议者剥异，异之则朝失其便，同之则王言已行。臣愚以为可宣下百官，参其同异，然后览择胜否，详采厥衷。敢以瞽言，冒干天禁，⑯惟陛下纳焉。"帝不从。

①即明四目，达四聪也。

②左传曰，齐晏子曰："君所谓可而有否焉，臣献其否，以成其可。君所谓否而有可焉，臣献其可，以去其否。"

③稽，考也。考正疑事，谋及卿士。见尚书。

④诗大雅曰："先人有言，询于刍荛。"注云："询，谋也。刍荛，薪采者也。言有疑事，当与薪采者谋之也。"

⑤国语叔向曰："国有大事，必顺于典刑，而访于老，而后行之。"

⑥周成杂字曰："笺，表也。"汉杂事曰："凡群臣之书，通于天子者四品：一曰章，二曰奏，三曰表，四曰驳议。章者需头，称'稽首上以闻'，谢恩陈事，诣阙通者也。奏者亦需头，其京师官但言'稽首言'，下'稽首以闻'，其中有所请，若罪法劾案，公府送御史台，卿校送谒者台也。表者不需头，上言'臣某言'，下言'诚惶诚恐，顿首顿首，死罪死罪'，左方下附曰'某官臣甲乙上'。"

⑦礼记曰："动则左史书之，言则右史书之。"尚书曰："王言惟作命，弗言，臣下罔由禀令。"[19]又曰："令出惟行，不惟反。"

⑧诗大雅也。谌，信也。斯，词也。天之意难信矣，不可改易者天子也。

⑨前书陈平设六奇策以佐高祖。

⑩说苑曰："子产相郑，内无国中之乱，外无诸侯之患也。子产从政也，择能而使之。晏子化东阿，三年，景公召而数之，晏子请改道易行。明年上计，景公迎而贺之，晏子对曰：'臣前之化东阿也，属托不行，货赂不至，君反以罪臣。今则反是，而更蒙贺。'景公下席而谢。"

⑪史记曰，秦欲与燕共伐赵，以广河閒之地。甘罗年十二，使于赵，说赵王立割五城，以广河閒，秦乃封罗为上卿。说苑曰，子奇年十八，齐君使主东阿，东阿大化。礼记曰："四十强而仕。"

⑫前书，终军年十八，为博士弟子，自请愿以长缨必羁南越王而致之阙下。上奇其对，擢为谏大夫，往说越。越听命，天子大悦。贾谊年十八，以诵诗属文称于郡中，文帝召为博士。

⑬宣帝曰："汉家自有制度，本以霸王道杂理之。"

⑭刬，削也。戾，乖也。

⑮猒，服也。

⑯瞽，无目者也。不察人君颜色而言，如无目之人也。孔子曰："未见颜色而言谓之瞽。"干，犯也。

时陈留郡缺职，尚书史敞等荐广。曰："臣闻德以旌贤，①[20]爵以建事，②'明试以功'，典谟所美，③'五服五章'，天秩所作，④[21]是以臣竭其忠，君丰其宠，⑤举不失德，下忘其死。窃见尚书仆射胡广，体真履规，谦虚温雅，博物洽闻，探赜穷理，[22]六经典奥，旧章宪式，无所不览。柔而不犯，文而有礼，⑥忠贞之性，忧公如家。不矜其能，不伐其劳，翼翼周慎，行靡玷漏。密勿夙夜，⑦十有馀年，心不外顾，志不苟进。臣等窃以为广在尚书，劬劳日久，后母年老，既蒙简照，宜试职千里，匡宁方国。⑧陈留近郡，今太守任缺。广才略深茂，堪能拨烦，愿以参选，纪纲颓俗，使束脩守善，有所劝仰。"

①旌，明也。书曰"德懋懋官"也。

②能建立事则与之爵。

③明白考试之，有功者则授之以官。舜典、咎繇谟皆有此言，故云"典谟所美"也。

④五服谓天子、诸侯、卿、大夫、士之服也。五者之服必须章明。尚书咎繇谟曰："天秩有礼，自我五礼有庸哉。天命有德，五服五章哉。"秩，序也。

⑤丰，厚也。

⑥柔而不犯谓性和柔而不可犯以非义也。

⑦密勿，僶勉。

⑧诗云："厥德不回，以受方国。"

广典机事十年，出为济阴太守，以举吏不实免。复为汝南太守，入拜大司农。汉安元年，迁司徒。质帝崩，代李固为太尉，录尚书事。以定策立桓帝，封育阳安乐乡侯。以病逊位。又拜司空，告老致仕。寻以特进征拜太常，迁太尉，以日食免。复为太常，拜太尉。

延熹二年，大将军梁冀诛，广与司徒韩缜、司空孙朗坐不卫宫，皆减死一等，夺爵土，免为庶人。后拜太中大夫、太常。九年，复拜司徒。

灵帝立，与太傅陈蕃参录尚书事，复封故国。以病自乞。会蕃被诛，代为太傅，总录如故。

时年已八十，而心力克壮。①继母在堂，朝夕瞻省，傍无几杖，言不称老。②及母卒，居丧尽哀，率礼无愆。性温柔谨素，常逊言恭色。③达练事体，明解朝章。虽无謇直之风，屡有补阙之益。故京师谚曰："万事不理问伯始，天下中庸有胡公。"④及共李固定策，大议不全，⑤[23]又与中常侍丁肃婚姻，以此讥毁于时。

①盛弘之荆州记曰"菊水出穰县。芳菊被涯，水极甘香。谷中皆饮此水，上寿百二十，七八十者犹以为夭。太尉胡广所患风疾，休沐南归，恒饮此水，后疾遂瘳，年八十二薨"也。

②礼记曰："夫为人子者，恒言不称老。"

③逊，顺也。

④庸，常也。中和可常行之德也。孔子曰："中庸之为德，其至矣乎！"

⑤质帝崩，固为太尉，与广及司空赵戒议欲立清河王蒜。梁冀以蒜年长有德，恐为后患，盛意立蠡吾侯志。广、戒等慑惮不能与争，而固与杜乔坚守本议。

自在公台三十馀年，历事六帝，①礼任甚优，每逊位辞病，及免退田里，未尝满岁，辄复升进。凡一履司空，再作司徒，三登太尉，又为太傅。其所辟命，皆天下名士。与故吏陈蕃、李咸并为三司。②蕃等每朝会，辄称疾避广，时人荣之。年八十二，熹平元年薨。使五官中郎将持节奉策赠太傅、安乐乡侯印绶，给东园梓器，谒者护丧事，赐冢茔于原陵，谥文恭侯，拜家一人为郎中。故吏自公、卿、大夫、博士、议郎以下数百人，皆缞绖殡位，自终及葬。汉兴以来，人臣之盛，未尝有也。

①广以顺帝汉安元年为司空，至灵帝熹平元年薨，三十一年也。六帝谓安、顺、冲、质、桓、灵也。

②谢承书曰："咸字元卓，汝南西平人。孤特自立。家贫母老，常躬耕稼以奉养。学鲁诗、春秋公羊传、三礼。三府并辟，司徒胡广举茂才，除高密令，政多奇异，青州表其状。建宁三年，自大鸿胪拜太尉。自在相位，约身率下，常食脱粟饭、酱菜而已。不与州郡交通。刺史、二千石笺记，非公事不发省。以老乞骸骨，见许，悉还所赐物，乘敝牛车，使子男御。晨发京师，百僚追送盈涂，不能得见。家旧贫狭，庇荫草庐。"

初，杨雄依虞箴作十二州二十五官箴，①其九箴亡阙，后涿郡崔骃及子瑗又临邑侯刘騊駼增补十六篇，广复继作四篇，文甚典美。乃悉撰次首目，为之解释，名曰百官箴，凡四十八篇。其馀所著诗、赋、铭、颂、箴、吊及诸解诂，凡二十二篇。

①杨雄传曰："箴莫大于虞箴，故遂作九州箴。"左传曰，昔周辛甲之为太史也，命百官官箴王阙，于虞人之箴曰："芒芒禹跡，画为九州。经启九道，人有寝庙，兽有茂草，各有攸处，德用不扰。在帝夷羿，冒于原兽，忘其国恤，而思其麀牡。武不可重，用不恢于夏家，兽臣司原，敢告仆夫。"

熹平六年，灵帝思感旧德，乃图画广及太尉黄琼于省内，诏议郎蔡邕为其颂云。①

①谢承书载其颂曰："岩岩山岳，配天作辅。降神有周，生申及甫。允兹汉室，诞育二后。曰胡曰黄，方轨齐武。惟道之渊，惟德之薮。股肱元首，代作心膂。天之烝人，有则有类。我胡我黄，锺厥纯懿。[24]巍巍特进，仍践其位。赫赫三事，七佩其绂。奕奕四牡，沃若六辔。衮职龙章，其文有蔚。参曜乾台，穷宠极贵。功加八荒，群生以遂。超哉邈乎，莫与为二！"

论曰：爵任之于人重矣，全丧之于生大矣。怀禄以图存者，仕子之恒情；审能而就列者，出身之常体。①夫纡于物则非己，直于志则犯俗，②辞其艰则乖义，徇其节则失身。③统之，方轨易因，险涂难御。④故昔人明慎于所受之分，迟迟于歧路之閒也。⑤如令志行无牵于物，临生不先其存，后世何贬焉？⑥古人以宴安为戒，岂数公之谓乎？⑦

①列，位也。

②纡，曲也。

③徇，营也。

④统者，总论上事也。方轨谓平路也。若履平路，易可因循；如践险涂，则难免颠覆也。

⑤呈材效职，则受之分明矣。迟迟，疑不前之貌也。明其分，则不可妄进。

⑥守志直道，视死如归，则后之人何从而贬责矣。

⑦左传曰："宴安鸩毒，不可怀也。"

赞曰：邓、张作傅，无咎无誉。敏正疑律，防议章句。胡公庸庸，饰情恭貌。朝章虽理，据正或桡。①

①桡，曲也，易曰"栋桡凶"也。

【校勘记】

〔1〕在所以二千石奉终其身　按：王先谦谓东观记"在所"作"所在"。

〔2〕赐爵关(中)〔内〕侯　据汲本改。按：刊误谓案汉无关中侯，"中"当作"内"。

〔3〕天子亲临吊临　殿本考证王会汾云上"临"字疑衍。今按：上"临"字训莅，下"临"字读如"临于大宫"之"临"，同字异训，非衍文也。

〔4〕王(自)〔白〕上　据汲本、殿本改。

〔5〕当过江行部中土(民)〔人〕皆以江有子胥之神　李慈铭谓"中土民"及下文"民怀喜悦"两"民"字皆本当作"人"，此类皆宋以后校者妄以为章怀讳避而误改之。今据改。

〔6〕(民)〔人〕怀喜悦　据殿本改。

〔7〕食糒饮水而已　按：汲本、殿本"食糒"下有"音憊糗也乾饭屑"七字，当原为小注而混入注中也。聚珍本东观记亦衍"乾饭屑"三字。

〔8〕以为不宜冒险远　按：李慈铭谓"冒险远"不成句，"远"下当有"行"字。

〔9〕三(世)〔代〕常道　据汲本改。按：刊误谓"世"与"代"全别，缘太宗讳，遂更"世"为"代"。此合作"代"字，乃误为"世"，盖后人知此书中"世"字率皆换"代"，乃欲稍还正之，遂误为此字也。

〔10〕六经衰微　按："六"原讹"大"，径据汲本、殿本改正。

〔11〕其年以灾异寇贼策免　按：沈家本谓按防之免在永初元年秋，此传上言延平元年，又言安帝即位，而不著永初元年，则"其年"云者似即延平元年，未免稍疏。

〔12〕〔永初元年〕征拜司空　钱大昭谓敏代周章为司空,本纪在永初元年,“征拜”上当有“永初元年”四字,下文“六年”二字乃有根,否则下六年竟似延平六年矣,南监本不误。今据补。

〔13〕六世祖刚　按:集解引惠栋说,谓渚宫故事“刚”作“纲”。

〔14〕雄敕真助〔其〕求(其)才　据汲本、殿本改。

〔15〕辄优(文)〔之〕特劳来其举将　据汲本改。按:校补谓劳来举将正所以优此孝廉,其举将,明谓孝廉举主也,且劳来由公府下诏书,非三公得自以文劳来之,作“文”误。

〔16〕所掌(辩)〔辨〕护也　据汲本、殿本改。

〔17〕年钧以德　按:“钧”原讹“均”,径改正。

〔18〕不谋卿士　按:“谋”原讹“博”,径据汲本、殿本改正。

〔19〕臣下罔由稟令　按:校补引柳从辰说,谓今书说命“由”作“攸”。

〔20〕臣闻德以旌贤　按:集解引苏舆说,谓“德”疑作“官”。

〔21〕天秩所作　按:“作”原讹“祚”,径据汲本、殿本改正。

〔22〕探赜穷理　按:“赜”原讹“颐”,径据汲本、殿本改正。

〔23〕大议不全　按:刊误谓案文“议”当作“义”。

〔24〕鍾厥纯懿　按:“鍾”原讹“鐘”,径据汲本、殿本改正。

后汉书卷四十五

袁张韩周列传第三十五

袁安字邵公，汝南汝阳人也。[1]祖父良，习孟氏易，①平帝时举明经，为太子舍人；②建武初，至成武令。③

①孟喜字长卿，东海人。明易，为丞相掾。见前书。

②续汉志曰："太子舍人，秩二百石，无员。"

③成武，今曹州县。

安少传良学。为人严重有威，见敬于州里。初为县功曹，①奉檄诣从事，从事因安致书于令。②安曰："公事自有邮驿，私请则非功曹所持。"辞不肯受，从事惧然而止。③后举孝廉，④除阴平长、任城令，⑤所在吏人畏而爱之。

①续汉志曰："县功曹史，主选署功劳。"

②续汉志曰："每州刺史皆有从事史。"

③惧音九具反。

④汝南先贤传曰"时大雪积地丈馀,洛阳令身出案行,[2]见人家皆除雪出,有乞食者。至袁安门,无有行路。谓安已死,令人除雪入户,见安僵卧。问何以不出。安曰:'大雪人皆饿,不宜干人。'令以为贤,举为孝廉"也。

⑤阴平,县,故城在今沂州承县西南。任城,今兖州县也。

永平十三年,楚王英谋为逆,事下郡覆考。明年,三府举安能理剧,拜楚郡太守。是时英辞所连及系者数千人,显宗怒甚,吏案之急,迫痛自诬,死者甚众。安到郡,不入府,先往案狱,理其无明验者,条上出之。府丞掾史皆叩头争,以为阿附反虏,法与同罪,不可。安曰:"如有不合,太守自当坐之,不以相及也。"遂分别具奏。帝感悟,即报许,得出者四百馀家。岁馀,征为河南尹。政号严明,然未曾以臧罪鞠人。常称曰:"凡学仕者,高则望宰相,下则希牧守。锢人于圣世,尹所不忍为也。"闻之者皆感激自励。在职十年,京师肃然,名重朝廷。建初八年,迁太仆。

元和二年,武威太守孟云上书:"北虏既已和亲,而南部复往抄掠,北单于谓汉欺之,谋欲犯边。宜还其生口,以安慰之。"诏百官议朝堂。公卿皆言夷狄谲诈,求欲无猒,①既得生口,当复妄自夸大,不可开许。安独曰:"北虏遣使奉献和亲,有得边生口者,辄以归汉,此明其畏威,而非先违约也。云以大臣典边,不宜负信于戎狄,还之足示中国优贷,而使边人得安,诚便。"司徒桓虞改议从安。太尉郑弘、司空第五伦皆恨之。弘因大言激励虞曰:"诸言当还生口者,皆为不忠。"虞廷叱之,伦及大鸿胪韦彪各作色变容,司隶校尉举奏,安等皆上印绶谢。肃宗诏报曰:"久议沈滞,各有所志。盖事以议从,策由众定,訚訚衎衎,得礼之容,②寝嘿抑心,更非朝廷之福。君何尤而深谢?其各冠履。"帝竟从安议。明年,代第五伦为司空。章和元年，代桓虞为司徒。

①谲亦诈也。

②訚訚，忠正貌。衎衎，和乐貌。

和帝即位，窦太后临朝，后兄车骑将军宪北击匈奴，安与太尉宋由、司空任隗及九卿诣朝堂上书谏，以为匈奴不犯边塞，而无故劳师远涉，损费国用，徼功万里，非社稷之计。书连上辄寝。宋由惧，遂不敢复署议，而诸卿稍自引止。唯安独与任隗守正不移，至免冠朝堂固争者十上。太后不听，众皆为之危惧，安正色自若。窦宪既出，而弟卫尉笃、执金吾景各专威权，公于京师使客遮道夺人财物。景又擅使乘驿施檄缘边诸郡，发突骑及善骑射有才力者，渔阳、鴈门、上谷三郡各遣吏将送诣景第。有司畏惮，莫敢言者。安乃劾景擅发边兵，惊惑吏人，二千石不待符信而辄承景檄，当伏显诛。又奏司隶校尉、河南尹阿附贵戚，无尽节之义，①请免官案罪。并寝不报。宪、景等日益横，尽树其亲党宾客于名都大郡，②皆赋敛吏人，更相赂遗，其馀州郡，亦复望风从之。安与任隗举奏诸二千石，又它所连及贬秩免官者四十馀人，窦氏大恨。但安、隗素行高，亦未有以害之。

①续汉书曰，安奏司隶郑据、河南尹蔡嵩。

②袁山松书曰，河南尹王调，汉阳太守朱敞，南阳太守满殷、[3]高丹等皆其宾客。前书曰"十二万户为大郡"也。

时窦宪复出屯武威。明年，北单于为耿夔所破，遁走乌孙，塞北地空，馀部不知所属。宪日矜己功，欲结恩北虏，乃上立降者左鹿蠡王阿佟①[4]为北单于，置中郎将领护，如南单于故事。事下公卿议，太尉宋由、太常丁鸿、光禄勋耿秉等十人议可许。安与任隗奏，以为“光武招怀南虏，非谓可永安内地，正以权时之算，可得扞御北狄故也。今朔漠既定，宜令南单于反其北庭，并领降众，无缘复更立阿佟，以增国费”。宗正刘方、大司农尹睦同安议。事奏，未以时定。安惧宪计遂行，乃独上封事曰：“臣闻功有难图，不可豫见；事有易断，较然不疑。伏惟光武皇帝本所以立南单于者，欲安南定北之策也，恩德甚备，故匈奴遂分，边境无患。孝明皇帝奉承先意，不敢失坠，赫然命将，爰伐塞北。至乎章和之初，降者十馀万人，[5]议者欲置之滨塞，东至辽东，②太尉宋由、光禄勋耿秉皆以为失南单于心，不可，先帝从之。陛下奉承洪业，大开疆宇，大将军远师讨伐，席卷北庭，此诚宣明祖宗，崇立弘勋者也。宜审其终，以成厥初。伏念南单于屯，先父举众归德，自蒙恩以来，四十馀年。三帝积累，以遗陛下。陛下深宜遵述先志，成就其业。况屯首唱大谋，空尽北虏，辍而弗图，更立新降，以一朝之计，违三世之规，失信于所养，建立于无功。由、秉实知旧议，而欲背弃先恩。夫言行君子之枢机，③赏罚理国之纲纪。论语曰：‘言忠信，行笃敬，虽蛮貊行焉。’今若失信于一屯，则百蛮不敢复保誓矣。又乌桓、鲜卑新杀北单于，凡人之情，咸畏仇雠，今立其弟，则二虏怀怨。兵、食可废，信不可去。④且汉故事，供给南单于费直岁一亿九十馀万，西域岁七千四百八十万。今北庭弥远，其费过倍，是乃空尽天下，而非建策之要也。”诏下其议。安又与宪更相难折。宪险急负埶，言辞骄讦，⑤至诋毁安，称光武诛韩歆、戴涉故事，安终不移。⑥宪竟立匈奴降者右鹿蠡王於除鞬为单于，⑦后遂反叛，卒如安策。

①徒冬反。

②滨，边也。

③易曰：“言行者，君子之枢机。枢机之发，荣辱之主也。”

④论语："孔子曰：'足食足兵，人信之矣。''必不得已而去，于斯三者何先？'曰：'去兵。'曰：'必不得已而去，于斯二者何先？'曰：'去食。自古皆有死，人无信不立。'"

⑤讦谓发扬人之恶。

⑥大司徒歆坐非帝读隗嚣书，自杀。大司徒涉坐杀太仓令，下狱死。

⑦犍音九言反。

安以天子幼弱，外戚擅权，每朝会进见，及与公卿言国家事，未尝不噫呜流涕。①自天子及大臣皆恃赖之。四年春，薨，朝廷痛惜焉。

①噫音医，又乙戒反。呜音一故反。叹伤之貌也。

后数月，窦氏败，帝始亲万机，追思前议者邪正之节，乃除安子赏为郎。策免宋由，以尹睦为太尉，刘方为司空。睦，河南人，薨于位。方，平原人，后坐事免归，自杀。

初，安父没，母使安访求葬地，道逢三书生，问安何之，安为言其故，生乃指一处，云"葬此地，当世为上公"。须臾不见，安异之。于是遂葬其所占之地，故累世隆盛焉。安子京、敞最知名。

京字仲誉。习孟氏易，作难记三十万言。初拜郎中，稍迁侍中，出为蜀郡太守。

子彭，字伯楚。少传父业，历广汉、南阳太守。顺帝初，为光禄勋。行至清，为吏麤袍粝食，终于议郎。尚书胡广等追表其有清絜之美，比前朝贡禹、第五伦。①未蒙显赠，[6]当时皆嗟叹之。

①贡禹，元帝御史大夫。经明行修，清絜忧国也。

彭弟汤，字仲河，少传家学，诸儒称其节，多历显位。桓帝初为司空，以豫议定策封安国亭侯，食邑五百户。累迁司徒、太尉，以灾异策免。卒，谥曰康侯。①

①风俗通曰："汤时年八十六，有子十二人。"

汤长子成，左中郎〔将〕。[7]早卒，次子逢嗣。

逢字周阳，以累世三公子，宽厚笃信，著称于时。灵帝立，逢以太仆豫议，增封三百户。后为司空，卒于执金吾。朝廷以逢尝为三老，特优礼之，赐以珠画特诏秘器，①饭含珠玉二十六品，②使五官中郎将持节奉策，赠以车骑将军印绶，加号特进，谥曰宣文侯。子基嗣，位至太仆。

①前书曰，董贤死，以沙画棺。音义云："以朱沙画之也。""珠"与"朱"同。秘器，棺也。

②穀梁传曰："贝玉曰含。"

逢弟隗，少历显官，①先逢为三公。时中常侍袁赦，[8]隗之宗也，用事于中。以逢、隗世宰相家，推崇以为外援。故袁氏贵宠于世，富奢甚，不与它公族同。献帝初，隗为太傅。

①隗字次阳。

成子绍，逢子术，自有传。董卓忿绍、术背己，遂诛隗及术兄基等男女二十馀人。[9]

敞字叔平，少传易经教授，以父任为太子舍人。和帝时，历位将军、大夫、侍中，出为东郡太守，征拜太仆、光禄勋。元初三年，代刘恺为司空。明年，坐子与尚书郎张俊交通，漏泄省中语，策免。敞廉劲不阿权贵，失邓氏旨，遂自杀。

张俊者，蜀郡人，有才能，与兄龛并为尚书郎，年少励锋气。郎朱济、丁盛立行不脩，俊欲举奏之，二人闻，恐，因郎陈重、雷义往请俊，俊不听，因共私赂侍史，使求俊短，得其私书与敞子，遂封上之，皆下狱，当死。俊自狱中占狱吏上书自讼，①书奏而俊狱已报。②廷尉将出穀门，临行刊，③邓太后诏驰骑以减死论。俊假名上书谢曰："臣孤恩负义，自陷重刑，情断意讫，无所复望。廷尉鞠遣，欧④刀在前，棺絮在后，魂魄飞扬，形容已枯。陛下圣泽，以臣尝在近密，⑤识其状貌，伤其眼目，[10]留心曲虑，特加偏覆。丧车复还，白骨更肉，披棺发椁，起见白日。天地父母能生臣俊，不能使臣俊当死复生。陛下德过天地，恩重父母，诚非臣俊破碎骸骨，举宗腐烂，所报万一。臣俊徒也，不得上书；不胜去死就生，惊喜踊跃，触冒拜章。"当时皆哀其文。

①占谓口授也，前书曰"陈遵凭几口占书吏"是也。

②谓奏报论死也。

③穀门，洛阳城北面中门也。

④音一口反。

⑤谓为尚书郎。

朝廷由此薄敞罪而隐其死，以三公礼葬之，复其官。子盱。①

①况于反。

盱后至光禄勋。时大将军梁冀擅朝，内外莫不阿附，唯盱与廷尉邯郸义正身自守。及桓帝诛冀，使盱持节收其印绶，事已具梁冀传。

闳字夏甫，彭之孙也。少励操行，苦身脩节。父贺，为彭城相。①闳往省谒，变名姓，徒行无旅。既至府门，连日吏不为通，会阿母出，见闳惊，[2]入白夫人，乃密呼见。既而辞去，贺遣车送之，闳称眩疾不肯乘，反，郡界无知者。及贺卒郡，闳兄弟迎丧，不受赙赠，缞绖扶柩，冒犯寒露，体貌枯毁，手足血流，见者莫不伤之。服阕，累征聘举召，皆不应。居处仄陋，以耕学为业。从父逢、隗并贵盛，数馈之，无所受。

①风俗通曰："贺字元服。祖父京，为侍中。安帝始加元服，百僚会贺，临庄垂出而孙适生，喜其嘉会，因名字焉。"

②谢承书曰："乳母从内出，见在门侧，面貌省瘦，为其垂泣。闳厚丁宁：'此閒不知吾，慎勿宣露也。'"

闳见时方险乱，而家门富盛，常对兄弟叹曰："吾先公福祚，后世不能以德守之，而竞为骄奢，与乱世争权，此即晋之三郤矣。"[1]延熹末，党事将作，闳遂散发绝世，欲投跡深林。以母老不宜远遁，乃筑土室，四周于庭，不为户，自牖纳饮食而已。旦于室中东向拜母。母思闳，时往就视，母去，便自掩闭，兄弟妻子莫得见也。及母殁，不为制服设位，时莫能名，或以为狂生。潜身十八年，黄巾贼起，攻没郡县，百姓惊散，闳诵经不移。贼相约语不入其闾，乡人就闳避难，皆得全免。年五十七，卒于土室。[2]二弟忠、弘，节操皆亚于闳。

①三郤谓郤锜、郤犨、郤至，皆晋卿也。各骄奢，为厉公所杀。事见左传。

②汝南先贤传曰："闳临卒，敕其子曰：'勿设殡棺，但著裨衫疏布单衣幅巾，亲尸于板床之上，以五百墼为藏。'"

忠字正甫，与同郡范滂为友，俱证党事得释，语在滂传。初平中，为沛相，[1]乘苇车到官，以清亮称。及天下大乱，忠弃官客会稽上虞。[2]一见太守王朗徒从整饰，心嫌之，遂称病自绝。[3]后孙策破会稽，忠等浮海南投交阯。献帝都许，征为卫尉，未到，卒。

①沛王琮相也。琮，光武八代孙也。

②县名，城在今越州馀姚县西。

③王朗字景兴，肃之父也，魏志有传。谢承书曰"忠乘船载笠盖诣朗，见朗左右僮从皆著青绛采衣，非其奢丽，即辞疾发而退"也。

弘字邵甫，耻其门族贵執，乃变姓名，徒步师门，〔11〕不应征辟，终于家。①

①谢承书曰："弘尝入京师太学，其从父逢为太尉，〔12〕呼弘与相见。遇逢宴会作乐，弘伏称头痛，不听(呼)(音)声而退，〔13〕遂不复往。绍、术兄弟亦不与通。"

忠子祕，为郡门下议生。黄巾起，祕从太守赵谦击之，军败，祕与功曹封观等七人以身扞刃，皆死于陈，谦以得免。诏祕等门闾号曰"七贤"。①〔14〕

①谢承书曰"祕字永宁。封观与主簿陈端、门下督范仲礼、贼曹刘伟德、主记史丁子嗣、记室史张仲然、议生袁祕等七人擢刃突陈，与战并死"也。

封观者，有志节，当举孝廉，以兄名位未显，耻先受之，遂称风疾，喑不能言。火起观屋，徐出避之，忍而不告。后数年，兄得举，观乃称损而仕郡焉。①

①谢承书曰："观字孝起，南顿人也。"

论曰：陈平多阴谋，而知其后必废；①邴吉有阴德，夏侯胜识其当封及子孙。②终陈掌不侯，而邴昌绍国，虽有不类，未可致诘，其大致归然矣。袁公窦氏之閒，乃情帝室，③引义雅正，可谓王臣之烈。④及其理楚狱，未尝鞫人于臧罪，其仁心足以覃乎后昆。⑤子孙之盛，不亦宜乎？⑥

①丞相陈平为高祖谋臣，出六奇，叹曰："我多阴谋，道家之所禁，吾世即废，以吾多阴谋祸也。"其后曾孙掌以卫氏亲戚贵达，愿得续封，而终不得也。

②武帝末，戾太子巫蛊事起，邴吉为廷尉监。时宣帝年二岁，坐太子事系。望气者言长安狱中有天子气，于是上遣使者分条中都官诏狱，系者亡轻重一切皆杀之。内者令郭穰至郡邸狱，吉闭门扞拒曰："它人无辜犹不可，况亲曾孙乎？"穰不得入，还以闻。上曰："天使之也。"因大赦天下。曾孙赖吉得立。[15]宣帝立，吉为丞相，未及封而病。上忧吉不起，夏侯胜曰："此未死也。臣闻有阴德者必飨其乐以及子孙。"后吉病愈，封博阳侯。薨，子显嗣。甘露中，削爵为关内侯。至孙昌，复封博阳侯。传子至孙，王莽败乃绝。

③乃情犹竭情也。

④易曰："王臣蹇蹇，匪躬之故。"烈，业也。

⑤尔雅曰："覃，延也。"

⑥此论并华峤之词也。

张酺字孟侯，汝南细阳人，赵王张敖之后也。①敖子寿，封细阳之池阳乡，后废，因家焉。

①敖父耳，自楚降汉，高祖封为赵王。敖嗣，后有罪，废为宣平侯。

酺少从祖父充受尚书，能传其业。①又事太常桓荣。勤力不怠，聚徒以百数。永平九年，显宗为四姓小侯开学于南宫，②置五经师。酺以尚书教授，数讲于御前。以论难当意，除为郎，赐车马衣裳，遂令入授皇太子。

①东观记曰："充与光武同门学，光武即位，求问充，充已死。"

②小侯，解见明纪也。

酺为人质直，守经义，每侍讲閒隙，数有匡正之辞，以严见惮。①及肃宗即位，擢酺为侍中、虎贲中郎将。数月，出为东郡太守。酺自以尝经亲近，未悟见出，意不自得，②上疏辞曰："臣愚以经术给事左右，少不更职，不晓文法，猥当剖符典郡，班政千里，必有负恩辱位之咎。臣窃私自分，殊不虑出城阙，冀蒙留恩，托备冗官，群僚所不安，耳目所闻见，不敢避好丑。"诏报曰："经云：'身虽在外，乃心不离王室。'③典城临民，益所以报效也。好丑必上，不在远近。④今赐装钱三十万，其亟之官。"酺虽儒者，而性刚断。下车擢用义勇，搏击豪强。长吏有杀盗徒者，酺辄案之，以为令长受臧，犹不至死，盗徒皆饥寒佣保，何足穷其法乎！

①东观记曰："太子家时为奢侈物，未尝不正谏，甚见重焉。"

②悟，晓也。

③尚书康王之诰曰"虽尔身在外，乃心罔不在王室"也。

④好丑谓善恶也。言事之善恶，必以闻上，此即报效，岂拘外内也。

郡吏王青者，①祖父翁，与前太守翟义起兵攻王莽，及义败，馀众悉降，翁独守节力战，莽遂燔烧之。父隆，建武初为都尉功曹，青为小史。与父俱从都尉行县，道遇贼，隆以身卫全都尉，遂死于难；青亦被矢贯咽，音声流喝。②前郡守以青身有金夷，竟不能举。③酺见之，叹息曰："岂有一门忠义而爵赏不及乎？"遂擢用极右曹，④乃上疏荐青三世死节，宜蒙显异。奏下三公，由此为司空所辟。⑤

①谢承书曰："青字公然，东郡聊城人也。"

②"流"或作"嘶"。喝音一介反。广苍曰："声之幽也。"

③夷，伤也。

④汉官仪曰："督邮、功曹，郡之极位。"

⑤东观记曰"青从此除步兵司马。酺伤青不遂，复举其子孝廉"也。

自酺出后，帝每见诸王师傅，常言："张酺前入侍讲，屡有谏正，訚訚恻恻，出于诚心，可谓有史鱼之风矣。"①元和二年，东巡狩，幸东郡，引酺及门生并郡县掾史并会庭中。帝先备弟子之仪，使酺讲尚书一篇，然后脩君臣之礼。②赏赐殊特，莫不沾洽。

①訚訚，忠正也。恻恻，恳切也。史鱼，卫大夫，名鰌，字子鱼。孔子曰"直哉史鱼，邦有道如矢，邦无道如矢"也。

②东观记曰："时使尚书令王鲔与酺相难，上甚欣悦。"

酺视事十五年，和帝初，迁魏郡太守。郡人郑据时为司隶校尉，奏免执金吾窦景。景后复位，遣掾夏猛私谢酺曰："郑据小人，为所侵冤。闻其儿为吏，放纵狼藉。取是曹子一人，足以惊百。"〔16〕酺大怒，即收猛系狱，檄言执金吾府，疑猛与据子不平，矫称卿意，以报私雠。会有赎罪令，猛乃得出。①顷之，征入为河南尹。窦景家人复击伤市卒，吏捕得之，景怒，遣缇骑侯海等五百人欧伤市丞。②酺部吏杨章等穷究，正海罪，徙朔方。景忿怨，乃移书辟章等六人为执金吾吏，欲因报之。章等惶恐，入白酺，愿自引臧罪，以辞景命。酺即上言其状。窦太后诏报："自今执金吾辟吏，皆勿遣。"

①东观记曰"据字平卿，黎阳人也。为侍御史，转司隶校尉"也。

②说文曰："缇，帛丹黄色也。"汉官仪曰，执金吾有缇骑。

及窦氏败，酺乃上疏曰："臣实愚惷，不及大体，①以为窦氏虽伏厥辜，而罪刑未著，后世不见其事，但闻其诛，非所以垂示国典，贻之将来。宜下理官，与天下平之。②方宪等宠贵，群臣阿附唯恐不及，皆言宪受顾命之托，怀伊、吕之忠，③至乃复比邓夫人于文母。④今严威既行，皆言当死，不复顾其前后，考折厥衷。臣伏见夏阳侯瓌，每存忠善，前与臣言，常有尽节之心，检敕宾客，未尝犯法。臣闻王政骨肉之刑，有三宥之义，过厚不过薄。⑤今议者为瓌选严能相，恐其迫切，必不完免，宜裁加贷宥，以崇厚德。"和帝感酺言，徙瓌封，就国而已。

①郑玄注周礼云："惷愚，痴騃也。"惷音陟降反。

②平之谓平论其罪也。

③临终之命曰顾命。

④臣贤案：邓夫人即穰侯邓叠母元也。元出入宫掖，共窦宪女婿郭举父子同谋杀害，与窦氏同诛，语见宪传，故张酺论宪兼及其党。称邓夫人者，犹如前书霍光妻称霍显，祁太伯母号祁夫人之类也。文母，文王之妻也。诗曰："既有烈考，亦有文母。"

⑤礼记曰"公族有罪，狱成，有司谳于公曰：'某之罪在大辟。'公曰：'宥之。'有司又曰：'在大辟。'公又曰：'宥之。'有司又曰：'在大辟。'公又曰：'宥之。'及三宥不对，走出，[17]致刑于甸人。公又使人追之，曰：'虽然，必宥之。'有司曰：'无及也。'反命于公，公素服如其伦之丧"也。

永元五年，迁酺为太仆。数月，代尹睦为太尉。①数上疏以疾乞身，荐魏郡太守徐防自代。帝不许，使中黄门问病，加以珍羞，赐钱三十万。酺遂称笃。时子蕃以郎侍讲，帝因令小黄门敕蕃曰："阴阳不和，万人失所，朝廷望公思惟得失，与国同心，而托病自絜，求去重任，谁当与吾同忧责者？非有望于断金也。②司徒固疾，司空年老，③公其伛偻，勿露所敕。"④酺惶恐诣阙谢，还复视事。酺虽在公位，而父常居田里，酺每有迁职，辄一诣京师。尝来候酺，适会岁节，公卿罢朝，俱诣酺府奉酒上寿，极欢卒日，众人皆庆羡之。及父卒，既葬，诏遣使赍牛酒为释服。

①汉官仪曰："睦字伯师，河南巩人也。"

②断金，解在皇后纪。

③时司徒刘方，司空张奋也。

④伛偻言恭敬从命也。左氏传曰："一命而偻，再命而伛，三命而俯。"

后以事与司隶校尉晏称会于朝堂，酺从容谓称曰："三府辟吏，多非其人。"称归，即奏令三府各实其掾史。酺本以私言，不意称奏之，甚怀恨。会复共谢阙下，酺因责让于称。称辞语不顺，酺怒，遂廷叱之，称乃劾奏酺有怨言。天子以酺先帝师，有诏公卿、博士、朝臣会议。司徒吕盖奏酺位居三司，知公门有仪，不屏气鞠躬以须诏命，反作色大言，怨让使臣，不可以示四远。①于是策免。

①司隶校尉督大奸猾，无所不察，故曰使臣也。

酺归里舍，谢遣诸生，闭门不通宾客。左中郎将何敞及言事者多讼酺公忠，帝亦雅重之。十(五)〔六〕年，[18]复拜为光禄勋。数月，代鲁恭为司徒。月馀薨。乘舆缟素临吊，赐冢茔地，赗赠恩宠异于它相。酺病临危，敕其子曰："显节陵埽地露祭，欲率天下以俭。①吾为三公，既不能宣扬王化，令吏人从制，岂可不务节约乎？其无起祠堂，可作槁盖庑，施祭其下而已。"②

①显节，明帝陵也。明帝遗诏无起寝庙，故言埽地而祭也，故酺遵奉之。

②庑，屋也。

曾孙济，好儒学，①光和中至司空，病罢。及卒，灵帝以旧恩赠车骑将军、关内侯印绶。其年，追济侍讲有劳，封子根为蔡阳乡侯。

①华峤书曰："蕃生磐，磐生济。济字元江。灵帝初，杨赐荐济明习典训，为侍讲。"

济弟喜，初平中为司空。

韩棱字伯师，颍川舞阳人，弓高侯穨当之后也。①世为乡里著姓。父寻，建武中为陇西太守。

①穨当，韩王信之子。见前书。

棱四岁而孤，养母弟以孝友称。及壮，推先父馀财数百万与从昆弟，乡里益高之。初为郡功曹，太守葛兴中风，病不能听政，棱阴代兴视事，出入二年，令无违者。兴子尝发教欲署吏，棱拒执不从，因令怨者章之。①事下案验，吏以棱掩蔽兴病，专典郡职，遂致禁锢。显宗知其忠，后诏特原之。由是征辟，五迁为尚书令，与仆射郅寿、尚书陈宠，同时俱以才能称。肃宗尝赐诸尚书剑，唯此三人特以宝剑，自手署其名曰："韩棱楚龙渊，②郅寿蜀汉文，陈宠济南椎成。"③时论者为之说：以棱渊深有谋，故得龙渊；寿明达有文章，故得汉文；宠敦朴，善不见外，故得椎成。

①章谓令上章告言之。

②晋大康记曰："汝南西平县有龙泉水，可淬刀剑，特坚利。"汝南即楚分野。

③椎音直追反。汉官仪"椎成"作"锻成"。

和帝即位，侍中窦宪使人刺杀齐殇王子都乡侯畅于上东门，有司畏宪，咸委疑于畅兄弟。诏遣侍御史之齐案其事。棱上疏以为贼在京师，不宜舍近问远，恐为奸臣所笑。窦太后怒，以切责棱，棱固执其议。及事发，果如所言。宪惶恐，白太后求出击北匈奴以赎罪。棱复上疏谏，太后不从。及宪有功，还为大将军，威震天下，复出屯武威。会帝西祠园陵，诏宪与车驾会长安。及宪至，尚书以下议欲拜之，伏称万岁。棱正色曰："夫上交不谄，下交不黩，①礼无人臣称万岁之制。"议者皆惭而止。尚书左丞王龙私奏记上牛酒于宪，棱举奏龙，论为城旦。②棱在朝数荐举良吏应顺、吕章、周纡等，皆有名当时。及窦氏败，棱典案其事，深竟党与，数月不休沐。帝以为忧国忘家，赐布三百匹。

①易下系之辞也。

②前书音义曰："城旦，轻刑之名也。昼日司寇虏，夜暮筑长城，故曰城旦。"

迁南阳太守，特听棱得过家上冢，乡里以为荣。棱发擿奸盗，郡中震栗，政号严平。数岁，征入为太仆。九年冬，代张奋为司空。明年薨。

子辅，安帝时至赵相。①

①赵王良孙商之相也。

棱孙演，〔19〕顺帝时为丹阳太守，政有能名。桓帝时为司徒。①大将军梁冀被诛，演坐阿党抵罪，以减死论，遣归本郡。②后复征拜司隶校尉。

①演字伯南。

②华峤书曰"梁皇后崩，梁贵人大幸，将立，大将军冀欲分其宠，谋冒姓为贵人父，演阴许诺，及冀诛事发，演坐抵罪"也。

周荣字平孙，庐江舒人也。肃宗时，举明经，辟司徒袁安府。

安数与论议，甚器之。及安举奏窦景及与窦宪争立北单于事，皆荣所具草。窦氏客太尉掾徐齮深恶之，胁荣曰："子为袁公腹心之谋，排奏窦氏，窦氏悍士刺客满城中，谨备之矣！"荣曰："荣江淮孤生，蒙先帝大恩，以历宰二城。今复得备宰士，①纵为窦氏所害，诚所甘心。"故常敕妻子，若卒遇飞祸，无得殡敛，②冀以区区腐身觉悟朝廷。及窦氏败，荣由此显名。自郾令擢为尚书令。出为颍川太守，坐法，当下狱，和帝思荣忠节，左转共令。③岁馀，复以为山阳太守。所历郡县，皆见称纪。以老病乞身，卒于家，诏特赐钱二十万，除子男兴为郎中。

①荣辟司徒府，故称宰士。

②飞祸言仓卒而死也。

③共，县名，属河内郡，故城在今卫州共城县东，即古共国也。

兴少有名誉，永宁中，尚书陈忠上疏荐兴曰："臣伏惟古者帝王有所号令，言必弘雅，辞必温丽，垂于后世，列于典经。故仲尼嘉唐虞之文章，从周室之郁郁。①臣窃见光禄郎周兴，②孝友之行，著于闺门，清厉之志，闻于州里。蕴匵古今，博物多闻，③三坟之篇，五典之策，无所不览。④属文著辞，有可观采。尚书出纳帝命，为王喉舌。⑤臣等既愚暗，而诸郎多文俗吏，鲜有雅才，每为诏文，宣示内外，转相求请，或以不能而专己自由，辞多鄙固。兴抱奇怀能，随辈栖迟，诚可叹惜。"诏乃拜兴为尚书郎。卒。兴子景。

①论语孔子曰："大哉尧之为君也，焕乎其有文章。"又曰："周监于二代，郁郁乎文哉。吾从周。"

②光禄主郎，故曰光禄郎。

③蕴，藏也。匵，匮也。

④伏羲、神农、黄帝之书曰三坟；少昊、颛顼、高辛、唐、虞之书曰五典也。

⑤尚书为王之喉舌官也。李固对策曰："今陛下有尚书，犹天之有北斗也。北斗为天之喉舌，尚书亦为陛下之喉舌也。"

景字仲飨。辟大将军梁冀府，稍迁豫州刺史、河内太守。好贤爱士，其拔才荐善，常恐不及。每至岁时，延请举吏入上后堂，与共宴会，如此数四，乃遣之。赠送什物，无不充备。既而选其父兄子弟，事相优异。常称曰："臣子同贯，若之何不厚！"先是司徒韩演在河内，志在无私，举吏当行，一辞而已，恩亦不及其家。曰："我举若可矣，岂可令偏积一门！"[20]故当时论者议此二人。

景后征入为将作大匠。及梁冀诛，景以故吏免官禁锢。朝廷以景素著忠正，顷之，复引拜尚书令。①迁太仆、卫尉。六年，代刘宠为司空。是时宦官任人及子弟充塞列位。景初视事，与太尉杨秉举奏诸奸猾，自将军牧守以下，免者五十馀人。遂连及中常侍防东侯览、[21]东武阳侯具瑗，皆坐黜。朝廷莫不称之。视事二年，以地震策免。岁馀，复代陈蕃为太尉。建宁元年薨。以豫议定策立灵帝，追封安阳乡侯。

①蔡质汉仪曰："延熹中，京师游侠有盗发顺帝陵，卖御物于市，市长追捕不得。周景以尺一诏召司隶校尉左雄诣台对诘，雄伏于廷答对，景使虎贲左骏顿头，血出覆面，与三日期，贼便擒也。"

长子崇嗣，至甘陵相。①

①甘陵王理相也。理即章帝曾孙。

中子忠，少历列位，累迁大司农。①忠子晖，前为洛阳令，去官归。兄弟好宾客，雄江淮閒，出入从车常百馀乘。及帝崩，晖闻京师不安，来候忠，董卓闻而恶之，使兵劫杀其兄弟。忠后代皇甫嵩为太尉，录尚书事，以灾异免。复为卫尉，从献帝东归洛阳。

①吴书曰，忠字嘉谋，与朱儁共败李傕于曹阳也。

赞曰：袁公持重，诚单所奉。①惟德不忘，延世承宠。孟侯经博，侍言帝幙。梭、荣事君，志同鹯雀。②

①单，尽也。

②左传曰："见无礼于其君者诛之，如鹰鹯之逐鸟雀也。"

【校勘记】

〔1〕汝南汝阳人也　按：集解引惠栋说，谓袁纪作"汝南宛人"。

〔2〕洛阳令身出案行　按：殿本考证引孙镰说，谓"洛阳"当作"汝阳"。又按：汲本、殿本"身"作"自"。

〔3〕南阳太守满殷　按：汲本"满"作"蒲"。

〔4〕左鹿蠡王阿佟　按：集解引惠栋说，谓袁纪"阿佟"作"阿修"。又引钱大昭说，谓疑即於除鞬也。"左"当作"右"。

〔5〕至乎章和之初降者十馀万人　按：汲本"乎"作"于"。汲本、殿本"十馀万人"作"十万馀人"。

〔6〕未蒙显赠　按："未"原讹"求"，径据汲本、殿本改正。

〔7〕左中郎〔将〕　集解引何焯说，谓"左中郎"下当有"将"字。又校补引柳從辰说，谓袁纪亦作"左中郎将"，与华峤书同。今据补。

〔8〕中常侍袁赦　按：集解引惠栋说，谓袁纪作"袁朗"，案梁冀传当作"赦"。

〔9〕遂诛隗及术兄基等男女二十馀人　按：沈家本谓袁绍传注引献帝春

秋曰:"卓使司隶宣播尽口收之,母及姊妹婴孩以上五十馀人下狱死。"献纪注引亦同。此传云二十馀人,恐"二"字误也。

〔10〕识其状貌伤其眼目　按:汲本、殿本二"其"字皆作"臣"。

〔11〕徒步师门　按:汲本"师门"下有"从师"二字。殿本无"从师"二字,考证云从宋本删。

〔12〕其从父逢为太尉　按:张森楷校勘记谓案袁逢以太仆为司空,未尝为太尉,"尉"字疑误,否则竟谢承谬也。

〔13〕不听(呼)〔音〕声而退　据汲本、殿本改。

〔14〕诏祕等门闾号曰七贤　按:御览一五七引作"诏复祕等闾号曰七贤闾"。

〔15〕曾孙赖吉得立　按:刊误谓案前书"立"当作"全"。

〔16〕足以惊百　按:汲本"惊"作"警"。

〔17〕公又曰宥之及三宥不对走出　按:刊误谓案今礼记文,注多下"公又曰宥之"五字。

〔18〕十(五)〔六〕年复拜为光禄勋数月代鲁恭为司徒　按:和帝纪永元十六年秋七月庚午,光禄勋张酺为司徒,八月己酉,司徒张酺薨。今据改。

〔19〕棱孙演　按:桓帝纪"演"作"缜"。沈钦韩谓胡广传作"缜"。李慈铭谓吴志周瑜传注引张璠汉纪作"缜",与桓纪同。

〔20〕岂可令徧积一门　按:"徧"原作"偏",径据汲本、殿本改。

〔21〕中常侍防东侯览　宸翰楼覆宋本东汉书刊误云:"案览本传,览防东人,封高乡侯。今此载其侯爵,当云高乡侯,若载其本县名,则非例也。盖脱一'侯'字,误二'高乡'字。"今按刘氏之意,盖谓"防东"二字乃"高乡"之误,其下又脱一"侯"字。是刘氏所见本,亦作"中常侍防东侯览"也。殿本正文作"中常侍防东阳侯侯览"(汲本同),而引刘攽刊误,则删去"脱一侯字"四字,遂使读者不知刘氏

所言谓何，当时校勘之粗疏如是。又集解引钱大昕说，谓刘据览传证此文当为"高乡"之误，是矣。予又疑高乡即防东之乡，故传称防东乡侯，因下文有"东武阳"字，又误"乡"为"阳"也。今按钱氏之意，盖谓疑当作"中常侍防东乡侯侯览"也。

后汉书卷四十六

郭陈列传第三十六　郭躬弟子镇　陈宠子忠

郭躬字仲孙，颍川阳翟人也。家世衣冠。父弘，习小杜律。①太守寇恂以弘为决曹掾，断狱至三十年，用法平。诸为弘所决者，退无怨情，郡内比之东海于公。年九十五卒。②

①前书，杜周武帝时为廷尉、御史大夫，断狱深刻。少子延年亦明法律，宣帝时又为御史大夫。对父故言小。

②于公，东海人，丞相于定国父也。为郡决曹，决狱平，罗文法者，于公所决皆不恨。见前书也。

躬少传父业，讲授徒众常数百人。后为郡吏，辟公府。永平中，奉车都尉窦固出击匈奴，骑都尉秦彭为副。彭在别屯而辄以法斩人，固奏彭专擅，请诛之。显宗乃引公卿朝臣平其罪科。躬以明法律，召入议。议者皆然固奏，躬独曰："于法，彭得斩之。"帝曰："军征，校尉一统于督。①彭既无斧钺，可得专杀人乎？"躬对曰：

“一统于督者，谓在部曲也。②今彭专军别将，有异于此。兵事呼吸，不容先关督帅。且汉制棨戟即为斧钺，于法不合罪。”③帝从躬议。又有兄弟共杀人者，而罪未有所归。帝以兄不训弟，故报兄重而减弟死。中常侍孙章宣诏，误言两报重，尚书奏章矫制，罪当腰斩。帝复召躬问之，躬对“章应罚金”。帝曰：“章矫诏杀人，何谓罚金？”躬曰：“法令有故、误，章传命之谬，于事为误，误者其文则轻。”帝曰：“章与囚同县，疑其故也。”躬曰：“‘周道如砥，其直如矢。’④‘君子不逆诈。’⑤君王法天，刑不可以委曲生意。”帝曰：“善。”迁躬廷尉正，坐法免。

①督谓大将。

②前书音义曰“大将军行有五部，[1]部有曲”也。

③有衣之戟曰棨。

④诗小雅也。如砥，贡赋平。如矢，赏罚中。

⑤论语孔子之言。

后三迁，元和三年，拜为廷尉。躬家世掌法，务在宽平，及典理官，决狱断刑，多依矜恕，乃条诸重文可从轻者四十一事奏之，事皆施行，著于令。章和元年，赦天下系囚在四月丙子以前减死罪一等，勿笞，诣金城，而文不及亡命未发觉者。躬上封事曰：“圣恩所以减死罪使戍边者，重人命也。今死罪亡命无虑万人，①又自赦以来，捕得甚众，而诏令不及，皆当重论。伏惟天恩莫不荡宥，死罪已下并蒙更生，而亡命捕得独不沾泽。臣以为赦前犯死罪而系在赦后者，可皆勿笞诣金城，以全人命，有益于边。”肃宗善之，即下诏赦焉。躬奏谳法科，多所生全。永元六年，卒官。中子晊，亦明法律，②至南阳太守，政有名跡。弟子镇。

①广雅曰：“无虑，都凡也。”

②晊音质。

镇字桓锺，少修家业。辟太尉府，再迁，延光中为尚书。及中黄门孙程诛中常侍江京等而立济阴王，镇率羽林士击杀卫尉阎景，以成大功，事在宦者传。再迁尚书令。太傅、三公奏镇冒犯白刃，手剑贼臣，奸党殄灭，宗庙以宁，功比刘章，①宜显爵土，以励忠贞。乃封镇为定颍侯，食邑二千户。拜河南尹，转廷尉，免。永建四年，卒于家。诏赐冢茔地。

①章，齐王肥子也，高帝孙，诛诸吕有功，封朱虚侯也。

长子贺当嗣爵，让与小弟时而逃去。积数年，诏大鸿胪下州郡追之，贺不得已，乃出受封。累迁，复至廷尉。及贺卒，顺帝追思镇功，下诏赐镇谥曰昭武侯，贺曰成侯。

贺弟祯，亦以能法律至廷尉。

镇弟子禧，①少明习家业，兼好儒学，有名誉，延熹中亦为廷尉。建宁二年，代刘宠为太尉。禧子鸿，至司隶校尉，封城安乡侯。

①许其反。

郭氏自弘后，数世皆传法律，子孙至公者一人，廷尉七人，侯者三人，刺史、二千石、侍中、中郎将者二十馀人，侍御史、正、监、平者甚众。

顺帝时，廷尉河南吴雄季高，以明法律，断狱平，起自孤宦，致位司徒。雄少时家贫，丧母，营人所不封土者，择葬其中。丧事趣辨，不问时日，(医)巫皆言当族灭，[2]而雄不顾。及子䜣孙恭，三世廷尉，为法名家。①[3]

①名为明法之家。

初，肃宗时，司隶校尉下邳赵兴亦不恤讳忌，[①]每入官舍，辄更缮修馆宇，移穿改筑，故犯妖禁，而家人爵禄，益用丰炽，官至颍川太守。子峻，太傅，以才器称。孙安世，鲁相。三叶皆为司隶，时称其盛。

①恤，忧也。

桓帝时，汝南有陈伯敬者，行必矩步，坐必端膝，呵叱狗马，终不言死，目有所见，不食其肉，行路闻凶，便解驾留止，还触归忌，则寄宿乡亭。[①]年老寝滞，不过举孝廉。后坐女婿亡吏，太守邵夔怒而杀之。时人罔忌禁者，多谈为证焉。[②]

①阴阳书历法曰："归忌日，四孟在丑，四仲在寅，四季在子，其日不可远行归家及徙也。"

②罔，无也。

论曰：曾子云："上失其道，民散久矣。如得其情，则哀矜而勿喜。"[①]夫不喜于得情则恕心用，恕心用则可寄枉直矣。夫贤人君子断狱，其必主于此乎？郭躬起自佐史，小大之狱必察焉。[②]原其平刑审断，庶于勿喜者乎？若乃推己以议物，舍状以贪情，[③]法家之能庆延于世，盖由此也！

①言人离散犯法，乃自上之所为，非下之过，当哀矜之，勿以得情为喜也。见论语也。

②左传曰："小大之狱，虽不能察，必以情。"

③秦彭、孙章不死为推己，亡命得减为贪情也。贪与探同也。

陈宠字昭公，沛国洨人也。[①]曾祖父咸，成哀閒以律令为尚书。

平帝时，王莽辅政，多改汉制，咸心非之。及莽因吕宽事诛不附己者何武、鲍宣等，②咸乃叹曰："易称'君子见几而作，不俟终日'，吾可以逝矣！"③即乞骸骨去职。及莽篡位，召咸以为掌寇大夫，谢病不肯应。时三子参、丰、钦皆在位，乃悉令解官，父子相与归乡里，闭门不出入，犹用汉家祖腊。④。人问其故，咸曰："我先人岂知王氏腊乎？"其后莽复征咸，遂称病笃。于是乃收敛其家律令书文，皆壁藏之。咸性仁恕，常戒子孙曰："为人议法，当依于轻，虽有百金之利，慎无与人重比。"

①洨，县名，故城在今泗州虹县西南。洨音户交反。

②平帝时，王莽辅政，隔绝平帝外家，不得至京师。莽子宇，恐帝长大后见怨，教帝舅卫宝令帝母上书求入，莽不许。宇与妇兄吕宽谋，以为莽不可说而好鬼神，乃夜以血洒莽第门，以惊惧之，事觉，并诛死。何武为前将军，王莽先从武求举，武不敢。鲍宣为司隶，免，徙之上党。吕宽事起，莽案鞠，并诛不附己者，武与宣在见诬中，皆被诛。并见前书。

③几者事之微，吉凶之先见者。逝，往也。

④应劭风俗通曰，共工之子好远游，死为祖神。汉家火行盛于午，故以午日为祖也。腊者，岁终祭众神之名。腊，接也，新故交接，故大祭以报功也。汉火行，衰于戌，故腊用戌日也。

建武初，钦子躬为廷尉左监，早卒。

躬生宠，明习家业，少为州郡吏，辟司徒鲍昱府。是时三府掾属专尚交游，以不肯视事为高。宠常非之，独勤心物务，数为昱陈当世便宜。昱高其能，转为辞曹，掌天下狱讼。①其所平决，无不厌服众心。时司徒辞讼，久者数十年，事类溷错，易为轻重，不良吏得生因缘。②宠为昱撰辞讼比七卷，决事科条，皆以事类相从。昱奏上之，其后公府奉以为法。

①续汉志曰“三公掾属二十四人，有辞曹，主讼事”也。

②因缘谓依附以生轻重也。

三迁，肃宗初，为尚书。是时承永平故事，吏政尚严切，尚书决事率近于重。宠以帝新即位，宜改前世苛俗。乃上疏曰：“臣闻先王之政，赏不僭，刑不滥，与其不得已，宁僭不滥。①故唐尧著典，‘眚灾肆赦’；②周公作戒，‘勿误庶狱’；③伯夷之典，‘惟敬五刑，以成三德’。④由此言之，圣贤之政，以刑罚为首。往者断狱严明，所以威惩奸慝，奸慝既平，必宜济之以宽。⑤陛下即位，率由此义，数诏群僚，弘崇晏晏。⑥而有司执事，未悉奉承，典刑用法，犹尚深刻。断狱者急于篣格酷烈之痛，⑦[4]执宪者烦于诋欺放滥之文，或因公行私，逞纵威福。夫为政犹张琴瑟，大弦急者小弦绝。故子贡非臧孙之猛法，而美郑乔之仁政。⑧诗云：‘不刚不柔，布政优优。’⑨方今圣德充塞，假于上下，⑩宜隆先王之道，荡涤烦苛之法。轻薄箠楚，以济群生；全广至德，以奉天心。”帝敬纳宠言，每事务于宽厚。其后遂诏有司，绝鉆钻诸惨酷之科，⑪[5]解妖恶之禁，除文致之请谳五十馀事，定著于令。⑫是后人俗和平，屡有嘉瑞。

①事见左传蔡大夫声子辞。

②尚书舜典之辞也。眚，过也。灾，害也。肆，缓也。言过误有害，当缓赦也。

③尚书立政之辞也。言文子文孙，从今以往，惟以正道理众狱勿误也。

④三德，刚、柔、正直。尚书吕刑曰：“伯夷降典，折民惟刑，惟敬五刑，以成三德。”

⑤济，益也。

⑥晏晏，温和也。尚书考灵耀曰：“尧聪明文塞晏晏。”

⑦篣即榜也，古字通用。声类曰："笞也。"说文曰："格，击也。"

⑧臧孙，鲁大夫，行猛政。子贡非之曰："夫政犹张琴瑟也，大弦急则小弦绝矣。故曰：'罚得则奸邪止，赏得则下欢悦。'子之贼心见矣。独不闻子产之相郑乎？推贤举能，抑恶扬善，有大略者不问其短，有厚德者不非小疵，家给人足，囹圄空虚。子产卒，国人皆叩心流涕，三月不闻竽琴之音。其生也见爱，死也可悲。故曰：'德莫大于仁，祸莫大于刻。'今子病而人贺，子愈而人相惧，曰：'嗟乎！何命之不善，臧孙子又不死？'"臧孙慙而避位，终身不出。见新序。

⑨优优，和也。

⑩假，至也，音格。上下，天地也。

⑪苍颉篇曰："鉆，持也。"说文曰："鉆，铁銸也。"其炎反。銸音陟叶反。钻，膑刑，谓钻去其髌骨也。钻音作唤反。

⑫文致谓前人无罪，文饰致于法中也。[6]

汉旧事断狱报重，常尽三冬之月，①是时帝始改用冬初十月而已。元和二年，旱，长水校尉贾宗等上言，以为断狱不尽三冬，故阴气微弱，阳气发泄，招致灾旱，事在于此。帝以其言下公卿议，宠奏曰："夫冬至之节，阳气始萌，故十一月有兰、射干、芸、荔之应。②时令曰：'诸生荡，安形体。'③天以为正，周以为春。④十二月阳气上通，雉雊鸡乳，地以为正，殷以为春。⑤十三月阳气已至，天地已交，万物皆出，蛰虫始振，人以为正，夏以为春。⑥三微成著，以通三统。⑦周以天元，殷以地元，夏以人元。若以此时行刑，则殷、周岁首皆当流血，不合人心，不稽天意。月令曰：'孟冬之月，趣狱刑，无留罪。'⑧明大刑毕在立冬也。又：'(孟)〔仲〕冬之月，[7]身欲宁，事欲静。'⑨若以降威怒，不可谓宁；若以行大刑，不可谓静。议者咸曰：'旱之所由，咎在改律。'臣以为殷、周断狱不以三微，而化致康平，无有灾害。自元和以前，皆用三冬，而水旱之异，往往为患。由此言之，灾害自为它应，不以改律。秦为虐政，四时行刑，圣汉初兴，改从简易。萧何草律，季秋论囚，俱避立春之月，⑩而不计天地之正，二王之春，实颇有违。⑪陛下探幽析微，允执其中，⑫革百载之失，建永年之功，⑬上有迎承之敬，下有奉微之惠，⑭稽春秋之文，当月令之意，⑮圣功美业，不宜中疑。"书奏，帝纳之，遂不复改。

①报，论也。重，死刑也。

②易通卦验曰："十一月广莫风至，则兰、夜干生。"[8]月令："仲冬日短至，阴阳争，诸生荡，芸始生，荔挺出。"射音夜，即今之乌扇也。芸，香草。荔，马薤。

③时令，月令也。荡，动也。仲冬一阳爻生，草木皆欲萌动也。礼记月令"仲冬诸生荡，君子斋戒，安形性"也。

④正，春，皆始也。十一月万物微而未著，天以为正，而周以为岁首。

⑤十二月二阳爻生，雁北向，阳气上通，诸生皆动，始萌牙，地以为正，殷以为岁首也。月令"季冬，雉雊鸡乳"也。

⑥十三月今正月也，天子迎春东郊，阴阳交合，万物皆出于地，人始初见，故曰"人以为正，夏以为岁首"也。月令"孟春天气下降，地气上腾，天地和同，草木萌动，东风解冻，蛰虫始振"也。

⑦统者，统一岁之事。王者三正递用，周环无穷，故曰通三统。三礼义宗曰："三微，三正也。言十一月阳气始施，万物动于黄泉之下，微而未著，其色皆赤，赤者阳气。故周以天正为岁，色尚赤，夜半为朔。十二月万物始牙，色白，白者阴气。故殷以地正为岁，色尚白，鸡鸣为朔。十三月万物始达，其色皆黑，人得加功以展其业。夏以人正为岁，色尚黑，平旦为朔。故曰三微。王者奉而成之，各法其一以改正朔也。"易乾凿度曰："三微而成著，三著而体成。"当此之时，天地交，万物通也。

⑧臣贤案：月令及淮南子皆言季秋趣狱刑，无留罪，今言孟冬，未详其故。

⑨月令"仲冬，君子斋戒，身欲宁，事欲静，以待阴阳之所定"也。

⑩草谓创造之也。论，决也。

⑪言萧何不论天地之正及殷、周之春，实乖正道。

⑫允，信也。中，正也。言信执中正之道。语见尚书。

⑬尚书曰："立功立事，可以永年。"

⑭三正之月，不用断狱，敬承天意，奉顺三微也。

⑮春秋于春每月书王，所以通三统也。何休注云："二月三月皆有王者，二月殷正月，三月夏正月也。"

宠性周密，常称人臣之义，苦不畏慎。自在枢机，谢遣门人，拒绝知友，唯在公家而已。朝廷器之。①

①器，重也。

皇后弟侍中窦宪，①荐真定令张林为尚书，帝以问宠，宠对"林虽有才能，而素行贪浊"，宪以此深恨宠。林卒被用，而以臧汙抵罪。及帝崩，宪等秉权，常衔宠，乃白太后，令典丧事，欲因过中之。黄门侍郎鲍德素敬宠，说宪弟夏阳侯瓌曰："陈宠奉事先帝，深见纳任，故久留台阁，赏赐有殊。今不蒙忠能之赏，而计几微之故，②诚伤辅政容贷之德。"瓌亦好士，深然之，故得出为太山太守。

①臣贤案：窦后纪及宪传并云宪窦后兄，今诸本皆言弟，盖误也。

②几微言微细也。

后转广汉太守。西州豪右并兼，吏多奸贪，诉讼日百数。宠到，显用良吏王涣、镡显等，以为腹心，①讼者日减，郡中清肃。先是(洛)〔雒〕县城南，②[9]每阴雨，常有哭声闻于府中，积数十年。宠闻而疑其故，使吏案行。还言："世衰乱时，此下多死亡者，而骸骨不得葬，傥在于是？"宠怆然矜叹，即敕县尽收敛葬之。自是哭声遂绝。

①镡音徒南反。

②(洛)〔雒〕，县名，故城在今益州雒县南也。

及窦宪为大将军征匈奴，公卿以下及郡国无不遣吏子弟奉献遗者，而宠与中山相汝南张郴、①东平相应顺②守正不阿。后和帝闻之，擢宠为大司农，郴太仆，顺左冯翊。

①光武子中山王焉相也。

②东平王苍孙敞之相也。

永元六年，宠代郭躬为廷尉。性仁矜。及为理官，数议疑狱，常亲自为奏，每附经典，务从宽恕，帝辄从之，济活者甚众。其深文刻敝，于此少衰。宠又钩校律令条法，溢于甫刑者除之。①曰："臣闻礼经三百，威仪三千，②故甫刑大辟二百，五刑之属三千。礼之所去，刑之所取，③失礼则入刑，相为表里者也。今律令死刑六百一十，耐罪千六百九十八，④赎罪以下二千六百八十一，溢于甫刑者千九百八十九，其四百一十大辟，千五百耐罪，七十九赎罪。春秋保乾图曰：'王者三百年一蠲法。'汉兴以来，三百二年，宪令稍增，科条无限。又律有三家，其说各异。宜令三公、廷尉平定律令，应经合义者，可使大辟二百，而耐罪、赎罪二千八百，并为三千，悉删除其馀令，与礼相应，以易万人视听，以致刑措之美，传之无穷。"未及施行，会坐诏狱吏与囚交通抵罪。诏特免刑，拜为尚书。迁大鸿胪。

①钩犹动也。前书曰："钩校得其奸贼。"钩音工候反。溢，出也。孔安国注尚书曰："吕侯后为甫侯，故或称甫刑也。"

②礼记曰:“礼经三百,曲礼三千。”郑玄注云:“礼篇多亡,本数未闻,其中事仪有三千也。”

③去礼之人,刑以加之,故曰取也。

④耐者,轻刑之名也。

宠历二郡三卿,所在有迹,见称当时。十六年,代徐防为司空。宠虽传法律,而兼通经书,奏议温粹,号为任职相。在位三年薨。以太常南阳尹勤代为司空。

勤字叔梁,笃性好学,屏居人外,荆棘生门,时人重其节。后以定策立安帝,封福亭侯,五百户。永初元年,以雨水伤稼,策免就国。病卒,无子,国除。

宠子忠。

忠字伯始,永初中辟司徒府,三迁廷尉正,①以才能有声称。司徒刘恺举忠明习法律,宜备机密,于是擢拜尚书,使居三公曹。②忠自以世典刑法,用心务在宽详。初,父宠在廷尉,上除汉法溢于甫刑者,未施行,③及宠免后遂寝。而苛法稍繁,人不堪之。忠略依宠意,奏上二十三条,[10]为决事比,④以省请谳之敝。又上除蚕室刑;⑤解臧吏三世禁锢;狂易杀人,得减重论;⑥母子兄弟相代死,听,赦所代者。事皆施行。

①正,廷尉属官也,秩千石也。

②成帝置五尚书,三公曹尚书主知断狱也。

③上音时掌反。

④比,例也,必寐反。

⑤蚕室,宫刑名也,或云犗刑也。音奇败反。作窨室畜火如蚕室。说文曰:“犗,騬牛也。”騬音缯。汉旧仪注曰“少府若卢狱有蚕室”也。

⑥狂易谓狂而易性也。

及邓太后崩，安帝始亲朝事。忠以为临政之初，宜征聘贤才，以宣助风化，数上荐隐逸及直道之士冯良、周燮、杜根、成翊世之徒。于是公车礼聘良、燮等。后连有灾异，诏举有道，公卿百僚各上封事。忠以诏书既开谏争，虑言事者必多激切，或致不能容，乃上疏豫通广帝意。曰："臣闻仁君广山薮之大，纳切直之谋；①忠臣尽謇谔之节，不畏逆耳之害。②是以高祖舍周昌桀纣之譬，③孝文嘉爰盎人豕之讥，④武帝纳东方朔宣室之正，⑤元帝容薛广德自刎之切。⑥昔晋平公问于叔向曰：'国家之患孰为大？'对曰：'大臣重禄不极谏，小臣畏罪不敢言，下情不上通，此患之大者。'公曰：'善。'于是下令曰：'吾欲进善，有谒而不通者，罪至死。'⑦今明诏崇高宗之德，⑧推宋景之诚，⑨引咎克躬，谘访群吏。言事者见杜根、成翊世等新蒙表录，显列二台，⑩必承风响应，争为切直。若嘉谋异策，宜辄纳用。如其管穴，妄有讥刺，⑪虽苦口逆耳，不得事实，且优游宽容，以示圣朝无讳之美。若有道之士，对问高者，宜垂省览，特迁一等，以广直言之路。"书御，有诏拜有道高第士沛国施延为侍中，延后位至太尉。⑫

①左氏传曰："川泽纳汙，山薮藏疾，瑾瑜匿瑕，国君含垢，天之道也。"

②史记曰，赵简子有臣周舍好直谏。周舍死，简子曰："吾闻千羊之皮，不如一狐之腋；众人之唯唯，不如周舍之谔谔。"家语孔子曰"忠言逆耳而利于行"也。

③周昌为御史大夫，尝燕入奏事，高帝方拥戚姬，昌走出，高帝逐得，骑昌项问曰："我何如主也？"昌仰曰："陛下桀纣之主也。"上笑，不之罪也。

④文帝幸慎夫人，常与皇后同坐。后幸上林，慎夫人从，盎为中郎将，却

慎夫人坐。慎夫人怒，不坐，帝亦起。盎前说曰："陛下为慎夫人，適所以祸之也。独不见人豕乎？"上大悦。人豕，解见皇后纪也。

⑤武帝为馆陶公主私人董偃置酒宣室，东方朔为太中大夫，谏曰："不可。夫宣室者，先帝之正处也，非法度之正不得入焉。"上曰："善。"更置酒北宫也。

⑥元帝酎祭宗庙，出便门，欲御楼船。御史大夫薛广德当车免冠谏曰："宜从桥。"诏曰："大夫冠。"广德曰："陛下不听臣，臣自刎，以血汙车轮。"帝乃从桥。

⑦此已上皆见新序。

⑧高宗，殷王武丁也。有雉登鼎耳而雊，惧而脩德，位以永年。

⑨史记曰，宋景公时荧惑守心星，太史子韦请移之大臣、国人与岁，公皆不听，天感其诚，荧惑为之退三舍也。

⑩谓杜根为侍御史，成翊世为尚书郎也。

⑪管穴言小也。史记扁鹊曰："若以管窥天，以隙视文。"隙即穴也。

⑫谢承书曰："延字君子，蕲县人也。少为诸生，明于五经，星官风角，靡有不综。家贫母老，周流佣赁。常避地于庐江临湖县种瓜，后到吴郡海盐，取卒月直，赁作半路亭父以养其母。是时吴会未分，山阴冯敷为督邮，到县，延持帚往，敷知其贤者，下车谢，使入亭，请与饮食，脱衣与之，餉饯不受。〔11〕顺帝征拜太尉，年七十六薨。"

常侍江京、李闰等皆为列侯，共秉权任。帝又爱信阿母王圣，封为野王君。忠内怀惧懑而未敢陈谏，乃作搢绅先生论以讽，文多故不载。①

①搢，插也。绅，大带也。

自帝即位以后，频遭元二之戹，①百姓流亡，盗贼并起，郡县更相饰匿，莫肯纠发。②忠独以为忧，上疏曰："臣闻轻者重之端，小者大之源，故堤溃蚁孔，气洩鍼芒。③是以明者慎微，智者识几。书曰：‘小不可不杀。’④诗云：‘无纵诡随，以谨无良。’⑤盖所以崇本绝末，钩深之虑也。臣窃见元年以来，盗贼连发，攻亭劫掠，多所伤杀。夫穿窬不禁，则致彊盗；⑥彊盗不断，则为攻盗；攻盗成群，必生大奸。故亡逃之科，宪令所急，至于通行饮食，罪致大辟。⑦而顷者以来，莫以为忧。州郡督录怠慢，长吏防御不肃，皆欲采获虚名，讳以盗贼为负。虽有发觉，不务清澄。至有逞威滥怒，无辜僵仆。或有跼蹐比伍，转相赋敛。⑧或随吏追赴，周章道路。是以盗发之家，不敢申告，邻舍比里，共相压迮，⑨或出私财，以偿所亡。其大章著不可掩者，乃肯发露。陵迟之渐，遂且成俗。寇攘诛咎，皆由于此。⑩前年勃海张伯路，可为至戒。覆车之轨，其跡不远。盖失之末流，求之本源。宜纠增旧科，以防来事。自今强盗为上官若它郡县所纠觉，一发，部吏皆正法，⑪尉贬秩一等，令长三月奉赎罪；二发，尉免官，令长贬秩一等；三发以上，令长免官。便可撰立科条，处为诏文，切敕刺史，严加纠罚。冀以猛济宽，惊惧奸慝。顷季夏大暑，而消息不协，⑫寒气错时，水涌为变。天之降异，必有其故。所举有道之士，可策问国典所务，王事过差，令处暖气不效之意。庶有谠言，以承天诫。”

①元二，解见邓骘传。

②更相文饰，隐匿盗贼也。

③韩子曰：“千丈之堤，以蝼蚁之穴而溃。”黄帝素问曰：“针头如芒，气出如筐”也。

④尚书康诰曰：“有厥罪，小乃不可不杀。”

⑤诗大雅也。言诡诳委随之人不可纵，宜即罪之，用谨敕不善之人也。

⑥论语孔子曰：“色厉而内荏，其犹穿窬之盗乎？”

⑦通行饮食，犹今律云过致资给，与同罪也。饮音荫。食音寺。

⑧说文曰："蹐，小步也。"言跼身小步，畏吏之甚也。

⑨迮，迫也。

⑩寇，盗；攘，窃也。尚书曰"无敢寇攘"也。

⑪上官谓郡府也。若，及也。部吏谓督邮、游徼也。正法，依法也。

⑫前书音义曰："息卦曰太阳，消卦曰太阴，其馀杂卦曰少阴、少阳"也。

元初三年有诏，大臣得行三年丧，服阕还职。忠因此上言："孝宣皇帝旧令，人从军屯[12]及给事县官者，大父母死未满三月，皆勿徭，令得葬送。请依此制。"太后从之。至建光中，尚书令祝讽、①[13]尚书孟布等奏，以为"孝文皇帝定约礼之制，②光武皇帝绝告宁之典，③贻则万世，诚不可改。宜复建武故事"。忠上疏曰："臣闻之孝经，始于爱亲，终于哀戚。上自天子，下至庶人，尊卑贵贱，其义一也。夫父母于子，同气异息，一体而分，三年乃免于怀抱。先圣缘人情而著其节，制服二十五月，是以春秋臣有大丧，君三年不呼其门，闵子虽要绖服事，以赴公难，退而致位，以究私恩，故称'君使之非也，臣行之礼也'。④周室陵迟，礼制不序，蓼莪之人作诗自伤曰：'瓶之罄矣，惟罍之耻。'⑤言己不得终竟子道者，亦上之耻也。高祖受命，萧何创制，大臣有宁告之科，合于致忧之义。⑥建武之初，新承大乱，凡诸国政，多趣简易，大臣既不得告宁，而群司营禄念私，鲜循三年之丧，以报顾复之恩者。礼义之方，实为彫损。大汉之兴，虽承衰敝，而先王之制，稍以施行。故藉田之耕，起于孝文；⑦孝廉之贡，发于孝武；⑧郊祀之礼，定于元、成；⑨三雍之序，备于显宗；⑩大臣终丧，成乎陛下。⑪圣功美业，靡以尚兹。孟子有言：'老吾老以及人之老，幼吾幼以及人之幼，天下可运于掌。'⑫臣愿陛下登高北望，以甘陵之思，揆度臣子之心，则海内咸得其所。”[13]宦竖不便之，竟寝忠奏而从讽、布议，遂著于令。

①“祝”或作“祋”。

②约，俭也。孝文帝崩，遗诏薄葬，以日易月，凡三十六日释服，后以为故事。

③前书音义曰：“告宁，休谒之名。吉曰告，凶曰宁。古者名吏休假曰告，吏二千石有予告、赐告。予告，在官有功，法所当得也。赐告，病三月当免，天子优赐其告，便带印绶，将官属归家养疾也。”

④自此已上至“臣有大丧”，并公羊传之文也。闵子骞，孔子弟子也，遭丧，君使之从军，骞乃要绖而服，以从军役，事了退家，致位丧次，极尽私恩。故君使之虽非，臣从君命有礼也。

⑤小雅蓼莪之诗也。蓼蓼，长大皃也。莪，萝也。言孝子忧思，中心不精，不识莪萝，误以为蒿也。其诗曰：“蓼蓼者莪，匪莪伊蒿。哀哀父母，生我劬劳。瓶之罄矣，惟罍之耻。”注云：“瓶小而罍大也。罄，尽也。瓶小而尽，罍大而盈。言为罍耻者，刺幽王不使富分贫，众恤寡也。”

⑥论语曾子曰：“吾闻夫子，人未有自致者也，必也亲丧乎？”

⑦文帝二年，诏曰“农，天下之本也，其开藉田”也。

⑧武帝元光元年，初令郡国举孝廉。

⑨元帝、成帝时，匡衡、韦玄成定迭毁郊祀之礼也。

⑩三雍，明堂、辟雍、灵台也。雍，和也。解具明纪也。

⑪谓安帝诏大臣得行三年丧也。

⑫言敬吾老亦敬人之老，爱吾幼亦爱人之幼，有敬爱之心，则天下归顺之也。运掌言易也。

⑬甘陵，安帝母陵。陵在清河，故言北望也。

忠以久次，转为仆射。时帝数遣黄门常侍及中使伯荣往来甘陵，[1]而伯荣负宠骄蹇，所经郡国莫不迎为礼谒。又霖雨积时，河水涌溢，百姓骚动。忠上疏曰："臣闻位非其人，则庶事不叙；庶事不叙，则政有得失；政有得失，则感动阴阳，妖变为应。陛下每引灾自厚，不责臣司，臣司狃恩，莫以为负。②故天心未得，隔并屡臻，③青、冀之域淫雨漏河，④徐、岱之滨海水盆溢，兖、豫蝗蝝滋生，⑤荆、杨稻收俭薄，并凉二州羌戎叛戾。加以百姓不足，府帑虚匮，自西徂东，杼柚将空。⑥臣闻洪范五事，一曰貌，貌以恭，恭作肃，貌伤则狂，而致常雨。⑦春秋大水，皆为君上威仪不穆，临莅不严，臣下轻慢，贵幸擅权，阴气盛强，阳不能禁，故为淫雨。陛下以不得亲奉孝德皇园庙，⑧比遣中使致敬甘陵，朱轩骈马，相望道路，可谓孝至矣。⑨然臣窃闻使者所过，威权翕赫，震动郡县，王侯二千石至为伯荣独拜车下，仪体上僭，侔于人主。长吏惶怖谴责，或邪谄自媚，发人修道，缮理亭传，多设储跱，征役无度，⑩老弱相随，动有万计，赂遗仆从，人数百匹，顿踣呼嗟，莫不叩心。河閒托叔父之属，⑪清河有陵庙之尊，⑫及剖符大臣，皆猥为伯荣屈节车下。陛下不问，必以陛下欲其然也。伯荣之威重于陛下，陛下之柄在于臣妾。水灾之发，必起于此。昔韩嫣托副车之乘，受驰视之使；江都误为一拜，而嫣受欧刀之诛。⑬臣愿明主严天元之尊，正乾刚之位，⑭职事巨细，皆任贤能，不宜复令女使干错万机。重察左右，得无石显泄漏之奸；⑮尚书纳言，得无赵昌谮崇之诈；⑯公卿大臣，得无朱博阿傅之援；⑰外属近戚，得无王凤害商之谋。⑱若国政一由帝命，王事每决于己，则下不得偪上，臣不得干君，常雨大水必当霁止，⑲四方众异不能为害。"书奏不省。

①伯荣，帝乳母王圣女也。

②狃音女九反。诗曰："将叔无狃。"注云："狃，习也。"言屡被恩贷，不以灾变为忧负也。

③隔并谓水旱不节也。尚书曰:"一极备凶,一极亡凶。"并音必姓反。

④漏,溢也。

⑤蝝,螽子也。

⑥杼柚谓机也。小雅大东诗曰"小东大东,杼柚其空"也。

⑦洪范五行传辞。

⑧孝德皇,安帝父清河王庆也。

⑨朱轩车,使者所乘。軿,并也。

⑩储,积也。跱,具也。

⑪河閒王开,安帝叔也。

⑫清河王延平也。陵庙所在,故曰尊。

⑬韩嫣,弓高侯之孙也。得幸于武帝。武帝猎上林中,先使嫣乘副车从数十百骑驰视兽,江都王望见以为天子,伏谒道傍。嫣驱不见,王怒,为皇太后泣言,太后衔之。后嫣出入永巷以奸闻,太后赐嫣死也。

⑭天元犹乾元也。易曰"大哉乾元"也。

⑮石显字君房,少时坐法腐刑,为中书令,元帝委以政事,公卿畏之,重足一跡。显恐天子一旦纳用左右閒己,乃取一言为验。上尝使至诸宫征发,先白上,恐漏尽宫门闭,请诏开门,上许之。显故投夜还,诏开宫门,后果有上书告显矫诏开宫门,天子闻之笑。显泣曰:"陛下过私小臣,属任以事,群下无不嫉妒欲陷害者,唯明主能知之。"上以为然而怜之。

⑯郑崇,哀帝时为尚书仆射,数谏争,帝不许。尚书令赵昌佞谄,因奏崇与宗族通,疑有奸。上怒,下崇狱,死狱中也。

⑰哀帝时博为丞相,承傅太后指,奏免大司马傅喜,哀帝怒,下博狱,自杀也。

⑱成帝舅王凤为大将军,专权骄僭,王商为丞相,论议不能平,凤(凤)阴求商短,[14]使人上书告商闺门内事,商坐免。王商,宣帝舅乐昌侯王武之子,非成帝舅成都侯也。

⑲霁亦止也。

时三府任轻，机事专委尚书，而灾眚变咎，辄切免公台。[①]忠以为非国旧体，上疏谏曰："臣闻'君使臣以礼，臣事君以忠'。[②]故三公称曰冢宰，王者待以殊敬，在舆为下，御坐为起，[③]入则参对而议政事，出则监察而董是非。[④]汉典旧事，丞相所请，靡有不听。今之三公，虽当其名而无其实，选举诛赏，一由尚书，尚书见任，重于三公，陵迟以来，其渐久矣。臣忠心常独不安，是故临事战惧，不敢穴见有所兴造，[⑤]又不敢希意同僚，以谬平典，而谤讟日闻，罪足万死。近以地震策免司空陈褒，[⑥]今者灾异，复欲切让三公。昔孝成皇帝以妖星守心，移咎丞相，使贲丽纳说方进，方进自引，卒不蒙上天之福，[⑦]徒乖宋景之诚。[⑧]故知是非之分，较然有归矣。又尚书决事，多违故典，罪法无例，诋欺为先，文惨言丑，有乖章宪。宜责求其意，割而勿听。上顺国典，下防威福，置方员于规矩，审轻重于衡石，[⑨]诚国家之典，万世之法也。"

①切，责也。

②论语孔子对鲁定公之辞也。

③汉旧仪云："皇帝见丞相起，谒者赞称曰'皇帝为丞相起立'，乃坐。皇帝在道，丞相迎，谒者赞称曰'皇帝为丞相下舆立'，乃升车。"

④董，督也。

⑤穴见言不广也。

⑥褒字伯仁，庐江人也。

⑦成帝时，荧惑守心，议郎李寻奏记丞相翟方进曰："唯君侯尽节转凶。"方进忧，不知所出。有郎贲丽善为星，言大臣宜当之。上乃召见方进，赐养牛、上尊酒，令审处焉。方进即日自杀。贲音肥。

⑧解见前文。言景公有灾，身自引咎，成帝不然，故曰徒也。

⑨衡，秤衡也。三十斤为钧，四钧为石也。

忠意常在褒崇大臣，待下以礼。其九卿有疾，使者临问，加赐钱布，皆忠所建奏。顷之，迁尚书令。延光三年，拜司隶校尉。纠正中官外戚宾客，近幸惮之，不欲忠在内。明年，出为江夏太守，复留拜尚书令，会疾卒。

初，太尉张禹、司徒徐防欲与忠父宠共奏追封和熹皇后父护羌校尉邓训，宠以先世无奏请故事，争之连日不能夺，乃从二府议。及训追加封谥，禹、防复约宠俱遣子奉礼于虎贲中郎将邓骘，宠不从，骘心不平之，故忠不得志于邓氏。及骘等败，众庶多怨之，[15]而忠数上疏陷成其恶，遂诋劾大司农朱宠。顺帝之为太子废也，诸名臣来历、祝讽等守阙固争，时忠为尚书令，与诸尚书复共劾奏之。及帝立，司隶校尉虞诩追奏忠等罪过，当世以此讥焉。

论曰：陈公居理官则议狱缓死，相幼主则正不僭宠，可谓有宰相之器矣。忠能承风，亦庶乎明慎用刑而不留狱。然其听狂易杀人，开父子兄弟得相代死，斯大谬矣。是则不善人多幸，而善人常代其祸，进退无所措也。

赞曰：陈、郭主刑，人赖其平。宠矜枯胔，躬断以情。忠用详密，损益有程。①施于孙子，且公且卿。②

①程，品式也。谓强盗发，贬黜令长，各有科条，故曰程也。

②施，延也。音羊豉反。

【校勘记】

〔1〕大将军行有五部　汲本、殿本“五”作“伍”。按：五伍通。

〔2〕(医)巫皆言当族灭　据刊误删。

〔3〕为法名家　按:王先谦谓初学记十二引华峤书云"以法为名家"。

〔4〕断狱者急于篣格酷烈之痛　按:张森楷校勘记谓今说文木部格下云"长木皃",无击义,惟手部挌下云"击也",与注引说文合,疑此"格"字及注文"格"字并是"挌"字之误。

〔5〕绝鉆钻诸惨酷之科　按:"钻"原讹"钻",注同,径改正。

〔6〕文致谓前人无罪文饰致于法中也　按:校补引柳从辰说,谓"前"字疑"其"字之误。

〔7〕(孟)〔仲〕冬之月　刊误谓案文并注意,"孟"当作"仲"。今据改。

〔8〕广莫风至则兰夜干生　殿本、集解本"夜"作"射"。按:校补谓射夜古本通作,故注射即音夜。

〔9〕先是(洛)〔雒〕县城南　集解引钱大昕说,谓"洛"当作"雒",广汉郡治所。今据改。注同。

〔10〕奏上二十三条　钱大昭谓晋书刑法志引作"三十三"。

〔11〕饷饯不受　按:王先谦谓"饯"当作"钱"。

〔12〕人从军屯　刊误谓"屯"当作"役",说详下。按:校补谓汉时有卒更、践更、过更之律,天下人民皆应戍边三日,谓之徭戍。既云"未满三月皆勿徭",自系言军役,非言军屯,且屯垦者,亦不得归家送葬也。

〔13〕尚书令祝讽　殿本此下引刊误谓"案文祝当作役",宸翰楼覆宋本东汉书刊误作"案文祝当作投"。今按:刘攽此条刊误,乃刊上文"人从军屯"之误,原文当作"案文屯当作役",覆宋本东汉书刊误讹"屯"为"祝",讹"役"为"投",而殿本引刊误则讹"屯"为"祝",且皆误列于"祝讽"之下,遂扞格不可通矣。又按:"祝讽"来历传、邓骘传并作"投讽"。 1249

〔14〕凤(凤)阴求商短　据汲本、殿本删。

〔15〕众庶多怨之　集解引何焯说,谓"怨"当作"冤"。今按:怨冤通。

后汉书卷四十七

班梁列传第三十七

班超字仲升，扶风平陵人，[1]徐令彪之少子也。为人有大志，不修细节。然内孝谨，居家常执勤苦，不耻劳辱。有口辩，而涉猎书传。①永平五年，兄固被召诣校书郎，②超与母随至洛阳。家贫，常为官佣书以供养。久劳苦，尝辍业投笔叹曰："大丈夫无它志略，犹当效傅介子、张骞立功异域，以取封侯，安能久事笔研閒乎？"③左右皆笑之。超曰："小子安知壮士志哉！"其后行诣相者，曰："祭酒，布衣诸生耳，④而当封侯万里之外。"超问其状。相者指曰："生燕颔虎颈，飞而食肉，此万里侯相也。"久之，显宗问固"卿弟安在"，固对"为官写书，受直以养老母"。帝乃除超为兰台令史。⑤后坐事免官。

①涉如涉水，猎如猎兽。言不能周悉，粗窥览之也。东观记曰："超持公羊春秋，[2]多所窥览。"

②校书郎，解见班固传。

③傅介子，北地人。昭帝时使西域，刺杀楼兰王，封义阳侯。张骞，汉中人，武帝时凿空开西域，封博望侯。续汉书作“久弄笔研乎”。华峤书作“久事笔耕乎”。研音砚。

④一坐所尊，则先祭酒。今称祭酒，相尊敬之词也。

⑤续汉志曰：“兰台令史六人，秩百石，掌书劾奏及印主文书。”

十六年，奉车都尉窦固出击匈奴，以超为假司马，将兵别击伊吾，战于蒲类海，多斩首虏而还。①固以为能，遣与从事郭恂俱使西域。

①伊吾，匈奴中地名，在今伊州纳职县界。前书音义曰“蒲类，匈奴中海名，在敦煌北”也。

超到鄯善，①鄯善王广奉超礼敬甚备，后忽更疏懈。超谓其官属曰：“宁觉广礼意薄乎？此必有北虏使来，狐疑未知所从故也。明者睹未萌，况已著邪。”乃召侍胡诈之曰：“匈奴使来数日，今安在乎？”侍胡惶恐，具服其状。超乃闭侍胡，悉会其吏士三十六人，与共饮，酒酣，因激怒之曰：“卿曹与我俱在绝域，②欲立大功，以求富贵。今虏使到裁数日，而王广礼敬即废；如令鄯善收吾属送匈奴，骸骨长为豺狼食矣。为之奈何？”官属皆曰：“今在危亡之地，死生从司马。”超曰：“不入虎穴，不得虎子。当今之计，独有因夜以火攻虏，使彼不知我多少，必大震怖，可殄尽也。灭此虏，则鄯善破胆，功成事立矣。”众曰：“当与从事议之。”超怒曰：“吉凶决于今日。从事文俗吏，闻此必恐而谋泄，死无所名，非壮士也！”众曰：“善。”初夜，遂将吏士往奔虏营。会天大风，超令十人持鼓藏虏舍后，约曰：“见火然，皆当鸣鼓大呼。”馀人悉持兵弩夹门而伏。超乃顺风纵火，前后鼓噪。虏众惊乱，超手格杀三人，吏兵斩其使及从士三十馀级，馀众百许人悉烧死。③明日乃还告郭恂，恂大惊，既而色动。超知其意，举手曰："掾虽不行，班超何心独擅之乎？"恂乃悦。超于是召鄯善王广，以虏使首示之，一国震怖。超晓告抚慰，遂纳子为质。还奏于窦固，固大喜，具上超功效，并求更选使使西域。帝壮超节，诏固曰："吏如班超，何故不遣而更选乎？今以超为军司马，令遂前功。"超复受使，固欲益其兵，超曰："愿将本所从三十馀人足矣。如有不虞，多益为累。"

①鄯善本西域楼兰国也，昭帝元凤四年改为鄯善。去阳关一千六百里，去长安六千一百里也。

②曹，辈也。

③东观记曰"斩得匈奴节使屋赖带、副使比离支首及节"也。

是时于窴王广德新攻破莎车，遂雄张南道，①而匈奴遣使监护其国。超既西，先至于窴。广德礼意甚疏。且其俗信巫。巫言："神怒何故欲向汉？汉使有騧马，急求取以祠我。"广德乃遣使就超请马。②超密知其状，报许之，而令巫自来取马。有顷，巫至，超即斩其首以送广德，因辞让之。广德素闻超在鄯善诛灭虏使，大惶恐，即攻杀匈奴使者而降超。超重赐其王以下，因镇抚焉。

①于窴国去长安九千六百七十里，南与婼羌，西与姑墨接。[3]莎车国去长安九千九百五十里。西域南北有大山，中央有河，东西六千馀里。[4]东至玉门、阳关有两道，从鄯善傍南山北波河西行，[5]至莎车，为南道。雄张犹炽盛也。张音丁亮反。波，傍也。波音诐。

②续汉及华峤书"騧"字并作"騩"。说文："马浅黑色也。"音京媚反。

时龟兹王建为匈奴所立，倚恃虏威，据有北道，攻破疏勒，杀其王，①而立龟兹人兜题为疏勒王。明年春，超从閒道至疏勒。去兜题所居槃橐城九十里，逆遣吏田虑先往降之。[6]敕虑曰："兜题本非疏勒种，国人必不用命。若不即降，便可执之。”虑既到，兜题见虑轻弱，殊无降意。虑因其无备，遂前劫缚兜题。左右出其不意，皆惊惧奔走。虑驰报超，超即赴之，悉召疏勒将吏，说以龟兹无道之状，因立其故王兄子忠为王，②国人大悦。忠及官属皆请杀兜题，超不听，欲示以威信，释而遣之。疏勒由是与龟兹结怨。

①龟兹国居居延城，去长安七千四百八十里，南与精绝，东与且末，北与乌孙，西与姑墨接。前书音义龟兹音丘慈。今龟音丘勿反，[7]兹音沮惟反，盖急言耳。自车师前王庭随北山波河西行，至疏勒，为北道。疏勒国居疏勒城，去长安九千三百五十里也。

②续汉书曰“求得故王兄子榆勒立之，更名曰忠”也。

十八年，帝崩。焉耆以中国大丧，①遂攻没都护陈睦。超孤立无援，而龟兹、姑墨数发兵攻疏勒。②超守盘橐城，[8]与忠为首尾，士吏单少，拒守岁馀。肃宗初即位，以陈睦新没，恐超单危不能自立，下诏征超。超发还，疏勒举国忧恐。其都尉黎弇曰：“汉使弃我，我必复为龟兹所灭耳。诚不忍见汉使去。”因以刀自刭。超还至于窴，王侯以下皆号泣曰：“依汉使如父母，诚不可去。”互抱超马脚，不得行。超恐于窴终不听其东，又欲遂本志，乃更还疏勒。疏勒两城自超去后，复降龟兹，而与尉头连兵。③超捕斩反者，击破尉头，杀六百馀人，疏勒复安。

①焉耆国居员渠城，去长安七千三百里，北与乌孙接。

②姑墨国王居南城，去长安八千一百五十里。

③尉头国居尉头谷，去长安八千六百五十里，南与疏勒接。衣服类乌孙也。

建初三年，超率疏勒、康居、于窴、拘弥兵一万人攻姑墨石城，破之，①斩首七百级。超欲因此叵平诸国，②乃上疏请兵。曰：“臣窃见先帝欲开西域，故北击匈奴，西使外国，鄯善、于窴即时向化。今拘弥、莎车、疏勒、月氏、乌孙、康居复愿归附，欲共并力破灭龟兹，平通汉道。若得龟兹，则西域未服者百分之一耳。臣伏自惟念，卒伍小吏，实愿从谷吉效命绝域，庶几张骞弃身旷野。③昔魏绛列国大夫，尚能和辑诸戎，④况臣奉大汉之威，而无铅刀一割之用乎？⑤前世议者皆曰取三十六国，号为断匈奴右臂。⑥今西域诸国，自日之所入，莫不向化，⑦大小欣欣，贡奉不绝，唯焉耆、龟兹独未服从。臣前与官属三十六人奉使绝域，备遭艰厄。自孤守疏勒，于今五载，胡夷情数，臣颇识之。问其城郭小大，皆言'倚汉与依天等'。以是效之，则葱领可通，⑧葱领通则龟兹可伐。今宜拜龟兹侍子白霸为其国王，以步骑数百送之，与诸国连兵，岁月之閒，龟兹可禽。以夷狄攻夷狄，计之善者也。⑨臣见莎车、疏勒田地肥广，草牧饶衍，不比敦煌、鄯善閒也，⑩兵可不费中国而粮食自足。且姑墨、温宿二王，特为龟兹所置，⑪既非其种，更相厌苦，其埶必有降反。若二国来降，则龟兹自破。愿下臣章，参考行事。诚有万分，死复何恨。臣超区区，特蒙神灵，窃冀未便僵仆，目见西域平定，陛下举万年之觞，⑫荐勋祖庙，布大喜于天下。"⑬书奏，帝知其功可成，议欲给兵。平陵人徐幹素与超同志，上疏愿奋身佐超。五年，遂以幹为假司马，将弛刑及义从千人就超。

①康居国去长安万二千三百里，不属都护。

②叵犹遂也。

③谷吉，长安人，永之父也。元帝时为卫司马，使送郅支单于侍子，为郅支所杀。张骞，武帝时为郎，使月氏，为匈奴所闭，留之十馀岁，乃亡走大宛，穷急即射禽兽给食。

④魏绛，晋大夫。晋悼公时，山戎使孟乐如晋，因魏绛纳虎豹之皮，请和

诸戎。公悦，使魏绛盟诸戎。事见左传。辑亦和也。

⑤贾谊曰："莫邪为钝兮，铅刀为銛。"楚词曰："捐弃太阿，宝铅刀兮。"

⑥前书曰，汉遣公主为乌孙夫人，结为昆弟，则是断匈奴右臂也。哀帝时刘歆上议曰，武帝时立五属国，起朔方，伐朝鲜，起玄菟、乐浪，以断匈奴之左臂。西伐大宛，结乌孙，裂匈奴之右臂。南面以西为右也。

⑦西域传曰"自条支国乘水西行，可百馀日，近日所入"也。

⑧效犹验也。西河旧事曰："葱领山，其上多葱，因以为名。"

⑨前书朝错曰："以蛮夷攻蛮夷，中国之利。"

⑩敦煌今凉州县。

⑪温宿国王居温宿城，去长安八千三百五十里也。

⑫诗曰："跻彼公堂，称彼兕觥，万寿无疆。"前书兒宽传曰："臣宽再拜上千万岁寿。"

⑬荐，进也。勋，功也。左氏传曰："反行饮至，舍爵策勋焉。"

先是莎车以为汉兵不出，遂降于龟兹，而疏勒都尉番辰①亦复反叛。会徐幹适至，超遂与幹击番辰，大破之，斩首千馀级，多获生口。超既破番辰，欲进攻龟兹。以乌孙兵强，宜因其力，乃上言："乌孙大国，控弦十万，故武帝妻以公主，②至孝宣皇帝，卒得其用。③今可遣使招慰，与共合力。"帝纳之。八年，拜超为将兵长史，假鼓吹幢麾。④以徐幹为军司马，别遣卫候李邑护送乌孙使者，赐大小昆弥以下锦帛。⑤

①番音潘，下同也。

②乌孙国居赤谷城，去长安八千九百里。武帝元封中，以江都王建女细君为公主，以妻乌孙，赠送甚盛，乌孙以为右夫人。

③西域传曰，宣帝即位，乌孙遣使上书，言匈奴连发大兵侵击乌孙，欲隔绝汉，乌孙愿发国半精兵五万骑，尽力击匈奴，唯天子出兵以救公主。汉大发十五万骑，五将军分道并出。乌孙以五万骑从西方入，至右谷

蠡王庭，获四万馀级，马牛羊七十馀万。

④将兵长史，解见和帝纪。平帝元始二年，使谒者大司马掾持节行边兵，遣执金吾候陈茂假以钲鼓。古今乐录曰："横吹，胡乐也。张骞入西域，传其法于长安，唯得摩诃兜勒一曲，李延年因之更造新声二十八解，乘舆以为武乐，后汉以给边将，万人将军得之。在俗用者有黄鹄、陇头、出关、入关、出塞、入塞、折杨柳、黄覃子、赤之杨、望行人十曲。"刘熙释名曰："幢，童也，其貌童童然。"蔡邕月令章句曰："羽，鸟翼也，以为旌幢麾也。"横吹、麾幢皆大将所有，超非大将，故言假。

⑤前书曰，乌孙国王先号昆莫，名猎骄靡，后书昆弥云。后代取"昆"字，靡弥声相近，音有轻重耳。昆莫既死，子孙争国，汉令立元贵靡为大昆弥，乌就屠为小昆弥，赐印绶，故有大小昆弥之号焉。

李邑始到于窴，而值龟兹攻疏勒，恐惧不敢前，因上书陈西域之功不可成，又盛毁超拥爱妻，抱爱子，安乐外国，无内顾心。超闻之，叹曰："身非曾参而有三至之谗，恐见疑于当时矣。"①遂去其妻。帝知超忠，乃切责邑曰："纵超拥爱妻，抱爱子，思归之士千馀人，何能尽与超同心乎？"令邑诣超受节度。诏超："若邑任在外者，便留与从事。"超即遣邑将乌孙侍子还京师。徐幹谓超曰："邑前亲毁君，欲败西域，今何不缘诏书留之，更遣它吏送侍子乎？"超曰："是何言之陋也！以邑毁超，故今遣之。内省不疚，何恤人言！②快意留之，非忠臣也。"

①三至，解见寇荣传。

②疚，病也。恤，忧也。论语孔子曰："内省不疚，夫何忧何惧！"左氏传曰："诗云'礼义不愆，何恤乎人之言'！"诗谓逸诗也。

明年，复遣假司马和恭等四人将兵八百诣超，超因发疏勒、于窴兵击莎车。莎车阴通使疏勒王忠，啖以重利，①忠遂反从之，西保乌即城。超乃更立其府丞成大为疏勒王，悉发其不反者以攻忠。积半岁，而康居遣精兵救之，超不能下。是时月氏新与康居婚，相亲，超乃使使多赍锦帛遗月氏王，令晓示康居王，康居王乃罢兵，执忠以归其国，乌即城遂降于超。

①谓多以珍宝诱引之。啖音徒滥反。前书曰，高祖令陆贾往说秦将，啖以利。啖与啗同。

后三年，忠说康居王借兵，还据损中，①密与龟兹谋，遣使诈降于超。超内知其奸而外伪许之。忠大喜，即从轻骑诣超。超密勒兵待之，为供张设乐。②酒行，乃叱吏缚忠斩之。因击破其众，杀七百馀人，南道于是遂通。

①损中，未详。东观记作"顿中"，续汉及华峤书并作"损中"，本或作"植"，[9]未知孰是也。

②供音居用反，张音竹亮反。

明年，超发于窴诸国兵二万五千人，复击莎车。而龟兹王遣左将军发温宿、姑墨、尉头合五万人救之。超召将校及于窴王议曰："今兵少不敌，其计莫若各散去。于窴从是而东，长史亦于此西归，可须夜鼓声而发。"阴缓所得生口。龟兹王闻之大喜，自以万骑于西界遮超，温宿王将八千骑于东界徼于窴。超知二虏已出，密召诸部勒兵，鸡鸣驰赴莎车营，胡大惊乱奔走，追斩五千馀级，大获其马畜财物。莎车遂降，龟兹等因各退散，自是威震西域。

初，月氏尝助汉击车师有功，是岁贡奉珍宝、符拔、师子，①因求汉公主。超拒还其使，由是怨恨。永元二年，月氏遣其副王谢将兵七万攻超。超众少，皆大恐。超譬军士曰："月氏兵虽多，然数千里踰葱领来，非有运输，何足忧邪？但当收穀坚守，彼饥穷自降，不过数十日决矣。"谢遂前攻超，不下，又钞掠无所得。超度其粮将尽，必从龟兹求救，[10]乃遣兵数百于东界要之。谢果遣骑赍金银珠玉以赂龟兹。超伏兵遮击，尽杀之，持其使首以示谢。谢大惊，即遣使请罪，愿得生归。超纵遣之。月氏由是大震，岁奉贡献。

①续汉书曰："符拔，形似麟而无角。"

明年，龟兹、姑墨、温宿皆降，乃以超为都护，徐幹为长史。拜白霸为龟兹王，遣司马姚光送之。超与光共胁龟兹废其王尤利多而立白霸，使光将尤利多还诣京师。超居龟兹它乾城，徐幹屯疏勒。西域唯焉耆、危须、尉犁以前没都护，怀二心，其馀悉定。

六年秋，超遂发龟兹、鄯善等八国兵合七万人，及吏士贾客千四百人讨焉耆。兵到尉犁界，而遣晓说焉耆、尉犁、危须曰："都护来者，欲镇抚三国。即欲改过向善，宜遣大人来迎，当赏赐王侯已下，①事毕即还。今赐王彩五百匹。"焉耆王广遣其左将北鞬支[11]奉牛酒迎超。②超诘鞬支曰："汝虽匈奴侍子，而今秉国之权。都护自来，王不以时迎，皆汝罪也。"或谓超可便杀之。超曰："非汝所及。此人权重于王，今未入其国而杀之，遂令自疑，设备守险，岂得到其城下哉！"于是赐而遣之。广乃与大人迎超于尉犁，奉献珍物。

①大人谓其酋豪。

②鞬音九言反。

焉耆国有苇桥之险，广乃绝桥，不欲令汉军入国。超更从它道厉度。①七月晦，到焉耆，去城二十里，(正)营大泽中。[12]广出不意，大恐，乃欲悉驱其人共入山保。焉耆左候元孟先尝质京师，密遣使以事告超，超即斩之，示不信用。乃期大会诸国王，因扬声当重加赏赐，于是焉耆王广、尉犁王汎及北鞬支等三十人[13]相率诣超。

其国相腹久等十七人惧诛，皆亡入海，②而危须王亦不至。坐定，超怒诘广曰："危须王何故不到？腹久等所缘逃亡？"遂叱吏士收广、汎等于陈睦故城斩之，传首京师。因纵兵钞掠，斩首五千馀级，获生口万五千人，马畜牛羊三十馀万头，更立元孟为焉耆王。超留焉耆半岁，慰抚之。于是西域五十馀国悉皆纳质内属焉。

①由带以上为厉，由膝以下为揭，见尔雅也。

②"十七"字本或为"七十"。

明年，下诏曰："往者匈奴独擅西域，寇盗河西，永平之末，城门昼闭。先帝深愍边萌婴罗寇害，〔14〕乃命将帅击右地，破白山，临蒲类，①取车师，城郭诸国震慑响应，遂开西域，置都护。而焉耆王舜、舜子忠独谋悖逆，恃其险隘，覆没都护，并及吏士。先帝重元元之命，惮兵役之兴，故使军司马班超安集于寘以西。超遂踰葱领，迄县度，②出入二十二年，莫不宾从。改立其王，而绥其人。不动中国，不烦戎士，得远夷之和，同异俗之心，而致天诛，蠲宿耻，以报将士之仇。③司马法曰：'赏不踰月，欲人速睹为善之利也。'其封超为定远侯，邑千户。"④

①西河旧事曰："白山之中有好木，匈奴谓之天山，去蒲类海百里。"郭义恭广志曰："西域有白山，通岁有雪，亦名雪山。"破白山见明纪也。

②迄，至也。县度，山名。县音玄。谓以绳索县縋而过也。其处在皮山国以西，罽宾国之东也。

③致犹至也。蠲，除也。

④东观记曰："其以汉中郡南郑之西乡户千封超为定远侯。"故城在今洋州西乡县南。

超自以久在绝域，年老思土。十二年，上疏曰："臣闻太公封齐，五世葬周，狐死首丘，代马依风。①夫周齐同在中土千里之閒，况于远处绝域，小臣能无依风首丘之思哉？蛮夷之俗，畏壮侮老。②臣超犬马齿歼，常恐年衰，奄忽僵仆，孤魂弃捐。昔苏武留匈奴中尚十九年，今臣幸得奉节带金银护西域，③如自以寿终屯部，诚无所恨，然恐后世或名臣为没西域。臣不敢望到酒泉郡，但愿生入玉门关。④臣老病衰困，冒死瞽言，谨遣子勇随献物入塞。⑤及臣生在，令勇目见中土。"而超妹同郡曹寿妻昭亦上书请超曰：

①礼记曰："太公封于营丘，比及五世，皆反葬于周。君子曰：'乐乐其所自生，礼不忘其本。古之人有言曰：狐死正丘首，仁也。'"郑玄注曰："正丘首，〔正首〕丘也。[15]"代，郡名，在赵北。韩诗外传曰"代马依北风，飞鸟扬故巢"也。

②案前书曰，匈奴，其俗壮者食肥美，老者食其馀。贵壮健，贱老弱也。

③金银谓印也。金印紫绶，银印青绶也。

④玉门关属敦煌郡，今沙州也。去长安三千六百里。关在敦煌县西北。酒泉，今肃州也。去长安二千八百五十里也。

⑤东观记曰"时安息遣使献大爵、师子，超遣子勇随入塞"也。

妾同产兄西域都护定远侯超，幸得以微功特蒙重赏，爵列通侯，位二千石。天恩殊绝，诚非小臣所当被蒙。超之始出，志捐躯命，冀立微功，以自陈效。会陈睦之变，道路隔绝，超以一身转侧绝域，晓譬诸国，因其兵众，每有攻战，辄为先登，身被金夷，①不避死亡。赖蒙陛下神灵，且得延命沙漠，至今积三十年。骨肉生离，不复相识。所与相随时人士众，皆已物故。超年最长，今且七十。衰老被病，头发无黑，两手不仁，②耳目不聪明，扶杖乃能行。虽欲竭尽其力，以报塞天恩，迫于岁暮，犬马齿索。蛮夷之性，悖逆侮老，而超旦暮入地，久不见代，恐开奸宄之源，生逆乱之心。而卿大夫咸怀一切，莫肯远虑。如有卒暴，超之气力不能从心，便为上损国家累世之功，下弃忠臣竭力之用，诚可痛也。故超万里归诚，自陈苦急，延颈踰望，三年于今，未蒙省录。③

①夷，伤也。

②不仁犹不遂也。

③踰，遥也。高祖踰谓黥布曰："何苦而反？"

妾窃闻古者十五受兵，六十还之，①亦有休息不任职也。缘陛下以至孝理天下，得万国之欢心，不遗小国之臣，况超得备侯伯之位，故敢触死为超求哀，匄超馀年。②一得生还，复见阙庭，使国永无劳远之虑，西域无仓卒之忧，超得长蒙文王葬骨之恩，子方哀老之惠。③诗云："民亦劳止，汔可小康，惠此中国，以绥四方。"④超有书与妾生诀，恐不复相见。妾诚伤超以壮年竭忠孝于沙漠，疲老则便捐死于旷野，诚可哀怜。如不蒙救护，超后有一旦之变，冀幸超家得蒙赵母、卫姬先请之贷。⑤妾愚戆不知大义，触犯忌讳。

书奏，帝感其言，乃征超还。

①周礼（卿）〔鄉〕大夫职[16]曰："国中七尺以及六十，野自六尺以及六十有五，皆征之。"征谓赋税从征役也。韩诗外传曰"二十行役，六十免役"，与周礼国中同，即知（一）〔二十〕与周礼七尺同。[17]〔周〕礼国中六十免役，[18]野即六十有五，晚于国中五年。国中七尺从役，野六尺，即是野又早于国中五年。七尺谓二十，六尺即十五也。此言十五受兵，谓据野外为言，六十还之，据国中为说也。

②匄，乞。

③葬骨，解见明纪。田子方，魏文侯之师也。见君之老马弃之，曰："少尽其力，老而弃之，非仁也。"于是收而养之。事见史记也。

④诗大雅也。汔，其也。康、绥，皆安也。言先施恩惠于中国，然后乃安四方。

⑤赵母谓赵奢之妻，赵括之母也。惧括败，先请，得不坐。事见史记。卫姬者，齐桓公之姬。桓公与管仲谋伐卫，桓公入，姬请卫之罪。事见列女传也。

超在西域三十一岁。十四年八月至洛阳，拜为射声校尉。超素有匈胁疾，既至，病遂加。帝遣中黄门问疾，赐医药。其年九月卒，年七十一。朝廷愍惜焉，使者吊祭，赠赗甚厚。子雄嗣。

初，超被征，以戊己校尉任尚为都护。[19]与超交代。尚谓超曰：[20]"君侯在外国三十馀年，而小人猥承君后，任重虑浅，宜有以诲之。"超曰：[21]"年老失智，任君数当大位，岂班超所能及哉！必不得已，愿进愚言。塞外吏士，本非孝子顺孙，皆以罪过徙补边屯。而蛮夷怀鸟兽之心，难养易败。今君性严急，水清无大鱼，察政不得下和。①宜荡佚简易，宽小过，总大纲而已。"超去后，尚私谓所亲曰："我以班君当有奇策，今所言平平耳。"尚至数年，而西域反乱，以罪被征，如超所戒。

①家语孔子曰："水至清则无鱼，人至察则无徒。"

有三子。长子雄，累迁屯骑校尉。会叛羌寇三辅，诏雄将五营兵屯长安，就拜京兆尹。雄卒，子始嗣，尚清河孝王女阴城公主。主顺帝之姑，贵骄淫乱，与嬖人居帷中，而召始入，使伏床下。始积怒，永建五年，遂拔刃杀主。帝大怒，腰斩始，同产皆弃市。超少子勇。

勇字宜僚，少有父风。永初元年，西域反叛，以勇为军司马。

与兄雄俱出敦煌,迎都护及西域甲卒而还。因罢都护。后西域绝无汉吏十馀年。

元初六年,敦煌太守曹宗遣长史索班将千馀人屯伊吾,车师前王及鄯善王皆来降班。后数月,北单于与车师后部遂共攻没班,[22]进击走前王,略有北道。鄯善王急,求救于曹宗,宗因此请出兵五千人击匈奴,报索班之耻,因复取西域。邓太后召勇诣朝堂会议。先是公卿多以为宜闭玉门关,遂弃西域。勇上议曰:"昔孝武皇帝患匈奴强盛,兼总百蛮,以逼障塞。于是开通西域,离其党与,论者以为夺匈奴府藏,断其右臂。遭王莽篡盗,征求无猒,胡夷忿毒,遂以背叛。光武中兴,未遑外事,故匈奴负强,驱率诸国。及至永平,再攻敦煌,河西诸郡,城门昼闭。孝明皇帝深惟庙策,①乃命虎臣,出征西域,②故匈奴远遁,边境得安。及至永元,莫不内属。会閒者羌乱,西域复绝,北虏遂遣责诸国,备其逋租,高其价直,严以期会。鄯善、车师皆怀愤怨,思乐事汉,其路无从。前所以时有叛者,皆由牧养失宜,还为其害故也。今曹宗徒耻于前负,欲报雪匈奴,而不寻出兵故事,未度当时之宜也。夫要功荒外,万无一成,若兵连祸结,悔无及已。况今府藏未充,师无后继,是示弱于远夷,暴短于海内,臣愚以为不可许也。旧敦煌郡有营兵三百人,今宜复之,复置护西域副校尉,居于敦煌,如永元故事。又宜遣西域长史将五百人屯楼兰,西当焉耆、龟兹径路,南强鄯善、于寘心胆,北扞匈奴,东近敦煌。如此诚便。"

①古者谋事必就祖,故言"庙策"也。

②毛诗曰:"进厥虎臣,阚如虓虎。"

尚书问勇曰:"今立副校尉,何以为便?又置长史屯楼兰,利害云何?”勇对曰:“昔永平之末,始通西域,初遣中郎将居敦煌,后置副校〔尉〕于车师,[23]既为胡虏节度,又禁汉人不得有所侵扰。故外夷归心,匈奴畏威。今鄯善王尤还,①汉人外孙,若匈奴得志,则尤还必死。此等虽同鸟兽,亦知避害。若出屯楼兰,足以招附其心,愚以为便。”长乐卫尉镡显、廷尉綦毋参、[24]司隶校尉崔据难曰:“朝廷前所以弃西域者,以其无益于中国而费难供也。今车师已属匈奴,鄯善不可保信,一旦反覆,班将能保北虏不为边害乎?”②勇对曰:“今中国置州牧者,以禁郡县奸猾盗贼也。若州牧能保盗贼不起者,臣亦愿以要斩保匈奴之不为边害也。今通西域则虏埶必弱,虏埶(必)弱则为患微矣。[25]孰与归其府藏,续其断臂哉!今置校尉以扞抚西域,设长史以招怀诸国,若弃而不立,则西域望绝。望绝之后,屈就北虏,缘边之郡将受困害,恐河西城门必复有昼闭之儆矣。今不廓开朝廷之德,而拘屯戍之费,若北虏遂炽,岂安边久长之策哉!”太尉属毛轸难曰:“今若置校尉,则西域骆驿遣使,求索无猒,与之则费难供,不与则失其心。一旦为匈奴所迫,当复求救,则为役大矣。”勇对曰:“今设以西域归匈奴,而使其恩德大汉,不为钞盗则可矣。如其不然,则因西域租入之饶,兵马之众,以扰动缘边,是为富仇雠之财,增暴夷之埶也。置校尉者,宣威布德,以系诸国内向之心,以疑匈奴觊觎之情,而无财费耗国之虑也。且西域之人无它求索,其来入者,不过禀食而已。今若拒绝,埶归北属,夷虏并力以寇并、凉,则中国之费不止千亿。置之诚便。”于是从勇议,复敦煌郡营兵三百人,置西域副校尉居敦煌。虽复羁縻西域,然亦未能出屯。其后匈奴果数与车师共入寇钞,河西大被其害。

①尤还，王名。

②以勇为军司马，故以将言之。将音子亮反。

延光二年夏，复以勇为西域长史，将兵五百人出屯柳中。①明年正月，勇至楼兰，以鄯善归附，特加三绶。[26]而龟兹王白英犹自疑未下，勇开以恩信，白英乃率姑墨、温宿自缚诣勇降。勇因发其兵步骑万馀人到车师前王庭，击走匈奴伊蠡王于伊和谷，收得前部五千馀人，于是前部始复开通。还，屯田柳中。

①柳中，今西州县。

四年秋，勇发敦煌、张掖、酒泉六千骑及鄯善、疏勒、车师前部兵击后部王军就，大破之。①首虏八千馀人，马畜五万馀头。捕得军就及匈奴持节使者，将至索班没处斩之，以报其耻，传首京师。永建元年，更立后部故王子加特奴为王。勇又使别校诛斩东且弥王，亦更立其种人为王，②于是车师六国悉平。

①军就，名也。

②且音子余反。

其冬，勇发诸国兵击匈奴呼衍王，呼衍王亡走，其众二万馀人皆降。捕得单于从兄，勇使加特奴手斩之，以结车师匈奴之隙。北单于自将万馀骑入后部，至金且谷，勇使假司马曹俊驰救之。单于引去，俊追斩其贵人骨都侯，于是呼衍王遂徙居枯梧河上。是后车师无复虏跡，城郭皆安。唯焉耆王元孟未降。

二年，勇上请攻元孟，于是遣敦煌太守张朗将河西四郡兵三千人配勇。①因发诸国兵四万馀人，分骑为两道击之。勇从南道，朗从北道，约期俱至焉耆。而朗先有罪，欲徼功自赎，遂先期至爵离关，遣司马将兵前战，首虏二千馀人。元孟惧诛，逆遣使乞降，张朗径入焉耆受降而还。元孟竟不肯面缚，唯遣子诣阙贡献。朗遂得免诛。勇以后期，征下狱，免。后卒于家。

①河西四郡，金城、敦煌、张掖、酒泉。

梁慬字伯威，①北地弋居人也。②父讽，历州宰。永元元年，车骑将军窦宪出征匈奴，除讽为军司马，令先赍金帛使北单于，宣国威德，其归附者万馀人。后坐失宪意，髡输武威，武威太守承旨杀之。窦氏既灭，和帝知其为宪所诬，征慬，除为郎中。

①慬音勤。

②弋居，县名。郡国志曰有铁官。

慬有勇气，常慷慨好功名。初为车骑将军邓鸿司马，再迁，延平元年拜西域副校尉。慬行至河西，会西域诸国反叛，攻都护任尚于疏勒。尚上书求救，诏慬将河西四郡羌胡五千骑驰赴之，慬未至而尚已得解。会征尚还，以骑都尉段禧为都护，西域长史赵博为骑都尉。禧、博守它乾城。它乾城小，慬以为不可固，乃谲说龟兹王白霸，欲入共保其城，白霸许之。吏人固谏，白霸不听。慬既入，遣将急迎禧、博，合军八九千人。龟兹吏人并叛其王，而与温宿、姑墨数万兵反，共围城。慬等出战，大破之。连兵数月，胡众败走，乘胜追击，凡斩首万馀级，获生口数千人，骆驼畜产数万头，龟兹乃定。而道路尚隔，檄书不通。岁馀，朝廷忧之。公卿议者以为西域阻远，数有背叛，吏士屯田，其费无已。永初元年，遂罢都护，遣骑都尉王弘发关中兵迎慬、禧、博及伊吾卢、柳中屯田吏士。

二年春，还至敦煌。会众羌反叛，朝廷大发兵西击之，逆诏慬留为诸军援。懂至张掖日勒。[①]羌诸种万馀人攻亭候,杀略吏人。懂进兵击,大破之,乘胜追至昭武,[②]虏遂散走,其能脱者十二三。及至姑臧,羌大豪三百馀人诣懂降,并慰譬遣还故地,河西四郡复安。

①日勒,县名,属张掖郡,故城在今甘州删丹县东南。

②县名,属张掖郡,故城在今甘州张掖县西北也。

懂受诏当屯金城,闻羌转寇三辅,迫近园陵,即引兵赴击之,转战武功美阳关。[①]懂临阵被创,不顾,连破走之,尽还得所掠生口,获马畜财物甚众,羌遂奔散。朝廷嘉之,数玺书劳勉,委以西方事,令为诸军节度。

①美阳,县名,故城在武功县北七里,于其所置关。

三年冬,南单于与乌桓大人俱反。以大司农何熙行车骑将军事,中郎将庞雄为副,将羽林五校营士,及发缘边十郡兵二万馀人,[①]又辽东太守耿夔率将鲜卑种众共击之,诏懂行度辽将军事。庞雄与耿夔共击匈奴奥鞬日逐王,破之。单于乃自将围中郎将耿种于美稷,连战数月,攻之转急,种移檄求救。明年正月,懂将八千馀人驰往赴之,至属国故城,与匈奴左将军、乌桓大人战,破斩其渠帅,杀三千馀人,虏其妻子,获财物甚众。单于复自将七八千骑迎攻,围懂。懂被甲奔击,所向皆破,虏遂引还虎泽。三月,何熙军到五原曼柏,[②]暴疾,不能进,遣庞雄与懂及耿种步骑万六千人攻虎泽。连营稍前,单于惶怖,遣左奥鞬日逐王诣懂乞降,懂乃大陈兵受之。单于脱帽徒跣,面缚稽颡,纳质。会熙卒于师,即拜懂度辽将军。庞雄还为大鸿胪。雄,巴郡人,有勇略,称为名将。

①缘边十郡谓五原、云中、定襄、雁门、朔方、代郡、上谷、渔阳、辽西、右

北平。

②曼柏，县名，属五原郡。

明年，安定、北地、上郡皆被羌寇，穀贵人流，不能自立。诏懂发边兵迎三郡太守，使将吏人徙扶风界。懂即遣南单于兄子优孤涂奴将兵迎之。既还，懂以涂奴接其家属有劳，辄授以羌侯印绶，坐专擅，征下狱，抵罪。明年，校书郎马融上书讼懂与护羌校尉庞参，有诏原刑。语在庞参传。

会叛羌寇三辅，关中盗贼起，拜懂谒者，将兵击之。至湖县，病卒。

何熙字孟孙，陈国人。少有大志。永元中，为谒者。身长八尺五寸，善为威容，赞拜殿中，音动左右。和帝伟之，擢为御史中丞，历司隶校尉、大司农。及在军临殁，遗言薄葬。三子：临，瑾，阜。临、瑾并有政能。阜俊才早没。临子衡，为尚书，以正直称，坐讼李膺等下狱，免官，废于家。

论曰：时政平则文德用，而武略之士无所奋其力能，故汉世有发愤张胆，争膏身于夷狄以要功名，多矣。祭肜、耿秉启匈奴之权，班超、梁懂奋西域之略，卒能成功立名，享受爵位，荐功祖庙，勒勋于后，亦一时之志士也。

赞曰：定远慷慨，专功西遐。坦步葱、雪，咫尺龙沙。①懂亦抗愤，勇乃负荷。②

①葱领、雪山，白龙堆沙漠也。八寸曰咫。坦步言不以为艰，咫尺言不以为远也。

②左传曰：“其父析薪，其子弗克负荷。”言勇能继超之功业。

【校勘记】

〔1〕扶风平陵人　按：班彪传云扶风安陵人，钱大昕谓当有一误。校补引柳从辰说，谓东观记载班超亦为安陵人，则作“平陵”者误。

〔2〕超持公羊春秋　按：王先谦谓“持”当为“治”，避唐高宗讳改。

〔3〕西与姑墨接　按：校补谓前书西域传作“北与姑墨接”。

〔4〕东西六千馀里　按：“千”原讹“十”，径改正。

〔5〕傍南山北波河西行　按：西域传“波”作“陂”。下一二行注“随北山波河西行”同。

〔6〕逆遣吏田虑先往降之　袁宏纪“田虑”作“陈宪”。惠栋谓古陈田字通，“宪”当为“虑”，字之误也。今按：虑宪形近，未知孰讹。

〔7〕今龟音丘勿反　按：龟无入声，“勿”字疑讹。

〔8〕超守盘橐城　按汲本、殿本“盘”作“槃”。

〔9〕本或作植　按：通鉴胡注引“植”作“桢”，胡氏谓案西域传，灵帝建宁三年，凉州刺史孟佗遣兵讨疏勒，攻桢中城，“桢中”是也。

〔10〕必从龟兹求救　按：集解引惠栋说，谓袁宏纪“救”作“食”。

〔11〕遣其左将北鞬支　按：集解引惠栋说，谓“北”一作“比”。校补引钱大昭说，谓闽本作“比”。

〔12〕(正)营大泽中　按：刊误谓案文“正”当作“止”。集解引惠栋说，谓案袁宏纪，“正”字当衍。今依惠说删“正”字。

〔13〕尉犁王汎及北鞬支等三十人　按：集解引王补说，谓袁宏纪“汎”作“沈”。又引惠栋说，谓袁纪作“四十一人”。

〔14〕先帝深愍边萌婴罹寇害　“萌”汲本、殿本作“氓”。今按：“氓”亦作“萌”，音义并同。又“罹”汲本、殿本作“罹”。今按：罹罹通。

〔15〕正丘首〔正首〕丘也　据集解本补，与礼檀弓郑注合。

〔16〕周礼(卿)〔鄉〕大夫职　据殿本改。

〔17〕即知(一)〔二十〕与周礼七尺同　据刊误改。

〔18〕〔周〕礼国中六十免役　据刊误补。

〔19〕以戊己校尉任尚为都护　按：刊误谓是时但有戊校尉，多"己"字。

〔20〕尚谓超曰　按：集解引王补说，谓袁宏纪作"尚与超书曰"。

〔21〕超曰　按：集解引王补说，谓据袁纪尚与超书，则超此语亦荅书，非面论也。

〔22〕元初六年至遂共攻没班　按：集解引通鉴考异，谓案本纪及车师传，皆云永宁元年事，盖班以去年末屯伊吾，今春见杀，或今春奏事方到也。

〔23〕后置副校〔尉〕于车师　据汲本、殿本补。

〔24〕廷尉綦母参　按：集解本"母"作"毋"，校补谓据通鉴正。

〔25〕虏埶(必)弱则为患微矣　据刊误删。

〔26〕特加三绶　按：集解引通鉴胡注，谓"三绶"疑当作"王绶"。

后汉书卷四十八

杨李翟应霍爰徐列传第三十八

杨终字子山，蜀郡成都人也。年十三，为郡小吏，太守奇其才，遣诣京师受业，习春秋。①显宗时，征诣兰台，拜校书郎。

①袁山松书曰："时蜀郡有雷震决曹，终上白记，以为断狱烦苛所致，太守乃令终赋雷电之意，而奇之也。"

建初元年，大旱穀贵，终以为广陵、楚、淮阳、济南之狱，徙者万数，又远屯绝域，吏民怨旷，乃上疏曰："臣闻'善善及子孙，恶恶止其身'，百王常典，不易之道也。①秦政酷烈，违牾天心，一人有罪，延及三族。②高祖平乱，约法三章。太宗至仁，除去收孥。③万姓廓然，蒙被更生，泽及昆虫，功垂万世。陛下圣明，德被四表。今以比年久旱，灾疫未息，④躬自菲薄，广访失得，三代之隆，无以加焉。臣窃桉春秋水旱之变，皆应暴急，惠不下流。自永平以来，仍连大狱，有司穷考，转相牵引，掠考冤滥，家属徙边。加以北征匈奴，西开三十六国,频年服役,转输烦费。又远屯伊吾、楼兰、车师、戊己,民怀土思,[1]怨结边域。传曰:'安土重居,谓之众庶。'⑤昔殷民近迁洛邑,且犹怨望,⑥何况去中土之肥饶,寄不毛之荒极乎?⑦且南方暑湿,障毒互生。愁困之民,足以感动天地,移变阴阳矣。陛下留念省察,以济元元。"书奏,肃宗下其章。司空第五伦亦同终议。太尉牟融、司徒鲍昱、校书郎班固等难伦,以施行既久,孝子无改父之道,先帝所建,不宜回异。终复上书曰:"秦筑长城,功役繁兴,胡亥不革,卒亡四海。故孝元弃珠崖之郡,光武绝西域之国,不以介鳞易我衣裳。⑧鲁文公毁泉台,春秋讥之曰'先祖为之而己毁之,不如勿居而已',以其无妨害于民也。⑨襄公作三军,昭公舍之,君子大其复古,以为不舍则有害于民也。⑩今伊吾之役,楼兰之屯,久而未还,非天意也。"帝从之,听还徙者,悉罢边屯。

①春秋:"昭公二十年,曹公孙会自鄸出奔宋。"公羊传曰:"畔也。曷为不言畔?为公子喜时之后讳也。春秋为贤者讳也。何贤乎公子喜时?让国也。君子善善也长,恶恶也短,恶恶止其身,善善及子孙。贤者子孙,故君子为之讳。"

②前书音义曰:"父族、母族、妻族也。"

③太宗,文帝也。史记曰:"文帝德至盛也,岂不仁哉。"除去收孥相坐之律也。

④"灾"字或作"牛"。疫,病也。

⑤元帝诏曰"安土重迁,黎人之性"也。

⑥尚书盘庚序曰:"盘庚五迁,将治亳,殷人咨胥怨。"亳,今河南偃师,故曰"近迁洛邑"。

⑦毛,草也。尔雅曰:"孤竹、北户、西王母、日下谓之四荒。"又曰:"东至于泰远,西至于邠国,南至于濮鈆,北至于祝栗,谓之四极。"言不毛、

荒极，直论远耳，非必此地也。

⑧元帝初元三年，珠崖郡反，待诏贾捐之以为宜弃珠崖，救人饥饿，乃罢珠崖郡。光武二十一年，鄯善、车师王等十六国皆遣子入侍，请都护。帝以中国初定，未遑外事，还其侍子，厚加赏赐。介鳞喻远夷，言其人与鱼鳖无异也。衣裳谓中国也。杨雄法言曰："珠崖之绝，捐之之力也，否则鳞介易我衣裳。"

⑨公羊传曰"毁泉台何以书？讥尔。筑之讥，毁之讥，先祖为之而己毁之，勿居而已"也。

⑩公羊传曰："襄公十一年作三军。三军者何？三卿也。"昭公五年传曰："舍中军。舍中军者何？复古也。"言舍之与留，量时制宜也。

终又言："宣帝博征群儒，论定五经于石渠阁。方今天下少事，学者得成其业，而章句之徒，破坏大体。宜如石渠故事，永为后世则。"于是诏诸儒于白虎观论考同异焉。会终坐事系狱，博士赵博、校书郎班固、贾逵等，以终深晓春秋，学多异闻，表请之，终又上书自讼，即日贯出，乃得与于白虎观焉。①后受诏删太史公书为十馀万言。

①与音预。

时太后兄卫尉马廖，谨笃自守，不训诸子。终与廖交善，以书戒之曰："终闻尧舜之民，可比屋而封；桀纣之民，可比屋而诛。①何者？尧舜为之堤防，桀纣示之骄奢故也。诗曰：'皎皎练丝，在所染之。'②上智下愚，谓之不移；中庸之流，要在教化。春秋杀太子母弟，直称君甚恶之者，坐失教也。③礼制，人君之子年八岁，为置少傅，教之书计，以开其明；④十五置太傅，教之经典，以道其志。汉兴，诸侯王不力教诲，多触禁忌，故有亡国之祸，而乏嘉善之称。今君位地尊重，海内所望，岂可不临深履薄，以为至戒！〔2〕黄门郎年幼，血气方盛，⑤既无长君退让之风，⑥而要结轻狡无行之客，纵而莫诲，视成任性，⑦鉴念前往，[3]可为寒心。君侯诚宜以临深履薄为戒。"廖不纳。子豫后坐县书诽谤，⑧廖以就国。

①事见陆贾新语。

②逸诗也。皎皎，白貌也。墨子曰："墨子见染丝者叹曰：'染于苍则苍，染于黄则黄，故染不可不慎也。'"

③公羊传曰："晋侯杀其太子申生。曷为直称晋侯？曰以杀其太子母弟，直称君者甚之也。"[4]

④大戴礼曰："古者八岁出就外舍，学小蓺焉，履小节焉。"又曰："为置三少，曰少保、少傅、少师，是与太子宴者也。"礼记内则曰"十年出就外傅，居宿于外学书计"也。

⑤廖子防及光俱为黄门郎。[5]孔子曰"及其壮也，血气方刚，戒之在斗"也。

⑥文帝窦后兄长君，弟广国字少君，此两人所出微，绛、灌等选长者之有节行者与之居，[6]长君、少君由此为退让君子，不敢以富贵骄人也。

⑦马防传曰"兄弟贵盛，宾客奔凑，四方毕至，数百馀人皆为食客"也。

⑧县音悬。

终兄凤为郡吏，太守廉范为州所考，遣凤候终，终为范游说，坐徙北地。①帝东巡狩，凤皇黄龙并集，终赞颂嘉瑞，上述祖宗鸿业，凡十五章，奏上，诏贳还故郡。著春秋外传十二篇，改定章句十五万言。永元十二年，征拜郎中，以病卒。②

①益部耆旧传曰"终徙于北地望松县，而母于蜀物故。终自伤被罪充边，乃作晨风之诗以舒其愤"也。

②袁山松书曰"侍中贾逵荐终博达忠直，征拜郎中。及卒，赐钱二十万"也。

李法字伯度，汉中南郑人也。博通群书，性刚而有节。和帝永元九年，应贤良方正对策，除博士，迁侍中、光禄大夫。岁馀，上疏以为朝政苛碎，违永平、建初故事；宦官权重，椒房宠盛；又讥史官记事不实，后世有识，寻功计德，必不明信。坐失旨，下有司，免为庶人。还乡里，杜门自守。故人儒生时有候之者，言谈之次，问其不合上意之由，法未尝应对。友人固问之，法曰："鄙夫可与事君乎哉？苟患失之，无所不至。①孟子有言：'夫仁者如射，正己而后发。发而不中，不怨胜己者，反诸身而已矣。'"②在家八年，征拜议郎、谏议大夫，正言极辞，无改于旧。出为汝南太守，政有声跡。后归乡里，卒于家。

①此以上论语孔子之言也。郑玄注云："无所不至谓谄佞邪媚，无所不为也。"

②孟子公孙丑篇之言也。反诸身而已，言克己自责，不责人也。

翟酺字子超，广汉雒人也。①四世传诗。酺好老子，尤善图纬、天文、历算。以报舅仇，当徙日南，亡于长安，为卜相工，后牧羊凉州。遇赦还。仕郡，征拜议郎，迁侍中。

①雒属广汉郡，漳山雒水所出，南入湔，故城在今雒县南。湔音子田反。

时尚书有缺，诏将大夫六百石以上试对政事、天文、道术，以高第者补之。酺自恃能高，而忌故太史令孙懿，恐其先用，乃往候懿。既坐，言无所及，唯涕泣流连。懿怪而问之，酺曰："图书有汉贼孙登，将以才智为中官所害。观君表相，似当应之。①酺受恩接，凄怆君之祸耳！"懿忧惧，移病不试。②由是酺对第一，拜尚书。

①春秋保乾图曰"汉贼臣,名孙登,大形小口,长七尺九寸,巧用法,多技方,诗书不用,贤人杜口"也。

②移病谓作文移而称病也。

时安帝始亲政事,追感祖母宋贵人,悉封其家。又元舅耿宝及皇后兄弟阎显等并用威权。酺上疏谏曰:

臣闻微子佯狂而去殷,叔孙通背秦而归汉,彼非自疏其君,时不可也。臣荷殊绝之恩,蒙值不讳之政,岂敢雷同受宠,而以戴天履地。①伏惟陛下应天履祚,历值中兴,当建太平之功,而未闻致化之道。盖远者难明,请以近事征之。昔窦、邓之宠,倾动四方,兼官重绂,盈金积货,至使议弄神器,改更社稷。②岂不以埶尊威广,以致斯患乎?及其破坏,头颡墯地,愿为孤豚,岂可得哉!③夫致贵无渐失必暴,受爵非道殃必疾。今外戚宠幸,功均造化,汉元以来,未有等比。陛下诚仁恩周洽,以亲九族。然禄去公室,政移私门,覆车重寻,宁无摧折。④而朝臣在位,莫肯正议,翕翕訿訿,更相佐附。⑤臣恐威权外假,归之良难,虎翼一奋,卒不可制。⑥故孔子曰"吐珠于泽,谁能不含";⑦老子称"国之利器,不可以示人"。⑧此最安危〔之极〕戒,〔7〕社稷之深计也。

①雷之发声,物皆同应,言无是非者谓之雷同。礼记曰:"无雷同。"左传曰"君履后土而戴皇天"也。

②神器谓天位也。老子曰:"天下神器,不可为也。"窦宪出入禁中,得幸太后,图为杀害。帝知其谋,诛之。邓太后崩,宫人告邓悝、邓弘等取废帝故事,谋立平原王得。帝闻,遂免邓氏为庶人也。

③庄子曰,或聘庄子,庄子谓其使曰:"子见夫牺牛乎?衣以文绣,食以刍菽。及其牵而入于太庙,欲为孤犊,其可得乎?"此作"豚",不同也。

④贾谊曰“谚云前车覆，后车诫”也。

⑤诗小雅曰：“翕翕訿訿，亦孔之哀。”毛传曰：“翕翕然患其上，訿訿然不思称职。”尔雅曰：“翕翕，訿訿，莫供职也。”訿音将徙反。“訾”与“訿”古字通。

⑥韩诗外传曰：“无为虎傅翼，将飞入邑，择人而食。”夫置不肖之人于位，是为虎傅翼也。

⑦春秋保乾图曰：“臣功大者主威侵，权并族害（尸）〔己〕奸行，[8]吐珠于泽，谁能不含。”谕君之权柄外假，则必竞取以为己利，犹珠出于泽中，谁能不含取以为己宝也。吐犹出也。

⑧老子道经曰：“鱼不可脱于泉，国之利器不可以示人。”河上公注曰：“利器谓权道也。理国权道，不可以示执事之臣。”

夫俭德之恭，政存约节。①故文帝爱百金于露台，饰帷帐于皂囊。②或有讥其俭者，上曰：“朕为天下守财耳，岂得妄用之哉！”至仓穀腐而不可食，钱贯朽而不可校。今自初政已来，日月未久，费用赏赐已不可算。敛天下之财，[9]积无功之家，帑藏单尽，民物彫伤，卒有不虞，复当重赋百姓，怨叛既生，危乱可待也。

①左氏传鲁大夫御孙曰“俭，德之恭；侈，恶之大”也。

②文帝常欲作露台，计直百金。曰：“百金中人十家之产，何以台为？”遂止不作。又东方朔曰：“文帝集上书囊以为殿帷。”

昔成王之政，周公在前，邵公在后，毕公在左，史佚在右，四子挟而维之。目见正容，耳闻正言，一日即位，天下旷然，言其法度素定也。今陛下有成王之尊而无数子之佐，虽欲崇雍熙，致太平，其可得乎？

自去年已来，灾谴频数，地坼天崩，高岸为谷。脩身恐惧，则转祸为福；轻慢天戒，则其害弥深。愿陛下亲自劳恤，研精致思，勉求忠贞之臣，诛远佞谄之党，损玉堂之盛，尊天爵之重，①割情欲之欢，罢宴私之好。帝王图籍，陈列左右，心存亡国所以失之，鉴观兴王所以得之，庶灾害可息，丰年可招矣。

①孟子曰："公卿大夫，人爵也。仁义礼智信，天爵也。"

书奏不省，而外戚宠臣咸畏恶之。

延光三年，出为酒泉太守。叛羌千馀骑徙敦煌来钞郡界，[10]翻赴击，斩首九百级，羌众几尽，威名大震。迁京兆尹。顺帝即位，拜光禄大夫，迁将作大匠。损省经用，岁息四五千万。①屡因灾异，多所匡正。②由是权贵共诬翻及尚书令高堂芝等交通属托，坐减死归家。复被章云翻前与河南张楷等谋反，逮诣廷尉。及杜真等上书讼之，事得明释。卒于家。③

①经，常也。

②益部耆旧传曰："时诏问翻阴阳失序，水旱隔并，其设销复兴济之本。翻上奏陈图书之意曰：'汉四百年将有弱主闭门听难之祸，数在三百年之閒。(宜升)〔斗〕历改宪，〔宜〕行先王至德要道，[11]奉率时禁，抑损奢侈，宣明质朴，以延四百年之难。'帝从之。"

③益部耆旧传曰："杜真字孟宗，广汉绵竹人也。少有孝行，习易、春秋，诵百万言，兄事同郡翟翻。翻后被系狱，真上檄章救翻，[12]系狱笞六百，竟免翻难，京师莫不壮之。"

著援神、钩命解诂十二篇。①

①援神契，钩命决，皆孝经纬篇名也。诂音古。

初，翻之为大匠，上言："孝文皇帝始置一经博士，①[13]武帝大合天下之书，②而孝宣论六经于石渠，学者滋盛，弟子万数。③光武初兴，愍其荒废，起太学博士舍、内外讲堂，诸生横巷，为海内所集。明帝时辟雍始成，欲毁太学，太尉赵憙以为太学、辟雍皆宜兼存，故并传至今。而顷者颓废，至为园采刍牧之处。宜更修缮，诱进后学。”帝从之。酺免后，遂起太学，更开拓房室，学者为酺立碑铭于学云。

①武帝建元五年始置五经博士，文帝之时未遑庠序之事，酺之此言，不知何据。

②武帝诏曰："其令礼官劝学，举遗兴礼。"举遗谓搜求遗逸，是合天下之书也。

③宣帝甘露三年，诏诸儒讲五经于殿中，兼平公羊、穀梁同异，上亲临决焉。时更崇穀梁传，故此言"六经"也。石渠，阁名。昭帝时博士弟子员百人，宣帝末增倍之，元帝时诏无置弟子员，以广学者，故言以万数也。

应奉字世叔，汝南南顿人也。曾祖父顺，字华仲，和帝时为河南尹、将作大匠，公廉约己，明达政事。①生十子，皆有才学。中子叠，江夏太守。叠生郴，武陵太守。郴生奉。

①华峤书曰："华仲少给事郡县，为吏清公，不发私书。举孝廉，尚书郎转右丞，迁冀州刺史，廉直无私。迁东平相，赏罚必信，吏不敢犯。有梓树生于厅事室上，事后母至孝，众以为孝感之应。时窦宪出屯河西，刺史、二千石皆遣子弟奉赂遗宪，宪败后咸被绳黜，顺独不在其中，由是显名。为将作大匠，视事五年，省费亿万。"汝南记曰"华仲妻本是汝南邓元义前妻也。元义父伯考为尚书仆射，元义还乡里，妻留事姑甚谨，姑憎之，幽闭空室，节其食饮，羸露日困，妻终无怨言。后伯考怪而问之。时义子朗年数岁，言母不病，但苦饥耳。伯考流涕

曰：'何意亲姑反为此祸！'因遣归家。更嫁为华仲妻。仲为将作大匠，妻乘朝车出，元义于路傍观之，谓人曰：'此我故妇，非有它过，家夫人遇之实酷，本自相贵。'其子朗时为郎，母与书皆不荅，与衣裳辄烧之。母不以介意，意欲见之，乃至亲家李氏堂上，令人以它词请朗。朗至，见母，再拜涕泣，因起出。母追谓之曰：'我几死，自为汝家所弃，我何罪过，乃如此邪？'因此遂绝"也。

奉少聪明，自为童儿及长，凡所经履，莫不暗记。读书五行并下。为郡决曹史，行部四十二县，[14]录囚徒数百千人。及还，太守备问之，奉口说罪系姓名，坐状轻重，无所遗脱，时人奇之。①著汉书后序，多所述载。②大将军梁冀举茂才。

①谢承书曰："奉少为上计吏，[15]许训为计掾，俱到京师。训自发乡里，在路昼顿暮宿，所见长吏、宾客、亭长、吏卒、奴仆，训皆密疏姓名，欲试奉。还郡，出疏示奉。奉云：'前食颍川纶氏都亭，亭长胡奴名禄，以饮浆来，何不在疏？'坐中皆惊。"又云："奉年二十时，尝诣彭城相袁贺，贺时出行闭门，造车匠于内开扇出半面视奉，奉即委去。后数十年于路见车匠，识而呼之。"

②袁山松书曰："奉又删史记、汉书及汉记三百六十馀年，自汉兴至其时，凡十七卷，名曰汉事。"

先是，武陵蛮詹山等四千馀人反叛，执县令，屯结连年。诏下公卿议，四府举奉才堪将帅。①永兴元年，拜武陵太守。到官慰纳，山等皆悉降散。于是兴学校，举仄陋，政称变俗。坐公事免。

①四府，解见皇后纪。

延熹中，武陵蛮复寇乱荆州，车骑将军冯绲以奉有威恩，为蛮夷所服，上请与俱征。拜从事中郎。①奉勤设方略，贼破军罢，绲推功于奉，荐为司隶校尉。纠举奸违，不避豪戚，以严厉为名。

①谢承书曰："时诏奉曰：'蛮夷叛逆作难，积恶放恣，镬中之鱼，火炽汤尽，当悉燋烂，以刷国耻。朝廷以奉昔守南土，威名播越，故复式序重任。奉之废兴，期在于今。赐奉钱十万，驳犀方具剑、金错把刀剑、革带各一。奉其勉之！'"

及邓皇后败，而田贵人见幸，桓帝有建立之议。奉以田氏微贱，不宜超登后位，上书谏曰："臣闻周纳狄女，襄王出居于郑；①汉立飞燕，成帝胤嗣泯绝。母后之重，兴废所因。宜思关雎之所求，远五禁之所忌。"②帝纳其言，竟立窦皇后。

①左传襄王将以狄女为后，富(臣)〔辰〕谏曰[16]："不可。狄固贪惏，王又启之。"王不从。狄人伐周，襄王出奔。

②韩诗外传曰："妇人有五不娶：丧妇之长女不娶，为其不受命也；[17]世有恶疾不娶，弃于天也；世有刑人不娶，弃于人也；乱家女不娶，类不正也；逆家子不娶，废人伦也。"

及党事起，奉乃慨然以疾自退。追愍屈原，因以自伤，著感骚三十篇，数万言。[18]诸公多荐举，会病卒。子劭。

劭字仲远。①少笃学，博览多闻。灵帝时举孝廉，辟车骑将军何苗掾。

①谢承书、(曰)应氏谱并云"字仲远"，[19]续汉书文士传作"仲援"，汉官仪又作"〔仲〕瑗"，[20]未知孰是。

中平二年，汉阳贼边章、韩遂与羌胡为寇，东侵三辅，时遣车骑将军皇甫嵩西讨之。嵩请发乌桓三千人。北军中候邹靖上言："乌桓众弱，宜开募鲜卑。"事下四府，大将军掾韩卓议，以为"乌桓兵寡，而与鲜卑世为仇敌，若乌桓被发，则鲜卑必袭其家。乌桓闻之，当复弃军还救。非唯无益于实，乃更沮三军之情。邹靖居近边塞，究其态诈。若令靖募鲜卑轻骑五千，必有破敌之效”。劭驳之曰：“鲜卑隔在漠北，犬羊为群，无君长之帅，庐落之居，而天性贪暴，不拘信义，故数犯障塞，且无宁岁。唯至互市，乃来靡服。苟欲中国珍货，非为畏威怀德。计获事足，旋踵为害。是以朝家外而不内，盖为此也。①往者匈奴反叛，度辽将军马续、乌桓校尉王元发鲜卑五千馀骑，又武威太守赵冲亦率鲜卑征讨叛羌。斩获丑虏，既不足言，而鲜卑越溢，多为不法。裁以军令，则忿戾作乱；制御小缓，则陆掠残害。劫居人，钞商旅，噉人牛羊，略人兵马。得赏既多，不肯去，复欲以物买铁。边将不听，便取缣帛聚欲烧之。边将恐怖，畏其反叛，辞谢抚顺，无敢拒违。今狡寇未殄，而羌为巨害，如或致悔，其可追乎！臣愚以为可募陇西羌胡守善不叛者，简其精勇，多其牢赏。②太守李参沈静有谋，必能奖厉得其死力。当思渐消之略，不可仓卒望也。”韩卓复与劭相难反覆。于是诏百官大会朝堂，皆从劭议。

①朝家犹国家也。公羊传曰“春秋内诸夏而外夷狄”也。

②牢，禀食也。或作“劳”。劳，功也。

三年，举高第，再迁，六年，拜太山太守。初平二年，黄巾三十万众入郡界。劭纠率文武连与贼战，前后斩首数千级，获生口老弱万馀人，辎重二千两，贼皆退却，郡内以安。兴平元年，前太尉曹嵩及子德从琅邪入太山，劭遣兵迎之，未到，而徐州牧陶谦素怨嵩子操数击之，乃使轻骑追嵩、德，并杀之于郡界。劭畏操诛，弃郡奔冀州牧袁绍。

初，安帝时河閒人尹次、颍川人史玉皆坐杀人当死，次兄初及玉母军并诣官曹求代其命，因缢而物故。尚书陈忠以罪疑从轻，议活次、玉。劭后追驳之，据正典刑，有可存者。其议曰：

尚书称"天秩有礼，五服五章哉。天讨有罪，五刑五用哉"。而孙卿亦云"凡制刑之本，将以禁暴恶，且惩其末也。凡爵列、官秩、赏庆、刑威，皆以类相从，使当其实也"。若德不副位，能不称官，赏不酬功，刑不应罪，不祥莫大焉。杀人者死，伤人者刑，此百王之定制，有法之成科。高祖入关，虽尚约法，然杀人者死，亦无宽降。夫时化则刑重，[21]时乱则刑轻。①书曰"刑罚时轻时重"，此之谓也。

①犯化之罪固重，犯乱之罪为轻。

今次、玉公以清时释其私憾，阻兵安忍，僵尸道路。①朝恩在宽，幸至冬狱，而初、军愚狷，妄自投毙。昔召忽亲死子纠之难，而孔子曰"经于沟渎，人莫之知"。②朝氏之父非错刻峻，遂能自陨其命，班固亦云"不如赵母指括以全其宗"。③传曰"仆妾感慨而致死者，非能义勇，顾无虑耳"。④夫刑罚威狱，以类天之震耀杀戮也；温慈和惠，以放天之生殖长育也。⑤是故春一草枯则为灾，秋一木华亦为异。今杀无罪之初、军，而活当死之次、玉，其为枯华，不亦然乎？陈忠不详制刑之本，而信一时之仁，遂广引八议求生之端。夫亲故贤能功贵勤宾，岂有次、玉当罪之科哉？⑥若乃小大以情，原心定罪，⑦此为求生，非谓代死可以生也。败法乱政，悔其可追。

劭凡为驳议三十篇，皆此类也。

①阻，恃也。左传曰，卫州吁"阻兵而安忍。"

②召忽，齐大夫。子纠，齐襄公之庶子也。子纠与小白争国，子纠被杀，

召忽其傅也，遂死之。论语孔子论召忽曰："岂若匹夫匹妇之为谅也，自经于沟渎而莫之知也。"

③前书，晁错为御史大夫，改更律令，诸侯諠譁。错父闻而非之，曰："刘氏安而晁氏危矣。"遂饮药而死。史记曰，赵母，赵将马服君赵奢之妻，赵括之母也。奢死，赵欲以括为将，母谓赵王曰："王以为括如其父，父子异心，愿王勿遣。"王曰："吾计决矣。"括母曰："王终将之，即有不称，妾得无随乎？"王许诺。及括败，王以母先言，竟不诛也。而班固引之以为晁错赞词。

④言仆妾之致死者，顾由无计虑耳。[22]语见史记栾布传赞也。

⑤左传郑大夫游吉之词。

⑥周礼小司寇职郑司农曰："亲，宗室有罪先请也。故谓旧知也。贤谓有德行者。能谓有道蓺者。功谓有大勋也。贵谓若今墨绶，有罪先请也。勤谓憔悴国事。宾谓二王后。"

⑦左传曰："小大之狱，虽不能察，必以情。"原心定罪，解见霍谞传也。

又删定律令为汉仪，建安元年乃奏之。曰："夫国之大事，莫尚载籍。载籍也者，决嫌疑，明是非，①赏刑之宜，允获厥中，俾后之人永为监焉。故胶(东)〔西〕相董仲舒[23]老病致仕，朝廷每有政议，数遣廷尉张汤亲至陋巷，问其得失。②于是作春秋决狱二百三十二事，动以经对，言之详矣。逆臣董卓，荡覆王室，典宪焚燎，靡有孑遗，开辟以来，莫或兹酷。③今大驾东迈，巡省许都，拔出险难，其命惟新。臣累世受恩，荣祚丰衍，窃不自揆，贪少云补，辄撰具律本章句、尚书旧事、廷尉板令、决事比例、司徒都目、五曹诏书④及春秋断狱凡二百五十篇。蠲去復重，为之节文。⑤又集驳议三十篇，以类相从，凡八十二事。其见汉书二十五，汉记四，⑥皆删叙润色，以全本体。其二十六，博采古今瑰玮之士，文章焕炳，德义可观。其二十七，臣所创造。岂繄自谓必合道衷，⑦心焉愤邑，聊以藉手。⑧昔郑人以干鼠为璞，鬻之于周；宋愚夫亦宝燕石，缇缙十重。夫睹之者掩口卢胡而笑，斯文之族，[24]无乃类旃。⑨左氏实云虽有姬姜丝麻，不弃憔悴菅蒯，盖所以代匮也。⑩是用敢露顽才，厕于明哲之末。虽未足纲纪国体，宣洽时雍，庶几观察，增阐圣听。惟因万机之馀暇，游意省览焉。"献帝善之。

①礼记曰："夫礼者，决嫌疑，明是非。"

②事见前书。

③或，有也。

④司徒即丞相也。总领纲纪，佐理万机，故有都目。成帝初置尚书员五人，汉旧仪有常侍曹、二千石曹、户曹、主客曹、三公曹也。

⑤復音複，重音直容反。

⑥即东观记。

⑦繄音乌兮反。繄犹是也。

⑧藉音自夜反。

⑨尹文子曰："郑人谓玉未琢者为璞，周人谓鼠未腊者为璞。周人遇郑贾，人曰：'欲买璞乎？'郑贾曰：'欲之。'出璞视之，乃鼠也，因谢不取。"战国策亦然。今此乃云"郑人以干鼠为璞"，便与二说不同。此云"干鼠"，彼云"未腊"，事又差舛。阙子曰："宋之愚人得燕石梧台之东，归而藏之，以为大宝。周客闻而观之，主人父斋七日，端冕之衣，衅之以特牲，革匮十重，缇巾十袭。客见之，俯而掩口卢胡而笑曰：'此燕石也，与瓦甓不殊。'主人父怒曰：'商贾之言，竖匠之心。'藏之愈固，守之弥谨。"旃，之也。缙音袭。缇，赤色缯也。楚词曰："袭英衣兮缇缙。"谓鲜明之衣。

⑩左传曰："诗云：'虽有丝麻，无弃菅蒯。虽有姬、姜，无弃蕉萃。凡百君子，莫不代匮'"。杜注云："逸诗也。姬、姜，大国之女。蕉萃，陋贱

之人。”蕉萃、憔(萃)〔悴〕古字通。〔25〕

二年，诏拜劭为袁绍军谋校尉。时始迁都于许，旧章堙没，书记罕存。劭慨然叹息，乃缀集所闻，著汉官礼仪故事，凡朝廷制度，百官典式，多劭所立。

初，父奉为司隶时，并下诸官府郡国，各上前人像赞，劭乃连缀其名，录为状人纪。又论当时行事，著中汉辑序。撰风俗通，以辩物类名号，释时俗嫌疑。〔26〕文虽不典，后世服其洽闻。凡所著述百三十六篇。又集解汉书，皆传于时。〔27〕后卒于邺。

弟子玚、〔28〕璩，并以文才称。①

①华峤书曰："劭弟珣，字季瑜，司空掾。珣生玚。"魏志曰"玚字德琏，〔29〕玚弟璩字休琏，咸以文章显"也。

中兴初，有应妪者，生四子而寡。见神光照社，试探之，乃得黄金。自是诸子宦学，并有才名，至玚七世通显。①

①应顺，将作大匠；子叠，江夏太守；叠生郴，武陵太守；郴生奉，从事中郎；奉生劭，车骑将军掾；劭弟珣，司空掾；珣子玚，曹操辟为丞相掾。

霍谞字叔智，魏郡邺人也。少为诸生，明经。有人诬谞舅宋光于大将军梁商者，以为妄刊章文，坐系洛阳诏狱，掠考困极。谞时年十五，奏记于商曰：

将军天覆厚恩，愍舅光冤结，前者温教许为平议，虽未下吏断决其事，已蒙神明顾省之听。皇天后土，寔闻德音。窃独踊跃，私自庆幸。谞闻春秋之义，原情定过，赦事诛意，故许止虽弑君而不罪，赵盾以纵贼而见书。①此仲尼所以垂王法，汉世所宜遵前脩也。传曰:“人心不同,譬若其面。”②斯盖谓大小窳隆丑美之形,至于鼻目众窍毛发之状,未有不然者也。情之异者,刚柔舒急倨敬之閒。至于趋利避害,畏死乐生,亦复均也。谞与光骨肉,义有相隐,言其冤滥,未必可谅,且以人情平论其理。

①许止,许悼公之子名止也。公羊传曰:“冬,葬许悼公。贼未讨何以书葬?不成乎弑也。许悼公是止进药而杀,是以君子加弑焉。葬许悼公是君子之赦止。赦止者,免止罪之辞也。”何休注云:“原止欲愈父之病,无害父之意,故赦之。”是原情定过也。又曰:“晋史书赵盾弑其君。赵盾曰:‘天乎无辜,吾不弑君。’太史曰:‘尔为仁为义,人杀尔君而不讨贼,此非弑君如何?’”此赦事诛意也。

②左传郑子产谓子皮曰:“人心不同,譬如面焉。吾岂敢谓子面如吾面乎?”

光衣冠子孙,径路平易,①位极州郡,日望征辟,亦无瑕秽纤介之累,无故刊定诏书,欲以何名?就有所疑,当求其便安,岂有触冒死祸,以解细微?譬犹疗饥于附子,止渴于鸩毒,未入肠骨,已绝咽喉,岂可为哉!②昔东海孝妇见枉不辜,幽灵感革,天应枯旱。③光之所坐,情既可原,守阙连年,而终不见理。呼嗟紫宫之门,泣血两观之下,④伤和致灾,为害滋甚。凡事更赦令,不应复案。夫以罪刑明白,尚蒙天恩,岂有冤谤无征,反不得理?是为刑宥正罪,戮加诬侵也。不偏不党,其若是乎?明将军德盛位尊,人臣无二,言行动天地,举厝移阴阳,诚能留神,沛然晓察,必有于公高门之福,⑤和气立应,天下幸甚。

①谓遵依常辙,[30]无所规求也。

②史记苏秦曰:“饥人之所以饥而不食乌喙[31]者,以其愈充腹而与饿死者同患也。”附子、乌喙,根同而状异也。

③前书曰,东海有孝妇,少寡无子,养姑甚谨,姑欲嫁之,终不肯。姑告邻人曰:“孝妇养我勤苦,我老,久累丁壮。”乃自经死。姑女告吏曰:“妇杀我母。”吏验之急,孝妇自诬服,具狱上府,太守竟论杀妇。郡中枯旱三年。后太守至,自祭孝妇墓,天立大雨,岁熟。

④天有紫微宫,是上帝之所居也,王者立宫,象而为之。两观谓阙也。

⑤于公,东海人,为郡决曹,决狱平。其闾门坏,父老共脩之。于公曰:“少高大闾门,令容驷马盖车。[32]我决狱多有阴德,子孙必有兴者。”至子定国为丞相,孙永御史大夫。

商高谞才志,即为奏原光罪,由是显名。

仕郡,举孝廉,稍迁金城太守。性明达笃厚,能以恩信化诱殊俗,甚为羌胡所敬服。遭母忧,自上归行丧。服阕,公车征,再迁北海相,入为尚书仆射。是时大将军梁冀贵戚秉权,自公卿以下莫敢违牾。谞与尚书令尹勋数奏其事,又因陛见陈闻罪失。及冀诛后,桓帝嘉其忠节,封鄄都亭侯。前后固让,不许。出为河南尹,迁司隶校尉,转少府、廷尉,卒官。

子儁,[33]安定太守。

爰延字季平,陈留外黄人也。清苦好学,能通经教授。性质悫,少言辞。县令陇西牛述好士知人,乃礼请延为廷掾,范丹为功曹,濮阳潜为主簿,①常共言谈而已。后令史昭以为乡啬夫,仁化大行,人但闻啬夫,不知郡县。在事二年,[34]州府礼请,不就。桓帝时征博士,太尉杨秉等举贤良方正,再迁为侍中。

①濮阳，姓也。

帝游上林苑，从容问延曰："朕何如主也？"对曰："陛下为汉中主。"帝曰："何以言之？"对曰："尚书令陈蕃任事则化，[35]中常侍黄门豫政则乱，是以知陛下可与为善，可与为非。"①帝曰："昔朱云廷折栏槛，[36]今侍中面称朕违，敬闻阙矣。"②拜五官中郎将，转长水校尉，迁魏郡太守，征拜大鸿胪。

①前书曰："齐桓公，管仲相之则霸，竖貂辅之则乱。可与为善，可与为恶，是谓中人。"

②朱云字游。成帝时上书求见，曰："今朝廷大臣，上不能匡主，下无以益人，臣愿赐尚方斩马剑，断佞臣一人，以励其馀。"上问曰："谁也？"对曰："安昌侯张禹。"上大怒曰："小臣廷辱师傅，罪死不赦。"御史将云下，云攀殿槛折。云呼曰："臣得从龙逢、比干游于地下足矣，未知朝廷如何耳！"上意乃解。及后当修槛，上曰"勿易"，因而辑之，以旌直臣。

帝以延儒生，常特宴见。时太史令上言客星经帝坐，帝密以问延。延因上封事曰："臣闻天子尊无为上，故天以为子，位临臣庶，威重四海。动静以礼，则星辰顺序；意有邪僻，则晷度错违。陛下以河南尹邓万[37]有龙潜之旧，封为通侯，恩重公卿，惠丰宗室。加顷引见，与之对博，上下媟黩，有亏尊严。臣闻之，帝左右者，所以咨政德也。故周公戒成王曰'其朋其朋'，言慎所与也。①昔宋闵公与强臣共博，列妇人于侧，积此无礼，以致大灾。②武帝与幸臣李延年、韩嫣同卧起，尊爵重赐，情欲无猒，遂生骄淫之心，行不义之事，卒延年被戮，嫣伏其辜。③夫爱之则不觉其过，恶之则不知其善，所以事多放滥，物情生怨。故王者赏人必酬其功，爵人必甄其德。④[38]善人同处，则日闻嘉训；恶人从游，则日生邪情。孔子曰：

‘益者三友，损者三友。’⑤邪臣惑君，乱妾危主，以非所言则悦于耳，以非所行则玩于目，故令人君不能远之。仲尼曰：‘唯女子与小人为难养，近之则不逊，远之则怨。’盖圣人之明戒也！昔光武皇帝与严光俱寝，上天之异，其夕即见。⑥夫以光武之圣德，严光之高贤，君臣合道，尚降此变，岂况陛下今所亲幸，以贱为贵，以卑为尊哉？惟陛下远谗谀之人，纳謇謇之士，除左右之权，寤宦官之敝。使积善日熙，⑦佞恶消殄，则乾灾可除。”帝省其奏。因以病自上，乞骸骨还家。灵帝复特征，不行，病卒。

①尚书周公戒成王曰：“孺子其朋，孺子其朋，慎其往！”

②公羊经书“宋万弑其君捷”。传曰：“宋万尝与鲁庄公战，获于庄公，归舍诸宫中，数月然后归之。与宋闵公博，妇人在侧，万曰：‘甚矣鲁侯之淑，鲁侯之美！天下诸侯宜为君者唯鲁侯尔。’闵公矜此妇人，妒其言，顾曰：‘此虏也，鲁侯之美恶乎至？’万怒，搏闵公，绝其脰。”

③李延年，中山人也。身及父母兄弟皆故倡人也。武帝时，延年女弟得幸，号曰李夫人。延年善歌舞，为协律都尉，佩二千石印绶，与上卧起。弟季与中人乱，出入骄恣，[39]上遂诛延年兄弟。韩嫣，韩王信之曾孙也。武帝为王时，与嫣相爱，后位至上大夫，赏赐拟邓通，与上卧起，出入永巷，以奸闻被诛。

④甄，明也。

⑤论语孔子曰：“友直，友谅，友多闻，益矣。友便僻，友善柔，友便佞，损矣。”

⑥事见逸人传。

⑦熙，广也。

子骥，白马令，亦称善士。①

①谢承书曰兴字骥。

徐璆字孟玉,①[40]广陵海西人也。父淑,度辽将军,有名于边。②璆少博学,辟公府,举高第。③稍迁荆州刺史。时董太后姊子张忠为南阳太守,因執放滥,臧罪数亿。璆临当之部,太后遣中常侍以忠属璆。璆对曰:“臣身为国,不敢闻命。”太后怒,遽征忠为司隶校尉,以相威临。璆到州,举奏忠臧馀一亿,使冠军县上簿诣大司农,以彰暴其事。又奏五郡太守及属县有臧汙者,悉征案罪,威风大行。中平元年,与中郎将朱儁击黄巾贼于宛,破之。张忠怨璆,与诸阉官构造无端,[41]璆遂以罪征。有破贼功,得免官归家。后再征,迁汝南太守,转东海相,所在化行。

①璆音仇。[42]

②谢承书曰:“淑字伯进,宽裕(传)〔博〕学,[43]习孟氏易、春秋公羊传、礼记、周官。善诵太公六韬,交接英雄,常有壮志。”

③袁山松书曰:“璆少履清高,立朝正色。称扬后进,惟恐不及。”

献帝迁许,以廷尉征,当诣京师,道为袁术所劫,授璆以上公之位。璆乃叹曰:“龚胜、鲍宣,独何人哉?守之必死!”①术不敢逼。术死军破,璆得其盗国玺,及还许,上之,②并送前所假汝南、东海二郡印绶。司徒赵温谓璆曰:“君遭大难,犹存此邪?”璆曰:“昔苏武困于匈奴,不队七尺之节,况此方寸印乎?”

①龚胜字君宾,楚人也。好学明经,哀帝时为光禄大夫,乞骸骨。王莽即位,遣使以上卿征,胜不食而死。鲍宣字子都,渤海人也,哀帝时为司隶校尉。王莽辅政,诛汉忠臣不附己者,宣及何武等皆死。

②卫宏曰:“秦以前以金、玉、银为方寸玺。秦以来天子独称玺,又以玉,群下莫得用。其玉出蓝田山,题是李斯书,其文曰‘受命于天,既寿永昌’,号曰传国玺。汉高祖定三秦,子婴献之,高祖即位乃佩之。王莽篡位,就元后求玺,后乃出以投地,上螭一角缺。及莽败时,仍带玺

绂，杜吴杀莽，不知取玺，公宾就斩莽首，并取玺。更始将李松送上更始。赤眉至高陵，更始奉玺上赤眉。建武三年，盆子奉以上光武。孙坚从桂阳入雒讨董卓，军于城南，见井中有五色光，军人莫敢汲，坚乃浚得玺。袁术有僭盗意，乃拘坚妻求之。术得玺，举以向肘。魏武谓之曰：‘我在，不听汝乃至此。’”时璆得而献之。

后拜太常，使持节拜曹操为丞相。操以相让璆，璆不敢当。卒于官。

论曰：孙懿以高明见忌，而受欺于阴计；翟酺资谲数取通，而终之以謇谏。岂性智自有周偏，先后之要殊度乎？应氏七世才闻，而奉、劭采章为盛。及撰著篇籍，甄纪异知，虽云小道，亦有可观者焉。延、璆应对辩正，而不（可）犯陵上之尤，〔44〕斯固辞之不可以已也。①

①左氏传孔子曰：“辞之不可以已也如是夫！子产有辞，诸侯赖之。”

赞曰：杨终、李法，华阳有闻。①二应克聪，亦表汝渍。②翟酺诈懿，霍谞请舅。延能讦帝，璆亦牾后。

①益州，古梁州之域。尚书曰：“华阳黑水惟梁州。”孔安国注曰：“北拒华山之阳，南拒黑水。”故常璩叙蜀事而谓之华阳国志焉。

②郑玄注周礼曰：“水涯曰渍。”

【校勘记】

〔1〕民怀土思　群书治要“民”作“人”。按：作“人”是，此盖后人回改而误者。

〔2〕岂可不临深履薄以为至戒　按：王先谦谓未有复语，疑此衍文。

〔3〕鉴念前往　按：殿本"往"作"世"。

〔4〕晋侯杀其太子申生至直称君者甚之也　按：章怀引经传多删节，此注所引，与公羊传原文更多出入。公羊传原文作"晋侯杀其世子申生。曷为直称晋侯以杀？杀世子母弟直称君者甚之也"。

〔5〕廖子防及光俱为黄门郎　按：沈家本谓光、防乃廖弟，非廖子，注谬。此传上文言廖不训诸子，下文言廖不纳，子豫后坐县书诽谤，廖以就国，则终所称黄门郎即指廖子豫，廖传不言豫为黄门郎，史文不具耳。下文"视成任性"注引马防传云云，亦误。

〔6〕选长者之有节行者与之居　按：史记外戚传作"选长者士之有节行者与居"。

〔7〕此最安危〔之极〕戒　据汲本、殿本补。

〔8〕权并族害(尸)〔己〕奸行　据汲本、殿本改。

〔9〕敛天下之财　按："天"下原脱"下"字，径据汲本、殿本补。

〔10〕叛羌千馀骑徙敦煌来钞郡界　按：刊误谓案文"徙"当作"从"。

〔11〕(宜升)〔斗〕历改宪〔宜〕行先王至德要道　校补引钱大昭说，谓"升"当作"斗"，见春秋保乾图。校补谓案续志律厤中篇论厤，凡三引保乾图谶文，皆作"三百年斗厤改宪"。所谓斗厤者，即古法冬至日在建星，建星谓北斗也。岁十二月以配天之十二辰，取斗杓所指为验，闰月无中气，则北斗邪指两辰之閒，以定四时而成岁。汉兴迄章帝，改用四分厤，适当三百年，已应斗厤改宪之谶矣。辅本谓汉更有四百年之难，其数即起于三百年改宪之閒，宜豫脩省，以销其祸，则注引耆旧传"宜"字，并当在"斗厤改宪"下也。今据改。

〔12〕上檄章救酺　按：殿本考证王会汾谓上移下曰檄，此止可言上章耳，不应有"檄"字，明衍。

〔13〕孝文皇帝始置一经博士　汲本"一经"作"五经"。惠校本作"一经"，惠所据乃北宋本也。集解引周寿昌说，谓据王氏玉海引此，作"文帝始置一经博士"，殆宋本此书有作"一经"者，非"五经"也。

今按:证以章怀注,则作"五经"为合,作"一经"者,殆后人以文帝未尝于五经偏置博士而改之耳。

〔14〕行部四十二县　按:集解引钱大昕说,谓郡国志汝南郡领三十七城,此云"四十二",未详。

〔15〕奉少为上计吏　按:刊误谓"吏"当作"史"。

〔16〕富(臣)〔辰〕谏曰　据汲本改。

〔17〕丧妇之长女不娶为其不受命也　按:李慈铭谓"丧妇"当作"丧父"。今韩诗外传无此文。何氏公羊庄二十七年解诂与此略同,惟"为其不受命也"作"无教戒也"。大戴礼本命篇又小异。

〔18〕数万言　按:汲本作"数十万言"。

〔19〕谢承书(曰)应氏谱并云字仲远　据刊误删。

〔20〕汉官仪又作〔仲〕瑗　据汲本、殿本补。

〔21〕夫时化则刑重　按:集解引钱大昕说,谓案汉书刑法志"治则刑重,乱则刑轻"。此传及注中"化"字本是"治"字,唐人讳治,故章怀注范史,多改"治"为"理",亦有改为"化"者,"世"皆改为"代",亦有改为"时"者,此传下文"时轻时重"是也。

〔22〕顾由无计虑耳　按:汲本、殿本"由无"作"无由"。

〔23〕故胶(东)〔西〕相董仲舒　按:集解引钱大昕说,谓"胶东"当作"胶西"。今据改。

〔24〕斯文之族　按:汲本"族"作"俗"。

〔25〕憔(萃)〔悴〕古字通　据汲本、殿本改。

〔26〕释时俗嫌疑　按:汲本"释"作"识"。

〔27〕皆传于时　按:"于"原作"乎",径据汲本、殿本改。

〔28〕弟子玚　按:原本正文及注"玚"字皆讹"瑒",各本不误,径改正。

〔29〕玚字德琏　按:原本"琏"作"璉",璉不成字,据汲本、殿本径改正。

〔30〕谓遵依常辙　按:"谓"原讹"论","辙"原讹"彻",径据汲本、殿本改正。

〔31〕不食乌喙　按："喙"原讹"啄"，径据汲本、殿本改正。下同。

〔32〕令容驷马盖车　按："令"原讹"今"，径据汲本、殿本改正。

〔33〕子儁　按：汲本、殿本"儁"作"隽"。

〔34〕在事二年　按：汲本、殿本"二"作"三"。

〔35〕尚书令陈蕃任事则化　按：御览四二七、四五二引，"化"并作"治"，此亦避唐讳改。

〔36〕昔朱云廷折栏槛　按：刊误谓案文"廷"下少"争"字。

〔37〕河南尹邓万　按：集解引王补说，谓通鉴作"邓万世"，本书邓后、陈蕃传引并作"邓万世"。又引惠栋说，谓唐讳"世"，故削之，犹"韩擒虎"为"韩擒"也。

〔38〕爵人必甄其德　按："必"原讹"以"，径据汲本、殿本改正。

〔39〕出入骄恣　按："骄"原讹"娇"，径据汲本、殿本改正。

〔40〕徐璆字孟玉　殿本"玉"作"本"。按：集解引洪亮吉说，谓案先贤行状作"孟平"，汝南先贤传作"孟玉"。校补谓洪氏历举孟平、孟玉两说，知所见本正文亦必作"孟本"。

〔41〕构造无端　按："构"原讹"搆"，径改正。

〔42〕璆音仇　按：殿本此下有"字孟玉"三字。校补谓殿本就监本改刊，其正文作"字孟本"，注当是"一作字孟玉"，脱"一作"二字。

〔43〕宽裕(传)〔博〕学　据汲本、殿本改。

〔44〕而不(可)犯陵上之尤　集解引何焯说，谓"可"字衍。今据删。

后汉书卷四十九

王充王符仲长统列传第三十九

王充字仲任，会稽上虞人也，其先自魏郡元城徙焉。充少孤，乡里称孝。后到京师，受业太学，①师事扶风班彪。好博览而不守章句。家贫无书，常游洛阳市肆，阅所卖书，一见辄能诵忆，遂博通众流百家之言。后归乡里，屏居教授。仕郡为功曹，以数谏争不合去。

①袁山松书："充幼聪朗。[1]诣太学，观天子临辟雍，作六儒论。"

充好论说，始若诡异，终有理实。以为俗儒守文，多失其真，乃闭门潜思，绝庆吊之礼，户牖墙壁各置刀笔。著论衡八十五篇，二十馀万言，①释物类同异，正时俗嫌疑。

①袁山松书曰："充所作论衡，中土未有传者，蔡邕入吴始得之，恒秘玩以为谈助。其后王朗为会稽太守，又得其书，及还许下，时人称其才进。或曰，不见异人，当得异书。问之，果以论衡之益，由是遂见传

焉。”抱朴子曰：“时人嫌蔡邕得异书，或搜求其帐中隐处，果得论衡，抱数卷持去。邕丁宁之曰：‘唯我与尔共之，勿广也。’”

刺史董勤辟为从事，转治中，自免还家。友人同郡谢夷吾上书荐充才学，①肃宗特诏公车征，病不行。年渐七十，志力衰耗，乃造养性书十六篇，裁节嗜欲，颐神自守。永元中，病卒于家。

①谢承书曰：“夷吾荐充曰：‘充之天才，非学所加，虽前世孟轲、孙卿，近汉杨雄、刘向、司马迁，不能过也。’”

王符字节信，安定临泾人也。少好学，有志操，与马融、窦章、张衡、崔瑗等友善。安定俗鄙庶孽，①而符无外家，为乡人所贱。自和、安之后，世务游宦，当涂者更相荐引，而符独耿介不同于俗，以此遂不得升进。志意蕴愤，乃隐居著书三十馀篇，以讥当时失得，不欲章显其名，故号曰潜夫论。其指讦时短，讨谪物情，②足以观见当时风政，著其五篇云尔。

①何休注公羊传云：“孽，贱也。”

②讦，攻也。谪，责也。

贵忠篇曰：

夫帝王之所尊敬者天也，皇天之所爱育者人也。今人臣受君之重位，牧天之所爱，焉可以不安而利之，养而济之哉？是以君子任职则思利人，达上则思进贤，故居上而下不怨，在前而后不恨也。书称“天工人其代之”。王者法天而建官，①故明主不敢以私授，忠臣不敢以虚受。窃人之财犹谓之盗，况偷天官以私已乎！②以罪犯人，必加诛罚，况乃犯天，得无咎乎？夫五(世)〔代〕之臣，[2]以道事君，③泽及草木，仁被率土，是以福祚流衍，本支百世。④季世之臣，以谄媚主，不思顺天，专杖杀伐。白起、蒙恬，秦以为功，天以为贼；⑤息夫、董贤，主以为忠，天以为盗。⑥易曰："德薄而位尊，智小而谋大，鲜不及矣。"⑦是故德不称，其祸必酷；能不称，其殃必大。[3]夫窃位之人，天夺其鉴。⑧虽有明察之资，仁义之志，一旦富贵，则背亲捐旧，丧其本心，疏骨肉而亲便辟，薄知友而厚犬马，宁见朽贯千万，而不忍贷人一钱，情知积粟腐仓，而不忍贷人一斗，骨肉怨望于家，细人谤讟于道。前人以败，后争袭之，诚可伤也。

①尚书咎繇谟曰："亡旷庶官，天工人其代之。"孔安国注云："言人代天理官，不可以天官私非其才也。"又曰："明王奉若天道，建邦设都。"孔安国注云："天有日、月、北斗、五星二十八宿，皆有尊卑相正之法。言明王奉顺此道，以立国设都也。"

②左传介之推曰："窃人之财犹谓之盗，况贪天功以为己力乎？"

③五代谓唐、虞、夏、殷、周也。

④诗大雅曰："文王孙子，本支百世。"

⑤史记曰，白起为秦将，与赵战于长平，坑赵卒四十五万人。蒙恬为秦将，北逐戎翟，筑长城，起临洮至辽东，延袤万馀里。此为虐于人也。

⑥息夫躬字子微，哀帝时，告东平王云事，封宜陵侯。董贤字圣卿，得幸哀帝，为贤起大第于北阙下，封为高安侯。

⑦易系辞之言。

⑧论语孔子曰："臧文仲其窃位者欤？"左传晋卜偃曰："虢必亡矣，天夺之鉴而益其疾也。"杜预注云"鉴，所以自照"也。

历观前政贵人之用心也，[4]与婴儿子其何异哉？婴儿有常病，贵臣有常祸，父母有常失，人君有常过。婴儿常病，伤于饱也；贵臣常祸，伤于宠也。哺乳多则生痫病，富贵盛而致骄疾。爱子而贼之，骄臣而灭之者，非一也。极其罚者，乃有仆死深牢，衔刀都市，①岂非无功于天，有害于人者乎？夫鸟以山为埤而增巢其上，鱼以泉为浅而穿穴其中，卒所以得者饵也。②贵戚愿其宅吉而制为令名，欲其门坚而造作铁枢，卒其所以败者，非苦禁忌少而门枢朽也，常苦崇财货而行骄僭耳。

①赵将李牧为韩仓所谮，赐死。将自诛，臂短不能及，衔刀于柱以自杀。见战国策。

②曾子之文也。亦见大戴礼。

不上顺天心，下育人物，而欲任其私智，窃弄君威，反戾天地，欺诬神明。居累卵之危，而图太山之安；为朝露之行，而思传世之功。①岂不惑哉！岂不惑哉！

①朝露言易尽也。苏子曰："人生一世，若朝露之托于桐叶耳，其与几何！"

浮侈篇曰：

王者以四海为家，兆人为子。一夫不耕，天下受其饥；一妇不织，天下受其寒。①今举俗舍本农，趋商贾，牛马车舆，填塞道路，游手为巧，充盈都邑，②务本者少，浮食者众。"商邑翼翼，四方是极。"③今察洛阳，资末业者什于农夫，虚伪游手什于末业。是则一夫耕，百人食之，一妇桑，百人衣之，以一奉百，孰能供之！天下百郡千县，市邑万数，类皆如此。本末不足相供，则民安得不饥寒？饥寒并至，则民安能无奸轨？奸轨繁多，则吏安能无严酷？严酷数加，则下安能无愁怨？愁怨者多，则咎征并臻。下民无聊，而上天降灾，则国危矣。

①文子曰："神农之法曰：'丈夫丁壮不耕，天下有受其饥者；妇人当年不织，天下有受其寒者。故其耕不强者，无以养生；其织不力者，无以衣形。'"

②游手为巧谓雕镂之属也。

③诗商颂文也。郑玄注云："极，中也。翼翼然可则效，乃四方之中正也。"

夫贫生于富，弱生于强，乱生于化，危生于安。①是故明王之养民，忧之劳之，教之诲之，慎微防萌，以断其邪。故易美节以制度，不伤财，不害民。②七月之诗，大小教之，终而复始。由此观之，人固不可恣也。③

①富而不节则贫，强而骄人则弱，居理而不修德则乱，恃安而不慎微则危矣。

②"节以制度"以下，并节卦彖辞也。郑玄注云："空府臧则伤财，力役繁则害人，二者奢泰之所致。"

③七月，诗豳风也。大谓耕桑之法，小谓索绹之类。自春及冬，终而复始也。

今人奢衣服，侈饮食，事口舌而习调欺。或以谋奸合任为业，①或以游博持掩为事。②丁夫不扶犁锄，而怀丸挟弹，携手上山遨游，或好取土作丸卖之，外不足御寇盗，内不足禁鼠雀。或作泥车瓦狗诸戏弄之具，以巧诈小儿，此皆无益也。

①合任谓相合为任侠也。

②博谓六博，掩谓意钱也。前书货殖传曰"又况掘冢搏掩犯奸成富"也。

诗刺"不绩其麻，市也婆娑"。①又妇人不修中馈，休其蚕织，②而起学巫祝，鼓舞事神，以欺诬细民，荧惑百姓妻女。羸弱疾病之家，怀忧愦愦，[5]易为恐惧。至使奔走便时，去离正宅，崎岖路侧，风寒所伤，奸人所利，盗贼所中。或增祸重祟，至于死亡，而不知巫所欺误，反恨事神之晚，此妖妄之甚者也。[6]

①诗陈风也。婆娑，舞皃。谓妇人于市中歌舞以事神也。

②易家人卦六二曰："在中馈，贞吉。"郑玄注云："中馈，酒食也。"诗大雅曰："妇无公事，休其蚕织。"

或刻画好绘，以书祝辞；或虚饰巧言，希致福祚；或糜折金彩，令广分寸；或断截众缕，绕带手腕；或裁切绮縠，缝紩成幡。皆单费百缣，用功千倍，[7]破牢为伪，以易就难，坐食嘉穀，消损白日。①夫山林不能给野火，江海不能实漏卮，皆所宜禁也。

①损或作"捐"。

昔孝文皇帝躬衣弋绨，①革舄韦带。而今京师贵戚，衣服饮食，车舆庐第，奢过王制，固亦甚矣。且其徒御仆妾，皆服文组彩牒，②锦绣绮纨，葛子升越，筩中女布。③犀象珠玉，虎魄玳瑁，石山隐饰，金银错镂，④穷极丽靡，转相夸咤。⑤其嫁娶者，车軿数里，[8]缇帷竟道，⑥骑奴侍童，夹毂并引。富者竞欲相过，贫者耻其不逮，一飨之所费，破终身之业。古者必有命然后乃得衣缯丝而乘车马，⑦今虽不能复古，宜令细民略用孝文之制。

①前书音义曰："弋，皂也。绨，缯也。"

②牒即今叠布也。

③说文曰："绮，文缯也。"前书曰："齐俗作冰纨。"子，细称也。沈怀远南越志曰："蕉布之品有三，有蕉布，有竹子布，又有葛焉。虽精麤之殊，

皆同出而异名。”杨雄蜀都赋曰：“布则蜘蛛作丝，不可见风，筩中黄润，一端数金。”盛弘之荆州记曰：“秭归县室多幽闲，其女尽织布至数十升。”今永州俗犹呼贡布为女子布也。

④广雅曰：“虎魄，珠也。生地中，其上及旁不生草，深者八九尺。初时如桃胶，凝坚乃成。其方人以为枕。出罽宾及大秦国。”吴录曰：“玳瑁似龟而大，出南海。”山石谓隐起为山石之文也。

⑤郭景纯注子虚赋曰：“诧，夸也。”咤与诧通也。

⑥苍颉篇曰：“軿，衣车。”軿音薄丁反，又步田反。

⑦尚书大传曰：“古之帝王者必有命。人能敬长矜孤，取舍好让者，命于其君，得乘饰车軿马，衣文锦。未有命者，不得衣，不得乘，乘衣者有罚。”

古之葬者，厚衣之以薪，葬之中野，不封不树，丧期无数。后世圣人易之以棺椁，①桐木为棺，葛采为緘，②下不及泉，上不泄臭。中世以后，转用楸梓槐柏杶樗之属，各因方土，裁用胶漆，使其坚足恃，其用足任，如此而已。今者京师贵戚，必欲江南檽梓豫章之木。③边远下土，亦竞相放效。夫檽梓豫章，所出殊远，伐之高山，引之穷谷，入海乘淮，逆河溯洛，工匠雕刻，连累日月，会众而后动，多牛而后致，重且千斤，功将万夫，而东至乐浪，西达敦煌，费力伤农于万里之地。古者墓而不坟，中世坟而不崇。仲尼丧母，冢高四尺，遇雨而崩，弟子请修之，夫子泣曰：“古不修墓。”④及鲤也死，有棺无椁。文帝葬芷阳，⑤明帝葬洛南，皆不臧珠宝，不起山陵，墓虽卑而德最高。今京师贵戚，郡县豪家，生不极养，死乃崇丧。或至金缕玉匣，檽梓楩楠，多埋珍宝偶人车马，造起大冢，广种松柏，庐舍祠堂，务崇华侈。案鄗毕之陵，南城之冢，⑥周公非不忠，曾子非不孝，以为褒君爱父，不在于聚财，扬名显亲，无取于车马。昔晋灵公多赋以雕墙，春秋以为(非)〔不〕君；⑦[9]华元、乐举[10]厚葬文公，君子以为不臣。⑧况于群司士庶，乃可僭侈主上，过天道乎？⑨

①易系辞之言也。

②尸子曰："禹之丧法，死于陵者葬于陵，死于泽者葬于泽，桐棺三寸，制丧三日。"墨子曰："舜西教乎七戎，道死，葬南巴之中，[11]衣衾三领，款木之棺，葛以缄之。"采犹蔓也。缄，束也。

③檽音乃豆反，见埤苍。尔雅曰："栵檽。"音而。注云"檽似槲樕而痺小"，恐非棺椁之用。豫章即樟木也。

④孔子合葬母于防，曰："吾闻之，古也墓而不坟。"于是封之崇四尺。孔子先反，门人后，雨甚至。孔子曰："尔来何迟也？"曰："防墓崩。"孔子泫然流涕曰："吾闻之，古不修墓。"见礼记也。

⑤县名，属京兆，文帝后改曰霸陵。

⑥毕，周文王、武王葬地也。司马迁云"在鄗东南杜中"，无坟陇，在今咸阳县西北。孔安国注尚书云在长安西北。南城山，曾子父所葬，在今沂州费县西南也。

⑦左传："晋灵公不君，厚敛以雕墙。"杜预注云："不君，失君道也。雕，画也。"

⑧左传曰："宋文公卒，始厚葬，用蜃炭，益车马，始用殉，椁有四阿，棺有翰桧。君子谓华元、乐举于是不臣，是弃君于恶也。"

⑨前书贡禹曰："今大夫僭诸侯，诸侯僭天子，天子过天道，其日久矣。"

实贡篇曰：

国以贤兴，以谄衰；君以忠安，以佞危。此古今之常论，而时所共知也。然衰国危君，继踵不绝者，岂时无忠信正直之士哉，诚苦其道不得行耳。夫十步之閒，必有茂草；十室之邑，必有忠信。[1]是故乱殷有三仁，小卫多君子。[2]今以大汉之广土，士民之繁庶，朝廷之清明，上下之修正，而官无善吏，位无良臣。此岂时之无贤，谅由取之乖实。夫志道者少与，逐俗者多畴，是以朋党用私，背实趋华。其贡士者，不复依其质干，准其才行，但虚造声誉，妄生羽毛。略计所举，岁且二百。览察其状，则德侔颜、冉，详覈厥能，则鲜及中人，皆总务升官，自相推达。夫士者贵其用也，不必求备。故四友虽美，能不相兼；[3]三仁齐致，事不一节。高祖佐命，出自亡秦；光武得士，亦资暴莽。况太平之时，而云无士乎！

①说苑曰："十步之泽，必有芳草。"论语曰"十室之邑，必有忠信"也。

②乱殷谓纣时也。三仁，箕子、微子、比干也。左传，吴季札适卫，悦蘧瑗、史狗、史鳝、公子荆、公叔发、公子朝，曰："卫多君子，未有患也。"又臧宣叔曰："卫之于晋，不得为次国。"杜预注云："春秋之时，以强弱为大小，卫虽侯爵，犹为小国。"

③尚书大传孔子曰："文王得四臣，丘亦得四友。"谓回也为胥附，赐也为奔走，师也为先后，由也为御侮，其能各不同也。

夫明君之诏也若声，忠臣之和也如响。长短大小，清浊疾徐，必相应也。且攻玉以石，洗金以盐，[1]濯锦以鱼，浣布以灰。夫物固有以贱理贵，以丑化好者矣。智者弃短取长，以致其功。今使贡士必覈以实，其有小疵，勿强衣饰，[2]出处默语，[12]各因其方，则萧、曹、周、韩之伦，何足不致，吴、邓、梁、窦之属，企踵可待。孔子曰："未之思也，夫何远之有？"

①诗小雅曰："它山之石，可以攻玉。"今之金工发金色者，皆淬之于盐水焉。

②衣饰谓装饰以成其过也。衣音于气反。

爱日篇曰：

国之所以为国者，以有民也。民之所以为民者，以有穀也。穀之所以丰殖者，以有民功也。功之所以能建者，以日力也。化国之日舒以长，[13]故其民闲暇而力有馀；乱国之日促以短，故其民困务而力不足。舒长者，非谓羲和安行，①乃君明民静而力有馀也。促短者，非谓分度损减，②乃上闇下乱，力不足也。孔子称"既庶则富之，既富乃教之"。是故礼义生于富足，盗窃起于贫穷；富足生于宽暇，贫穷起于无日。圣人深知力者民之本，国之基也，故务省徭役，使之爱日。是以尧敕羲和，钦若昊天，敬授民时。明帝时，公车以反支日不受章奏，③帝闻而怪曰："民废农桑，远来诣阙，而复拘以禁忌，岂为政之意乎！"于是遂蠲其制。(令)〔今〕冤民仰希申诉，[14]而令长以神自畜，④百姓废农桑而趋府廷者，相续道路，非朝餔不得通，非意气不得见。⑤或连日累月，更相瞻视；或转请邻里，馈粮应对。岁功既亏，天下岂无受其饥者乎？

①羲和，日也。山海经曰："东南海之外，甘水之閒，有羲和之国。有女子曰羲和，方浴日于甘泉。羲和者，帝俊之妻，是生十日。"郭璞注曰："羲和盖天地始生日月者也。"

②洛书甄耀度曰"凡周天三百六十五度四分度之一，一度为千九百三十二里。日一日行一度，月一日行十三度十九分度之一"也。

③凡反支日，用月朔为正。戌、亥朔一日反支，申、酉朔二日反支，午、未朔三日反支，辰、巳朔四日反支，寅、卯朔五日反支，子、丑朔六日反支。见阴阳书也。

④难见如神也。

⑤说文曰："餔谓日加申时也。"今为"晡"字也。

孔子曰："听讼吾犹人也。"从此言之，中才以上，足议曲直，乡亭部吏，亦有任决断者，而类多枉曲，盖有故焉。夫理直则恃正而不桡，事曲则谄意以行赇。不桡故无恩于吏，〔15〕行赇故见私于法。若事有反覆，吏应坐之，吏以应坐之故，不得不枉之于庭。以羸民之少党，而与豪吏对讼，其埶得无屈乎？县承吏言，故与之同。若事有反覆，县亦应坐之，县以应坐之故，而排之于郡。以一民之轻，而与一县为讼，其理岂得申乎？事有反覆，郡亦坐之，郡以共坐之故，而排之于州。以一民之轻，与一郡为讼，其事岂获胜乎？既不肯理，故乃远诣公府。公府复不能察，而当延以日月。贫弱者无以旷旬，强富者可盈千日。理讼若此，何枉之能理乎？正士怀怨结而不见信，①猾吏崇奸轨而不被坐，此小民所以易侵苦，而天下所以多困穷也。

①信读曰伸。

且除上天感痛致灾，但以人功见事言之。自三府州郡，至于乡县典司之吏，辞讼之民，官事相连，更相检对者，日可有十万人。一人有事，二人经营，是为日三十万人废其业也。以中农率之，则是岁三百万人受其饥者也。然则盗贼何从而销，太平何由而作乎？诗云："莫肯念乱，谁无父母？"①百姓不足，君谁与足？可无思哉！可无思哉！

①诗小雅也。

述赦篇曰：

凡疗病者，必知脉之虚实，气之所结，然后为之方，故疾可愈而寿可长也。为国者，必先知民之所苦，祸之所起，然后为之禁，故奸可塞而国可安也。今日贼良民之甚者，莫大于数赦赎。赦赎数，则恶人昌而善人伤矣。何以明之哉？夫谨敕之人，身不蹈非，又有为吏正直，不避强御，而奸猾之党横加诬言者，皆知赦之不久故也。善人君子，被侵怨而能至阙庭自明者，万无数人；数人之中得省问者，百不过一；既对尚书而空遣去者，复什六七矣。其轻薄奸轨，既陷罪法，怨毒之家冀其辜戮，以解畜愤，而反一概悉蒙赦释，令恶人高会而夸咤，老盗服臧而过门，孝子见仇而不得讨，遭盗者睹物而不敢取，痛莫甚焉！

夫养稂莠者伤禾稼，惠奸轨者贼良民。①书曰："文王作罚，刑兹无赦。"②先王之制刑法也，非好伤人肌肤，断人寿命也；贵威奸惩恶，除人害也。故经称"天命有德，五服五章哉，天讨有罪，五刑五用哉"；诗刺"彼宜有罪，汝反脱之"。③古者唯始受命之君，承大乱之极，寇贼奸轨，难为法禁，故不得不有一赦，与之更新，颐育万民，[16]以成大化。非以养奸活罪，放纵天贼也。夫性恶之民，民之豺狼，虽得放宥之泽，终无改悔之心。旦脱重梏，夕还囹圄，严明令尹，不能使其断绝。何也？凡敢为大奸者，才必有过于众，而能自媚于上者也。多散诞得之财，奉以谄谀之辞，以转相驱，④非有第五公之廉直，孰不为顾哉？⑤论者多曰："久不赦则奸轨炽而吏不制，宜数肆眚以解散之。"此未昭政乱之本源，不察祸福之所生也。

①尔雅曰："稂，童粱。"郭璞注云："莠类也。"诗曰："不稂不莠。"稂音郎。

②康诰之言也。

③诗大雅也。"此宜无罪，汝反收之；彼宜有罪，汝反脱之"。毛苌注云：

"脱，赦也。"

④诞犹虚也。

⑤谓第五伦也。为司空，性廉直也。

后度辽将军皇甫规解官归安定，乡人有以货得鴈门太守者，亦去职还家，书刺谒规。规卧不迎，既入而问："卿前在郡食雁美乎？"有顷，又白王符在门。规素闻符名，乃惊遽而起，衣不及带，屣履出迎，援符手而还，与同坐，极欢。时人为之语曰："徒见二千石，不如一缝掖。"①言书生道义之为贵也。符竟不仕，终于家。

①礼记儒行孔子曰："丘少居鲁，衣逢掖之衣。"郑玄注曰："逢犹大也。大掖之衣，大袂单衣也。"

仲长统字公理，山阳高平人也。少好学，博涉书记，赡于文辞。年二十馀，游学青、徐、并、冀之閒，与交友者多异之。并州刺史高幹，袁绍甥也。素贵有名，招致四方游士，士多归附。统过幹，幹善待遇，访以当时之事。统谓幹曰："君有雄志而无雄才，好士而不能择人，所以为君深戒也。"幹雅自多，不纳其言，统遂去之。无几，幹以并州叛，卒至于败。①并冀之士皆以是异统。②

①魏志曰："高幹叛，欲〔南〕奔（南）荆州，[17]上洛都尉王琰捕斩之"也。

②异其有知人之鉴也。

统性俶傥，敢直言，不矜小节，默语无常，时人或谓之狂生。每州郡命召，辄称疾不就。常以为凡游帝王者，欲以立身扬名耳，而名不常存，人生易灭，优游偃仰，可以自娱，欲卜居清旷，以乐其志，论之曰："使居有良田广宅，背山临流，沟池环帀，竹木周布，场圃筑前，果园树后。舟车足以代步涉之艰，使令足以息四体之役。养亲有兼珍之膳，妻孥无苦身之劳。①良朋萃止，则陈酒肴以娱之；嘉时吉日，则亨羔豚以奉之。蹰躇畦苑，游戏平林，②濯清水，追凉风，钓游鲤，弋高鸿。讽于舞雩之下，咏归高堂之上。③安神闺房，思老氏之玄虚；呼吸精和，求至人之仿佛。④与达者数子，论道讲书，俯仰二仪，错综人物。弹南风之雅操，发清商之妙曲。⑤消摇一世之上，睥睨天地之閒。不受当时之责，永保性命之期。如是，则可以陵霄汉，出宇宙之外矣。岂羡夫入帝王之门哉！"又作诗二篇，以见其志。辞曰：

①孥读曰奴。

②蹰躇犹踟蹰也。

③雩，祭旱之名也。为坛而儛其上，以祈雨焉。论语曾点曰："春服既成，冠者五六人，童子六七人，浴乎沂，风乎舞雩，咏而归。"

④老子曰："玄之又玄，虚其心，实其腹。"呼吸谓咽气养生也。庄子曰："吹煦呼吸，吐故纳新。"又曰"至人无己"也。

⑤家语曰："舜弹五弦之琴，造南风之诗曰：'南风之薰兮，可以解吾人之愠兮。南风之时兮，可以阜吾人之财兮。'"三礼图曰："琴本五弦，曰宫、商、角、徵、羽，文王增二，曰少宫、少商，弦最清也。"

飞鸟遗跡，蝉蜕亡壳。腾蛇弃鳞，神龙丧角。①至人能变，达士拔俗。乘云无辔，骋风无足。垂露成帏，张霄成幄。沆瀣当餐，九阳代烛。②恒星艳珠，朝霞润玉。六合之内，恣心所欲。人事可遗，何为局促？

①王充论衡曰："蛴螬化为复育，复育转为蝉。蝉之去复育，龟之解甲，蛇之脱皮，可谓尸解矣。"蜕音式锐反。尔雅曰："腾蛇有鳞。"[18]广雅曰："有角曰龙。"[19]丧角，解角也。

②霄，摩天赤气也。在旁曰帏，在上曰幄。陵阳子明经曰："沆瀣者，北方夜半气也。"九阳谓日也。山海经曰"阳谷上有扶木，九日居下枝，一日居上枝"也。

大道虽夷，见几者寡。任意无非，适物无可。古来绕绕，委曲如琐。百虑何为，至要在我。寄愁天上，埋忧地下。叛散五经，灭弃风、雅。百家杂碎，请用从火。抗志山栖，[20]游心海左。元气为舟，微风为柂。①[21]敖翔太清，纵意容冶。

①柂，船尾也，音徒可反。

尚书令荀彧闻统名，奇之，举为尚书郎。后参丞相曹操军事。每论说古今及时俗行事，恒发愤叹息。因著论名曰昌言，①凡三十四篇，十馀万言。

①昌，当也。尚书曰："汝亦昌言。"

献帝逊位之岁，统卒，时年四十一。友人东海缪袭常称统才章足继西京董、贾、刘、杨。①今简撮其书有益政者，略载之云。

①董仲舒、贾谊、刘向、杨雄也。袭字熙伯，辟御史府，后至尚书、光禄勋。

理乱篇曰：

豪杰之当天命者，未始有天下之分者也。无天下之分，故战争者竞起焉。于斯之时，并伪假天威，矫据方国，拥甲兵与我角才智，程勇力与我竞雌雄，不知去就，疑误天下，盖不可数也。角知者皆穷，角力者皆负，形不堪复伉，势不足复校，乃始羁首系颈，就我之衔绁耳。①夫或曾为我之尊长矣，或曾与我为等侪矣，或曾臣虏我矣，或曾执囚我矣。彼之蔚蔚，皆匈詈腹诅，幸我之不成，②而以奋其前志，讵肯用此为终死之分邪？

①衔，勒也。绁，缰也。

②蔚与郁古字通。

及继体之时，民心定矣。普天之下，赖我而得生育，由我而得富贵，安居乐业，长养子孙，天下晏然，皆归心于我矣。豪杰之心既绝，士民之志已定，贵有常家，尊在一人。当此之时，虽下愚之才居之，犹能使恩同天地，威侔鬼神。暴风疾霆，不足以方其怒；阳春时雨，不足以喻其泽；周、孔数千，无所复角其圣；贲、育百万，无所复奋其勇矣。

彼后嗣之愚主，见天下莫敢与之违，自谓若天地之不可亡也，乃奔其私嗜，骋其邪欲，君臣宣淫，上下同恶。①目极角抵之观，耳穷郑、卫之声。②入则耽于妇人，出则驰于田猎。荒废庶政，弃亡人物，澶漫弥流，无所底极。③信任亲爱者，尽佞谄容说之人也；宠贵隆丰者，尽后妃姬妾之家也。使饿狼守庖厨，饥虎牧牢豚，遂至熬天下之脂膏，斲生人之骨髓。怨毒无聊，祸乱并起，中国扰攘，四夷侵叛，土崩瓦解，一朝而去。昔之为我哺乳之子孙者，今尽是我饮血之寇仇也。至于运徙势去，犹不觉悟者，岂非富贵生不仁，沈溺致愚疾邪？存亡以之迭代，政乱从此周复，[22]天道常然之大数也。④

①左传泄冶谏陈灵公曰："公卿宣淫，人无效焉。"杜预注云："宣，示也。"

②武帝元封三年，作角抵戏。音义云："两两相当角力，角伎蓺射御，故名角抵，盖杂伎乐(以)〔也〕，[23]巴俞戏鱼龙蔓延之属也。后更名平乐观。"礼记曰"郑音好滥淫志，宋音宴安溺志"也。[24]

③澶漫犹纵逸也。澶音徒旦反。庄子外篇曰"澶漫为乐"也。

④左传曰："美恶周必复，天之道也。"

又政之为理者，取一切而已，非能斟酌贤愚之分，以开盛衰之数也。日不如古，弥以远甚，岂不然邪？汉兴以来，相与同为编户齐民，而以财力相君长者，世无数焉。而清絜之士，徒自苦于茨棘之閒，无所益损于风俗也。豪人之室，连栋数百，膏田满野，奴婢千群，徒附万计。①船车贾贩，周于四方；废居积贮，满于都城。②琦赂宝货，巨室不能容；③马牛羊豕，山谷不能受。妖童美妾，填乎绮室；倡讴(妓)〔伎〕乐，[25]列乎深堂。宾客待见而不敢去，车骑交错而不敢进。三牲之肉，臭而不可食；清醇之酎，败而不可饮。睇盼则人从其目之所视，喜怒则人随其心之所虑。此皆公侯之广乐，君长之厚实也。苟能运智诈者，则得之焉；苟能得之者，人不以为罪焉。源发而横流，路开而四通矣。求士之舍荣乐而居穷苦，④弃放逸而赴束缚，夫谁肯为之者邪！⑤夫乱世长而化世短。乱世则小人贵宠，君子困贱。当君子困贱之时，跼高天，蹐厚地，犹恐有镇厌之祸也。⑥逮至清世，则复入于矫枉过正之检。老者耄矣，不能及宽饶之俗；少者方壮，将复困于衰乱之时。是使奸人擅无穷之福利，而善士挂不赦之罪辜。苟目能辩色，耳能辩声，口能辩味，体能辩寒温者，将皆以脩絜为讳恶，设智巧以避之焉，况肯有安而乐之者邪？斯下世人主一切之愆也。

①徒，众也。附，亲也。

②史记曰："转毂百数，废居蓄邑。"注云："有所废，有所蓄，言其乘时射利也。"

③琦，玮也。抱朴子曰"片玉可以琦，奚必俟盈尺"也。

④舍音式者反。

⑤束缚谓自絜清如拘执也。

⑥诗小雅曰："谓天盖高，不敢不跼；谓地盖厚，不敢不蹐。"毛苌注云："跼，曲也。蹐，累足也。"

昔春秋之时，周氏之乱世也。逮乎战国，则又甚矣。秦政乘并兼之埶，放虎狼之心，①屠裂天下，吞食生人，暴虐不已，以招楚汉用兵之苦，甚于战国之时也。汉二百年而遭王莽之乱，②计其残夷灭亡之数，又复倍乎秦、项矣。以及今日，名都空而不居，百里绝而无民者，不可胜数。③此则又甚于亡新之时也。悲夫！不及五百年，大难三起，④中閒之乱，尚不数焉。变而弥猜，下而加酷，⑤推此以往，可及于尽矣。嗟乎！不知来世圣人救此之道，将何用也？又不知天若穷此之数，欲何至邪？

①政，始皇名也。

②汉至王莽篡位二百一十四年。云二百者，举全数。

③孝平帝时，凡郡国一百三，县邑一千三百一十四，道三十四，[26]侯国二百四十一。地东西九千三百二里，南北一万三百六十八里。[27]人户一千二百二十三万三千六十二，口五千九百五十九万四千九百七十八。此汉家极盛之时。遭王莽丧乱，暨光武中兴，海内人户，准之于前，十裁二三，边方萧条，略无孑遗。孝灵遭黄巾之寇，献帝婴董卓之祸，英雄棋峙，白骨膏野，兵乱相寻三十馀年，三方既宁，万不存一也。

④秦三王二帝通在位四十九年，前汉二百三十年，后汉百九十五年，凡四百七十四年，故云不及五百年也。三起谓秦末及王莽并献帝时也。

⑤下犹后也。

损益篇曰：

作有利于时，制有便于物者，可为也。事有乖于数，法有翫于时者，可改也。故行于古有其跡，用于今无其功者，不可不变。变而不如前,易而多所败者,亦不可不复也。汉之初兴,分王子弟,委之以士民之命,假之以杀生之权。[28]于是骄逸自恣,志意无厌。鱼肉百姓,以盈其欲;报蒸骨血,以快其情。上有篡叛不轨之奸,下有暴乱残贼之害。虽藉亲属之恩,盖源流形埶使之然也。降爵削土,稍稍割夺,卒至于坐食奉禄而已。然其洿秽之行,淫昏之罪,犹尚多焉。故浅其根本,轻其恩义,犹尚假一日之尊,收士民之用。况专之于国,擅之于嗣,岂可鞭笞叱咤,而使唯我所为者乎?时政彫敝,风俗移易,纯朴已去,智惠已来。①出于礼制之防,放于嗜欲之域久矣,固不可授之以柄,假之以资者也。是故收其奕世之权,校其从横之埶,善者早登,否者早去,②故下土无壅滞之士,国朝无专贵之人。此变之善,可遂行者也。

①老子曰"智惠出,有大伪"也。

②去音袪莒反。

井田之变,豪人货殖,馆舍布于州郡,田亩连于方国。身无半通青纶之命,而窃三辰龙章之服;①不为编户一伍之长,而有千室名邑之役。②荣乐过于封君,埶力侔于守令。财赂自营,犯法不坐。刺客死士,为之投命。至使弱力少智之子,被穿帷败,寄死不敛,冤枉穷困,不敢自理。虽亦由网禁疏阔,盖分田无限使之然也。今欲张太平之纪纲,立至化之基趾,齐民财之丰寡,正风俗之奢俭,非井田实莫由也。此变有所败,而宜复者也。

①十三州志曰:"有秩、啬夫,得假半章印。"续汉舆服志曰:"百石,青绀纶,一采,宛转缪织,长丈二尺。"说文:"纶,青丝绶也。"郑玄注礼记

曰："纶，今有秩、啬夫所佩也。"三辰，日、月、星也。龙章谓山龙之章。皆画于衣也。

②周礼小司徒职："五人为伍。"前书曰："五家为伍，伍有长。"论语孔子曰："千室之邑，百乘之家。"言豪强之家，身无品秩，而强富比于公侯也。

肉刑之废，轻重无品，下死则得髡钳，下髡钳则得鞭笞。①死者不可复生，而髡者无伤于人。髡笞不足以惩中罪，安得不至于死哉！②夫鸡狗之攘窃，男女之淫奔，酒醴之赂遗，谬误之伤害，皆非值于死者也。杀之则甚重，髡之则甚轻。不制中刑以称其罪，则法令安得不参差，杀生安得不过谬乎？今患刑轻之不足以惩恶，则假臧货以成罪，托疾病以讳杀。③科条无所准，名实不相应，恐非帝王之通法，圣人之良制也。或曰：过刑恶人，可也；过刑善人，岂可复哉？曰：若前政以来，未曾枉害善人者，则有罪不死也，④是为忍于杀人(也)，[29]而不忍于刑人也。今令五刑有品，轻重有数，科条有序，名实有正，非杀人逆乱鸟兽之行甚重者，皆勿杀。⑤嗣周氏之秘典，续吕侯之祥刑，此又宜复之善者也。⑥

①下犹减也。

②言髡笞太轻，不足畏惧，而奸人冒罪，以陷于死。明复古肉刑，则人不陷于死也。

③假增臧货，以益其罪。托称疾病，令死于狱也。

④言善人有罪，亦当杀之也。

⑤鸟兽之行谓蒸报也。

⑥周礼大司寇职："掌邦之三典，以佐王刑邦国，诘四方，一曰刑新国用轻典，二曰刑平国用中典，三曰刑乱国用重典。"祥，善也。尚书曰："教尔祥刑。"

易曰："阳一君二臣，君子之道也；阴二君一臣，小人之道也。"①然则寡者，为人上者也；众者，为人下者也。一伍之长，才足以长一伍者也；一国之君，才足以君一国者也；天下之王，才足以王天下者也。愚役于智，犹枝之附幹，此理天下之常法也。制国以分人，立政以分事，人远则难绥，事总则难了。今远州之县，或相去数百千里，虽多山陵洿泽，犹有可居人种穀者焉。当更制其境界，使远者不过二百里。明版籍以相数阅，审什伍以相连持，②限夫田以断并兼，定五刑以救死亡，③益君长以兴政理，急农桑以丰委积，去末作以一本业，敦教学以移情性，表德行以厉风俗，覈才艺以叙官宜，简精悍以习师田，④修武器以存守战，严禁令以防僭差，信赏罚以验惩劝，纠游戏以杜奸邪，察苛刻以绝烦暴。审此十六者以为政务，操之有常，课之有限，安宁勿懈墯，有事不迫遽，圣人复起，不能易也。

①系词之文也。阳卦一阳而二阴，阴卦一阴而二阳。阳为君，阴为臣。

②周礼曰："凡在版者。"注云："版，名籍也，以版为之也。"

③司马法曰："步百为亩，亩百为夫，夫三为屋，屋三为井。"并兼谓豪富之家以财埶并取贫人之田而兼有之。

④周礼曰："凡师田斩牲以左右徇陈。"注云："示犯誓必杀也。"

向者，天下户过千万，除其老弱，但户一丁壮，则千万人也。遗漏既多，又蛮夷戎狄居汉地者尚不在焉。丁壮十人之中，必有堪为其什伍之长，推什长已上，则百万人也。又十取之，则佐史之才已上十万人也。又十取之，则可使在政理之位者万人也。以筋力用者谓之人，人求丁壮；以才智用者谓之士，士贵耆老。充此制以用天下之人，犹将有储，何嫌乎不足也？故物有不求，未有无物之岁也；士有不用，未有少士之世也。夫如此，然后可以用天性，究人理，兴顿废，属断绝，①网罗遗漏，拱柙天人矣。②

①属犹续也。

②拱，执也。柙，槛也。柙，音下甲反。

或曰：善为政者，欲除烦去苛，并官省职，为之以无为，事之以无事，何子言之云云也？①曰：若是，三代不足摹，圣人未可师也。②君子用法制而至于化，小人用法制而至于乱。均是一法制也，或以之化，或以之乱，行之不同也。苟使豺狼牧羊豚，盗跖主征税，国家昏乱，吏人放肆，则恶复论损益之閒哉！③夫人待君子然后化理，国待蓄积乃无忧患。君子非自农桑以求衣食者也，蓄积非横赋敛以取优饶者也。奉禄诚厚，则割剥贸易之罪乃可绝也；蓄积诚多，则兵寇水旱之灾不足苦也。故由其道而得之，民不以为奢；由其道而取之，民不以为劳。天灾流行，开仓库以禀贷，不亦仁乎？衣食有馀，损靡丽以散施，不亦义乎？彼君子居位为士民之长，固宜重肉累帛，朱轮四马。今反谓薄屋者为高，藿食者为清，既失天地之性，又开虚伪之名，使小智居大位，庶绩不咸熙，未必不由此也。得拘絜而失才能，非立功之实也。④以廉举而以贪去，非士君子之志也。⑤夫选用必取善士。善士富者少而贫者多，禄不足以供养，安能不少营私门乎？从而罪之，是设机置穽以待天下之君子也。⑥

①老子云“为无为，事无事”也。

②摹，法也。三代皆用肉刑及井田之法，今不用，是不摹之也。

③恶音乌。

④拘絜谓自拘束而絜其身者，即隐逸之人也。

⑤去音欺吕反。

⑥穽，穿地陷兽也。机，弩牙也。

盗贼凶荒，九州代作，饥馑暴至，军旅卒发，横税弱人，割夺吏禄，所恃者寡，所取者猥，①万里悬乏，首尾不救，徭役并起，农桑失业，兆民呼嗟于昊天，贫穷转死于沟壑矣。今通肥饶之率，计稼穑之入，令亩收三斛，斛取一斗，未为甚多。一岁之閒，则有数年之储，虽兴非法之役，恣奢侈之欲，广爱幸之赐，犹未能尽也。不循古法，规为轻税，及至一方有警，一面被灾，未逮三年，校计骞短，坐视战士之蔬食，立望饿殍之满道，如之何为君行此政也？②二十税一，名之曰貊，况三十税一乎？③夫薄吏禄以丰军用，缘于秦征诸侯，续以四夷，汉承其业，遂不改更，危国乱家，此之由也。今田无常主，民无常居，吏食日稟，④(禄)班〔禄〕未定。[30]可为法制，画一定科，租税十一，更赋如旧。⑤今者土广民稀，中地未垦；⑥虽然，犹当限以大家，勿令过制。其地有草者，尽曰官田，力堪农事，乃听受之。若听其自取，后必为奸也。

①猥犹多也。

②孟子曰："涂有饿莩而不知发。"赵岐注云："饿死者曰莩。"莩与殍通，音皮表反。

③孟子载白圭曰："吾欲二十而取一何如？"孟子曰："子之道貊〔道〕也。"[31]赵岐注云[32]："貊，夷貊之人在荒者也。貊在北方，其气寒，不生五穀，无中国之礼，故可二十取一而足也。"此言欲轻税也。

④稟，给也。

⑤更赋，已见光武纪也。

⑥上田已耕，唯中地已下未也。

法诫篇曰：

周礼六典，冢宰贰王而理天下。①春秋之时，诸侯明德者，皆一卿为政。爰及战国，亦皆然也。秦兼天下，则置丞相，而贰之以御史大夫。自高帝逮于孝成，因而不改，多终其身。汉之隆盛，是惟在焉。夫任一人则政专，任数人则相倚。政专则和谐，相倚则违戾。和谐则太平之所兴也，违戾则荒乱之所起也。光武皇帝愠数世之失权，忿强臣之窃命，②矫枉过直，政不任下，虽置三公，事归台阁。③自此以来，三公之职，备员而已；然政有不理，犹加谴责。而权移外戚之家，宠被近习之竖，亲其党类，用其私人，内充京师，外布列郡，颠倒贤愚，贸易选举，疲驽守境，贪残牧民，挠扰百姓，忿怒四夷，④招致乖叛，乱离斯瘼。⑤怨气并作，阴阳失和，三光亏缺，怪异数至，虫螟食稼，水旱为灾，此皆戚宦之臣所致然也。反以策让三公，至于死免，乃足为叫呼苍天，号咷泣血者也。又中世之选三公也，务于清悫谨慎，循常习故者。是妇女之检柙，乡曲之常人耳，恶足以居斯位邪？⑥势既如彼，选又如此，而欲望三公勋立于国家，绩加于生民，不亦远乎？昔文帝之于邓通，可谓至爱，而犹展申徒嘉之志。⑦[33]夫见任如此，则何患于左右小臣哉？至如近世，外戚宦竖请托不行，意气不满，立能陷人于不测之祸，恶可得弹正者哉！曩者任之重而责之轻，今者任之轻而责之重。昔贾谊感绛侯之困辱，因陈大臣廉耻之分，开引自裁之端。⑧自此以来，遂以成俗。继世之主，生而见之，习其所常，曾莫之悟。呜呼，可悲夫！左手据天下之图，右手刎其喉，愚者犹知难之，况明哲君子哉！⑨光武夺三公之重，至今而加甚，不假后党以权，数世而不行，盖亲疏之势异也。⑩母后之党，左右之人，有此至亲之势，故其贵任万世。常然之败，无世而无之，莫之斯鉴，亦可痛矣。未若置丞相自总之。若委三公，则宜分任责成。夫使为政者，不当与之婚姻；婚姻者，不当使之为政也。如此，在位病人，⑪举用失贤，百姓不安，争讼不息，天地多变，人物多妖，然后可以分此罪矣。

①尔雅曰："冢，大也。"贰谓副贰也。周礼天官冢宰"掌建邦之六典，以佐王理邦国。一曰理典，以理官府；二曰教典，以扰万姓；三曰礼典，以谐万姓；四曰政典，以均万姓；五曰刑典，以纠万姓；六曰事典，以生万姓"也。

②愠犹恨也。数代谓元、成、哀、平。强臣谓王莽。

③台阁谓尚书也。

④挠音火高反。

⑤瘼，病也。

⑥检柙犹规矩也。

⑦展犹申也。文帝时，太中大夫邓通居上傍，有怠慢礼，丞相申屠嘉奏事见之，罢朝，召通责之曰："通小臣，戏殿上，大不敬，当斩。"通顿首，首尽出血。文帝使人召通，谢丞相曰："此吾弄臣，君其释之。"

⑧文帝时贾谊上书曰："大臣有罪，不执缚系引而行也。其有大罪者，闻命则北面再拜，跪而自裁，(之)〔上〕不使人捽抑而刑之也。"〔34〕是时丞相绛侯周勃免就国，人有告勃谋反，系长安狱，卒无事，复爵邑，故谊以此讥上。上深纳其言，是后大臣有罪，皆自杀，不受刑也。

⑨言不以重利害其生。事见庄子。

⑩言光武夺三公重任，今夺更甚。光武不假后党威权，数代遂不遵行。

此为三公疏，后族亲故也。

⑪病人谓万姓困敝也。

或曰："政在一人，权甚重也。曰：人实难得，何重之嫌？昔者霍禹、窦宪、邓骘、梁冀之徒，籍外戚之权，管国家之柄；及其伏诛，以一言之诏，诘朝而决，何重之畏乎？今夫国家漏神明于媟近，输权重于妇党，筭十世而为之者八九焉。不此之罪而彼之疑，何其诡邪！①

①此谓后党，彼谓三公也。诡犹违也。

论曰：百家之言政者尚矣。①大略归乎宁固根柢，革易时敝也。夫遭运无恒，意见偏杂，故是非之论，纷然相乖。尝试妄论之，②以为世非胥、庭，人乖鷇饮，化跡万肇，情故萌生。③虽周物之智，不能研其推变；山川之奥，未足况其纡险。④则应俗适事，难以常条。如使用审其道，则殊涂同会；才爽其分，则一豪以乖。⑤何以言之？若夫玄圣御世，则天同极，施舍之道，宜无殊典。⑥而损益异运，文朴递行。⑦用明居晦，回泬于曩时；兴戈陈俎，参差于上世。⑧及至戴黄屋，服絺衣，丰薄不齐，而致化则一；⑨亦有宥公族，黥国储，宽惨巨隔，而防非必同。此其分波而共源，百虑而一致者也。⑩若乃偏情矫用，则枉直必过。⑪故葛屦履霜，敝由崇俭；⑫楚楚衣服，戒在穷赊；⑬疎禁厚下，以尾大陵弱；⑭敛威峻罚，以苛薄分崩。⑮斯曹、魏之刺，所以明乎国风；周、秦末轨，所以彰于微灭。故用舍之端，兴败资焉。是以繁简唯时，宽猛相济。刑书镌鼎，事有可详；三章在令，取贵能约。⑯太叔致猛政之褒，国子流遗爱之涕，⑰宣孟改冬日之和，平阳循画一之法。斯实弛张之弘致，可以征其统乎！⑱数子之言当世失得皆究矣，然多谬通方之训，好申一隅之说。⑲贵清静者，以席上为腐议；束名实者，以柱下为诞辞。⑳或推前王之风，可行于当年；有引救敝之规，宜流于长世。稽之笃论，将为敝矣。如以舟无推陆之分，瑟非常调之音，㉑不限局以疑远，不拘玄以妨素，则化枢各管其极，理略可得而言与？㉒

①尚犹远也。

②谦不敢正言也。

③赫胥氏、大庭氏并古之帝号。庄子曰："夫圣人鹑居而鷇饮。"言鹑鸟无常居，鷇饮不假物，并淳朴时也。肇，始也。

④易系辞曰："知周乎万物而道济天下。"推，迁也。庄子曰"凡人心险于山川，难知于天"也。

⑤用得其人，审其道也。授非其才，爽其分也。易系辞曰："天下同归而殊涂，一致而百虑。"易纬曰："差以毫厘，失之千里。"

⑥庄子曰："玄圣，素王道也。"极犹致也。言法天之道，同其致也。施舍犹兴废也。

⑦论语孔子曰："殷因于夏礼，所损益可知也。"朴，质也。礼记曰"文质再而复"也。

⑧回泬犹携互不齐一也。泬音穴。

⑨前书音义曰："天子车以黄缯为盖里，故曰黄屋。"韩子曰："尧之王天下也，冬日鹿裘，夏日葛衣。"絺，葛也。

⑩礼记曰："公族有死罪，狱成，有司谳于公曰'某之罪在大辟'，公曰'宥之'。有司又曰'在大辟'，公又曰'宥之'。"史记曰，秦孝公太子犯法，卫鞅曰"太子君嗣也，不可施刑，刑其傅公子虔，黥其师公孙贾"也。

⑪孟子曰："矫枉过直。"矫，正也。枉，曲也。言正曲者过于直，以喻为政者惩奢则太俭，患宽则伤猛，不能折衷也。

⑫诗魏风序曰："葛屦，刺褊也。其君俭啬褊急，而无德以将之。"诗曰："纠纠葛屦，可以履霜。"郑玄注云："葛屦贱，皮屦贵，魏俗至冬犹葛屦，可用履霜，利其贱也。"

⑬诗曹风序曰："蜉蝣，刺奢也。"诗曰："蜉蝣之羽，衣裳楚楚。"毛苌注云："蜉蝣，渠略也。朝生夕死，犹有羽翼以自饰。楚楚，鲜皃也。喻曹朝群臣皆小人也，徒饰其衣裳，不知死亡之无日。"赊奢同。

⑭疎禁谓防制太宽，厚下谓封建太广。言周室微弱而诸侯强盛，如尾大然。左传楚申无宇曰"末大必折，尾大不掉"也。

⑮敛，聚也。言秦酷法，以至分崩也。

⑯左传曰："郑人铸刑书。"杜预注云"铸刑书于鼎，以为国之常法"也。高祖初入关，除秦苛法，约法三章，言其详约不同。[35]

⑰左传曰："郑子产有疾，谓子大叔曰：'我死，子必为政。唯有德者能以宽服人，其次莫如猛。'"又曰："子产卒，仲尼闻之，出涕曰：'古之遗爱也。'"国子即子产也，郑穆公子国之子，因以为姓也。

⑱宣孟，晋大夫赵盾也。左传贾季对酆舒曰："赵衰，冬日之日也。赵盾，夏日之日也。"注云："冬日可爱，夏日可畏。"前书平阳侯曹参为相国，百姓歌之曰："萧何为法，讲若画一。曹参代之，守而勿失。载其清静，人以宁一。"

⑲一隅谓一方偏见也。

⑳清静谓道家也。席上谓儒也。腐，朽也。礼记儒行曰："儒有席上之珍。"高祖折随何曰："安用腐儒哉。"名实，名家也。柱下，老子也。诞，虚也。言志各不同也。

㉑古法不施于今，犹舟不可行之于陆也。今法有合于时，如瑟可移柱而调也。庄子曰"是推舟于陆，劳而无功"也。前书董仲舒曰："琴瑟不调，甚者必解而更张之，乃可鼓也。为政不行，甚者必变而更化之，乃可理也。"

㉒音余。

赞曰：管视好偏，群言难一。救朴虽文，矫迟必疾。举端自理，滞隅则失。详观时蠹，成昭政术。①

①滞隅谓偏执一隅也。[36]淮南子曰："非循一跡之路，守一隅之指，而不与俗推移也。"

【校勘记】

〔1〕充幼聪朗　按：汲本、殿本"朗"作"明"。

〔2〕夫五(世)〔代〕之臣　刊误谓此"世"字当是"代"字，后人误改。今据以回改。

〔3〕是故德不称其祸必酷能不称其殃必大　刊误谓"德不称"下脱"其位"二字，"能不称"下脱"其禄"二字。按：集解引苏舆说，谓潜夫论贵忠篇作"德不称其任"，"能不称其位"。

〔4〕历观前政贵人之用心也　按：集解引苏舆说，谓潜夫论"政"作"世"，连下读，疑此避唐讳改。

〔5〕怀忧愤愤　按：殿本"愤愤"作"愦愦"，今潜夫论亦作"愦愦"。

〔6〕此妖妄之甚者也　按："妖"原作"妭"，径改正。

〔7〕用功千倍　按：集解引苏舆说，谓"千倍"当从元书作"十倍"。

〔8〕车軿数里　汲本"軿"作"骈"。校补谓车骈数里本指车马言，作"軿"者误，章怀注亦误。今按：下言"缇帏竟道"，明指车言，作"軿"者是，校补说非。

〔9〕春秋以为(非)〔不〕君　殿本"非"作"不"，与左传合，今据改。

〔10〕乐举　按：潜夫论作"乐吕"，成二年左传作"乐举"，文十八年、宣二年并作"乐吕"。

〔11〕葬南巴之中　按：集解引沈钦韩说，谓墨子节葬篇"南巴之中"作"南己之市"。吕览安死篇"舜葬于纪市，不变其肆"。高注"九疑

山亦有纪邑”。己与巴相似而误。

〔12〕出处默语　按：殿本“默语”作“语默”。

〔13〕化国之日舒以长　按：潜夫论“化”作“治”，此亦避唐讳改。惠栋谓唐讳“治”，章怀注后汉书，随文改易，此篇“治国之日舒以长”，改为“化国”，后人因之，遂有“光天化日”之语，岂非郢书而燕说乎？

〔14〕(令)〔今〕冤民仰希申诉　刊误谓案文“令”当作“今”。今据改。

〔15〕不桡故无恩于吏　“桡”原作“挠”，径据殿本改。按：挠桡从手从木，古互通，然上文既作“桡”，以改归一律为是。

〔16〕颐育万民　按：汲本、殿本“民”作“物”。

〔17〕欲〔南〕奔(南)荆州　张森楷校勘记谓州名有“南”字，始见宋志，汉、魏、晋俱无，此“南”字当在“奔”字上。按：魏志袁绍传正作“欲南奔荆州”，今据改。

〔18〕腾蛇有鳞　按：集解引沈钦韩说，谓尔雅释鱼“腾”作“螣”，无“有鳞”二字。

〔19〕有角曰龙　按：集解引沈钦韩说，谓广雅“有角曰虯龙”，注脱“虯”字。

〔20〕抗志山栖　按：汲本、殿本“栖”作“西”。

〔21〕微风为㸌　按：“㸌”原讹“杝”，径改正。注同。

〔22〕政乱从此周复　按：王先谦谓“政”亦“治”字避讳改。

〔23〕盖杂伎乐(以)〔也〕　据汉书武帝纪文颖注改。

〔24〕宋音宴安溺志　按：礼记乐记“安”作“女”。

〔25〕倡讴(妓)〔伎〕乐　据集解本改。

〔26〕道三十四　按：集解引洪亮吉说，谓前书地理志“三十四”作“三十二”。

〔27〕南北一万三百六十八里　按：集解引王鸣盛说，谓“南北一万”下前书有“三千”字，此脱。

〔28〕假之以杀生之权　按：汲本、殿本作“生杀之权”。

〔29〕是为忍于杀人(也)而不忍于刑人也　据刊误删。

〔30〕(禄)班〔禄〕未定　刊误谓案文当作"班禄"。今据改。

〔31〕子之道貊〔道〕也　据汲本补,与今本孟子合。

〔32〕赵岐注云　按:原本赵岐之"岐"皆作"歧",径改正。

〔33〕而犹展申徒嘉之志　按:汲本、殿本"徒"作"屠"。

〔34〕(之)〔上〕不使人捽抑而刑之也　据殿本改,与前书贾谊传合。

〔35〕言其详约不同　按:"详"原讹"群",径改正。又按:汲本、殿本作"言其详约也",无"不同"二字。

〔36〕谓偏执一隅也　按:"偏"原讹"徧",径改正。

后汉书卷五十

孝明八王列传第四十

孝明皇帝九子：贾贵人生章帝；阴贵人生梁节王畅；馀七王本书不载母氏。①

①本书谓东观记也。[1]

千乘哀王建，永平三年封。明年薨。年少无子，国除。

陈敬王羡，永平三年封广平王。建初三年，有司奏遣羡与钜鹿王恭、乐成王党俱就国。肃宗性笃爱，不忍与诸王乖离，遂皆留京师。明年，案舆地图，令诸国户口皆等，租入岁各八千万。羡博涉经书，有威严，与诸儒讲论于白虎殿。[2]七年，帝以广平在北，多有边费，①乃徙羡为西平王，②分汝南八县为国。及帝崩，遗诏徙封为陈王，食淮阳郡，其年就国。立三十七年薨，子思王钧嗣。

①广平，县，故城在今洺州永年县北。

②西平，县，属汝南郡也。

钧立，多不法，遂行天子大射礼。①性隐贼，喜文法，国相二千石不与相得者，辄阴中之。憎怨敬王夫人李仪等，永元十一年，遂使客隗久②杀仪家属。吏捕得久，系长平狱。③钧欲断绝辞语，复使结客篡杀久。事发觉，有司举奏，钧坐削西华、项、新阳三县。④十二年，封钧六弟为列侯。⑤后钧取掖庭出女李娆为小妻，⑥复坐削圉、宜禄、扶沟三县。⑦永初七年，封敬王孙安国为耕亭侯。

①天子将祭，择士而祭，谓之大射。大射之礼，张三侯，虎侯、熊侯、豹侯，示服猛也，皆以其皮方制之。乐用驺虞，九节。谢承书曰"陈国户曹史高慎谏国相曰：'诸侯射豕，天子射熊，八彝六樽，礼数不同。昔季氏设朱干玉戚以舞大夏。左传曰："唯名与器，不可以假人。"奢僭之渐，不可听也。'于是谏争不合，为王所非，坐司寇罪"也。

②"久"或作"文"。

③长平，县，属陈国。

④西华故城在今陈州溵水县西北。项，今陈州项城县也。新阳故城在今豫州真阳县西南也。

⑤伏侯古今注曰"番为阳都乡侯，千秋为新平侯，参为周亭侯，寿为乐阳亭侯，宝为博平侯，旦为高亭侯"也。

⑥娆音宁了反。

⑦圉、扶沟并属陈留郡。宜禄属汝南郡。

钧立二十一年薨，子怀王竦嗣。立二年薨，无子，国绝。

永宁元年，立敬王子安寿亭侯崇为陈王，是为顷王。立五年薨，子孝王承嗣。

承薨，子愍王宠嗣。熹平二年，国相师迁追奏前相魏愔与宠共祭天神，希幸非冀，罪至不道。有司奏遣使者案验。是时新诛勃海王悝，①灵帝不忍复加法，诏槛车传送愔、迁诣北寺诏狱，使中常侍王酺②与尚书令、侍御史杂考。愔辞与王共祭黄老君，求长生福而已，无它冀幸。酺等奏愔职在匡正，而所为不端，迁诬告其王，罔以不道，皆诛死。有诏赦宠不案。

①灵帝熹平元年，悝被诬谋反自杀也。

②华峤书及宦者传诸本并作"甫"，此云"酺"，未详孰是也。

宠善弩射，十发十中，中皆同处。①中平中，黄巾贼起，郡县皆弃城走，宠有强弩数千张，出军都亭。②国人素闻王善射，不敢反叛，故陈独得完，百姓归之者众十馀万人。及献帝初，义兵起，宠率众屯阳夏，③自称辅汉大将军。国相会稽骆俊素有威恩，时天下饥荒，邻郡人多归就之，俊倾资赈赡，并得全活。后袁术求粮于陈而俊拒绝之，术忿恚，遣客诈杀俊及宠，陈由是破败。④

①华峤书曰："宠射，其秘法以天覆地载，参连为奇。又有三微、三小。三微为经，三小为纬，经纬相将，万胜之方，然要在机牙。"

②置军营于国之都亭也。

③县名，属淮阳国。夏音公雅反。

④谢承书曰："俊字孝远，乌伤人。察孝廉，补尚书侍郎，擢拜陈国相。人有产子，厚致米肉，达府主意，生男女者，以骆为名。袁术使部曲将张闿阳私行到陈，之俊所，俊往从饮酒，因诈杀俊，一郡吏人哀号如丧父母。"

是时诸国无复租禄，而数见虏夺，并日而食，转死沟壑者甚众。

夫人姬妾多为丹(阳)〔陵〕兵[3]乌桓所略云。

彭城靖王恭，永平九年赐号灵寿王。①十五年，封为钜鹿王。建初三年，徙封江陵王，改南郡为国。元和二年，三公上言江陵在京师正南，不可以封，乃徙为六安王，以庐江郡为国。肃宗崩，遗诏徙封彭城王，食楚郡，其年就国。恭敦厚威重，举动有节度，吏人敬爱之。永初六年，封恭子阿奴为竹邑侯。②

①取其美名也，下重熹王亦同。东观记曰"赐号，未有国邑"也。

②竹邑，县，属沛郡，故城在今徐州符离县也。"竹邑"或为"篚"字，转写误也。

元初三年，恭以事怒子酺，酺自杀。①国相赵牧以状上，因诬奏恭祠祀恶言，大逆不道。有司奏请诛之。恭上书自讼。朝廷以其素著行义，令考实，无征，牧坐下狱，会赦免死。②

①东观记曰："恭子男丁前〔妻〕物故，[4]酺侮慢丁小妻，恭怒，闭酺马厩，酺亡，夜诣彭城县欲上书，恭遣从官仓头晓令归，数责之，乃自杀也。"

②决录注曰："牧字仲师，长安人。少知名，以公正称。修春秋，事乐恢。恢以直谏死，牧为陈冤得申。高第为侍御史、会稽太守，皆有称绩。及诬奏恭，安帝疑其侵，乃遣御史毋丘歆覆案其事实，下牧廷尉，会赦不诛，终于家。"

恭立四十六年薨，子考王道嗣。元初五年，封道弟三人为乡侯，①恭孙顺为东安亭侯。

①东观记曰："丙为都乡侯，国为安乡侯，丁为鲁阳乡侯。"

道立二十八年薨，子顷王定嗣。本初元年，封定兄弟九人皆为亭侯。①[5]

①东观记曰"定兄据下亭侯,弟光昭阳亭侯,固公梁亭侯,兴蒲亭侯,延昌城亭侯,祀梁父亭侯,坚西安亭侯,代林亭侯也。"

定立四年薨,子孝王和嗣。和性至孝,太夫人薨,行丧陵次,毁胔过礼。傅相以闻。桓帝诏使奉牛酒迎王还宫。和敬贤乐施,国中爱之。初平中,天下大乱,和为贼昌务所攻,避奔东阿,后得还国。

立六十四年薨,孙祇嗣。立七年,魏受禅,以为崇德侯。

乐成靖王党,永平九年赐号重熹王,十五年封乐成王。党聪惠,善史书,喜正文字。与肃宗同年,尤相亲爱。建初四年,以清河之游、观津,勃海之东光、成平,涿郡之中水、饶阳、安平、南深泽八县益乐成国。①及帝崩,其年就国。党急刻不遵法度。旧禁宫人出嫁,不得適诸国。有故掖庭技人哀置,嫁为男子章初妻,②[6]党召哀置入宫与通,初欲上书告之,党恐惧,乃密赂哀置姊焦使杀初。事发觉,党乃缢杀内侍三人,以绝口语。又取故中山简王傅婢李羽生为小妻。永元七年,国相举奏之。和帝诏削东光、鄡二县。③

①前书及郡国志清河无游县。观津故城在今德州蓨县东北,东光在沧州东光县南,成平在景城县南,中水在今瀛州乐寿县西北,南深泽在今定州深泽县东也。

②哀,姓;置,名也。称男子者,无官爵也。

③鄡县属钜鹿郡。鄡音羌尧反。

立二十五年薨,子哀王崇嗣。立二月薨,无子,国绝。

明年,和帝立崇兄脩侯巡为乐成王,是为釐王。①立十五年薨,子隐王宾嗣。立八年薨,无子,国绝。

①脩县(及)〔即〕條县,(皆)属勃海。[7]條字或作"脩"。

明年,复立济北惠王子苌为乐成王后。苌到国数月,骄淫不法,愆过累积,冀州刺史与国相举奏苌罪至不道。安帝诏曰:"苌有靦其面,而放逸其心。①知陵庙至重,承继有礼,不惟致敬之节,肃穆之慎,乃敢擅损牺牲,不备苾芬。②慢易大姬,不震厥教。③出入颠覆,风淫于家,娉取人妻,馈遗婢妾。殴击吏人,[8]专己凶暴。愆罪莫大,甚可耻也。朕览八辟之议,不忍致之于理。④其贬苌爵为临湖侯。⑤朕无'则哲'之明,致简统失序,罔以尉承大姬,增怀永叹。"⑥

①靦,姡也。言面姡然无愧。姡音胡八反。

②诗小雅曰:"苾苾芬芬,祀事孔明。"

③大姬即苌所继之母。震,惧也。

④周礼司寇:"以八辟丽邦法:一曰议亲之辟,二曰议故之辟,三曰议贤之辟,四曰议能之辟,五曰议功之辟,六曰议贵之辟,七曰议勤之辟,八曰议宾之辟。"

⑤临湖属庐江郡。

⑥袁宏纪曰:"尚书侍郎冷宏[9]议,以为自非圣人,不能无过,故王太子生,为立贤师傅以训导之,是以目不见恶,耳不闻非,能保其社稷,高明令终。苌少长藩国,内无过庭之训,外无师傅之道,血气方刚,卒受荣爵,几微生过,遂陷不义。臣闻周官议亲,惷愚见赦。苌不杀无辜,以谴呵为非,无赫赫大恶,可裁削夺损其租赋,令得改过自新,革心向道。"案黄香集,香与宏共奏,此香之辞也。

延光元年，以河間孝王子得嗣靖王后。以乐成比废绝，故改国曰安平，是为安平孝王。

立三十年薨，子续立。[10]中平元年，黄巾贼起，为所劫质，囚于广宗。①贼平复国。其年秋，坐不道被诛。立三十四年，国除。

①今贝州宗城县也，随室讳改焉。

下邳惠王衍，永平十五年封。衍有容貌，肃宗即位，常在左右。建初初冠，诏赐衍师傅已下官属金帛各有差。四年，以临淮郡及九江之锺离、当涂、东城、历阳、全椒合十七县益下邳国。①帝崩，其年就国。衍后病荒忽，而太子卬有罪废，诸姬争欲立子为嗣，连上书相告言。和帝怜之，使彭城靖王恭至下邳正其嫡庶，立子成为太子。②

①锺离在今豪州[11]锺离县东。当涂在县西南。东城在定远县东南。历阳，和州县也。全椒，今滁州县也。

②东观记载赐恭诏曰："皇帝问彭城王始夏无恙。盖闻尧亲九族，万国协和，书典之所美也。下邳王被病沈滞之疾，昏乱不明，家用不宁，姬妾適庶，诸子分争，纷纷至今。前太子卬顽凶失道，陷于大辟，是后诸子更相诬告，迨今適嗣未知所定，朕甚伤之。惟王与下邳王恩义至亲，正此国嗣，非王而谁？礼重適庶之序，春秋之义大居正。孔子曰：'惟仁者能好人，能恶人。'贵仁者所好恶得其中也。太子国之储嗣，可不慎欤！王其差次下邳诸子可为太子者上名，将及景风拜授印绶焉。"

衍立五十四年薨，子贞王成嗣。永建元年，封成兄二人及惠王孙二人皆为列侯。

成立二年薨，子愍王意嗣。阳嘉元年，封意弟八人为乡、亭侯。中平元年，意遭黄巾，弃国走。贼平复国，数月薨。立五十七年，年九十。

子哀王宜嗣，数月薨，无子，建安十一年国除。

梁节王畅，永平十五年封为汝南王。母阴贵人有宠，畅尤被爱幸，国土租入倍于诸国。肃宗立，缘先帝之意，赏赐恩宠甚笃。建初二年，封畅舅阴棠为西陵侯。①四年，徙为梁王，以陈留之鄢、宁陵，济阴之薄、单父、己氏、成武，凡六县，益梁国。②帝崩，其年就国。

①西陵，县，属江夏郡。

②隔，今许州鄢陵县也。[12]宁陵，今宋州县也。薄故城在今曹州考城县东北。单父，今宋州县也。己氏，今宋州楚丘县也。成武，今曹州县也。

畅性聪惠，然少贵骄，颇不遵法度。归国后，数有恶梦，从官卞忌自言能使六丁，善占梦，①畅数使卜筮。又畅乳母王礼等，因此自言能见鬼神事，遂共占气，祠祭求福。忌等谄媚，云神言王当为天子。畅心喜，与相应荅。永元五年，豫州刺史梁相举奏畅不道，考讯，辞不服。有司请征畅诣廷尉诏狱，和帝不许。有司重奏除畅国，徙九真，帝不忍，但削成武、单父二县。畅惭惧，上疏辞谢曰："臣天性狂愚，生在深宫，长养傅母之手，信惑左右之言。及至归国，不知防禁。从官侍史利臣财物，荧惑臣畅。臣畅无所昭见，与相然诺，不自知陷死罪，以至考案。肌栗心悸，自悔无所复及。自谓当即时伏显诛，魂魄去身，分归黄泉。不意陛下圣德，枉法曲平，不听有司，②横贷赦臣。战栗连月，未敢自安。上念以负先帝而令陛下为臣收汙天下，③[13]诚无气以息，筋骨不相连。臣畅知大贷不可再得，自誓束身约妻子，不敢复出入失绳墨，不敢复有所横费。租入有馀，乞裁食睢阳、穀孰、虞、蒙、宁陵五县，还馀所食四县。臣畅小妻三十七人，其无子者愿还本家。自选择谨敕奴婢二百人，其馀所受虎贲、官骑及诸工技、鼓吹、仓头、奴婢、兵弩、厩马皆上还本署。臣畅以骨肉近亲，乱圣化，汙清流，既得生活，诚无心面目以凶恶复居大宫，[14]食大国，张官属，藏什物。愿陛下加大恩，开臣自悔之门，假臣小善之路，[15]令天下知臣蒙恩，得去死就生，颇能自悔。臣以公卿所奏臣罪恶诏书常置于前，昼夜诵读。臣小人，贪见明时，不能即时自引，惟陛下哀臣，令得喘息漏刻。若不听许，臣实无颜以久生，下入黄泉，无以见先帝。此诚臣至心。臣欲多还所受，恐天恩不听许。节量所留，于臣畅饶足。”诏报曰：“朕惟王至亲之属，淳淑之美，傅相不良，不能防邪，至令有司纷纷有言。今王深思悔过，端自克责，朕恻然伤之。志匪由(于)〔王〕，咎在彼小子。④[16]一日克己复礼，天下归仁。王其安心静意，茂率休德。易不云乎：‘一谦而四益。小有言，终吉。’⑤强食自爱。”畅固让，章数上，卒不许。

①六丁谓六甲中丁神也。若甲子旬中，则丁卯为神，甲寅旬中，则丁巳为神之类也。役使之法，先斋戒，然后其神至，可使致远方物及知吉凶也。

②曲平，曲法申恩，平处其罪。

③汙，恶也。天下以帝赦王为恶，故言收恶天下也。

④谓由下忌及王礼等也。

⑤易谦卦曰："天道亏盈而益谦，地道变盈而流谦，鬼神害盈而福谦，人道恶盈而好谦。"为谦是一，而天地神人皆益之，故曰"一谦而四益"。讼卦初六曰："小有言，终吉。"言王虽小有讼言，而终吉也。

立二十七年薨，子恭王坚嗣。永元十六年，封坚弟二人为乡、亭侯。

坚立二十六年薨，子怀王匡嗣。永建二年，封匡兄弟七人为乡、亭侯。

匡立十一年薨，无子，顺帝封匡弟孝阳亭侯成为梁王，是为夷王。

立二十九年薨，子敬王元嗣。

立十六年薨，子弥嗣。立四十年，魏受禅，以为崇德侯。

淮阳顷王昞，永平〔十〕五年封常山王[17]，建初四年，徙为淮阳王，以汝南之新安、西华益淮阳国。[18]

立十六年薨，未及立嗣，永元二年，和帝立昞小子侧复为常山王，奉昞后，是为殇王。

立十三年薨，父子皆未之国，并葬京师。侧无子，其月立兄防子侯章为常山王。和帝怜章早孤，数加赏赐。延平元年就国。

立二十五年薨，是为靖王。子顷王仪嗣。永建二年，封仪兄二人为亭侯。

仪立十七年薨，子节王豹嗣。(永)〔元〕嘉元年，[19]封豹兄四人为亭侯。

豹立八年薨，子暠嗣。三十二年，遭黄巾贼，弃国走，建安十一年国除。

济阴悼王长，永平十五年封。建初四年，以东郡之离狐、陈留之长垣益济阴国。立十三年，薨于京师，无子，国除。

论曰：晏子称“夫人生厚而用利，于是乎正德以幅之，谓之幅利”。言人情须节以正其德，亦由布帛须幅以成其度焉。①明帝封诸子，租岁不过二千万，马后为言而不得也。②贤哉！岂徒俭约而已乎！知骄贵之无猒，嗜欲之难极也，故东京诸侯鲜有至于祸败者也。

①左传云，齐景公与晏子邶殿之邑六十，晏子不受，曰：“夫富如布帛之有幅焉，为之度使无迁也。夫人生厚而用利，于是正德以幅之，谓之幅利。过则为败，吾不敢贪多，所谓幅也。”

②东观明记曰：“皇子之封，皆减旧制。尝案舆地图，皇后在傍，言钜鹿、乐成、广平各数县，租穀百万，帝令满二千万止。诸小王皆当略与楚、淮阳相比，什减三四。‘我子不当与先帝子等’者也。”

赞曰：孝明传胤，维城八国。陈敬严重，彭城厚德。下邳婴痾，梁节邪惑。三藩夙龄，①党惟荒忒。

①谓千乘、淮阳、济阴并早殁也。”

【校勘记】

〔1〕本书谓东观记也　按：“东”原讹“云”，径据汲本、殿本改正。

〔2〕与诸儒讲论于白虎殿　按：张森楷校勘记谓何焯云“殿”疑作“观”。

〔3〕多为丹(阳)〔陵〕兵　据汲本、殿本改。按：殿本考证谓"陵"监本误作"阳"，今改正。

〔4〕恭子男丁前〔妻〕物故　按：王先谦谓今本东观记"前"下有"妻"字，是也。下又引东观记，云丁为鲁阳乡侯，则是丁未物故，而物故者乃其妻也。今据补。

〔5〕封定兄弟九人皆为亭侯　按：校补引钱大昭说，谓据东观记当作"兄弟八人"。

〔6〕嫁为男子章初妻　按："初"原讹"诸"，径据汲本、殿本改正。

〔7〕脩县(及)〔即〕蓨县(皆)属勃海　集解引沈钦韩说，谓注"及"当为"即"，又衍一"皆"字。今按：汉书地理志作"脩"，景帝纪、周亚夫传作"蓨"，师古曰"脩音蓨"，是脩县即蓨县也，沈说是，今据改。

〔8〕殴击吏人　按："殴"原讹"敺"，径据集解本改正。

〔9〕尚书侍郎冷宏　按：汲本"冷"作"泠"。

〔10〕子续立　按：汲本"续"作"绩"。

〔11〕在今豪州　按：殿本"豪"作"濠"。

〔12〕隔今许州郾陵县也　按："隔"汲本作"鄢"，殿本作"郾"。集解引惠栋说，谓正文之"郾"，亦当依注作"鄢"。又引钱大昕说，谓郡国志"郾"作"隔"，此字亦误，当为"鄢"。校补谓案光武纪"三月，光武别与诸将徇昆阳、定陵、郾，皆下之"。彼注云"郾，今豫州郾城县也"。章怀既释郾为豫州之郾城，则此云许州郾陵，当然是"鄢"非"郾"，不独殿本注作"郾"误，各本正文作"郾"皆误矣。惟"鄢"之作"隔"，似不应遽指为误。鄢陵前、续志均属颍川郡，鄢前志属陈留郡，续志属梁国，字则前志均作"隔"，续志均作"隔"，更无作"鄢"者，如以为误，则前志亦误矣。

〔13〕而令陛下为臣收汙天下　按：集解引顾炎武说，谓"收汙"袁宏纪作"收耻"，通鉴作"受汙"。

〔14〕诚无心面目以凶恶复居大宫　按：集解引苏舆说，谓"心"字疑衍。

〔15〕假臣小善之路　殿本“小”作“迁”。今按：袁纪亦作“小”。

〔16〕志匪由(于)〔王〕咎在彼小子　校补引柳从辰说，谓“于”字系“王”字之讹，“咎”字属下读。又谓“于”当作“王”，钱大昭已有是说。今据改。

〔17〕永平〔十〕五年封常山王　校补引钱大昭说，谓“五年”当作“十五年”，脱“十”字。今据补。

〔18〕以汝南之新安西华益淮阳国　按：集解引钱大昕说，谓汝南郡无新安县，疑“新阳”之讹。

〔19〕(永)〔元〕嘉元年　据集解引钱大昕说改。

后汉书卷五十一

李陈庞陈桥列传第四十一

李恂字叔英，安定临泾人也。少习韩诗，①教授诸生常数百人。太守颍川李鸿请署功曹，未及到，而州辟为从事。会鸿卒，恂不应州命，而送鸿丧还乡里。既葬，留起冢坟，持丧三年。

①韩婴所传诗也。

辟司徒桓虞府。后拜侍御史，持节使幽州，宣布恩泽，慰抚北狄，所过皆图写山川、屯田、聚落百馀卷，悉封奏上，肃宗嘉之。拜兖州刺史。以清约率下，常席羊皮，服布被。迁张掖太守，有威重名。时大将军窦宪将兵屯武威，天下州郡远近莫不修礼遗，恂奉公不阿，为宪所奏免。

后复征拜谒者，使持节领西域副校尉。西域殷富，多珍宝，诸国侍子及督使贾胡①数遗恂奴婢、宛马、金银、香罽之属，一无所受。②北匈奴数断西域车师、伊吾，陇沙以西使命不得通，③恂设购赏，遂斩虏帅，县首军门。自是道路夷清，威恩并行。

①督使，主蕃国之使也。贾胡，胡之商贾也。

②袁山松书曰："西域出诸香、石蜜。"罽，织毛为布者。

③前书曰："车师前国王居交河城。"伊吾故城在今瓜州晋昌县北。广志曰："流沙在玉门关外，东西数百里，有三断名曰三陇也。"

迁武威太守。后坐事免，步归乡里，潜居山泽，结草为庐，独与诸生织席自给。会西羌反畔，恂到田舍，为所执获。羌素闻其名，放遣之。恂因诣洛阳谢。时岁荒，司空张敏、司徒鲁恭等各遣子馈粮，悉无所受。徙居新安关下，拾橡实以自资。①年九十六卒。

①橡，栎实也。武帝元鼎三年徙函谷关于新安也。

陈禅字纪山，巴郡安汉人也。仕郡功曹，举善黜恶，为邦内所畏。察孝廉，州辟治中从事。①[1]时刺史为人所上受纳臧赂，禅当传考，②无它所赍，但持丧敛之具而已。及至，笞掠无筭，五毒毕加，禅神意自若，辞对无变，事遂散释。车骑将军邓骘闻其名而辟焉，举茂才。时汉中蛮夷反畔，以禅为汉中太守。夷贼素闻其声，[2]即时降服。迁左冯翊，入拜谏议大夫。

①续汉志曰，每州有持中从事也。

②传谓逮捕而考之也。

永宁元年，西南夷掸国王①献乐及幻人，能吐火，自支解，易牛马头。明年元会，作之于庭，安帝与群臣共观，大奇之。禅独离席举手大言曰："昔齐鲁为夹谷之会，齐作侏儒之乐，仲尼诛之。②又曰：'放郑声，远佞人。'③帝王之庭，不宜设夷狄之技。"尚书陈忠劾奏禅曰："古者合欢之乐舞于堂，四夷之乐陈于门，故诗云'以雅以南，韎任朱离'。④[3]今掸国越流沙，踰县度，⑤万里贡献；非郑卫之声，佞人之比，而禅廷讪朝政，⑥请劾禅下狱。"有诏勿收，左转为玄菟候城障尉，⑦诏"敢不之官，上妻子从者名"。禅既行，朝廷多讼之。会北匈奴入辽东，追拜禅辽东太守。胡惮其威强，退还数百里。禅不加兵，但使吏卒往晓慰之，单于随使还郡。禅于学行礼，为说道义以感化之。单于怀服，遗以胡中珍货而去。

①掸音徒丹反。

②家语曰，鲁定公与齐侯会于夹谷，孔子摄相事。齐奏中宫之乐，倡优侏儒戏于前。孔子趋曰："匹夫而侮诸侯，罪应诛。"于是斩侏儒，手足异处。[4]

③论语孔子之言。

④诗小雅鼓锺之诗曰："以雅以南，以籥不僭。"薛君云："南夷之乐曰南。四夷之乐唯南可以和于雅者，以其人声音及籥不僭差也。"周礼，鞮鞻氏掌四夷之乐。郑玄注云："东方曰韎，南方曰任，西方曰朱离，北方曰禁。"毛诗无"韎任朱离"之文，[5]盖见齐、鲁之诗也，今亡。韎音昧。礼记曰，九夷、八蛮、六戎、五狄来朝，立于明堂四门之外也。

⑤前书西域传曰："县度者，山名也。[6]谿谷不通，以绳索相引而度，去阳关五千八百八十里。"[7]

⑥讪，谤也。

⑦候城，县，在辽东。

及邓骘诛废，禅以故吏免。复为车骑将军阎显长史。顺帝即位，迁司隶校尉。明年，卒于官。

子澄，有清名，官至汉中太守。

禅曾孙宝，亦刚壮有禅风，为州别驾从事，显名州里。

庞参字仲达，河南缑氏人也。初仕郡，未知名，河南尹庞奋见而奇之，举为孝廉，拜左校令。坐法输作若卢。①

①若卢，狱名。

永初元年，凉州先零种羌反畔，遣车骑将军邓骘讨之。参于徒中使其子俊上书曰："方今西州流民扰动，而征发不绝，水潦不休，地力不复。①重之以大军，疲之以远戍，农功消于转运，资财竭于征发。田畴不得垦辟，禾稼不得收入，搏手困穷，无望来秋。②百姓力屈，不复堪命。臣愚以为万里运粮，远就羌戎，不若总兵养众，以待其疲。车骑将军骘宜且振旅，留征西校尉任尚使督凉州士民，转居三辅。休徭役以助其时，止烦赋以益其财，令男得耕种，女得织纴，③然后畜精锐，乘懈沮，出其不意，攻其不备，则边人之仇报，奔北之耻雪矣。"书奏，会御史中丞樊準上疏荐参曰："臣闻鸷鸟累百，不如一鹗。④昔孝文皇帝悟冯唐之言，而赦魏尚之罪，使为边守，匈奴不敢南向。⑤夫以一臣之身，折方面之难者，选用得也。臣伏见故左校令河南庞参，勇谋不测，卓尔奇伟，高才武略，有魏尚之风。前坐微法，输作经时。今羌戎为患，大军西屯，臣以为如参之人，宜在行伍。惟明诏采前世之举，观魏尚之功，免赦参刑，以为军锋，必有成效，宣助国威。"邓太后纳其言，即擢参于徒中，召拜谒者，使西督三辅诸军屯，而征邓骘还。

①言其耗损，不复于旧。

②两手相搏，言无计也。

③纴音如深反。杜预注左传云："织纴，织缯布也。"

④前书邹阳谏吴王之辞也。鹗，大雕也。

⑤前书冯唐谓文帝曰："臣闻魏尚为云中守，匈奴远避，不近云中之塞。上功莫府，一言不相应，文吏以法绳之。愚以为陛下法太明而赏太轻。"文帝悦，是日令唐持节赦魏尚，复以为云中守也。

四年，羌寇转盛，兵费日广，且连年不登，穀石万馀。参奏记于邓骘曰："比年羌寇特困陇右，供徭赋役为损日滋，官负人责数十亿万。①今复募发百姓，调取穀帛，衒卖什物，以应吏求。外伤羌虏，内困征赋。②遂乃千里转粮，远给武都西郡。涂路倾阻，难劳百端，疾行则钞暴为害，迟进则穀食稍损，运粮散于旷野，牛马死于山泽。县官不足，辄贷于民。民已穷矣，将从谁求？名救金城，而实困三辅。三辅既困，还复为金城之祸矣。参前数言宜弃西域，乃为西州士大夫所笑。今苟贪不毛之地，营恤不使之民，③暴军伊吾之野，以虑三族之外，④果破凉州，祸乱至今。夫拓境不宁，无益于强；多田不耕，何救饥敝！故善为国者，务怀其内，不求外利；务富其民，不贪广土。三辅山原旷远，民庶稀疏，故县丘城，可居者多。⑤今宜徙边郡不能自存者，入居诸陵，田戍故县。孤城绝郡，以权徙之；转运远费，聚而近之；徭役烦数，休而息之。此善之善者也。"骘及公卿以国用不足，欲从参议，众多不同，乃止。

①责音侧懈反。

②为羌寇所伤也。

③恤，忧也。不使之人谓戎虏凶犷，不堪为用。

④言劳师救远，以为亲戚之忧虑。

⑤丘，空也。

拜参为汉阳太守。郡人任棠者，有奇节，隐居教授。参到，先候之。棠不与言，但以薤一大本，水一盂，置户屏前，自抱孙儿伏于户下。主簿白以为倨。参思其微意,良久曰:“棠是欲晓太守也。水者,欲吾清也。拔大本薤者,欲吾击强宗也。抱儿当户,欲吾开门恤孤也。”于是叹息而还。参在职,果能抑强助弱,以惠政得民。

元初元年,迁护羌校尉,畔羌怀其恩信。明年,烧当羌种号多等皆降,始复得还都令居,〔8〕通河西路。①时先零羌豪僭号北地,诏参将降羌及湟中义从胡七千人,②与行征西将军司马钧期会北地击之。参于道为羌所败。既已失期,乃称病引兵还,坐以诈疾征下狱。校书郎中马融上书请之曰:“伏见西戎反畔,寇钞五州,陛下愍百姓之伤痍,哀黎元之失业,单竭府库以奉军师。昔周宣猃狁侵镐及方,③孝文匈奴亦略上郡,而宣王立中兴之功,文帝建太宗之号。非惟两主有明睿之姿,抑亦扞城有虓虎之助,④是以南仲赫赫,列在周诗,亚夫赳赳,载于汉策。⑤窃见前护羌校尉庞参,文武昭备,智略弘远,既有义勇果毅之节,兼以博雅深谋之姿。又度辽将军梁慬,前统西域,勤苦数年,还留三辅,功效克立,閒在北边,单于降服。今皆幽囚,陷于法网。昔荀林父败绩于邲,晋侯使复其位;⑥孟明视丧师于崤,秦伯不替其官。⑦故晋景并赤狄之土,秦穆遂霸西戎。⑧宜远览二君,使参、慬得在宽宥之科,诚有益于折冲,毗佐于圣化。”书奏,赦参等。

①令居,县,属金城郡。令音零。

②湟,水名,今在鄯州。

③诗小雅六月之诗曰:“侵镐及方,至于泾阳。”郑玄注云:“镐、方皆北方地名。”

④诗曰:“公侯干城。”又曰:“阚如虓虎。”干,扞也。虓虎,怒貌也。

⑤诗曰:“赫赫南仲,薄伐西戎。”周亚夫为汉将。赳赳,武貌。

⑥左传曰，晋荀林父及楚师战于邲，晋师败绩。林父请死，晋侯欲许之。士贞子谏曰："不可。夫其败也，如日月之食，何损于明？"晋侯使复其位。

⑦左传曰，晋败秦师于崤，获百里孟明视，后赦而归之。秦伯曰："孤之罪也。"不替孟明。

⑧左传曰，晋荀林父败赤狄，遂灭之。晋侯赏林父狄臣千室，亦赏士贞子瓜衍之县，曰："吾获狄土，子之功也。"又曰："秦伯伐晋，遂霸西戎，用孟明也。"

后以参为辽东太守。永建元年，迁度辽将军。四年，入为大鸿胪。尚书仆射虞诩荐参有宰相器能，(顺帝时)以为太尉，[9]录尚书事。是时三公之中，参名忠直，数为左右所陷毁，以所举用忤帝旨，司隶承风案之。时当会茂才孝廉，参以被奏，称疾不得会。上计掾广汉段恭因会上疏曰："伏见道路行人，农夫织妇，皆曰'太尉庞参，竭忠尽节，徒以直道不能曲心，孤立群邪之閒，自处中伤之地'。臣犹冀在陛下之世，当蒙安全，而复以谗佞伤毁忠正，此天地之大禁，人主之至诫。昔白起赐死，诸侯酌酒相贺；季子来归，鲁人喜其纾难。①夫国以贤化，[10]君以忠安。今天下咸欣陛下有此忠贤，愿卒宠任，以安社稷。"书奏，诏即遣小黄门视参疾，太医致羊酒。

①纾，缓也。季子，鲁公子季友也。闵公之时，国家多难，以季子忠贤，故请齐侯复之。公羊传曰："季子来归。其言季子何？贤也。言其来归何？[11]喜之也。"

后参夫人疾前妻子，投于井而杀之。参素与洛阳令祝良不平，①良闻之，率吏卒入太尉府案实其事，乃上参罪，遂因灾异策免。有司以良不先闻奏，辄折辱宰相，坐系诏狱。良能得百姓心，洛阳吏人守阙请代其罪者，日有数千万人，诏乃原刑。

①谢承书曰"良字邵平，[12]长沙人。聪明博学有才干，以廉平见称"也。

阳嘉四年，复以参为太尉。永和元年，以久病罢，卒于家。

陈龟字叔珍，上党泫氏人也。①家世边将，便习弓马，雄于北州。

①泫氏故城，今泽州高平县也。泫音公玄反。

龟少有志气。永建中，举孝廉，五迁五原太守。永和五年，拜使匈奴中郎将。时南匈奴左部反乱，龟以单于不能制下，外顺内畔，促令自杀，坐征下狱免。后再迁，拜京兆尹。时三辅强豪之族，多侵枉小民。龟到，厉威严，悉平理其怨屈者，郡内大悦。

会羌胡寇边，杀长吏，驱略百姓。桓帝以龟世谙边俗，拜为度辽将军。龟临行，上疏曰："臣龟蒙恩累世，驰骋边垂，虽展鹰犬之用，顿踣胡虏之庭，魂骸不返，荐享狐狸，犹无以塞厚责，荅万分也。(至)臣〔至〕顽驽，[13]器无铅刀一割之用，过受国恩，荣秩兼优，生年死日，永惧不报。臣闻三辰不轨，擢士为相；蛮夷不恭，拔卒为将。臣无文武之才，而忝鹰扬之任，①上慙圣(朝)〔明〕，[14]下惧素餐，②虽殁躯体，无所云补。今西州边鄙，土地塉埆，③鞍马为居，射猎为业，男寡耕稼之利，女乏机杼之饶，守塞候望，悬命锋镝，闻急长驱，去不图反。自顷年以来，匈奴数攻营郡，④残杀长吏，侮略良细。战夫身膏沙漠，居人首系马鞍。或举国掩户，尽种灰灭，孤儿寡妇，号哭空城，野无青草，室如悬磬。⑤虽含生气，实同枯朽。往岁并州水雨，灾螟互生，稼穑荒耗，租更空阙。⑥老者虑不终年，少壮惧于困戹。陛下以百姓为子，品庶以陛下为父，焉可不日昃劳神，⑦垂抚循之恩哉！唐尧亲舍其子以禅虞舜者，是欲民遭圣君，不令遇恶主也。⑧故古公杖策，其民五倍；⑨文王西伯，天下归之。⑩岂复舆金辇宝，以为民惠乎！近孝文皇帝感一女子之言，除肉刑之法，⑪体德行仁，为汉贤主。陛下继中兴之统，承光武之业，临朝听政，而未留圣意。且牧守不良，或出中官，惧逆上旨，取过目前。呼嗟之声，招致灾害，胡虏凶悍，因衰缘隙。而令仓库单于豺狼之口，功业无铢两之效，皆由将帅不忠，聚奸所致。前凉州刺史祝良，初除到州，多所纠罚，太守令长，贬黜将半，政未逾时，功效卓然。实应赏异，以劝功能，改任牧守，去斥奸残。又宜更选匈奴乌桓护羌中郎将校尉，简练文武，授之法令，除并凉二州今年租更，宽赦罪隶，埽除更始。则善吏知奉公之祐，恶者觉营私之祸，胡马可不窥长城，塞下无候望之患矣。”帝觉悟，乃更选幽、并刺史，自营郡太守都尉以下，多所革易，下诏“为陈将军除并、凉一年租赋，以赐吏民”。龟既到职，州郡重足震栗，鲜卑不敢近塞，省息经用，岁以亿计。⑫

①诗曰“维师尚父，时惟鹰扬”也。

②素，空也。无功受禄为素餐。

③埆音觉，又音确，谓薄土也。

④谓郡有屯兵者，即护羌校尉屯金城，乌桓校尉屯上谷之类。

⑤左传曰：“室如悬磬，野无青草。”言其屋居如磬之悬，下无所有。

⑥更谓卒更钱也。

⑦书曰“文王至于日中昃，不遑暇食”也。

⑧史记曰“尧知子丹朱不肖，不足授天下，乃推授舜。〔授舜〕则天下得其利而丹朱病，[15]授丹朱则天下病而丹朱得其利。尧曰：‘终不以天下之病而利一人。’卒授舜以天下”也。

⑨帝王世纪曰"古公亶甫,是为太王,为百姓所附。狄人攻之,事之以皮币玉帛,不能免焉。王遂杖策而去,踰梁山,止于岐山之阳,邑于周地。豳人从者如归市,一年成邑,二年成都,三年五倍其初"也。

⑩帝王世纪曰西伯至仁,百姓襁负而至。

⑪女子即太仓令淳于公之女缇萦也。事见前书。

⑫经,常也。

大将军梁冀与龟素有隙,谮其沮毁国威,挑取功誉,①不为胡虏所畏。坐征还,遂乞骸骨归田里。复征为尚书。冀暴虐日甚,龟上疏言其罪状,请诛之。帝不省。自知必为冀所害,不食七日而死。西域胡夷,并、凉民庶,咸为举哀,吊祭其墓。

①挑取犹独取也。独取其名,如挑战之义。

桥玄字公祖,梁国睢阳人也。七世祖仁,从同郡戴德学,[16]著礼记章句四十九篇,号曰"桥君学"。成帝时为大鸿胪。[17]祖父基,广陵太守。父肃,东莱太守。

玄少为县功曹。时豫州刺史周景行部到梁国,玄谒景,因伏地言陈相羊昌[18]罪恶,乞为部陈从事,①穷案其奸。景壮玄意,署而遣之。玄到,悉收昌宾客,具考臧罪。昌素为大将军梁冀所厚,冀为驰檄救之。景承旨召玄,玄还檄不发,案之益急。昌坐槛车征,玄由是著名。

①部犹领也。

举孝廉,补洛阳左尉。①时梁不疑为河南尹,玄以公事当诣府受对,耻为所辱,弃官还乡里。后四迁为齐相,坐事为城旦。刑竟,征，再迁上谷太守，又为汉阳太守。时上邽令皇甫祯有臧罪，玄收考髡笞，死于冀市，②一境皆震。郡人上邽姜岐，守道隐居，名闻西州。玄召以为吏，称疾不就。玄怒，敕督邮尹益逼致之，曰："岐若不至，趣嫁其母。"③益固争不能得，遽晓譬岐。岐坚卧不起。郡内士大夫亦竞往谏，玄乃止。时颇以为讥。后谢病免，复公车征为司徒长史，拜将作大匠。

①左部尉也。

②冀，县名，属汉阳郡。

③趣音促。

桓帝末，鲜卑、南匈奴及高句骊嗣子伯固并畔，为寇钞，四府举玄为度辽将军，假黄钺。玄至镇，休兵养士，然后督诸将守讨击胡虏及伯固等，皆破散退走。在职三年，边境安静。

灵帝初，征入为河南尹，转少府、大鸿胪。建宁三年，迁司空，转司徒。素与南阳太守陈球有隙，及在公位，而荐球为廷尉。玄以国家方弱，自度力无所用，乃称疾上疏，引众灾以自劾。遂策罢。岁馀，拜尚书令。时太中大夫盖升与帝有旧恩，前为南阳太守，臧数亿以上。玄奏免升禁锢，没入财贿。帝不从，而迁升侍中。玄托病免，拜光禄大夫。光和元年，迁太尉。数月，复以疾罢，拜太中大夫，就医里舍。

玄少子十岁，独游门次，卒有三人持杖劫执之，入舍登楼，就玄求货，玄不与。有顷，司隶校尉阳球率河南尹、洛阳令围守玄家。球等恐并杀其子，未欲迫之。玄瞋目呼曰："奸人无状，玄岂以一子之命而纵国贼乎！"促令兵进。于是攻之，玄子亦死。玄乃诣阙谢罪，乞下天下："凡有劫质，皆并杀之，不得赎以财宝，开张奸路。"

诏书下其章。初自安帝以后，法禁稍弛，京师劫质，不避豪贵，自是遂绝。

玄以光和六年卒，时年七十五。[19]玄性刚急无大体，然谦俭下士，子弟亲宗无在大官者。及卒，家无居业，[20]丧无所殡，当时称之。

初，曹操微时，人莫知者。尝往候玄，玄见而异焉，谓曰："今天下将乱，安生民者其在君乎！"操常感其知己。及后经过玄墓，辄悽怆致祭。自为其文曰："故太尉桥公，懿德高轨，[21]泛爱博容。国念明训，士思令谟。幽灵潜翳，懇哉缅矣！[22]操以幼年，逮升堂室，特以顽质，见纳君子。[23]增荣益观，皆由奖助，[24]犹仲尼称不如颜渊，①李生厚叹贾复。②士死知己，怀此无忘。又承从容约誓之言：'徂没之后，[25]路有经由，不以斗酒只鸡过相沃酹，车过三步，腹痛勿怨。'[26]虽临时戏笑之言，非至亲之笃好，胡肯为此辞哉？怀旧惟顾，念之悽怆。③奉命东征，屯次乡里，北望贵土，乃心陵墓。裁致薄奠，公其享之！"④[27]

①论语孔子谓子贡曰："汝与回也孰愈？"子贡曰："赐也何敢望回。"子曰："吾与汝俱不如也。"

②復少好学，师事舞阴李生。李生奇之，曰："贾君国器也。"

③惟，思也。

④魏志曰"建安七年，曹公军谯，遂至浚仪，遣使以太牢祀桥玄，进军官度"也。

玄子羽，官至任城相。

论曰：任棠、姜岐，世著其清。结瓮牖而辞三命，①殆汉阳之幽人乎？②庞参躬求贤之礼，故民悦其政；桥玄厉邦君之威，而众失其情。夫岂力不足欤？将有道在焉。③如令其道可忘，则强梁胜矣。语曰："三军可夺帅，匹夫不可夺志。"④子贡曰："宁丧千金，不失士心。"昔段干木踰墙而避文侯之命，⑤泄柳闭门不纳穆公之请。⑥贵必有所屈，贱亦有所申矣。

①结犹构也。庄子曰："原宪处鲁，居环堵之室，桑枢而瓮牖。"周礼："一命受职，再命受服，三命受位。"谓任、姜辞太守之辟也。

②易曰："履道坦坦，幽人贞吉。"

③桥玄之舍姜岐，以道不可违，故不得以威力逼也。

④郑玄注论语云："匹夫之守志，重于三军之死将者也。"

⑤高士传曰，段干木者，晋人也。守道不仕。魏文侯造其门，段干木踰墙而避之。

⑥泄柳，鲁之贤人也。鲁穆公时，请见之，泄柳闭门而不纳。事见孟子。

赞曰：李叟勤身，甘饥辞馈。禅为君隐，之死靡贰。龟习边功，参起徒中。桥公识运，先觉时雄。

【校勘记】

〔1〕州辟治中从事　按：集解引钱大昕说，谓章怀避唐讳，凡"治"字或改为"理"，或改为"化"，或改为"持"，此"治中"字亦必改易，宋人校书者又回改耳。

〔2〕夷贼素闻其声　按：汲本、殿本"声"上有"名"字。

〔3〕鞅任朱离　按：集解引钱大昕说，谓此句上下当有脱文，未必诗有此语。

〔4〕手足异处　刊误谓"手"当作"首"。今按：史记孔子世家亦作"手足异处"，惟穀梁传作"首足异门而出"，刘氏殆据穀梁传言也。

〔5〕毛诗无鞅任朱离之文　按：集解引黄山说，谓贤注引薛君韩诗说，

不及"鞂任朱离",是韩诗亦无此句,不独毛诗也。今曰毛诗无,"毛"字当为后人妄改。注不及毛传,必不舍韩而计毛也。

〔6〕县度者山名也　按:前书西域传"山名也"作"石山也",此讹。章帝纪注引作"石山也",不讹。

〔7〕去阳关五千八百八十里　按:前书"八十里"作"八十八里"。

〔8〕始复得还都令居　按:集解引黄山说,谓通鉴"都"作"治",此避唐讳改。

〔9〕(顺帝时)以为太尉　沈钦韩谓上有永建元年事,此"顺帝时"三字衍文。今据删。

〔10〕夫国以贤化　集解引惠栋说,谓"化"当作"治"。按:此亦章怀避讳改。

〔11〕言其来归何　刊误谓"言其"当作"其言"。按:今本公羊传作"其言"。

〔12〕良字邵平　按:集解引惠栋说,谓长沙耆旧传作"字邵卿",水经注亦作"邵卿",章怀注误。

〔13〕(至)臣〔至〕顽驽　据刊误改。

〔14〕上憋圣(朝)〔明〕　据汲本、殿本改。

〔15〕乃推授舜〔授舜〕则天下得其利而丹朱病　刊误谓案史记本文,更有"授舜"二字。今据补。

〔16〕七世祖仁从同郡戴德学　按:"戴德"当作"戴圣"。集解引朱彝尊说,谓案前书儒林传,仁传小戴之学,此云"戴德",恐误。

〔17〕成帝时为大鸿胪　按:集解引洪亮吉说,谓案前书百官表,平帝元始元年始云大鸿胪桥仁,今言"成帝时",误。

〔18〕陈相羊昌　按:集解引何焯说,谓"羊"旧抄广川书跋作"芊"。

〔19〕玄以光和六年卒时年七十五　集解引惠栋说,谓桥公庙碑"七年五月甲寅,以太中大夫薨于京师"。案桥公二碑皆云光和七年,疑传误也。又引侯康说,谓玄卒时年七十五,而蔡伯喈西鼎铭载玄于光

和元年有“犬马齿七十”之语，则实卒于六年，传不误。今按：光和七年十二月己巳改元中平，如依桥公庙碑，则当书“中平元年”。

〔20〕家无居业　按：集解引惠栋说，谓张璠汉记“居业”作“馀业”。

〔21〕懿德高轨　按：三国魏志注作“诞敷明德”。

〔22〕幽灵潜翳翘哉缅矣　按：魏志注作“灵幽体翳，邈哉晞矣”。

〔23〕特以顽质见纳君子　按：魏志注作“特以顽鄙之姿，为大君子所纳”。

〔24〕皆由奖助　按：魏志注同，汲本、殿本“助”作“勋”。

〔25〕徂没之后　按：魏志注“没”作“逝”。

〔26〕腹痛勿怨　按：魏志注“怨”作“怪”。

〔27〕公其享之　按：魏志注“享之”作“尚飨”。

后汉书卷五十二

崔骃列传第四十二　子瑗　孙愭

崔骃字亭伯，涿郡安平人也。高祖父朝，昭帝时为幽州从事，谏刺史无与燕刺王通。[1]及刺王败，擢为侍御史。①生子舒，历四郡太守，所在有能名。

①燕刺王旦，武帝子，坐与上官桀等谋乱，自杀。刺，力割反。

舒小子篆，王莽时为郡文学，以明经征诣公车。太保甄丰[2]举为步兵校尉，篆辞曰："吾闻伐国不问仁人，①战陈不访儒士。②此举奚为至哉？"遂投劾归。③

①前书董仲舒曰："昔(在)〔者〕鲁君问柳下惠曰[3]：'吾欲伐齐，如何？'柳下惠曰：'不可。'归而有忧色，曰：'吾闻伐国不问仁人，此言何为至于我哉？'"

②论语曰："卫灵公问陈于孔子。孔子对曰：'俎豆之事则尝闻之，军旅之事未之学也。'"

③投辞自劾有过，不合应举。

莽嫌诸不附己者，多以法中伤之。时纂兄发以佞巧幸于莽，位至大司空。母师氏能通经学、百家之言，莽宠以殊礼，赐号义成夫人，金印紫绶，文轩丹毂，显于新世。

后以纂为建新大尹，①纂不得已，乃叹曰："吾生无妄之世，值浇、羿之君，②上有老母，下有兄弟，安得独洁己而危所生哉？"乃遂单车到官，称疾不视事，三年不行县。③门下掾倪敞谏，纂乃强起班春。④所至之县，狱犴填满。⑤纂垂涕曰："嗟乎！刑罚不中，乃陷人于穽。此皆何罪，而至于是！"遂平理，所出二千馀人。掾吏叩头谏曰[4]："朝廷初政，州牧峻刻。⑥宥过申枉，诚仁者之心；然独为君子，将有悔乎！"纂曰："邾文公不以一人易其身，君子谓之知命。⑦如杀一大尹赎二千人，盖所愿也。"遂称疾去。

①莽改千乘郡曰建新，守曰大尹。

②易曰："无妄之行，穷之灾也。"左传曰："昔有夏之方衰也，后羿自鉏迁于穷石，因夏人以代夏政，而淫于原兽。用寒浞，伯明氏之谗子弟也。而虞羿于田，以取其国家。浞因羿室，生浇及豷，恃其谗慝诈伪，而不德于人。"浇音五吊反。豷音许既反。

③续汉志曰："郡国常以春行(至)〔主〕县，[5]劝人农桑，振救乏绝。"

④班布春令。

⑤犴音岸。前书音义曰："乡亭之狱曰犴。"

⑥初政谓莽即位。

⑦左传曰"邾文公卜迁于绎。史曰：'利于人，不利于君。'邾子曰：'苟利于人，孤之利也。人既利矣，孤必与焉。'遂迁于绎。五月，邾文公卒。君子曰知命"也。

建武初，朝廷多荐言之者，幽州刺史又举纂贤良。纂自以宗门受莽伪宠，慚愧汉朝，遂辞归不仕。客居荥阳，闭门潜思，著周易林六十四篇，用决吉凶，多所占验。临终作赋以自悼，名曰慰志。其辞曰：

嘉昔人之遘辰兮，①美伊、傅之遌时。②应规矩之淑质兮，过班、倕而裁之。③协准矱之贞度兮，同断金之玄策。④何天衢于盛世兮，超千载而垂绩。⑤岂脩德之极致兮，将天祚之攸適？

①遘，遇也。辰，时也。

②伊尹干汤，傅说遇高宗。尔雅曰："遌，遇也。"音五故反。

③公输班，鲁人也。倕，舜时为共工之官。皆巧人也。以喻汤及高宗也。

④准，绳也。矱，尺也。贞，正也。易曰："二人同心，其利断金。"玄策犹妙策也。

⑤易大畜卦，乾下艮上，其上九曰："何天之衢，亨。"郑玄云："艮为手，手上肩也。乾为首。首肩之閒荷物处。乾为天，艮为径路，天衢象也。"

愍余生之不造兮，①丁汉氏之中微。②氛霓郁以横厉兮，羲和忽以潜晖。③六柄制于家门兮，王纲漼以陵迟。④黎、共奋以跋扈兮，羿、浞狂以恣睢。⑤睹嫚臧而乘衅兮，窃神器之万机。⑥思辅弼以媮存兮，亦号咷以詶咨。⑦嗟三事之我负兮，乃迫余以天威。⑧岂无熊僚之微介兮？悼我生之歼夷。⑨庶明哲之末风兮，惧大雅之所讥。⑩遂翕翼以委命兮，受符守乎艮维。⑪恨遭闭而不隐兮，违石门之高踪。⑫扬蛾眉于复关兮，犯孔戒之冶容。⑬懿氓蚩之悟悔兮，慕白驹之所从。⑭乃称疾而屡复兮，历三祀而见许。⑮悠轻举以远遁兮，托峻峗以幽处。⑯竫潜思于至赜兮，骋六经之奥府。⑰皇再命而绍恤兮，乃云眷乎建武。⑱运欃枪以电埽兮，清六合之土宇。⑲圣德滂以横被兮，黎庶恺以鼓舞。辟四门以博延兮，彼幽牧之我举。⑳分画定而计决兮，岂云贲乎鄙耉，㉑遂悬车以縶马兮，绝时俗之进取。叹暮春之成服兮，阖衡门以埽轨。㉒〔6〕聊优游以永日兮，守性命以尽齿。㉓贵启体之归全兮，庶不忝乎先子。㉔

①造，成也。

②丁，当也。

③氛，祲也。霓，日傍之气。横厉谓气盛而陵于天也。羲和，日也。气盛而日光微，谕王莽篡汉。

④国语管仲对齐桓公曰："昔者圣人之理天下也，而慎用其六柄焉。"韦昭注云："六柄，生、杀、贫、贱、富、贵也。"漼犹摧落也，音千隗反。

⑤国语曰："昔少皞之衰，九黎乱德，人神杂揉，不可方物。"淮南子曰："昔者共工与颛顼争为帝，怒而触不周之山，天柱折，地维绝。"踧鼀，强梁也。恣睢，自用之貌也。恣音訾。睢音许维反。羿、浞已见上。

⑥易曰："嫚藏诲盗。"衅，隙也。神器，帝王之位。老子曰："天下神器，不可为也。"书云："兢兢业业，一日二日万机。"

⑦辅弼谓王莽辅政也。偷，苟且也。〔7〕号咷，哀呼也。前书王莽策孺子婴为定安公，莽亲执孺子手，流涕歔欷也。

⑧三事谓三公也。负谓太保甄丰举也。

⑨左传曰："楚白公胜为乱。石乞曰：'市南有熊相宜僚者，若得之，可以当五百人矣。'从白公而见之。与之言，说；告之故，辞；承之以剑，不动。胜曰：'不为利(谄)〔谄〕，〔8〕不为威惕，不泄人言以求媚者。'去之。"介，耿介也。我生谓母也。歼，灭也。夷，伤也。言其母老，恐祸及也。

⑩诗大雅曰："既明且哲，以保其身。"

⑪艮，东北之位。谓篆为千乘太守也。

⑫易曰:“天地闭而贤人隐。”论语曰:“子路宿于石门。晨门曰:‘奚自?’子路曰:‘自孔氏。’曰:‘是知其不可而为之者欤?’”

⑬楚词曰:“众女皆妒余之蛾眉。”诗国风序曰:“氓,刺时也。淫风大行,男女无别,故序其事以风焉。”其诗曰:“乘彼垝垣,以望复关。”毛苌注云:“垝,毁也。复关,君子所近之处也。”易系辞曰:“冶容诲淫。”郑玄云:“谓饰其容而见于外曰冶。”

⑭诗曰“氓之蚩蚩,抱布贸丝。匪来贸丝,来即我谋”。注云:“氓,人也。蚩蚩,殷厚之貌。布,币也。即,就也。言此之人,非买丝来,就我为室家也。”又曰:“及尔偕老,老使我怨。”注云:“我欲与汝俱至老,汝反薄我使怨也。”又曰:“皎皎白驹。”谕贤人也。

⑮复犹白也。

⑯峻峗谓山也。峗音鱼委反。

⑰赜,深也。

⑱皇,天也。绍,继也。恤,忧也。言天忧恤眷顾汉家,所以再命光武也。

⑲欃枪,彗也。

⑳开辟四方之门,广求贤也。幽牧谓为幽州刺史所举也。

㉑贲,饰也。易曰“东帛戋戋,贲于丘园”也。

㉒论语曾点曰:“暮春〔者〕,春服既成。”[9]衡,横也,谓横木为门。轨,跡也。

㉓齿,年也。

㉔论语曰:“曾子有疾,召门弟子曰:‘启余足。’”[10]注云:“父母全己生之,[11]亦当全而归之。”忝,辱也。先子谓先人也。孟子曾西曰:“吾先子之所畏。”

篆生毅,以疾隐身不仕。

毅生骃,年十三能通诗、易、春秋,博学有伟才,尽通古今训诂百家之言,善属文。少游太学,与班固、傅毅同时齐名。常以典籍为业,未遑仕进之事。时人或讥其太玄静,将以后名失实。骃拟杨雄解嘲,作达旨以荅焉。①其辞曰:

①华峤书曰:"骃讥杨雄,以为范、蔡、邹衍之徒,乘衅相倾,诳曜诸侯者也,而云'彼我异时'。又曰,窃赀卓氏,割炙细君,斯盖士之赘行,而云'不能与此数公者同'。以为失类而改之也。"

或说己曰:"易称'备物致用','可观而有所合',故能扶阳以出,顺阴而入。①春发其华,秋收其实,有始有极,爰登其质。今子韫椟六经,服膺道术,②历世而游,高谈有日,俯钩深于重渊,仰探远乎九乾,③穷至赜于幽微,测潜隐之无源。然下不步卿相之廷,上不登王公之门,进不党以赞己,退不黩于庸人。④独师友道德,合符曩真,抱景特立,与士不群。盖高树靡阴,独木不林,随时之宜,道贵从凡。⑤于时太上运天德以君世,宪王僚而布官;⑥临雍泮以恢儒,疏轩冕以崇贤;⑦率惇德以厉忠孝,扬茂化以砥仁义;⑧选利器于良材,求镆铘于明智。⑨不以此时攀台阶,阚紫闼,⑩据高轩,望朱阙,夫欲千里而咫尺未发,⑪蒙窃惑焉。故英人乘斯时也,⑫犹逸禽之赴深林,虻蚋之趣大沛。⑬胡为嘿嘿而久沈滞也?"

①"备物致用",易系辞之文也。"可观而有所合",序卦之文也。郑玄注易乾凿度曰:"阳起于子,阴起于午,天数大分。以阳出离,以阴入坎,坎为中男,离为中女。太一之行,出从中男,入从中女。因阴阳男女之偶为终始也。"

②韫,匣也。椟,匮也。论语曰:"有美玉,韫椟而藏诸。"

③易曰:"探赜索隐,钩深致远。"九乾谓天有九重也。离骚天问曰:"圆则九重,孰营度之?"

④赞犹称也。

⑤华峤书作"高树不庇"。易曰:"随时之义大矣哉!"老子曰:"和其光而同其尘。"故言道贵从凡。

⑥太上,明帝也。传曰:"太上立德。"天德,含弘光大也。易曰:"乃位乎天德。"尚书曰:"唐虞稽古,建官惟百,夏商官倍,亦克用乂。"宪,法也。僚,官也。言法三王而建官也。

⑦天子辟雍,诸侯頖宫。璧雍者,环之以水,圆而如璧也。頖,半也。诸侯半天子之宫,皆所以立学垂教也。

⑧砥,砺也。

⑨吴越春秋曰:"干将,吴人也,造二剑,一曰干将,二曰莫邪。莫邪者,干将之妻名也。干将作剑,采五山之精,合六金之英,百神临观,遂以成剑。"说苑曰:"所以尚干将、莫邪者,贵其立断。所以尚骐骥者,[12]贵其立至。必且历日旷久,丝氂犹能挈石,驽马亦能致远。是以聪明敏捷,人之美材也。"

⑩三台谓之三阶,三公之象也。

⑪八寸为咫。

⑫文子曰:"智过万人谓之英,千人谓之俊。"

⑬蚋,小虫,蚊之类。蚋音芮。说文曰:"秦谓之蚋,楚谓之蚊。"孟子曰:"汙池沛泽。"刘熙曰:"沛,水草相半。"

荅曰:"有是言乎?子苟欲勉我以世路,不知其跌而失吾之度也。古者阴阳始分,天地初制,①皇纲云绪,帝纪乃设,传序历数,三代兴灭。昔大庭尚矣,赫胥罔识。②淳朴散离,人物错乖。高辛攸降,厥趣各违。③道无常稽,与时张弛。④失仁为非,得义为是。⑤君子通变,各审所履。故士或掩目而渊潜,⑥或盥耳而山栖;⑦或草耕而仅饱,⑧或木茹而长饥;⑨或重聘而不来,⑩或屡黜而不去;⑪或冒訽以干进,或望色而斯举;⑫或以役夫发梦于王公,⑬或以渔父见兆于元龟。⑭若夫纷纗塞路,[13]凶虐播流,⑮人有昏垫之戹,主有畴咨之忧,⑯条垂藟蔓,上下相求。⑰于是乎贤人授手,援世之灾,⑱跋涉赴俗,急斯时也。⑲昔尧含戚而皋陶谟,高祖叹而子房虑;⑳祸不散而曹、绛奋,㉑结不解而陈平权。㉒及其策合道从,克乱弭冲,乃将镂玄珪,册显功,㉓铭昆吾之冶,㉔勒景、襄之锺。㉕与其有事,[14]则褰裳濡足,冠挂不顾。㉖人溺不拯,则非仁也。当其无事,则躐缨整襟,规矩其步。㉗德让不修,则非忠也。是以险则救俗,平则守礼,举以公心,不私其体。

①制,协韵音之设反。

②大庭、赫胥并古帝王号也。尚,远也。罔,无也。识,记也。

③高辛氏,帝喾也。

④随时弛张,不考之于常道也。

⑤老子曰:“失道后德,失德后仁,失仁后义,失义后礼。”

⑥庄子曰“北人无泽与舜为友,舜以天下让之,无泽乃自投清泠之渊,终身不反”也。

⑦盥,洗也。许由字武仲,隐于沛泽之中。尧闻之,乃致天下而让焉。由以为污,乃临池洗耳。其友巢父饮犊,闻由为尧所让,曰:“何以污吾犊口!”牵于上流而饮之。见庄子及高士传。

⑧伯成子高,唐虞时为诸侯。至禹,去而耕。禹往见之,则耕在野。见吕氏春秋。

⑨说苑曰:“鲍焦衣木皮,食木实。”韩诗外传曰“焦弃其蔬,而立槁死于洛滨”也。

⑩狂接舆者,楚人也。耕而食。楚王闻其贤,使使者持金百溢、车二驷聘之,曰:“愿烦先生理江南。”接舆笑而不应。使者去而远徙,莫知所之。见庄子。

⑪论语曰“柳下惠为士师，三黜。人曰：‘可以去矣。’曰：‘直道而事人，何往而不三黜’”也。

⑫詬，辱也，音火豆反。新序曰：“伊尹蒙耻辱，负鼎俎以干汤。”论语曰：“色斯举矣，翔而后集。”举，协韵音据。

⑬高宗梦得说，乃使百工营求诸野，得诸傅岩。孔安国曰：“傅氏之岩，在虞、虢之界，通道所经，有涧水坏道，常使胥靡刑人筑护此道。说贤而隐，代胥靡筑之以供食。”事见尚书。王公，总而言也。尔雅：“皇、王、后、辟、公、侯，君也。”

⑭战国策曰：“吕尚之遇文王也，身为渔父。”史记曰：“太公以钓干周西伯。西伯将出猎，卜之，曰：‘所获非龙非螭，非熊非罴，所获霸王之辅。’于是西伯猎，果遇太公渭水之阳，与语大说。”元，大也。

⑮方言云：“貜，盛多也。”音奴董反。

⑯尚书曰：“下人昏垫。”孔安国曰：“昏瞀垫溺，皆困水灾也。”又曰：“帝曰：咨洪水滔天，浩浩怀山襄陵，有能俾乂。”

⑰藟，藤也。音垒。诗曰：“南有樛木，葛藟累之。”

⑱孟子曰“天下溺则援之以道，嫂溺则援之以手”也。

⑲草行为跋。

⑳谟，谋也。尧遭洪水，咨嗟忧愁，访下人有能理者，皋陶、大禹陈其谋。见尚书。史记曰，高祖为项羽所败，下马踞鞍而问子房曰：“吾欲捐关以东，谁可与共功者？”子房曰：“九江王布、彭越、韩信。即欲捐之此三人，楚可破(之)〔也〕。”[15]

㉑曹参及绛侯周勃，皆从高祖征伐，以定天下也。

㉒高祖击匈奴，至白登，被围七日，用陈平计得出。

㉓珪，玉也。诗含神雾曰：“刻之玉版，臧之金匮。”

㉔墨子曰：“昔夏后开(治)使飞廉析金于山，[16]以铸鼎于昆吾。”蔡邕铭论曰“吕尚作周太师，其功铭于昆吾之鼎”也。

㉕国语曰：“晋魏颗以其身退秦师于辅氏，其勋铭于景锺。”此兼言襄也。

㉖褰裳，涉水也。新序曰：“今为濡足之故，不救人溺，可乎？”淮南子曰“禹之趋时，冠挂而不顾，履遗而不取”也。

㉗躐音吕涉反。躐，践也。此字宜从“手”。广雅云：“擸，持也。”言持缨整襟，修其容止。史记曰：“摄缨整襟。”华峤书“躐”作“摄”也。

“今圣上之育斯人也，朴以皇质，雕以唐文。①六合怡怡，比屋为仁。壹天下之众异，齐品类之万殊。参差同量，坏冶一陶。②群生得理，庶绩其凝。③家家有以乐和，人人有以自优。威械臧而俎豆布，六典陈而九刑厝。④济兹兆庶，出于平易之路。虽有力牧之略，尚父之厉，⑤伊、皋不论，奚事范、蔡？⑥夫广厦成而茂木畅，远求存而良马絷，⑦阴事终而水宿臧，⑧场功毕而大火入。⑨方斯之际，处士山积，学者川流，衣裳被宇，冠盖云浮。譬犹衡阳之林，岱阴之麓，⑩伐寻抱不为之稀，蓺拱把不为之数。⑪悠悠罔极，亦各有得。⑫彼采其华，我收其实。舍之则臧，己所学也。⑬故进动以道，则不辞执珪而秉柱国；⑭复静以理，则甘糟糠而安藜藿。

①孔子曰：“大哉尧之为君也，焕乎其有文章。”故言唐文。

②坏，土器之未烧者。郭璞注尔雅曰：“坏胎，物之始也。”坏音普才反。

③凝，成也。

④械谓器械甲兵之属也。厝谓置之不用也。周礼：“太宰之职，掌建邦之六典，以佐王理邦国：一曰理典，二曰教典，三曰礼典，四曰政典，五曰刑典，六曰事典。”左传曰：“周有乱政而作九刑。”杜预注云：“周之衰，为刑书，谓之九刑。”

⑤力牧，黄帝臣也。史记，尚父吕望相武王以伐纣。厉谓威容严厉。

⑥伊尹、皋繇、范睢、蔡泽。

⑦广厦既成，不求材，故林木条畅也。远求谓远方珍异之物也。存犹止

息也。言所求之物既止，不资良马之力也。

⑧立冬之后，盛德在水，阴气用事，故曰阴事。水宿谓北方七宿，斗、牛、女、虚、危、室、壁也。月令曰，孟冬之月昏危中，仲冬昏东壁中，季冬昏娄中，孟春昏参中，水星伏藏不见也。

⑨尔雅曰："心为大火。"诗豳风曰："七月流火。"又曰"九月筑场圃"也。

⑩山南曰阳，山北曰阴。穀梁传曰："林属于山曰麓。"

⑪八尺曰寻。蓺，殖也。两手曰拱。数犹概也。数音疏角反。

⑫悠悠，众多也。罔极犹无穷也。亦各有得，言皆自以为得也。

⑬彼，彼众人也。论语曰："用之则行，舍之则藏。"

⑭吕氏春秋曰："得伍员者位执珪。"前书音义曰："古爵名也。"又曰："柱国，楚官，犹秦之相国也。"

"夫君子非不欲仕也，耻夸毗以求举；①非不欲室也，恶登墙而搂处。②叫呼衒鬻，县旌自表，非随和之宝也。暴智燿世，因以干禄，非仲尼之道也。③游不伦党，苟以徇己，④汗血竞时，利合而友。⑤子笑我之沈滞，吾亦病子屑屑而不已也。⑥先人有则而我弗亏，行有枉径而我弗随。⑦臧否在予，唯世所议。固将因天质之自然，诵上哲之高训；詠太平之清风，行天下之至顺。惧吾躬之秽德，勤百亩之不耘。⑧絷余马以安行，俟性命之所存。⑨昔孔子起威于夹谷，⑩晏婴发勇于崔杼；⑪曹刿举节于柯盟，⑫卞严克捷于强御；⑬范蠡错埶于会稽，⑭五员树功于柏举；⑮[17]鲁连辩言以退燕，⑯包胥单辞而存楚；⑰唐且华颠以悟秦，⑱甘罗童牙而报赵；⑲原衰见廉于壶飧，⑳[18]宣孟收德于束脯；㉑吴札结信于丘木，㉒展季效贞于门女；㉓颜回明仁于度毂，程婴显义于赵武。㉔仆诚不能编德于数者，窃慕古人之所序。"

①夸毗谓佞人足恭，善为进退。

②孟子曰："踰东家墙搂其处子则得妻，不搂则不得，将搂之乎？"赵岐注云："搂，牵也。"其字从"手"。"处子，处女也。"

③华峤书(曰)"因"字作"回"。[19]回，邪也。

④伦谓等伦，党谓朋党。徇，营也。言交非其类，苟以营己而已。

⑤汗血谓劳力也。竞时谓趋时也。利合而友，[20]不以道义。

⑥屑屑犹区区也。

⑦枉，曲也。径，道也。

⑧尚书曰："秽德彰闻。"礼记曰："夫人情者，圣王之田也。修礼以耕之，陈义以种之，讲学以耨之。"古者夫田百亩。耘，除草也。

⑨安行，不奔驰也。天命之谓性。言隐居以体命。

⑩解见陈禅传。

⑪解见冯衍传。

⑫曹刿，曹沫也。史记曰，曹沫以勇事鲁庄公，为鲁将，与齐战，三败，庄公惧，乃献遂邑地以和，犹以为将。齐桓公与庄公会于柯而盟。桓公与庄公既盟于坛上，曹沫执匕首劫齐桓公，左右莫敢动，乃还鲁之侵地。

⑬新序曰"卞庄子养母，战而三北，交游非之，国君辱之。及母死三年，齐与鲁战，庄子请从，遂赴敌而斗，三获甲首。曰：'夫三北，以养母也。今志节小具，而责塞矣。吾闻之，节士不以辱生。'遂反敌，杀十人而死。君子曰：三北已塞，灭世断宗，于孝未终"也。

⑭错，置也，音七故反。埶谓谋略也。史记曰，吴王败越于夫椒，越王乃以馀兵五千人保于会稽。吴师追而围之。越王谓范蠡曰："奈何？"范蠡对曰："卑辞厚礼以遗之。"句践乃命大夫种行成于吴。膝行顿首曰："句践请为臣，妻为妾。"吴王乃赦越王。越王反国，拊循其士。范蠡曰："可矣。"乃伐吴。吴师败，越复栖吴王姑苏之山也。

⑮伍子胥名员，楚人也。子胥父诛于楚，子胥挟弓矢而干吴王阖闾，阖闾甚勇之，为兴师伐楚，战于柏举，楚师败绩。事见穀梁传。

⑯史记曰，鲁仲连，齐人也。燕将攻下齐聊城，固保守之，田单攻之不下。鲁仲连乃为书遗燕将。燕将见书，泣三日，乃自杀。遂平聊城。

⑰左传曰，楚昭王为吴所败，奔随，〔21〕申包胥如秦乞师，曰："吴为封豕长蛇，以荐食上国，寡君越在草莽，使下臣告急。"立依于庭墙而哭，日夜不绝声，勺饮不入口，七日，秦师乃出，军败吴而复楚国。〔22〕

⑱唐且即唐雎也。〔23〕战国策曰："齐、楚伐魏，魏使人请救〔于秦〕，〔24〕不至。魏人有唐雎者，年九十馀矣，西见秦王。秦王曰：'丈人忙然乃远至(魏)此，〔魏〕来者数矣，〔25〕寡人知魏之急矣。'唐且曰：'夫魏，万乘之国也。称东藩者，以秦之强也。今齐、楚之兵已在魏郊矣，大王之救不至，魏急，且割地而约从。是王亡一万乘之魏，而强二敌之齐、楚。'秦王悟，遽发兵救魏。"尔雅曰："颠，顶也。"华颠谓白首也。

⑲甘罗，下蔡人，甘茂孙也。年十二，事秦相吕不韦。秦使张唐往相燕。罗曰："借臣车五乘，请为张唐先报赵。"不韦乃言之于始皇，召见，使甘罗于赵，赵襄王郊迎。事见史记。童牙谓幼小也。

⑳昔赵衰为原大夫，〔26〕故曰原衰。左传曰，晋侯问原守于寺人勃鞮，对曰："昔赵衰以壶飧从径，馁而不食，故使处原。"见音胡殿反。

㉑吕览曰，昔赵宣孟将之绛，见桑下有饿人，宣孟止车下食而铺之，再咽而能视。宣孟问之曰："汝何为而饿若是？"对曰："臣宦于绛，归而粮绝，羞行乞，故至于此。"宣子与脯三朐，拜受而弗敢食。问其故。曰："臣有老母，将以遗之。"宣孟曰："食之，吾更与汝。"乃复与脯二束。

㉒史记曰："吴公子季札使过徐，徐君好季札剑，口不敢言。季札知之，为使上国，未献。洎还至徐，徐君已死，于是乃解其宝剑，系之徐君冢树而去。"

㉓展季，柳下惠也。韩诗外传曰："鲁有男子独处，夜暴风雨至，妇人趋而托之。男子闭户不纳，曰：'吾闻男子不六十不閒居。'妇人曰：'子

何不学柳下惠然？妪不逮门之女，国人不称其乱焉。'"

㉔程婴解见冯衍传。度毂，未详。

元和中，肃宗始修古礼，巡狩方岳。骃上四巡颂以称汉德，辞甚典美，文多故不载。①帝雅好文章，自见骃颂后，(帝)〔常〕嗟叹之，[27]谓侍中窦宪曰："卿宁知崔骃乎？"对曰："班固数为臣说之，然未见也。"帝曰："公爱班固而忽崔骃，此叶公之好龙也。试请见之。"②骃由此候宪。宪屣履迎门，③笑谓骃曰："亭伯，吾受诏交公，公何得薄哉？"遂揖入为上客。居无几何，帝幸宪第，时骃适在宪所，帝闻而欲召见之。宪谏，以为不宜与白衣会。帝悟曰："吾能令骃朝夕在傍，何必于此！"适欲官之，会帝崩。

①案：骃集有东、西、南、北四巡颂，流俗本"四"多作"西"者，误。

②刘向新序曰："子张见鲁哀公，七日，哀公不礼焉而去，曰：'君之好士，有似叶公子高好龙。天龙闻而降之，窥头于牖，拖尾于堂，叶公见之，失其魂魄，五色无主。是叶公非好龙也，好夫似龙而非龙者。'"

③屣履谓纳履曳之而行，言匆遽也。屣音山尔反。

窦太后临朝，宪以重戚出内诏命。骃献书诫之曰：

骃闻交浅而言深者，愚也；在贱而望贵者，惑也；未信而纳忠者，谤也。三者皆所不宜，而或蹈之者，思效其区区，愤盈而不能已也。窃见足下体淳淑之姿，躬高明之量，意美志厉，有上贤之风。骃幸得充下馆，序后陈，①是以竭其拳拳，敢进一言。

①陈，列也。

传曰："生而富者骄，生而贵者傲。"生富贵而能不骄傲者，未之有也。今宠禄初隆，百僚观行，当尧舜之盛世，处光华之显时，①岂可不庶几夙夜，以永众誉，弘申伯之美，致周邵之事乎？②语曰："不患无位，患所以立。"③昔冯野王以外戚居位，称为贤臣；④近阴卫尉克己复礼，终受多福。⑤郯氏之宗，非不尊也；⑥阳(侯)〔平〕之族，[28]非不盛也。重侯累将，建天枢，执斗柄。⑦其所以获讥于时，垂愆于后者，何也？盖在满而不挹，位有馀而仁不足也。汉兴以后，迄于哀、平，外家二十，保族全身，四人而已。⑧书曰："鉴于有殷。"可不慎哉！

①尚书大传曰："舜时百工相和为卿云之歌曰：'卿云烂兮，(礼)〔纠〕漫漫兮，[29]日月光华，旦复旦兮。'"

②申伯，周宣王之元舅。周公、邵公皆辅佐周室也。

③论语(曰)孔子之言也。[30]言但患立身不处于仁义也。

④前书曰，冯野王字君卿，妹为元帝昭仪，野王为左冯翊。御史大夫缺，上使尚书选第中二千石，而野王行能第一。

⑤阴卫尉，光烈皇后同母弟兴也。以谨敕亲幸焉。

⑥史丹封郯，故云郯氏。前书史丹字君仲，鲁国人也。祖父恭有女弟，武帝时为卫太子良娣。成帝即位，擢丹为长乐尉，迁右将军，封为武阳侯，封东海郯之武强聚，以旧恩见褒赏，赐累千金。

⑦王氏九侯五大司马。春秋运斗枢曰："北斗七星，第一名天枢，第二至第四为魁，第五至第七为杓。杓即柄。前书"斗运中央，制临四海"。

⑧外家，当为后家也。二十者，谓高帝吕后产、禄谋反诛，惠帝张皇后废，文帝母薄太后弟昭被杀，孝文帝窦皇后从昆弟子婴诛，景帝薄皇后、武帝陈皇后并废，卫皇后自杀，昭帝上官皇后家族诛，宣帝祖母史良娣为巫蛊死，宣帝母王夫人弟子商下狱死，霍皇后家破，元帝王皇后弟(王)〔子〕莽篡位，[31]成帝许皇后赐死，赵皇后废自杀，哀帝祖母傅太后家属徙合浦，平帝母卫姬家属诛，昭帝赵太后忧死是也。四人

者，哀帝母丁姬，景帝王皇后，宣帝许皇后、王皇后，其家族并全。

窦氏之兴，肇自孝文。①二君以淳淑守道，成名先日；②安丰以佐命著德，显自中兴。③内以忠诚自固，外以法度自守，卒享祚国，垂祉于今。夫谦德之光，周易所美；满溢之位，道家所戒。④故君子福大而愈惧，爵隆而益恭。远察近览，俯仰有则，铭诸几杖，刻诸盘杅。⑤矜矜业业，〔32〕无殆无荒。如此，则百福是荷，庆流无穷矣。

①前书曰，窦婴字王孙，孝文皇后从兄子也。孝文时为吴相，孝景时为詹事也。

②窦太后之弟长君、少君，退让君子，不敢以富贵骄人，故云淳淑守道也。

③窦融封为安丰侯。

④易曰："谦尊而光，卑而不可踰。"老子曰："富贵而骄，自遗其咎。功成名遂而身退，天之道也。"

⑤太公金匮曰："武王曰：'吾欲造起居之诫，随之以身。'几之书曰：'安无忘危，存无忘亡，孰惟二者，必后无凶。'杖之书曰：'辅人无苟，扶人无(容)〔咎〕。'"〔33〕墨子曰："尧、舜、禹、汤书其事于竹帛，琢之盘盂。"杅亦盂也。

及宪为车骑将军，辟骃为掾。宪府贵重，掾属三十人，皆故刺史、二千石，唯骃以处士年少，擢在其閒。宪擅权骄恣，骃数谏之。及出击匈奴，道路愈多不法，骃为主簿，前后奏记数十，指切长短。宪不能容，稍疏之，因察骃高第，出为长岑长。①骃自以远去，不得意，遂不之官而归。永元四年，卒于家。所著诗、赋、铭、颂、书、记、表、七依、婚礼结言、达旨、酒警合二十一篇。中子瑗。

①长岑，县，属乐浪郡，其地在辽东。

瑗字子玉，早孤，锐志好学，尽能传其父业。年十八，至京师，从侍中贾逵质正大义，逵善待之，瑗因留游学，遂明天官、历数、京房易传、六日七分。①诸儒宗之。与扶风马融、南阳张衡特相友好。初，瑗兄章为州人所杀，瑗手刃报仇，因亡命。会赦，归家。家贫，兄弟同居数十年，乡邑化之。

①解见郎颉传。

年四十馀，始为郡吏。以事系东郡发干狱。①狱掾善为礼，瑗閒考讯时，辄问以礼说。其专心好学，虽颠沛必于是。后事释归家，为度辽将军邓遵所辟。居无何，遵被诛，瑗免归。

①发干县之狱也。

后复辟车骑将军阎显府。时阎太后称制，显入参政事。先是安帝废太子为济阴王，而以北乡侯为嗣。瑗以侯立不以正，知显将败，欲说令废立，而显日沈醉，不能得见。乃谓长史陈禅曰："中常侍江京、陈达等，得以嬖宠惑蛊先帝，遂使废黜正统，扶立疎孽。少帝即位，发病庙中，周勃之征，于斯复见。①今欲与长史君共求见，说将军白太后，收京等，废少帝，引立济阴王，必上当天心，下合人望。伊、霍之功，不下席而立，则将军兄弟传祚于无穷。若拒违天意，久旷神器，则将以无罪并辜元恶。②此所谓祸福之会，分功之时。"③禅犹豫未敢从。会北乡侯薨，孙程立济阴王，是为顺帝。阎显兄弟悉伏诛，瑗坐被斥。门生苏祇具知瑗谋，欲上书言状，瑗闻而遽止之。时陈禅为司隶校尉，召瑗谓曰："第听祇上书，[34]禅请为之证。"④瑗曰："此譬犹儿妾屏语耳，愿使君勿复出口。"遂辞归，不复应州郡命。

①吕后立惠帝后宫子为少帝，周勃废之也。

②元，大也。书曰："元恶大憝。"

③史记蔡泽说范睢曰："君独不观夫博者乎？或欲大投，或欲分功。今君相秦，坐制诸侯，使天下皆畏秦，此亦秦分功之时也。"

④第，但也。司马相如〔传〕曰[35]："第如临邛。"

久之，大将军梁商初开莫府，复首辟瑗。自以再为贵戚吏，不遇被斥，遂以疾固辞。岁中举茂才，迁汲令。①在事数言便宜，为人开稻田数百顷。视事七年，百姓歌之。

①汲，县名，属河内。

汉安初，大司农胡广、少府窦章共荐瑗宿德大儒，从政有跡，不宜久在下位，由此迁济北相。时李固为太山太守，美瑗文雅，奉书礼致殷勤。岁馀，光禄大夫杜乔为八使，徇行郡国，①以臧罪奏瑗，征诣廷尉。瑗上书自讼，得理出。会病卒，年六十六。临终，顾命子寔曰："夫人禀天地之气以生，及其终也，归精于天，还骨于地。何地不可臧形骸，勿归乡里。其赗赠之物，羊豕之奠，一不得受。"寔奉遗令，遂留葬洛阳。

①八使见周举传。

瑗高于文辞，尤善为书、记、箴、铭，所著赋、碑、铭、箴、颂、七苏、①南阳文学官志、叹辞、移社文、悔祈、草书埶、七言，凡五十七篇。其南阳文学官志称于后世，诸能为文者皆自以弗及。瑗爱士，好宾客，盛脩肴膳，单极滋味，[36]不问馀产。居常蔬食菜羹而已。家无担石储，当世清之。②

①瑗集载其文，即枚乘七发之流。

②华峤书曰："瑗爱士，好宾客，盛脩肴膳。或言其太奢。瑗闻之怒，敕

妻子曰：'吾并日而食，以供宾客，而反以获讥，士大夫不足养如此。后勿过菜具，无为诸子所蚩也。'终不能改，奉禄尽于宾飧"也。

寔字子真，一名台，字元始。少沈静，好典籍。父卒，隐居墓侧。服竟，三公并辟，皆不就。

桓帝初，诏公卿郡国举至孝独行之士。寔以郡举，征诣公车，病不对策，除为郎。明于政体，吏才有馀，论当世便事数十条，名曰政论。指切时要，言辩而确，①当世称之。仲长统曰："凡为人主，宜写一通，置之坐侧。"其辞曰：

①确，坚正也，音口角反。

自尧舜之帝，汤武之王，皆赖明哲之佐，博物之臣。故皋陶陈谟而唐虞以兴，伊、箕作训而殷周用隆。①及继体之君，欲立中兴之功者，曷尝不赖贤哲之谋乎！凡天下所以不理者，常由人主承平日久，俗渐敝而不悟，政寖衰而不改，习乱安危，怢不自睹。②或荒耽嗜欲，不恤万机；或耳蔽箴诲，厌伪忽真；③或犹豫歧路，莫适所从；或见信之佐，括囊守禄；④或疏远之臣，言以贱废。是以王纲纵弛于上，智士郁伊于下。⑤悲夫！

①伊尹作伊训，箕子作洪范。

②怢音他没反。怢，忽忘也。

③厌饫奸伪，轻忽至真。

④易曰："括囊无咎无誉。"括，结也。结囊不言，持禄而已。

⑤郁伊，不申之貌。楚词曰"独郁伊而谁语"也。

自汉兴以来，三百五十馀岁矣。政令垢玩，上下怠懈，①风俗彫敝，人庶巧伪，百姓嚣然，咸复思中兴之救矣。且济时拯世之术，岂必体尧蹈舜然后乃理哉？期于补绽决坏，枝柱邪倾，②随形裁割，要措斯世于安宁之域而已。故圣人执权，遭时定制，③步骤之差，各有云设。不强人以不能，背急切而慕所闻也。④盖孔子对叶公以来远，哀公以临人，景公以节礼，非其不同，所急异务也。⑤是以受命之君，每辄创制；中兴之主，亦匡时失。昔盘庚愍殷，迁都易民；⑥周穆有阙，甫侯正刑。⑦俗人拘文牵古，不达权制，奇伟所闻，简忽所见，乌可与论国家之大事哉！故言事者，虽合圣德，〔37〕辄见掎夺。⑧何者？其顽士暗于时权，安习所见，不知乐成，况可虑始，⑨苟云率由旧章而已。其达者或矜名妒能，耻策非己，舞笔奋辞，以破其义，寡不胜众，遂见摈弃。虽稷、契复存，犹将困焉。斯贾生之所以排于绛、灌，屈子之所以摅其幽愤者也。⑩夫以文帝之明，贾生之贤，绛、灌之忠，而有此患，况其馀哉！

①垢，恶也。

②绽音直苋反，礼记曰："衣裳绽裂纫箴请补缀。"柱音陟主反。

③权谓变也。遭遇其时而定法制，不循于旧也。

④背当时之急切，而慕所闻之事，则非济时之要。

⑤韩子曰，叶公问政于仲尼。仲尼曰："政在悦近而来远。"鲁哀公问政于仲尼。仲尼曰："政在选贤。"齐景公问政于仲尼。仲尼曰："政在节财。"此云"临人""节礼"，文不同也。

⑥盘庚，殷王也。自耿迁于亳邑，作书三篇以告之。

⑦甫侯即吕侯也。为周穆王训畅夏禹用刑之法。并见尚书。

⑧掎音居蚁反。贾逵注国语曰："从后牵曰掎。"

⑨前书刘歆曰："夫可与乐成，难与虑始，此乃众庶所为耳。"

⑩孝文帝时，贾谊请更定律，令列侯就国，周勃、灌婴等毁之。屈原为楚

三闾大夫，上官靳尚妒害其能，忧愁愤懑，遂作离骚经。

(故宜)量力度德，〔38〕春秋之义。①今既不能纯法八(世)〔代〕，〔39〕故宜参以霸政，②则宜重赏深罚以御之，明著法术以检之。自非上德，严之则理，宽之则乱。何以明其然也？近孝宣皇帝明于君人之道，审于为政之理，故严刑峻法，破奸轨之胆，海内清肃，天下密如。③荐勋祖庙，享号中宗。筭计见效，优于孝文。及元帝即位，多行宽政，卒以堕损，④威权始夺，遂为汉室基祸之主。政道得失，于斯可监。昔孔子作春秋，褒齐桓，懿晋文，叹管仲之功。夫岂不美文、武之道哉？诚达权救敝之理也。⑤故圣人能与世推移，而俗士苦不知变，⑥以为结绳之约，可复理乱秦之绪，干戚之舞，足以解平城之围。⑦

①左氏传曰，息侯伐郑，"不度德，不量力"。

②八(世)〔代〕谓三皇、五帝也。霸政谓齐桓、晋文也。

③密，静也。

④堕读曰隳。

⑤左传，齐桓公伐楚，责以包茅不贡，王祭不供；晋文公召王盟诸侯于践土；管仲相公子纠而射桓公〔40〕：此并权变之道也。

⑥楚词渔父曰"圣人不凝滞于物，而与时推移"也。

⑦易曰："上古结绳而化，后世圣人易之以书契。"干，盾也。戚，钺也。尚书曰，苗人逆命，禹乃舞干羽于两阶，七旬有苗格。前书，高祖被匈奴围于平城，用陈平计得解。言干戚之舞，非平城之所用也。

夫熊经鸟伸，虽延历之术，非伤寒之理；呼吸吐纳，虽度纪之道，非续骨之膏。①盖为国之法，有似理身，平则致养，〔41〕疾则攻焉。夫刑罚者，治乱之药石也；德教者，兴平之粱肉也。夫以德教除残，是以粱肉理疾也；以刑罚理平，是以药石供养也。方今承百王之敝,值厄运之会。自数世以来,政多恩贷,驭委其辔,马骀其衔,四牡横奔,皇路险倾。②方将柑勒鞬辀以救之,岂暇鸣和銮,清节奏哉?③[42]昔高祖令萧何作九章之律,有夷三族之令,黥、劓、斩趾、断舌、枭首,故谓之具五刑。文帝虽除肉刑,当劓者笞三百,当斩左趾者笞五百,当斩右趾者弃市。右趾者既殒其命,笞挞者往往至死,虽有轻刑之名,其实杀也。当此之时,民皆思复肉刑。至景帝元年,乃下诏曰:"〔加〕笞与重罪无异,[43]幸而不死,不可为(民)〔人〕。"[44]乃定律,减笞轻捶。自是之后,笞者得全。④以此言之,文帝乃重刑,非轻之也;以严致平,非以宽致平也。必欲行若言,当大定其本,使人主师五帝而式三王。⑤盪亡秦之俗,遵先圣之风,弃苟全之政,蹈稽古之踪,复五等之爵,立井田之制。⑥然后选稷契为佐,伊吕为辅,乐作而凤皇仪,击石而百兽舞。⑦若不然,则多为累而已。

①庄子曰:"吹呴呼吸,吐故纳新,熊经鸟伸,此导引之士,养形之人也。"黄帝素问曰:"人伤于寒而转为热,何也?夫寒盛则生于热也。"度纪犹延年也。言鸟伸不可疗伤寒,吸气不能续断骨也。

②家语曰:"古者天子以德法为衔勒,以百官为辔策。善御马者,正衔勒,齐辔策,钧马力,和马心,故口无声而极千里。善御人者,一其德法,正其百官,均齐人物,和安人心,故刑不用而天下化。"说文曰:"骀,马衔脱也。"音达来反。皇路,天路也。[45]

③何休注公羊传曰:"柑,以木衔其口也。"柑音巨炎反。勒,马辔。辀,车辕。鞬犹束也。说苑曰:"銮设于镳,和设于轼,马动〔则〕銮鸣,銮鸣则〔和〕应,[46]行〔之〕节也。"[47]

④此以上并见前书刑法志。

⑤式，法也。

⑥亩百为夫，九夫为井。

⑦尚书曰："箫韶九成，凤皇来仪。"又"夔曰：'於余击石拊石，百兽率舞。'"

其后辟太尉袁汤、大将军梁冀府，并不应。大司农羊傅、少府何豹上书荐寔才美能高，宜在朝廷。召拜议郎，迁大将军冀司马，与边韶、延笃等著作东观。

出为五原太守。五原土宜麻枲，而俗不知织绩，民冬月无衣，积细草而卧其中，见吏则衣草而出。寔至官，斥卖储峙，为作纺绩、织纴、练缊之具以教之，民得以免寒苦。①是时胡虏连入云中、朔方，杀略吏民，一岁至九奔命。寔整厉士马，严烽候，虏不敢犯，常为边最。②

①杜预注左传曰："织纴，织布者。"孔安国论语注曰："缊，枲也。"

②最为第一。

以病征，拜议郎，复与诸儒博士共杂定五经。会梁冀诛，寔以故吏免官，禁锢数年。

时鲜卑数犯边，诏三公举威武谋略之士，司空黄琼荐寔，拜辽东太守。行道，母刘氏病卒，上疏求归葬行丧。母有母仪淑德，博览书传。初，寔在五原，常训以临民之政，寔之善绩，母有其助焉。服竟，召拜尚书。寔以世方阻乱，称疾不视事，数月免归。

初，寔父卒，剽卖田宅，起冢茔，立碑颂。①葬讫，资产竭尽，因穷困，以酤酿贩鬻为业。时人多以〔此〕讥之，[48]寔终不改。亦取足而已，不致盈馀。及仕官，[49]历位边郡，而愈贫薄。建宁中病卒。家徒四壁立，无以殡敛，光禄勋杨赐、太仆袁逢、少府段颎为备棺椁葬具，大鸿胪袁隗树碑颂德。所著碑、论、箴、铭、荅、七言、祠、文、表、记、书凡十五篇。

①广雅曰："剽，削也，音匹妙反。"一作"標"。〔50〕

寔从兄烈，有重名于北州，历位郡守、九卿。灵帝时，开鸿都门榜卖官爵，公卿州郡下至黄绶各有差。其富者则先入钱，贫者到官而后倍输，或因常侍、阿保别自通达。①是时段颎、樊陵、张温等虽有功勤名誉，然皆先输货财而后登公位。烈时因傅母入钱五百万，得为司徒。及拜日，天子临轩，百僚毕会。帝顾谓亲幸者曰："悔不小靳，可至千万。"②程夫人于傍应曰："崔公冀州名士，岂肯买官？赖我得是，反不知姝邪？"③烈于是声誉衰减。久之不自安，从容问其子钧曰："吾居三公，于议者何如？"钧曰："大人少有英称，历位卿守，论者不谓不当为三公；而今登其位，天下失望。"烈曰："何为然也？"钧曰："论者嫌其铜臭。"烈怒，举杖击之。钧时为虎贲中郎将，服武弁，戴鹖尾，狼狈而走。烈骂曰："死卒，父楇而走，〔51〕孝乎？"④钧曰："舜之事父，小杖则受，大杖则走，非不孝也。"⑤烈惭而止。烈后拜太尉。

①阿保谓傅母也。

②靳，固惜之也。靳或作"僊"。说文曰："僊，引为价也。"音一建反。

③姝，美也。言反不知斯事之美也。姝或作"株"。株，根本也。

④以其武官，故骂为卒。或作"孔卒"者，误也。

⑤家语曰："曾子耘瓜，误伤其根。曾晰怒，建大杖以击其首。曾子仆地不知人，有顷乃苏。孔子闻之怒，谓门弟子曰：'参来勿内也。昔瞽叟有子曰舜，瞽叟欲使之，未尝不往，则欲杀之，未尝可得。小箠则待，大杖则逃，不陷父于不义也。'"

钧少交结英豪，有名称，为西河太守。献帝初，钧与袁绍俱起兵山东，董卓以是收烈付郿狱，锢之，锒铛铁锁。① 卓既诛，拜烈城门校尉。及李傕入长安，为乱兵所杀。

①说文曰："锒铛，锁也。"前书曰："人犯铸钱，以铁锁锒铛其颈。"锒音郎，铛音当。

烈有文才，所著诗、书、教、颂等凡四篇。

论曰："崔氏世有美才，兼以沈沦典籍，遂为儒家文林。骃、瑗虽先尽心于贵戚，而能终之以居正，则其归旨异夫进趣者乎！李固，高洁之士也，与瑗邻郡，奉贽以结好。① 由此知杜乔之劾，殆其过矣。寔之政论，言当世理乱，虽晁错之徒不能过也。

①仪礼曰："士相见之礼，贽冬用雉，夏用腒，奉之曰：'某也欲见无由达。'"腒，乾(腒)〔朐〕，[52] 音渠。

赞曰：崔为文宗，世禅雕龙。① 建新耻洁，摧志求容。永矣长岑，于辽之阴。不有直道，曷取泥沈。瑗不言禄，亦离冤辱。子真持论，感起昏俗。

①史记曰："谈天衍，雕龙奭。"刘向别录曰："言邹奭脩饰之文若雕龙文也。"禅谓相传授也。

【校勘记】

〔1〕谏刺史无与燕剌王通　按："刺史"之"刺"从朿，"剌王"之"剌"从束，二字音义并异，各本往往讹混。

〔2〕太保甄丰　按：集解引黄山说，谓前书王莽传甄邯为太保，丰为太阿，未为太保也，"保""丰"二字当有一误。

〔3〕昔(在)〔者〕鲁君问柳下惠曰　据汲本改，与前书董仲舒传合。

〔4〕掾吏叩头谏曰　按：刊误谓“吏”当作“史”。总言之，掾、史皆吏也，独言之当云史耳。

〔5〕郡国常以春行（至）〔主〕县　陈景云谓“至”当从续志本文作“主”。主县者，所主之县也。按：百官志云“常以春行所主县”，陈说是，今据改。

〔6〕阖衡门以埽轨　按：“埽”原讹“歸”，径据汲本、殿本改正。

〔7〕偷苟且也　按：汲本、殿本“偷”作“媮”，与正文合，然偷媮同字，似不必改归一律，今仍之。

〔8〕不为利（谄）〔谄〕　据集解本改。

〔9〕暮春〔者〕春服既成　据汲本、殿本补，与论语合。

〔10〕启余足　按：汲本、殿本“余”作“予”，与论语合。

〔11〕父母全已生之　按：汲本、殿本“已”作“而”。

〔12〕所以尚骐驎者　汲本、殿本“驎”作“骥”。按：骐骥、骐驎皆谓良马也。

〔13〕纷纀塞路　“纀”汲本、殿本作“繷”。集解引惠栋说，谓“繷”依方言作“孃”，云“南楚凡大而多谓之孃，或谓之孃”。郭璞曰“孃音奴动反”。按：据惠说，则字当作“孃”。

〔14〕与其有事　按：刊误谓案文“与”合作“当”，上又合有“故”字，杨雄、蔡邕同用此律也。

〔15〕楚可破（之）〔也〕　据刊误改。

〔16〕昔夏后开（冶）使飞廉析金于山　沈钦韩谓“冶”字衍文，见墨子耕柱篇。今据删。按：墨子“析”作“折”，王念孙谓作“折”是。

〔17〕五员树功于柏举　汲本、殿本“五”作“伍”。按：五伍通。

〔18〕原衰见廉于壶飧　按：“衰”原讹“襄”，径改正。

〔19〕华峤书（曰）因字作回　按：“曰”字当衍，今删。

〔20〕利合而友　按：“利”原讹“时”，径改正。

〔21〕奔随　按：“随”原讹“遗”，殿本讹“隋”，径据汲本改正。

〔22〕军败吴而复楚国　按:“军”字疑衍。

〔23〕唐且即唐雎也　按:“雎”字各本并讹“睢”,径改正。

〔24〕魏使人请救〔于秦〕　据汲本、殿本补。

〔25〕丈人忙然乃远至(魏)此〔魏〕来者数矣　据汲本改。按:今本战国策作“丈人芒然乃远至此,甚苦矣,魏来求救数矣”。

〔26〕昔赵衰为原大夫　按:陈景云谓“昔”当作“晋”。

〔27〕(帝)〔常〕嗟叹之　据汲本改。

〔28〕阳(侯)〔平〕之族　刊误谓案文“侯”当作“平”,王凤封阳平侯,前书亦谓阳平之王也。今据改。按:集解引黄山说,谓凤乃嗣侯,始封阳平者,凤父顷侯禁也。

〔29〕(礼)〔紦〕漫漫兮　据殿本改。按:疑“紦”先讹作“礼”,转写又讹作“禮”。

〔30〕论语(曰)孔子之言也　据校补删。

〔31〕元帝王皇后弟(王)〔子〕莽篡位　校补谓“王”乃“子”之讹,莽乃后弟曼子也,各本皆未正。今据改。

〔32〕矜矜业业　按:汲本“矜矜”作“兢兢”。

〔33〕扶人无(容)〔咎〕　据殿本改。按:集解引钱大昭说,谓“容”当作“咎”。

〔34〕第听祇上书　“第”原作“弟”,殿本同,此据汲本改,注同。按:第弟通。

〔35〕司马相如〔传〕曰　据集解引黄山说改。按:此非司马相如语,乃文君谓相如云云也。

〔36〕单极滋味　按:御览九七六引“单”作“殚”。

〔37〕虽合圣德　按:张森楷校勘记谓治要“德”作“聽”,疑“聽”字是。

〔38〕(故宜)量力度德　刊误谓案文多“故宜”二字,下文自有用“故宜”字处。今据删。

〔39〕纯法八(世)〔代〕　刊误谓“世”当作“代”。集解引惠栋说,谓文选

注引作"八代"。按:此转改之失,今据改。注同。

〔40〕管仲相公子纠而射桓公　按:集解引黄山说,谓原注"射桓公"下当有"卒乃相桓公"句。

〔41〕平则致养　按:殿本无"致"字。

〔42〕岂暇鸣和銮清节奏哉　按:"清"原讹"请",径据汲本、殿本改正。

〔43〕〔加〕笞与重罪无异　据汲本、殿本补,与前志合。

〔44〕不可为(民)〔人〕　按:校补谓案前志本作"不可为人",此转改之失。今据改。

〔45〕皇路天路也　按:汲本"天"作"大"。

〔46〕马动〔则〕銮鸣銮鸣则〔和〕应　据汲本、殿本补。

〔47〕行〔之〕节也　据今本说苑补"之"字。按:汲本、殿本"节也"上无"行"字。

〔48〕时人多以〔此〕讥之　据汲本、殿本补。

〔49〕及仕官　汲本、殿本"官"作"宦",勘误谓案文"宦"当作"官"。按:集解引王会汾说,谓古书中言"仕宦"者甚多,"仕官"不成文理,此传写互误,传及注"宦"字当本作"官",刘注当本作"官当作宦"。

〔50〕一作檦　按:"檦"原讹"摽",径改正。

〔51〕父柎而走　按:汲本"柎"作"拊"。

〔52〕腒乾(腒)〔朐〕　按:张元济后汉书校勘记谓汪文盛刊本、元大德本并作"乾朐"。今据改。又按:殿本作"乾雉",与仪礼士相见礼"夏用腒"释文合。

后汉书卷五十三

周黄徐姜申屠列传第四十三

易曰："君子之道，或出或处，或默或语。"①孔子称"蘧伯玉邦有道则仕，邦无道则可卷而怀也"。②[1]然用舍之端，君子之所以存其诚也。③故其行也，则濡足蒙垢，出身以效时；④及其止也，则穷栖茹菽，臧宝以迷国。⑤

①上系之词也。言贤哲所行，其趣异也。

②论语蘧伯玉名瑗，卫大夫也。卷而怀谓不预时政，不忤于人者也。

③诚，实也。孔子曰："用之则行，舍之则臧。"易曰："闲邪存其诚。"

④新序曰："申徒狄[2]非时，将自投河，崔嘉闻而止之曰：'吾闻圣人从事于天地之閒，人之父母也。今为濡足之故，不救溺人乎？'"

⑤尔雅曰："啜，茹也。"孙卿子曰："君子啜菽饮水，非愚也，是节然也。"论语曰，阳货谓孔子曰："怀其宝而迷其邦，可谓仁乎？"

太原闵仲叔者，①世称节士，虽周党之洁清，自以弗及也。党见其含菽饮水，遗以生蒜，受而不食。②建武中，应司徒侯霸之辟。既至，霸不及政事，徒劳苦而已。③仲叔恨曰："始蒙嘉命，且喜且惧；今见明公，喜惧皆去。以仲叔为不足问邪，不当辟也。辟而不问，是失人也。"遂辞出，投劾而去。④复以博士征，不至。客居安邑。老病家贫，不能得肉，日买猪肝一片，屠者或不肯与，安邑令闻，敕吏常给焉。仲叔怪而问之，知，乃叹曰："闵仲叔岂以口腹累安邑邪？"遂去，客沛。以寿终。

①谢沈书曰[3]："闵贡字仲叔。"

②党与仲叔同郡，亦贞介士也。见逸人传。皇甫谧高士传曰："党见仲叔食无菜，遗之生蒜。仲叔曰：'我欲省烦耳，今更作烦邪？'受而不食。"

③劳其勤苦也。劳音力到反。

④案罪曰劾，自投其劾状而去也。投犹下也。今有投辞、投牒之言也。

仲叔同郡荀恁，[4]字君大，①少亦修清节。资财千万，父越卒，悉散与九族。隐居山泽，以求厥志。王莽末，匈奴寇其本县广武，②闻恁名节，相约不入荀氏闾。光武征，以病不至。永平初，东平王苍为骠骑将军，开东阁延贤俊，辟而应焉。及后朝会，显宗戏之曰："先帝征君不至，骠骑辟君而来，何也？"对曰："先帝秉德以惠下，故臣可得不来。骠骑执法以检下，③故臣不敢不至。"后月馀，罢归，卒于家。

①恁音而甚反。

②广武，县，属太原郡，故城在今代州雁门县也。

③检犹察也。

桓帝时，安阳人魏桓，字仲英，亦数被征。其乡人劝之行。桓曰："夫干禄求进，所以行其志也。今后宫千数，其可损乎？厩马万匹，其可减乎？左右悉权豪，其可去乎？"皆对曰："不可。"桓乃慨然叹曰："使桓生行死归，于诸子何有哉！"①遂隐身不出。

①若忤时强谏，死而后归，于诸劝行者复何益也。

若二三子，可谓识去就之概，候时而处。①夫然，岂其枯槁苟而已哉？盖诡时审己，以成其道焉。②余故列其风流，区而载之。③

①概，节也。候时以居，不失去就也。

②诡，违也。(亦)〔跡〕若违时，[5]志存量己也。

③言其清洁之风，各有条流，故区别而纪之。

周燮字彦祖，汝南安城人，(法)〔决〕曹掾燕之后也。①[6]燮生而钦颐折頞，丑状骇人。②其母欲弃之，其父不听，曰："吾闻贤圣多有异貌。③兴我宗者，乃此儿也。"于是养之。

①燕具独行篇周嘉传。

②颐，颔也。钦颐，曲颔也。说文曰："頞，鼻茎也。"折亦曲也。钦音丘凡反。钦或作"颔"，音同。

③伏羲牛首，女娲蛇躯，皋繇鸟喙，孔子牛唇，是圣贤异貌也。又蔡泽亦颔颐蹙頞。

始在髫鬌，而知廉让；①十岁就学，能通诗、论；及长，专精礼、易。不读非圣之书，不修贺问之好。有先人草庐结于冈畔，②下有陂田，常肆勤以自给。③[7]非身所耕渔，则不食也。乡党宗族希得见者。④

①髫，发也。礼记曰："子生三月之末，择日翦发为(鬌)〔鬌〕，[8]男角女

羁，否则男左女右。”髻音徒果反。

②山脊曰冈。

③肆，陈也。

④谢承书曰“燮居家清处，非法不言，兄弟、父子、室家相待如宾，乡曲不善者皆从其教”也。

举孝廉、贤良方正，特征，皆以疾辞。延光二年，安帝以玄纁羔币聘燮，①及南阳冯良，二郡各遣丞掾致礼。宗族更劝之曰：“夫修德立行，所以为国。自先世以来，勋宠相承，君独何为守东冈之陂乎？”燮曰：“吾既不能隐处巢穴，追绮季之跡，②而犹显然不远父母之国，斯固以滑泥扬波，同其流矣。③夫修道者，度其时而动。动而不时，焉得亨乎！”④因自载到颍川阳城，遣〔门〕生送敬，[9]遂辞疾而归。⑤良亦载病到近县，送礼而还。⑥诏书告二郡，岁以羊酒养病。

①礼，卿执羔。董仲舒春秋繁露曰：“凡贽卿用羔，羔有角而不用，类仁者；执之不鸣，杀之不嗥，类死义者；羔饮其母必跪，类知礼者：故以为贽。”

②绮季、东园公、夏黄公、甪里先生，[10]谓之四皓，隐于商山。见前书也。

③滑，混也。楚词：“何不滑其泥而扬其波。”滑音古没反。

④亨，通也。书曰：“虑善以动，动惟厥时。”

⑤送敬犹致谢也。

⑥送礼谓送其所致之礼也。

良字君郎。[11]出于孤微，少作县吏。年三十，为尉从佐。①奉檄迎督邮，即路慨然，耻在厮役，②因坏车杀马，毁裂衣冠，乃遁至犍为，从杜抚学。妻子求索，踪跡断绝。后乃见草中有败车死马，衣裳腐朽，谓为虎狼盗贼所害，发丧制服。积十许年，乃还乡里。

志行高整，非礼不动，遇妻子如君臣，乡党以为仪表。燮、良年皆七十馀终。

①从佐谓随从而已，不主案牍也。

②厮，贱也。

黄宪字叔度，汝南慎阳人也。①世贫贱，父为牛医。

①在慎水之南，[12]因以名县。南阳有顺阳国，而流俗书此或作"顺阳"者，误。

颍川荀淑至慎阳，遇宪于逆旅，①时年十四，淑竦然异之，揖与语，移日不能去。谓宪曰："子，吾之师表也。"既而前至袁(闳)〔阆〕②所，[13]未及劳问，逆曰："子国有颜子，宁识之乎？"③(闳)〔阆〕曰："见吾叔度邪？"是时，同郡戴良才高倨傲，而见宪未尝不正容，及归，罔然若有失也。其母问曰："汝复从牛医儿来邪？"对曰："良不见叔度，不自以为不及；既睹其人，则瞻之在前，忽焉在后，④固难得而测矣。"同郡陈蕃、周举[14]常相谓曰："时月之閒不见黄生，则鄙吝之萌复存乎心。"⑤及蕃为三公，临朝叹曰："叔度若在，吾不敢先佩印绶矣。"太守王龚在郡，礼进贤达，多所降致，卒不能屈宪。郭林宗少游汝南，先过袁(闳)〔阆〕，不宿而退；进往从宪，累日方还。或以问林宗。⑥林宗曰："奉高之器，譬诸(汎)〔氿〕滥[15]，虽清而易挹。⑦叔度汪汪若千顷陂，[16]澄之不清，淆之不浊，不可量也。"⑧

①逆旅，客舍。

②一作"阆"。[17]

③颜子,颜回也。

④论语颜回慕孔子之言也。

⑤吝,贪也。

⑥郭泰别传曰:"时林宗过薛恭祖,恭祖问曰:'闻足下见袁奉高,车不停轨,銮不辍轭,从叔度乃弥信宿也?'"〔18〕

⑦奉高,阆字也。〔19〕尔雅曰:"侧出(氿)〔氿〕泉,正出滥泉。"(氿)〔氿〕音轨。滥音槛。

⑧淆,混也。

宪初举孝廉,又辟公府,友人劝其仕,宪亦不拒之,暂到京师而还,竟无所就。年四十八终,天下号曰"征君"。

论曰:黄宪言论风旨,无所传闻,然士君子见之者,靡不服深远,去玼吝。①将以道周性全,无德而称乎?②余曾祖穆侯③以为宪隤然其处顺,④渊乎其似道,⑤浅深莫臻其分,清浊未议其方。⑥若及门于孔氏,其殆庶乎!⑦故尝著论云。

①玼音此。说文曰:"鲜色也。"据此文当为"疵",作"玼"者,古字通也。

②道周备,性全一。无德而称,言其德大无能名焉。

③晋书曰:"范汪字玄平,安北将军,谥曰穆侯。汪生甯,甯生泰,泰生晔。"

④易系词曰:"坤隤然示人简矣。"隤,柔顺貌。

⑤老子曰:"道冲而用之,或不盈,渊乎似万物之宗。"言渊深不可知也。

⑥广雅曰:"方,所也。"

⑦易系词曰:"颜氏之子,其殆庶几乎!"殆,近也。

徐穉字孺子，豫章南昌人也。①家贫，常自耕稼，非其力不食。恭俭义让，所居服其德。屡辟公府，不起。

①豫章，郡，今洪州也。南昌，县，即今豫章县也。谢承书曰"稚少为诸生，学严氏春秋、京氏易、欧阳尚书，兼综风角、星官、算历、河图、七纬、推步、变易，异行矫时俗，闾里服其德化。有失物者，县以相还，道无拾遗。四察孝廉，五辟宰府，三举茂才"也。

时陈蕃为太守，以礼请署功曹，穉不免之，[20]既谒而退。蕃在郡不接宾客，唯穉来特设一榻，去则县之。后举有道，家拜太原太守，①皆不就。

①就家而拜之也。

延熹二年，尚书令陈蕃、仆射胡广等上疏荐穉等曰："臣闻善人天地之纪，政之所由也。①诗云：'思皇多士，生此王国。'②天挺俊乂，为陛下出，当辅弼明时，左右大业者也。③伏见处士豫章徐穉、彭城姜肱、汝南袁闳、④京兆韦著、⑤颍川李昙，德行纯备，著于人听。若使擢登三事，协亮天工，必能翼宣盛美，增光日月矣。"桓帝乃以安车玄纁，备礼征之，并不至。帝因问蕃曰："徐穉、袁闳、韦著谁为先后？"蕃对曰："闳生出公族，闻道渐训。著长于三辅礼义之俗，所谓不扶自直，不镂自雕。⑥至于穉者，爰自江南卑薄之域，而角立杰出，宜当为先。"⑦

①左传曰，晋三郄害伯宗，谮而杀之，及栾弗忌。韩献子曰"郄氏其不免乎！善人天地之纪也，而骤绝之，不亡何待"也。

②大雅文王之诗也。思，愿也。皇，天也。思愿天多生贤人于此王国。

③左右，助也。

④闳见袁安传。谢承书曰："闳少脩志节，矫俗高厉。"

⑤著见韦彪传。谢承书曰："为三辅冠族。著少脩节操，持京氏易、韩

诗，博通术蓺。”

⑥说苑曰“蓬生枲中，不扶自直”也。

⑦如角之特立也。

稺尝为太尉黄琼所辟，不就。及琼卒归葬，稺乃负粮徒步到江夏赴之，设鸡酒薄祭，哭毕而去，不告姓名。①时会者四方名士郭林宗等数十人，闻之，疑其稺也，乃选能言语生茅容轻骑追之。及于涂，容为设饭，共言稼穑之事。临诀去，谓容曰：“为我谢郭林宗，大树将颠，非一绳所维，何为栖栖不遑宁处？”②及林宗有母忧，稺往吊之，置生刍一束于庐前而去。众怪，不知其故。林宗曰：“此必南州高士徐孺子也。诗不云乎，‘生刍一束，其人如玉。’③吾无德以堪之。”

①谢承书曰：“稺诸公所辟虽不就，有死丧负笈赴吊。常于家豫炙鸡一只，以一两绵絮渍酒中，暴干以裹鸡，径到所起冢隧外，以水渍绵使有酒气，斗米饭，白茅为藉，以鸡置前，醊酒毕，留谒则去，不见丧主。”

②颠，仆也。维，系也。喻时将衰季，岂一人可能救邪？

③小雅白驹诗。此戒贤者，行所舍，主人之饩虽薄，要就贤主人，其德如玉然也。

灵帝初，欲蒲轮聘稺，会卒，时年七十二。

子胤字季登，笃行孝悌，亦隐居不仕。①太守华歆礼请相见，固病不诣。②汉末寇贼从横，皆敬胤礼行，转相约敕，不犯其闾。建安中卒。

①谢承书曰“胤少遭父母丧，致哀毁瘁，欧血发病。服阕，隐居林薮，躬耕稼穑，倦则诵经，贫窭困乏，执志弥固，不受惠于人”也。

②魏志曰，歆字子鱼，平原人。为豫章太守。为政清净不烦，吏人咸感而爱之。

李昙字云，少孤，继母严酷，昙事之愈谨，①为乡里所称法。养亲行道，终身不仕。

①谢承书曰："昙少丧父，躬事继母。〔继母〕酷烈，〔21〕昙性纯孝，定省恪勤，妻子恭奉，寒苦执劳，不以为怨。得四时珍玩，先以进母。与徐孺子等海内列名五处士焉。"

姜肱字伯淮，彭城广戚人也。①家世名族。②肱与二弟仲海、季江，俱以孝行著闻。其友爱天至，常共卧起。③及各娶妻，兄弟相恋，不能别寝，以係嗣当立，〔22〕乃递往就室。

①广戚故城今徐州沛县东。

②谢承书曰"祖父豫章太守，父任城相"也。

③谢承书曰"肱性笃孝，事继母恪勤。母既年少，又严厉。肱感恺风之孝，兄弟同被而寝，不入房室，以慰母心"也。

肱博通五经，兼明星纬，士之远来就学者三千馀人。诸公争加辟命，皆不就。二弟名声相次，亦不应征聘，时人慕之。

肱尝与季江谒郡，夜于道遇盗，欲杀之。肱兄弟更相争死，贼遂两释焉，①但掠夺衣资而已。既至郡中，见肱无衣服，怪问其故，肱托以它辞，终不言盗。盗闻而感悔，后乃就精庐，②求见征君。肱与相见，皆叩头谢罪，而还所略物。肱不受，劳以酒食而遣之。

①谢承书曰"肱与季江俱乘车行适野庐，为贼所劫，取其衣物，欲杀其兄弟。肱谓盗曰：'弟年幼，父母所怜愍，又未娉娶，愿自杀身济弟。'季江言：'兄年德在前，家之珍宝，国之英俊，乞自受戮，以代兄命。'盗戢刃曰：'二君所谓贤人，吾等不良，妄相侵犯。'弃物而去。肱车中尚有数千钱，盗不见也，使从者追以与之，亦复不受。肱以物经历盗手，因

以付亭吏而去"也。

②精庐即精舍也。

后与徐稺俱征，不至。桓帝乃下彭城使画工图其形状。肱卧于幽暗，以被韬面，①言患眩疾，不欲出风。工竟不得见之。

①韬，臧也。

中常侍曹节等专执朝事，新诛太傅陈蕃、大将军窦武，欲借宠贤德，以释众望，乃白征肱为太守。肱得诏，乃私告其友曰："吾以虚获实，遂藉声价。明明在上，犹当固其本志，况今政在阉竖，夫何为哉！"乃隐身遁命，远浮海滨。再以玄纁聘，不就。即拜太中大夫，诏书至门，①肱使家人对云"久病就医"。遂羸服閒行，窜伏青州界中，卖卜给食。召命得断，家亦不知其处，历年乃还。年七十七，熹平二年终于家。弟子陈留刘操追慕肱德，共刊石颂之。

①谢承书曰："灵帝手笔下诏曰：'肱抗陵云之志，养浩然之气，以朕德薄，未肯降志。昔许由不屈，王道为化；夷、齐不挠，周德不亏。州郡以礼优顺，勿失其意。'"

申屠蟠字子龙，陈留外黄人也。九岁丧父，哀毁过礼。服除，不进酒肉十馀年。每忌日，辄三日不食。①

①海内先贤传曰："蟠在冢侧致甘露、白雉，以孝称。"

同郡缑氏女玉为父报仇，①杀夫氏之党，吏执玉以告外黄令梁配，②配欲论杀玉。蟠时年十五，为诸生，进谏曰："玉之节义，足以感无耻之孙，激忍辱之子。不遭明时，尚当表旌庐墓，况在清听，而不加哀矜！"配善其言，乃为谳得减死论。③乡人称美之。

①缑，姓也。

②续汉书曰“同县大女缑玉为从父报仇，杀夫之从母兄李士，姑执玉以告吏”也。[23]

③谳，请也。

家贫，佣为漆工。郭林宗见而奇之。同郡蔡邕深重蟠，及被州辟，乃辞让之曰：“申屠蟠禀气玄妙，性敏心通，丧亲尽礼，几于毁灭。至行美义，人所鲜能。安贫乐潜，味道守真，不为燥湿轻重，①不为穷达易节。②方之于邕，以齿则长，以德则贤。”

①律历志曰：“铜为物至精，不为燥湿寒暑变其节，不为风雨暴露改其形，介然有常，似于士君子之行。”

②易曰：“穷则独善其身，达则兼济天下。”[24]

后郡召为主簿，不行。①遂隐居精学，博贯五经，兼明图纬。始与济阴王子居同在太学，子居临殁，以身托蟠，蟠乃躬推辇车，送丧归乡里。遇司隶从事于河巩之间，②从事义之，为封传护送，③蟠不肯受，投传于地而去。事毕还学。

①谢承书曰“蟠前后征辟，文书悉挂于树，初不顾眄”也。

②百官志曰“司隶从事史十二人，秩百石”也。

③传谓符牒。使人监送之。

太尉黄琼辟，不就。及琼卒，归葬江夏，四方名豪会帐下者六七千人，①互相谈论，莫有及蟠者。唯南郡一生与相酬对，既别，执蟠手曰：“君非聘则征，如是相见于上京矣。”蟠勃然作色曰：“始吾以子为可与言也，何意乃相拘教乐贵之徒邪?”②因振手而去，不复与言。再举有道，不就。③

①帐下，葬处。

②乐音五孝反。

③谢承书曰“诏书令郡以礼发遣，蟠到河南万岁亭，折辕而旋”也。

先是京师游士汝南范滂等非讦朝政，自公卿以下皆折节下之。①太学生争慕其风，以为文学将兴，处士复用。蟠独叹曰：“昔战国之世，处士横议，②列国之王，至为拥篲先驱，③卒有阬儒烧书之祸，今之谓矣。”乃绝跡于梁砀之间，④因树为屋，自同佣人。⑤居二年，滂等果罹党锢，或死或刑者数百人，蟠确然免于疑论。后蟠友人陈郡冯雍坐事系狱，豫州牧黄琬欲杀之。或劝蟠救雍，蟠不肯行，曰：“黄子琰为吾故邪，未必合罪。如不用吾言，虽往何益！”琬闻之，遂免雍罪。

①讦谓横议是非也。讦或作“评”也。

②孟子曰：“圣王不作，诸侯恣行，处士横议。”前书曰：“秦既称帝，患周之败，以为起于处士横议，诸侯力争。”音义曰：“言由横议而败之。”

③史记，邹衍如燕，昭王拥篲先驱，请列弟子之坐而受业。筑碣石宫，身亲往师之。

④梁国有砀县。

⑤谢承书曰“居蓬莱之室，[25]依桑树以为栋”也。

大将军何进连征不诣，进必欲致之，使蟠同郡黄忠书劝曰：“前莫府初开，至如先生，特加殊礼，优而不名，申以手笔，设几杖之坐。经过二载，而先生抗志弥高，所尚益固。窃论先生高节有馀，于时则未也。今颍川荀爽载病在道，北海郑玄北面受署。彼岂乐羁牵哉，知时不可逸豫也。昔人之隐，遭时则放声灭跡，巢栖茹薇。①其不遇也，则裸身大笑，被发狂歌。②今先生处平壤，③游人间，吟典籍，袭衣裳，事异昔人，而欲远蹈其跡，不亦难乎！孔氏可师，何必首阳。”④蟠不荅。

①放，弃也。谓弃声名也。巢栖谓巢父也。说文：“薇，似藿也。”

②楚词曰：“桑扈裸行。”史记曰：“箕子被发阳狂。”歌谓楚狂接舆歌而过孔子也。

③壤，地也。

④孔子使子路语隐者云：“不仕无义。长幼之节，不可废也；君臣之义如之何其可废也？欲洁其身而乱大伦。”首阳，夷、齐所隐山也。

中平五年，复与爽、玄及颍川韩融、①陈纪等十四人并博士征，不至。明年，董卓废立，蟠及爽、融、纪等复俱公车征，②唯蟠不到。众人咸劝之，蟠笑而不应。居无几，爽等为卓所胁迫，西都长安，京师扰乱。及大驾西迁，公卿多遇兵饥，室家流散，融等仅以身脱。唯蟠处乱末，终全高志。年七十四，终于家。

①融字元长，韶之子也。见韶传。

②续汉志曰，征爽为司空，融为尚书，纪为侍中。

赞曰：琛宝可怀，贞期难对。①道苟违运，理用同废。与其遐栖，岂若蒙秽？②凄凄硕人，陵阿穷退。③韬伏明姿，甘是堙暧。④

①琛宝喻道德也。贞期谓明时也。对，偶也。

②蒙秽谓仕乱朝。

③硕人谓贤者。凄凄，饥病貌也。言贤者退而穷处。诗国风曰：“考槃在阿，硕人之薖。”曲陵曰阿。陵，升也。薖，饥也。薖音苦戈反。

④堙，沈也。暧犹翳也。

【校勘记】

〔1〕邦无道则可卷而怀也　按：“则”字原脱，径据汲本、殿本补。

〔2〕申徒狄　按:汲本、殿本"徒"作"屠"。

〔3〕谢沈书曰　按:汲本、殿本"沈"作"承"。

〔4〕仲叔同郡荀恁　按:集解引钱大昕说,谓案刘平传,数荐达名士承宫、郇恁等,即此荀恁也。说文无"荀"字,当以"郇"为正。

〔5〕(亦)〔跡〕若违时　据殿本改。

〔6〕(法)〔决〕曹掾燕之后也　据汲本、殿本改。按:殿本考证云"决"字监本作"法"。王会汾谓周嘉传言燕于宣帝时为郡决曹掾,则作"法曹"者误。

〔7〕常肆勤以自给　按:集解引钱大昕说,谓"肆"当为"肄"字之误。

〔8〕择日翦发为(鬌)〔鬌〕　据殿本改,与今本礼记合。

〔9〕遣〔门〕生送敬　据刊误补。

〔10〕甪里先生　殿本"甪"作"角"。按:角本有禄音,后人不知,别造"甪"字代之。广韵一屋亦作"角",不作"甪"。

〔11〕良字君郎　按:集解引惠栋说,谓袁宏纪"君郎"作"君卿"。

〔12〕在慎水之南　按:校补谓"南"字疑"阳"字之误。

〔13〕既而前至袁(闳)〔阆〕所　集解引陈景云说,谓黄宪、袁阆俱慎阳人,故荀淑有"子国颜子"之语,慎阳本侯国也。若汝阳袁闳,与宪同郡异县,则作"闳"非矣。又引黄山说,谓此传"闳"皆当作"阆",惟后徐稺传所载,则确为袁闳耳。今据改。

〔14〕同郡陈蕃周举　按:集解引惠栋说,谓世说及袁宏纪皆作"周子居"。

1402

〔15〕譬诸(汎)〔氿〕滥　据殿本改。注同。

〔16〕叔度汪汪若千顷陂　按:集解引惠栋说,谓"千顷"续汉书作"万顷"。

〔17〕一作阆　按:李慈铭谓黄宪传之"袁闳",皆为"袁阆"之误。章怀所注者乃是误本,其云"一作阆"者,乃别据一不误之本。

〔18〕乃弥信宿也　按:校补引柳从辰说,谓袁宏纪作"乃弥日信宿也",

多"日"字文义更较圆足。

〔19〕奉高闳字也　按:李慈铭谓袁阆字奉高,见第五十六卷王龚传,宪传与龚传仅隔两卷,章怀又见他本之作"阆",乃不能援以改正,反注奉高为闳字,可谓率谬。足见当时东宫僚属,各人分注,不相证核也。

〔20〕稺不免之　按:殿本考证引何焯说,谓"免"疑作"就"。集解引惠栋说,谓通鉴作"稺不之免",胡注"不辞免也"。袁宏纪作"不之起"。

〔21〕躬事继母〔继母〕酷烈　据汲本、殿本补。

〔22〕以係嗣当立　殿本考证谓"係"当作"继"。按:集解引黄山说,谓御览五一五引续汉书作"继"。繫、係、继三字古以同义通作。

〔23〕姑执玉以告吏也　按:"吏"原讹"史",径改正。

〔24〕易曰达则兼济天下　汲本、殿本"济"作"善"。按:校补谓"穷则独善其身,达则兼善天下",语出孟子,注作"易曰",误。

〔25〕居蓬莱之室　按:殿本考证王会汾谓蓬莱虽皆草名,然古人或作"蓬蒿",或作"蒿莱",至蓬莱二字并用,恐与山名相混,此注"莱"字当是"藁"字之误。

后汉书卷五十四

杨震列传第四十四　子秉　孙赐　曾孙彪　玄孙脩

杨震字伯起，弘农华阴人也。八世锺祖喜，〔1〕高祖时有功，封赤泉侯。①高祖敞，昭帝时为丞相，封安平侯。父宝，②习欧阳尚书。哀、平之世，隐居教授。居摄二年，与两龚、蒋诩俱征，遂遁逃，不知所处。③光武高其节。建武中，公车特征，老病不到，卒于家。

①史记曰，喜追杀项羽，以功封。

②续齐谐记曰："宝年九岁时，至华阴山北，见一黄雀为鸱枭所搏，坠于树下，为蝼蚁所困。宝取之以归，置巾箱中，唯食黄花，百馀日毛羽成，乃飞去。其夜有黄衣童子向宝再拜曰：'我西王母使者，君仁爱救拯，实感成济。'以白环四枚与宝：'令君子孙洁白，位登三事，当如此环矣。'"

③龚胜字君宾，龚舍字君倩，蒋诩字元卿，并以高节著名。见前书。

震少好学，受欧阳尚书于太常桓郁，明经博览，无不穷究。诸儒为之语曰："关西孔子杨伯起。"常客居于湖，①不答州郡礼命数十年，②众人谓之晚暮，而震志愈笃。后有冠雀衔三鳣鱼，飞集讲堂前，③都讲取鱼进曰："蛇鳣者，卿大夫服之象也。数三者，法三台也。先生自此升矣。"年五十，乃始仕州郡。

①今湖城县。

②续汉(志)〔书〕曰[2]"教授二十馀年，州请召，数称病不就。少孤贫，独与母居，假地种殖，以给供养，诸生尝有助种蓝者，震辄拔，更以距其后，乡里称孝"也。

③冠音贯，即鹳雀也。鳣音善。韩子云："鳣似蛇。"臣贤案：续汉及谢承书"鳣"字皆作"鱓"，然则"鳣""鱓"古字通也。鳣鱼长者不过三尺，黄地黑文，故都讲云"蛇鱓，卿大夫之服象也"。郭璞云"鳣鱼长二三丈，音知然反"，安有鹳雀能胜二三丈乎？此为鳣明矣。

大将军邓骘闻其贤而辟之，举茂才，四迁荆州刺史、东莱太守。当之郡，道经昌邑，①故所举荆州茂才王密为昌邑令，谒见，至夜怀金十斤以遗震。震曰："故人知君，君不知故人，何也？"密曰："暮夜无知者。"震曰："天知，神知，我知，子知。何谓无知！"密愧而出。后转涿郡太守。性公廉，不受私谒。子孙常蔬食步行，故旧长者或欲令为开产业，震不肯，曰："使后世称为清白吏子孙，以此遗之，不亦厚乎！"

①昌邑故城在今兖州金乡县西北也。

元初四年，征入为太仆，迁太常。先是博士选举多不以实，震举荐明经名士陈留杨伦等，①显传学业，诸儒称之。

①伦字仲桓。[3]谢承书云："荐杨仲桓等五人，各从家拜博士。"

永宁元年，代刘恺为司徒。明年，邓太后崩，内宠始横。安帝乳母王圣，因保养之勤，缘恩放恣；圣子女伯荣出入宫掖，传通奸赂。震上疏曰："臣闻政以得贤为本，理以去秽为务。①是以唐虞俊乂在官，四凶流放，天下咸服，以致雍熙。②方今九德未事，③嬖倖充庭。④阿母王圣出自贱微，得遭千载，奉养圣躬，虽有推燥居湿之勤，⑤前后赏惠，过报劳苦，而无厌之心，不知纪极，⑥外交属托，扰乱天下，损辱清朝，尘点日月。书诫牝鸡牡鸣，⑦诗刺哲妇丧国。⑧昔郑严公从母氏之欲，恣骄弟之情，几至危国，然后加讨，春秋贬之，以为失教。⑨夫女子小人，近之喜，远之怨，实为难养。⑩易曰：'无攸遂，在中馈。'⑪言妇人不得与于政事也。宜速出阿母，令居外舍，断绝伯荣，莫使往来，令恩德两隆，上下俱美。惟陛下绝婉娈之私，割不忍之心，⑫留神万机，诫慎拜爵，减省献御，损节征发。令野无鹤鸣之叹，⑬朝无小明之悔，⑭大东不兴于今，⑮劳止不怨于下。⑯拟踪往古，比德哲王，岂不休哉！"奏御，帝以示阿母等，内倖皆怀忿恚。而伯荣骄淫尤甚，与故朝阳侯刘护从兄瓌交通，⑰瓌遂以为妻，得袭护爵，位至侍中。震深疾之，复诣阙上疏曰："臣闻高祖与群臣约，非功臣不得封，故经制父死子继，兄亡弟及，以防篡也。⑱伏见诏书封故朝阳侯刘护再从兄瓌袭护爵为侯。护同产弟威，今犹见在。臣闻天子专封封有功，诸侯专爵爵有德。今瓌无佗功行，但以配阿母女，一时之閒，既位侍中，又至封侯，不稽旧制，不合经义，行人諠譁，百姓不安。陛下宜览镜既往，顺帝之则。"书奏不省。

①墨子曰："夫尚贤者，政本也。"左传曰："为国者，如农夫之务去草焉。"

②尚书曰："四罪而天下咸服。"又曰："黎人于变时雍，庶绩咸熙。"雍，和也。熙，广也。

③尚书皋繇谟曰："亦行有九德：宽而栗，柔而立，愿而龚，乱而敬，扰而毅，直而温，简而廉，刚而塞，强而谊。"又曰："九德咸事，俊乂在官。"

④谥法曰："贱而得爱曰嬖。"

⑤孝经援神契曰"母之于子也，鞠养殷勤，推燥居湿，绝少分甘"也。

⑥左传曰，缙云氏有不材子，聚敛积实，不知纪极。

⑦牝，雌也。牡，雄也。尚书："古人有言，牝鸡无晨，牝鸡之晨，唯家之索。"

⑧诗大雅曰："哲夫成城，哲妇倾城。"

⑨严公，庄公也，避明帝讳改焉。左传，郑庄公杀母弟段，称郑伯，讥失教也。

⑩论语曰"唯女子与小人为难养，近之则不逊，远之则怨"也。

⑪家人卦六二爻辞也。郑玄注曰："二为阴爻，得正于内；五，阳爻也，得正于外。犹妇人自修正于内，丈夫脩正于外。无攸遂，言妇人无敢自遂也。爻体离，又互体坎，火位在下，水在上，饪之象也。馈，食也，故云在中馈也。"

⑫诗国风候人篇序曰："曹共公远君子而近小人。"其诗曰："婉兮娈兮，季女斯饥。"婉，少皃。娈，好皃也。

⑬诗小雅序曰："鹤鸣，诲宣王也。"郑玄注云："教周宣王求贤人之未仕者。"其诗曰："鹤鸣于九皋，声闻于野。"言身隐而名著，喻贤者虽隐居，人咸知之。

⑭诗小雅序曰："小明，大夫悔仕于乱也。"小明者，言周幽王日小其明，损其政事，以至于乱。

⑮诗小雅序："大东，刺乱也。"其诗曰："小东大东，杼柚其空。"郑玄注云："小亦于东，大亦于东，言赋敛多也。"

⑯诗大雅序曰："人劳，刺厉王也。"其诗曰"人亦劳止，迄可小康"也。

⑰护，泗水王歙之从曾孙。

⑱公羊传曰："刘子、单子以王猛入于王城者何？西周也。其言入何？

篡辞也。[4]冬十月，王子猛卒。此未踰年之君，其称王子猛卒何？不予当也。不予当者，不与当父死子继，兄亡弟及也。”

延光二年，代刘恺为太尉。帝舅大鸿胪耿宝荐中常侍李闰兄于震，震不从。宝乃自往候震曰：“李常侍国家所重，欲令公辟其兄，宝唯传上意耳。”①震曰：“如朝廷欲令三府辟召，故宜有尚书敕。”遂拒不许，宝大恨而去。皇后兄执金吾阎显亦荐所亲厚于震，震又不从。司空刘授闻之，②即辟此二人，旬日中皆见拔擢。由是震益见怨。

①言非己本心，传在上之意。

②汉官仪：“授字孟春，武原人。”

时诏遣使者大为阿母脩第，中常侍樊丰及侍中周广、谢恽等更相扇动，倾摇朝廷。震复上疏曰：“臣闻古者九年耕必有三年之储，故尧遭洪水，人无菜色。①臣伏念方今灾害发起，弥弥滋甚，②百姓空虚，不能自赡。重以螟蝗，羌虏钞掠，三边震扰，战斗之役至今未息，兵甲军粮不能复给。大司农帑藏匮乏，殆非社稷安宁之时。伏见诏书为阿母兴起津城门内第舍，③合两为一，连里竟街，④雕修缮饰，穷极巧伎。今盛夏土王，而攻山采石，其大匠左校别部将作合数十处，⑤转相迫促，为费巨亿。周广、谢恽兄弟，与国无肺腑枝叶之属，依倚近幸奸佞之人，与樊丰、王永等分威共权，属托州郡，倾动大臣。宰司辟召，承望旨意，招来海内贪汙之人，受其货赂，至有臧锢弃世之徒复得显用。⑥白黑溷淆，清浊同源，天下讙譁，咸曰财货上流，为朝结讥。臣闻师言：‘上之所取，财尽则怨，力尽则叛。’怨叛之人，不可复使，故曰：‘百姓不足，君谁与足？’⑦惟陛下度之。”丰、恽等见震连切谏不从，无所顾忌，遂诈作诏书，调发司农钱縠、大匠见徒材木，各起家舍、园池、庐观，役费无数。

①言有储蓄，人无食菜之饥色也。

②弥弥犹稍稍也。韦孟诗曰“弥弥其失”也。

③津城门，洛阳南面西头门也。

④合两坊而为一宅。里即坊也。

⑤续汉志将作大匠，秩二千石。左校令，秩六百石。

⑥有臧贿禁锢之人也。

⑦论语有若对鲁哀公之词。

震因地震，复上疏曰：“臣蒙恩备台辅，不能奉宣政化，调和阴阳，去年十(一)〔二〕月四日，京师地动。[5]臣闻师言：‘地者阴精，当安静承阳。’而今动摇者，阴道盛也。其日戊辰，三者皆土，位在中宫，①此中臣近官盛于持权用事之象也。臣伏惟陛下以边境未宁，躬自菲薄，宫殿垣屋倾倚，枝柱而已，②无所兴造，欲令远近咸知政化之清流，商邑之翼翼也。③而亲近幸臣，未崇断金，④骄溢踰法，多请徒士，盛修第舍，卖弄威福。道路讙譁，众所闻见。地动之变，近在城郭，殆为此发。又冬无宿雪，春节未雨，百僚燋心，而缮修不止，诚致旱之征也。书曰：‘僭恒阳若，臣无作威作福玉食。’⑤唯陛下奋乾刚之德，⑥弃骄奢之臣，以掩訞言之口，奉承皇天之戒，无令威福久移于下。”

①戊干辰支皆土也，并地动，故言三者。

②倚，邪也。柱音竹主反。

③诗商颂“商邑翼翼，四方之极”也。

④易系辞曰：“二人同心，其利断金。”言邪佞之臣，不与上同心。

⑤尚书洪范之词也。僭，差也。若，顺也。君行僭差，则常阳顺之也。言唯君得专威福，为美食。

⑥易曰："大哉乾乎！刚健中正，纯粹精也。"

震前后所上，转有切至，帝既不平之，而樊丰等皆侧目愤怨，俱以其名儒，未敢加害。寻有河閒男子赵腾诣阙上书，指陈得失。帝发怒，遂收考诏狱，结以罔上不道。震复上疏救之曰："臣闻尧舜之世，谏鼓谤木，立之于朝；①殷周哲王，小人怨詈，则还自敬德。②〔6〕所以达聪明，开不讳，博采负薪，尽极下情也。今赵腾所坐激讦谤语为罪，与手刃犯法有差。乞为亏除，全腾之命，以诱刍荛舆人之言。"③帝不省，腾竟伏尸都市。

①帝王纪曰："尧置敢谏之鼓，舜立诽谤之木。"

②尚书曰"自殷王中宗及高宗及祖甲及我周文王，兹四人迪哲。厥或告之曰小人怨女詈女，则皇自敬德"也。

③舆，众也。诗曰："询于刍荛。"左氏传曰"听舆人之谋"也。

会三年春，东巡岱宗，樊丰等因乘舆在外，竞修第宅，震部掾高舒召大匠令史考校之，①得丰等所诈下诏书，具奏，须行还上之。丰等闻，惶怖，会太史言星变逆行，遂共谮震云："自赵腾死后，深用怨怼；②且邓氏故吏，有恚恨之心。"③及车驾行还，便时太学，④夜遣使者策收震太尉印绶，于是柴门绝宾客。丰等复恶之，乃请大将军耿宝奏震大臣不服罪，怀恚望，有诏遣归本郡。震行至城西几阳亭，〔7〕乃慷慨谓其诸子门人曰：⑤"死者士之常分。吾蒙恩居上司，疾奸臣狡猾而不能诛，恶嬖女倾乱而不能禁，何面目复见日月！身死之日，以杂木为棺，布单被裁足盖形，勿归冢次，勿设祭祠。"因饮酖而卒，时年七十馀。弘农太守移良⑥承樊丰等旨，遣吏于陕县留停震丧，露棺道侧，⑦谪震诸子代邮行书，道路皆为陨涕。⑧

①史谓府吏也。

②怼，怨怒也。

③震初邓骘辟之，故曰故吏。

④且于太学待吉时而后入也，故曰便时。前书"便时上林延寿门"也。

⑤慷慨，悲叹。

⑥风俗通曰："齐公子雍食菜于移，其后氏焉。"

⑦谢承书曰："震临没，谓诸子以牛车薄篑，载柩还归。"

⑧说文："邮，境上行书舍也。"广雅曰："邮，驿也。"

岁馀，顺帝即位，樊丰、周广等诛死，震门生虞放、陈翼诣阙追讼震事。朝廷咸称其忠，乃下诏除二子为郎，赠钱百万，以礼改葬于华阴潼亭，[①]远近毕至。先葬十馀日，有大鸟高丈馀，集震丧前，俯仰悲鸣，泪下霑地，葬毕，乃飞去。郡以状上。[②]时连有灾异，帝感震之枉，乃下诏策曰："故太尉震，正直是与，俾匡时政，而青蝇点素，同兹在藩。[③]上天降威，灾眚屡作，尔卜尔筮，惟震之故。朕之不德，用彰厥咎，山崩栋折，我其危哉！[④]今使太守丞以中牢具祠，魂而有灵，傥其歆享。"于是时人立石鸟象于其墓所。

①墓在今潼关西大道之北，其碑尚存。

②续汉书曰："大鸟来止亭树，下地安行到柩前，正立低头泪出。众人更共摩抚抱持，终不惊骇。"谢承书曰："其鸟五色，高丈馀，两翼长二丈三尺，人莫知其名也。"

③藩，樊也。诗云："营营青蝇，止于樊，恺悌君子，无信谗言。"青蝇，污白使黑，污黑使白，喻佞人变乱善恶也。

④礼记曰："孔子将终，歌曰：'泰山其颓乎！梁木其坏乎！'"

震之被谮也，高舒亦得罪，以减死论。及震事显，舒拜侍御史，至荆州刺史。

震五子。长子牧，富波相。①

①富波，县，属汝南郡。

牧孙奇，灵帝时为侍中，帝尝从容问奇曰[8]："朕何如桓帝？"对曰："陛下之于桓帝，亦犹虞舜比德唐尧。"帝不悦曰："卿强项，真杨震子孙，①死后必复致大鸟矣。"出为汝南太守。帝崩后，复入为侍中卫尉，从献帝西迁，有功勤。及李傕胁帝归其营，奇与黄门侍郎钟繇诱傕部曲将宋晔、杨昂令反傕，傕由此孤弱，帝乃得东。②后徙都许，追封奇子亮为阳成亭侯。③

①强项，言不低屈也，光武谓董宣为"强项令"也。

②魏志曰，繇为黄门侍郎，傕胁天子，繇与尚书郎韩斌同策谋。天子得出长安，繇有力焉。

③亮旧宅在阌乡县西南。

震少子奉，奉子敷，笃志博闻，议者以为能世其家。敷早卒，子众，亦传先业，以谒者仆射从献帝入关，累迁御史中丞。及帝东还，夜走度河，众率诸官属步从至太阳，拜侍中。①建安二年，追前功封蓩亭侯。②

①太阳，县，属河东郡。

②郡国志桃林县有蓩乡，[9]音莫老反。

震中子秉。

秉字叔节，[10]少传父业，兼明京氏易，博通书传，常隐居教授。年四十余，乃应司空辟，拜侍御史，频出为豫、荆、徐、兖四州刺史，迁任城相。自为刺史、二千石，计日受奉，馀禄不入私门。故吏赍钱百万遗之，闭门不受。以廉洁称。

桓帝即位，以明尚书征入劝讲，①拜太中大夫、左中郎将，迁侍中、尚书。帝时微行，私过幸河南尹梁胤府舍。②[11]是日大风拔树，昼昏，秉因上疏谏曰："臣闻瑞由德至，灾应事生。传曰：'祸福无门，唯人所召。'③天不言语，以灾异谴告，是以孔子迅雷风烈必有变动。诗云：'敬天之威，不敢驱驰。'④王者至尊，出入有常，警跸而行，静室而止，⑤自非郊庙之事，则銮旗不驾。⑥故诗称'自郊徂宫'，⑦易曰'王假有庙，致孝享也'。⑧诸侯如臣之家，春秋尚列其诫，⑨况以先王法服而私出槃游！⑩降乱尊卑，等威无序，⑪侍卫守空宫，绂玺委女妾，设有非常之变，任章之谋，⑫上负先帝，下悔靡及。臣奕世受恩，⑬得备纳言，⑭又以薄学，充在讲劝，特蒙哀识，[12]见照日月，恩重命轻，义使士死，敢惮摧折，略陈其愚。"帝不纳。秉以病乞退，出为右扶风。太尉黄琼[13]惜其去朝廷，上秉劝讲帷幄，不宜外迁，留拜光禄大夫。是时大将军梁冀用权，秉称病。六年，冀诛后，乃拜太仆，迁太常。

①劝讲，犹侍讲也。

②胤，梁冀子也。

③左传闵子马之词。

④诗大雅曰"敬天之怒，无敢戏豫，敬天之渝，无敢驰驱"，与此文稍异也。

⑤跸，止行人也。静室谓先使清宫也。前书音义曰，汉有静室令也。

⑥汉官仪曰"前驱有云罕，皮轩銮旗车"也。

⑦诗大雅云汉之词也。郊，祭天也。

⑧萃卦词也。假，至也。假音格。

⑨左传，齐庄公如崔杼之家，为杼所杀也。

⑩法服谓天子服，日、月、星辰、山、龙、华虫、藻、火、粉、米、〔黼、黻〕十二章。[14]

⑪等威谓威仪有等差也。左传曰"贵有常尊,贱有等威"也。

⑫前书曰,代郡太守任宣坐谋反诛,宣子章为公车丞,亡在渭城界中,夜玄服入庙,居郎间,[15]执戟立于庙门,待上至,欲为逆,发觉伏诛也。

⑬奕犹重也。

⑭纳言,尚书。

延熹三年,白马令李云以谏受罪,秉争之不能得,坐免官,归田里。①其年冬,复征拜河南尹。先是中常侍单超弟匡[16]为济阴太守,以臧罪为刺史第五种所劾,窘急,乃赂客任方刺兖州从事卫羽。事已见种传。及捕得方,囚系洛阳,匡虑秉当穷竟其事,密令方等得突狱亡走。尚书召秉诘责,秉对曰:"春秋不诛黎比而鲁多盗,②方等无状,衅由单匡。刺执法之吏,害奉公之臣,复令逃窜,宽纵罪身,元恶大憝,终为国害。乞槛车征匡考覈其事,则奸慝踪绪,必可立得。"而秉竟坐输作左校,以久旱赦出。

①谢承书曰:"秉免归,雅素清俭,家至贫窭,并日而食。任城故孝廉景虑赍钱百馀万,就以饷秉,秉闭门距绝不受。"

②左传曰:"邾庶其以漆闾丘来奔,于是鲁多盗。"臣贤案:黎比,莒国之君,恐别有所据也。

会日食,太山太守皇甫规等讼秉忠正,不宜久抑不用。有诏公车征秉及处士韦著,二人各称疾不至。有司并劾秉、著大不敬,请下所属正其罪。尚书令周景与尚书边韶议奏:"秉儒学侍讲,常在谦虚;著隐居行义,以退让为节。俱征不至,诚违侧席之望,然逶迤退食,足抑苟进之风。①夫明王之世,必有不召之臣,②圣朝弘养,宜用优游之礼。可告在所属,[17]喻以朝廷恩意。如遂不至,详议其罚。"于是重征,乃到,拜太常。

①诗国风羔羊诗曰:"退食自公,委蛇委蛇。"退食谓减膳也。从于公谓

正直顺于事也。委蛇，委曲自得之皃。

②尧时许由，禹时伯成子高，汤时务光等。

五年冬，代刘矩为太尉。是时宦官方炽，任人及子弟为官，[①]布满天下，竞为贪淫，朝野嗟怨。秉与司空周景上言："内外吏职，多非其人，自顷所征，皆特拜不试，致盗窃纵恣，怨讼纷错。旧典，中臣子弟不得居位秉埶，而今枝叶宾客布列职署，或年少庸人，典据守宰，上下忿患，四方愁毒。可遵用旧章，退贪残，塞灾谤。请下司隶校尉、中二千石、二千石、城门五营校尉、北军中候，各实核所部，应当斥罢，自以状言，三府廉察有遗漏，续上。"帝从之。于是秉条奏牧守以下匈奴中郎将燕瑗、青州刺史羊亮、辽东太守孙谊等五十馀人，或死或免，天下莫不肃然。

①任谓保任。

时郡国计吏多留拜为郎，秉上言三署见郎七百馀人，[①]帑臧空虚，浮食者众，而不良守相，欲因国为池，浇濯衅秽。宜绝横拜，以塞觊觎之端。[②]自此终桓帝世，计吏无复留拜者。

①三署郎，解见和帝纪。

②左传曰："下无觊觎。"杜预注曰："无冀望上位。"

七年，南巡园陵，特诏秉从。南阳太守张彪与帝微时有旧恩，以车驾当至，因傍发调，多以入私。秉闻之，下书责让荆州刺史，以状副言公府。[①]及行至南阳，左右并通奸利，诏书多所除拜。秉复上疏谏曰："臣闻先王建国，顺天制官。[②]太微积星，名为郎位，[③]入奉宿卫，出牧百姓。皋陶诫虞，在于官人。[④]顷者道路拜除，恩加竖隶，爵以货成，化由此败，所以俗夫巷议，白驹远逝，[⑤]穆穆清朝，远近莫观。宜割不忍之恩，以断求欲之路。"于是诏除乃止。

①南阳郡，荆州所部也。

②尚书曰："明王奉若天道，建邦设都。"孔安国注云："天有日、月、北斗、五星、二十八宿，皆有尊卑相正之法。明王奉顺此道，建国设都。"

③史记天官书曰，太微宫五帝坐，后聚二十五星蔚然，曰郎位。积，聚也。

④尚书皋陶诫舜曰"在知人，在官人"也。

⑤孔子曰："天下有道，庶人不议。"诗小雅曰："皎皎白驹，食我场苗，所谓伊人，于焉逍遥。"言宣王官失其人，贤者乘白驹而去之。

时中常侍侯览弟参为益州刺史，累有臧罪，暴虐一州。明年，秉劾奏参，槛车征诣廷尉。参惶恐，道自杀。①秉因奏览及中常侍具瑗曰："臣案国旧典，宦竖之官，本在给使省闼，司昏守夜，而今猥受过宠，执政操权。其阿谀取容者，则因公褒举，以报私惠；有忤逆于心者，必求事中伤，肆其凶忿。居法王公，富拟国家，饮食极肴膳，仆妾盈纨素，虽季氏专鲁，穰侯擅秦，何以尚兹！②案中常侍侯览弟参，贪残元恶，自取祸灭，览顾知衅重[18]，必有自疑之意，臣愚以为不宜复见亲近。昔懿公刑邴歜之父，夺阎职之妻，而使二人参乘，卒有竹中之难，春秋书之，以为至戒。③盖郑詹来而国乱，四佞放而众服。④以此观之，容可近乎？览宜急屏斥，投畀(有)〔豺〕虎。⑤[19]若斯之人，非恩所宥，请免官送归本郡。"书奏，尚书召对秉掾属曰：⑥"公府外职，而奏劾近官，经典汉制有故事乎？"秉使对曰："春秋赵鞅以晋阳之甲，逐君侧之恶。⑦传曰：'除君之恶，唯力是视。'⑧邓通懈慢，申屠嘉召通诘责，文帝从而请之。⑨汉世故事，三公之职无所不统。"尚书不能诘。帝不得已，竟免览官，而削瑗国。每朝廷有得失，辄尽忠规谏，多见纳用。

①谢承书曰："秉奏'参取受罪臧累亿。牂柯男子张攸，居为富室，参横

加非罪，云造讹言，杀攸家八人，没入庐宅。又与同郡诸生李元之官，共饮酒，醉饱之后，戏故相犯，诬言有淫慝之罪，应时捶杀。以人臣之埶，行桀纣之态，伤和逆理，痛感天地，宜当纠持，以谢一州’。又曰‘京兆尹袁逢于长安客舍中得参重车三百馀乘，金银珍玩，不可称记’。”

②季氏，鲁卿，世专鲁政。孔子曰：“季氏富于周公。”史记曰，穰侯魏冉者，秦昭王母宣太后弟也，为秦相国，侈富于王室。尚犹加也。

③左传曰“齐懿公之为公子也，与邴歜之父争田弗胜。及即位，乃掘而刖之，而使歜仆。纳阎职之妻，而使职骖乘。夏五月，公游于申池。歜以扑抶职，职怒，歜曰：‘人夺汝妻而不怒，一抶汝，庸何伤？’职曰：‘与刖其父而弗能病者何如？’乃谋杀懿公，纳诸竹中，归，舍爵而行”也。

④公羊传曰：“郑詹自齐逃来，何以书？甚佞也，曰佞人来矣。”后鲁庄公取齐淫女，卒为后败。四佞即四凶也。

⑤畀，与也。诗小雅曰：“取彼谮人，投畀豺虎。”

⑥召秉掾属问之。

⑦公羊传曰：“赵鞅取晋阳之甲，以逐荀寅、士吉射。曷为此？逐君侧之恶人也。”

⑧左传曰晋寺人披言也。[20]

⑨前书邓通，文帝幸臣，为太中大夫，居上傍怠慢。丞相申屠嘉罢朝，坐府中，召通至，不为礼，责曰：“通小臣，戏殿上，大不敬，当斩。”通顿首，首尽出血。上使使持节召通而谢丞相：“此吾弄臣，君释之。”

秉性不饮酒，又早丧夫人，遂不复娶，所在以淳白称。尝从容言曰：“我有三不惑：酒，色，财也。”八年薨，时年七十四，赐茔陪陵。子赐。

赐字伯献。[21]少传家学，笃志博闻。常退居隐约，教授门徒，不答州郡礼命。后辟大将军梁冀府，非其好也。出除陈仓令，因病不行。公车征不至，连辞三公之命。后以司空高第，再迁侍中、越骑校尉。

建宁初，灵帝当受学，诏太傅、三公选通尚书桓君章句宿有重名者，三公举赐，乃侍讲于华光殿中。①迁少府、光禄勋。

①洛阳宫殿名曰："华光殿在崇光殿北。"

熹平元年，青虵见御坐，帝以问赐，赐上封事曰："臣闻和气致祥，乖气致灾，休征则五福应，①咎征则六极至。②夫善不妄来，灾不空发。王者心有所惟，意有所想，虽未形颜色，而五星以之推移，阴阳为其变度。以此而观，天之与人，岂不符哉？尚书曰：'天齐乎人，假我一日。'是其明征也。③夫皇极不建，则有蛇龙之孽。④诗云：'惟虺惟蛇，女子之祥。'⑤故春秋两蛇斗于郑门，昭公殆以女败；⑥康王一朝晏起，关雎见几而作。⑦夫女谒行则谗夫昌，谗夫昌则苞苴通，故殷汤以之自戒，终济亢旱之灾。⑧惟陛下思乾刚之道，别内外之宜，崇帝乙之制，受元吉之祉，⑨抑皇甫之权，割艳妻之爱，⑩则蛇变可消，祯祥立应。殷戊、宋景，其事甚明。"⑪

①休，美也。征，验也。五福：一曰寿，二曰富，三曰康宁，四曰逌好德，五曰考终命。

②咎，恶也。六极：一曰凶短折，二曰疾，三曰忧，四曰贫，五曰恶，六曰弱。并见尚书。

③我谓君也。天意欲整齐于人，必假于君也。今尚书文"假"作"俾"。俾，使也，义亦通。

④洪范五行传曰：皇，大也。极，中也。建，立也。孽，灾也。君不合大中，是谓不立。蛇龙，阴类也。

⑤诗小雅也。虺蛇，穴居，阴之类，故为女子之祥也。

⑥洪范五行传曰："初，郑厉公劫相祭仲而篡兄昭公，立为郑君。后雍纠之难，厉公出奔，郑人立昭公。既立，内蛇与外蛇斗郑南门中，内蛇死。是时傅瑕仕于郑，欲内厉公，故内蛇死者，昭公将败，厉公将胜之象也。是时昭公宜布恩施惠，[22]以抚百姓，举贤崇德，以厉群臣，观察左右，以省奸谋，则内变不得生，外谋无由起矣。昭公不觉，果杀于傅瑕，二子死而厉公入，此其效也。诗云：'惟虺惟蛇，女子之祥。'郑昭公殆以女子败矣。"

⑦前书曰："佩玉晏鸣，关雎叹之。"音义曰："后夫人，鸡鸣佩玉去君所。周康王后不然，故诗人叹而伤之。此事见鲁诗，今亡失也。"

⑧说苑曰："汤自伐桀后，大旱七年，洛川竭，使人持三足鼎祝于山川曰：'政不节邪？使人疾邪？苞苴行邪？谗夫昌邪？宫室荣邪？女谒行邪？何不雨之极！'言未已而天大雨。"

⑨易泰卦六五曰"帝乙归妹，以祉元吉"也。

⑩艳妻，周幽王后褒姒也。皇甫卿士等皆后之党，用后嬖宠而居位也。诗曰"皇甫卿士，艳妻煽方处"也。

⑪殷王太戊时，桑榖共生于朝，修德而桑榖死。景公时，[23]荧惑守心，修德而星退舍。并见史记。

二年，代唐珍为司空，以灾异免。复拜光禄大夫，秩中二千石。五年，代袁隗为司徒。是时朝廷爵授，多不以次，而帝好微行，游幸外苑。赐复上疏曰："臣闻天生蒸民，不能自理，①故立君长使司牧之，②是以唐虞兢兢业业，③周文日昃不暇，④[24]明慎庶官，俊乂在职，三载考绩，⑤以观厥成。而今所序用无佗德，有形埶者，旬日累迁，守真之徒，历载不转，劳逸无别，善恶同流，北山之诗，所为训作。⑥又闻数微行出幸苑囿，观鹰犬之埶，极槃游之荒，⑦政事日堕，⑧大化陵迟。陛下不顾二祖之勤止，⑨追慕五宗之美踪，⑩而欲以望太平,是由曲表而欲直景,卻行而求及前人也。⑪宜绝慢慠之戏,念官人之重,割用板之恩,慎贯鱼之次,⑫无令丑女有四殆之叹,⑬遐迩有愤怨之声。臣受恩偏特,忝任师傅,不敢自同凡臣,括囊避咎。⑭谨自手书密上。"

①蒸,众也。

②司,主也。牧,养也。

③兢兢,戒慎。业业,危惧。尚书皋陶谟曰:"兢兢业业,一日二日万机。"

④尚书曰:"文王自朝至于日中仄,[25]弗遑暇食。"

⑤尚书曰"三载考绩,黜陟幽明"也。

⑥诗小雅曰:"陟彼北山,言采其杞。偕偕士子,朝夕从事。大夫不均,我从事独贤。"

⑦槃,乐也。诗曰:"槃于游田。"书曰:"内作色荒,外作禽荒。"

⑧许规反。

⑨二祖,高祖、光武也。诗曰:"文王既勤止。"

⑩文帝太宗、武帝世宗、宣帝中宗、明帝显宗、章帝肃宗也。

⑪孙卿子曰:"犹立枉木而求其影之直也。"韩诗外传曰:"夫明镜所以照形也,往古所以知今也。夫知恶往古之恶而不知修今之善,恶往古之所以危亡而不知袭积其所以安存,则无以异乎却行而求逮于前人也。"

⑫板谓诏书也。易剥卦曰:"贯鱼,以宫人宠。"言王者御宫人,如贯鱼之有次序也。

⑬刘向列女传曰:"锺离春者,齐无盐邑之女,齐宣王之正后也。其为人也,极丑无双,臼头深目,长壮大节,[26]卬鼻结喉,肥项少发,折腰出匈,[27]皮肤若漆。年四十,[28]行嫁不售,[29]自谒宣王,举手拊膝曰:'殆哉!殆哉!'曰:'今王之国,西有衡秦之患,南有强楚之雠,外有二

国之难，一旦山陵崩弛，社稷不安，此一殆也。渐台五重，万人罢极，此二殆也。贤者伏匿于山林，谄谀者强于左右，此三殆也。饮酒沈湎，以夜继昼，外不脩诸侯之礼，内不秉国家之政，此四殆也。'”

⑭括，结也。易曰："括囊无咎无誉。"

后坐辟党人免。复拜光禄大夫。光和元年，有虹蜺昼降于嘉德殿前，①帝恶之，引赐及议郎蔡邕等入金商门崇德署，②使中常侍曹节、王甫问以祥异祸福所在。赐仰天而叹，谓节等曰："吾每读张禹传，未尝不愤恚叹息，既不能竭忠尽情，极言其要，而反留意少子，乞还女婿。③朱游欲得尚方斩马剑以理之，固其宜也。④吾以微薄之学，充先师之末，累世见宠，无以报国。猥当大问，死而后已。"乃书对曰："臣闻之经传，或得神以昌，或得神以亡。⑤国家休明，则鉴其德；邪辟昏乱，则视其祸。今殿前之气，应为虹蜺，皆妖邪所生，不正之象，诗人所谓蝃蝀者也。⑥于中孚经曰：'蜺之比，无德以色亲。'⑦方今内多嬖倖，外任小臣，上下并怨，諠譁盈路，是以灾异屡见，前后丁宁。今复投蜺，可谓孰矣。⑧案春秋谶曰：'天投蜺，天下怨，海内乱。'⑨加四百之期，亦复垂及。⑩昔虹贯牛山，管仲谏桓公无近妃宫。⑪易曰：'天垂象，见吉凶，圣人则之。'⑫今妾媵嬖人阉尹之徒，共专国朝，欺罔日月。又鸿都门下，招会群小，造作赋说，以虫篆小技见宠于时，⑬如驩兜、共工更相荐说，⑭旬月之閒，并各拔擢，乐松处常伯，任芝居纳言。郄俭、梁鹄俱以便辟之性，佞辩之心，各受丰爵不次之宠，而令搢绅之徒委伏畎亩，口诵尧舜之言，身蹈绝俗之行，弃捐沟壑，不见逮及。冠履倒易，陵谷代处，⑮从小人之邪意，顺无知之私欲，不念板、荡之作，虺蜴之诫。⑯殆哉之危，莫过于今。⑰幸赖皇天垂象谴告。周书曰：'天子见怪则修德，诸侯见怪则修政，卿大夫见怪则修职，士庶人见怪则修身。’惟陛下慎经典之诫，图变复之道，⑱斥远佞巧之臣，速征鹤鸣之士，内亲张仲，外任山甫，⑲断绝尺一，抑止槃游，留思庶政，无敢怠遑。冀上天还威，众变可弭。老臣过受师傅之任，数蒙宠异之恩，岂敢爱惜垂没之年，而不尽其惓惓之心哉！”⑳书奏，甚忤曹节等。蔡邕坐直对抵罪，徙朔方。赐以师傅之恩，故得免咎。

①洛阳记，殿在九龙门内。郭景纯注尔雅曰："双出，色鲜盛者为雄，曰虹；暗者为雌，曰蜺。"

②戴延之西征记曰："太极殿西有金商门。"

③张禹，成帝时为丞相，以师傅恩，禹每疾，辄以起居闻，车驾日临问之，拜禹床下。禹顿首谢恩，言"老臣有四男一女，爱女甚于男，远嫁为张掖太守萧咸妻，不胜父子私情，思与女相近"。上即时徙咸为弘农太守。又禹少子未有官，上临候禹，禹数视其少子，[30]上即禹床下拜为黄门给事中也。

④朱云字游。张禹以帝师尊重，云上书求见，公卿在前，云曰："今朝廷大臣不能匡主，臣愿得尚方斩马剑，断佞臣一人头，以厉其馀。"上问："谁也？"对曰："安昌侯张禹。"尚方，少府之属官也，作供御器物，故有斩马剑，利可以斩马也。并见前书。

⑤左传曰："有神降于莘，周内史过曰：'国之将兴，明神降之，监其德也。将亡，神又降之，观其恶也。故有得神以兴，亦有以亡。'"国语曰"昔夏之兴也，祝融降于崇山；其亡也，回禄信于黔遂。商之兴也，梼杌次于(平)〔丕〕山；[31]其亡也，夷羊在牧。周之兴也，鸑鷟鸣于岐山；其衰也，杜伯射王于鄗"也。

⑥韩诗序曰："蝃蝀，刺奔女也。蝃蝀在东，莫之敢指，诗人言蝃蝀在东者，邪色乘阳，人君淫佚之征。臣子为君父隐藏，故言莫之敢指。"蝃音帝。蝀音董。[32]

⑦易稽览图中孚经之文也。比，类也。郑玄注曰："霓，邪气也。阴无德，以好色得亲幸于阳也。"

⑧孰，成也。

⑨春秋演孔图曰："霓者，斗之乱精也。失度投霓见。"宋均注曰："投霓，投应也。"

⑩汉终于四百年，解见献帝纪。

⑪春秋文曜钩曰："白虹贯牛山，管仲谏曰：'无近妃宫，君恐失权。'齐侯大惧，退去色党，更立贤辅，使后出望，上牛山四面听之，以厌神。"宋均注曰："山，君位也。虹蜺，阴气也。阴气贯之，君惑于妻党之象也。望谓祭以谢过也。"流俗本"山"作"升"者，误也。

⑫上系之词。则，效也。

⑬法言曰"赋者，童子彫虫篆刻，壮夫不为"也。

⑭尚书驩兜曰："都，共工方鸠僝功。"

⑮楚词曰："冠履兮杂处。"诗曰"高岸为谷，深谷为陵"也。

⑯诗大雅序曰："板，凡伯刺厉王也。"其诗曰："上帝板板，下人卒瘅。""荡，邵穆公伤周室大坏也。"其诗曰："荡荡上帝，下人之辟。"又云："哀今之人，胡为虺蜴。"注云："蜴，蝾螈也。虺蜴之性，见人则走。哀哉，今之人何为如是！伤时政也。"

⑰无盐之词也，解见上。

⑱谓变改而销复之。

⑲诗曰："张仲孝友。"又曰："衮职有阙，仲山甫补之。"皆周宣王贤臣也。

⑳偻偻犹勤勤也。音力侯反。

其冬，行辟雍礼，引赐为三老。复拜少府、光禄勋，代刘郃为司徒。帝欲造毕圭灵琨苑，赐复上疏谏曰："窃闻使者并出，规度城南人田，欲以为苑。昔先王造囿，裁足以脩三驱之礼，薪莱刍牧，皆悉往焉。先帝之制，左开鸿池，右作上林，①不奢不约，以合礼中。今猥规郊城之地，以为苑囿，坏沃衍，②废田园，驱居人，畜禽兽，殆非所谓'若保赤子'之义。③今城外之苑已有五六，④可以逞情意，顺四节也，⑤宜惟夏禹卑宫，⑥太宗露台之意，⑦以尉下民之劳。"书奏，帝欲止，以问侍中任芝、中常侍乐松。松等曰："昔文王之囿百里，人以为小；齐宣五里，〔33〕人以为大。⑧今与百姓共之，无害于政也。"帝悦，遂令筑苑。

①鸿池在洛阳东，上林在西。

②杜预注左传曰："衍沃，平美之地也。"

③书曰"若保赤子，唯人其康乂"也。

④阳嘉元年起西苑，延熹二年造显阳苑。洛阳宫殿名有平乐苑、上林苑。桓帝延熹元年置鸿德苑也。

⑤逞，快也。四节谓春蒐、夏苗、秋狝、冬狩也。

⑥孔子曰"禹恶衣服，卑宫室"也。

⑦文帝欲作露台，召匠计之，直百金。帝曰"百金，中人十家之产。吾奉先帝宫室，常恐羞之，何以台为"也。

⑧孟子齐宣王问曰："文王之囿方七十里，人犹以为小；寡人之囿方四十里，人犹以为大。何也？"曰："文王之囿方七十里，刍荛者往焉，雉菟者往焉，与人同之，人以为小，不亦宜乎？"此云文王百里，齐宣五里，与孟子不同也。

四年，赐以病罢。居无何，拜太常，诏赐御府衣一袭，①自所服冠帻绶，玉壶革带，金错钩佩。②

①衣单复具曰袭。

②金错，以金间错其文。

五年冬，复拜太尉。中平元年，黄巾贼起，赐被召会议诣省閤，切谏忤旨，因以寇贼免。

先是黄巾帅张角等执左道，称大贤，以诳燿百姓，天下繦负归之。赐时在司徒，召掾刘陶告曰："张角等遭赦不悔，而稍益滋蔓，今若下州郡捕讨，恐更骚扰，速成其患。且欲切敕刺史、二千石，简别流人，各护归本郡，以孤弱其党，然后诛其渠帅，可不劳而定，何如？"陶对曰："此孙子所谓不战而屈人之兵，庙胜之术也。"①赐遂上书言之。会去位，事留中。②后帝徙南宫，阅录故事，得赐所上张角奏及前侍讲注籍，③乃感悟，下诏封赐临晋侯，邑千五百户。④初，赐与太尉刘宽、司空张济⑤并入侍讲，自以不宜独受封赏，上书愿分户邑于宽、济。帝嘉叹，复封宽及济子，拜赐尚书令。数日出为廷尉，赐自以代非法家，言曰："三后成功，惟殷于民，皋陶不与焉，盖吝之也。"⑥遂固辞，以特进就第。

①孙子曰："未战而庙胜，得筭多也。未战而庙不胜，得筭少也。"

②谓所论事留在禁中，未施用之。

③所注之籍录。

④临晋，县，属冯翊，故城在今同州朝邑县西南。

⑤济字元江，细阳人也，张(辅)〔酺〕曾孙。[34]

⑥吝，耻也。殷，盛也。尚书曰："伯夷降典，折人惟刑，禹平水土，主名山川，稷降播种，农殖嘉穀，三后成功，惟殷于人。"言皋陶不预其数者，盖耻之。

二年九月，复代张温为司空。其月薨。天子素服，三日不临朝，赠东园梓器襚服，赐钱三百万，布五百匹。策曰："故司空临晋侯赐，华岳所挺，九德纯备，①三叶宰相，辅国以忠。朕昔初载，授道帷幄，②遂阶成勋，以陟大猷。师范之功，昭于内外，庶官之务，劳亦勤止。七在卿校，殊位特进，五登衮职，弭难乂宁。虽受茅土，未答厥勋，哲人其萎，将谁咨度！朕甚惧焉。③礼设殊等，物有服章。今使左中郎将郭仪持节追位特进，④赠司空骠骑将军印绶。”及葬，又使侍御史持节送丧，兰台令史十人发羽林骑轻车介士，⑤前后部鼓吹，又敕骠骑将军官属司空法驾，送至旧茔。⑥公卿已下会葬。谥文烈侯。及小祥，又会焉。子彪嗣。⑦

①挺，生也。九德即皋陶谟九德。

②诗大雅曰：“文王初载。”毛苌注云：“载，识也。”

③礼记曰：“孔子负手曳杖，消摇于门，歌曰：‘太山其颓乎，梁木其坏乎，哲人其萎乎！’”

④前书，张禹为丞相，以老罢就第，以列侯朝朔望，位特进，见礼如丞相。汉杂事曰：“诸侯功德优盛，朝廷所敬异，赐位特进，在三公下。”

⑤续汉志：“轻车，古之战车也，洞朱轮舆，不巾不盖，菑矛戟幢麾。”菑音侧事反。菑谓插也。

⑥续汉志“三公、列侯车，倚鹿，伏熊，黑轓，朱班轮，鹿文飞軨，九游降龙。骑吏四人，皆带剑持棨戟为前列，三百石长导从，置门下五吏，贼曹、功曹皆带剑车道，〔35〕主簿、主记两车为从”也。

⑦礼“期而小祥”，“又期而大祥”。郑玄注曰：“祥，吉也，言其渐即吉也。”

彪字文先，少传家学。初举孝廉，州举茂才，辟公府，皆不应。熹平中，以博习旧闻，公车征拜议郎，①迁侍中、京兆尹。光和中，黄门令王甫使门生于郡界辜榷官财物七千馀万，②彪发其奸，言之司隶。司隶校尉阳球因此奏诛甫，天下莫不惬心。征还为侍中、五官中郎将，迁颍川、南阳太守，复拜侍中，三迁永乐少府、太仆、卫尉。

①华峤书曰:“与马日磾、卢植、蔡邕等著作东观。”

②华峤书曰:“甫使门生王翘辜榷。”解见灵帝纪。

中平六年,代董卓为司空,其冬,代黄琬为司徒。明年,关东兵起,董卓惧,欲迁都以违其难。①乃大会公卿议曰:“高祖都关中十有一世,光武宫洛阳,于今亦十世矣。[36]案石包谶,宜徙都长安,以应天人之意。”百官无敢言者。彪曰:“移都改制,天下大事,故盘庚五迁,殷民胥怨。②〔昔〕关中遭王莽变乱,[37]宫室焚荡,民庶涂炭,百不一在。光武受命,更都洛邑。今天下无虞,③百姓乐安,明公建立圣主,光隆汉祚,无故捐宗庙,弃园陵,恐百姓惊动,必有糜沸之乱。④石包室谶,妖邪之书,岂可信用?”卓曰:“关中肥饶,故秦得并吞六国。且陇右材木自出,致之甚易。又杜陵南山下有武帝故瓦陶灶数千所,并功营之,可使一朝而辨。百姓何足与议!若有前却,我以大兵驱之,可令诣沧海。”⑤彪曰:“天下动之至易,安之甚难,惟明公虑焉。”卓作色曰:“公欲沮国计邪?”⑥太尉黄琬曰:“此国之大事,杨公之言得无可思?”卓不答。司空荀爽见卓意壮,恐害彪等,因从容言曰:“相国岂乐此邪?山东兵起,非一日可禁,故当迁以图之,此秦、汉之执也。”卓意小解。爽私谓彪曰:“诸君坚争不止,祸必有归,故吾不为也。”议罢,卓使司隶校尉宣播以灾异奏免琬、彪等,诣阙谢,即拜光禄大夫。十馀日,迁大鸿胪。从入关,转少府、太常,以病免。复为京兆尹、光禄勋,再迁光禄大夫。三年秋,代淳于嘉为司空,以地震免。复拜太常。兴平元年,代朱儁为太尉,录尚书事。及李傕、郭汜之乱,彪尽节卫主,崎岖危难之閒,几不免于害。语在董卓传。及车驾还洛阳,[38]复守尚书令。

①违,避也。

②盘庚，殷王之名也。胥，相也。迁都于亳，殷人相与怨恨。汤迁亳，仲丁迁嚣，河亶甲居相，祖乙居耿，并盘庚五也。

③虞，度也。言无可度之事也。书曰："四方无虞。"

④如麋粥之沸也。诗曰："如沸如羹。"

⑤言不敢避险难也。

⑥沮，止也。

建安元年，从东都许。时天子新迁，大会公卿，兖州刺史曹操上殿，见彪色不悦，恐于此图之，未得讌设，托疾如厕，因出还营。彪以疾罢。时袁术僭乱，操托彪与术婚姻，诬以欲图废置，奏收下狱，劾以大逆。将作大匠孔融闻之，不及朝服，往见操曰：①"杨公四世清德，海内所瞻。周书父子兄弟罪不相及，②况以袁氏归罪杨公。易称'积善馀庆'，徒欺人耳。"③操曰："此国家之意。"融曰："假使成王杀邵公，周公可得言不知邪？今天下缨緌搢绅④所以瞻仰明公者，以公聪明仁智，辅相汉朝，举直厝枉，致之雍熙也。今横杀无辜，则海内观听，谁不解体！⑤孔融鲁国男子，明日便当拂衣而去，不复朝矣。"⑥操不得已，遂理出彪。

①献帝春秋曰："〔融见〕操〔曰〕：[39]'刑之不滥，君之明也。杨彪获罪，惧者甚众。'"

②左传曰："康诰曰：'父不慈，子不祗，兄不友，弟不恭，不相及也。'"

③易文言曰："积善之家，必有馀庆。"

④说文曰："缨，冠索也。"郑玄注礼记曰："緌，冠饰也。绅，带也。搢，插也，插笏于绅也。"或作"缙"者，浅赤，言带之色。

⑤左传曰，季文子谓晋韩穿曰："四方诸侯，谁不解体！"杜预注曰："言不复肃敬也。"

⑥若以非罪杀彪，融则还为鲁国一男子，不复更来朝也。

四年，复拜太常，十年免。十一年，诸以恩泽为侯者皆夺封。①彪见汉祚将终，遂称脚挛不复行，积十年。后子脩为曹操所杀，操见彪问曰："公何瘦之甚？"对曰："愧无日磾先见之明，犹怀老牛舐犊之爱。"②操为之改容。

①彪父赐，以师傅封临晋侯。

②前书曰，金日磾子二人，武帝所爱，以为弄儿。其后弄儿壮大，不谨，自殿下与宫人戏，日磾適见之，恶其淫乱，遂杀弄儿。

脩字德祖，好学，有俊才，为丞相曹操主簿，①用事曹氏。及操自平汉中，欲因讨刘备而不得进，欲守之又难为功，护军不知进止何依。操于是出教，唯曰"鸡肋"而已。外曹莫能晓，脩独曰："夫鸡肋，食之则无所得，弃之则如可惜，公归计决矣。"乃令外白稍严，操于此回师。脩之几决，多有此类。脩又尝出行，筹操有问外事，乃逆为答记，敕守舍儿："若有令出，依次通之。"既而果然。如是者三，操怪其速，使廉之，知状，②于此忌脩。且以袁术之甥，虑为后患，遂因事杀之。③

①典略曰："脩，建安中举孝廉，除郎中，丞相请署仓曹属主簿。是时军国多事，脩总知内外事，皆称意。自魏太子以下，并争与交好。"

②廉，察也。

③续汉书曰："人有白脩与临淄侯曹植饮醉共载，从司马门出，谤讪鄢陵侯章。太祖闻之大怒，故遂收杀之，时年四十五矣。"

脩所著赋、颂、碑、赞、诗、哀辞、表、记、书凡十五篇。

及魏文帝受禅，欲以彪为太尉，先遣使示旨。彪辞曰："彪备汉三公，遭世倾乱，不能有所补益。耄年被病，岂可赞惟新之朝？"遂固辞。乃授光禄大夫，赐几杖衣袍，①因朝会引见，令彪著布单衣、鹿皮冠，杖而入，待以宾客之礼。年八十四，黄初六年卒于家。自震至彪，四世太尉，德业相继，与袁氏俱为东京名族云。②

①续汉书曰"魏文帝诏曰：'先王制几杖之赐，所以宾礼黄耇。太尉杨彪，乃祖以来世著名绩，其赐公延年杖。延请之日便使杖入'"也。

②华峤书曰："东京杨氏、袁氏，累世宰相，为汉名族。然袁氏车马衣服极为奢僭；能守家风，为世所贵，不及杨氏也。"

论曰：孔子称"危而不持，颠而不扶，则将焉用彼相矣"。①诚以负荷之寄，不可以虚冒，②崇高之位，忧重责深也。延、光之閒，震为上相，抗直方以临权枉，③先公道而后身名，可谓怀王臣之节，④识所任之体矣。遂累叶载德，⑤继踵宰相。信哉，"积善之家，必有馀庆"。先世韦、平，方之蔑矣。⑥

①论语载孔子之言也。相扶持者，谕臣当辅君也。

②负荷之寄，周公、霍光之俦。

③坤六二曰"直方大不习无不利"也。

④易曰："王臣謇謇，匪躬之故。"

⑤易曰："德积载。"载，重也。

⑥韦贤、平当父子并相继为丞相。

赞曰：杨氏载德，仍世柱国。①震畏四知，秉去三惑。赐亦无讳，彪诚匪忒。②脩虽才子，渝我淳则。③

①言世为国柱臣也。

②忒，差也。

③渝，变也。

【校勘记】

〔1〕八世祖喜　按：集解引惠栋说，谓太尉杨震碑作“熹”，喜读为熹也。

〔2〕续汉(志)〔书〕曰　集解引沈钦韩说，谓“志”当作“书”，今据改。按：御览九百九十六引作“谢承后汉书”。

〔3〕伦字仲桓　按：集解引惠栋说，谓案儒林传，伦字仲理，东昏人。伦理名字相副，作“桓”者未详。

〔4〕篡辞也　按：“辞”原讹“乱”，径据汲本、殿本改正。

〔5〕去年十(一)〔二〕月四日京师地动　按：延光二年十二月戊辰，京师及郡国三地震。通鉴考异谓下文“其日戊辰”，十一月丙申朔，戊辰乃十二月四日也。今据改。

〔6〕小人怨詈则还自敬德　汲本“还自敬德”作“皇自敬德”，群书治要作“洗目改听”。按：李慈铭谓案无逸“皇自敬德”今文尚书作“况自敬德”，隶释载汉熹平石经尚书残碑“况”作“兄”，兄即古况字，王肃尚书注训为滋益。石经用今文，杨震受欧阳尚书，故此疏用今文作“况自敬德”，因误作“洗目改听”，皆因形近致讹。章怀注仅引古文尚书“皇自敬德”，后人不解“况”字，遂改作“还”字，幸治要四字皆误，转可推求而得。

〔7〕震行至城西几阳亭　汲本、殿本“几”作“夕”。集解引惠栋说，谓东观记作“洛阳都亭”，袁宏纪作“洛阳沈亭”，通鉴作“几阳亭”。今按：清胡克家翻刻元刊胡注本通鉴作“夕阳亭”，章钰校宋刊本通鉴三种及明孔天胤本，并作“几阳亭”。

〔8〕帝尝从容问奇曰　按：“尝”原作“常”，径据汲本、殿本改。

〔9〕桃林县有蕕乡　按：“桃林”当作“弘农”。集解引惠栋说，谓郡国志宏农郡宏农县有桃邱聚，故桃林，有蕕乡。桃林非县名，注讹。

〔10〕秉字叔节　按：校补引柳从辰说，谓御览二百七引张璠汉记作“字叔卿”。

〔11〕私过幸河南尹梁胤府舍　按：集解引沈钦韩说，谓袁宏纪云幸梁不

疑府，梁冀子为河南尹在元嘉初元之后，袁纪是。

〔12〕特蒙哀识　集解引王补说，谓袁纪"哀识"作"光识"。按：校补谓"哀"字疑当作"表"。

〔13〕太尉黄琼　按：校补引柳从辰说，谓"太尉"袁纪作"太常"，又袁纪载秉上疏在元嘉元年，而琼为太尉在永兴二年，则作"太常"是也。

〔14〕日月星辰山龙华虫藻火粉米〔黼黻〕十二章　据汲本、殿本补。

〔15〕居郎间　汲本、殿本"郎"讹"廊"。按：前书颜注，郎著皂衣，故章玄服以厕也。

〔16〕中常侍单超弟匡　按：集解引钱大昕说，谓案第五种传以匡为超兄子，宦者传以为超弟子。

〔17〕可告在所属　按：刊误谓案文多一"在"字。

〔18〕览顾知衅重　汲本、殿本"顾"作"固"。按：顾固通。

〔19〕投畀(有)〔豺〕虎　刊误谓"有"当作"豺"，注无它说，知与诗同。今据改。

〔20〕左传曰晋寺人披言也　"言"原讹"吉"，径改正。按："曰"字疑衍。

〔21〕赐字伯献　按：集解引惠栋说，谓太尉杨公碑及文烈杨公碑皆云字伯猷，袁宏纪字子猷。又引沈钦韩说，谓谢承书作"伯钦"。又校补引柳从辰说，谓今袁纪作"字子献"，又东观记作"字伯献"，与此同。

〔22〕布恩施惠　按："惠"原讹"志"，径改正。

〔23〕景公时　按：陈景云谓"景公"上脱"宋"字。

〔24〕周文日昃不暇　汲本、殿本、"昃"作"昗"。按：昗本作厢，昃为厢之或字。 1433

〔25〕文王自朝至于日中仄　汲本、殿本"仄"作"昗"。按：仄昗通。

〔26〕长壮大节　集解引沈钦韩说，谓列女传"壮"作"指"。今按：初学记引作"壮"。

〔27〕折腰出匈　汲本、殿本"出"作"凸"。按：列女传作"出"，初学记

引同。

〔28〕年四十　按：集解引沈钦韩说，谓“四十”新序及初学记并作“三十”。

〔29〕行嫁不售　按：集解引沈钦韩说，谓列女传“行”作“衒”。

〔30〕禹数视其少子　按：“少”原讹“小”，径改正。

〔31〕祷杌次于(平)〔丕〕山　据殿本改。

〔32〕蝀音董　按：汲本“董”作“东”。

〔33〕齐宣五里　按：集解引惠栋说，谓王懋云世说举乐松之语，云齐五十里，乃知非五里也，当时史文于“五”字下脱一“十”字。盖七十里近于百里，四十里近于五十里，乐松举其大要耳。

〔34〕张(辅)〔酺〕曾孙　据校补引柳从辰说改。按：张济为张酺曾孙，已见酺传。

〔35〕三百石长导从置门下五吏贼曹功曹皆带剑车道　按：刊误谓案后汉志文，此不合有“三百石长”四字。又云“贼曹、督盗贼、功曹皆带剑，三车导”，此文少“督盗贼”三字，又少一“三”字，又误“导”字也。盖门下五吏，贼曹一，督盗贼一，功曹一，主簿一，主记一，凡五车也。

〔36〕光武宫洛阳于今亦十世矣　按：沈家本谓魏志董卓传注“十世”作“十一世”，是也。此夺“一”字。

〔37〕〔昔〕关中遭王莽变乱　据汲本、殿本补。

〔38〕及车驾还洛阳　按：“还”原讹“迁”，径改正。

〔39〕〔融见〕操〔曰〕　据刊误补。按：此注原在“劾以大逆”下，据刊误说移此。

后汉书卷五十五

章帝八王传第四十五[1]

孝章皇帝八子：宋贵人生清河孝王庆，梁贵人生和帝，申贵人生济北惠王寿、河閒孝王开，四王不载母氏。

千乘贞王伉，建初四年封。和帝即位，以伉长兄，甚见尊礼。立十五年薨。

子宠嗣，一名伏胡。永元七年，改国名乐安。立二十八年薨，是为夷王。父子薨于京师，皆葬洛阳。

子鸿嗣。安帝崩，始就国。鸿生质帝。质帝立，梁太后下诏，以乐安国土卑湿，租委鲜薄，改〔封〕鸿(封)勃海王。①[2]立二十六年薨，是为孝王。

①委谓委输也。

无子，太后立桓帝弟蠡吾侯悝为勃海王，奉鸿（嗣）〔祀〕。①[3]延熹八年，悝谋为不道，有司请废之。帝不忍，乃贬为廮陶王，食一县。

①悝，蠡吾侯翼子，河閒王开孙也。

悝后因中常侍王甫求复国，许谢钱五千万。帝临崩，遗诏复为勃海王。悝知非甫功，不肯还谢钱。甫怒，阴求其过。初，迎立灵帝，道路流言悝恨不得立，欲钞征书，而中常侍郑飒、①中黄门董腾并任侠通剽轻，数与悝交通。②王甫司察，以为有奸，密告司隶校尉段颎。熹平元年，遂收飒送北寺狱。③使尚书令廉忠诬奏飒等谋迎立悝，大逆不道。遂诏冀州刺史收悝考实，又遣大鸿胪持节与宗正、廷尉之勃海，迫责悝。悝自杀。妃妾十一人，子女七十人，伎女二十四人，皆死狱中。傅、相以下，以辅导王不忠，悉伏诛。悝立二十五年国除。众庶莫不怜之。

①音立。

②剽，疾也。

③北寺，狱名，属黄门署。前书音义曰即若卢狱也。

平春悼王全，①以建初四年封。其年薨，葬于京师。无子，国除。

①续汉志平春，县，属江夏郡也。

清河孝王庆，母宋贵人。贵人，宋昌八世孙，扶风平陵人也。①父杨，以恭孝称于乡闾，不应州郡之命。杨姑即明德马后之外祖母也。马后闻杨二女皆有才色,迎而训之。永平末,选入太子宫,甚有宠。肃宗即位,并为贵人。建初三年,大贵人生庆,[4]明年立为皇太子,征杨为议郎,褒赐甚渥。贵人长于人事,供奉长乐宫,身执馈馔,太后怜之。太后崩后,窦皇后宠盛,以贵人姊妹并幸,庆为太子,心内恶之,与母比阳主谋陷宋氏。②外令兄弟求其纤过,内使御者侦伺得失。③后于掖庭门邀遮得贵人书,云"病思生菟,令家求之",因诬言欲作蛊道祝诅,以菟为厌胜之术,日夜毁谮,贵人母子遂渐见疏。

①昌,文帝时为中尉,以代邸功封壮武侯。

②比阳主,东海王彊女。

③侦,候也,音丑政反。广雅曰:"侦,问也。"

庆出居承禄观,数月,窦后讽掖庭令诬奏前事,请加验实。七年,帝遂废太子庆而立皇太子肇。肇,梁贵人子也。乃下诏曰:"皇太子有失惑无常之性,爰自孩乳,至今益章,恐袭其母凶恶之风,不可以奉宗庙,为天下主。大义灭亲,况降退乎!①今废庆为清河王。皇子肇保育皇后,承训怀衽,导达善性,将成其器。盖庶子慈母,尚有终身之恩,②岂若嫡后事正义明哉!今以肇为皇太子。"遂出贵人姊妹置丙舍,使小黄门蔡伦考实之,皆承讽旨傅致其事,③乃载送暴室。二贵人同时饮药自杀。④帝犹伤之,敕掖庭令葬于樊濯聚。⑤于是免杨归本郡。郡县因事复捕系之,杨友人前怀令山阳张峻、左冯翊沛国刘均等奔走解释,得以免罪。杨失志憔悴,卒于家。庆时虽幼,而知避嫌畏祸,言不敢及宋氏,帝更怜之,敕皇后令衣服与太子齐等。太子特亲爱庆,入则共室,出则同舆。及太子即位,是为和帝,待庆尤渥,诸王莫得为比,常共议私事。

①左传，卫石碏杀其子厚，君子曰："石碏纯臣也，恶州吁而厚预焉。大义灭亲，其是之谓乎！"

②仪礼丧服曰："慈母如母。"谓妾子之无母，父命妾养之，故曰慈母。如母者，贵父之命也。

③傅读曰附。

④续汉志曰"暴室，署名，主中妇人疾病"也。

⑤在洛阳城北也。

后庆以长，别居丙舍。永元四年，帝移幸北宫章德殿，讲于白虎观，庆得入省宿止。帝将诛窦氏，欲得外戚传，①惧左右不敢使，乃令庆私从千乘王求，夜独内之；又令庆传语中常侍郑众求索故事。②及大将军窦宪诛，庆出居邸，赐奴婢三百人，舆马、钱帛、帷帐、珍宝、玩好充仞其第，又赐中傅以下至左右钱帛各有差。③

①前书外戚传也。

②谓文帝诛薄昭，武帝诛窦婴故事。

③前书音义曰："中傅，宦者也。"[5]

庆多被病，或时不安，帝朝夕问讯，进膳药，所以垂意甚备。庆小心恭孝，自以废黜，尤畏事慎法。每朝谒陵庙，常夜分严装，衣冠待明；①约敕官属，不得与诸王车骑竞驱。常以贵人葬礼有阙，每窃感恨，至四节伏腊，辄祭于私室。窦氏诛后，始使乳母于城北遥祠。及窦太后崩，庆求上冢致哀，帝许之，诏太官四时给祭具。庆垂涕曰："生虽不获供养，终得奉祭祀，私愿足矣。"欲求作祠堂，恐有自同恭怀梁后之嫌，遂不敢言。②常泣向左右，以为没齿之恨。③后上言外祖母王年老，遭忧病，下土无医药，愿乞诣洛阳疗疾。于是诏宋氏悉归京师，除庆舅衍、俊、盖、暹等皆为郎。

①分，半也。

②恭怀梁后，和帝母梁贵人。

③没，终；齿，年也。

十五年，有司以日食阴盛，奏遣诸王侯就国。诏曰："甲子之异，责由一人。诸王幼稚，早离顾复，弱冠相育，①常有蓼莪、凯风之哀。②选懦之恩，知非国典，且复须留。"③至冬，从祠章陵，诏假诸王羽林骑各四十人。后中傅卫䜣私为臧盗千馀万，诏使案理之，并责庆不举之状。庆曰："䜣以师傅之尊，选自圣朝，臣愚唯知言从事听，不甚有所纠察。"帝嘉其对，悉以䜣臧财赐庆。及帝崩，庆号泣前殿，呕血数升，因以发病。

①诗小雅曰："父兮生我，母兮鞠我，顾我复我，出入腹我。"

②诗小雅曰："蓼蓼者莪，匪莪伊蒿。哀哀父母，生我劬劳。"诗国风曰："凯风自南，吹彼棘心。棘心夭夭，母氏劬劳。"

③选懦，仁弱慈恋不决之意也。懦音仁兖反。东观记"须留"作"宿留"。

明年，诸王就国，邓太后特听清河王置中尉、内史，赐什物皆取乘舆上御，以宋衍等并为清河中大夫。①庆到国，下令：[6]"寡人生于深宫，长于朝廷，②仰恃明主，垂拱受成。③既以薄祐，[7]早离顾复，属遭大忧，④悲怀感伤。蒙恩大国，职惟藩辅，新去京师，忧心茕茕，夙夜屏营，未知所立。⑤盖闻智不独理，必须明贤。今官属并居爵任，失得是均，庶望上遵策戒，下免悔咎。其纠督非枉，明察典禁，无令孤获怠慢之罪焉。"

①续汉(书)〔志〕曰：[8]"中大夫，秩六百石，无员，掌奉王使至京师。"

②鲁哀公与孔子言曰："寡人生于深宫之中，长于妇人之手。"事见孙卿子也。

③垂拱言无为也。尚书曰："垂拱仰成。"

④属，近。

⑤茕茕，孤特也。屏营，仿偟也。

邓太后以殇帝襁抱，远虑不虞，①留庆长子祜[9]与嫡母耿姬居清河邸。至秋，帝崩，立祜为嗣，是为安帝。太后使中黄门送耿姬归国。

①襁以缯帛为之，即今之小儿绷也。绷音必衡反。

帝所生母左姬，字小娥。小娥姊字大娥，犍为人也。初，伯父圣坐妖言伏诛，家属没官，二娥数岁入掖庭，及长，并有才色。小娥善史书，喜辞赋。和帝赐诸王宫人，因入清河第。庆初闻其美，赏傅母以求之。及后幸爱极盛，姬妾莫比。姊妹皆卒，葬于京师。

庆立凡二十五年，乃归国。其年病笃，谓宋衍等曰："清河埤薄，①欲乞骸骨于贵人冢傍下棺而已。朝廷大恩，犹当应有祠室，庶母子并食，魂灵有所依庇，死复何恨?"乃上书太后曰："臣国土下湿，愿乞骸骨，下从贵人于樊濯，虽殁且不朽矣。及今口目尚能言视，冒昧干请。命在呼吸，愿蒙哀怜。"遂薨，年二十九。遣司空持节与宗正奉吊祭；又使长乐谒者仆射、中谒者二人副护丧事；赐龙旂九旒，虎贲百人，仪比东海恭王。②太后使掖庭丞送左姬丧，与王合葬广丘。

①埤音婢。

②旂有九旒，天子制也。恭王彊薨，赠以殊礼，升龙、旄头、鸾辂、龙旂、虎贲百人。

子愍王虎威嗣。永初元年，太后封宋衍为盛乡侯，分清河为二国，封庆少子常保为广川王，子女十一人皆为乡公主，食邑奉。明年，常保薨，无子，国除。

虎威立三年薨，亦无子。邓太后复立乐安王宠子延平为清河王，是为恭王。①

①宠即千乘王伉之子。

太后崩，有司上言："清河孝王至德淳懿，载育明圣，承天奉祚，为郊庙主。汉兴，高皇帝尊父为太上皇，宣帝号父为皇考，①序昭穆，置园邑。(太)〔大〕宗之义，[10]旧章不忘。②宜上尊号曰孝德皇，皇妣左氏曰孝德后，孝德皇母宋贵人追谥曰敬隐后。"乃告祠高庙，使司徒持节与大鸿胪奉策书玺绶〔之〕清河，[11]追上尊号；又遣中常侍奉太牢祠典，护礼仪侍中刘珍等及宗室列侯皆往会事。尊陵曰甘陵，庙曰昭庙，置令、丞，设兵车周卫，比章陵。③复以广川益清河国。尊耿姬为甘陵大贵人。又封女弟侍男为涅阳长公主，别得为舞阴长公主，久长为濮阳长公主，直得为平氏长公主。馀七主并早卒，故不及进爵。追赠敬隐后女弟小贵人印绶，追封谥宋杨为当阳穆侯。④杨四子皆为列侯，食邑各五千户。宋氏为卿、校、侍中、大夫、谒者、郎吏十馀人。孝德后异母弟次及达生二人，诸子九人，皆为清河国郎中。耿贵人者，牟平侯舒之孙也。贵人兄宝，袭封牟平侯。帝以宝嫡舅，宠遇甚渥，位至大将军，事已见耿舒传。[12]

①宣帝父讳进，武帝时号史皇孙，坐戾太子事遇害。帝即位，追尊皇考，立庙。

②(太)〔大〕宗谓继嗣也。左传季桓子曰"旧章不可忘"也。

③皇考南顿君陵。

④当阳，今荆州也。

〔延平〕立三十五年薨，[13]子蒜嗣。冲帝崩，征蒜诣京师，将议为嗣。会大将军梁冀与梁太后立质帝，罢归国。

蒜为人严重，动止有度，朝臣太尉李固等莫不归心焉。初，中常侍曹腾谒蒜，蒜不为礼，宦者由此恶之。及帝崩，公卿皆正议立蒜，而曹腾说梁冀不听，遂立桓帝。语在李固传。蒜由此得罪。

建和元年，甘陵人刘文与南郡妖贼刘鲔交通，[14]讹言清河王当统天下，欲共立蒜。事发觉，文等遂劫清河相谢暠，将至王宫司马门，①曰："当立王为天子，暠为公。"暠不听，骂之，文因刺杀暠。于是捕文、鲔诛之。有司因劾奏蒜，坐贬爵为尉氏侯，徙桂阳，[15]自杀。立三年，国绝。

①帝纪"谢"作"射"，盖纪传不同。

梁冀恶清河名，明年，乃改为甘陵。梁太后立安平孝王子经侯理为甘陵王，①奉孝德皇祀，是为威王。

①安平王德，河閒王开子。

理立二十五年薨，子贞王定嗣。

定立四年薨，子献王忠嗣。黄巾贼起，忠为国人所执，既而释之。灵帝以亲亲故，诏复忠国。忠立十三年薨，嗣子为黄巾所害，建安十一年，以无后，国除。

济北惠王寿，母申贵人，颍川人也，世吏二千石。贵人年十三，入掖庭。寿以永元二年封，分太山郡为国。和帝遵肃宗故事，兄弟皆留京师，恩宠笃密。有司请遣诸王归藩，不忍许之，及帝崩，乃就国。永初元年，邓太后封寿舅申转为新亭侯。寿立三十一年薨。自永初已后，戎狄叛乱，国用不足，始封王薨，减赙钱为千万，布万匹；嗣王薨，五百万，布五千匹。时唯寿最尊亲，特赙钱三千万，布三万匹。

子节王登嗣。永宁元年，封登弟五人为乡侯，皆别食太山邑。

登立十五年薨，子哀王多嗣。

多立三年薨，无子。永和四年，立战乡侯安国为济北王，〔16〕是为釐王。①

①釐音僖也。

安国立（十）〔七〕年薨，〔17〕子孝王次嗣。本初元年，封次弟猛为亭侯。次九岁丧父，至孝。建和元年，梁太后下诏曰："济北王次以幼年守藩，躬履孝道，父没哀恸，焦毁过礼，草庐土席，衰杖在身，头不枇沐，体生疮肿。谅闇已来二十八月，自诸国有忧，未之闻也，朝廷甚嘉焉。书不云乎：'用德章厥善。'①诗云：'孝子不匮，永锡尔类。'②今增次封五千户，广其土宇，以慰孝子恻隐之劳。"

①尚书盘庚之辞也。言以道德明之，使竞为善也。

②诗大雅也。匮，竭也。类，善也。永，长也。言孝子之行，无有匮竭，长赐与汝之族类，教道天下。

次立〔十〕七年薨，〔18〕子鸾嗣。鸾薨，子政嗣。政薨，无子，建安十一年，国除。

河閒孝王开，以永元二年封，分乐成、勃海、涿郡为国。延平元年就国。开奉遵法度，吏人敬之。永宁元年，邓太后封开子翼为平原王，奉怀王胜祀；①子德为安平王，奉乐成王党祀。②〔19〕

①胜，和帝子。

②党，明帝子也。

开立四十二年薨，子惠王政嗣。政慠佷，不奉法宪。顺帝以侍御史吴郡沈景有强能称，故擢为河閒相。景到国谒王，王不正服，箕踞殿上。侍郎赞拜，景峙不为礼。①问王所在，虎贲曰："是非王邪?"景曰：" 王不服，[20]常人何别！今相谒王，岂谒无礼者邪！"王慙而更服，景然后拜。出住宫门外，请王傅责之曰："前发京师，陛下见受诏，以王不恭，使相检督。诸君空受爵禄，而无训导之义。"因奏治罪。诏书让政而诘责傅。景因捕诸奸人上案其罪，②杀戮尤恶者数十人，出冤狱百馀人。政遂为改节，悔过自脩。阳嘉元年，封政弟十三人皆为亭侯。

①峙，立也。

②上，奏上也，音市丈反。

政立十年薨，子贞王建嗣。建立十年薨，子安王利嗣。利立二十八年薨，子陔嗣。陔立四十一年，魏受禅，以为崇德侯。

蠡吾侯翼，元初六年邓太后征济北、河閒王诸子诣京师，奇翼美仪容，故以为平原怀王后焉。①留在京师。岁馀，太后崩。安帝乳母王圣与中常侍江京等谮邓骘兄弟及翼，云与中大夫赵王[21]谋图不轨，闚觎神器，怀大逆心。②贬为都乡侯，遣归河閒。翼于是谢宾客，闭门自处。永建五年，父开上书，愿分蠡吾县以封翼，顺帝从之。

①平原王得无子，故立之也。

②神器喻帝位也。老子曰："天下神器，不可为也。"

翼卒，子志嗣，为大将军梁冀所立，是为桓帝。梁太后诏追尊河閒孝王为孝穆皇，夫人赵氏曰孝穆后，庙曰清庙，陵曰乐成陵；蠡吾先侯曰孝崇皇，庙曰烈庙，陵曰博陵。皆置令、丞，使司徒持节奉策书、玺绶，祠以太牢。建和二年，更封帝(兄)〔弟〕都乡侯硕为平原王,[22]留博陵,奉翼后。尊翼夫人马氏为孝崇博园贵人,以涿郡之良乡、故安,河閒之蠡吾三县为汤沐邑。硕嗜酒,多过失,帝令马贵人领王家事。建安十一年,国除。

解渎亭侯淑,以河閒孝王子封。淑卒,子(长)〔苌〕嗣。[23](长)〔苌〕卒,子宏嗣,为大将军窦武所立,是为灵帝。建宁元年,窦太后诏追尊皇祖淑为孝元皇,夫人夏氏曰孝元后,陵曰敦陵,庙曰靖庙;皇考长为孝仁皇,夫人董氏为慎园贵人,陵曰慎陵,庙曰奂庙。皆置令、丞,使司徒持节之河閒奉策书、玺绶,祠以太牢,常以岁时遣中常侍持节之河閒奉祠。

熹平三年,使使拜河閒安王利子康为济南王,[24]奉孝仁皇祀。

康薨,子贇嗣,建安十二年,为黄巾贼所害。子开嗣,[25]立十三年,魏受禅,以为崇德侯。

城阳怀王淑,以永元二年分济阴为国。立五年薨,葬于京师。无子,国除,还并济阴。

广宗殇王万岁,以永元五年封,分钜鹿为国。其年薨,葬于京师。无子,国除,还并钜鹿。

平原怀王胜,和帝长子也。不载母氏。少有痼疾,延平元年封。立八年薨,葬于京师。无子,邓太后立乐安夷王宠子得为平原王，奉胜后，是为哀王。

得立六年薨，无子，永宁元年，太后又立河閒王开子都乡侯翼为平原王嗣。安帝废之，国除。

论曰：传称吴子夷昧，甚德而度，有吴国者，必其子孙。①章帝长者，事从敦厚，继祀汉室，咸其苗裔，古人之言信哉！

①夷昧，吴君之名。左传屈狐庸谓赵文子曰："若天所启，其在今嗣君乎？甚德而度，德不失人，度不失事，有吴国者，必此君之子孙也。"杜预注云："嗣君谓夷昧也。"

赞曰：章祚不已，本枝流祉。质惟侃孙，安亦庆子。河閒多福，桓、灵承祀。济北无骄，皇恩宠饶。平原抱痌，三王薨朝。①振振子孙，或秀或苗。②

①平春王全、广宗王万岁、城阳王淑并薨于京师也。

②振振，仁厚皃也，音之人反。诗国风曰："宜尔子孙振振兮。"论语曰："苗而不秀者有矣夫，秀而不实者有矣夫！"苗谓早夭，秀谓成长也。

【校勘记】

〔1〕章帝八王传第四十五　按：集解引黄山说，谓八王中平原王胜既为和帝子，应称"章和八王"，如前书"宣元六王"之例，"帝"盖误字。

〔2〕改〔封〕鸿（封）勃海王　校补谓案文"鸿封"当作"封鸿"。今据改。

〔3〕奉鸿（嗣）〔祀〕　据汲本、殿本改。

〔4〕大贵人生庆　按：集解引惠栋说，谓续汉书云"小贵人"。

〔5〕中傅宦者也　按：汲本"宦者"作"官名"。

〔6〕庆到国下令　按：刊误谓"令"下少一"曰"字。

〔7〕既以薄祐　按："祐"当作"祜"，汲本正作"祜"。然范书"祜"字皆

作“祐”,或别有所讳,参阅周章传校记。

〔8〕续汉(书)〔志〕曰　按:“书”当作“志”,各本皆失正,今改。

〔9〕留庆长子祐　集解引惠栋说,谓按说文当作“祜”。今按:范书“祜”皆作“祐”,参阅周章传校记。

〔10〕(太)〔大〕宗之义　按:殿本考证谓何焯校本“太”改“大”,是。今据改。注同。

〔11〕使司徒持节与大鸿胪奉策书玺绶〔之〕清河　校补谓案文“清河”上少一“之”字。今据补。

〔12〕事已见耿舒传　“已”原作“以”,径据汲本、殿本改。按:已以通。

〔13〕〔延平〕立三十五年薨　据刊误补。

〔14〕甘陵人刘文与南郡妖贼刘鲔交通　按:集解引洪颐煊说,谓李固传“甘陵刘文,魏郡刘鲔,各谋立蒜为天子”。甘陵、魏郡皆与清河近,此作“南郡”,误。又“刘鲔”朱穆传作“严鲔”。

〔15〕坐贬爵为尉氏侯徙桂阳　按:集解引惠栋说,谓天文志“徙为犍为都乡侯,薨,国绝”。

〔16〕立战乡侯安国为济北王　按:集解引惠栋说,谓“战乡”疑作“阐乡”。又引钱大昕说,谓和帝纪封故济北王寿子安为济北王,无“国”字。

〔17〕安国立(十)〔七〕年薨　张熷谓案文“十”当为“七”。质帝纪永嘉元年四月,济北王安薨,距永和四年止七年耳。今据改。

〔18〕次立〔十〕七年薨　张森楷校勘记谓次以本初元年嗣,若立七年,当薨于元嘉二年,而本纪于延熹五年乃有次薨之文,则相距十七年矣,“七”上明夺“十”字。今据补。

〔19〕永宁元年至奉乐成王党祀　按:集解引钱大昕说,谓安帝纪是年与平原王同封者,乃济北王寿之子乐成王苌也。其明年为建光元年,邓太后崩,乐成王苌亦以罪废。又明年为延光元年,始改乐成国为安平,封河閒王开子得为王,得与德本一人也。此传盖有脱文,不

可考矣。

〔20〕王不服　按:刊误谓"服"上少一"王"字。

〔21〕中大夫赵王　按:集解引惠栋说,谓蒋果云"中大夫"疑当作"中大人"。又殿本考证谓"王"字疑当作"玉",邓太后纪有宫人赵玉。

〔22〕更封帝(兄)〔弟〕都乡侯硕为平原王　按:"兄"当依桓帝纪作"弟"。桓帝纪校补引侯康说,谓东观记称桓帝为蠡吾侯长子,则帝不得有兄也。今据改。

〔23〕子(长)〔苌〕嗣　刊误谓案纪"长"作"苌",他书亦然,明此误。今据改。

〔24〕康为济南王　按:集解引钱大昕说,谓案光武子有济南安王康,此济南王亦名康,先后同国同名,亦可疑也。御览引续汉书,此济南王名庾。

〔25〕子开嗣　按:集解引惠栋说,谓开为孝王六世孙,不应与始封之祖同讳,有误。

后汉书卷五十六

张王种陈列传第四十六

张皓[1]字叔明，犍为武阳人也。六世祖良，高帝时为太子少傅，封留侯。皓少游学京师，(初)永元中，归仕州郡，[2]辟大将军邓骘府，五迁尚书仆射，职事八年，出为彭城相。①

①明帝子彭城王恭之相也。

永宁元年，征拜廷尉。皓虽非法家，而留心刑断，数与尚书辩正疑狱，多以详当见从。①时安帝废皇太子为济阴王，皓与太常桓焉、太仆来历廷争之，不能得。事已具来历传。退而上疏曰："昔贼臣江充，造构谗逆，至令戾园兴兵，终及祸难。②后壶关三老一言，上乃觉悟，虽追前失，悔之何逮！③今皇太子春秋方始十岁，未见保傅九德之义，④宜简贤辅，就成圣质。"书奏不省。

①详审而平当也。

②赵人江充，字次倩。武帝时，为直指绣衣，劾太子家吏行驰道中，恐为

太子所诛，见上年老，意多所恶，因言左右皆为巫蛊。上乃使充捕案巫蛊。既知上意太子，乃言宫中有蛊气，遂掘蛊太子宫，得桐木人。时上疾在甘泉宫，太子惧，不能自明，收充斩之，发兵与丞相刘屈氂战，败，亡走湖，自杀。后太子孙宣帝即位，追谥太子曰戾，于湖置园邑奉祠，故曰戾园。

③及，逮也。太子死后，壶关三老令狐茂上书讼太子冤，武帝感寤，怜太子无辜，乃族灭江充，作思子宫，为归来望思之台于湖，天下闻而悲之。事见前书。

④尚书皋繇陈九德，曰"宽而栗，柔而立，愿而恭，乱而敬，扰而毅，直而温，简而廉，刚而塞，强而谊"也。

及顺帝即位，拜晧司空，在事多所荐达，天下称其推士。时清河赵腾上言灾变，讥刺朝政，章下有司，收腾系考，所引党辈八十馀人，皆以诽谤当伏重法。晧上疏谏曰："臣闻尧舜立敢谏之鼓，三王树诽谤之木，春秋采善书恶，圣主不罪刍荛。①腾等虽干上犯法，所言本欲尽忠正谏。如当诛戮，天下杜口，塞谏争之源，非所以昭德示后也。"帝乃悟，减腾死罪一等，馀皆司寇。②四年，以阴阳不和策免。

①左氏传曰："春秋之称，微而显，志而晦，惩恶而劝善，非圣人谁能修之。"

②前书音义曰："司寇，二岁刑也。"输作司寇，因以名焉。

阳嘉元年，复为廷尉。其年卒官，时年八十三。遣使者吊祭，赐葬地于河南县。子纲。

纲字文纪。少明经学。虽为公子，而厉布衣之节。举孝廉不就，司徒辟高第为〔侍〕御史。[3]时顺帝委纵宦官，有识危心。纲常感激，慨然叹曰："秽恶满朝，不能奋身出命埽国家之难，虽生吾不愿也。"退而上书曰："诗曰：'不愆不忘，率由旧章。'①寻大汉初隆，及中兴之世，文、明二帝，德化尤盛。观其理为，易循易见，但恭俭守节，约身尚德而已。中官常侍不过两人，近幸赏赐裁满数金，惜费重人，故家给人足。夷狄闻中国优富，任信道德，所以奸谋自消而和气感应。而顷者以来，不遵旧典，无功小人皆有官爵，富之骄之而复害之，非爱人重器，承天顺道者也。②伏愿陛下少留圣思，割损左右，以奉天心。"书奏不省。

①诗大雅也。愆，过也。率，循也。言成王令德，不过循用旧典之文。

②器谓车服也。言无功小人不可妄授也。左传曰"唯器与名不可以假人"也。

汉安元年，选遣八使徇行风俗，皆耆儒知名，多历显位，①唯纲年少，官次最微。馀人受命之部，而纲独埋其车轮于洛阳都亭，曰："豺狼当路，安问狐狸！"②遂奏曰："大将军冀，河南尹不疑，蒙外戚之援，荷国厚恩，以刍荛之资，居阿衡之任，不能敷扬五教，翼赞日月，而专为封豕长蛇，肆其贪叨，③甘心好货，纵恣无底，多树谄谀，[4]以害忠良。诚天威所不赦，大辟所宜加也。谨条其无君之心十五事，斯皆臣子所切齿者也。"④书御，京师震竦。⑤时冀妹为皇后，内宠方盛，诸梁姻族满朝，帝虽知纲言直，终不忍用。

①周举传曰："诏遣八使巡行风俗，同时俱拜，天下号曰'八俊'。[5]刺史、二千石有臧罪者，驿马上之，墨绶已下便收；其有清勤忠惠宜表异者，状闻。"八使名见顺帝纪。

②前书京兆督邮侯文之辞。

③左传申包胥曰"吴为封豕长蛇，荐食上国"也。

④左传曰"有无君之心，而后动于恶"也。前书邹阳谓盖侯王长君曰：

"太后怫郁泣血,切齿侧目于贵臣矣。"

⑤御,进也。

时广陵贼张婴等众数万人,杀刺史、二千石,寇乱扬徐间,积十馀年,朝廷不能讨。冀乃讽尚书,以纲为广陵太守,因欲以事中之。前遣郡守,率多求兵马,纲独请单车之职。既到,乃将吏卒十馀人,径造婴垒,以慰安之,求得与长老相见,申示国恩。婴初大惊,既见纲诚信,乃出拜谒。纲延置上坐,问所疾苦。乃譬之曰:"前后二千石多肆贪暴,①故致公等怀愤相聚。二千石信有罪矣,然为之者又非义也。今主上仁圣,欲以文德服叛,故遣太守,思以爵禄相荣,不愿以刑罚相加,今诚转祸为福之时也。若闻义不服,天子赫然震怒,荆、扬、兖、豫大兵云合,岂不危乎?若不料强弱,非明也;弃善取恶,非智也;去顺效逆,非忠也;身绝血嗣,[6]非孝也;②背正从邪,非直也;见义不为,非勇也:六者成败之几,利害所从,公其深计之。"婴闻,泣下,曰:"荒裔愚人,不能自通朝廷,不堪侵枉,遂复相聚偷生,若鱼游釜中,喘息须臾閒耳。今闻明府之言,乃婴等更生之(晨)〔辰〕也。[7]既陷不义,实恐投兵之日,不免孥戮。"纲约之以天地,誓之以日月,婴深感悟,乃辞还营。明日,将所部万馀人与妻子面缚归降。纲乃单车入婴垒,大会,置酒为乐,散遣部众,任从所之;亲为卜居宅,相田畴;③子弟欲为吏者,皆引召之。人情悦服,南州晏然。朝廷论功当封,梁冀遏绝,乃止。天子嘉美,征欲擢用纲,而婴等上书乞留,乃许之。

①二千石谓太守也。

②凡祭皆用牲,故曰血嗣。

③相,视也。田并畔曰畴。

纲在郡一年，年四十六卒。百姓老幼相携，诣府赴哀者不可胜数。纲自被疾，吏人咸为祠祀祈福，皆言“千秋万岁，何时复见此君”。张婴等五百馀人[8]制服行丧，送到犍为，负土成坟。诏曰：“故广陵太守张纲，大臣之苗，剖符统务，正身导下，班宣德信，降集剧贼张婴万人，息干戈之役，济蒸庶之困，未升显爵，不幸早卒。婴等缞杖，若丧考妣，朕甚愍焉！”拜纲子续为郎中，赐钱百万。

王龚字伯宗，山阳高平人也。世为豪族。初举孝廉，稍迁青州刺史，劾奏贪浊二千石数人，安帝嘉之，征拜尚书。建光元年，擢为司隶校尉，明年迁汝南太守。政崇温和，好才爱士，引进郡人黄宪、陈蕃等。宪虽不屈，蕃遂就吏。蕃性气高明，初到，龚不即召见之，乃留记谢病去。龚怒，使除其录。功曹袁阆请见，言曰：“闻之传曰‘人臣不见察于君，不敢立于朝’。蕃既以贤见引，不宜退以非礼。”龚改容谢曰：“是吾过也。”乃复厚遇待之。由是后进知名之士莫不归心焉。阆字奉高。数辞公府之命，不修异操，而致名当时。

永建元年，征龚为太仆，转太常。四年，迁司空，以地震策免。

永和元年，拜太尉。在位恭慎，自非公事，不通州郡书记。其所辟命，皆海内长者。龚深疾宦官专权，志在匡正，乃上书极言其状，请加放斥。诸黄门恐惧，各使宾客诬奏龚罪，顺帝命亟自实。①前掾李固时为大将军梁商从事中郎，乃奏记于商曰：“今旦闻下太尉王公敕令自实，未审其事深浅何如。王公束脩厉节，敦乐艺文，不求苟得，不为苟行，②但以坚贞之操，违俗失众，横为谗佞所构毁，众人闻知，莫不叹慄。夫三公尊重，承天象极，未有诣理诉冤之义。③纤微感概，辄引分决，是以旧典不有大罪，不至重问。④王公沈静内明，不可加以非理。卒有它变，则朝廷获害贤之名，群臣无救护之节矣。昔绛侯得罪，袁盎解其过，⑤魏尚获戾，冯唐诉其冤，⑥时君善之，列在书传。今将军内倚至尊，外典国柄，言重信著，指㧑无违，宜加表救，济王公之艰难。语曰：'善人在患，饥不及餐。'斯其时也。"商即言之于帝，事乃得释。

①亟，急也，音纪力反。

②前书曰，杨子云曰："蜀严湛冥不作苟见，不为苟得。"

③三公承助天子，位象三台，故曰承天象极。哀帝时，丞相王嘉有罪，召诣廷尉诏狱。主簿曰"将相不对理陈冤，相踵以为故事，君侯宜引决"也。

④大臣狱重，故曰重问。成帝时，丞相薛宣、御史大夫翟方进有罪，上使五二千石杂问。音义云："大狱重，故以二千石五人同问之。"

⑤文帝时，丞相绛侯周勃免就国，人告以为反，诸公莫敢为言，唯郎中袁盎明绛侯无罪。绛侯得释，盎有力也。

⑥冯唐，安陵人，文帝时为郎署长。上与论将帅，唐曰："臣闻魏尚为云中守，坐上功首虏差六级，陛下下之吏，削其爵，罚作之。臣愚以为陛下法太明，罚太重。"文帝悦，舍尚复官也。

龚在位五年，以老病乞骸骨，卒于家。子畅。

论曰：张晧、王龚，称为(雅)〔推〕士，[9]若其好通汲善，明发升荐，仁人之情也。夫士进则世收其器，贤用即人献其能。能献既已厚其功，器收亦理兼天下。①其利甚博，而人莫之先，岂同折枝于长者，以不为为难乎？②昔柳下惠见抑于臧文，③淳于长受称于方进。④然则立德者以幽陋好遗，显登者以贵涂易引。故晨门有抱关之夫，⑤柱下无朱文之轸也。⑥

①言贤人见用，则人竞献其所能。但有能即献，动必有功，功多赏厚，故言已厚其功。有才器必被收用，用则海内蒙福，故曰理兼天下。

②以不为为难，言不之难也。谓进贤达士，同折枝之易，而不为之。孟子谓齐宣王曰："今恩足以及禽兽，而不能加于百姓者何？非力不能，是不为也。"王曰："不能不为，二者谓何也？"孟子曰："夫挟太山以超北海，王能乎？"王曰："不能。""为长者折枝，王能乎？"曰："不能也。"孟子曰："夫挟太山以超〔北〕海，[10]是实不能，不可强也。为长者折枝甚易，而王不为，非不能也。老吾老，以及人之老，幼吾幼，以及人之幼，天下可运诸掌，何为不能加于百姓乎？"刘熙注孟子曰："折枝，若今之案摩也。"

③柳下惠姓展，名禽，字获，食邑于柳下，谥曰惠。臧文仲，鲁大夫，姓臧孙，名辰。左传仲尼曰："臧文仲不仁者三，下展禽，废六关，妾织蒲。"言文仲知柳下惠之贤而使在下位，故曰抑之。

④成帝时，定陵侯淳于长以太后姊子为九卿。翟方进为丞相，独与长交，称荐之。

⑤论语："子路宿于石门。晨门曰：'奚自？'"注云："石门，鲁城外门也。晨，主守门，晨夜开闭也。"史记，侯嬴，夷门抱关者。守门必抱关，故兼言之。

⑥神仙传曰："老子，周宣王时为柱下史。"朱文，画车为文也。轸，车后横木也。言贫贱之人，多被沦弃，所以晨门之下必有抱关之贤，柱下之微永无朱文之辙也。

畅字叔茂。少以清实为称，无所交党。初举孝廉，辞病不就。大将军梁商特辟举茂才，四迁尚书令，出为齐相。①征拜司隶校尉，转渔阳太守。所在以严明为称。坐事免官。是时政事多归尚书，桓帝特诏三公，令高选庸能。②太尉陈蕃荐畅清方公正，有不可犯之色，③由是复为尚书。

①齐王喜之相。

②庸，功也。

③礼记曰："介胄之士，则有不可犯之色。"

寻拜南阳太守。前后二千石逼惧帝乡贵戚，多不称职。畅深疾之，下车奋厉威猛，其豪党有衅秽者，莫不纠发。会赦，事得散。畅追恨之，更为设法，诸受臧二千万以上不自首实者，尽入财物；若其隐伏，使吏发屋伐树，堙井夷灶，豪右大震。功曹张敞奏记谏曰："五教在宽，著之经典。汤去三面，八方归仁。①武王入殷，先去炮格之刑。②高祖鉴秦，唯定三章之法。孝文皇帝感一缇萦，蠲除肉刑。③卓茂、文翁、召父之徒，皆疾恶严刻，务崇温厚。④仁贤之政，流闻后世。夫明哲之君，网漏吞舟之鱼，⑤然后三光明于上，人物悦于下。言之若迂，其效甚近。⑥发屋伐树，将为严烈，虽欲惩恶，难以闻远。以明府上智之才，日月之曜，⑦敷仁惠之政，则海内改观，实有折枝之易，而无挟山之难。郡为旧都侯甸之国，园庙出于章陵，⑧三后生自新野，⑨士女沾教化，黔首仰风流，自中兴以来，功臣将相，继世而隆。愚以为恳恳用刑，不如行恩；孳孳求奸，未若礼贤。舜举皋陶，不仁者远。⑩随会为政，晋盗奔秦。⑪虞、芮入境，让心自生。⑫化人在德，不在用刑。"畅深纳敞谏，更崇宽政，慎刑简罚，教化遂行。

①史记曰，汤为夏方伯，得专征伐。出见野张四面网，祝曰："自天下四方，皆入吾网。"汤曰："嘻，尽之矣！去其三面！"祝曰："欲左左，欲右右，不用命，乃入吾网。"诸侯闻曰："汤德至禽兽！"于是诸侯毕服。嘻

音傛。

②列女传："纣为铜柱，以膏涂之，加于炭之上，使有罪缘焉，足滑跌墯，纣与妲己笑以为乐，名曰炮格之刑。"臣贤案：史记及帝王代纪皆言文王为西伯，献洛西之地，请除炮格之刑。今云武王，与此不同。

③文帝时，太仓令淳于公有罪当刑。淳于公无男，有五女，骂其女曰："生女不生男，缓急非有益也。"其少女缇萦自伤悲泣，随父至长安，上书请没官为婢以赎父。文帝悲怜其意，为除肉刑。

④景帝时，文翁为蜀郡守，仁爱教化。宣帝时，召信臣为南阳太守，视人如子，其化大行。

⑤韩诗外传曰："夫吞舟之鱼，不居潜泽。"前书曰"高祖约法三章，号为网漏吞舟之鱼"也。

⑥迂，远也。

⑦庄子曰"饰智以惊愚，修身以明污，昭昭乎若揭日月而行"也。

⑧五百里甸服，千里侯服。南阳去洛千里，故曰侯甸。南顿君以上四庙在焉。

⑨光烈皇后，和帝阴后、邓后，并新野人。

⑩论语子夏之辞也。

⑪左传，晋命随会将中军，且为太傅，晋国之盗奔秦也。

⑫史记曰，文王为西伯，阴行善化，[11]诸侯皆来决平。于是虞、芮之人有狱不决，乃如周。入界，见耕者让畔，少者让长。虞、芮二人不见西伯，慙而相谓曰："吾所争，周人所耻，曷为取辱？"遂俱让而还也。

郡中豪族多以奢靡相尚，畅常布衣皮褥，车马羸败，以矫其敝。同郡刘表时年十七，从畅受学。进谏曰："夫奢不僭上，俭不逼下，①循道行礼，贵处可否之閒。蘧伯玉耻独为君子。府君不希孔圣之明训，而慕夷齐之末操，②无乃皎然自贵于世乎？"畅曰："昔公仪休在鲁，拔园葵，去织妇；③孙叔敖相楚，其子被裘刈薪。④夫以约失之鲜矣。⑤闻伯夷之风者，贪夫廉，懦夫有立志。⑥虽以不德，敢慕遗烈。"

①礼记曰"君子上不僭上，下不逼下"也。

②论语孔子曰："奢则不逊，俭则固。"言仲尼得奢俭之中，而夷齐饥死，是末操也。

③史记曰，鲁相公仪休之其家，见织帛，怒而出其妇，食于舍而茹葵，愠而拔其葵，曰："吾已食禄，又夺园夫女子利乎？"

④史记曰，孙叔敖为楚相，且死，属其子曰："我死，汝贫困，往见优孟，言孙叔敖子也。"居数年，其子贫，负薪逢优孟。优孟言之于王，封之寝丘四百户也。

⑤论语孔子之辞也。言俭则无失。

⑥孟子之辞。

后征为长乐卫尉。建宁元年，迁司空，数月，以水灾策免。明年，卒于家。

子谦，为大将军何进长史。谦子粲，以文才知名。①

①粲字仲宣。蔡邕见而奇之。时邕才学显著，贵重朝廷，车骑填门，宾客盈坐。闻粲在门，倒屣迎之。既至，年幼，容状短小，一座尽惊。邕曰："王公之孙，有异才，吾不如也。"太祖辟粲为丞相掾，后为侍中。博物多识，问无不对。尝与人行，读道边碑，人问"卿能闇记乎"？因使背而诵之，一文不失。观人围碁，粲为覆之，棋者不信，以帊盖之，更以它局为之，不误一道。年四十卒。魏志有传。

种暠字景伯，河南洛阳人，仲山甫之后也。父为定陶令，有财三千万。父卒，暠悉以赈卹宗族及邑里之贫者。其有进趣名利，皆不与交通。始为县门下史。时河南尹田歆外甥王谌，名知人。①歆谓之曰："今当举六孝廉，多得贵戚书命，不宜相违，欲自用一名士以报国家，尔助我求之。"明日，谌送客于大阳郭，遥见暠，异之。还白歆曰："为尹得孝廉矣，近洛阳门下史也。"歆笑曰："当得山泽隐滞，(近)〔迺〕洛阳吏邪?"[12]谌曰："山泽不必有异士，异士不必在山泽。"歆即召暠于庭，辩诘职事。暠辞对有序，歆甚知之，召署主簿，遂举孝廉，辟太尉府，举高第。

①有知人之名也。

顺帝末，为侍御史。时所遣八使光禄大夫杜乔、周举等，多所纠奏，而大将军梁冀及诸宦官互为请救，事皆被寝遏。暠自以职主刺举，志案奸违，乃复劾诸为八使所举蜀郡太守刘宣等罪恶章露，宜伏欧刀。又奏请敕四府条举近臣父兄及知亲为刺史、二千石尤残秽不胜任者，免遣案罪。帝乃从之。擢暠监太子于承光宫。中常侍高梵从中单驾出迎太子，时太傅杜乔等疑不欲从，惶惑不知所为。暠乃手剑当车，曰："太子国之储副，人命所系。今常侍来无诏信，何以知非奸邪？今日有死而已。"梵辞屈，不敢对，驰命奏之。[13]诏报，太子乃得去。乔退而叹息，愧暠临事不惑。帝亦嘉其持重，称善者良久。

出为益州刺史。暠素慷慨，好立功立事。在职三年，宣恩远夷，开晓殊俗，岷山杂落皆怀服汉德。其白狼、槃木、唐菆、邛、僰诸国，①自前刺史朱辅[14]卒后遂绝；暠至，乃复举种向化。时永昌太守冶铸黄金为文蛇，以献梁冀，暠纠发逮捕，驰传上言，而二府畏懦，[15]不敢案之，冀由是衔怒于暠。会巴郡人服直聚党数百人，[16]自称"天王"，②暠与太守应承讨捕，不克，吏人多被伤害。

冀因此陷之，传逮暠、承。太尉李固上疏救曰："臣伏闻讨捕所伤，本非暠、承之意，实由县吏惧法畏罪，迫逐深苦，致此不详。比盗贼群起，处处未绝。暠、承以首举大奸，而相随受罪，臣恐沮伤州县纠发之意，更共饰匿，莫复尽心。"③梁太后省奏，乃赦暠、承罪，免官而已。

①蒩音侧留反。

②"直"或作"宜"。

③言各饰伪辞，隐匿真状也。

后凉州羌动，以暠为凉州刺史，甚得百姓欢心。被征当迁，吏人诣阙请留之，太后叹曰："未闻刺史得人心若是。"乃许之。暠复留一年，迁汉阳太守，戎夷男女送至汉阳界，暠与相揖谢，千里不得乘车。及到郡，化行羌胡，禁止侵掠。迁使匈奴中郎将。时辽东乌桓反叛，复转辽东太守，乌桓望风率服，迎拜于界上。坐事免归。

后司隶校尉举暠贤良方正，不应。征拜议郎，迁南郡太守，入为尚书。会匈奴寇并凉二州，桓帝擢暠为度辽将军。暠到营所，先宣恩信，诱降诸胡，其有不服，然后加讨。羌虏先时有生见获质于郡县者，悉遣还之。诚心怀抚，信赏分明，由是羌胡、龟兹、莎车、乌孙等皆来顺服。暠乃去烽燧，除候望，①边方晏然无警。

①昼举烽，夜燔燧。解见光武纪。

入为大司农。延熹四年，迁司徒。推达名臣桥玄、皇甫规等，为称职相。在位三年，年六十一薨。并、凉边人咸为发哀。匈奴闻暠卒，举国伤惜。单于每入朝贺，望见坟墓，辄哭泣祭祀。二子：岱，拂。

岱字公祖。好学养志。举孝廉、茂才,辟公府,皆不就。公车特征,病卒。

初,岱与李固子燮同征议郎,燮闻岱卒,痛惜甚,乃上书求加礼于岱。曰:"臣闻仁义兴则道德昌,道德昌则政化明,政化明而万姓宁。伏见故处士种岱,淳和达理,耽悦诗书,富贵不能回其虑,万物不能扰其心。禀命不永,奄然殂殒。若不槃桓难进,等辈皆已公卿矣。①昔先贤既没,有加赠之典,②周礼盛德,有铭诔之文,③而岱生无印绶之荣,卒无官谥之号。虽未建忠效用,而为圣恩所拔,遐迩具瞻,宜有异赏。"朝廷竟不能从。

①易屯卦曰:"槃桓,利居贞。"

②春秋隐公五年,臧僖伯卒,隐公葬之加一等。杜预曰:"加命服之一等。"

③周礼司勋曰:"凡有功者,铭书于王之太常。"又曰"卿大夫之丧,赐谥诔"也。

拂字颖伯。初为司隶从事,拜宛令。时南阳郡吏好因休沐,游戏市里,为百姓所患。拂出逢之,必下车公谒,以愧其心,自是莫敢出者。政有能名,累迁光禄大夫。初平元年,代荀爽为司空。明年,以地震策免,复为太常。

李傕、郭汜之乱,长安城溃,百官多避兵冲。拂挥剑而出曰:"为国大臣,不能止戈除暴,致使凶贼兵刃向宫,去欲何之!"遂战而死。子劭。

劭字申甫。少知名。中平末,为谏议大夫。

大将军何进将诛宦官，召并州牧董卓，至渑池，而进意更狐疑，遣劭宣诏止之。卓不受，遂前至河南。劭迎劳之，因譬令还军。卓疑有变，使其军士以兵胁劭。劭怒，称诏大呼叱之，军士皆披，①遂前质责卓。卓辞屈，乃还军夕阳亭。②

①披音芳靡反。

②夕阳亭在河南城西。

及进败，献帝即位，拜劭为侍中。卓既擅权，而恶劭强力，遂左转议郎，出为益凉二州刺史。会父拂战死，竟不之职。服终，征为少府、大鸿胪，皆辞不受。曰："昔我先父以身徇国，吾为臣子，不能除残复怨，何面目朝觐明主哉！"遂与马腾、韩遂及左中郎刘範、谏议大夫马宇[17]共攻李傕、郭汜，以报其仇。与汜战于长平观下，①军败，劭等皆死。腾遂还凉州。

①长平，阪名也。有观，在长安西十五里也。[18]

陈球字伯真，下邳淮浦人也。历世著名。①父亹，广汉太守。②球少涉儒学，善律令。阳嘉中，举孝廉，稍迁繁阳令。③时魏郡太守讽县求纳货贿，球不与之，太守怒而挝督邮，[19]欲令逐球。④督邮不肯，曰："魏郡十五城，独繁阳有异政，今受命逐之，将致议于天下矣。"太守乃止。

①谢承书曰："祖父屯，有令名。"

②亹音尾。

③繁阳，魏郡县。

④挝，击也。

复辟公府，举高第，拜侍御史。是时，桂阳黠贼李研等群聚寇钞，陆梁荆部，州郡懦弱，不能禁，太尉杨秉表球为零陵太守。球到，设方略，期月閒，贼虏消散。而州兵朱盖等反，[20]与桂阳贼胡兰数万人转攻零陵。零陵下湿，编木为城，不可守备，郡中惶恐。掾史白遣家避难，球怒曰："太守分国虎符，受任一邦，①[21]岂顾妻孥而沮国威重乎？复言者斩！"乃悉内吏人老弱，与共城守，弦大木为弓，羽矛为矢，引机发之，远射千馀步，多所杀伤。贼复激流灌城，球辄于内因地埶反决水淹贼。相拒十馀日，不能下。会中郎将度尚将救兵至，球募士卒，与尚共破斩朱盖等。赐钱五十万，拜子一人为郎。迁魏郡太守。

①文帝初与郡守分铜虎符。

征拜将作大匠，作桓帝陵园，所省巨万以上。迁南阳太守，以纠举豪右，为埶家所谤，征诣廷尉抵罪。会赦，归家。

(复)〔征〕拜廷尉。[22]熹平元年，窦太后崩。太后本迁南宫云台，①宦者积怨窦氏，遂以衣车载后尸，置城南市舍数日。中常侍曹节、王甫欲用贵人礼殡，帝曰："太后亲立朕躬，统承大业。诗云：'无德不报，无言不酬。'②岂宜以贵人终乎？"于是发丧成礼。及将葬，节等复欲别葬太后，而以冯贵人配祔。③诏公卿大会朝堂，令中常侍赵忠监议。太尉李咸时病，乃扶舆而起，擣椒自随，谓妻子曰："若皇太后不得配食桓帝，吾不生还矣。"既议，坐者数百人，各瞻望中官，良久莫肯先言。赵忠曰："议当时定。"怪公卿以下各相顾望。球曰："皇太后以盛德良家，母临天下，宜配先帝，是无所疑。"忠笑而言曰："陈廷尉宜便操笔。"球即下议曰："皇太后自在椒房，有聪明母仪之德。遭时不造，援立圣明，承继宗庙，功烈至重。先帝晏驾，因遇大狱，迁居空宫，不幸早世，家虽获罪，事非太后。今若别葬，诚失天下之望。且冯贵人冢墓被发，骸骨暴露，与贼併尸，魂灵汙染，④且无功于国，何宜上配至尊?”忠省球议，作色俛仰，蚩球曰：“陈廷尉建此议甚健!”球曰：“陈、窦既冤，皇太后无故幽闭，臣常痛心，天下愤叹。今日言之，退而受罪，宿昔之愿。”公卿以下，皆从球议。李咸始不敢先发，见球辞正，然〔后〕大言曰：[23]“臣本谓宜尔，诚与臣意合。”会者皆为之愧。曹节、王甫复争，以为梁后家犯恶逆，别葬懿陵，武帝黜废卫后，而以李夫人配食。⑤今窦氏罪深，岂得合葬先帝乎？李咸乃诣阙上疏曰：“臣伏惟章德窦后虐害恭怀，安思阎后家犯恶逆，而和帝无异葬之议，顺朝无贬降之文。至于卫后，孝武皇帝身所废弃，不可以为比。今长乐太后尊号在身，亲尝称制，坤育天下，⑥且援立圣明，光隆皇祚。太后以陛下为子，陛下岂得不以太后为母？子无黜母，臣无贬君，宜合葬宣陵，一如旧制。”帝省奏，谓曹节等曰：“窦氏虽为不道，而太后有德于朕，不宜降黜。”节等无复言，于是议者乃定。咸字元贞，[24]汝南人。累经州郡，以廉干知名；在朝清忠，权倖惮之。

①太后父窦武与陈蕃谋诛宦官，反为中常侍曹节矫诏杀武、蕃，迁太后焉。

②大雅抑诗也。

③祔谓新死之主祔于先死者之庙，妇祔于其夫，所祔之妃妾祔于妾祖姑也。

④段颎为河南尹，坐盗发冯贵人冢，左迁谏议大夫。

⑤戾太子卫皇后共太子斩江充，自杀。武帝崩，霍光缘上雅意，以李夫人配食也。

⑥周易曰：“坤为母。”

六年，迁球司空，以地震免。拜光禄大夫，复为廷尉、太常。光和元年，迁太尉，数月，以日食免。复拜光禄大夫。明年，为永乐少府，①乃潜与司徒河閒刘郃谋诛宦官。

①桓帝母孝崇皇后宫曰永乐，置太仆、少府。

初，郃兄侍中儵，[25]与大将军窦武同谋俱死，故郃与球相结。事未及发，球复以书劝郃曰："公出自宗室，位登台鼎，天下瞻望，社稷镇卫，岂得雷同容容无违而已？今曹节等放纵为害，而久在左右，又公兄侍中受害节等，永乐太后所亲知也。今可表徙卫尉阳球为司隶校尉，以次收节等诛之。政出圣主，天下太平，可翘足而待也。"又尚书刘纳以正直忤宦官，出为步兵校尉，亦深劝于郃。郃曰："凶竖多耳目，恐事未会，先受其祸。"纳曰："公为国栋梁，倾危不持，焉用彼相邪？"①郃许诺，亦结谋阳球。

①论语孔子之辞也。

球小妻，程璜之女，璜用事宫中，所谓程大人也。节等颇得闻知，乃重赂于璜，且胁之。璜惧迫，以球谋告节，节因共白帝曰："郃等常与藩国交通，有恶意。数称永乐声埶，受取狼籍。步兵校尉刘纳及永乐少府陈球、卫尉阳球交通书疏，谋议不轨。"帝大怒，策免郃，郃与球及刘纳、阳球皆下狱死。球时年六十二。

子瑀，吴郡太守；瑀弟琮，汝阴太守；弟子珪，沛相；珪子登，广陵太守：并知名。①

①谢承书曰："瑀举孝廉，辟公府，洛阳市长；后辟太尉府，未到。永汉元年，就拜议郎，迁吴郡太守，不之官。球(兄)〔弟〕子珪，[26]字汉瑜。举孝廉，剧令，去官；举茂才，济北相。珪子登，字元龙。学通今古，处身循礼，非法不行，性兼文武，有雄姿异略，一领广陵太守。"魏志曰，登

在广陵，有威名，有功加伏波将军，年三十九卒。后许汜与刘备并在荆州牧刘表坐，备共论天下人，汜曰："陈元龙淮海之士，[27]豪气不除。"备问汜曰："君言豪，宁有事邪？"汜曰："昔遭乱过下邳，见元龙无客主之意，不相与语，自上大床卧，使客卧下床。"备曰："君有国士之名。今天下大乱，帝王失所，君须忧国忘家，有救世之意。乃求田问舍，言无可采，是元龙所讳也，何缘当与君语？如我自卧百尺楼上，卧君于地下，何但上下床之閒哉！"表大笑也。

赞曰：安储遭谮，张卿有请。①龚纠便佞，以直为眚。②二子过正，埋车堙井。③种公自微，临官以威。陈球专议，桓思同归。

①张晧为廷尉，故曰卿。

②眚，过也。

③张纲埋轮，王(龚)〔畅〕堙井。[28]孟子曰："矫枉过正。"

【校勘记】

〔1〕张晧　按：集解引惠栋说，谓蜀志"晧"作"浩"。

〔2〕(初)永元中归仕州郡　据刊误删。

〔3〕司徒辟高第为〔侍〕御史　群书治要"御"上有"侍"字，又御览七七八引及初学记一二引续汉书，并作"侍御史"，今据补。

〔4〕多树谄谀　按："谄"原讹"滔"，径改正。

〔5〕天下号曰八俊　按：集解引惠栋说，谓"八俊"续汉书作"八彦"。

〔6〕身绝血嗣　按：集解引惠栋说，谓据注则正文注文之"嗣"字皆当作"祀"。

〔7〕乃婴等更生之(晨)〔辰〕也　按：校补谓"晨"当作"辰"，各本均未正。今据改。

〔8〕张婴等五百馀人　按：校补引柳从辰说，谓袁纪作"三百馀人"。

〔9〕称为(雅)〔推〕士　据汲本、殿本改。

〔10〕夫挟太山以超〔北〕海　据汲本、殿本补。

〔11〕阴行善化　按："化"字疑衍。史记作"阴行善"，无"化"字。殿本"化"作"行"，疑涉上"行"字而衍。

〔12〕(近)〔迺〕洛阳吏邪　据汲本改。

〔13〕驰命奏之　刊误谓案文多一"命"字。　按：通鉴作"驰还奏之"。

〔14〕自前刺史朱辅　按：集解引惠栋说，谓西南夷传作"酺"，东观记有传，仍作"辅"。

〔15〕而二府畏懦　按：御览六四一引谢承书"二"作"三"。

〔16〕聚党数百人　按：汲本、殿本作"百馀人"。

〔17〕左中郎刘範谏议大夫马宇　按：集解引钱大昕说，谓董卓传云"侍中马宇、右中郎将刘範"。

〔18〕在长安西十五里也　按：集解引惠栋说，谓纪注及董卓传注皆云去长安五十里。

〔19〕太守怒而挝督邮　按："挝"原作"棁"，径据汲本、殿本改。注同。

〔20〕而州兵朱盖等反　集解引汪文台说，谓御览二百六十、三百四十七、类聚六十引张璠汉记作"朱益"。今按：影印宋本御览三四七作"朱盖"。

〔21〕受任一邦　按：集解引惠栋说，谓球，汉人，不应斥高祖讳。张璠汉记"邦"作"郡"。

〔22〕(复)〔征〕拜廷尉　刊误谓案球初未尝为廷尉，何得言"复"，当作"征"字。集解引汪文台说，谓书钞五十五引谢承书，云"桥玄表球明法律，征拜廷尉正"。今据改。

〔23〕然〔后〕大言曰　据汲本、殿本补。

〔24〕咸字元贞　按：集解引惠栋说，谓蔡邕太尉李公碑云咸字元卓，案灵纪及胡广传注，皆云字元卓也。

〔25〕郃兄侍中儵　按：殿本"儵"作"儵"。

〔26〕球(兄)〔弟〕子珪　据殿本改,与正文合。

〔27〕陈元龙淮海之士　校补引柳从辰说,谓魏志"淮海"作"湖海",御览七百六引同。按:影宋本御览作"河海"。

〔28〕王(龚)〔畅〕堙井　据汲本、殿本改。

后汉书卷五十七

杜栾刘李刘谢列传第四十七

杜根字伯坚，颍川定陵人也。父安，字伯夷，少有志节，年十三入太学，号奇童。京师贵戚慕其名，或遗之书，安不发，悉壁藏之。及后捕案贵戚宾客，安开壁出书，印封如故，竟不离其患，时人贵之。①位至巴郡太守，政甚有声。

①离，被也。

根性方实，好绞直。①永初元年，举孝廉，为郎中。时和熹邓后临朝，权在外戚。根以安帝年长，宜亲政事，乃与同时郎上书直谏。太后大怒，收执根等，令盛以缣囊，于殿上扑杀之。执法者以根知名，私语行事人使不加力，既而载出城外，根得苏。太后使人检视，根遂诈死，三日，目中生蛆，因得逃窜，为宜城山中酒家保。②积十五年，[1]酒家知其贤，厚敬待之。

①绞，急也。

②宜城县故城在今襄州率道县南，其地出美酒。广雅云："保，使也。"言为人佣力保任而使也。

及邓氏诛，左右皆言根等之忠。帝谓根已死，乃下诏布告天下，录其子孙。根方归乡里，征诣公车，拜侍御史。[2]

初，平原郡吏成翊世亦谏太后归政，坐抵罪，与根俱征，擢为尚书郎，并见纳用。或问根曰："往者遇祸，天下同义，知故不少，何至自苦如此？"根曰："周旋民间，非绝跡之处，邂逅发露，祸及知亲，故不为也。"顺帝时，稍迁济阴太守。去官还家，年七十八卒。[3]

翊世字季明，少好学，深明道术。延光中，中常侍樊丰、帝乳母王圣共谮皇太子，废为济阴王。翊世连上书讼之，又言樊丰、王圣诬罔之状。帝既不从，而丰等陷以重罪，下狱当死，有诏免官归本郡。及济阴王立，是为顺帝，司空张晧辟之。晧以翊世前讼太子之废，荐为议郎。翊世自以其功不显，耻于受位，自劾归。三公比辟，不应。①尚书仆射虞诩雅重之，欲引与共参朝政，乃上书荐之，征拜议郎。后尚书令左雄、仆射郭虔复举为尚书。在朝正色，百僚敬之。

①比犹频也。

栾巴字叔元，魏郡内黄人也。①〔好道〕。[4]顺帝世，以宦者给事掖庭，补黄门令，非其好也。性质直，学览经典，虽在中官，不与诸常侍交接。后阳气通畅，白上乞退，擢拜郎中，四迁桂杨太守。以郡处南垂，不闲典训，为吏人定婚姻丧纪之礼，兴立（校）学〔校〕，[5]以奖进之。虽干吏卑末，皆课令习读，程试殿最，随能升授。②政事明察。视事七年，以病乞骸骨。

①神仙传云:"巴,蜀郡人也。少而学道,不脩俗事。"

②干,府吏之类也。晋令诸郡国不满五千以下,置干吏二人。郡县皆有干。干犹主也。

荆州刺史李固荐巴治跡,征拜议郎,守光禄大夫,与杜乔、周举等八人徇行州郡。

巴使徐州还,再迁豫章太守。郡土多山川鬼怪,小人常破赀产以祈祷。巴素有道术,能役鬼神,乃悉毁坏房祀,翦理奸巫,①于是妖异自消。百姓始颇为惧,终皆安之。②迁沛相。所在有绩,征拜尚书。③会帝崩,营起宪陵。陵左右或有小人坟冢,主者欲有所侵毁,巴连上书苦谏。时梁太后临朝,诏诘巴曰:"大行皇帝晏驾有日,卜择陵园,务从省约,茔域所极,裁二十顷,而巴虚言主者坏人冢墓。事既非实,寝不报下,巴犹固遂其愚,复上诽谤。苟肆狂瞽,益不可长。"巴坐下狱,抵罪,禁锢还家。

①房谓为房堂而祀者。

②神仙传曰"时庐山庙有神,于帐中与人言语,饮酒投杯,能令宫亭湖中分风,船行者举帆相逢。巴未到十数日,庙中神不复作声。郡中常患黄父鬼为百姓害,巴到,皆不知所在,郡内无复疾疫"也。

③神仙传曰:"巴为尚书,正朝大会,巴独后到,又饮酒西南噀之。有司奏巴不敬。有诏问巴,巴顿首谢曰:'臣本县成都市失火,臣故因酒为雨以灭火。臣不敢不敬。'诏即以驿书问成都,成都答言:'正旦大失火,食时有雨从东北来,火乃息,雨皆酒臭。'后忽一旦大风,天雾晦暝,对坐皆不相见,失巴所在。寻问之,云其日还成都,与亲故别也。"

二十馀年,灵帝即位,大将军窦武、太傅陈蕃辅政,征拜议郎。蕃、武被诛,巴以其党,复谪为永昌太守。以功自劾,[6]辞病不行,上书极谏,理陈、窦之冤。帝怒,下诏切责,收付廷尉。巴自杀。子贺，官至云中太守。

刘陶字子奇，一名伟，颍川颍阴人，济北贞王勃之后。陶为人居简，不修小节。所与交友，必也同志。好尚或殊，富贵不求合；情趣苟同，贫贱不易意。同宗刘恺，以雅德知名，独深器陶。

时大将军梁冀专朝，而桓帝无子，连岁荒饥，灾异数见。陶时游太学，乃上疏陈事曰：

臣闻人非天地无以为生，天地非人无以为灵，①是故帝非人不立，人非帝不宁。夫天之与帝，帝之与人，犹头之与足，相须而行也。伏惟陛下年隆德茂，中天称号，②袭常存之庆，循不易之制，目不视鸣条之事，耳不闻檀车之声，③天灾不有痛于肌肤，震食不即损于圣体，故蔑三光之谬，轻上天之怒。伏念高祖之起，始自布衣，④拾暴秦之敝，追亡周之鹿，⑤合散扶伤，克成帝业。功既显矣，勤亦至矣。流福遗祚，至于陛下。陛下既不能增明烈考之轨，而忽高祖之勤，妄假利器，委授国柄，使群丑刑隶，芟刈小民，彫敝诸夏，虐流远近，⑥故天降众异，以戒陛下。陛下不悟，而竞令虎豹窟于麑场，豺狼乳于春囿。⑦斯岂唐咨禹、稷，益典朕虞，议物赋土蒸民之意哉？又(令)〔今〕牧守长吏，[7]上下交竞；封豕长蛇，蚕食天下；[8]货殖者为穷冤之魂，贫馁者作饥寒之鬼；高门获东观之辜，丰室罗妖叛之罪；⑧死者悲于窀穸，生者戚于朝野：⑨是愚臣所为咨嗟长怀叹息者也。且秦之将亡，正谏者诛，谀进者赏，⑩嘉言结于忠舌，国命出于谗口，擅阎乐于咸阳，授赵高以车府。⑪权去已而不知，威离身而不顾。古今一揆，成败同埶。愿陛下远览强秦之倾，近察哀、平之变，得失昭然，祸福可见。

①书曰“惟天地万物父母，惟人万物之灵”也。

②中谓当天之中也。

③鸣条，地名，在安邑之西。尚书曰：“伊尹相汤伐桀，遂与桀战于鸣条之野。”檀车，兵车也。诗曰：“檀车啴啴，四牡痯痯，征夫不远。”啴音昌善反。痯音管。

④高祖曰：“吾以布衣提三尺以取天下。”[9]

⑤前书蒯通曰：“秦失其鹿，天下共逐之。”音义云：“以鹿喻帝位也。”

⑥利器谓威权也。周礼“太宰以八柄诏王驭群臣”，谓爵、禄、与、置、生、夺、废、诛也。刑隶谓阉人也。

⑦鹿子曰麑。乳，产也。

⑧说苑曰“孔子为鲁司寇，七日而诛少正卯于东观之下”也。

⑨杜元凯注左传曰：“窀，厚也。穸，夜也。厚夜犹长夜也。”

⑩前书贾山上书曰“秦始皇进谀谄之人，杀直谏之士”也。

⑪赵高为车府令，与婿咸阳令阎乐谋杀胡亥。事见史记也。

臣又闻危非仁不扶，乱非智不救，故武丁得傅说，以消鼎雉之灾，①周宣用申、甫，以济夷、厉之荒。②窃见故冀州刺史南阳朱穆，前乌桓校尉臣同郡李膺，皆履正清平，贞高绝俗。穆前在冀州，奉宪操平，摧破奸党，扫清万里。膺历典牧守，正身率下，及掌戎马，威扬朔北。斯实中兴之良佐，国家之柱臣也。宜还本朝，挟辅王室，上齐七燿，下镇万国。臣敢吐不时之义于讳言之朝，③犹冰霜见日，必至消灭。臣始悲天下之可悲，今天下亦悲臣之愚惑也。

①武丁，殷王高宗也。尚书曰，高宗得傅说为相，殷复兴焉。高宗时，有

雉登鼎耳而雊，武丁惧而修德，位以永宁。

②申伯，仲山甫，周宣王之臣也。诗曰："惟申及甫，惟周之翰。"史记曰，周孝王之子燮，是为夷王。夷王崩，子厉王胡立，行暴虐，死于彘也。

③不时谓不合于时也。讳言谓拒谏也。

书奏不省。

时有上书言人以货轻钱薄，故致贫困，宜改铸大钱。事下四府群僚及太学能言之士。陶上议曰：

圣王承天制物，与人行止，建功则众悦其事，兴戎而师乐其旅。是故灵台有子来之人，武旅有凫藻之士，①皆举合时宜，动顺人道也。臣伏读铸钱之诏，平轻重之议，访覃幽微，不遗穷贱，是以藿食之人，谬延逮及。②

①诗大雅曰："经始灵台，经之营之，不日成之。经始勿亟，庶人子来。"武旅，周武王之旅。凫得水藻，言喜悦也。

②说苑曰："有东郭祖朝者，上书于晋献公曰：'愿请闻国家之计。'献公使人告之曰：'肉食者已虑之矣，藿食者尚何预焉？'祖朝曰：'肉食者，一旦失计于庙堂之上，若臣等藿食，宁得无肝胆涂地于中原之野？其祸亦及臣之身，安得无预国家之计乎！'"

盖以为当今之忧，不在于货，在乎民饥。夫生养之道，先食后(民)〔货〕。[10]是以先王观象育物，敬授民时，①使男不逋亩，女不下机。故君臣之道行，王路之教通。由是言之，食者乃有国之所宝，生民之至贵也。窃见比年已来，良苗尽于蝗螟之口，杼柚空于公私之求，②所急朝夕之餐，所患靡盬之事，岂谓钱货之厚薄，铢两之轻重哉？就使当今沙砾化为南金，瓦石变为和玉，③使百姓渴无所饮，饥无所食，虽皇羲之纯德，唐虞之文明，犹不能以保萧墙之内也。盖民可百年无货，不可一朝有饥，故食为至急也。议者不达农殖之本，多言铸冶之便，或欲因缘行诈，以贾国利。国利将尽，取者争竞，造铸之端于是乎生。盖万人铸之，一人夺之，犹不能给；况今一人铸之，则万人夺之乎？虽以阴阳为炭，万物为铜，④役不食之民，使不饥之士，犹不能足无厌之求也。夫欲民殷财阜，要在止役禁夺，则百姓不劳而足。陛下圣德，愍海内之忧戚，伤天下之艰难，欲铸钱齐货以救其敝，此犹养鱼沸鼎之中，棲鸟烈火之上。水木本鱼鸟之所生也，用之不时，必至燋烂。愿陛下宽锲薄之禁，后冶铸之议，⑤听民庶之谣吟，问路叟之所忧，⑥瞰三光之文耀，视山河之分流。⑦天下之心，国家大事，粲然皆见，无有遗惑者矣。

①象，天象也。尚书曰："钦若昊天，敬授人时。"

②诗曰："小东大东，杼柚其空。"

③诗曰："大路南金。"和玉，卞和之玉也。

④贾谊之言。

⑤锲，刻也，音口结反。

⑥列子曰："昔尧理天下五十年，不知天下理乱。尧乃微服游于康衢。儿童谣曰：'立我蒸人，莫(不)〔非〕尔极，[11]不识不知，顺帝之则。'"说苑曰："孔子行游中路，闻哭者声，其音甚悲。孔子避车而问之曰：'夫子非有丧也，何哭之悲？'虞丘子对曰：'吾有三失：吾少好学，周徧天下，还后吾亲亡，一失也；事君奢骄不遂，是二失也；厚交友而后绝，是三失也。'"

⑦三光，日、月、星也。分谓山，流谓河。言日月有谲食之灾，星辰有错行之变，故视其文耀也。山崩川竭，皆亡之征也。

臣尝诵诗，至于鸿雁于野之劳，哀勤百堵之事，每喟尔长怀，中篇而叹。①近听征夫饥劳之声，甚于斯歌。是以追悟匹妇吟鲁之忧，始于此乎？②见白驹之意，屏营傍偟，不能监寐。③伏念当今地广而不得耕，民众而无所食。群小竞进，秉国之位，鹰扬天下，(鸟)〔乌〕钞求饱，[12]吞肌及骨，并噬无厌。诚恐卒有役夫穷匠，起于板筑之閒，④投斤攘臂，登高远呼，使愁怨之民，响应云合，八方分崩，中夏鱼溃。⑤虽方尺之钱，何能有救！其危犹举函牛之鼎，絓纤枯之末，⑥诗人所以眷然顾之，潸焉出涕者也。⑦

①诗小雅鸿雁之篇曰："鸿雁于飞，肃肃其羽。之子于征，劬劳于野。鸿雁于飞，集于中泽。之子于垣，百堵皆作。"郑玄注云："坏灭之国，征人起屋舍，筑墙壁，百堵同时而起，言趋事也。"

②列女传曰："鲁漆室邑之女，过时未適人。当穆公之时，君老，太子幼，女倚柱而啸。傍人闻之，心莫不惨惨者。邻妇从之游，谓曰：'何哭之悲？子欲嫁乎？吾为子求偶。'漆室女曰：'嗟乎，始吾以子为知，今反无识也。岂为嫁之故不乐而悲哉，吾忧鲁君老而太子少也。'"

③诗曰："皎皎白驹，食我场苗。絷之维之，以永今朝。"白驹谕贤人也。监寐犹寤寐也。

④役夫谓陈涉起蕲也。穷匠谓骊山之徒也。并见史记也。

⑤公羊传曰："其言梁亡何？鱼烂而亡也。"何休曰："鱼烂，从中发溃烂也。"

⑥函牛之鼎谓大鼎也。淮南子曰："函牛之鼎沸，则蝇不得置一足焉。"絓，挂也，音胡卖反。

⑦诗小雅大东之文也。潸，涕下皃。郑玄注云："伤今不如古也。"

臣东野狂闇，不达大义，缘广及之时，对过所问，知必以身脂鼎镬，为天下笑。

帝竟不铸钱。

后陶举孝廉，除顺阳长。[13]县多奸猾，陶到官，宣募吏民有气力勇猛，能以死易生者，不拘亡命奸臧，于是剽轻剑客之徒过晏等十馀人，①皆来应募。陶责其先过，要以后效，使各结所厚少年，得数百人，皆严兵待命。于是覆案奸轨，所发若神。以病免，吏民思而歌之曰："邑然不乐，思我刘君。何时复来，安此下民。"

①过，姓也，过国之后。见左传。

陶明尚书、春秋，为之训诂。推三家尚书①及古文，是正文字七百馀事，名曰中文尚书。

①三家谓夏侯建、夏侯胜、欧阳和伯也。

顷之，拜侍御史。灵帝宿闻其名，数引纳之。时钜鹿张角伪托大道，妖惑小民，陶与奉车都尉乐松、议郎袁贡连名上疏言之，曰："圣王以天下耳目为视听，故能无不闻见。今张角支党不可胜计。前司徒杨赐奏下诏书，切敕州郡，护送流民，会赐去位，不复捕录。[14]虽会赦令，而谋不解散。四方私言，云角等窃入京师，觇视朝政，鸟声兽心，私共鸣呼。州郡忌讳，不欲闻之，但更相告语，莫肯公文。宜下明诏，重募角等，赏以国土。有敢回避，与之同罪。"帝殊不悟，方诏陶次第春秋条例。明年，张角反乱，海内鼎沸，帝思陶言，封中陵乡侯，三迁尚书令。以所举将为尚书，难与齐列，乞从宂散，拜侍中。以数切谏，为权臣所惮，徙为京兆尹。到职，当出脩宫钱直千万，①陶既清贫，而耻以钱买职，称疾不听政。帝宿重陶才，原其罪，征拜谏议大夫。

①时拜职名，当出买官之钱，谓之脩宫钱也。

是时天下日危，寇贼方炽，陶忧致崩乱，复上疏曰："臣闻事之急者不能安言，心之痛者不能缓声。窃见天下前遇张角之乱，后遭边章之寇，每闻羽书告急之声，心灼内热，四体惊竦。今西羌逆类，私署将帅，皆多段颎时吏，晓习战陈，识知山川，变诈万端。臣常惧其轻出河东、冯翊，钞西军之后，东之函谷，据阸高望。今果已攻河东，恐遂转更豕突上京。如是则南道断绝，车骑之军孤立，[1]关东破胆，四方动摇，威之不来，叫之不应，虽有田单、陈平之策，计无所用。臣前驿马上便宜，急绝诸郡赋调，冀尚可安。事付主者，留连至今，莫肯求问。今三郡之民皆以奔亡，南出武关，北徙壶谷，[2]冰解风散，唯恐在后。今其存者尚十三四，军吏士民悲愁相守，民有百走退死之心，而无一前斗生之计。西寇浸前，去营咫尺，胡骑分布，已至诸陵。将军张温，天性精勇，而主者旦夕迫促，军无后殿，假令失利，其败不救。臣自知言数见厌，而言不自裁者，以为国安则臣蒙其庆，国危则臣亦先亡也。谨复陈当今要急八事，乞须臾之閒，深垂纳省。"其八事，大较言天下大乱，皆由宦官。宦官事急，共谗陶曰："前张角事发，诏书示以威恩，自此以来，各各改悔。今者四方安静，而陶疾害圣政，专言妖孽。州郡不上，陶何缘知？疑陶与贼通情。"于是收陶，下黄门北寺狱，掠按日急。陶自知必死。对使者曰："朝廷前封臣云何？今反受邪谮。恨不与伊、吕同畴，而以三仁为辈。"[3]遂闭气而死，天下莫不痛之。

①时湟中义从胡北宫伯玉等叛，遣左车骑将军皇甫嵩讨之不剋也。

②三郡，河东、冯翊、京兆也。壶谷，壶关之谷，在上党也。

③论语曰："殷有三仁焉，微子去之，箕子为之奴，比干谏而死。"

陶著书数十万言，又作七曜论、匡老子、反韩非、复孟轲，及上书言当世便事、条教、赋、奏、书、记、辩疑，凡百馀篇。

时司徒东海陈耽,亦以非罪与陶俱死。耽以忠正称,历位三司。光和五年,诏公卿以谣言举刺史、二千石为民蠹害者。①时太尉许馘、司空张济承望内官,受取货赂,其宦者子弟宾客,虽贪汙秽浊,皆不敢问,而虚纠边远小郡清脩有惠化者二十六人。吏人诣阙陈诉,耽与议郎曹操上言:“公卿所举,率党其私,所谓放鸱枭而囚鸾凤。”其言忠切,帝以让馘、济,由是诸坐谣言征者悉拜议郎。宦官怨之,遂诬陷耽死狱中。

①谣言谓听百姓风谣善恶而黜陟之也。[15]

李云字行祖,甘陵人也。性好学,善阴阳。初举孝廉,再迁白马令。

桓帝延熹二年,诛大将军梁冀,而中常侍单超等五人皆以诛冀功并封列侯,专权选举。又立掖庭民女亳氏为皇后,数月閒,后家封者四人,赏赐巨万。①是时地数震裂,众灾频降。云素刚,忧国将危,心不能忍,乃露布上书,移副三府,②曰:“臣闻皇后天下母,德配坤灵,得其人则五氏来备,不得其人则地动摇宫。③比年灾异,可谓多矣,皇天之戒,可谓至矣。高祖受命,至今三百六十四岁,君期一周,当有黄精代见,姓陈、项、虞、田、许氏,不可令此人居太尉、太傅典兵之官。④举厝至重,不可不慎。班功行赏,宜应其实。梁冀虽持权专擅,虐流天下,今以罪行诛,犹召家臣搤杀之耳。而猥封谋臣万户以上,高祖闻之,得无见非?西北列将,得无解体?⑤孔子曰:‘帝者,谛也。’⑥今官位错乱,小人谄进,财货公行,政化日损,尺一拜用不经御省。⑦是帝欲不谛乎?”帝得奏震怒,下有司逮云,诏尚书都护剑戟送黄门北寺狱,使中常侍管霸与御史廷尉杂考之。

时弘农五官掾杜众伤云以忠谏获罪，上书愿与云同日死。帝愈怒，遂并下廷尉。大鸿胪陈蕃上疏救云曰："李云所言，虽不识禁忌，干上逆旨，其意归于忠国而已。昔高祖忍周昌不讳之谏，成帝赦朱云腰领之诛。⑧今日杀云，臣恐剖心之讥复议于世矣。⑨故敢触龙鳞，冒昧以请。"⑩太常杨秉、洛阳市长沐茂、郎中上官资并上疏请云。帝恚甚，有司奏以为大不敬。诏切责蕃、秉，免归田里；茂、资贬秩二等。时帝在濯龙池，管霸奏云等事。霸(跪)〔诡〕言曰：[16]"李云野泽愚儒，杜众郡中小吏，出于狂戆，不足加罪。"帝谓霸曰："帝欲不谛，是何等语，而常侍欲原之邪？"顾使小黄门可其奏，云、众皆死狱中。后冀州刺史贾琮使行部，[17]过祠云墓，刻石表之。

①时封后兄康为比阳侯，弟统昆阳侯，统从兄会安阳侯，统弟秉为(济)〔淯〕阳侯。[18]

②露布谓不封之也，并以副本上三公府也。

③史记曰："庶征：曰雨，曰旸，曰燠，曰风，曰寒。五者来备，各以其序，庶草繁庑。"是与氏古字通耳。春秋汉含孳曰："女主盛，臣制命，则地动。"

④黄精谓魏氏将兴也。陈、项、虞、田并舜之后。舜土德，亦尚黄，故忌也。

⑤列将谓皇甫规、段颎等。

⑥春秋运斗枢曰："五帝脩名立功，脩德成化，统调阴阳，招类使神，故称帝。帝之言谛也。"郑玄注云："审谛于物也。"

⑦尺一之板谓诏策也。见汉官仪也。

⑧周昌，解见陈忠传。朱云上书曰："臣愿赐尚方斩马剑，断佞臣一人，以厉其馀。"上问："谁也？"对曰："安昌侯张禹。"上大怒曰："小臣居下讪上，廷辱师傅，罪死不赦。"御史将云去。左将军辛庆忌以死争，

上意解，然后得已。事并见前书。

⑨比干以死谏纣，纣怒曰："吾闻圣人心有七窍。"[19]乃剖比干而观其心。事见史记。

⑩韩子曰："夫龙之为虫也，可狎而驯也。然喉下有逆鳞，婴之则杀人。人主有逆鳞，说者婴之，则亦几矣。"

论曰：礼有五谏，讽为上。①若夫托物见情，因文载旨，使言之者无罪，闻之者足以自戒，②贵在于意达言从，理归乎正。曷其绞讦摩上，以衒沽成名哉？③李云草茅之生，不识失身之义，④遂乃露布帝者，班檄三公，至于诛死而不顾，斯岂古之狂也！⑤夫未信而谏，则以为谤己，⑥故说者识其难焉。⑦

①五谏谓讽谏、顺谏、闚谏、指谏、陷谏也。讽谏者，知患祸之萌而讽告也。顺谏者，出辞逊顺，不逆君心也。闚谏者，视君颜色而谏也。指谏者，质指其事而谏也。陷谏者，言国之害忘生为君也。见大戴礼。

②卜商诗序之文也。

③绞，直也。讦，正也。沽，卖之。

④仪礼曰："凡自称于君宅〔者〕，在邦(者)曰市井之臣，[20]在野则曰草茅之臣，庶人则曰刺草之臣。"易曰："臣不密，则失身。"

⑤论语曰："古之狂也直，今之狂也诈而已矣。"[21]

⑥论语曰："事君信而后谏，其君未信，[22]则以为谤己。"

⑦韩非有说难篇。

刘瑜字季节，广陵人也。高祖父广陵靖王。父辩，清河太守。①瑜少好经学，尤善图谶、天文、历筭之术。州郡礼请不就。

①谢承书云："父祥，为清河太守。"

延熹八年，太尉杨秉举贤良方正，及到京师，上书陈事曰：

臣瑜自念东国鄙陋，得以丰沛枝胤，被蒙复除，不给卒伍。故太尉杨秉知臣窃闚典籍，猥见显举，诚冀臣愚直，有补万一。而秉忠谟不遂，命先朝露。臣在下土，听闻歌谣，骄臣虐政之事，远近呼嗟之音，窃为辛楚，泣血涟如。[23]幸得引录，备答圣问，泄写至情，不敢庸回。①诚愿陛下且以须臾之虑，览今往之事，人何为咨嗟，天曷为动变。

①庸，用也。回，邪也。

盖诸侯之位，上法四七，垂文炳燿，关之盛衰者也。①[24]今中官邪孽，比肩裂土，皆竞立胤嗣，继体传爵，或乞子疎属，或买儿市道，殆乖开国承家之义。②

①四七，二十八宿也。诸侯为天子守四方，犹天之有二十八宿。汉官仪曰"天子建侯，上法四七"也。

②易曰："大君有命，开国承家。"

古者天子一娶九女，①娣姪有序，河图授嗣，正在九房。今女嬖令色，充积闺帷，皆当盛其玩饰，宂食空宫，劳散精神，生长六疾。②此国之费也，生之伤也。且天地之性，阴阳正纪，隔绝其道，则水旱为并。诗云："五日为期，六日不詹。"③怨旷作歌，仲尼所录。④况从幼至长，幽藏殁身。又常侍、黄门，亦广妻娶。怨毒之气，结成妖眚。行路之言，官发略人女，[25]取而复置，转相惊惧。孰不悉然，无缘空生此谤。邹衍匹夫，杞氏匹妇，尚有城崩霜陨之异；况乃群辈咨怨，能无感乎！⑤

①公羊传曰，诸侯一聘三女，天子一娶九女，[26]夏、殷制也。

②左传曰"天有六气,淫生六疾。六气曰阴、阳、风、雨、晦、明,过则为灾。阴淫寒疾,阳淫热疾,风淫末疾,雨淫腹疾,晦淫惑疾,明淫心疾。女,阳物而晦时,淫则生内热惑蛊之疾"也。

③诗小雅曰:"终朝采蓝,不盈一襜。五日为期,六日不詹。"注云:"詹,至也。妇人过时而怨旷,期至五日而归,今六日不至,是以忧也。"

④谓仲尼删诗编录也。

⑤淮南子曰:"邹衍事燕惠王尽忠,左右谮之,王系之,仰天而哭,五月天为之下霜。"列女传曰"齐人杞梁袭莒,战死。其妻无所归,乃就夫尸于城下而哭之,七日城崩"也。

昔秦作阿房,国多刑人。今第舍增多,穷极奇巧,掘山攻石,不避时令。①促以严刑,威以(法)正〔法〕。[27]民无罪而覆入之,民有田而覆夺之。州郡官府,各自考事,奸情赇赂,皆为吏饵。民愁郁结,起入贼党,官辄兴兵,诛讨其罪。贫困之民,或有卖其首级以要酬赏,父兄相代残身,妻孥相(见)〔视〕分裂。[28]穷之如彼,伐之如此,岂不痛哉!

①礼记月令曰"孟夏之月,无有坏堕,无起土功,无发大众"也。

又陛下以北辰之尊,神器之宝,而微行近习之家,私幸宦者之舍,①宾客市买,熏灼道路,因此暴纵,无所不容。今三公在位,皆博达道艺,而各正诸己,莫或匡益者,非不智也,畏死罚也。惟陛下设置七臣,以广谏道,②及开东序金縢史官之书,从尧舜禹汤文武致兴之道,③远佞邪之人,放郑卫之声,则政致和平,德感祥风矣。④臣悾悾推情,言不足采,⑤惧以触忤,征营慴悸。

①近习谓亲近狎者。

②孝经曰:"古者天子有争臣七人。"郑玄注:"七人谓三公及前疑、后承、

左辅、右弼。”

③尔雅曰:“东西厢谓之序。”书曰:“天球河图在东序。”縢,缄也。以金缄之,不欲人开也。

④孝经援神契曰:“德至八方则祥风至。”

⑤悾悾,诚恳之皃。

于是特诏召瑜问灾咎之征,指事案经谶以对。执政者欲令瑜依违其辞,而更策以它事。瑜复悉心以对,八千馀言,有切于前,帝竟不能用。拜为议郎。

及帝崩,大将军窦武欲大诛宦官,乃引瑜为侍中,又以侍中尹勋为尚书令,共同谋画。及武败,瑜、勋并被诛。事在武传。

勋字伯元,河南人。从祖睦为太尉,睦孙颂为司徒。勋为人刚毅直方。少时每读书,得忠臣义士之事,未尝不投书而仰叹。自以行不合于当时,不应州郡公府礼命。桓帝时,以有道征,四迁尚书令。延熹中,诛大将军梁冀,帝召勋部分众职,甚有方略,封宜阳乡侯。仆射霍谞,尚书张敬、欧阳参、李伟、虞放、周永,并封亭侯。勋后再迁至九卿,以病免,拜为侍中。八年,中常侍具瑗、左悺等有罪免,夺封邑,因黜勋等爵。

瑜诛后,宦官悉焚其上书,以为讹言。

子琬,传瑜学,明占候,能著灾异。举方正,不行。

谢弼字辅宣,东郡武阳人也。①中直方正,②为乡邑所宗师。建宁二年,诏举有道之士,[29]弼与东海陈敦、玄菟公孙度俱对策,皆除郎中。

①谢承书曰:“弼字辅鸾,东郡濮阳人也。”与此不同。

②犹言中正方直也。

时青蛇见前殿，大风拔木，诏公卿以下陈得失。弼上封事曰：

臣闻和气应于有德，妖异生乎失政。上天告谴，则王者思其愆；政道或亏，则奸臣当其罚。夫蛇者，阴气所生；鳞者，甲兵之符也。①鸿范传曰："厥极弱，时则有蛇龙之孽。"②又荧惑守亢，裴回不去，法有近臣谋乱，发于左右。不知陛下所与从容帷幄之内，亲信者为谁。宜急斥黜，以消天戒。臣又闻"惟虺惟蛇，女子之祥"。③伏惟皇太后定策宫闼，援立圣明，书云："父子兄弟，罪不相及。"窦氏之诛，岂宜咎延太后？幽隔空宫，愁感天心，如有雾露之疾，陛下当何面目以见天下？④昔周襄王不能敬事其母，戎狄遂至交侵。⑤孝和皇帝不绝窦后之恩，前世以为美谈。⑥礼为人后者为之子，今以桓帝为父，岂得不以太后为母哉？援神契曰："天子行孝，四夷和平。"方今边境日蹙，兵革蜂起，自非孝道，何以济之！愿陛下仰慕有虞蒸蒸之化，俯思凯风慰母之念。⑦

①谢承书曰："蛇者，阴(之)〔气〕所生，[30]龙之类也。龙有鳞，甲兵之符也。"

②前书曰"皇之不极，是谓不建，厥极弱，时则有下伐上之痾，龙蛇之孽"也。

③诗小雅之文也。郑玄注云："虺、蛇穴处，阴之祥也，故为生女。"

④文帝徙淮南王长于蜀，袁盎曰："淮南王为人刚，今暴摧折之，臣恐其逢雾露病死，陛下有杀弟之名也。"

⑤史记曰，周襄王母早死，后母曰惠后，生叔带，有宠。带与戎翟谋伐襄王。

⑥窦太后崩，张酺等奏云："不宜合葬先帝。"和帝手诏曰："臣子无贬尊

上之文，恩不忍离。"于是合葬。见皇后纪也。

⑦尚书舜典曰："蒸蒸乂，不格奸。"孔安国注云："蒸蒸犹进进也。言舜进于善道。"诗凯风曰："有子七人，莫慰母心。"

臣又闻爵赏之设，必酬庸勋；开国承家，小人勿用。①今功臣久外，未蒙爵秩，阿母宠私，乃享大封，大风雨雹，亦由于兹。又故太傅陈蕃，辅相陛下，勤身王室，夙夜匪懈，而见陷群邪，一旦诛灭。其为酷滥，骇动天下，而门生故吏，并离徙锢。蕃身已往，人百何赎！②宜还其家属，解除禁网。夫台宰重器，国命所继。今之四公，唯司空刘宠[31]断断守善，馀皆素餐致寇之人，③必有折足覆𫗧之凶。可因灾异，并加罢黜。④征故司空王畅，长乐少府李膺，并居政事，庶灾变可消，国祚惟永。臣山薮顽闇，未达国典。策曰"无有所隐"，敢不尽愚，用忘讳忌。伏惟陛下裁其诛罚。

①易师卦上六爻词也。

②诗国风曰："如可赎兮，人百其身。"

③四公谓刘矩为太尉，许训为司徒，胡广为太傅及宠也。书曰："如有一介臣，断断猗，无它伎。"孔安国注云："断断猗然专一之臣也。"素，空也。无德而食其禄曰素餐。易曰"负且乘，致寇至"也。

④易曰："鼎折足，覆公𫗧。"鼎以喻三公。𫗧，鼎实也。折足覆𫗧，言不胜其任。

左右恶其言，出为广陵府丞。去官归家。

中常侍曹节从子绍为东郡太守，忿疾于弼，遂以它罪收考掠按，死狱中，时人悼伤焉。初平二年，司隶校尉赵谦讼弼忠节，求报其怨〔魂〕，[32]乃收绍斩之。

赞曰:邓不明辟,①梁不损陵。慊慊栾、杜,讽辞以兴。黄寇方炽,子奇有识。②武谋允臧,瑜亦协志。弼忤宦情,云犯时忌。成仁丧己,同方殊事。

①尚书曰:"朕复子明辟。"孔安国注云:"复还明君之政于成王也。"言邓后临朝,不还政于安帝也。

②识,协韵音式侍反。

【校勘记】

〔1〕积十五年　按:校补引柳从辰说,谓袁宏纪载根上书直谏在永初二年十二月,"积十五年"作"积十年馀"。

〔2〕拜侍御史　按:校补引钱大昭说,谓先贤行状作"符节郎"。

〔3〕年七十八卒　按:集解引周寿昌说,谓三国魏志引先贤行状,云年八十七,以寿终,与此作"七十八"微异。

〔4〕魏郡内黄人也〔好道〕　据汲本、殿本补。

〔5〕兴立(校)学〔校〕　据刊误改。按:汲本作"学校"。

〔6〕以功自劾　按:汲本"劾"作"效"。又按:刊误谓功不可以自劾,当是"无功自劾",少一"无"字。

〔7〕又(令)〔今〕牧守长吏　刊误谓案文"令"当作"今"。张森楷校勘记谓群书治要"令"作"今"。今据改。

〔8〕蚕食天下　按:"蚕"原讹"吞",径据汲本、殿本改正。

〔9〕吾以布衣提三尺以取天下　汲本、殿本"三尺"下有"剑"字。今按:史记有"剑"字。汉书无"剑"字,小颜谓三尺,剑也,流俗本或云"提三尺剑","剑"字后人所加耳。

〔10〕先食后(民)〔货〕　据刊误改。

〔11〕莫(不)〔非〕尔极　据刊误改。

〔12〕(鸟)〔乌〕钞求饱　集解引惠栋说,谓"鸟"当作"乌",引周礼射鸟

氏"以弓矢欧乌鸢"郑玄注"乌鸢喜抄盗,故云乌钞"为证。今据改。

〔13〕后陶举孝廉除顺阳长　集解引汪文台说,谓类聚十九引谢承书作"枞阳长",类聚五十、御览二百六十七引续汉书作"湞阳长"。今按:校补引柳从辰说,谓御览四百六十五引本书,仍作"顺阳长"。又按:类聚十九引谢承书,御览二百六十七引续汉书,"刘陶"作"刘騊駼",类聚五十作"刘騊",御览四百六十五引本书作"刘陶駼",皆误。

〔14〕不复捕录　按:校补谓案上文止言护送流民,未言捕贼,杨赐又本以下州郡捕讨恐更骚扰,明不主捕,先捕后录,亦不成文理,"捕"当为"补"之讹。

〔15〕按:此注原在"二千石"下,今据殿本移正。

〔16〕霸(跪)〔诡〕言曰　据汲本、殿本改。按:胡刻通鉴亦讹"跪",章钰胡刻通鉴正文校宋记云明孔天胤本作"诡",张敦仁校本同。

〔17〕冀州刺史贾琮　按:集解引惠栋说,谓水经注作"贾瑶"。

〔18〕统弟秉为(济)〔湇〕阳侯　据集解引惠栋说改。

〔19〕吾闻圣人心有七窍　按:"七"原讹"九",径据汲本、殿本改正。

〔20〕凡自称于君宅〔者〕在邦(者)曰市井之臣　据汲本改,与仪礼文合。

〔21〕古之狂也直今之狂也诈而已矣　按:今论语两"狂"字皆作"愚"。意者,范氏元以李云为古之愚,而正文讹"愚"为"狂",后人遂并注文而改之欤?

〔22〕事君信而后谏其君未信　按:今论语无"事君""其君"字,或章怀所见本异也。

〔23〕泣血涟如　按:"涟"原作"连",径据汲本、殿本改。

〔24〕关之盛衰者也　按:集解引何焯说,谓"关"字下有脱文。

〔25〕行路之言官发略人女　按:张森楷校勘记谓治要"之"下有"人"字。

〔26〕公羊传曰诸侯一聘三女天子一娶九女　按：集解引惠栋说，谓公羊传无此文，逸礼王度记有之，未知章怀何据以为公羊传也。

〔27〕威以(法)正〔法〕　据刊误改。按：汲本作“正法”。

〔28〕妻孥相(见)〔视〕分裂　据汲本、殿本改。

〔29〕建宁二年诏举有道之士　殿本“二年”作“三年”。集解引钱大昕说，谓灵帝纪建宁元年五月，诏郡国守相举有道之士各一人，“二年”当是“元年”之误。按：校补谓案灵帝纪举有道下诏虽在元年，郡国守相遵旨荐举，奉准以某人为有道之士，岂必尚在元年，钱说殊泥。惟殿本作“三年”，证以弼上封事所言各事，无一合者，殆必误矣。

〔30〕蛇者阴(之)〔气〕所生　据殿本改。

〔31〕司空刘宠　按：校补谓案灵帝纪，诏公卿以下各上封事在建宁二年四月，其时刘宠尚为司徒，传文“司空”明是“司徒”之误。

〔32〕求报其怨〔魂〕　据汲本、殿本补。